（2016）

国网四川省电力公司年鉴

国网四川省电力公司年鉴编纂委员会　编

方志出版社

图书在版编目（CIP）数据

国网四川省电力公司年鉴.2016/国网四川省电力公司年鉴编纂委员会编.—北京：方志出版社，2016.12

ISBN 978—7—5144—2277—2

Ⅰ.①国… Ⅱ.①国… Ⅲ.①电力工业—工业企业—四川—2016—年鉴 Ⅳ.①F426.61—54

中国版本图书馆 CIP 数据核字（2016）第 299076 号

国网四川省电力公司年鉴（2016）

编　　者：	国网四川省电力公司年鉴编纂委员会
责任编辑：	何明忠
出 版 人：	冀祥德
出 版 者：	方志出版社
	地址　北京市朝阳区潘家园东里 9 号（国家方志馆 4 层）
	邮编　100021
	网址　http：//www.fzph.org
发　　行：	方志出版社发行中心
	电话（010）67110500
经　　销：	各地新华书店
印　　刷：	四川经纬印务有限公司
开　　本：	889×1194　　1/16
印　　张：	26.5
字　　数：	923 千字
版　　次：	2016 年 12 月第 1 版　　2016 年 12 月第 1 次印刷
印　　数：	0001～1300 册

ISBN　978—7—5144—2277—1　　定价：190.00 元

国网四川省电力公司年鉴编纂委员会

国网四川省电力公司年鉴编辑部

《国网四川省电力公司年鉴（2016）》主要特约撰稿人

刘廷鹞 佘建新 四川省电力公司办公室
贺星棋 四川省电力公司发展策划部
田佩平 四川省电力公司发展策划部
罗　羿 四川省电力公司财务资产部
宋暾昉 四川省电力公司运维检修部
童庆刚 四川省电力公司安全监察质量部
鲁　健 四川省电力公司营销部
张　烨 四川省电力公司建设部
冯　晋 四川省电力公司农电工作部
钟甜甜 四川电力调度控制中心
朱文爽 四川省电力公司审计部
吴娅莎 四川省电力公司经济法律部
万　燕 四川省电力公司人事董事部
任正波 四川省电力公司人力资源部
何艳春 四川电网电力交易中心
杨克华 四川省电力公司物资部
张　军 四川省电力公司科技信通部
陆　娟 四川省电力公司离退休工作部
谢玉玲 四川省电力公司思想政治工作部
江玉梅 四川省电力公司思想政治工作部
李昀朋 监察部（纪委办公室）
张如平 四川省电力公司对外联络部
阮　征 四川省电力公司工会
彭　杰 国网公司企业管理协会四川分会
张维平 国网公司成都援藏办
谭文强 四川省公安厅直属二分局
王玉婷 四川省电力公司社保中心
高　瑞 国网成都供电公司
方美凤 国网乐山供电公司
鲁丽玲 国网攀枝花供电公司
刘　桢 国网德阳供电公司
税秀花 国网眉山供电公司
王俊橙 国网绵阳供电公司
刘清宇 国网天府新区供电公司
周泽明 国网宜宾供电公司
张光平 国网内江供电公司
沈志平 国网广元供电公司
崔　鑫 国网达州供电公司
段　涛 国网自贡供电公司
叶久德 国网凉山供电公司
李栋斌 国网泸州供电公司
王含果 国网南充供电公司
舒莘珂 国网广安供电公司
李泽宇 国网资阳供电公司
罗雪松 国网阿坝电力有限责任公司
赵　炯 国网遂宁供电公司
吴明忠 国网巴中供电公司
李元源 国网雅安电力（集团）公司
杜小飞 国网甘孜电力有限责任公司
高　峰 国网四川映秀湾电厂
王　彬 国网四川省电力公司电力应急中心
龙　波 国网四川省电力公司综合服务中心
邓亚军 国网四川省电力公司经济技术研究院
吴　迪 国网四川省电力公司建设管理中心
席运生 四川电力工程建设监理有限责任公司
彭　灿 国网四川省电力公司电力科学研究院
杨　星 国网四川省电力公司电源技术中心
王　超 四川电力送变电建设公司
余小闯 国网四川省电力公司检修公司
高　勇 国网四川省电力公司信息通信公司
彭丹妮 国网四川省电力公司物资公司
徐岚岚 国网四川省电力公司管理培训中心
章志刚 国网四川省电力公司技能培训中心
朱　红 四川电力医院
张　旭 四川电力进出口公司
林抒予 四川启明星物业管理有限公司
胡　兵 四川科锐得实业集团有限公司

国网四川省电力公司年鉴

(2016)

编 辑 说 明

一、《国网四川省电力公司年鉴》是由国网四川省电力公司年鉴编纂委员会组织编纂的一部企业年鉴。每年出版一册，国内公开发行。

二、《国网四川省电力公司年鉴》以马克思列宁主义、毛泽东思想和邓小平理论、“三个代表”重要思想为指导，遵循科学发展观，以辩证唯物主义和历史唯物主义的立场、观点、方法，实事求是、客观真实地进行记叙编纂。

三、《国网四川省电力公司年鉴》的编纂宗旨是：翔实、系统地记述公司一年中的发展进程和运行轨迹。全面反映公司在改革中不断进取的新成就和先进事迹、优秀人物；为各级领导决策和制定发展规划提供参考依据；满足广大电力职工、社会各届人士了解和研究电力改革、建设、发展的需求；为编史修志打下基础；为开展四川省电力行业与全国各省市(区)电力行业乃至国际之间的信息交流提供信息平台，推动四川电力工业持续发展。

四、《国网四川省电力公司年鉴》(2016)记述的是：2015 年 1 月 1 日至 12 月 31 日期间国网四川省电力公司系统的基本情况。

五、《国网四川省电力公司年鉴(2016)》采用条目式框架结构，即按类目、分目、条目方式进行编排，为方便读者查阅，在附录中收入了有关数据表格。本年鉴共计设置有 19 个类目、96 个分目、922 个条目。全书约 1092 千字。

六、本年鉴所用资料、数据，主要由公司本部各业务主管部门和公司各基层单位提供。如各单位提供数据与统计部门提供数据不一致时，以统计部门数据为准。

目　　录

特 载

责任编辑：何　飞

领导批示与讲话

川委厅秘〔2015〕20号

中共四川省委办公厅办文通知

川委厅秘〔2015〕20 号

国网四川电力：

王东明同志 1 月 13 日在国网四川电力《关于 2014 年工作完成情况及 2015 年工作安排思路的报告》上批示：请刘捷同志阅。感谢国家电网公司对我省工作的大力支持。过去一年，省电力公司紧紧围绕省委、省政府决策部署，扎实工作，成效显著，贡献突出。望再接再厉，继续加大保障和服务力度，为促进全省经济发展、社会和谐稳定作出新的更大贡献。

现将批示印送给你们，请阅办。

中共四川省委办公厅

2014年1月13日

抄送：王东明、陈光志、刘捷同志；
厅领导，常委办、督查室。

经办人：秘书处 陈小平　　电话：86602338

川委厅秘〔2015〕159号

中共四川省委办公厅办文通知

川委厅秘〔2015〕159 号

国网四川省电力公司，省关工委、省总工会、团省委、省妇联、省科协、省侨联、省残联：

王东明同志 5 月 8 日在张中伟同志签送的省关工委《关心下一代工作简报》（2015 年第 7 期）“倾情履责、心系藏区，国网四川省电力公司关爱青少年成效显著”上批示：赞成中伟、登菊同志意见。国网省电力公司多年来积极履行社会责任，在关爱留守儿童和藏区青少年方面做了大量工作，值得充分肯定和宣传推广。省关工委下一步的工作考虑很好，相信扎实持续抓下去，一定能取得好的成效。近年来，全省各级关工委在培养教育和关爱帮扶青少年方面做了大量卓有成效的工作。谨向参与此项工作的同志们和“五老”志愿者致以崇高敬意和诚挚感谢！

李登菊同志 5 月 6 日批示：请东明书记阅示。省电力公司积极履行社会责任，多年来投入人力物力，开展志愿服务，助学、助困工作成效明显。省级群团部门要总结推广他们的好经验，加强与爱心企业的项目对接，促进民生改善和社会和谐稳定。

现将批示及相关材料一并送上，请阅办。

中共四川省委办公厅

2015 年 5 月 8 日

抄送：王东明、李登菊、吴靖平、黄彦蓉、刘捷、曲木史哈、甘霖同志；省国资委；
厅领导，常委办、督查室。

经办人：秘书处 赵印　　电话：86602339

川委厅秘〔2015〕323号

中共四川省委办公厅办文通知

川委厅秘〔2015〕323号

国网四川省电力公司：

王东明同志8月3日在国网四川省电力公司党委《关于呈报全力实施“电力助推扶贫攻坚”十大行动计划的报告》上批示：请昌平、靖平、刘捷、史哈同志阅。国家电网省电力公司对扶贫开发攻坚工作高度重视，行动快、力度大，“电力助推扶贫攻坚十项行动计划”部署周密，措施有力，望扎实推进、早日见到成效。对电力公司和其他单位、部门贯彻落实省委十届六次全会精神的情况和扶贫攻坚好的做法经验，可通过适当形式进行交流。

现将批示及相关材料一并送上，请阅办。

中共四川省委办公厅

2015年8月3日

抄送：王东明、李昌平、吴靖平、刘捷、曲木史哈同志；
　　　厅领导，常委办、督查室。

经办人：秘书处 李益霖　　　　电话：86602339

电力论坛

深化改革创新　降本提质增效 奋力开创“十三五”发展新局面

石玉东

2015年及“十二五”公司工作回顾

2015年以来，公司上下积极应对宏观经济下行、改革任务繁重、电量增速放缓、水电消纳困难等重重挑战，各项工作有序推进。完成固定资产投资312.86亿元，同比增长17.18%，其中电网投资309.57亿元。省内售电量1578.36亿千瓦时，同比下降0.46%；营业收入总额976亿元，同比下降0.27%；利润总额4.77亿元；流动资产周转率26.09次，同比增加0.41次；资产负债率74.51%，低于计划0.59个百分点；净资产收益率0.57%，与计划持平；上缴投资收益4.05亿元，超计划2.28%。

一、安全生产保持稳定

深入开展安全大检查，排查治理隐患15674项，查处违章1427项。预警管控五级及以上电网风险332次，正确处置500千伏及以上电网故障47次。备调主要调控业务实现全备用。运检分析管控平台初步建成。线路山火跳闸率同比下降78.57%，500千伏线路标准化率100%。集体企业、发电、煤矿安全管理能力不断加强。危化品管理进一步完善。全力保障三大特高压直流满功率运行，高效处置宾金直流接地极线路故障。川藏联网工程安全运行一周年。成功组织川渝陕应急联合演练。圆满完成各项重大保电任务。

二、电网发展有序推进

在构建全球能源互联网新视角下，研究四川电网发展定位。编制完成“十三五”电网规划。雅中—江西特高压直流工程完成可研。投产110千伏及以上线路2445公里，变电容量1139万千伏安。新都桥变电站获国家优质工程奖。“电亮藏区”圆满完成，受到全总、省总专题表彰。提前半年实现“户户通电”。完成“低电压”治理89.9万户。“电力助推扶贫攻坚十大行动”受到省委、省政府高度评价。成功合办西南智能电网发展论坛。建成投运智能电网支撑智慧城市示范工程。换装智能电表865万只，用电信息自动采集覆盖率提升29.22%。沪蓉高速公路充电网络加快建设，服务电动汽车突破10万台次。

三、改革创新持续深化

落实电力体制改革要求，配合开展输配电成本监审，电力市场统一技术支撑平台正式上线。“三集五大”体系在县公司扎根落地。“五位一体”在综合计划等流程示范方面成效明显。调控自动化和信息通信系统实现省地一体化监控。地县调度业务一体化持续深化，“95598”全业务贯通省、市、县三级，数据资产管理体系初步建立。取消代管体制实现突破，完成全资县公司“子改分”试点。规范农电用工管理，138家市（县）供电服务公司全部组建。集体企业改革改制稳妥开展。岗位绩效工资制度改革通过验收，获评“全国实施卓越绩效模式先进企业”称号。

四、经营管理保持平稳

完成电能替代和自备电厂替代交易电量43亿千瓦时。开展电价执行专项核查，减少电费损失2200余万元。争取到继续享受西部大开发税收优惠、电网新建项目“三免三减半”政策，完成灾区工商业电价并价。川藏联网工程资产和负债顺利划转。推进亏损企业专项治理，减少亏损户26家、减亏4.93亿元。清理低效无效股权投资11项。全面完成国网下达预算和业绩考核指标。强化补充医疗集约管理，统筹能力得到增强。企业年金投资收益创历史新高。

五、依法治企扎实推进

落实“三全五依”要求，推广应用依法治企指标及评价体系。组织党风廉政专项巡察。出台《违纪违规问题线索移送办法》，从严惩处违规违纪行为。核实信访事项 173 件。实施“业扩报装环境整治百日行动”，出台配套制度及技术标准 12 项，规范服务行为。强化物资集中采购，6 家市公司试点电子平台采购。完成技改大修、科技信息四类项目专项检查及重点领域自查自纠等审计调查。政企警企协作创建平安电力，涉电案件同比减少 38%。参与《电力法》修订和 20 余部地方涉电条例起草，公司法治环境不断改善。

六、“三个建设”切实增强

紧扣从严治党要求，深入落实“两个责任”。扎实开展“三严三实”专题教育，查找整改“不严不实”问题。及时宣贯新颁布的《廉洁自律准则》和《纪律处分条例》。完成领导班子综合考评，强化干部人事制度建设，加强后备干部培养和梯队储备。优化配置人力资源 7000 余人次。建设院士工作站，博士后工作站首获科学基金资助。智桥大学获“全国最佳企业大学”。承办国家电网公司首届档案技能竞赛，竞赛调考成绩大幅提升。创建企业文化示范点 45 个。职工原创节目两次走进中央电视台，展示公司良好形象。加强企业电视和新媒体平台建设，获国资委“最佳责任沟通创新奖”。落实离退休老同志“两项待遇”，加强保密和信访维稳工作，保持企业和谐稳定。

2015 年，公司各项工作全面完成，确保了“十二五”主要发展目标顺利实现，为国家电网加快建设“一强三优”现代公司做出了积极贡献。

经过五年的奋力拼搏，四川电网实现跨越发展。先后投运±800 千伏锦苏、溪浙等特高压工程，形成“四交四直”联网格局。跨省跨区输电能力增加到 2850 万千瓦，累计外送富余电量 3535 亿千瓦时，分别是“十一五”末的 2.16 倍和 5.57 倍。500 千伏骨干电网覆盖全省各市州，负荷中心形成梯格状主网架。实施“新甘石”联网、川藏联网、甘孜“电力天路”等系列工程，促进民族地区、贫困地区、革命老区资源转化和民生改善。累计完成电网投资 1481 亿元（含特高压），投产 110 千伏及以上线路 2.36 万公里、变电容量 1.14 亿千伏安，分别是“十一五”的 1.79 倍和 1.7 倍，“大电网、大枢纽、大平台”作用得到充分发挥。

经过五年的攻坚克难，公司发展水平显著提升。全面完成“三集五大”体系构建，深化“五位一体”配套机制建设。逐步理顺县供电企业管理，持续规范农电用工，顺利实施主辅分离、主多分开，集体企业改革改制不断深化。大力推进法治企业建设，接受了中央巡视检验和国家专项审计。积极拓展市场空间，深挖经营潜力，售电量、营业收入分别增长 30.86%和 20.64%；资产总额达到 1466 亿元，增长 59.17%；累计实现利润 56.97 亿元、利税 316.26 亿元。

经过五年的积极探索，创新发展取得丰硕成果。建立省部级及以上重点实验室 5 个，建设院士、博士、研究生工作站，打造劳模（职工）创新工作室 39 个，科技创新体系初步形成。大力推进在线监测、智能机器人巡检、无人机巡线等实用化应用，实现劳动密集型向技术密集型转变。全面实现地县调技术支撑手段一体化，完成信息一体化平台和 SG-ERP 建设，有力支撑电网和公司发展。率先建成国内一流应急体系，成功应对地震等突发自然灾害。编制国际、国家标准 6 项，获国家和省部级科技进步奖 89 项、专利授权 2510 项（含国际 5 项），取得职工技术创新成果 1431 项，连续五年被授予国家级管理创新奖。

经过五年的躬耕不辍，服务品质得到持续改善。认真践行“你用电、我用心”服务理念，实施“客户用电满意工程”。大力改善城乡供电服务品质，畅通供电服务“最后一公里”。加快营配调贯通，夯实线上服务基础。丰富便民服务措施，交费和服务方式达到 23 种。深入整治业扩报装环境，业扩报装接电平均缩短 2.7 天。积极建立“五个一”配网抢修体系，形成城市 30 分钟“抢修圈”。深入实施“包片进村”，促进农村电力服务上台阶。强化行风建设，连续 3 年测评位居全省前列。

经过五年的栉风沐雨，“三个建设”亮点纷呈。认真落实“八项规定”要求，扎实开展党的群众路线教育实践活动和“三严三实”专题教育。各级党组织和党员作用有效发挥，公司党员服务队受到习近平亲切接见和高度肯定。深化各级领导班子建设，干部领导能力明显增强。持续推进班组减负和规范化建设，涌现“国网先进班组”32 个。坚持人才强企，依托“智桥工程”、“双千人才”等载体，培养优秀专家人才 975 名。大力推进优秀企业文化落地实践，全力维护、展示和传播国网品牌形象。公司系统 35 家单位荣获“全国五一劳动奖状”、“全国文明单位”，258 名员工获评省部级及以上“劳动模范”等综合荣誉称号。

回顾五年的奋斗历程，四川电网和公司不断发展壮大，既是国家电网公司发展的精彩缩影，又是深化“两个转变”的具体实践，前进的每一步都印证了国网公司的坚强领导和科学决策。我们深刻认识到：坚决贯彻落实国网统一战略部署，是取得长足进步的基本前提。深刻领会国网公司战略意图，牢牢把握电网企业科学发展方向，始终把公司各项工作纳入国网集团化运作，持续深化坚强智能电网建设，建成“三集五大”一体化体系，为“两个一流”创建奠定坚实基础。坚定不移深化改革创新，是开创发展新局面的根本动力。面对经济新常态、改革新要求，紧密结合四川实际，瞄准薄弱环节，找准突破口，主动改革创新，努力构建与发展相适应的体制机制。坚持依法依规从严治企，是实现可持续健康发展的重要保障。把依法治企贯穿改革发展全过程，按照“三全五依”要求，不断规范管理，最大程度防范和化解风险。紧密团结和依靠广大干部员工，是战胜一切困难险阻的力量源泉。坚持以人为本，全心全意依靠员工办企业，充分调动广大员工的积极性、主动性、创造性，实现员工与企业共同发展，凝聚了推动公司发展的强大合力。

持续深化“两个转变”，奋力谱写“十三五”发展新篇章

“十三五”是全面建成小康社会的决胜期，也是建成“一强三优”现代公司的攻坚期。当前，经济形势复杂多变，能源格局深刻变化，改革创新不断深化，电网和公司正处于大发展、大变革、大创新的重要阶段。机遇与挑战并存，希望与困难同在。从发展来看，十八届五中全会明确指出，到 2020 年国内生产总值和城乡居民收入较 2010 年翻一番，发展步入中高速，产业迈向中高端，电力需求仍有拓展空间。能源消费、供给、技术、体制革命蓬勃兴起，构建全球能源互联网成为国家战略、上升为国际倡议，正在对电力能源发展模式产生深刻影响。四川积极融入“一带一路”、长江经济带建设等战略，加快由经济大省向经济强省、由总体小康向全面小康跨越。特别是创建全国优质清洁能源基地和示范省，加快“三江七片两线”水电开发，风光等新能源发展迅猛，全省电力由“丰余枯缺”向“丰余枯足”转变，总体呈现出“多能互补、西电东送”格局，对电力消纳和电网发展提出了新要求。同时也要清醒看到，发展速度放缓之后，过去高速发展时期所掩盖的一些问题和矛盾逐渐显现。公司资产规模庞大，电网覆盖范围不断延伸，购电开支、资产折旧、运维成本、财务费用等大幅刚性增长，盈利能力不足，经营发展也面临严峻挑战。从变革来看，国资国企改革不断深化，以管资本为主、强化分类监管的新型监管模式，对公司完善治理、强化激励约束等提出了更高标准。新一轮电力体制改革全面启动，11 个配套文件悉数出台，改革已进入试点实施阶段。各方对电力体制改革降低电价充满期待，四川省也正积极研究实施方案，但各方尚未统一认识。有的地方已组建了售电公司，正待进入实质性运作。特别是以天然气“三联供”为代表的分布式能源发展迅猛，极可能导致公司部分优质客户和售电市场流失。电价监管和成本监管更加严格，公司市场与收入受到双重挤压，经营压力空前巨大。从创新来看，中央将创新确立为五大发展理念之首，突显其重大引领作用。四川被列入全国全面创新改革试验区，省委决定全面深化改革创新驱动转型升级发展，建设国家创新驱动发展先行省。电力行业生产组织、运营管理和供电服务创新等方兴未艾。深度融合大数据、云计算、物联网、移动互联网等新技术，主动融入“互联网+”发展，成为行业未来发展的必然趋势。坚持创新驱动引领，既是立足全局、加快推进“两个转变”的必然要求，又是面向未来、激发企业内生动力的重大战略选择。

面对新形势、新变化、新要求，要深入贯彻落实国网公司三届一次职代会暨 2016 年工作会议部署和刘振亚董事长讲话精神，牢牢把握“十三五”发展目标和重大任务，坚持创新、协调、绿色、开放、共享五大发展理念，以安全、质量、效益、效率为中心，主动顺应能源革命和改革创新发展趋势，积极融入全球能源互联网构建，持续深化“两个转变”，全力创建“两个一流”。

一、全面深化改革创新，为建成“一强三优”现代公司贡献力量

坚持在改革中加快发展，在创新中开拓进取，增强盈利能力、发展能力和综合实力。按照国网公司“一强三优”现代公司建设标准，坚持瞄准先进、找准差距、对标改进、争先创先，不断提高效率和效益，努力做到资产规模增长与经营效益提升同步、电网发展壮大与管理水平提升同步。到 2020 年，省内售电量达到 1800 亿千瓦时，比 2015 年增长 14%；营业收入总额 1199 亿元，增长 22.85%；资产总额突破 2020 亿元，增长 37.79%。全员劳动生产率达到 62.65 万元/人·年。

全面落实改革部署。增强深化改革的紧迫感、危机感、责任感，坚决贯彻中央决策部署，认真落实国网公司要求，坚持“三个主动”，做好电力体制改革工作。要主动研究，在读懂政策文件、悟透精神实质的基础上，针对影响电网和公司发展的深层次矛盾和关键环节进行思考，深入研究配售电放开后，公司与

其他售电主体的业务界面划分、供电服务模式变化等问题。要主动沟通，强化与各级党委政府汇报沟通，在输配电价机制、电力市场建设、交易机构组建等方面提出建设性意见，促请政府部门采纳公司合理观点，尽最大努力，争取最好效果，探索推动改革落地的有效途径。要主动参与，准确把握公司作为改革主体的定位，积极融入政府相关工作，参与实施方案和相关规则制定，推进建设并积极适应主体多元、竞争有序的“多买方-多卖方”市场格局。

持续完善体制机制。深入推进“四化”管理，完善企业治理，实现“三集五大”体系持续提升、高效运转。按照国网公司“两级法人、三级管理”企业架构，统筹市县公司业务集约融合。根据业务运营需要，建立分类管理体制，构建高效运转的现代公司管理体系。针对输配电和保底售电业务，完善组织机构、优化用工策略、强化成本管控、明晰责任边界。针对竞争性和能源增值服务等新兴业务，立足客户导向，建立后台支撑前台的组织体系，健全多种手段相结合的激励机制。

始终坚持创新引领。落实“创新、创造、创业”要求，找准提升公司核心竞争力和综合实力的着力点，不断突破关键技术，拓展业务领域和发展空间。贯彻国家电网办〔2016〕1号文件精神，建立协同、高效、开放、领先的创新体系，打造一批具有较大影响力的创新团队。围绕特高压、智能电网、清洁能源输送消纳三大核心方向，深化与著名高校和科研机构合作，加强联合攻关，为电网安全稳定运行和工程建设高效推进提供支撑。积极推动管理创新，加快公司转型升级，在管理机制、资源调配、专业协同等方面取得突破，实现由“传统电力供应商”向“综合能源服务商”转变。

二、主动融入全球能源互联网，打造坚强智能四川电网

“十三五”期间，要以构建特高压骨干网架为关键，以解决电网“两头薄弱”问题为重点，把四川电网建成网架坚强、广泛互联、高度智能、开放互动的一流电网，电网安全保障能力、资源配置能力、绿色发展能力达到国内先进水平。到2020年，220千伏及以上线路长度6.37万公里、变电容量3.14亿千伏安；110千伏及以下配电网变电容量达到1.7亿千伏安、线路长度达到26.9万公里；全省特高压变电（换流）站达8座，接纳电源装机1.16亿千瓦，外送能力超过5000万千瓦。

实施中国能源互联网四川行动。国网公司提出要加快建设中国能源互联网，2020年建成“川渝藏+西北”的西部电网，2025年实现西部和东部电网（“三华+东北”）特高压互联，形成全国同步电网。基于四川能源资源禀赋，大力实施“大枢纽、大平台、大通道”战略，充分发挥四川电网在中国能源互联网中的独特作用。加快跨省跨区联网特高压发展，构筑联接华中华东、新疆西藏、西北电网的电力大枢纽；建设覆盖主要负荷中心和清洁能源基地的坚强特高压交流骨干网架，打造水火互济、风光互补、购送灵活的资源配置大平台；将四川电网建成中国能源互联网的重要组成部分，满足省内电源汇集外送和区域内输电需要，同时为接纳疆电藏电提供网架支撑，建设西部清洁能源打捆外送的大通道。重点推进1000千伏川渝交流环网，±1100千伏准东—成都、±800千伏雅中—江西、±800千伏金沙江上游—赣州直流“一交三直”特高压工程建设。着力提升城乡配电网智能化水平。坚持民生项目优先保障、新型城镇化配套推进、城市核心区高标准建设的原则，持续优化投资方向与投入结构，打造坚固耐用、均等化发展的城乡配电网。农村配电网要全面解决电网薄弱问题，基本消除长期“低电压”，户均配变容量不低于2千伏安，推动电网在“三州”和盆地周边地区的延伸覆盖。城镇配电网要结合新型城镇化发展需要，适度提高建设标准，增强供电能力，重点推进国家新型城镇化配电网示范区建设。城市核心区配电网要以提升智能开放互动为目标，供电质量达到国际先进水平，使电网运行控制更加灵活高效。

切实增强大电网安全驾驭能力。深入研究“强直弱交”特性和机理，主动探索渝鄂背靠背联网和藏中联网对四川电网带来的深刻影响，优化控制策略，完善“三道防线”，强化网源协调管理，切实提高大电网驾驭能力。积极适应西南分调成立后调度关系和调度范围的变化，推动建立多级调度共同参与、协调联动的电网运行风险预警管控机制，实现全网及时响应和协同控制。

三、全力破解经营发展难题，改善提升发展质量与效益

质量效益是公司可持续发展的重要基础。要充分认识企业的本质属性，科学研判市场经济和企业运营规律，持续提升经营绩效和盈利能力。

强化企业定位。切实转变观念，准确把握公司作为市场主体的基本定位，把强化经营、提质增效摆在重要位置。充分认识经济形势的复杂性、严峻性，积极应对电力改革对公司和行业发展带来的巨大冲击，理清工作思路，明确发展方向。坚决摒弃自我陶醉、浑然不觉的安逸思想，不断增强忧患意识、市场意识、竞争意识、效益意识，努力扭转传统效益增长难以为继、新增优质售电市场竞争激烈、输配电价矛盾突出的不利局面，提升市场适应与竞争能力，改善公司经营绩效。

注重健康发展。平衡“经营”与“发展”两个目标，合理控制电网发展速度，正确处理投资与成本之间的关系。坚持“有效”和“高效”两个原则，确保电网投资项目纳入政府规划，顺利转化为有效资产，带来足够的电量增长，提升单位投资新增电量水平。落实“事前”和“事后”两个评估，强化投资效益意识，克服电网规划“重技术、轻经济”、电网投资“重需求、轻效益”倾向，加强从规划设计到建设运维的过程管控。全面落实亏损企业专项治理要求，深化经营诊断分析，强化投资管控，严格预算管理、成本支出，将增收节支措施落实到位，力争 2017 年年底前全面完成治亏目标。

努力挖潜增效。以效益效率提升为中心，将降本挖潜增效贯穿于日常经营管理。加强内部管控，从严从紧规范各类支出，严肃计划和预算执行，减少跑冒滴漏，实现企业管理的集约、规范、精益、高效。把加强人力资源管理和严控人工成本作为降本增效战略举措，控总量、调结构，提高劳动生产率。在外部发展上，深入落实增供扩销措施，积极抢占增量售电市场。加强电价疏导，深化电价机制研究，主动反映四川电网环境恶劣、建设运维成本高昂、电价交叉补贴复杂等实际情况，争取电价和财税政策支持。落实电费回收责任制，强化过程管控，化解电费回收风险。

四、全面加强公司党的建设，为“十三五”发展提供坚强保障

加快“十三五”发展，全面建成“一强三优”现代公司，党的建设是保障，队伍建设是根本，企业文化是基础。公司上下要深入贯彻落实国家电网党〔2016〕1 号文件精神，全面加强党的建设，保障企业积极健康发展。

落实党建责任。认真落实中央关于在深化国有企业改革中坚持党的领导加强党的建设决策部署，把加强和改进党的建设贯穿公司改革发展和经营管理的全过程。全面落实“两个责任”，把党的政治、组织和群众工作优势转化为企业的创新、发展和竞争优势。不断加强理想信念教育、基层党组织建设、党风廉政建设和作风建设，严肃党内政治生活，确保从严治党要求全面落实。

提升队伍素质。切实加强教育和培养，提高干部员工队伍的综合素养与能力。抓住领导班子和干部队伍建设这个关键，提升各级领导抓班子、带队伍的能力与水平，增强班子整体合力。实施人才强企战略，解决高端紧缺人才和一线技能人才“两头薄弱”问题。强化责任担当。自觉践行“三严三实”要求，始终坚持实言、实行、实心，以坚定、坚守、坚持的作风，以踏石留印、抓铁有痕的精神强化执行。面对急难险重任务不回避、不退缩，始终发扬“三吃一担”精神，在实践中破解难题，在发展中开拓创新。强化纪律监督。把纪律挺在前面，严格落实国网和公司决策部署，坚决执行各项纪律和规章制度。完善责任清单、负面清单管理，严肃责任追究，倒逼责任落实。充分发挥巡察利剑作用，重点加强对薄弱环节和“关键少数”的监督，化解廉政风险。树立道德高线，严守纪律底线，自觉做到清心、清正、清廉，推动形成“干事干净”的良好风尚。

增强企业软实力。以“努力超越，追求卓越”的企业精神为指引，落实“五统一”要求，让文化成为企业发展的精神支柱和动力源泉。坚持“传承、创新、争先”理念，大力弘扬公司优良传统，选树和表彰身边典型，展现一线员工风貌。做好公司发展成就、规划展望等主题传播，唱响主旋律，传播正能量。适应媒体格局、舆论生态变化，强化互联网思维，深刻认识新媒体特点和传播规律，以更生动、更鲜活、更贴近受众需求的形式，讲述国网故事、传递国网声音、展示国网形象。

2016 年重点工作安排

2016 年是“十三五”发展的开局之年。公司工作总体要求是：认真贯彻国网公司三届一次职代会暨 2016 年工作会精神，围绕“一条主线”（实现“十三五”良好开局），把握“两个关键”（深化改革、提升效益），实现“三个确保”（安全生产、优质服务、队伍稳定），着力“四个加强”（电网发展、依法治企、科技创新、“三个建设”），攻坚克难，扎实工作，全面完成目标任务，为“十三五”发展新跨越奠定坚实基础。

2016 年主要发展和经营目标：发展总投入 263 亿元，固定资产投资 243 亿元，其中电网投资 237 亿元。开工 110 千伏及以上线路 1878 公里、变电容量 1052 万千伏安；投产 110 千伏及以上线路 1042 公里、变电容量 576 万千伏安。售电量 1607 亿千瓦时，增长 1.81%。全口径外送电量 1230 亿千瓦时，力争再创新高。营业收入总额 960 亿元，实现利润 8.08 亿元。资产负债率控制在 77.27%以内。全员劳动生产率 48.27 万元/人·年。

一、全力抓好安全生产工作

保障电网稳定运行。深化大电网运行特性分析，细化运行方式和控制策略管理，严防电网系统性风险，保障三大特高压直流安全运行。加强跨省跨区输电通道、重要枢纽变电站运行维护，落实输电线路“六防”措施。重点整治设备家族性缺陷、地下电（光）缆和城市供电安全隐患。加强重要场所反恐防暴工作。研究多种能源协调调度，超前应对新能源大规模入网。贯彻《国家大面积停电事件应急预案》，提升快速响应和应急综合保障能力。

提高生产管理水平。加强 PMS2.0 协同应用，加快运检智能分析管控系统 II 期开发。拓展视频监控系统智能分析应用，大力实施巡检智能化转型。常态化开展运维一体化、带电检测及一、二类架空带电作业检修。深化资产全寿命周期管理体系应用，贯通省、市、县三级资产业务。全面推进线损同期管理。试点电力无线专网建设。开展省市一体化信息通信集中监控运行，明确管理界面和操作流程。

强化安全监督管控。坚持安全工作党政同责、一岗双责、失职追责。强化电网运行、重大施工、重要检修风险预警管控。推广安全风险一体化智能管控平台，构建标准化作业安全管控体系。严格“四不两直”全覆盖，强化现场作业“反违章”，加大联合安全巡查力度，督促设计、施工、监理多方安全履责。全面开展县公司及集体企业安全性评价。着力防范发电、煤矿安全风险。加强网络信息安全管理，防止发生失泄密事件。

二、深入开展“效益提升年”活动

认真策划活动方案。加强宣传引导，充分认识开展“效益提升年”活动的重要意义。增强全员效益意识，树立“降本即增效、少亏便是赢”的理念，坚持勤俭节约、过紧日子。认真研究、系统策划，制定好具体工作方案，明确工作目标，落实措施，逗硬考核。加强组织领导，定期分析活动成效，加强工作督导。逐级抓好落地实施并不断深化，确保活动在公司各单位、各业务环节全覆盖、全贯通。

改善经营发展成效。深化综合计划和全面预算闭环管理，严格项目审核、执行跟踪和监督考核。加强成本核算与管控，从严从紧控制一般性和非生产性支出。强化业务和项目管理协同，提高采购效率。处置低效无效股权投资 10 项，加大逾期、无资本组带企业担保清理力度。深化亏损企业专项治理，亏损子公司控制在 80 家、亏损额 9.33 亿元内。优化上市公司战略定位，探索利用资本市场推动发展。

开拓市场增供扩销。规范执行直购电和留存电量政策，切实维护公司利益。继续实施铝硅电合作、富余电量消纳等措施，主动介入天然气“三联供”，拓展市场份额。推广电动交通、电蓄冷、电锅炉等技术应用，实现替代电量 41 亿千瓦时。规范自备电厂管理，促请政府出台备用容量费收取标准。争取疏导可再生能源附加基金等电价矛盾，开展电价政策执行在线稽核。强化电费回收，大力推广费控装置，提升电费分次结算和购电制比例。

三、推进改革创新提升管理水平

推动改革有效落地。加强改革宣传，进一步统一思想，凝聚共识，落实国资国企和电力体制改革任务。建立与政府部门常态联络机制，加强对口汇报和沟通协调。主动参与改革方案、规则制订以及交易机构组建，为推动改革落地积极建言献策。配合政府部门合理核定输配电价，推动解决交叉补贴问题。研究电力产品增值税政策，有效衔接现行购销价差和税收工作。积极参与配售电市场竞争，为市场主体提供公平输配电服务。

持续完善体制机制。巩固提升“三集五大”，推进“五位一体”深化应用和优化完善。加强核心业务、弱项指标监测和考核，健全指标提升机制。严格全口径人工成本管控，完善薪酬福利保障体系。加强供电服务公司建设，全面规范农电组织模式、用工方式和管理制度。完成 7 家控股县公司地方国有股权上划。推进全资县公司“子改分”。全面完成集体企业改革改制，积极介入增值服务、资本运作等新兴业务领域。

加快创新发展步伐。整合内部创新资源，深化外部科研合作，建设省部级重点实验室 2 个、电力行业技术标委会 1 个。开展成果全过程培育，力争获得省部级及以上科技进步奖 18 项、管理创新及质量成果奖 20 项。筹建国网公司技术标准创新基地，申报国际电工委员会（IEC）技术标准 1 项，参与编制电气和电子工程师协会（IEEE）技术标准 1 项。建设劳模（职工）创新工作室 10 个，促进创新成果转化和新技术推广应用。加快数据中心改造，提高数据服务能力。搭建移动应用平台，支撑微应用创新。

强化对标提升管理。充分认识对标工作对提升管理水平的重大作用，完善工作机制，加强组织领导，加大考核力度。建立常态分析机制，深入查找薄弱环节。抓住短板指标，强化协同会诊，制定改进措施。确定专业提升目标，落实工作责任，兑现考核奖惩。通过共同努力，确保管理水平提升、对标位次前移。

四、统筹加快电网协调发展

做好规划前期工作。主动对接推动电网发展纳入地方政府总体规划。强化可研经济分析，统筹考虑负荷需求、建设环境和投资效益，及时优化调整电网项目时序。抓住重点项目和关键环节，力争攻克制约外送通道发展瓶颈。加强跨网跨省协调，全力推进雅中—江西特高压直流工程前期，确保按期核准并开工建设。

加快重点项目建设。做好在川特高压建管有关工作。推进500千伏新都、盐源、宣汉等重点工程，开工建设西成客专、成昆及川藏铁路等电铁供电项目。实施网架加固工程和城乡配电网标准化建设改造，逐步解决区域电网发展不平衡问题。保质保量完成农网改造项目。全面解决现存59.2万户“低电压”。推动示范工程及标准化项目部建设，争创川藏联网国家优质工程金奖。

提升电网智能水平。创建能源互联网四川省工程研究中心，推动分布式智慧能源设备管控等示范项目建设。加快省、地、县调控系统一体化模型中心应用，进一步提升在线安全分析能力和智能化水平。推进新一代智能变电站模块化建设，完成467万只智能电表换装，基本实现智能采集全覆盖。加快高速公路沿线、城市社区、公共停车场充换电设施配套建设，新建充电站18座。

五、强化依法从严治企

大力建设法治企业。拓展宣传教育范围，完善学法、用法、守法机制，提升全员法治素养。发挥依法治企指标及评价体系引领作用，推进法治建设与岗位、专业融合。整合内外部法律资源，加强涉电案件研究协调和环保问题公众沟通，提高纠纷处置能力与效率。配合做好《电力法》修订重大问题论证，争取出台触电人身损害司法鉴定地方标准。严格管控关键领域。紧盯财务管理、物资采购、工程建设等重点领域，从严从紧抓好各环节管控。规范关联交易，杜绝账外账、“小金库”。加强招标采购规范管理，强化评标专家管理与考核。严格办公用房、公务用车管理，加强小型基建标准化配置与建设，推进乡镇供电所典型设计方案实施。严肃施工企业财务、合同管理，规范业务外包范围、费用标准和列支渠道。抓好依法治企检查发现问题整改。开展无电地区建设和农网维护费专项审计调查。建设并完善审计问题库、法规库，夯实基础，堵塞漏洞。

六、提升优质服务品质

持续提升服务水平。推广客户经理制，实现社区服务全面覆盖。理顺业扩配套设施建设程序，严格履行业扩投资界面延伸规定。加快客户代建公用供配电设施产权接收。完善配电网综合抢修“网格化”管理，全面实现“五个一”目标。实行投诉举报集约管理，强化服务事前防范。深化新一轮藏区县公司帮扶活动。深入落实“电力助推扶贫攻坚十大行动”。实施村村“通动力电”工程、光伏扶贫项目接网工程，解决16万户未通和动力电供电能力不足、14万千瓦村级光伏电站接网。统一新能源并网技术规范和服务标准，确保及时接入、优先消纳。积极推动营销转型。全面完成营配调贯通，实现电量信息采集全覆盖。加快业务线上化转移，丰富“掌上川电”APP功能，推广网上购电远程下发、停送电信息精准发布、故障辅助定位等精益化服务。按照“客户导向型和组织扁平化、服务线上化、运营数字化、业务跨界化”要求，完成天府公司供电服务转型试点。利用大数据技术开展客户用电行为分析，拓展新型商业模式。

七、持续加强“三个建设”

加强党的建设。深入学习贯彻习近平系列重要讲话精神，落实全面从严治党要求，充分发挥各级党组织政治核心和战斗堡垒作用。深化基层服务型党组织建设，重点抓好集体企业、供电服务公司以及藏区供电企业党建工作。严肃党内政治生活，严格党员干部教育管理。开展党建工作述职评议，促进党建与改革发展同部署、同落实。分层分类开展《准则》和《条例》宣贯。严格执纪监督问责，深化专项巡察和治理，严查重处顶风违纪行为，坚决移送腐败违法问题。

加强队伍建设。健全领导班子和领导干部考核评价机制，促进整体合力提升。坚持德才兼备、以德为先，选优配强基层班子。规范选人用人流程，严格干部选拔任用，严禁超职数配备干部。落实干部提醒、函询和诫勉制度，坚决治理“庸懒怠”等现象。深化全员培训体系，实施特高压、新能源等关键紧缺人才培养计划。制定公司综合类表彰办法，统筹规范先进奖项设置和评选。完善职员职级管理晋升体系，深化全员职业发展激励机制。

加强文化建设。深入推进企业文化结对共建，打造示范点50个。做好“辉煌‘十二五’、展望‘十三五’”主题传播，发布公司社会责任白皮书。开展文明单位巡礼宣传活动，力争创建省级和省级最佳文明单位20家。探索“三微一端”（微博、微信、微视频、手机客户端）运用，打造品牌传播平台。加大职工文化阵地和班组建设力度，推进职代会换届。举办第二届青创赛，持续激发青年立足岗位创新创效激情。抓好离退休、信访、后勤保障等各项工作，确保公司和谐稳定。

同志们，公司改革创新发展已站上一个崭新的起点，任务艰巨、使命光荣。让我们以“四个全面”战略布局为指引，深入践行五大发展理念，抓住机遇、迎接挑战，团结奋斗、开拓进取，持续推进“两个转变”，努力创建“两个一流”，为开创“十三五”发展新局面而努力奋斗！

（作者：石玉东，国网四川省电力公司总经理、党委副书记，本文系根据石东玉2016年1月23日《在国网四川省电力公司第五届职工代表大会第五次会议暨2016年工作会议上的报告》整理，有删节，文中小标题为编者所加）

全面从严治党　推进改革发展
为公司“十三五”良好开局提供坚强保障

潘敬东

2015年工作回顾

2015年，在国家电网公司党组和省委、省政府的坚强领导下，公司党委坚持从严治党，扎实推进党的建设各项工作，为公司全面完成年度目标任务提供了坚强保障。

一、“三严三实”专题教育深入开展

围绕“三严三实”主题，公司2558名党员领导干部讲授专题党课3000余场，各级领导班子组织四个专题学习研讨2952场，开展专题调研2496人次，召开专题民主生活会492场。坚持边学边查边改，公司领导班子查找问题86个，制定整改措施156条，已全部落实；基层领导班子查摆问题3048个，已整改落实2973个。加强督促指导，公司建立专题教育联系点16个，召开专题教育经验交流会5场；各级党组织召开协调会议110余次，派出556人次采取走访调研、明察暗访、随机抽查等方式进行督查。公司专题教育取得显著成效，受到上级充分肯定。

二、党的建设切实加强

建立公司领导、本部党组织联系基层党支部制度。适应集体企业改革改制、供电服务公司建设，同步推进相关单位基层党组织建设。贯彻实施《2014—2018年全国党员教育培训工作规划》。全面开展党员组织关系排查。深入开展争创基层服务型党组织和争当为民务实清廉优秀共产党员活动，公司系统24个基层党组织、38名党员、16名党务工作者受到上级党组织表彰。舍己救人职工彭大权被省委组织部追认为中共党员。召开党建工作现场推进会。培训基层党组织书记2800余人次。统筹推进“连心桥”工作，扎实开展群众路线教育实践活动整改落实“回头看”，全面完成813条意见建议和问题整改。深入开展党员服务队竞赛，党员服务队扩展到108支，5支队伍受到国网公司表彰。

三、队伍建设稳步推进

坚持“好干部”标准选贤任能，统筹抓好班子优化调整和补充配备。修订公司《领导干部管理办法》及配套制度5项。开展基层单位干部人事制度专项检查。对44家基层单位开展班子综合考评，向基层单位和290名处级干部书面反馈考评结果。开展后备干部集中推荐考察，进一步优化后备队伍数量、专业、年龄结构。加快多元化人才队伍建设，积极引进和培养公司急需的高端技术人才，推荐选拔国网公司优秀专家人才58人，完成“双千人才”“雏鹰计划”等专项人才培养276人。扎实开展岗位履职能力培训、网络大学培训、岗位练兵和竞赛调考，公司1.16万人实现人才当量提升。加快网络学习平台建设，公司企业大学被评为“中国最佳企业大学”。

四、依法治企进一步落实

明晰企业负责人和党委书记依法治企责任和工作职责。建成全面依法治企指标体系和评价体系。完善多层次、多角度的经营决策法律审核机制。抓好供用电、电网建设、关联行为等164项法律指引，专题开展藏区电网建设法律护航活动。深入开展依法治企专项检查，组织技改、大修、科技和信息等重点领域专项审计，切实纠正和规范发现的问题，有效防范风险。开展“制度管理提升年”活动，强化企业改革改制等方面的法律监督。全程参与省人大常委会21部地方性法规制定，组建国网《电力法》修订工作室，配合立法取得阶段性成果。开展主动依法维权，加强诉讼与非诉纠纷处理，避免和挽回经济损失4000余万元。

五、党风廉政建设不断深化

出台党风廉政建设主体责任和监督责任清单，定期听取履责情况报告。修订“三重一大”决策实施细则。贯彻落实中央巡视组要求，直查快办三批次56件信访举报，立行立改纠正突出问题。实施领导干部及亲属违规经商办企业专项治理，开展集体企业及营销管理专项监督。开展党风廉政建设专项巡察，按季实名通报典型违纪问题，强化警示教育效果。加强反腐倡廉宣教，分层分类组织廉规考试。坚持问题导向，严查“四风”问题，形成有力震慑。加强问题线索移送，加大违纪违规行为查处力度。深化行风建设，实施业扩报装环境整治“百日行动”。公司党风廉政建设责任制考核连续两年保持“优秀”，行风群众满意度测评名列全省第三名。

六、文化品牌建设取得新成效

加强精神文明和企业文化建设，组织道德讲堂、志愿服务、岗位学雷锋和先进典型选树宣传，开展“践行核心价值观、争做最美国网人”主题活动。公司建成国网公司企业文化示范点3个，荣获国网公司精神文明建设创新成果奖4项，2名职工分获全国首届岗位学雷锋标兵、第五届全国道德模范提名奖，3名职工被评为“最美国网人”。加强“国家电网”品牌传播，大力开展“策划进部门、走基层”，加强与社会主流媒体合作，川藏联网工程等报道走上央视屏幕。举办“突发事件新闻应急”劳动竞赛，全面提升舆情管理整体素质和能力。大力实施社会责任根植项目落地实践等精益化项目，推动社会责任根植管理融入公司运营。

七、群团工作活力彰显

深化企业民主管理，公司各级职代会审议企业重大事项593项，审议通过行政议案502项。广泛开展劳动竞赛、技术练兵比武，省总工会专题召开“电亮藏区”劳动竞赛总结表彰大会，公司27个集体和28名个人获得全总和省总五一劳动奖状、奖章等荣誉，20名职工被评为全国、四川省劳动模范，涌现出14名省部级及以上技术能手。健全关爱职工机制，实现困难职工帮扶全口径覆盖。加强团青工作，32个青年集体和9名青年个人获省部级及以上表彰，其中4个青年集体获国家级表彰。圆满承办国网公司青年创新创意大赛片区赛，取得一金两银两铜好成绩。抓好离退休工作，老同志“两项待遇”全面落实。加强保密、信访等工作，强化风险评估和隐患排查，杜绝失泄密事件发生，确保了公司和谐稳定。

2015年任务的完成，为“十二五”画上了圆满的句号。“十二五”是公司攻坚克难、砥砺奋进的重要时期。回顾过去的五年，公司党委秉承“四个坚持”，切实加强和改进党的建设，充分发挥政治保障作用，各项工作取得了显著成效。一是坚持围绕中心、服务大局，全面推动了公司改革发展。坚决贯彻落实党中央和国网公司党组决策部署，持续深化“两个转变”，加快创建“两个一流”，在安全生产、经营管理、改革创新等各项重点工作中，在特高压、川藏联网、“新甘石”联网、“电力天路”及无电地区电力建设等重点工程建设中，在应对“4·20”芦山强烈地震、冰灾、洪灾、旱灾、泥石流等急难险重任务中，充分发挥各级党组织、广大党员的战斗堡垒和先锋模范作用。二是坚持从严治党、依法治企，全面加强了党员干部队伍建设。持续完善领导班子管理运行机制和干部选拔机制，全面加强党风廉政建设和反腐败工作，大力推进法治企业建设，深入开展群众路线教育实践活动、“三严三实”专题教育，各级领导班子思想政治素质、团结协作水平、依法治企能力明显提高，党员干部政治信仰、党性原则、宗旨观念和廉洁从业意识显著增强，作风明显转变。三是坚持以人为本、凝心聚力，全面提升了公司软实力。积极践行社会主义核心价值观和国网公司基本价值理念，大力传播“五统一”企业文化和“国家电网”品牌，充分发挥群团组织作用，切实凝聚广大干部职工力量，进一步提升了企业素质和美誉度。公司荣获全国五一劳动奖状、中央企业思想政治工作先进单位，公司团委建成全国五四红旗团委，16家基层单位新建成全国文明单位。四是坚持强基固本、创先争优，全面加强了基层组织建设。不断壮大党的基层组织和队伍，切实构建“心桥工程”、“双争”等活动载体，开展红旗党委、电网先锋党支部等创建，积极选树典型，引领党组织和党员创先争优，基层党组织的凝聚力和战斗力进一步提升。至2015年年底，公司建成基层党组织2197个，党员总数达到35582人。公司党委荣获全国创先争优先进基层党组织，涌现出刘源、彭大权等一批先进典型。公司共产党员服务队受到习近平亲切接见，先进经验在国网公司系统全面推广。

坚持全面从严治党，充分发挥党组织政治保障作用

“十三五”时期是全面建成小康社会，实现我党确定的第一个百年奋斗目标的决胜阶段。这一时期，从严治党成为新常态，公司将迎来改革发展的重要战略机遇，也将面临诸多困难和挑战。我们要适应新形势新任务，坚持“传承、创新、争先”，全面加强党的建设，为公司持续健康发展提供坚强保障。

一、适应从严治党新要求，着力实现“四个转变”

党的十八大以来，中央作出“四个全面”的战略部署，把全面从严治党作为各项事业顺利发展的根本保证。习近平总书记深刻阐述从严治党的重大意义，明确提出从严治党“八项要求”。今年开始实施的《廉洁自律准则》和《纪律处分条例》，使党员标准更加具体明晰、纪律红线更加突出鲜明。国网公司党组今年初出台《关于全面从严加强公司党的建设的意见》，明确了加强党的建设的总体要求和主要任务。从严治党是新形势下加强党的建设的根本遵循。我们要看到，对照从严治党要求，公司在党的建设中还存在一些不容忽视的问题：一些基层党组织党建工作责任不落实，作用发挥不突出，党内政治生活流于形式，党员干部管理不到位；少数党员干部理想信念动摇，责任和担当精神缺失，作风纪律意识松懈，一些违规违纪行为屡禁不止。我们要深刻认识全面从严治党的极端重要性和现实紧迫性，以强烈的忧患意识、责任意识、使命意识，切实把思想和行动统一到中央全面从严治党的决策部署上来，在公司党的建设中着力实现“四个转变”。

一是转变思想观念。各级党组织要树立“抓好党建是最大政绩”的理念，把落实党建主体责任作为重大政治任务。党组织书记要树立“抓党建是本职、抓不好党建是失职、不抓党建就是渎职”的理念，切实履行从严治党第一责任人的职责。其他班子成员要强化政治意识、大局意识，认真落实“一岗双责”。广大党员干部要牢记从严治党要求，树立正确的世界观、人生观、价值观，自觉加强党性修养，增强法纪意识，切实在思想上明底线、知敬畏，始终做到自重、自省、自警、自励。二是转变作风导向。要落实“三严三实”要求，坚持实言、实行、实心，扬正气、干正事、走正道，持续改进思想作风、学风、工作作风、领导作风、干部生活作风。大力倡导“三吃一担”(吃苦、吃亏、吃气，担风险)精神和“干事、干净”理念，教育引导党员干部坚持原则，勇于担当，做到清心、清正、清廉，坚决反对不作为、乱作为，遇事敷衍推诿，碰到困难绕道走，不敢碰硬、怕得罪人等倾向。积极弘扬求真务实作风，做到求“三实”(实干、实用、实效)、戒“三表”(表面、表层、表演)，不弄虚作假，不搞形式主义。三是转变行为习惯。坚持把纪律和规矩挺在前面，严明党的政治纪律、组织纪律、廉洁纪律、群众纪律、工作纪律、生活纪律，切实用党纪党规约束党员干部的行为。教育引导党员干部始终对党忠诚，坚决贯彻上级决策部署，不搞变通、不打折扣；严格遵循组织程序，自觉服从组织决定，无论想事做事都要出于公心、公私分明；严格执行廉洁自律各项规定和财经制度，严禁权力寻租和利益输送，坚持办任何事情都依法合规，不突破法纪红线和道德底线；切实维护群众利益，自觉遵守领导干部工作、生活待遇有关规定，不搞特殊化、不搞特权。四是转变执纪方式。坚持抓早抓小、动辄则咎，绝不能对“小问题”视而不见，要突出防患于未然、治病于初始。一出现苗头就及时提提领子、咬咬耳朵、拽拽袖子，一发现线索就及时追踪，一有了反映就及时提醒，对一些蛛丝马迹也不能忽略含糊，不能把“小问题”拖成“大问题”。要督促各级党委落实党风廉政建设主体责任，加强对“一把手”和领导班子履责情况、决策过程的监督，落实对重大事项的专项监督，切实加强廉政风险过程管控。

二、适应改革创新新任务，充分发挥“四个作用”

当前，我国经济发展进入新常态，国资国企改革进入攻坚阶段和关键时期。中央、国务院印发深化国企改革、深化电力体制改革的意见，有关改革举措相继出台，对公司影响深远。同时，创新驱动成为新时代经济发展的主动力，国网公司将持续推进“创新、创造、创业”，着力建设创新型企业。随着电子商务、“互联网+”、大数据等迅猛发展，将对电网企业传统的市场结构、经营方式产生巨大冲击，实现由“传统电力供应商”向“综合能源服务商”的发展转型已经迫在眉睫。在新的形势下，公司全面落实改革部署，大力实施创新驱动，必须破除落后的思想桎梏，改变旧的行为习惯；必然推动体制机制的变革，带来利益格局的调整；必将在关键技术和业务领域实现突破，开拓新的发展空间。这些都需要正确的政治引领、强有力的思想组织保障，同时妥善应对党风廉政、队伍稳定、社会舆情等方面的风险和挑战。越是面临复杂的情况，越要毫不动摇地坚持党的领导，越要以改革创新精神加强和

改进党的建设，充分发挥党组织的政治保障作用。我们要在公司改革创新中坚持党的建设同步谋划、党的组织及工作机构同步设置、党组织负责人及党务工作人员同步配备、党的工作同步开展，实现体制对接、机制对接、制度对接和工作对接，充分发挥“四个作用”。

一是发挥党委政治核心作用。坚决贯彻中央和国网公司党组决策部署，把改革创新的要求落到实处，保证公司始终沿着正确的发展方向前进。完善党委参与重大问题决策的制度和机制，规范参与决策的程序，确保党委参与重大问题决策的重要职责制度化、规范化。党委要谋全局、议大事、抓重点，不断提升参与决策的能力和水平。充分发挥在选人用人工作中的领导和把关作用，带头组织落实各项工作部署，加强对群团组织和思想政治工作的领导，凝聚推动改革创新的合力。二是发挥基层党组织战斗堡垒作用。改革是大势所趋，也是一项复杂的系统性工程，牵一发而动全身。基层党组织要持续强化改革宣传，在广大干部职工中进一步统一思想、凝聚共识，增强责任感、荣誉感、使命感，形成支持改革、参与改革的良好氛围。结合企业改革，及时调整党的基层组织设置，巩固加强基层党组织体系，确保机构健全、人员到位、活动经常、工作有效。切实维护企业稳定，注意发现苗头性、倾向性问题，妥善化解矛盾。三是发挥党员先锋模范作用。基层党组织要加强对党员的思想教育和业务培训，努力把党员培养成生产经营的能手、创新创业的模范、提高效益的标兵，做到重要岗位有党员、主要骨干是党员、关键时刻见党员。深化“党员责任区”“党员先锋岗”“党员身边无违章”等实践活动，促进广大党员立足岗位创先争优。党员干部面对改革发展矛盾和问题要迎难而上、攻坚克难；面对急难险重任务要豁得出来、顶得上去；面对各种歪风邪气要敢于较真、敢抓敢管。以踏石留印、抓铁有痕的劲头带头苦干实干，在克服困难、化解矛盾、解决问题中促发展、出实绩。四是发挥党政工团合力作用。坚持党建带群建，增强群团组织的政治性、先进性、群众性，充分发挥联系职工群众的桥梁纽带作用。坚持和完善以职代会为基本形式的民主管理制度，深化厂务公开，积极引导职工踊跃为公司改革发展建言献策。通过开展技能大赛、技术比武和素质提升、技术革新等活动，不断提高职工队伍的专业技术水平和创新创效能力。倡导“企业以职工为本，职工以企业为家”，切实增强职工的认同感、归属感，提升企业的凝聚力、向心力。重视青工思想引导，激发青工创新创效热情，助力成长成才。

三、适应“十三五”发展新目标，切实强化“四个保障”

“十三五”时期，国网公司将全面建成“一强三优”现代公司，推动构建全球能源互联网，为建设百年老店奠定坚实基础。公司将主动顺应能源革命和改革创新发展趋势，积极融入全球能源互联网构建，持续深化“两个转变”，全力创建“两个一流”。实现“十三五”目标，责任重大，任务艰巨，使命光荣。当前，公司发展面临宏观经济下行、能源格局深刻变化等复杂形势，如何持续提升公司效益、盈利能力，打造增值潜力大、盈利能力强、发展前景好的新增长点，同时兼顾发展的平衡性、包容性和可持续性，是我们面临的严峻考验。公司内部，干部职工思想作风与发展要求还不适应，队伍整体素质亟待提升，文化引领作用不突出，依法治企、规范管理还存在薄弱环节。这些都是制约公司发展的重要因素。坚持党的领导，团结凝聚广大干部职工的力量，充分调动一切积极因素，排除各种阻力干扰，是公司战胜困难、迎接挑战，实现“十三五”目标的关键。我们要紧紧把握公司发展的重大战略机遇，坚持主动作为、开拓进取，充分发挥党的政治优势、组织优势和群众工作优势，在公司发展中切实强化“四个保障”。

一是强化思想保障。加强形势任务教育，以公司发展战略统一思想、凝聚人心，确保公司奋斗目标、工作思路与职工行为协调统一，保障公司的决策执行到位，激发干部职工爱岗敬业热情，“坚持、坚守、坚韧、坚强”，义无反顾，一往无前，奋勇争先。科学把握企业运营规律，增强全员效益意识，引导干部职工树立“降本即增效、少亏便是赢”理念。积极寻求电网发展与社会诉求的最佳结合点，倡导“事前算赢”和“先算后干”的理念，推动企业有质量、有效益、有内涵的可持续发展。二是强化人才保障。坚持党管干部、党管人才原则，改进干部选拔方式，扩大选人用人视野，有序开展竞争性选拔工作，加大多渠道的挂职培养、基层锻炼、轮岗交流力度，促进优秀干部脱颖而出。把抓班子、带队伍作为党建工作的重要任务，大力实施全员能力素质培训，全力增强领导班子和领导干部引领企业创新发展的能力，提升人才队伍驾驭电网新技术、适应管理新要求的素质，努力构建与企业发展相匹配的坚强干部人才队伍。三是强化文化保障。坚持文化强企，大力弘扬“努力超越、追求卓越”的企业精神和“诚信、责任、创新、奉献”的核心价值观。深入实施企业文化传播工程、落地工程和评价工程，在发展中积淀优秀文化，提升公司发展的软

“互联网+”、云计算、大数据、物联网等新技术，加快供电服务模式创新，瞄准客户体验，优化服务流程。构建线上线下联动的O2O服务模式，最大范围地连接客户和市场，实现“指尖+点击”的智能互动应用。树立市场营销工作对外是公司价值传递主渠道、形象展示大平台，对内是公司生存立足之本、发展壮大之基的理念，加快推动电网企业由传统电力供应商向现代电力能源服务商转变。

让数据多跑路，让客户少跑腿。国网四川电力开展业扩报装环境整治”百日行动”，着力打造客户导向型供电服务新模式。通过简化手续、压缩流程、限时管控、规范收费和信息公开，实现精准服务、精准营销；优化前后台服务资源，压缩管理层级，建设前台快速响应、后台集约处理的新型组织架构，实现组织扁平化；大力提升数据分析能力，始于客户需求，挖掘消费倾向，实现运营数字化；依托强大的综合服务能力，拓展服务边界，链接上下游产业，打造能源互联网平台的服务生态圈，实现业务跨界化。

深化“三集五大”体系，着力提升协同能力和联动水平，贯通电网规划、建设、运行、检修、营销各环节，强化人、财、物核心资源和信息、通信等技术的支撑能力。构建企业级大数据平台，建立健全跨专业、多领域、常态化分析机制，促进安全生产、电网建设、经营管理等领域创新创效，带动全方位转型升级发展。

从严从实 大力推进依法治企以德育企

依法治企与以德育企如同车之两轮、鸟之双翼。国网四川电力深化依法治企评价体系应用，创新通用制度宣贯方式，完善制度执行考核，让铁规发力、让禁令生威。切合四川电力设施保护与供用电秩序维护条例，积极依法维权护电，营造良好的内外部法治环境。

严管强基带队伍，推进以德育企。国网四川电力以“三严三实”要求为标准，培养忠诚、干净、担当的优秀干部员工队伍。注重道德培育，增强忠诚意识。干部员工自觉将党的事业、国家利益、企业发展作为价值追求，培养良好的道德品行，模范遵守社会公德、职业道德和家庭美德，弘扬新风正气。强化大局观念，自觉做到与企业风雨同舟、荣辱与共。积极履职尽责，树立担当精神。切实做到面对发展深层次矛盾迎难而上；面对利益格局问题挺身而出，自觉维护企业利益和形象；面对急难险重任务豁得出去、顶得上来；面对各种歪风邪气，敢于较真、敢抓敢管。

坚持典型引领，弘扬新风正气。积极选树身边人、身边事，涌现出全国道德模范候选人刘源、舍己救人英雄彭大权等先进典型，忠诚企业，奉献社会，蔚然成风。

从严从实 精准助力四川经济社会发展

消除贫困、改善民生、实现共同富裕，是社会主义的本质要求，同时也是国家电网公司的神圣使命。目前四川农村贫困人口还有497.65万人，按照中央精准扶贫、精准脱贫战略部署，国网四川电力全面贯彻落实四川省委十届六次全会精神，为“四大片区扶贫攻坚行动”“五大扶贫工程”提供优质电力保障，围绕电网规划、农网改造、同网同价、服务均等重点推进工作，积极实施“电力助推扶贫攻坚”十大行动计划，将扶贫攻坚落地、落实。

加快推进贫困地区电网规划建设行动。国网四川电力做好“十三五”电网规划，加快项目建设进度，预计投资1200亿元加强500千伏及以下输配电网络建设，尽快解决电网薄弱环节，全力满足新增供电负荷需求。全面实施农村电网改造升级行动，力争在2020年前全面解决农村低电压等问题。

继续深化“包片进村”服务行动，重点针对“插花式”扶贫，输电输智加造血功能，确保精准解决贫困村生产、生活用电问题。积极服务清洁能源开发利用行动，结合“四大片区”水电、太阳能、风能等清洁能源的开发进度，及时启动并加快推进雅中—华中±800千伏特高压直流工程、凉山布拖500千伏输变电工程等一批重点项目，努力解决“十三五”期新增约1900万千瓦水电、400万千瓦新能源发电项目的接入和送出，服务地方资源优势向经济优势转化。

稳步推进城乡居民同网同价行动，优先推进贫困地区同价工作。国网四川电力持续开展藏区电力对口帮扶行动，实施“人才援藏”对口帮扶，继续开展“三定生”培养，充实藏区供电企业人才储备和就业岗位。精准实施马边县高石头村定点扶贫行动，开展“产业扶贫+智力扶贫+爱心扶贫”三位一体“造血式”扶贫。

深化拓展电力志愿服务行动，推广“川电留守学生之家”，关心关爱少数民族青少年以及留守学生（儿童）健康成长。着力提升供电服务均等化行动，2020 年实现贫困地区供电服务均等化，做到项目实施精准、资金投入精准、措施落实精准，为全川扶贫攻坚总体目标的实现奠定坚实的电力基础，实现有质量、有内涵的可持续发展。

要事特辑

“十二五”发展目标圆满收官

2015年是全面完成“十二五”发展目标的收官之年，在国家电网公司、省委、省政府的坚强领导下，国家电网四川省电力公司（以下简称公司）发展工作始终坚持以科学发展观为指导，积极开拓创新，持续深化“两个转变”，加快建设“一强三优”现代化公司，高质量地完成了年度各项工作目标。2015年，公司完成固定资产投资312.86亿元，同比增长17.18%，其中电网投资309.57亿元，投产110千伏及以上线路2445公里，变电容量1139万千伏安。省内售电量1578.36亿千瓦时，同比下降0.46%；全口径外送电量1226.36亿千瓦时，同比增长9.8%，连续四年创历史新高。重点开展了以下几方面工作。

一、坚持科学规划引领电网发展

大力落实特高压电网发展战略。2015年，公司积极贯彻国家电网公司特高压发展战略，积极参与省能源局组织的“十三五”能源电力规划工作，大力倡导加快四川特高压输电平台建设，促请省发改委、省能源局主要领导多次赴国家能源局，请求同意加快建设特高压相关输变电项目，反复向政府能源主管部门、能源监管部门汇报，与中南、西南等电力设计院沟通，力争各方支持和认同公司特高压规划方案。同时，千方百计抢抓机会，大力宣传和落实公司电网规划成果。目前已将雅中-江西特高压直流和川渝特高压交流方案列入四川“十三五”电力发展规划并上报国家能源局。

努力推动地区电网规划成果落地。持续开展“十三五”地区电网规划工作，科学编制完成22个地市公司“十三五”电网发展规划，形成了各地区覆盖全电压等级的“十三五”电网发展规划研究报告。同时，积极与省能源局、省住建厅等部门对接规划成果，并在省能源局组织下完成与全省21个市州、183个区县的“十三五”电网规划衔接，全面落实公司“十三五”电网规划、农网改造升级规划的思路、原则和规划情况，全力争取公司地区电网规划纳入政府各级、各类规划，推动公司地区电网规划成果落地。

“电亮藏区”工程（颜孝书　制作）

精心开展电网发展重大课题研究。为服务“十三五”电网发展，应对发展新形势，公司针对相关重大问题精心组织开展了大量基础性、前瞻性研究，包括“四川西部水电送出走廊规划研究”“四川省新能源发展及电网配套情况专题研究”“特高压交直流混联电网安全稳定性研究”“短路电流及电磁环网解环研究”“间隔资源综合利用研究”“建设清洁能源基地对四川电网的影响及对策研究”，以及“川渝第三通道交流输电规划系统方案研究”等。相关研究成果大幅提升了规划工作的针对性、适应性和科学性。

积极服务清洁能源健康有序发展。针对国家大力扶持新能源发展的新形势，公司一方面积极研究四川清洁能源发展状况，全面摸排新能源资源分布情况、开发时序和出力特性，做好配套电网规划工作；另一方面系统研读政府电改环境下新能源政策导向、发展思路及体系规则等，强化与政府及相关发电企业的沟通对接，全力争取有利于公司发展的政策支持，引导新能源项目合理安排时序。同时，

110 千伏北川智能变电站，该站采用的智能 110 千伏 GIS 设备

（陈翔　摄）

积极呼吁国家电网公司总部重视并支持四川新能源发电加快发展，积极贯彻总部《电源接入电网管理意见》，实现电源接入电网工作的标准化、制度化、规范化。

全力做好业扩项目接网服务工作。面对经济新常态、电改新形势，市场新挑战，以业扩“百日行动”为契机，进一步优化接入方案编审制度，构建起统一的“一口对外、协同高效、全程管控”的精益化管理新模式。超前谋划，简化流程，积极服务成都天府新机场、移动 IDC、京东方等一大批省级重点项目，进一步提高接入方案编审工作的运作效率和服务质量。积极统筹公司、铁路和设计院各方资源，组织完成四川“十三五”电气化铁路供电专项规划，并及时批复相关项目接网工程方案，获得省能源局、省铁建办和铁路公司的高度肯定。

二、深入推进配电网规划建设工作

贯彻落实国家配电网建设改造行动计划。按照国家配电网建设改造行动计划要求，进一步梳理并细化分解公司“十三五”配电网建设改造任务及目标，高效完成“十三五”配电网规划，在省、市、县公司层面分别形成“4+10 报告、2 图 1 表”的规划成果体系，着力支撑地方经济社会发展。

强化配电网精益化规划研究。结合天府新区配电网现状及发展定位，对标国际领先、国内一流的城市配电网，运用分层分区的网格化规划方法，深入开展天府新区一流配电网规划研究工作，形成涵盖大区、网格、区块的规划成果，着力打造安全可靠、优质高效、绿色经济、互动开放的天府新区一流配电网。立足四川省实际情况，组织开展低密度负荷区配电网规划建设标准研究，细化落实配电网规划设计技术导则，着力支撑配电网协调发展。

扎实开展精准扶贫规划研究。贯彻落实精准扶贫工作要求，以村级规划为着力点，加强配电网发展关键指标分析研究，深入开展贫困地区电网建设与改造规划，为积极推动“四大片区”配电网建设奠定坚实基础。

三、电网项目前期工作高效推进

大力推进特高压等重大项目前期工作。积极配合国网公司开展四川特高压交流环网及雅中至江西特高压直流等工程可研工作，专题研究解决雅中特高压直流系统接入方案、站址比选、大件运输等难点问题，促请省发改委协调云南、贵州支持雅中特高压直流等项目前期工作开展，加快藏中联网工程支持性文件办理。

高效开展电网项目前期工作。紧密结合电网规划，科学制定电网项目前期工作计划，强化属地协调和定期协调机制，规范可研全过程管理，积极争取政府支持，发挥政企协同优势，提高核准效率。全面按期完成马尔康、会东、兰渝铁路牵引站供电等重点项目前期工作，取得 110 千伏及以上电网项目核准 78 项，保证项目合法开工建设，进一步充实

前期储备。

加强项目可研规范管理。全面开展可研经济性和财务合规性评估，积极应用资产全寿命周期管理，有序下放35千伏及以下项目可研评审，强化现场踏勘、中间检查、专题研究、抽查复审等措施，提升可研设计质量和效率，保证投资效益。

四、综合计划管控力度持续增强

优先保障公司重点工作安排。加快低电压项目治理，优先安排低电压技改专项治理资金48.1亿元，治理低电压台区1.53万个、低电压用户7.62万户；加快推进智能电表换装和用电信息采集系统建设，优先保障602万只智能电表换装及配套资金需求安排，其中467万只智能电表换装转纳入基建项目，解决了子公司成本投入能力不足的难题；加快推进老旧弃管小区配电设施改造项目实施，争取政府改造资金约1.3亿元，已累计开展503个小区、11.5万户老旧小区改造工作，实现公司资源统筹优化配置。

重点突出公司发展质效提升。深化国网综合计划指标和项目双维度管控内涵，结合年度综合计划建议编制，建立公司经营与投资策略研究机制，科学统筹公司发展要求与投资能力，合理安排公司投资安排总额和控制资产负债率水平，确保公司投资安排与经营发展保持协调，促进公司发展质效不断提升，推动公司协调健康发展。

创新开展三年滚动项目储备及计划编制。为适应输配电价改革，在2016年综合计划编制的基础上，积极组织开展了2016～2018三年综合计划项目储备暨滚动计划编制，使计划编制深度及编制周期与监管要求相适应，实现计划与规划有机衔接，进一步夯实计划管理基础，积极应对电力改革挑战。

优化业扩配套项目计划管理流程。完善项目计划管理“打包下达、分批分解”机制，设立业扩项目计划包和低压项目抢修领料模式，优化业扩配套项目管理流程，制订下发了《国网四川省电力公司10千伏及以下业扩配套电网建设项目管理办法》，提升公司计划管理灵活性和适应性，提升了电网市场竞争力。

不断完善项目计划全流程管控机制。抓牢项目执行“四链条”，创新项目计划“关键节点里程碑”管控，坚持综合计划执行情况月通报制度，坚持经济活动分析和综合计划专题分析会等多形式过程管控手段，逐步试行开展投资形象统计和ERP系统取数双维度执行分析和考核，项目计划“全流程”管控机制逐步完善，计划管控更加科学。

五、投资效益管理机制不断深化

首次启动电网项目后评价。组织完成丹巴500千伏、永郎—会理Ⅱ回、广安新桥、德阳南丰配套、南充马鞍等5项电网基建工程和2010—2015年农网改造升级工程、无电地区电力建设工程的项目后评价报告，覆盖各电压等级和不同功能分类的电网项目，从前期准备、建设管理、生产运行、投资效益等方面进行了全面回顾和深入分析，工作成果获国家电网公司高度评价。

2015年10月7日，员工在甘孜藏族自治州巴塘县川藏联网工程500千伏巴澜线金沙江跨越段进行巡视和维护工作　　（夏江　摄）

深化完善投资效益考核。持续加强投资效益分析，针对过去三年新投产、定位负荷增长的变电站利用率不达标比例仍高达61.94%(96/155)的情况，加强对各地市公司企业负责人执行电网项目投入产出效益考核，引导各单位进一步增强效益意识。根据分析情况，优化调整电网投资计划安排，2016年110-220千伏电网项目投资占比同比下降5.2个百分点，投资向主干网架和配网“两头”倾斜。

科学编制电网投资计划。充分利用电网诊断分析等研究成果，深入分析电网薄弱环节和投资能力，加强规划和项目计划衔接，科学编制电网基建三年投资计划并指导年度投资计划编制，不断优化投资结构，持续加大配电网建设投入，着力解决光伏扶贫、农网“低电压”和村村通动力电等问题，落实公司重点工作安排。

六、统计分析工作质量持续提升

深化生产经营统计共享融合。以专业工作管理为导向，规范基层数据生产流程，归集重复报送指标和报表，完成27类、1046个指标的共享融合和数据核对，实现各类专业指标的同步产生和自动填报，全面提升了统计价值，取得显著成效。公司典型案例刊登于《国家电网公司工作动态》“一库三中心”工作交流专刊，县公司生产经营一套表分析应用入选国网公司典型案例库，得到国家电网公司高度认可。

扎实推进线损和节能减排管理。稳步推进同期线损管理系统试点建设，建立纵横双向工作机制，强力推进数据融合及功能应用，深入开展基础档案治理，有效解决采集失败、档案关系不清等问题，全面提升数据质量，夯实降损管控新常态。公司典型做法和应用成效刊登于《国家电网工作动态》“线损管理”工作交流专刊。2015年公司综合线损率同比下降0.08个百分点，节约电量15597.4万千瓦时，节能19169.21吨标煤，减排二氧化碳4.78万吨。“十二五”期间，公司累计节能9.04万吨标煤，超额完成“万家企业节能低碳行动”节能目标，相当于减少二氧化碳排放22.52万吨，较好地履行了社会责任。

能源互联网建设初见成效

全球能源互联网实质是发挥特高压电网的优势，构建一个特高压电网+智能电网+清洁能源的电网。总体可分国内互联、洲内互联、洲际互联三个阶段，到2050年实现全球互联。2015年，公司能源互联网建设初见成效。

一、在全球能源互联网的视角下，四川电网未来发展将重新定位，在更大范围内寻求跨越发展，在更大程度上实现互联互通

2015年，国家电网公司结合全球能源互联网的研究成果，在西南电网的基础上提出构建“西北+川渝藏”的西部电网，并在2025年实现西部和东部电网（“三华+东北”）特高压联网，形成全国同步电网。在全国电网格局发生重大变化的情况下，四川电网作为西南电网乃至西部电网的核心枢纽，一方面将通过特高压线路西进北上连接西藏、新疆、青海、甘肃电网，承接藏电、疆电；另一方面通过特高压交流线路成为西部电网与东部电网连接的重要纽带，并通过特高压直流大规模向中、东部送电；此外，如果全国电网最终实现统一互联，四川电网还将是国家电网与南方电网同步联网的重要接口。原来定位的东接三华(华中、华东、华北)、西纳新藏（新疆、西藏）、北联西北、南通云贵的“大电网、大枢纽、大平台”四川电网目标总体上符合发展要求，其内涵还将不断丰富、扩大和延展。以前仅仅基于西南、基于跨省跨区，现在需要考虑在更大程度上实现互联互通，在更大范围内寻求发展空间。从资源特点来看，按照东西部电网格局，西部电网将是一个庞大的送端电网。其中，以四川为中心的西南电网特点是水电为主，风电为辅。我国水电技术可开发量5.7亿千瓦，待开发水电资源几乎全部在西部，主要集中在四川、西藏、云南。预计2030年，我国水电装机4.8亿千瓦；2035年基本开发完毕，水电装机5.3亿千瓦，开发率93%。西北则是火电为主、风光丰富，预计2030年，我国风、太阳能电装机5.6亿千瓦和6.05亿千瓦，其中新疆、甘肃等重点开发地区装机4.65亿千瓦和4.75亿千瓦，分别占全国的83.0%和78.5%。把西南、西北电力打捆送出能更好地实现互济互补。从电力流向来看，现在四川甚至全国电网基本上都是西电东送、南电北供，四川特高压外送通道全部是往东送。随着下一步加强与西北、西藏、云贵互联互通，甚至通过这些地方与周边国家（如尼泊尔、巴基斯坦等）相连，今后电力流向也会随之发生改变，市场将会得到拓展，发展空间也将逐步打开，电网将成为西部电网“桥头堡”。公司下一步将以此为契机，解决四川清洁能源外送通道问题。很有可能打破现在的规划格局，特高压发展呈几何级数增长，这将会对公司设计、建设、施工、运行、维护、保障等带来巨大挑战。不断深入思考全球能源互联网对“十三五”电网发展格局的影响，进一步完善电网规划，优化发展布局；同时认真总结青藏联网、川藏联网、新甘石联网等工程有关经验，对特高压大规模发展做好足够的思想准备，全力投入特高压电网建设。

二、在全球能源互联网的格局下，积极探索智能配电网建设，在更大程度上实现开放互动、泛在智能

构建全球能源互联网，对地市(州)公司层面来说更多的是体现在抓好智能配电网的发展上。随着分布式电源、大规模储能装置、发供用一体的微网系统等新的能源供用形态在用户侧大量出现，智能配电网发展呈现三大新的特征：一是能源生产消费一体化。分布式电源、储能系统、电动汽车等需求响应资源将在配电网中大量接入、即插即用，配电网将从“无源网”向“有源网”转变，从“被动网”向“主动网”转变，这将对配电网规划、运行、控制提出更高要求。二是能源供给方式多元化。配电网将与互联网、物联网、交通网、通信网、天然气供应网等多元网络高度融合，成为城市能源互联网的重要载体，这需要以更加开放的眼光来看待配电网的发展。三是能源市场业态多样化。配电网将成为支撑灵活化交易方式、互动化用能模式的重要平台，将与需求响应、智能家居、综合能源服务等新的下游商业业态高度融合，这需要我们以客户为中心、以市场为导向思考配电网的建设发展问题。

城市能源互联网是未来用户侧能源供用系统的新形态，是全球能源互联网在用户侧的重要支撑极，是智能配电网的具体表现形式。超前谋划城市能源互联网建设，有助于公司继续葆有发展活力。国家能源局将于近期颁布《互联网+智慧能源行动计划》，城市配电网建设与发展上升到承载和推动能源消费革命的新高度，将促进能源互联网技术手段、运营机制、商业模式的成熟和完善。作为四川能源互联网的重要实施主体，公司积极布局、扎实开展能源互联网研究与应用，牵头承担了省政府下达的《能源互联网关键技术研究及在智慧城市中的应用》“四川省科技支撑计划项目”，积极申报“能源互联网四川省工程实验室”，积极争取能源互联网相关模式与技术的落地应用。围绕城市能源互联网的建设目标，公司下一阶段将着力开展以下工作。一是开展能源互联网应用试点。通过与相关高校及研究机构合作，进一步深化多能源横向协调运行技术、源网荷储纵向协调运行控制技术、多种能源信息综合量测技术、能源路由技术等关键技术的研究，并逐步开展小规模试点示范。二是探索主动配电网建设。主动配电网是承载城市能源互联网互动资源、实现能源互联网优化控制的重要“硬件”平台，大力开展用户主动响应、分布式资源柔性接入与控制、主动配电网优化规划等技术的研究，推动能源互联网新的生态系统的形成。三是构建综合能源供应体系。2015年9月中旬，在美国洛杉矶召开的第一届中美气候智慧型/低碳城市峰会，四川省政府、清华大学，华盛顿州政府、华盛顿大学签署了《关于中美气候智慧型/低碳城市合作的协议》，旨在深入推进清洁能源合作，促进低碳产业发展。公司以能源互联网建设为契机，积极介入，密切配合，先期参与了低碳产业合作推进方案编制、能源互联网产业技术研究院创建、关键研究任务制定以及创新技术示范应用工程建设等工作中。通过加强合作，四川省拟争取成为国家能源互联网建设的试点省份，引导四川的水、风、光、天然气等多种能源协同发展。下一步，公司将继续参与中美“气候智慧型/低碳城市”合作，探索以配电网为支撑平台，构建多种能源优化互补的综合能源供应体系，实现能源、信息双向流动，逐步构建以能源流为核心的“互联网+”公共服务平台。

三、在全球能源互联网的背景下，加快推进“两个替代”，在更大程度上消纳清洁能源、服务绿色发展

“两个替代”，即在能源开发上实施清洁替代，推动能源结构从化石能源为主向清洁能源为主转变；在能源消费上实施电能替代，提高电能在终端能源消费中的比重。四川作为清洁能源大省，在“两个替代”方面拥有广阔的发展空间。

积极服务清洁能源发展。“十三五”规划期间，四川省将落实国家的清洁能源发展战略，加快打造全国清洁能源基地，创建清洁能源示范省，预计到2020年，四川清洁能源装机将达到1亿千瓦。因此，四川电网发展的主要任务是大力配套和服务清洁能源基地建设和清洁能源示范省创建。公司要主动对接清洁能源的开发利用需求，在做好大电网滚动规划的同时，综合应用新技术，大幅提升接纳新能源的能力，力争到2020年并网风电、太阳能发电总装机容量达到1000万千瓦（风电、太阳能发电分别约为700、300万千瓦），清洁能源装机占比提高至85.63%。

加快充电设施布局。近期，国家出台《关于加快电动汽车充电基础设施建设的指导意见》和《电动汽车充电基础设施发展指南（2015-2020年）》，明确到2020年要完成为500万辆电动汽车配套建设相应规模的充电基础设施，意味着我国从政策层面开始着手打通“电动汽车时代”到来的“最后一公里”。回顾新能源汽车的发展里程，从2007年我国新能源汽车进入产业化准备和转化阶段，到2009年实施“十城千辆节能与新能源汽车示范推广应用工程”，我国新能源汽车进入大规模示范和推广阶段，再到2014年新能源汽车扶持和优惠政策的密集出台，我国新能源汽车在解决了“车”本身的问题之后，开始集中解决充电设施建设问题。当前，最紧要的任务是加强充换电设施配套电网建设与改造，保障充换电设施无障碍接入，加快建设电动汽车智能充换电服务网络，实现城市及城际间充电设施的互联互通。2020年，满足全省292座充换电站、7667台充电桩接入需求，为10万辆电动汽车提供充换电服务。同时，要推动西南智能电网产业园建设，打造充换电设施西部制造高地，为充换电设施建设与改造提供保障。

彭大权事迹

2015年5月29日，国网南江县供电有限责任公司员工彭大权在农网建设施工现场，突遇山石滚落，因勇救同事，被滚石砸中头部不幸牺牲。彭大权先进英雄的宣传工作受到省委宣传部高度重视和大力支持。6月9日，受四川省委宣传部领导委托，省人民政府新闻办副主任李晓骏主持会议，听取国网四川省电力公司关于彭大权先进事迹及前期媒体宣传的情况汇报，对有关宣传工作提出了具体安排和要求。6月16日，省委宣传部宣传处处长苏东主持会议，组织省内十余家主要媒体深入讨论彭大权先进事迹的宣传工作，结合社会主义核心价值观宣教工作对深入宣传彭大权先进事迹提出了明确要求。在省委宣传部大力支持、各级媒体深入报道和国网四川省电力公司积极配合下，彭大权先进事迹在全省范围内引起了强烈反响，为四川省培育和践行社会主义核心价值观积累了宝贵财富。

彭大权在施工现场（张晓勇　摄）

媒体宣传：6月3日和6月17日，新华网、人民网、《四川日报》、四川电视台、《华西都市报》以及《中国电力报》《国家电网报》等媒体记者先后两次深入实地采访，对彭大权先进事迹进行深入宣传报道。其中《工人日报》《四川日报》《中国电力报》《国家电网报》等行业内外各大报都在重要位置刊登了长篇通讯，凤凰网、腾讯网等主要网站纷纷进行转载。

先进事迹报告会情况：6-7月，在省委宣传部宣传处的悉心指导下，国网巴中供电公司、国网四川省电力公司先后举行了彭大权先进事迹报告会。6月25日下午，国网巴中供电公司党委组织召开首场彭大权先进事迹报告会，报告团成员由彭大权同志女儿和生前单位领导、同事以及媒体记者组成，分别以《记忆中，爸爸远去的身影》《大山里的光明使者》《永远怀念我们的好兄弟》和《令我动情的平凡》为题，从不同角度讲述了彭大权感人肺腑、催人奋进的先进事迹。

为大力弘扬彭大权同志的高尚情操和奉献精神，各级党政工组织先后追授了彭大权崇高荣誉：四川省总工会追授彭大权四川省“五一劳动奖章”，巴中市委宣传部、巴中市文明办追授彭大权“十大巴中好人”，国网四川省电力公司追授彭大权同志“国网四川省电力公司劳动模范”。

大事记

责任编辑：程彦韬

公司2015年十大新闻

刘振亚在京与王东明会谈 2015年3月2日，国家电网公司董事长、党组书记刘振亚在京与四川省委书记王东明会谈，双方就特高压电网发展、无电地区电力建设、四川水电外送等深入交换意见。王东明感谢国家电网公司长期以来对四川经济社会发展的大力支持，充分肯定了四川电网快速发展在服务社会、提升经济、改善民生等方面作出的巨大贡献。公司也抓住全国两会有利时机，积极呼吁加快“两交两直”在川特高压电网发展。

公司诞生一批全国劳模和省劳模 公司积极履行社会责任，加快推进藏区电网建设、无电地区电力建设等重大民生工程，得到了政府和社会各界好评。2015年，公司系统共有3名全国劳模和17名四川省劳模，为公司史上劳模人数最多的一年。4月28日，公司3名全国劳模参加了在北京人民大会堂召开的庆“五一”国际劳动节暨全国劳动模范和先进工作者表彰大会。

历经五年全面完成“电亮藏区”工程　5 月 20 日，四川省“电亮藏区”工程劳动竞赛总结表彰会在公司召开，四川省总工会表彰了藏区电网建设先进集体和先进个人。2011 年，国家电网公司和省委、省政府共同启动“十二五”四川藏区电网建设，累计投资 283 亿元，大力实施“电亮藏区”工程。5 年里，公司 5 万多名建设者攻坚克难，先后建成投运“新甘石”联网、川藏联网、甘孜“电力天路”、水电送出、无电地区电力建设等系列电网重点工程，创造了高原电力建设史上的新奇迹。

公司启动“三严三实”专题教育　5 月 30 日，公司“三严三实”专题教育正式启动。专题教育不分批次、不划阶段、不设环节，各单位同步进行，长期融入领导干部经常性学习教育。公司各级领导干部对照“三严三实”要求，坚持学习教育，坚持问题导向，坚持以上率下，坚持从严从实，坚持讲求实效，聚焦对党忠诚、个人干净、敢于担当，着力解决“不严不实”问题，切实增强践行“三严三实”要求的思想自觉和行动自觉，做到心中有党不忘恩、心中有民不忘本、心中有责不懈怠、心中有戒不妄为。

开展“业扩报装环境整治百日行动”　6 月 23 日，公司启动 “业扩报装环境整治百日行动”，重点从业务手续、业务流程、办理时限、费用收取、市场开放、信息公开等六方面，对业扩报装环境进行整治，以构建业扩报装新模式，提升客户满意度，着力打造基于客户导向型、组织扁平化、服务线上化、运营数字化、业务跨界化的“一型四化”的新型营销模式。

提前实现供区内无电地区全面通电　6 月 30 日，公司提前半年实现供区内无电地区全面通电目标。3 年内共投资 72.5 亿元，克难攻坚、艰苦奋战 700 多天，以最大限度电网延伸方式，解决了 14.03 万户、62.83 万人无电问题。建设完成 110 千伏变电站 5 座，35 千伏项目 78 个，高低压线路共计 3.4 万余千米。12 月底，四川省无电地区电力建设全面完成。

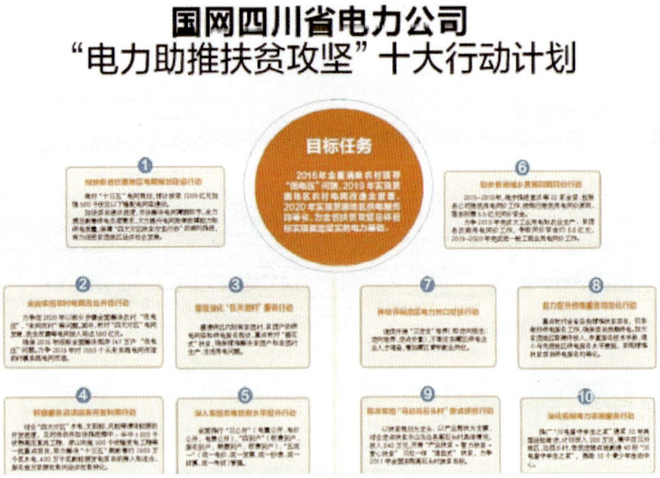

推出“电力助推扶贫攻坚”十大行动 7月29日，公司推出“电力助推扶贫攻坚”十大行动计划，内容包括加快推进贫困地区电网规划建设、实施农村电网改造升级、深化“包片进村”活动、服务清洁能源开发利用、提升农电管理水平、推进城乡居民同网同价、开展藏区电力对口帮扶、改善供电服务质效、定点扶贫马边高石头村、拓展电力志愿服务等十个方面，确保2016年全面消除农村现存低电压问题，2019年实现贫困地区农村电网改造全覆盖，2020年实现贫困地区供电服务均等化，为全省近500万贫困人口脱贫奠定用电基础。

四大直流外送电量突破千亿千瓦时 2015年，起于四川省的±800千伏锦苏线、复奉线、宾金线三大特高压直流输电线路和±500千伏德宝直流输电线路首次同时满功率运行。四大直流输电线路全年外送电量突破千亿千瓦时，创历史新高，不仅为华东地区经济发展注入强劲动力，也为国家推动低碳绿色发展和我国东部大气污染治理做出了巨大贡献，同时还实现了四川特高压带电作业零的突破，有效减少了特高压输电线路非计划停运，标志着公司带电作业水平已经跻身于全国前列。

彭大权被四川省委追认为中共党员 5月29日，国网南江县供电公司员工彭大权和队友在迁改施工任务完成撤离现场途中发生意外，48岁的生命，永远留在了剪子垭的青山之中。彭大权的行为赢得了社会的广泛肯定和认可，社会主流媒体给予了高度关注和及时报道。国家电网公司追授彭大权为劳动模范，10月31日，省委书记王东明主持召开常委会议，追认彭大权为中国共产党党员。

开展安全大检查和缺陷隐患整治行动 8月22日，公司“安全日”启动安全大检查和缺陷隐患整治工作，由公司领导挂帅的13个工作组，分别深入各基层单位、一线，对55个车间级单位、127个班组（项目部、供电所）、53个作业现场开展专业督导，从专业纵向和单位横向两个维度，全面排查缺陷隐患，有效解决常规检查广度和深度不足的问题，并形成长效机制，为确保公司安全生产稳定局面奠定扎实基础。

国网四川省电力公司大事记

1月

1月4日 2015年新年的首个工作日，国网四川省电力公司（以下简称公司）召开2015年电视电话安全工作会议，全面总结公司2014年安全工作，科学研判当前安全形势，深入剖析安全风险和问题，为全面做好2015年安全工作统一思想，明确方向，安排部署安全重点工作，夯实公司安全发展基础。

1月7日 《人民日报》报道：被誉为“电力天路”的四川甘孜电力联网工程取得重要进展，四川省甘孜藏族自治州18个县的县域电网已全部接入国家电网主网，从根本上解决了乡城、稻城、巴塘、得荣、丹巴、新龙、白玉、色达等8个县域电网“孤网”问题，解决了4.58万户、18.86万无电人口的用电问题，大幅提高了县域电网的供电能力及供电可靠性，结束了甘孜藏区电网长期“孤网运行”的历史。

是日 四川电网2014年外送水电电量首次突破千亿大关，达1116亿千瓦时，较2013年增长62%，创历史新高。特高压直流输电工程的投运，复奉、锦苏、宾金三大特高压直流输电线路向华东地区源源不断传输水电清洁能源达897亿千瓦时，相当于三峡电厂设计年发电量，减少火电原煤消耗4000多万吨，减少二氧化碳排放约1亿吨，减少二氧化硫排放35万吨。

1月9日 公司与中国电信四川公司正式签订战略合作协议，双方在多年友好合作的基础上，进一步建立项目开发、技术交流等长期合作机制，标志着国网四川电力和四川电信在业务互通、资源共享上开启了新的篇章。

1月15日 在国家电网管理学院会议楼，川藏联网工程建设指挥部总指挥助理、国家电网公司基建部综合处处长易建山，川藏联网工程巴塘500千伏变电站技术员、四川电力送变电建设公司员工何文，川藏联网工程西藏段环水保总监、西藏信和监理咨询有限公司副总经理辛玉琴，川藏联网工程现场保障医院院长、四川电力医院（国网高原病防治中心）副院长朱可，国网西藏电力建设有限公司员工王磊，中央电视台记者白璐，西藏昌都地区群众代表群宗7人，讲述了川藏联网工程从开始建设到成功投运的艰苦历程和感人事迹，用朴实的语言、真挚的情感，为公司“两会”代表再现了川藏联网工程荡气回肠的建设场景和建设者英勇奋战的精彩片段，赢得了赞誉。

国家电网公司（以下简称国网公司）董事长、党组书记刘振亚和党组成员、国网公司“两会”代表参加了报告会。

1月16日 公司“送电工”们以原创歌曲《你会来工地看我吗》编排的节目，在国网公司2015年职工文化成果展示中演出，受到国网公司工会主席刘广迎的称赞。

是日 在四川省总工会第十三次全委会上，公司工会主席左宇龙全票当选四川省总工会委员、常委。

1月21日 下午，公司党委2015年工作会议在国网四川管培中心召开，公司党委书记、副总经理葛兆军作题为《坚持从严治党加强自身建设为加快建成“一强三优”现代公司提供坚强保证》的工作报告。国网公司副总经济师、国网四川省电力公司总经理、党委副书记王抒祥主持会议。公司副总经理李华、褚艳芳，总会计师杨桂荣，副总经理丁燕生、纪委书记周群、副总经理刘勇、工会主席左宇龙，副总经理陈云辉，总工程师石俊杰，正局级调研员甘德一，副局级调研员王平、胡柏初及公司总经理助理、副总师、公司本部各部门负责人及所属各单位党政主要负责人参加会议。

1月22日 公司五届四次职代会暨2015年工作会议在国网四川管培中心召开。王抒祥作题为《依法治企强管理 改革创新促发展 为加快建成“一强三优”现代公司而努力奋斗》的工作报告，葛兆军主持会议并传达国家电网公司二届六次职代会暨2015年工作会议精神，左宇龙作职代会工作报告。23日上午会议完成预定议程，圆满闭幕。

是日 在公司2015年工作会上，大会宣读了四川省委书记王东明在公司《关于2014年工作完成情况及2015年工作安排思路的报告》上作出的重要批示：“过去一年，省电力公司紧紧围绕省委、省政府决策部署，扎实工作，成效显著，贡献突出。望再接再厉，继续加大保障和服务力度，为促进全省经济发展、社会和谐稳定作出新的更大贡献。”

1月23日 下午，国内首条无线充电社区巴士商用线、四川成都社区巴士1058路示范线路投入试运行。该系统开发项目由国网成都供电公司和中兴通讯公司合作，由川电新能源电动汽车服务有限公司与中兴新能源汽车有限公司具体实施。

2月

2月1日 在四川省第十二届人民代表大会第三次会议上，葛兆军当选为四川省十二届人大常委会委员。

2月3日 葛兆军一行专程前往四川省人大常委会，拜访了省人大常委会副主任彭渝、副主任兼秘书长曾省权等在家领导。受国网公司委托，葛兆军转达了国网公司致省人大的感谢信，介绍了国网公司有关工作情况，并详细汇报了国网四川电力2014年各项工作情况及下一步工作思路。

2月9日 四川省电力行业协会召开2015年理事长联席会暨电力行业工作座谈会，共商四川电力发展大计。会议审议了“四川省电力行业协会新增副理事长单位提案”及“四川省电力行业协会新增副理事长建议方案”，并书面报告了“四川省电力行业协会秘书处2014年工作情况”。2014年，四川全社会用电量达到2014.79亿千瓦时，居全国第九，同比增长3.38%。全省发电总装机达7874万千瓦，当年新投产1064万千瓦，同比增长14.86%；水电装机6293万千瓦，位居全国第一。

2月10日 公司与四川省纪委、省监察厅、省精神文明办公室召开国网四川电力行风监督员座谈会，总结2014年公司行风建设工作，听取行风建设的意见和建议，明确2015年行风建设工作思路。

2月11日 公司与资阳市人民政府签订《加快推进资阳电网建设 服务资阳经济社会发展战略合作协议》，双方开启政企友好合作、共谋发展的新篇章，共同寻求长远发展、实现互利共赢。资阳市委书记周喜安，资阳市委副书记、市政府代市长陈吉明，王抒祥、葛兆军出席签字仪式。

资阳地处成渝“双核”地带，是天府新区的重要组成部分，区位优势突出。公司高度重视资阳电网发展，持续加大电网投入、不断加快建设步伐，“十二五”规划以来新建、扩建110千伏及以上变电站13座，资阳电网形成了以500千伏变电站为支撑，220千伏双环网为骨干网，多层级电网协调发展的良好格局，主网供电能力和安全可靠性显著提高，有力支撑了资阳经济社会的快速发展。

是日 公司召开五届职代会第十四次联席会议，审议《集体企业劳动用工管理办法》《集体企业员工入口管理办法》《关于进一步加强人才援藏工作的意见》和《调整企业年金理事会组成人员名单》等四项经公司总经理办公会议讨论通过的议案，获全票通过，将经相关部门修改完善后实施。

2月25日 羊年春节上班第一天，公司以电视电话会议的形式召开了“羊年第一会”，王抒祥在会上对安全生产、全国“两会”期间保电、法治企业建设、电网工程建设等方面工作提出七点要求。

是日 因“2·24”瓦斯爆炸事故导致停电的成都市龙泉驿区万兴乡、洛带镇，经公司抢修中午全部恢复供电。24日午间发生的爆炸事故，造成爆炸点附近的1条35千伏、3条10千伏线路不同程度损伤和跳闸，万兴乡、洛带镇共计7380户用户供电受到影响。

3月

3月2日 国网公司董事长、党组书记刘振亚在京与四川省委书记王东明一行举行会谈，双方就特高压电网发展、无电地区电网建设、四川水电外送等深入交换了意见。

3月5日 “你们贴近广大百姓，深入社区为民服务，用心架起了服务群众的连心桥。”四川省委常委、省总工会主席李登菊在绵阳考察时，充分肯定国网四川省电力公司深入社区、便民利民的服务形式。

3月6日 为集中展示各部门“卓越团队”建设情况，公司举办本部2014年度“卓越讲坛”。副总经理李华向所有参加演讲展示的部门点赞，要求全体干部员工强化责任意识，要转变观念、积极思考、增强政治意识、大局意识和忧患意识，坚决摒弃“等靠要”的惰性观念，充分发挥主观能动性，切实增强事业心和责任感，进一步发挥本部“四个中心”作用，为推动公司“五个发展”，全面建设“一强三优”现代公司做出新的更大贡献。

3月9日 全国政协委员王抒祥在全国政协十二届三次会议上建议，将西南电网方案纳入国家“十三五”电力发展规划并加快实施，统筹安排相关电源基地建设，促进国家低碳绿色发展，为国家实现降低碳排放及非化石能源消费比重目标奠定良好的基础。西南特高压电网将由川、渝、藏电网构成坚强送端电网，与湖北、湖南、河南、江西四省直流背靠背联网，使国家电网形成三送端（东北、西北、西南）、一受端（华中）共四个同步电网新格局。

3月11日 四川省副省长钟勉到雅安市宝兴县灵关镇新城区，考察了解新城区建设，葛兆军汇报了新城区电力建设及改造和新建工程规划情况。

3月18日 中国“西电东送”最大的输电通道±800千伏溪洛渡左岸—浙江金华特高压直流输电线路，顺利完成2014年投运以来的首次集中停电检修，丰水期西南水电基地对浙江省电力供应的保障能力得到加强。

此次溪浙线集中停电检修于3月7日启动，18日结束，由沿线五省电力公司分段同步实施，全面提升输电设备和线路的健康水平，确保线路在汛期的正常运行。

±800千伏溪浙线是继向家坝—上海、锦屏—苏南特高压直流输电工程外，国网公司投资建设的又一条连接中国西南水电基地和东部负荷中心的清洁能源大通道。工程投运以来，已累计向华东送出电量209亿千瓦时，不仅充分保障浙江电网迎峰度夏，还大力推动西南清洁水电的加快开发和在更大范围优化配置。

3月27日 公司召开安全工作电视电话会议，通报国网新疆电力公司"3·17"、国网安徽省电力公司"3·18"、国网河北省电力公司"3·23"事故（事件）的情况。确保公司安全局面稳定。

3月29日 国网公司2015年高校毕业生招聘考试（第二批）四川考点准时开考，1473余名学生参加考试。董京营赴四川电力职业技术学院考点进行现场巡视和检查督导。

国网公司2015年高校毕业生招聘考试（第二批）自2月底启动以来，网上报名踊跃，四川考点成为全国第二大考点，共有12605人报名，其中2566人通过初步筛选，1487人通过现场资格审查。

4月

4月8日 公司召开2013—2015年无电地区电力建设推进会，对收尾阶段工作进行安排部署。

4月20日 公司与清华大学电机工程与应用电子技术系签订院士工作站合作协议，中国科学院院士、瑞典皇家工程院外籍院士、清华大学教授、博士生导师卢强带领他的专家团队将公司设立卢强院士工作站，充分发挥清华大学卢强专家团队智能电网及先进控制领域技术优势，提高四川特高压交直流混联电网安全稳定运行水平。

四川省发改委副主任、省能源局局长雷开平，国家电网公司副总经济师，西南分部主任、党组书记，国网四川省电力公司总经理王抒祥出席此次仪式，国网四川省电力公司党委书记葛兆军主持仪式。卢强和清华大学电机系教授、系主任、博士生导师曾嵘等专家教授出席此次仪式。副总经理刘勇代表公司与卢强签订合作协议。

4月24日 《工人日报》发表王抒祥的署名文章《架起"电力天路" 点亮雪域高原》。

4月30日 公司召开第五届职代会第十五次联席会议，审议并通过了经公司总经理办公会讨论通过的《企业负责人年度业绩考核管理办法（修订版）》《科学技术奖励办法》两项议案。

5月

5月5日 王抒祥就"十二五"规划期间电力建设、无电地区电力建设、藏区电网建设、西南电网、互联网等方面内容接受新华社、中央人民广播电台、《中国日报》《科技日报》《四川日报》四川人民广播电台、四川电视台、《华西都市报》《天府早报》《四川经济日报》、四川新闻网、四川在线等媒体记者的集中采访。

5月6 公司召开2015年±800千伏锦苏、向上、溪浙三大特高压直流工程满功率运行运维保障工作动员会，确保三大特高压直流工程满功率运行。

5月8日 四川省委书记、省人大常委会主任王东明在省关工委《关心下一代工作简报》（2015年第7期）"倾情履责、心系藏区，国网四川省电力公司关爱青少年成效显著"上批示：国网四川省电力公司积极履行社会责任，在关爱留守儿童和藏区青少年方面做了大量工作，值得充分肯定和宣传推广。

5月18日 在四川省2014年度科学技术奖励大会上，省委书记王东明等省委、省政府、省政协主要领导为获得一等奖的单位颁发获奖证书，公司"高海拔高压交流绝缘特性及输变电工程设计关键技术研究和应用"被授予四川省科学技术进步奖一等奖。"基于多元异构信息融合技术的海量数据平台"等3项成果被授予四川省科学技术进步奖二等奖，"藏区联网工程过电压风险评估及防控技术研究"等4项成果被授予四川省科学技术进步奖三等奖。

5月20日 四川省"电亮藏区"工程劳动竞赛总结表彰会在公司本部召开，省总工会对藏区电网建设中涌现出的一批先进集体和先进个人进行表彰，进一步弘扬劳模精神，动员全体干部员工学习先进、鼓舞干劲、拼搏进取。省委常委、省总工会主席李登菊，副省长刘捷，中华全国总工会经济部部长粟斌，国家电网公司总经理助理喻新强，省政府副秘书长罗治平出席会议。省总工会党组书记、副主席罗茂乡主持会议。

公司建设管理中心等3个集体荣获"四川省五一劳动奖状"；杨可等6人荣获"四川省五一劳动奖章"；国网广安供电公司甘孜新龙"电力天路"工程建设指挥部等8个集体荣获"四川省工人先锋号"称号，国网成都供电公司等10个集体荣获"四川省重点工程劳动竞赛先进集体"称号；常建磊等20人荣获"四川省重点工程劳动竞赛优秀建设者”称号。

是日 中华全国总工会经济技术部部长覃斌一行深入国网成都供电公司变电检修工区、市场及大客户服务部等一线班组调研指导班组建设和职工创新工作。希望“要传承劳模精神，立足岗位、自主创新、甘于奉献、‘唱响’世界”。四川省总工会副主席彭闯、经济部部长李龙昊，左宇龙等陪同调研。

5月29日 国网南江县供电公司职工彭大权和工友在抢通巴陕高速施工用电线路迁改工程撤离施工现场时，遭遇落石，为保护工友，彭大权被山上滑落的滚石砸中头部，抢救无效不幸遇难，年仅48岁。经公司党委常委会研究决定，正式追授彭大权“国网四川省电力公司劳动模范”荣誉称号。

是日 公司资产全寿命周期管理体系顺利通过国网专家组正式评价，资产全寿命周期管理体系达到成熟水平。

5月31日 四川省并网装机容量达到8003.25万千瓦。其中，水电6370.63万千瓦，占总装机容量的79.6%；火电1583.65万千瓦（含垃圾发电17万千瓦），占总装机容量的19.79%；风电35.25万千瓦，占总装机容量的0.44%；太阳能13.72万千瓦，占总装机容量的0.17%。根据5月底的数据显示，四川在2015年夏水电装机容量与2014年相比，增长了13.98%。

2014年起，随着向家坝、锦屏、溪洛渡等大型水电基地机组陆续投产，四川水电装机大幅增加，已占国网公司经营区域水电装机总量的31.74%。水电装机大规模集中投产使汛期水电富余现象加重，为充分消纳利用清洁水电能源，国网公司发挥特高压电网远距离大容量输送电力的优势，安排复奉、锦苏、宾金三大特高压直流输电线路长时间满功率运行，向华东地区上海、江苏、浙江等地大规模输送四川清洁水电。

6月

6月16日 国网公司第一届档案职业技能竞赛在国网四川技培中心展开首轮角逐，来自国网系统60支代表队的208名档案工作者参加了比赛。

是日 公司举行四川电网2015年迎峰度夏联合反事故演习，全面检验生产运行系统应对自然灾害、电网事故、设备故障等突发事件的处置能力，确保四大直流满负荷持续安全运行和四川电网安全稳定运行和可靠供电。

6月17日 国网公司第一届档案职业技能竞赛在国网技术学院成都分院圆满完成各项赛事落下帷幕。公司参赛队获团体赛三等奖，国网四川电力5名选手从200多名参赛选手中脱颖而出，获得“技术能手”称号，其中3名选手包揽了第　名、第二名和第四名。

国务院国资委办公厅副主任隆小培、群工局副局长刘建功，国家档案局经科司司长王雁宾，中国人民大学信息资源管理学院院长张斌，四川省档案局党组书记、局长丁成明，国家电网公司副总经理、党组成员王敏，王抒祥、葛兆军等到场观摩比赛，并为个人、组织和团体奖项颁奖。

6月17—19日 四川省委宣传部组织新华社、《四川日报》《华西都市报》、四川电视台、四川广播电视台、四川在线、四川新闻网等多家省市级媒体记者赴巴中对彭大权舍己救人的英勇事迹进行深入采访。

6月23日 公司召开“业扩报装环境整治百日行动”（以下简称“百日行动”）电视电话会，统一思想，提高认识，启动“百日行动”，对行动进行全面部署。

“百日行动”是结合公司当前面临的内外部形势，为进一步精简业扩报装手续，营造规范、干净的业扩报装环境，最大限度地实现业扩报装服务便民、为民、利民，针对业扩报装存在手续繁琐、流程较多、实现管控不严、业务线下流转、收费不规范、信息不透明等突出问题，在公司范围内开展的整治行动。

6月26日 公司在眉山召开党建工作现场推进会，深入学习贯彻中央全面从严治党部署要求，落实党委年初工作会议精神，分析党建工作面临的新形势，部署重点工作，各单位开展学习交流，全面推进公司党的建设。公司党委书记葛兆军出席此次会议并作重要讲话，公司纪委书记周群主持会议。

6月30日 四川甘孜藏族自治州白玉县河坡乡生戈村实现通电，最后一批近19万人告别无电时代，这是国家电网无电地区电力建设最后一批通电的村庄，四川结束了无电地区的历史。

7月

7月1日 四川省总工会决定追授国网南江县供电公司职工彭大权四川省五一劳动奖章。号召全省广大干部职工向彭大权学习，学习他忠诚尽责、舍己为人的高尚品格；学习他爱岗敬业、踏实肯干的职业操守；学习他诚实守信、坚强乐观的人生态度，积极践行社会主义核心价值观，立足岗位、建功立业，为四川省加快推进“三大发展战略”，开创经济社会又好又快发展的新局面做出新的更大贡献。

7月3日 ±800千伏溪洛渡—浙西特高压直流输电工程投运满一年。累计向浙江输送来自四川的清洁水电335亿千瓦时。溪浙特高压工程于2012年7月

公司概况

责任编辑：何　飞

公司业绩

【概况】2015 年是全面完成“十二五”发展目标的收官之年，在国家电网公司、省委、省政府的坚强领导下，国网四川省电力公司（以下简称公司）发展工作始终坚持以科学发展观为指导，积极开拓创新，持续深化“两个转变”，加快建设“一强三优”现代化公司，高质量地完成了年度各项工作目标。

2015 年，公司完成固定资产投资 312.86 亿元，同比增长 17.18%，其中电网投资 309.57 亿元，投产 110 千伏及以上线路 2445 公里，变电容量 1139 万千伏安。省内售电量 1578.36 亿千瓦时，同比下降 0.46%；全口径外送电量 1226.36 亿千瓦时，同比增长 9.8%，连续四年创历史新高。营业收入总额 976 亿元，同比下降 0.27%；利润总额 4.77 亿元；流动资产周转率 26.09 次，同比增加 0.41 次；资产负债率 74.51%，低于计划 0.59 个百分点；净资产收益率 0.57%，与计划持平；上缴投资收益 4.05 亿元，超计划 2.28%。

2015 年，公司在建 110 千伏及以上项目 115 个，在建线路 3930.85 公里、变电容量 2069 万千伏安。其中，2015 年续建 110 千伏及以上项目 51 个，线路 1835 公里、变电容量 1358 万千伏安。

2015 年，公司全年共开工 110 千伏及以上项目 64 项，线路长度 2095.85 公里、变电容量 711.00 万千伏安；投产 110 千伏及以上项目 71 项，线路长度 2445.08 公里、变电容量 1139.45 万千伏安。

2015 年，公司完成电网基建投资 250.76 亿元，同比增长 2.69%；其中 500 千伏投资 46.55 亿元，220 千伏投资 52.20 亿元，110 千伏投资 37.07 亿元，35 千伏及以下投资 114.95 亿元。

截至 2015 年年底，公司拥有 500 千伏变电站（含开关站）46 座，总变电容量 7,408 万千伏安；输电线路 164 条，线路长度 12,776.62 公里；220 千伏变电站 206 座，变电容量 6,321 万千伏安；输电线路 622 条，线路长度 17,352 公里；110 千伏变电站 729 座，变电容量 5,631 万千伏安；输电线路 1,771 条，线路长度 24,698 公里；资产总额达到 1,360.36 亿元。四川电网 500 千伏电网覆盖全省各市州，多层级电网协调发展的格局基本形成。四川电网已从局部电网跃升为联通西北、华中、华东、华北四大区域电网、特高压交直流混联运行的枢纽电网。

【安全生产】2015 年，安监部在公司的坚强领导下，认真贯彻落实公司安全工作决策部署，全面落实公司 2015 年安全工作意见，坚持以人为本、促进安全发展；坚持依法“治”安、从严“治”安；坚持近治远防、标本兼治，以深入开展安全管理提升活动为载体，推进安全风险科学防控，强化安全保障措施，全面提升安全治理能力。一年来，公司未发生人身死亡事故，未发生一般及以上电网、设备事故，未发生重大火灾事故，未发生五级信息系统事件，未发生负同等责任的特大交通事故，成功处置了各类突发灾害，确保了四川电网安全稳定运行，安全生产保持平稳局面。

【职工队伍】2015年，公司人力资源工作紧密围绕公司改革发展重点任务，各项工作有序推进。人力资源机制建设、“三定”管理、用工规范管理、薪酬管理、福利保障管理、绩效管理、人才援藏、人才培养及“五位一体”深化应用等工作取得新成效，人力资源管理水平大幅提升，用工总量持续下降，员工队伍结构进一步优化，为公司深化改革提供了坚实的组织保障和人才支撑。

截至2015年年末，公司全口径用工11.03万人，同比减少 3.93%，其中主业用工 8.86 万人，减少 1.09%；全口径劳动生产率 40.288 万元/人·年，同比增长 6.27%；人才当量密度 0.9619，同比增长 4.09%。完成供电《业务外包模式下“三定”管理策略研究与实践》获得国网公司 2015 年度软科学成果三等奖，六项工作创新实践入选国网动态，七个项目获得公司管理创新或优秀课题奖，公司智桥大学被中国企业大学联盟评为 2015 年度“中国最佳企业大学”。

【电网建设】2015 年，公司全年完成电网投资 309.57 亿元，累计开工 110 千伏及以上项目 64 项，线路长度 2096 公里、变电容量 711 万千伏安；投运 71 项，线路长度 2445 公里、变电容量 1139 万千伏安，规模位居国网公司前列。公司全面完成甘孜藏区“电力天路”及无电区建设任务电网建设任务，安全形势保持平稳，工程质量稳步提升，工程造价控制成效显著，重点工程顺利推进。

主要建成投运了新都桥 500 千伏输变电工程、溪古 500 千伏输变电工程、九江 500 千伏输变电工程、达州至黄岩500千伏输变电工程、500千伏乡城变电站1号主变扩建工程、500千伏丹景变电站3号主变扩建工程、大岗山水电站500千伏送出工程、枕头坝水电站500千伏送出工程、黄金坪水电站500千伏送出工程等9项500千伏输变电工程。在建110千伏及以上输变电工程共118项，线路长度3958千米、变电容量2133万千伏安。

2015年，公司完成104项110千伏及以上电压等级工程达标投产，其中500千伏变电站工程1项，220千伏变电站工程12项，110千伏变电站工程41项，500千伏线路工程3项，220千伏线路工程16项，110千伏线路工程31项。500千伏新都桥变电站获得中国电力优质工程奖、安装之星和国家优质工程奖。

2015年，公司有164项110千伏及以上电压等级项目符合申报国家电网公司输变电优质工程评选标准，其中164项通过检查评比获得国家电网公司输变电优质工程命名，总体优质工程率达到100%。

2015年6月30日，经过两年多建设，国网四川省电力公司全面完成四川甘孜州、阿坝州、凉山州的全部无电地区电力建设项目，甘孜县县城附近电力银线融入藏区的美丽画面(曾林　摄)

【经营管理】2015年以来，公司认真贯彻执行国家电网公司党组决策部署，围绕“保增长、促改革”的总体目标，积极应对错综复杂的经营形势，通过深化经营诊断分析、强化亏损企业治理，大力开源节流、努力挖潜增效，持续改善资产运营效益与效率，全面完成国网公司下达年度经营目标，为公司在经济新常态下持续健康发展提供更加坚强有力的财务支撑。

全年实现营业收入净额914.7亿元，同比减少1.94亿元，下降0.21%，其中主营业务收入实现908.96亿元，同比减少2.46亿元，下降0.27%；营业总成本914.34亿元，同比增加2.19亿元，增长0.24%，其中主营业务成本871.63亿元，同比增加0.64亿元，增长0.07%；净资产收益率0.62%，比预算增加0.38个百分点；经济增加值-10.45亿元，比预算增加2.92亿元；可控成本99.29亿元，比预算节约0.52亿元，节约0.52%；资产负债率74.67%，比预算下降0.49个百分点；流动资产周转率24.6次，同比降低1.08次。

【电力营销】2015年，是公司全面完成“十二五”规划发展目标的收官之年，面对复杂的外部环境与艰巨的工作任务，公司大营销系统广大干部员工继续发扬团结一致、艰苦奋斗的优良作风，迎难而上，出色完成了各项工作任务，为“十二五”规划交上了满意的答卷。

2015年，公司从全面实施供电服务创新转型、稳步提升优质服务水平、拓展售电市场，控制电费风险、加快推进智能电表和采集系统建设以及持续夯实营销基础管理五个方面重点发力，获得了一系列成就。2015年，公司积极开展供电业务线上化转移，开通居民客户网上购电远程充值业务，拓展营销移动作业应用功能，完成“掌上川电”用电申请、停电信息、故障抢修等功能设计，“掌上川电”手机APP注册客户数达到207万户。公司供电服务承诺兑现率100%，未发生影响和损害公司形象的重大服务及投诉事件，完成了供电服务零事故目标。深入开展“客户用电满意工程”，推行“电力服务进社区”，配置社区客户经理3976人，覆盖10639个社区和638.76万客户，客户用电问题一次解决率达97.85%，用电意见和建议回复率达94.02%。全力推进“村村有交费点”建设，推行“跨业联动，助农交费”村邮站模式，新增交费网点近6000个。与此同时，公司还多措并举稳定售电量市场，2015年，公司完成省内全口径售电量1578.36亿千瓦时，排名国网第七，同比下降0.47%。母公司售电量累计完成1412.69亿千瓦时，同比增长0.02%。

2015年，公司共完成766万只智能电表换装工作，公司智能电表覆盖率为71.58%；累计采集接入1830万只，采集接入率93.89%，月度平均采集成功率保持在98%以上。专公变台区总表采集覆盖率分别达到89.14%和87.98%。超过90%的统调上网电厂实现了上网电量的自动采集结算和运行状态远程监控。

【农电工作】2015年，公司继续深化乡镇供电所管理提升工作，25项指标取得实质性提升。推动供电所对标工作开展，德阳柏隆等8家供电所获国网公司标杆称号。深入开展供电所标准化建设，组织研讨、修编标准化供电所建设管理办法。继续加强供电所基础设施建设，2015年供电所小型基建项目获批79个、供电所车辆零购获批162台，供电所基础设施建设力度得到加强。进一步规范农电用工工作，协助完成绵阳等10家单位农电用工转签。同时，推动无电地区电力建设，2013—2015年公司无电地区电力建设工程共计投资72.5亿元，建设任务重、建设时间紧，并且无电户大多处于偏远地区，山高水远、高寒缺氧、交通不便，电力建设施工环境恶劣，工程建设成本高。公司克服困难勇挑重担，多措并举、全力以赴，克难攻坚，无电地区电力建设于2015年6月全面完成。实现了"提前半年实现供区内无电地区全面通电"的奋斗目标，全面解决14.03万户、62.83万人无电人口通电问题，极大地改善了甘孜州、阿坝州、凉山州、巴中市等偏远农牧区生产生活条件。

【优质服务】2015年，公司优质服务工作深入贯彻落实党的群众路线教育实践活动要求，以客户需求为导向，以提升客户感知为目标，以夯实营销服务基础为抓手，深化"你用电，我用心"，深入实施"客户用电满意工程"为民服务六大实事，强化"95598"运营管理和业务支撑，加大服务监督为保障，严格服务考核，严控服务质量，重构服务模式，优化运营模式，试点营销创新转型，紧跟时代步伐探索"互联网+供电服务"新模式，紧紧围绕"便民、利民、惠民"开展工作，取得了丰硕的工作成果，获得了社会各界广泛赞誉。

2015年，公司进一步完善了服务举措，以做到切实便民惠民。一是创新服务方式。与腾讯签订"互联网+电网"战略框架合作协议，瞄准客户体验，优化服务流程。实施"电力服务进社区"和"包片服务进乡村"，试行"三本台账"制度，各级干部员工深入社区、村社解决用电问题7万余个，架起密切联系群众的"连心桥"。建立"五个一"配网抢修体系（即一个报修、一张工单、一支队伍、一次到达现场、一次完成处理），形成城市30分钟"抢修圈"。大力开展带电作业，有效减少用户停电时间和停电次数。发布"掌上川电"手机应用APP，搭建"你用电我用心"服务理念展示新平台。二是拓宽缴费渠道。加快推进智能电表客户远程购电模式建设。同工行、农行等10家银行建立代收电费业务合作，开通银行代扣、网银交费、银行柜面代收、银行自助终端交费等方式。建立代收电费业务合作的非金融机构已超过10家。提供24小时供电营业厅等应急售电服务渠道，方便客户夜间或其他非工作时间交费。全力推进"村村有交费点"建设，推行"跨业联动，助农交费"村邮站模式。目前，已建立23种交费方式，建成交费网点2万余个，城区"10分钟交费圈"基本形成，居民用电更加便捷，供电服务更加贴心。三是净化服务环境。深入整治业扩报装环境，精简手续、压缩流程，业扩报装接电平均缩短2.7天，低压客户实现"一证受理""一岗制"服务，压缩高压客户业务流程，取消普通客户设计审查和中间检查；营造规范、干净的业扩报装环境，规范营业费用、集体企业费用收取，规范人员作业行为，规范客户受电工程建设界面，用电信息全面公开，完善技术支撑强化客户回访。四是落实惠民政策。认真做好城乡"低保户"和农村"五保户"家庭的名单确认，确保每月15千瓦时免费电量电费补贴按时发放到位。自2007年启动城乡居民用电同价工作以来，四川省内实现城乡居民用电与国网直供区同价的控股县供电公司达37家，数百万当地百姓受益，每年减轻电费负担超过10亿元。

【党的建设和精神文明建设】2015年，按照公司党委年初工作部署，全面落实从严治党要求，扎实推进党的建设、宣传思想政治工作、精神文明建设、企业文化建设、本部建设和团青工作，取得良好成效。一年来，省国资委对公司党建工作进行通报表扬。公司系统19个基层党组织、33名党员、16名党务工作者受到国网公司党组表彰，1个基层党组织受到省委组织部表彰，1个基层党组织被省国资委党委确定为首批国有企业基层服务型党组织示范点。公司舍己救人员工彭大权被省委追认为中共党员。丁理杰被评为全国首届岗位学雷锋标兵，刘源获得第五届"全国道德模范提名奖"和"中央企业道德模范"称号，公司被国家电网公司推荐参评"全国电力行业思想政治工作优秀单位"。公司系统10个单位（含2个县供电公司）创建成第五届全国文明单位。国网公司企业文化示范点3个，荣获国网公司精神文明建设创新成果奖4项，3名员工被评为"最美国网人"。

主要业绩包括如下几个方面：一是"三严三实"专题教育深入开展。围绕"三严三实"主题，公司2558名党员领导干部讲授专题党课3000余场，各级领导班子组织四个专题学习研讨2952场，开展专题调研2496人次，召开专题民主生活会492场。坚持边学边查边改，公司领导班子查找问题86个，制定整改措施156条，已全部落实；基层领导班子查摆问题3048个，已整改落实2973个。加强督促指导，公司建立专题教育联系点16个，召开专题教育经验交流会5场；各级党组织召开协调会议110余次，派出556人次采取走访调研、明察暗访、随机抽查等方式进行督察。公司专题教育取得显著成效，受到上级充分肯定。二是党的建设切实加强。建立公司领导、本部党组织联系基层党支部制度。适应集体企业改革改制、供电服务公司建设，同步推进相关单位基层党组织建设。贯彻实施《2014—2018年全国党员教育培训工作规划》。全面开展党员组织关系排查。深入开展争创基层服务型党组织和争当为民务实清廉优秀共产党员活动，公司系统24个基层党组织、38名党员、16名党务工作者受到上级党组织表彰。舍己救人员工彭大权被省委组织部追认为中共党员。召开党建工作现场推进会。培训基层党组织书记2800余人次。统筹推进“连心桥”工作，扎实开展教育实践活动整改落实“回头看”，全面完成813条意见建议和问题整改。深入开展党员服务队竞赛，党员服务队扩展到108支，5支队伍受到国网公司表彰。三是精神文明和企业文化建设进一步加强。组织道德讲堂、志愿服务、岗位学雷锋和先进典型选树宣传，开展“践行核心价值观、争做最美国网人”主题活动，广泛宣传公司系统先进典型。组织各单位广泛开展企业文化示范点创建活动，推进企业文化在基层单位、班组、供电所落地。公司建成国网公司企业文化示范点3个，荣获国网公司精神文明建设创新成果奖4项，2名员工分获全国首届岗位学雷锋标兵、第五届全国道德模范提名奖，3名员工被评为“最美国网人”。四是干部思想引导进一步强化。围绕全国全省大政方针和国网公司、省公司工作部署，编发《2015年形势任务教育宣传提纲》，组织各单位广泛开展形势任务宣传教育活动，凝聚员工思想和力量。指导各单位开展专题思想调研分析，为企业改制改革顺利推进提供重要支持。

【获得荣誉】2015年，各项工作继续稳步推进，且卓有成效，公司所属各单位及公司员工获得省部级以上各项荣誉、各类先进人物及先进集体奖项。具体名录如下表所示：

2015年度公司及公司员工获省部级及以上各项荣誉、各类先进人物、先进集体名录

表1

序号	表彰项目（荣誉称号）
1	国家电网公司特等劳动模范
2	国家电网公司劳动模范
3	国家电网公司优秀班组长
4	国家电网公司川藏电力联网工程先进个人
5	国家电网公司杰出青年岗位能手
6	国家电网公司人力资源工作先进个人
7	国家电网公司离退休工作先进个人
8	国家电网公司品牌建设先进个人
9	国家电网公司科技（智能电网）工作先进个人
10	国家电网公司物力集约化管理工作先进个人
11	国家电网公司特高压直流输电工程先进个人
12	国家电网公司“三集五大”体系建设先进个人
13	国家电网公司经济法律工作先进个人
14	国家电网公司环境保护工作先进个人
15	国家电网公司运维检修先进个人
16	国家电网公司信息工作先进个人
17	国家电网公司第一届档案职业技能竞赛获奖个人
18	国家电网公司培训师教学技能竞赛专职组获奖个人
19	国家电网公司安全生产先进个人
20	国家电网公司优秀共产党员、党务工作者

公司领导及机构设置

【**公司领导**】2015 年，公司领导班子成员有重大调整，原英大传媒投资集团理事长，英大传媒投资集团有限公司执行董事、总经理、党组副书记，中国电力出版社有限公司董事长、总经理石玉东 11 月 27 日调任公司总经理、党委副书记；原国家电网公司西南分部副主任、党组成员（正局级）潘敬东 11 月 27 日调任公司党委书记、副总经理；原国家电网公司副总经济师，国家电网公司西南分部主任、党组书记，公司总经理、党委副书记王抒祥 11 月 27 日免去公司总经理、党委副书记职务；原公司党委书记、副总经理葛兆军 11 月 27 日免去公司党委书记、副总经理职务，调任国家电网公司基建部主任；原公司副总经理、党委常委丁燕生 11 月 27 日免去公司副总经理、党委常委职务，调任国家电网公司西南分部副主任、党组成员；原公司正局级调研员甘德一 8 月 16 日免去公司正局级调研员职务并退休；原公司副局级调研员王平 8 月 16 日免去公司副局级调研员职务并退休。调整后的公司领导班子成员为：

石玉东：总经理、党委副书记

潘敬东：党委书记、副总经理

李华：副总经理、党委常委

褚艳芳：副总经理、党委常委，国网成都供电公司总经理、党委副书记

董京营：副总经理、党委常委

杨桂荣：总会计师、党委常委

周群：党委常委、纪委书记

刘勇：副总经理、党委常委

左宇龙：党委常委、工会主席

陈云辉：副总经理

石俊杰：总工程师

胡柏初：副局级调研员

潘贤芝：副局级调研员

【**公司总经理助理、副总师**】截至 2015 年年底，公司配备有 1 名总经理助理、2 名副总经济师、4 名副总工程师，2 名正处级调研员，名单如下：

凌廷亮：总经理助理

吕道斌：副总经济师

韩晓言：副总工程师

林敏：副总工程师、运营监控中心主任

刘洋：副总经济师、办公室主任

郑卫东：副总工程师、安全监察质量部（保卫部）主任

李镇义：副总工程师，电力调度控制中心主任、党委副书记

朱白桦：正处级调研员（副总师级待遇）

赵勤：正处级调研员（副总师级待遇）

【**公司系统机构设置**】截至 2015 年年底，公司本部职能部门 26 个，下属二级单位 35 个（其中发供电企业 23 个、直属单位 12 个）；上市公司及控股公司 7 个；县级供电企业 155 个（其中全资 100 个，控股 51 个，代管 4 个）。调整后的所属基层企业名录如下：

2015 年度公司系统机构设置所属基层企业名录

表 2

类别	细类		备注
	序号	单位名称	
发供电企业	1	国网四川省电力公司成都供电公司	
	2	国网四川省电力公司乐山供电公司	
	3	国网四川省电力公司德阳供电公司	
	4	国网四川省电力公司雅安供电公司	与国网四川雅安电力（集团）股份有限公司合署办公

续表 2

类别	细类		备注
	序号	单位名称	
	5	国网四川省电力公司眉山供电公司	
	6	国网四川省电力公司攀枝花供电公司	
	7	国网四川阿坝州电力有限责任公司（国网四川省电力公司阿坝供电公司）	
	8	国网四川省电力公司绵阳供电公司	
	9	国网四川省电力公司天府新区供电公司	
	10	国网四川省电力公司达州供电公司	
	11	国网四川省电力公司凉山供电公司	
	12	国网四川省电力公司泸州供电公司	
	13	国网四川省电力公司宜宾供电公司	
	14	国网四川省电力公司南充供电公司	
	15	国网四川省电力公司广元供电公司	
	16	国网四川省电力公司内江供电公司	
	17	国网四川省电力公司广安供电公司	
	18	国网四川省电力公司遂宁供电公司	
	19	国网四川省电力公司资阳供电公司	
	20	国网四川省电力公司自贡供电公司	
	21	国网四川省电力公司巴中供电公司	
	22	国网四川甘孜州电力有限责任公司（国网四川省电力公司甘孜供电公司）	
	23	国网四川省电力公司映秀湾水力发电总厂	
省层面业务支撑和实施机构	1	国网四川省电力公司电力应急中心（国家电网公司应急培训基地）	
	2	国网四川省电力公司综合服务中心	
		综合管理部	
		财务资产部	
		人力资源服务部	
		媒体业务部	
	3	国网四川省电力公司经济技术研究院	
		国网四川省电力公司建设管理中心	
		四川电力工程建设监理有限责任公司	

续表 2

类别	细类		备注
	序号	单位名称	
	4	国网四川省电力公司电力科学研究院	
		国网四川省电力公司客户服务中心	
		国网四川省电力公司计量中心	
		国网四川节能服务有限公司	
		国网四川省电力公司电源技术中心	
	5	国网四川省电力公司检修公司	
	6	四川电力送变电建设公司	
	7	国网四川省电力公司信息通信公司	
	8	国网四川省电力公司物资公司	
	9	国网四川省电力公司管理培训中心	
	10	国网四川省电力公司技能培训中心	
	11	四川电力医院（国网高原病防治中心）	
	12	四川启明星物业管理有限公司（机关事务服务中心）	
上市公司	1	四川岷江水利电力股份有限公司	
	2	四川明星电力股份有限公司	
	3	乐山电力股份有限公司	
	4	四川西昌电力股份有限公司	
控股单位	1	四川峨眉山电力股份有限公司	
	2	四川启明星铝业有限责任公司	
	3	四川蜀盛源资产管理有限责任公司	
省公司层面集体企	1	四川格瑞德资产管理公司	

公司本部建设

【概况】2015年，公司本部深入学习贯彻中共十八届四中、五中全会精神，以卓越团队建设为抓手，强化作风建设、提升管理水平，发挥本部“四个中心”作用，为持续推进“两个转变”提供坚强保证。

【党的建设】组织本部党支部深入开展“三严三实”专题教育，进一步加强党的组织建设，26个党支部完成换届选举工作。落实本部党风廉政建设责任制，组织各党支部签订党风廉政建设责任书，强化本部员工反腐倡廉教育。

【作风建设】持续深化“四风”整治，巩固“机关引领风尚”作风建设百日行动成果，贯彻落实公司本部首问负责制，认真落实公司本部行政办公要求，加强本部劳动纪律检查和考核，严格公司生产运营综合楼出入管理，改进服务基层态度、提升服务效率。

【队伍建设】稳步推进关键岗位人员定期交流工作，动态掌握关键岗位人员岗位变换及履职情况，加强复合型管理人才的培养。进一步修订完善本部员工职员职级管理办法，做好新旧制度有效衔接和政策宣贯，开展职员职级聘任晋升相关工作，拓展本部员工职业成长空间。

【文化建设】完成分工会换届改选工作，举办工会法律讲座，规范机关工会财务报销管理。举办“卓越讲坛”活动，评选表彰本部卓越团队和“十佳员工”，每月开展“万步健步走”竞赛活动，举行锦城湖健走竞赛活动，组织本部兴趣小组招募新会员工作。关心关爱职工，积极探索疗养组织形式，慰问本部困难职工、住院职工。

【本部机构设置及主要负责人】2015年，公司本部机构设置及部门主要负责人如下：

本部机构设置和部门主要负责人情况

表3

姓名	部门	职务
刘　洋	办公室	主任（兼）
林　敏	运营监控中心	主任（兼）
周　桦	发展策划部	主任
涂心畅	财务资产部	主任
贺兴容	运维检修部	主任
郑卫东	安全监察质量部（保卫部）	主任（兼）
王　林	营销部	主任
何远刚	建设部	主任
龙　洲	农电工作部	主任
李镇义	电力调度控制中心	主任、党委副书记（兼）
罗跃举	电力调度控制中心	党委书记、副主任
侯太明	审计部	主任
余嘉庆	经济法律部（体改办）	主任
杜树兴	人事董事部	主任

续表 3

姓名	部门	职务
冯泽亮	人力资源部	主任
卢昌华	电力交易中心	主任
向　宇	物资部（招投标管理中心）	主任
田立峰	科技信通部（智能电网办公室）	主任
王　虹	离退休工作部	主任
王　旭	后勤工作部	主任
陈永举	思想政治工作部（直属党委办公室）	主任，本部党委书记、纪委书记
邬小端	监察部（纪委办公室）	主任，公司纪委副书记
龙志明	对外联络部（品牌建设中心）	主任
卿　松	证券管理部	主任（兼四川西昌电力股份有限公司董事长）
雷江海	公司工会	常务副主席
何永祥	国家电网公司企业管理协会四川分会	秘书长
袁红专	国家电网公司成都援藏办	主任
刘　进	省公安厅直属二分局	局长
田　斌	成都电力生产调度基地建设筹备处	副主任
黄正平	四川电力行业协会	常务副秘书长

基层单位及领导

【基层单位领导】截至 2015 年年底，公司下设有发电、供电、电力建设、科学研究、教育医疗、集体企业等单位 44 个。截至 2015 年 12 月 31 日，公司所属单位主要领导成员如下：

国网成都供电公司

褚艳芳：总经理、党委副书记

王向臣：党委书记、副总经理

李科峰：副总经理

白学祥：副总经理，国网都江堰市供电公司（国网都江堰市供电有限责任公司）总经理、党委副书记

付强：副总经理

贺军：副总经理、总工程师

卓明：党委副书记、纪委书记

骆光翠：总会计师

曾宪平：副总经理、工会主席

王戈：副总经理,国网成都市青白江供电公司总经理、党委副书记

杨坤：副总经理

王华：国网都江堰市供电公司（国网都江堰市供电有限责任公司）党委书记、副总经理

何东：国网成都市青白江供电公司党委书记、副总经理

曾嘉志：四川蜀电集团有限公司董事长、总经理、党委副书记（副处级）

代明：四川蜀电集团有限公司党委书记(副处级）

国网乐山供电公司

林双庆：总经理、党委副书记

靳东辉：党委书记、副总经理

兰先平：党委副书记、纪委书记，四川嘉能佳电力集团有限责任公司党委书记

余志军：副总经理，国网峨眉山市供电公司总经理、党委副书记

徐卫：副总经理、总工程师

林伟：副总经理

黄海：副总经理

黄敏：工会主席

罗建：总会计师

王锐：国网峨眉山市供电公司党委书记、副总经理

谢星：四川嘉能佳电力集团有限责任公司执行董事、总经理、党委副书记，乐山乐为电力公司执行董事、总经理（副处级）

国网德阳供电公司

甘涛：总经理、党委副书记

廖学静：党委书记、副总经理

袁明友：副总经理

杨斌：副总经理

徐健：工会主席　，德阳明源电力（集团）公司党委书记

王中华：党委副书记、纪委书记

青松：副总经理

陈世兵：总会计师

姚晓峰：德阳明源电力（集团）公司执行董事、总经理、党委副书记，德阳莱瑞斯公司执行董事、总经理（副处级）

杨善雄：副处级调研员

国网雅安电力（集团）公司（国网雅安供电公司）

何勇：雅电集团董事长、总经理、党委副书记（雅安公司总经理、党委副书记）

谢代涛：雅电集团正处级党委副书记、纪委书记、工会主席（雅安公司党委书记、副总经理、工会主席）

陈政：雅电集团副总经理（正处级）

江泰廷：雅电集团副总经理（雅安公司副总经理）

夏军：副总经理、总工程师（雅安公司副总经理、总工程师）

潘玉龙：雅电集团副总经理（雅安公司副总经理）

袁剑波：雅电集团副总经理

曾敬：雅电集团副总经理（雅安公司副总经理）

白静蓉：雅电集团财务总监、董事会秘书（雅安公司总会计师）

周善成：雅电集团副处级调研员

国网眉山供电公司:

张建明：总经理、党委副书记

金富怀：党委书记、副总经理

闵向东：副总经理，国网仁寿县供电公司总经理、党委副书记

刘开金：党委副书记、工会主席

田伟：纪委书记、眉山多能投资有限责任公司党委书记

杨迎春：副总经理

李伟：副总经理

肖磊：副总经理

曹刚：国网仁寿县供电公司党委书记、副总经理

柯祥君：眉山东瑞工贸公司总经理，眉山多能电力建设有限责任公司总经理、党委副书记

国网攀枝花供电公司

肖杰：总经理、党委副书记

华欣：党委书记、副总经理

刘永辉：副总经理、总工程师

王培云：副总经理

祝武权：副总经理，攀枝花网源电力建设工程公司总经理、党委副书记

李天林：副总经理

封晓梅：纪委书记、工会主席

杨军：攀枝花网源电力建设工程公司党委书记（副处级）

国网阿坝电力有限责任公司（国网阿坝供电公司）

罗亮：董事长、总经理、党委副书记（国网阿坝供电公司总经理）

郑文强：党委副书记（主持党委工作）、副总经理

张洪斌：纪委书记

汪康康：副总经理（国网阿坝供电公司副总经理）

邹德成：财务总监（国网阿坝供电公司总会计师）

尹德君：副总经理、总工程师（国网阿坝供电公司副总经理、总工程师）

侯小松：工会主席

国网绵阳供电公司

严光升：总经理、党委副书记

刘冰：党委书记、副总经理

陈继辉：纪委书记、工会主席，绵阳启明星集团有限公司党委书记

权锐：副总经理

王小平：副总经理、总工程师

徐源：副总经理

房开建：总会计师

杨汝燕：绵阳电力集体资产管理中心主任，绵阳启明星集团有限公司总经理、党委副书记（副处级）

国网天府新区供电公司

张灏：总经理、党委副书记

欧阳可谋：党委书记、副总经理

贺辉：副总经理，国网成都市双流供电公司总经理、党委副书记

贾有根：副总经理

熊茜：副总经理

蒋平：副总经理，国网成都市龙泉驿供电公司总经理、党委副书记

蒋光祥：总会计师

王志民：国网成都市龙泉驿供电公司党委书记、副总经理

国网达州供电公司

吴耕：总经理、党委副书记

严平：党委书记、副总经理

李荣：副总经理，国网达县供电公司总经理、党委副书记

徐耀伦：副总经理

陈祥：党委副书记、纪委书记

熊勇：副总经理、总工程师

郑尚雄：工会主席

熊毅：副总经理

何平：国网达县供电公司党委书记、副总经理

国网凉山供电公司

周林：总经理、党委副书记

杨荣：党委书记、副总经理

陈银青：副总经理

张琼：纪委书记、工会主席

甘洪：副总经理

李诚：副总经理

罗飞：副总经理

李定明：总会计师

白树全：副处级调研员

国网泸州供电公司

王涛：总经理、党委副书记

尹友中：党委书记、副总经理

曾明贵：副总经理

冯岗：副总经理

沈涌：党委副书记、纪委书记、工会主席，泸州北辰电力有限责任公司党委书记

高俊：副总经理

熊浩伟：泸州北辰电力集体资产管理中心主任，泸州北辰电力有限责任公司总经理、党委副书记（副处级）

李大宏：副处级调研员

梁明辉：副处级调研员

国网宜宾供电公司

何自力：总经理、党委副书记

黄克林：党委书记、副总经理

李勇：总工程师

蒋劲：副总经理

华永东：副总经理

吴汝文：纪委书记、工会主席

樊犁：副总经理

游涛：总会计师

国网南充供电公司

苏少春：总经理、党委副书记

程文艺：党委书记、副总经理

张子明：副总经理

赵廷刚：副总经理、四川电网备调中心主任

金卓睿：副总经理、总工程师

吴东：纪委书记、工会主席

秦文云：总会计师

国网广元供电公司

王嘉明：总经理、党委副书记

苟骁毅：党委书记、副总经理

赵巍：副总经理

冯应贵：副总经理

石红：党委副书记、纪委书记、工会主席

王剑：副总经理、总工程师

张荣安：副处级调研员

国网内江供电公司

张毅：总经理、党委副书记

姜光学：党委书记、副总经理

冉友铭：工会主席

王立东：党委副书记、纪委书记

刘平：副总经理、总工程师

唐勇：副总经理

杨忠：副总经理

王秀梅：总会计师

国网广安供电公司

何惧熊：总经理、党委副书记

李远德：党委书记、副总经理
李敏：副总经理
杨可：副总经理
程志炯：工会主席
杨贵：副总经理
谭书云：总会计师

国网遂宁供电公司

陈强：总经理、党委副书记
苏旭燕：党委书记、副总经理
张剑廷：副总经理
曾俊杰：纪委书记、工会主席
向建兵：副总经理
李江：副总经理、总工程师
李忠林：总会计师

国网资阳供电公司

涂辉：总经理、党委副书记
马江怒：党委书记、副总经理
张苏川：副总经理
杨华：党委副书记、纪委书记
赵蕌：副总经理
甘露：工会主席
周建聪：副总经理

国网自贡供电公司

姚建东：总经理、党委副书记
高永翔：党委书记、副总经理
杨彬：党委副书记、纪委书记、工会主席
罗明才：副总经理、总工程师
张国君：总会计师
谢连芳：副总经理
代頔：副总经理
张劲：自贡裕鑫投资管理公司总经理，自贡电力建设集团有限公司董事长、总经理、党委副书记（副处级）
王朝晖：自贡电力集团有限公司党委书记（副处级）

国网巴中供电公司

方晴：总经理、党委副书记
刘璧：党委书记、副总经理
蒲朝明：副总经理、工会主席
殷作洋：副总经理
邬才斌：副总经理
何云峰：纪委书记

国网甘孜电力有限责任公司（国网甘孜供电公司）

明自强：董事长、总经理、党委副书记（国网甘孜供电公司总经理）
刘友志：党委书记
舒野：副总经理（国网甘孜供电公司副总经理）
高峰：副总经理（国网甘孜供电公司副总经理）
邓毅：副总经理（国网甘孜供电公司副总经理）
刘明志：纪委书记、工会主席（国网甘孜供电公司纪委书记、工会主席）
陈泓达：副总经理（国网甘孜供电公司副总经理）
唐正胜：财务总监（国网甘孜供电公司总会计师）
刘元生：总工程师（国网甘孜供电公司总工程师）
林明星：副总经理（国网甘孜供电公司副总经理）

国网四川映秀湾电厂

文光辉：厂长、党委副书记
王金全：党委书记、副厂长
赵玉忠：副厂长
陈安全：副厂长
吴晓冬：副厂长、总工程师
胡轶：纪委书记、工会主席
曾刚：副厂长
张仁福：副处级调研员
李其才：副处级调研员

国网四川应急中心

马强：主任、党委副书记
姚阆：党委书记、副主任
蔡辉：副主任、工会主席
何孝忠：副主任、纪委书记

国网四川服务中心

杨博：主任、党委副书记，财务资产部主任
王经纬：党委书记、副主任，综合管理部主任
彭霞抒：纪委书记，综合管理部副主任
刘缨：工会主席，财务资产部副主任
赵世培：人力资源服务部副主任，国网四川省电力公司社保中心副主任
黄兴勇：媒体业务部主任（副处级）

国网四川经研院

肖行诠：院长、党委副书记
汪荣华：党委书记、副院长
王晞：副院长
王慧玲：纪委书记、工会主席
冯瀚：副院长
曾鉴：副院长
肖猛：设计中心主任（副处级）
李刚：设计中心副主任（副处级）

四川省电力公司建设管理中心
罗辉：主任、党委副书记
邓武军：党委书记、副主任
吕彬：副主任
杨勇祥：纪委书记、工会主席
陈治明：副主任
汪洪春：副主任、总工程师
王曦：副主任
何尔文：特高压直流建设项目部主任（副处级）
唐林：特高压交流建设项目部主任（副处级）

四川电力工程建设监理有限责任公司
孟义：总经理、党委副书记
杨周：党委书记、副总经理
付佾修：副总经理、总工程师
罗忠华：副总经理
谭韧：副总经理
沈太勋：纪委书记、工会主席
朱敏：总会计师

国网四川电科院
郭蓉萍：院长、党委副书记
杨子辛：党委书记、副院长
张星海：副院长（正处级）
陈缨：副院长
罗涛：党委副书记、纪委书记、工会主席
常晓青：副院长
朱清代：副院长
何朴：正处级调研员

四川省电力公司客户服务中心
王更生：主任、党委副书记
林文静：党委书记、副主任
唐军：副主任、工会主席
熊永华：副主任
徐平：副主任、纪委书记

四川省电力公司计量中心
彭军：主任、党委副书记
李洪武：党委书记、副主任
杨敏：副主任、工会主席
苗长胜：副主任、纪委书记
覃剑：副主任

国网四川节能公司
何德胜：总经理、党委副书记
马加林：党委书记、副总经理
张昆炳：党委副书记、纪委书记
苗峰：副总经理、工会主席
肖松：副总经理

四川省电力公司电源技术中心（四川省电力工业调整试验所）
徐波：所长、党委副书记
梁柱：党委书记、副所长
魏强：副所长
周松：副所长
颜正行：副所长
张文章：党委副书记、纪委书记
李恩：副所长
姜波：副处级调研员
唐世民：副处级调研员

国网四川检修公司
白仕雄：总经理、党委副书记
王小川：党委书记、副总经理
石宇平：党委副书记、纪委书记
安宁：副总经理
张仕民：副总经理
陈向阳：工会主席
杜新萍：总会计师
宋梁：总工程师
秦川：成都分部主任、党委副书记（副处级）
陈岩：成都分部党委书记、副主任（副处级）
李龙江：西昌分部主任、党委副书记（副处级）
聂鸿宇：西昌分部党委书记、副主任（副处级）

四川电力送变电建设公司
郑大金：总经理、党委副书记
张帆：党委书记、副总经理
李百根：副总经理
王拥：纪委书记
游睿：工会主席
周林：副总经理
王毅：总工程师
刘兰捷：总会计师

国网四川信通公司
王卓：总经理、党委副书记
李强：党委书记、副总经理
杨嘉湜：副总经理、工会主席
李红梅：总工程师

国网四川物资公司
熊卫东：总经理、党委副书记
胡瑞林：党委书记、副总经理
曹树屏：副总经理
刘柏章：纪委书记、工会主席
陈娟：总会计师
陈峰：副总经理

国网四川管培中心
朱天科：主任、党委副书记

栗璐：党委书记、副主任
钟良：副主任
林琳：副主任、工会主席
高德文：副主任、纪委书记

国网四川技培中心（四川电力职业技术学院）

朱康：主任（院长）、党委副书记
任崇清：党委书记、副主任（副院长）
文海荣：副主任（副院长）
袁从文：副主任（副院长）
唐明昌：副主任（副院长）
李力：纪委书记、工会主席
于康雄：副主任（副院长）
王蓉：副主任（副院长）

四川电力医院

刘红卫：院长、党委副书记
周晓梅：党委书记、副院长
王礼椿：纪委书记、工会主席
林建华：副院长
朱可：副院长
刘道福：副院长

四川启明星物业管理有限公司（机关事务服务中心）

冷继伟：总经理、党委副书记（机关事务服务中心主任）
李春来：党委书记、副总经理（机关事务服务中心副主任）
于峰：副总经理（机关事务服务中心副主任）
焦振中：党委副书记、纪委书记
陈和生：副总经理、工会主席（机关事务服务中心副主任）
王刚：副总经理（机关事务服务中心副主任）
何云志：副总经理（机关事务服务中心副主任）

四川格瑞德资产管理公司（四川科锐得实业集团有限公司）

倪力：总经理（四川科锐得实业集团有限公司执行董事、总经理、党委副书记）
王旭东：副总经理（四川科锐得实业集团有限公司党委书记、副总经理）
林映雄：四川科锐得实业集团有限公司副总经理（正处级）
殷智贵：四川科锐得实业集团有限公司副总经理（正处级）
詹迎雪：总会计师（四川科锐得实业集团有限公司副总经理、财务总监）
杨选华：四川科锐得实业集团有限公司副总经理
桂贤明：副总经理（四川科锐得实业集团有限公司副总经理）
薛永红：副总经理（四川科锐得实业集团有限公司副总经理）
王文周：四川科锐得实业集团有限公司副总经理
李贵:四川科锐得实业集团有限公司纪委书记、工会主席
王维：四川科锐得实业集团有限公司副总经理

四川科锐得文化传播有限公司

王文周: 四川科锐得文化传播有限公司执行董事、总经理、党委副书记(副处级)
左炬:四川科锐得文化传播有限公司党委书记、副总经理（副处级）
黄兴勇：四川科锐得文化传播有限公司副总经理（副处级）

四川蜀能电力有限公司

殷智贵：四川蜀能电力有限公司执行董事（正处级）
林映雄：四川蜀能电力有限公司党委书记、副总经理（正处级）
王世彬：四川蜀能电力有限公司总经理（副处级）
杜锦宇：四川蜀能电力有限公司副总经理（副处级）
杨选华：四川蜀能电力有限公司总会计师

电网规划与建设

责任编辑：何　飞

电网规划

【电网概况】截至2015年年底，公司拥有500千伏变电站（含开关站）46座，总变电容量7408万千伏安；输电线路164条，线路长度12776.62公里；220千伏变电站206座，变电容量6321万千伏安；输电线路622条，线路长度17352公里；110千伏变电站729座，变电容量5631万千伏安；输电线路1771条，线路长度24698公里；资产总额达到1360.36亿元。目前，四川电网500千伏电网覆盖全省各市州，多层级电网协调发展的格局基本形成。四川电网已从局部电网跃升为联通西北、华中、华东、华北四大区域电网、特高压交直流混联运行的枢纽电网。

【电网规划】电网规划主要包括两个方面，一是主网规划。“十三五”时期，四川电网外部加快建设跨省跨区联网特高压输电大通道，构筑联接华中华东、新疆西藏、西北电网的电力枢纽，满足四川清洁能源外送和电力供应保障的需求；内部构建覆盖四川主要负荷中心和清洁能源基地的坚强特高压交流骨干网架，形成水火互济、购送灵活、上下方便的资源配置平台，满足省内电源汇集和区域内输电需要，为四川水电基地外送和接受疆电、藏电提供网架支撑。“十三五”时期，将围绕四川、重庆负荷中心，建设雅安—内江—铜梁—长寿—成都—绵阳—雅安特高压交流工程，构建特高压交流双环网；建设德格—阿坝—绵阳、巴塘—甘孜—雅安两个特高压输电通道，特高压延伸到金沙江上游区域；建设雅中～华中、金沙江上游～华中2回特高压直流工程，送电华中、华东地区；川渝负荷中心通过准东～成都特高压直流接受新疆电力。同时，加快省内输电骨干网架建设，优化完善500千伏、220千伏输电网络，构建结构合理、技术先进、灵活可靠、经济高效的现代坚强智能电网，保证省内供电的安全可靠、经济高效和清洁环保。

二是配网规划。2015年，公司完成了配电网“十三五”规划，编制了省、市、县三级规划和专题研究报告并顺利通过国网公司评审，完成了配电网规划库调整工作,全力落实国家能源局配电网建设改造行动计划，认真执行国家电网公司加快建设现代配电网的工作部署。认真研究四川农村电力发展需求，编制公司农网改造升级“十三五”规划报告，高度关注藏区和贫困地区电力发展需求，完成藏区农网“十三五”发展规划，全力提升电力普遍服务水平。开展配电网“十三五”规划与政府各专项规划的对接工作，确保规划成果得到各级政府部门认可，为电网项目后续落地奠定良好的基础。加强配电网规划基础工作，开展配电网规划月报工作，完成配电网规划量化计算分析软件招标工作，组织了两期配电网规划设计工作培训。

截至2015年，配电网供电可靠性和供电质量持续提升，公司城市和农村供电可靠率分别达到了99.5%和99.3%，综合电压合格率分别上升至为99.74%和99.15%，有力地支撑全省经济社会快速发展。民生配电网建设加快推进，全省无电人口的用电问题全面解决，全省电力普遍服务水平大幅提升。配电网薄弱环节得到有效治理，通过“新甘石”、“电力天路”等一批项目的实施，“十二五”时期解决了壤塘、石渠等14个县域电网“孤网”运行问题，实现了藏区电网全部接入四川主网。

【电网建设规模】2015年，公司在建110千伏及以上项目115个，在建线路3930.85公里、变电容量2069万千伏安。其中，2015年续建110千伏及以上项目51个，线路1835公里、变电容量1358万千伏安。

2015年，公司全年共开工110千伏及以上项目64项，线路长度2095.85公里、变电容量711.00万千伏安；投产110千伏及以上项目71项，线路长度2445.08公里、变电容量1139.45万千伏安。

【电网投资规模】2015年，公司完成电网基建投资250.76亿元，同比增长2.69%；其中500千伏投资46.55亿元，220千伏投资52.20亿元，110千伏投资37.07亿元，35千伏及以下投资114.95亿元。

2015 年公司电网基建投资情况表

表 4

年　份	2015
一、500 千伏	46.55
二、220 千伏	52.20
三、110 千伏	37.07
四、35 千伏及以下	22.6
合计	250.76

电　网　建　设

【概况】2015 年，公司全年完成电网投资 309.57 亿元，累计开工 110 千伏及以上项目 64 项，线路长度 2096 公里、变电容量 711 万千伏安；投运 71 项，线路长度 2445 公里、变电容量 1139 万千伏安，规模位居国家电网公司前列。公司全面完成甘孜藏区“电力天路”及无电区电力建设任务电网建设任务，安全形势保持平稳，工程质量稳步提升，工程造价控制成效显著，重点工程顺利推进。

【500 千伏及以下项目】2015 年，公司主要建成投运了新都桥 500 千伏输变电工程、溪古 500 千伏输变电工程、九江 500 千伏输变电工程、达州至黄岩 500 千伏输变电工程、500 千伏乡城变电站 1 号主变扩建工程、500 千伏丹景变电站 3 号主变扩建工程、大岗山水电站 500 千伏送出工程、枕头坝水电站 500 千伏送出工程、黄金坪水电站 500 千伏送出工程等 9 项 500 千伏输变电工程。

主要投运了甘孜雅江 220 千伏输变电工程、达州汇北 220 千伏输变电工程、宜宾龙头 220 千伏变电站主变增容扩建工程、凉山普格 220 千伏输变电新建工程、甘孜茨巫 220 千伏输变电工程、达州通川 220 千伏变电站扩建工程、眉山石化园 220 千伏输变电新建工程、雅安竹马 220 千伏扩建工程、攀枝花桐子林至米易 π 入桐子林电站 220 千伏线路工程、乐山黑竹沟（峨边）220 千伏变电站扩建工程、成渝客运专线内江北牵引站 220 千伏供电工程、成渝客运专线资阳陈家湾牵引站 220 千伏供电工程、成渝客运专线资阳李家湾牵引站 220 千伏供电工程、西昌雷波至坪头线路延伸至美姑河 220 千伏线路工程、自贡仙市 220 千伏输变电工程、巴中张公 220 千伏输变电工程等 16 项 220 千伏输变电新建工程。

建成投运了成都南一环 110 千伏输变电工程、成都糠市街 110 千伏输变电工程、成都凉水井 110 千伏输变电工程、阿坝红原城关 110 千伏输变电工程、兰渝铁路广安兴隆牵引站 110 千伏供电工程、巴中清江 110 千伏输变电新建工程、甘孜雅江 110 千伏输变电工程、甘孜得荣 110 千伏输变电工程、成都元华 110 千伏输变电工程、成都 110 千伏龙泉变电站改造工程、成都 110 千伏白丝街变电站增容改造工程、宜宾 110 千伏城中变电站增容改造工程、成都平乐 110 千伏输变电工程、甘孜色达 110 千伏输变电工程、达州 110 千伏魏兴变电站 2 号主变扩建工程、绵阳盐亭 110 千伏输变电新建工程、甘孜理塘 110 千伏输变电工程、甘孜巴塘 110 千伏输变电工程、德阳中江凯江 110 千伏变电站扩建工程、遂宁船山窑湾 110 千伏输变电工程、达州三汇汇北 220 千伏变电站 110 千伏配套工程、甘孜稻城香格里拉 110 千伏输变电工程、成都中和二 110 千伏输变电工程、眉山石化园 220 千伏变电站 110 千伏配套工程、凉山甘洛海田 110 千伏输变电工程、雅安天全城厢 110 千伏输变电工程、眉山桂林 110 千伏输变电新建工程、雅安芦山大川 110 千伏输变电工程、甘孜道孚 110 千伏输变电工程、成都 220 千伏温江北变电站 110 千伏配套工程、成都五龙 110 千伏输变电新建工程、成都羊安 II110 千伏输变电新建工程、达州北外 110 千伏输变电工程、甘孜白玉昌台110千伏输变电工程、雅安名山110千伏蒙阳变电站重建工程、绵阳涪城园艺110千伏变电站增容改造工程、凉山西昌瑶山110千伏输变电工程、泸州邻玉 110 千伏输变电工程、雅安天全110千伏沙坪变电站重建工程、雅安天全110kV始阳变电站重建工程、兰渝铁路南充龙桂牵引站110千伏供电工程、兰渝铁路南充南部牵引站110千伏供电工程、兰渝铁路南充李渡牵引站110千伏供电工程、成都110千伏府青路变电站改造、220千伏张公变电站110千伏配套工程、芦山110千伏金花变电站重建工程、宝兴110千伏城南变电站重建工程、芦山110千伏黄花线重建工程、宝兴110千伏龙穆线重建工程、雨城110千伏七盘变电站重建工程等50项110千伏输变电工程。

2015年11月8日，从500千伏木里变电站母线成功对接，顺利带电并网，标志着历时2个多月的川藏联网加装合闸电阻技改工程完成

（黄忠明　李云　摄）

【在建项目】2015年，公司在建110千伏及以上输变电工程共118项，线路长度3958千米、变电容量2133万千伏安。

在建500千伏项目为成都新都500千伏输变电工程、达州宣汉 500 千伏输变电工程、乐山 500千伏沐川开关站扩建工程、长河坝水电站500千伏送出工程、猴子岩水电站500千伏送出工程、沙坪二级水电站500千伏送出工程、凉山盐源500千伏输变电工程、凉山会东500千伏输变电工程、路平至富乐500千伏输变电工程、四川江油500千伏输变电工程、阿坝马尔康500千伏输变电工程、成都500千伏桃乡变电站主变扩建工程、马塘乡城500千伏扩建工程、凉山500千伏水洛变电站主变扩建工程等14项。

在建220千伏项目为成都大源220千伏输变电工程、成都220千伏核桃村变电站扩建工程、成都220千伏东郊变电站扩建工程、成都十陵220千伏输变电工程、成都青羊220千伏输变电工程、成都市黄水220千伏输变电工程、成都成黄路220千伏输变电工程、成都北三环220千伏输变电工程、成都北三环至昭觉220千伏线路工程、500千伏新都变 220 千伏配套工程、成都 500 千伏九江变电站220千伏配套工程、成都秦皇寺220千伏输变电工程、四川乐山金仓220千伏输变电工程、四川攀枝花回龙沟220千伏输变电工程、兰渝铁路广元牵引站220千伏供电工程、雅安220千伏黄岗变电站扩建工程、达州500千伏宣汉变电站220千伏配套工程、四川达州大竹220千伏输变电工程、达州宣汉北220千伏输变电工程、宜宾南溪和平220千伏输变电工程、阿坝黑河塘220千伏输变电工程、500千伏盐源变电站220千伏配套工程、凉山盐源大河光伏电站220千伏送出工程、凉山冕宁220千伏输变电工程、四川内江资铁220千伏输变电工程、泸州220千伏杨桥变电站增容改造工程、泸州泰安220千伏输变电工程、四川南充南隆220千伏输变电工程、自贡琵琶220千伏输变电工程等29项。

在建的110千伏项目为成都北三环220千伏输变电配套110千伏送出工程、成都220千伏青羊变电站110千伏配套工程、成都新园北110千伏输变电工程、成都新都工业区110千伏输变电工程、成都天斑110千伏输变电工程、成都和平路（五桂桥）110千伏输变电工程、成都新津110千伏输变电工程、成蒲铁路成都大邑牵引站110千伏外部供电工程、成蒲铁路成都青羊成都西牵引站110千伏外部供电工程、成蒲铁路成都蒲江朝阳湖牵引站110千伏外部供电工程、成都220千伏十陵变电站110千伏配套线路工程、成都220千伏黄水变电站配套110千伏接入工程、成都龙桥110千伏输变电新建工程、成都成黄路220千伏输变电配套110千伏送出工程、成都马场110千伏输变电工程、成都35千伏金桥变电站升压110千伏输变电工程、成都琉璃110千伏输变电工程、成都35千伏双流变电站升压110千伏工程、成都220千伏毛家湾变电站110千伏配套送出工程、成都汉城110千伏输变电新建工程、成都永宁110千伏输变电新建工程、成都沙渠110千伏输变电工程、成都三星110千伏输变电工程、成都城厢110千伏输变电工程、成都东华110千伏输变电工程、成都武青路110千伏输变电工程、成都新津牵引站扩容110千伏供电线路工程、成都大丰110千伏输变电工程、成都书房村110千伏输变电新建工程、成都鹃城110千伏输变电工程、成都德源二110千伏输变电工程、成都芷泉街110千伏输变电新建工程、成都华阳二110千伏输变电工程、成都天府新区麓湖110千伏输变电工程、成都天府新区创新110千伏输变电工程、成都天府新区香山110千伏输变电工程、乐山峨边牵引站改接至黑竹沟110千伏线路工程、乐山水口110千伏输变电工程、乐山市草堂110千伏输变电工程、攀枝花攀钢电厂3×100兆瓦机组关停110千伏线路改接工程、攀枝花110千伏红格变电站扩建工程、攀枝花大水井110千伏输变电工程、德阳旌阳110千伏杨嘉变电站扩建工程、德阳220千伏秋月变电站配套110千伏线路工程、眉山仁寿110千伏视高变电站扩建工程、雅安荥经龙苍沟110千伏输变电工程、雅安宝兴110千伏穆坪变电站重建工程、达州220千伏宣汉北变电站110千伏配套工程、达州宣汉110千伏方斗变电站扩建、达州达县雷音铺110千伏输变电工程、绵阳110千伏仙人桥变电站增容改造工程、宜宾220千伏南溪(和平)变电站110千伏配套工程、宜宾翠屏象鼻110千伏输变电工程、阿坝中查沟110千伏输变电工程、阿坝壤塘蒲西110千伏输变电工程、凉山会东110千伏红房变电站扩建工程、凉山220千伏冕宁变电站110千伏配套送出工程、凉山石门坎110千伏输变电工程、内江220千伏资铁变电站110千伏配套工程、内江越溪110千伏输变电新建工程、内江碑木西110千伏输变电新建工程、兰渝铁路广元苍溪牵引站110千伏供电工程、兰渝铁路广元羊木牵引站110千伏临时供电工程、兰渝铁路广元太公牵引站110千伏供电工程、泸州泸县城北110千伏输变电工程、南充北塔110千伏输变电新建工程、四川南充西充义兴110千伏输变电工程、南充嘉陵南110千伏输变电新建工程、自贡220千伏仙市变电站110千伏配套工程、自贡110千伏代家坝变电站智能化改造工程、兰渝铁路广元姚渡牵引站110千伏临时供电工程、广安邻水王家110千伏输变电工程、广安永兴110千伏输变电工程、遂宁安居乌木110千伏输变电工程、遂宁船山遂西110千伏输变电工程、巴达铁路巴中兰草牵引站110千伏改接供电工程、巴中南江110千伏石板垭变电站2号主变扩建工程、巴中通江110千伏永安变电站2号主变扩建工程、巴中巴州江北110千伏输变电工程、甘孜泸定田坝110千伏输变电工程、甘孜九龙110千伏输变电工程等81项。

【工程达标和创优】2015年，公司完成104项110千伏及以上电压等级工程达标投产，其中500千伏变电站工程1项，220千伏变电站工程12项，110千伏变电站工程41项，500千伏线路工程3项，220千伏线路工程16项，110千伏线路工程31项。

500千伏新都桥变电站获得中国电力优质工程奖、安装之星和国家优质工程奖。

通过达标投产考核的500千伏项目主要有甘孜500千伏新都桥变电站工程、甘孜新都桥变至甘谷地开关站双回500千伏输电线路工程、凉山卡基娃电站至木里变500千伏输电线路工程、枕头坝一级水电站至深溪沟水电站500千伏输电线路工程

通过达投产考核的220千伏项目主要有阿坝220千伏镇江关变电站工程、甘孜220千伏雅江变电站工程、成都220千伏华阳东变电站工程、达州220千伏汇北变电站工程、凉山220千伏美姑河变电站工程、阿坝镇江关变至茂县变220千伏输电线路工程、凉山冕山变至越西变220千伏输电线路工程、甘孜新都桥变至雅江变双回220千伏输电线路工程、乐山牵引站至南天变220千伏输电线路工程、成都桃乡变至华阳东变220千伏输电线路工程、达州汇北变至长田变220千伏输电线路工程、绵阳天明变至江油牵引站220千伏输电线路工程、绵阳谭家湾变至赖家牵引站220千伏输电线路工程、德阳付家牵引站至德阳Ⅱ变220千伏输电线路工程、德阳新市变至秋月变220千伏输电线路工程、凉山220千伏普格变电站工程、凉山普格变至宁南变220千伏输电线路工程、凉山西昌南变至普格变220千伏输电线路工程、眉山220千伏石化园变电站工程、甘孜220千伏茨巫变电站工程、攀枝花220千伏枣子坪变电站工程、成都220千伏十陵变电站工程、资阳220千伏三岔变电站工程、资阳变至棉丰变220千伏输电线路工程、甘孜茨巫变至乡城变双回220千伏输电线路工程、泸州变至纳溪变双回220千伏输电线路工程、攀枝花米易变至安宁变220千伏线路工程、广元220千伏朝天变电站工程。

通过达标投产考核的110千伏项目主要有阿

坝 110 千伏石广东变电站工程、眉山仁寿 110 千伏城西变电站工程、甘孜 110 千伏新龙变电站工程、乐山 110 千伏城南变电站工程、甘孜 110 千伏白玉变电站工程、广元 110 千伏中子变电站工程、成都 110 千伏红阳变电站工程、成都 110 千伏前进变电站工程、成都 110 千伏成龙路变电站工程、成都 110 千伏洛带变电站工程、成都 110 千伏金鸡变电站工程、成都 110 千伏元华变电站工程、巴中 110 千伏清江变电站工程、甘孜 110 千伏理塘变电站工程、内江 110 光荣千伏变电站工程、甘孜 110 千伏达通玛变电站工程、甘孜 110 千伏翁达变电站工程、甘孜 110 千伏色达变电站工程、眉山城西变至宝飞变 110 千伏输电线路工程、甘孜变至新龙变 110 千伏输电线路工程、甘孜变至白玉变 110 千伏输电线路工程、广元朝天变至中子变 110 千伏输电线路工程、成都柏合变至洛带变 110 千伏输电线路工程、凉山 220 千伏盐源变电站 110 千伏配套工程、甘孜雅江变至理塘变 110 千伏输电线路工程、甘孜变至色达变 110 千伏输电线路工程、甘孜变至达通玛变 110 千伏输电线路工程、甘孜炉霍变至翁达变 110 千伏输电线路工程、阿坝红原 110 千伏城关变电站工程、凉山 110 千伏布拖变电站工程、凉山 110 千伏泸沽湖变电站工程、攀枝花 110 千伏上板桥变电站工程、绵阳 110 千伏松垭变电站工程、绵阳 110 千伏金家林变电站工程、成都 110 千伏凉水井变电站工程、成都 110 千伏平乐变电站工程、成都 110 千伏中和Ⅱ变电站工程、阿坝龙日坝变至红原城关变 110 千伏输电线路工程、阿坝唐克变至红原城关变 110 千伏输电线路工程、凉山雷波变至西宁变 110 千伏输电线路工程、凉山美姑河变至布拖变 110 千伏输电线路工程、凉山盐源变至泸沽湖变 110 千伏输电线路工程、资阳 110 千伏宝台变电站工程、自贡 110 千伏南湖变电站工程、自贡富顺 110 千伏海棠变电站工程、遂宁 110 千伏窑湾变电站工程、攀枝花 110 千伏太平变电站工程、广安 110 千伏幺滩变电站工程、甘孜 110 千伏香格里拉变电站工程、绵阳 110 千伏盐亭变电站工程、绵阳梓潼 110 千伏文昌变电站工程、甘孜 110 千伏得荣变电站工程、自贡南湖变-舒平变双回 110 千伏输电线路工程、攀枝花太平变至马上坪变 110 千伏线路工程、泸州纳溪变至大洲驿变 110 千伏第二回输电线路工程、广安范家湾变至幺滩变 110 千伏线路工程、广安建丰变至兴隆变 110 千伏线路工程、广安武胜变至兴隆变 110 千伏线路工程、甘孜稻城变至香格里拉变 110 千伏输电线路工程、绵阳长卿变至小亭变改接入文昌变 110 千伏输电线路工程、绵阳佳桥变至盐亭变 110 千伏输电线路工程、绵阳东变至长卿变改接入天明变 110 千伏输电线路工程、绵阳东变至长卿变改接入文昌变 110 千伏输电线路工程、绵阳东变至长卿变 110 千伏输电线路工程、甘孜茨巫变至得荣变 110 千伏线路工程、成都临邛变至平乐变 110 千伏线路工程、雅安城厢 110 千伏变电站工程、眉山桂林 110 千伏变电站工程、泸州关口 110 千伏变电站工程、甘孜道孚 110 千伏变电站工程、泸州关口变至玉观双回 110 千伏输电线路工程、甘孜炉霍变至道孚变 110 千伏输电线路工程

2015 年，公司有 164 项 110 千伏及以上电压等级项目符合申报国家电网公司输变电优质工程评选标准，其中 164 项通过检查评比获得国家电网公司输变电优质工程命名，总体优质工程率达到 100%。

重点工程

【新都桥 500 千伏输变电工程】新都桥 500 千伏输变电工程是新甘石联网工程东南部的重要组成部分，近期可满足近区中小水电富余容量外送，远期可为雅砻江流域大中型水电的接入提供良好的电源汇集平台及送出通道，可在枯水期为甘孜北部地区提供可靠电源，进一步改善和提高甘孜州北部的保障能力和供电可靠性，有利于更好的服务于甘孜州经济社会发展和当地居民生产生活条件的改善，带动甘孜州北部片区资源开发，保护长江上游生态环境，维护民族团结和社会和谐稳定。工程于 2012 年 12 月开工，于 2014 年 10 月竣工，本工程荣获“2014-2015 年度国家优质工程奖”荣誉，同时荣获中国安装协会“2015-2016 年度中国安装工程优质奖（中国安装之星）”称号。

【九江 500 千伏输变电工程】500 千伏九江变电站是国网四川省电力公司第 45 座 500 千伏变电站，属

成都地区首座500千伏智能站，是成都500千伏环网重要枢纽站，是目前变电公司系统内首座单台500千伏主变容量最大的变电站，该工程本期主变压器2×120万伏安，500千伏出线4回，220千伏出线14回。工程建设能有效提高成都西南片区供电可靠性和川西水电送出可靠性，增强成都地区供电能力，有效缓解电网负荷紧张形势和500千伏蜀州变电站潮流过于集中问题。工程于2014年3月26日开工，于2015年11月22日竣工投运。本工程地处成都经济发达地区，地方协调难度大，工程推进十分困难，公司充分发挥各参建单位的立体化、多层级的协调联动机制，确保了工程按既定目标如期建设投运。

2015年8月17日，由国网资阳供电公司建管的炉霍—道孚110千伏线路工程于8月全面竣工。线路交接验收工作全面展开。图为验收组人员登塔验收（陈翔 摄）

【其他重点工程】成都新都500千伏输变电工程：变电站土建完成98%，变电安装完成95%，调试完成80%；新丹线基础浇制98%，铁塔组立85%；新龙线基础浇制完成72%。

达州宣汉500千伏输变电工程：变电站正三通一平阶段；线路基础浇制完成188基，铁塔组立20基。

猴子岩电站500千伏送出工程：线路基础浇制完成10%。

（张烨、蓝健均、刘华、黄剑波、陈曦、陈世君、杨皓麟）

电网调度与通信

责任编辑：何　飞

电网调度

【调度机构】四川电力调度控制系统包括四川电力系统内各级调度控制机构和发电厂、变电站、梯级电站集控中心等的运行值班单位。

四川电力系统设置三级调度控制机构，即：

——省级电力调度控制机构，以下简称省调；

——省辖市级电力调度控制机构，以下简称地调；

——县级电力调度控制机构，以下简称县调。

【省电力调度控制中心】四川电力调度控制中心主要负责四川电网调度运行、变电设备运行集中监控、系统运行、调度计划、继电保护、自动化、水电及新能源等各专业管理职责；调度管辖省域内500千伏电网和220千伏主网，直调所辖电厂；承担省域内±660千伏及以下直流站和500千伏交流变电站变电设备运行集中监控、输变电设备状态在线监测与分析业务。内设8个处，分别为调度控制处、调度计划处、系统运行处、继电保护处、自动化处、综合技术处、水电及新能源处、设备监控管理处。截至2015年年底，中心正式员工80人。

【四川省调的职责和权限】1.接受国调、区域分中心（简称华中网调）的调度管理，接受国调、区域分中心（华中网调）授权或委托的与电力调度相关的工作。2.负责省电网的安全、优质、经济运行，划分省电网调度管辖范围，对所辖电网及并网电厂实施统一调度管理。3.负责电网内调度控制运行、调度计划、运行方式、继电保护、调度自动化、水库及新能源调度等专业管理，制定电力系统电力调度、设备监控方面的标准、规程、制度和办法，负责所辖电网二次设备技术监督。4.负责指挥调度及监控范围内设备的运行、操作及电网的事故处理，参与电网事故调查分析；负责指挥电网调频、调峰及调压工作，负责指挥网间联络线潮流的调度控制。5.负责组织制定和执行所辖电力系统的运行方式。执行上级调度控制机构下达或批准的网间联络线运行方式。6.负责所辖电网电力电量平衡、临时交易和检修平衡，负责制定和执行所辖电力系统调度计划。7.参与所辖电网规划、设计、建设、工程项目审查及设备选型工作。8.受理并批复新建或改建管辖设备投入运行申请，制定新设备启动调试调度方案并组织实施。9.参与签订发电厂、地方电网的并网协议和购售电合同，负责签订调度管辖范围内的发电厂、地方电网、用户的并网调度协议。10.会同有关部门编制《四川电网有序用电预案》《四川电网紧急拉闸限电序位表》，报政府批准后执行。11.负责所辖水电厂水库发电调度工作，制定水库调度方案。参与主要水电厂发电与防洪、航运和供水等方面的协调工作。12.负责组织制定全网继电保护及安全自动装置配置的技术方案和调度管辖范围内的整定方案，并督促实施，负责继电保护专业归口管理，负责继电保护专业技术监督，负责继电保护二次设备的大修、技改项目的审查。13.负责所辖电力系统的安全稳定运行管理。14.参与制定自动化系统的规划，负责电力二次系统安全防护。15.负责公司电力调度控制技术装备的运行和管理。16.负责对本级监控范围内电网运行设备的集中监控。17.负责四川电力系统调度控制业务中涉及电网通信通道业务的评价。18.配合电力通信管理部门对四川电力系统的电网调度通信业务的日常运维、事故处理、调查分析。

【省调调度管辖设备范围】1.四川电网除国调、国调华中分中心管辖外的500千伏系统（含500千伏站内无功补偿设备）。2.四川电力系统内220千伏主网架和地区电力系统间220千伏联络线。3.四川电力系统内装机容量10兆瓦及以上的发电厂及其送出系统。4.国调、国调华中分中心委托调度管辖的设备。

【省调监控设备范围】1.四川电网500千伏变电站设备（消防、安防、视频系统除外）。2.四川电网500千伏输电设备。

【地区电力调度控制中心】四川电网设有22个地调，分别是：成都地调、天府地调、德阳地调、绵阳地调、广元地调、资阳地调、内江地调、自贡地调、宜宾地调、泸州地调、乐山地调、眉山地调、达川地调、南充地调、巴中地调、攀枝花地调、广安地调、遂宁地调、阿坝地调、雅安地调、甘孜地调。

【地调的职责和权限】1.接受省调的调度管理，接受省调授权或委托的与电力调度相关的工作。2.负责所辖电网的安全、优质、经济运行，负责调度控制管辖范围内设备的运行、监控、操作及电网的事故处理。3.负责所辖电力系统调度控制、设备监控、调度计划、继电保护、调度自动化、水电及新能源等专业管理和技术监督。4.负责编制和执行所辖电网的运行方式，执行省调下达的运行方式。5.负责编制并执行所辖电网调度计划。6.会同有关部门编制本地区电网有序用电预案和本地区电网紧急拉闸限电序位表，报政府批准后执行。7.负责组织制定和执行所辖电力系统的继电保护方案。8.受理并批复新建或改建管辖设备投入运行申请，制定新设备启动调试调度方案并组织实施。9.参与所辖电网发展规划、设计、有关工程项目的审查和设备选型。10.负责所辖电力系统的安全稳定运行管理。11.负责所辖水电厂水库发电调度工作，制定水库调度方案。参与主要水电厂发电与防洪、航运和供水等方面的协调工作。12.负责所辖调度控制自动化设备的运行管理。13.负责签订所辖发电厂并网调度协议。14.负责对本级监控范围内电网运行设备的集中监控。15.负责四川电力系统调度控制业务中涉及电网通信通道业务的评价。16.配合电力通信管理部门对四川电力系统的电网调度通信业务的日常运维、事故处理、调查分析。

【地调调度管辖设备范围】1.本地区除省调调度管辖外的220千伏系统。2.本地区110千伏及以下系统。3.本地区装机容量10兆瓦以下发电厂及其送出系统。4.本地区与其他地区间的110千伏联络线（由相关地调协商调度）。5.省调委托调度管辖的设备

【地调监控设备范围】1.本地区220千伏、110千伏变电站设备。2.本地区220千伏、110千伏输电设备。

【电网安全经济运行】2015年，公司系统坚持“安全第一、预防为主、综合治理”原则，围绕保障电网安全稳定运行，不断加大安全风险管控力度，圆满完成了三大特高压直流及德宝直流长期满功率外送，以及迎峰度夏、度冬、重要节假日保电等工作任务。全年调度口径最大发电出力5531万千瓦，最大用电负荷 3055 万千瓦；调度口径最大外送电力2810万千瓦，外送电量1226.34亿千瓦时，外购电量10.92亿千瓦时，电网连续34年安全稳定运行。

2015年，四川电网电力生产安全平稳，在省内用电负增长的背景下，电力供需总体呈现“丰余枯足”的特点。丰、平水期受水电装机快速增长、夏季气温偏低等多重影响，水电消纳面临空前压力，富余电量达到前所未有的水平。枯水期受省内发电能力增强、用电需求负增长、跨区分配机组留川电量大幅增加等因素影响，省内电力供应十分充裕。

2015年，四川电网电力供需总体平衡，未发生拉闸限电，电力供需从“丰余枯缺”转变为“丰余枯足”，电力供大于求矛盾突出，火电发电利用小时数大幅下降，水电弃水电量逐年增加。

全年用电量出现负增长。从三个方面分析，一是从天气来看，冬季气温偏暖，夏季气温凉爽，高温时间偏短，空调负荷持续时间短；二是从来水看，各流域来水比多年同期平均减少约7.4%，来水较多年略偏枯，趸售区用电需求没有增加；三是从行业用电看，比重最大的第二产业用电量出现负增长4.43%。

电力供应充足。从三个方面分析，一是电源装机大幅增加，2015年新增装机790.3万千瓦；二是电煤供应充足，2015年四川电网电煤供应平稳，未发生缺煤停机；三是水电来水较好，2015年全网来水比上年同期平均减少约 10.1%，比多年同期平均减少约7.4%，来水较多年略偏枯。

枯水期，由于电力需求下降，而机组发电能力大大增加，同时国调机组留川电量大幅增加，电力供应十分充裕，为保证水电等清洁能源消纳，火电机组有序安排停机备用，开机容量小，负荷率低，利用小时数大幅下降。枯水期四川电网网间外购电较少，仅2—5月购入西北（风电）30万千瓦电力。

丰水期，水电发电能力大增，而用电负荷较低，电力供需形势十分宽松。水电消纳面临巨大压力，在国家电网公司、各分部和兄弟省市公司的支持下，四川公司采取多种措施最大化消纳水电，取得了较好的社会和经济效益。通过优化电网运行方式提高水电消纳能力，一是优化水库运行方式，汛前降低水库水位运行，减少弃水；二是减少丰期火电开机容量，最大限度为水电腾出发电空间；三是协调大型水电开机，提高外送通道送电能力。同时积极开展替代发电、直购电工作，缓解弃水压力和水火矛盾，安排水火代替，增发水电 50.49 亿千瓦时；自备火电停机代替，增发水电40.7亿千瓦时；水电直购交易94.3亿千瓦时。

【节能发电调度成果】2015年，四川电网继续开展节能发电调度试点工作，并严格执行省政府年度发电计划，全力保障风电、水电及其他可再生能源发电优先上网。

全年普通燃煤机组平均上网发电利用小时为2303小时，四川电网按节能发电调度政策优先调用大容量高效率机组，60万千瓦机组平均利用小时为2884小时，30万千瓦机组平均利用小时为1994小时，20万千瓦及以下机组平均利用小时为514小时。火电机组平均供电标煤耗 321.67 克/千瓦时，较传统调度方式降低 4.41 克/千瓦时，相当于节约标煤12.2万吨，减排二氧化碳31.7万吨，减排二氧化硫0.35万吨。

四川电网继续实施替代发电，枯水期（1—4月

和11、12月）完成火火替代发电31.87亿千瓦时（其中公用火电12.60亿千瓦时，自备火电19.28亿千瓦时），大容量高效率机组增加了发电量，按煤耗平均降低40克/千瓦时测算，相当于节约标煤12.8万吨，减排二氧化碳33.2万吨，二氧化硫0.37万吨。丰水期（5—10月）实施水火替代发电共计91.21亿千瓦时（其中公用火电50.49亿千瓦时，自备火电40.72亿千瓦时），增加了水电消纳，按平均煤耗320克/千瓦时测算，相当于节约标煤291.9万吨，减排二氧化碳758.6万吨，二氧化硫8.41万吨。

2015年，四川电网通过开展节能发电调度工作，合计节约标煤317万吨，减排二氧化碳824万吨，二氧化硫9.1万吨。

【电源情况】截至2015年12月31日，四川电网全社会口径装机容量8674.9万千瓦，其中水电6939.3万千瓦，火电1623.9万千瓦，风电73.4万千瓦，光伏38.4万千瓦。

截至2015年12月31日，四川电网调度口径装机容量8203.4万千瓦（国调2310万千瓦，西南分中心330万千瓦，省调4880.6万千瓦，地县调682.8万千瓦），发电厂共3076座（国调6座，西南分中心1座，省调305座，地县调2764座），机组共5524台（国调35台，省调766台，西南分中心6台，地县调4717台）。其中，水电装机共6727.8万千瓦（国调2310万千瓦，西南分中心330万千瓦，省调3448.8万千瓦，地县调639.0万千瓦），占总容量的82.0%，机组5381台（国调35台，西南分中心6台，省调684台，地县调4656台）；火电装机1365.8万千瓦（省调1323.5万千瓦，地县调42.3万千瓦），占16.7%，机组120台（省调63台，地县调57台）；风电场10座，装机73.4万千瓦，占0.9%，均为省调调度；光伏电站13座（省调9座，地调4座），装机36.4万千瓦（省调34.9万千瓦，地调1.5万千瓦），占0.5%；自备电厂6座，装机122.1万千瓦，未纳入规模统计。

直接接入220千伏及以上电压等级的国调、西南分中心和省调发电机组448台，总容量6967.8万千瓦，其中火电装机1262万千瓦，水电装机5626.5万千瓦，风电装机65.4万千瓦，光伏装机14万千瓦。单机60万千瓦以上机组56台，容量3590万千瓦（国调35台、容量2310万千瓦，省调21台、容量1280万千瓦）。

2015年年末四川电网调度口径装机容量合计（单位：台/座、兆瓦）

表5

	总容量		火电		水电		风电		光伏	
	台数	容量	台数	容量	台数	容量	座数	容量	座数	容量
直调	766	48805.5	63	13235.2	684	34487.7	10	733.5	9	349.1
成都地调	358	696.17	1	6.5	357	689.67	0	0	0	0
乐山地调	237	547.795	6	10.75	231	537.045	0	0	0	0
德阳地调	167	93.538	0	0	166	87.538	0	0	1	6
雅安地调	1316	1794.86	8	13.5	1308	1781.36	0	0	0	0
眉山地调	71	51.753	0	0	71	51.753	0	0	0	0
攀枝花地调	211	430.685	16	185	193	238.685	0	0	2	7
阿坝地调	236	563.849	0	0	236	563.849	0	0	0	0
绵阳地调	189	196.38	0	0	189	196.38	0	0	0	0
达州地调	4	40.4	0	0	4	40.4	0	0	0	0
凉山地调	888	977.609	0	0	888	977.609	0	0	0	0
泸州地调	296	118.47	0	0	296	118.47	0	0	0	0
宜宾地调	4	0.57	0	0	4	0.57	0	0	0	0

续表 5

	总容量		火电		水电		风电		光伏	
	台数	容量	台数	容量	台数	容量	座数	容量	座数	容量
南充地调	9	21	0	0	9	21	0	0	0	0
广元地调	159	119.726	1	6	157	111.626	0	0	1	2.1
内江地调	73	308.675	2	12	71	296.675	0	0	0	0
广安地调	104	81.825	8	61.5	96	20.325	0	0	0	0
遂宁地调	40	206.655	0	0	40	206.655	0	0	0	0
资阳地调	66	60.755	0	0	66	60.755	0	0	0	0
自贡地调	34	161.1	15	127.5	19	33.6	0	0	0	0
巴中地调	136	66.868	0	0	136	66.868	0	0	0	0
甘孜地调	119	289.5	0	0	119	289.5	0	0	0	0
总计	5483	55633.68	120	13658.0	5340	40878.0	10	733.5	13	364.2
	总容量		1000/750 千伏		500 千伏		220 千伏		110 千伏	
	台数	容量	台数	容量	台数	容量	台数	容量	台数	容量
直调	766	48805.5	0	0	58	18126	349	25152.1	359	5527.4
成都地调	358	696.17	0	0	0	0	0	0	358	696.17
乐山地调	237	547.795	0	0	0	0	0	0	237	547.795
德阳地调	167	93.538	0	0	0	0	0	0	167	93.538
雅安地调	1316	1794.86	0	0	0	0	0	0	1316	1794.86
眉山地调	71	51.753	0	0	0	0	0	0	71	51.753
攀枝花地调	211	430.685	0	0	0	0	0	0	211	430.685
阿坝地调	236	563.849	0	0	0	0	0	0	236	563.849
绵阳地调	189	196.38	0	0	0	0	0	0	189	196.38
达州地调	4	40.4	0	0	0	0	0	0	4	40.4
凉山地调	888	977.609	0	0	0	0	0	0	888	977.609
泸州地调	296	118.47	0	0	0	0	0	0	296	118.47
宜宾地调	4	0.57	0	0	0	0	0	0	4	0.57
南充地调	9	21	0	0	0	0	0	0	9	21
广元地调	159	119.726	0	0	0	0	0	0	159	119.726

续表 5

	总容量		1000/750 千伏		500 千伏		220 千伏		110 千伏	
	台数	容量	台数	容量	台数	容量	台数	容量	台数	容量
内江地调	73	308.675	0	0	0	0	0	0	73	308.675
广安地调	104	81.825	0	0	0	0	0	0	104	81.825
遂宁地调	40	206.655	0	0	0	0	0	0	40	206.655
资阳地调	66	60.755	0	0	0	0	0	0	66	60.755
自贡地调	34	161.1	0	0	0	0	0	0	34	161.1
巴中地调	136	66.868	0	0	0	0	0	0	136	66.868
甘孜地调	119	289.5	0	0	0	0	0	0	119	289.5
总计	5483	55633.7	0	0	58	18126	349	25152.1	5076	12355.6

备注：省调直调自备电厂 6 座，机组 20 台，共 1221MW，未纳入上述统计；

【统调统分电力】2015 年，四川电网调度口径累计发电量 2928.0 亿千瓦时，同比增加 3.1%，其中水电 2574.8 亿千瓦时，同比增加 8.3%；火电 341.0 亿千瓦时，同比下降 25.8%。统调口径累计上网电量 1562.6 亿千瓦时，同比下降 0.20%，其中水电 1249.0 亿千瓦时，同比增加 7.33%，火电 301.5 亿千瓦时，同比下降 24.3%。

2015 年，四川电网调度口径最大发电出力 5531 万千瓦，同比减少 15 万千瓦，降幅 0.27%，发生在 8 月 3 日，日最大发电量 12.09 亿千瓦时，同比减少 0.12 亿千瓦时，降幅 0.98%，发生在 8 月 5 日；省调机组日最大发电出力 3404 万千瓦，同比增加 294 万千瓦，增幅 9.5%，日最大上网电量 6.89 亿千瓦时，同比增加 0.76 亿千瓦时，增幅 12.4%，均发生在 8 月 3 日。

2015 年四川电网全口径机组平均发电利用小时数为 3935 小时，同比减少 360 小时，其中水电机组为 4258 小时，同比减少 249 小时；火电机组为 2688 小时，同比减少 849 小时，风电为 2452 小时，同比增加 386 小时，光伏为 1528 小时，同比减少 105 小时。

2015 年国调机组平均发电利用小时数为 4850 小时，同比减少 346 小时（全部为水电），省调机组平均发电利用小时数为 3389 小时，同比减少 368 小时，其中水电为 3754 小时，同比减少 135 小时；火电为 2499 小时，同比减少 964 小时；风电为 2452 小时，同比增加 370 小时，光伏为 1531 小时，同比减少 139 小时。

【电网负荷】2015 年，四川电网调度口径累计发受电量 1720.6 亿千瓦时，同比下降 0.89%。统调口径累计网供电量 1474.0 亿千瓦时，同比下降 0.43%。

2015 年四川电网用电电力、电量均创历史新高。2015 年四川电网调度口径最大发电出力 5531 万千瓦，同比减少 15 万千瓦，降幅 0.27%，发生在 8 月 3 日；调度口径最大用电负荷 3054.8 万千瓦，同比增加 103 万千瓦，增幅 3.49%，日最大用电量 6.20 亿千瓦时，同比增加 0.20 亿千瓦时，增幅 1.70%，发生在 8 月 3 日。日最高网供用电负荷 2826.4 万千瓦，同比增加 137 万千瓦，增幅 5.10%，发生在 8 月 3 日，日最大网供用电量 5.49 亿千瓦时，同比增加 0.18 亿千瓦时，增幅 3.3%，发生在 8 月 2 日；全网空调负荷启动约 650 万千瓦。

调度口径最大发电峰谷差 1502 万千瓦，同比增加 54 万千瓦，增幅 3.7%，发生在 7 月 22 日；调度口径最大用电峰谷差 1105 万千瓦，同比减少 56 万千瓦，降幅 4.8%，发生在 2 月 2 日。

2015 年，四川电网在用电负荷预测方面开展了负荷分类和地调母线负荷预测系统建设工作，对深入研究负荷变化规律、提高日前计划量化安全校核起到了重要支撑作用。2015 年，四川电网日前负荷预测合格率为 100%，继续并列全国第 1 名。平均负荷预测准确率为 97.17%，同比提高 0.12%，最大、最小负荷预测准确率分别为 97.84%和 97.89%，同比分别提高 0.05%和降低 0.10%。

【电网频率】一是频率质量情况。2015 年四川电网频率质量继续保持高水平，全网无 50±0.2 赫兹越限情况，频率合格率为 100%，全网 50±0.1Hz 累计频率越限时间 0 秒，合格率为 100%，其中四川累计责任频率越限时间 0 秒，与 2014 年情况相同，合格率为 100%。

2015 年电网最高频率 50.09 赫兹，发生在 10 月 10 日 01:54；最低频率 49.91 赫兹，发生在 10 月 15 日 05:50。

二是提高电网频率质量采取的措施。频率合格率的保证，主要取决于有功功率的平衡，与用电负荷水平、发电备用容量、机组一次调频、AGC 调整能力因素密切相关。为进一步提高电网频率质量，采取的主要措施如下：1.严格执行电网运行控制措施，留足稳定裕度和功率备用，制定可能造成频率异常的区内、区外设备故障处置预案，提高四川电网对区内、区外故障抵御能力，减轻对频率的影响程度。2.加强负荷预测、电力电量平衡校核等技术支持手段的应用，提早预测负荷趋势，提前调整开机规模，增加系统运行备用容量；充分利用网间电力通道的输送能力，开展网间电力电量支援和交易，进一步提高省内电力电量平衡水平。3.加强监控和人工干预。通过监视 D5000 系统、大屏的频率和联络线 CPS 数值，并充分利用 AGC、声光报警系统等技术手段，对频率、联络线功率进行实时监控；根据当前负荷变化特点，提前预判，进行人工干预，保证 AGC 可调备用容量。4.加强 AGC 管理，充分利用水库电厂受来水影响相对较小，机组调节能力变化不大的特点，集中督促好二滩、瀑布沟、紫坪铺、亭子口、宝珠寺等水库电厂的 AGC 运行管理，提高电网频率调节性能。5.加强直流配套安控及其通信通道的运行维护，确保直流闭锁等严重故障时，安控系统正确动作切机，维持事故后电力系统的有功功率平衡。

【无功补偿】2015 年四川 500—220 千伏主网电压监测考核点的电压合格率为 100%，同业对标排列第一。

2015 年四川电网 500 千伏最高电压为 543.6 千伏，发生在 1 月 23 日，因泸定电厂机组做甩负荷试验、线路充电功率过剩造成；500 千伏最低电压为 517.5 千伏，发生在 10 月 28 日，因亭子口电厂机组为控制巴中站 500 千伏电压而进相导致亭子口电厂电压偏低。

2015 年四川电网 220 千伏最高电压为 238.6 千伏，发生在 10 月 20 日，因大桥电厂 3 号、4#机组从 110 千伏并网、220 千伏母线上无运行机组调压所致；220 千伏最低电压为 221.9 千伏，发生在 1 月 12 日，因高峰时段 220 千伏斑村线潮流重、无功消耗较大导致 220 千伏新二村站电压偏低。

【电厂信息接入】截至 2015 年 12 月，共接入厂站 614 个，其中 500 千伏变电站 45 座；220 千伏变电站 263 座；500 千伏电厂 19 座；220 千伏电厂 137 座，110 千伏电厂 129 座；35 千伏厂 21 座。2015 年 RTU 装置退役 4 套；监控系统新建及改造 100 套；PMU 装置新建 21 套；电能量远方终端新建 46 套。

2015 年，继续推进并网发电机组 AGC 接入试验，大幅地提升了 AGC 调节容量。截至 2015 年年底，新增 AGC 投运机组 5221 兆瓦，其中水电 4871 兆瓦，火电 350 兆瓦，新接入水电站 8 座，水电集控中心 1 座以及 1 台燃气轮机组。具体见下表：

2015 年电厂 AGC 新接入统计

表 6

序号	水电厂	容量/兆瓦	火电厂	容量/兆瓦	总计/兆瓦
1	大岗山	650*4	达州燃机 1 号机组	350	
2	枕头坝	180*4			
3	安谷	190*4			
4	关州	80*3			
5	拉拉山	48*2			
6	踏卡	55*2			
7	斜卡	45*3			
8	撒多	70*3			
总计/兆瓦	4871		350		5221

完成备调系统 AGC 运维工作，包括大岗山、枕头坝、安谷等电厂接入备调 AGC 控制，总调节容量为 4120 兆瓦，为四川电网为期一个月的 2015 年主、备调系统切换长周期演练工作的顺利完成提供了坚强的技术保障。

2015 年，结合电网二次系统专项检查开展电厂了 AGC 功能及隐患排查治理专项工作。督促电厂消缺，激发电厂 AGC 投运积极性，有效解决了大岗山电厂“全厂 AGC 总投入（送调度）”信号异常，导致 AGC 退出等问题，消除了安全缺陷，提高了 AGC 机组的投运率和调节性能。

【电网技术装备】2015 年重点开展了省调智能电网调度控制系统功能完善、调度数据网络老旧设备改造、成都等 5 个地区智能电网调度控制系统建设、16 家地市配网故障抢修指挥系统深化应用、OMS 与 PMS 互联互通、变电站调控数据交互规范改造、继电保护远方操作试点等工作，截至 2015 年 12 月，16 家地市单位配网故障抢修指挥技系统全面上线应用，OMS 与 PMS 互联互通工作有序推进，电网二次技术装备功能不断完善、各项指标稳步提升。

【川电外送和外购电量】2015 年，四川净外购电量为 135.28 亿千瓦时，同比增加 53.8%。其中：购西北 10.92 亿千瓦时，同比增加 226%（其中德宝直流 10.25 亿，同比增加 227%），购国调直调发电厂 124.36 亿千瓦时（不含丰水期购锦官转送电量），同比增加 47.0%。

2015 年，四川全口径的外送电量 1226.34 亿千瓦时，同比增加 9.84%。其中：公司净外送 212.74 亿千瓦时，同比增加 26.0%。

2015 年外购外送电量构成（单位：亿千瓦时）

表 7

序号	项目	2015 年	2014 年	同比	同比
1	购西北（德宝）	10.25	3.13	7.12	227%
2	购华中	0.00	0.00	0.00	-
3	购重庆（偏差）	0.03	0.22	-0.19	-88.4%
4	购甘肃	0.64	0.00	0.64	-
5	购锦官	64.77	40.79	23.98	58.8%
6	购向家坝	38.46	31.35	7.11	22.7%
7	购溪洛渡	21.13	12.47	8.66	69.5%
一	公司净外购	135.28	87.95	47.33	53.8%
1	购锦屏（留川转送）	66.34	67.48	-1.14	-1.69%
二	公司外购合计	201.62	155.43	46.19	29.7%
1	川电东送	16.49	16.74	-0.25	-1.49%
2	送华东（复奉）	25.03	9.68	15.35	159%
3	送华东（锦苏）	21.39	8.52	12.87	151%
4	送华东（宾金）	58.88	36.61	22.26	60.8%
5	送华北	0.00	18.00	-18.00	-100%
6	送西北	76.14	45.49	30.65	67.4%
7	送华中（川渝）	5.38	23.48	-18.10	-77.1%
8	送重庆（含偏差）	9.44	10.33	-0.90	-8.68%

续表 7

序号	项目	2015 年	2014 年	同比	同比
三	公司净外送	212.74	168.86	43.88	26.0%
1	送华东（留川转送）	52.24	52.07	0.17	0.32%
2	送重庆（留川转送）	0.00	3.93	-3.93	-100%
3	送华中（留川转送）	8.58	0.00	8.58	-
4	送华北（留川转送）	1.17	0.00	1.17	-
四	公司外送合计	274.73	224.86	49.87	22.2%
1	二滩送重庆	35.97	34.55	1.42	4.10%
2	锦屏外送	381.10	358.60	22.50	6.27%
3	向家坝外送	266.48	253.95	12.53	4.94%
4	溪洛渡外送	268.07	244.55	23.52	9.62%
五	全口径外送	1226.34	1116.51	109.84	9.84%

【继电保护管理】2015 年，继电保护及安全自动装置作为电网安全防线对电网的安全稳定运行起到了显著作用。全网 220 千伏及以上系统保护装置共动作 1136 次，正确动作 1136 次，不正确动作 0 次，正确动作率为 100%；220 千伏及以上系统共发生故障 163 次，快速保护动作切除故障 163 次，快速切除率为 100%。故障录波完好率为 100%。没有因为继电保护原因造成电网稳定破坏或大面积停电事故，为电网安全稳定运行和设备安全做出了贡献。

2015 年四川省调共下达定值启用通知单 225 张，整定并下达定值单 1198 套，按期完成各项基建投运、继电保护技术改造、西南分中心部分设备调度范围调整等保护定值整定任务，确保未发生误整定事故。完成《2015 年度继电保护及安全自动装置整定运行方案》的编制、审核和印发工作。5—6 月，开展并完成了全网继电保护定值核对工作，确保了电网迎峰度夏前的保护定值四统一。

四川省调积极推动继电保护设备技改、大修等项目的落实，全网继电保护装备水平得到明显提升。截至 2015 年年底，全网（不含电厂及用户）220 千伏及以上线路保护光纤化率达到 93.05%，保护装置国产化率为 97.90%，微机化率为 100%，220 千伏及以上线路保护、母线保护、变压器保护等双重化率均为 100%。

2015 年四川省调持续开展智能变电站合并单元及智能终端的隐患排查及整改工作，编制发布《220 千伏智能变电站继电保护及相关智能设备改造典型方案》为各单位整改工作提供指导。按照国调中心关于智能站未通过检测合并单元、智能终端整改要求，四川电网针对 2013 年第一轮排查出的 438 台合并单元、497 台智能终端，2015 年完成了全部 100%的整改。2015 年 6 月，因合并单元质量问题造成浙江 500 千伏夏金智能变电站保护误动的事件，启动了第二轮不合格产品的排查，共排查出 16 座 220 千伏变电站的 201 台合并单元、144 台智能终端不合格；23 座 110 千伏变电站的 141 台合并单元、74 台智能终端不合格。截至 2015 年年底，完成 5 座 220 千伏智能变电站共 46 套合并单元、59 套智能终端整改，剩余 220 千伏设备整改工作已纳入 2016 年项目储备，110 千伏设备纳入“十三五”项目储备。智能设备整改工作有效提高了智能变电站继电保护系统的可靠性，确保不发生因合并单元、智能终端问题而导致的继电保护误动、拒动事件。

2015 年，四川省调主动承担国调中心重点任务，牵头开展了《10 千伏～110（66）千伏线路保护及辅助装置标准化设计规范》《10 千伏～110（66）千伏元件保护及辅助装置标准化设计规范》、《省级以上电网继电保护一体化整定计算技术规范》（Q/GDW 11420-2015）、《电网安全自动装置检验规范》4 项国网企业标准编制修订工作，其中 1 项已正式颁布，3 项已正式报批。同时，完成《四川电网智能变电站继电保护和安全自动装置运行管理规定（试行）》《四川 220 千伏～500 千伏电网继电保护装置整定计算标准化指导书》2 项规定编制，标准建设工作成效显著。

为保障电网安全运行，确保三道防线可靠，四川省调常态化组织开展电网二次安全检查。一是通过开展电网二次专项检查工作进一步对二次设备的运维要求和管理要求进行了细化，使得检查内容更有操作性、针对性。通过检查500千伏变电站共发现处理缺陷20项，其中严重缺陷9项，危急缺陷2项。二是在春秋安例行检查外扩展了二次专业管理督查手段，通过二次专项检查全力保障了三大特高压直流满负荷安全运行和电网安全度夏。三是检查工作重点突出，对全省范围内667套安控装置运行规程进行了专项检查并开展了专业巡视工作，对安控装置的隐患和缺陷进行了集中的检查和处理，确保了安控装置运行方式与电网运行方式相适应。

2015年，在国调中心的统一部署下，四川省调首次开展了继电保护专业精益化管理评价工作，确定了“全过程管控，以评价促落实，以整改促提升”的继电保护精益化评价工作理念。力求通过标准化、规范化、程序化的精益化评价工作，全面梳理评估继电保护专业全设备、全过程的问题与状况，通过完善的整改策略，在提升设备健康水平的同时，将“精益化”理念逐步植入日常运维管理之中，进而促进继电保护专业精益化管理水平的整体提升。2015年共计27座500千伏变电站和11座220千伏智能站参与国网公司精益化检查工作，通过自查共计发现问题15508条，并针对问题建立了完整的反馈和闭环整改体系。继电保护精益化评价工作是专业管理的有效抓手，能将日常运维、状态检修、隐患排查等专项工作与评价工作有机结合，有利于加强专业管理，促使精益化管理理念渗透设备专业管理全过程，稳步提升继电保护专业精益化管理水平。

继电保护作为保障电网安全稳定运行的第一道防线，担负着保卫电网和设备安全运行的重要职责，为提高现场继电保护工作人员分析处理事故的能力，充分吸取四川电网过往继电保护事故教训，使教训不再重复，使经验相互借鉴，省调在全省范围内共征集2006年—2015年各类案例116篇，筛选汇编案例共61篇，其中电网案例50篇，电厂案例11篇。案例涉及继电保护装置、二次回路、设计运维、定值整定、人员责任以及发电厂保护6个大类。继电保护案例汇编工作是对以往的教训和经验的有益总结，可供全省继电保护专业人员参考和借鉴，有助于提升继电保护人员风险辨识能力和工作责任心。

【水库调度及新能源管理】一是水电装机。截至2015年12月31日，省调直调水电装机3778.77万千瓦，占省调直调装机容量的73%，共250座。主要情况如下：

按调节性能统计，年及多年调节水电站共12座，装机328.8万千瓦，占比9%；季调节水电站共11座，装机919.3万千瓦，占比24%；径流式（含日周调节）水电站共227座，装机2530.67万千瓦，占比67%。

按流域统计，大渡河流域（含青衣江）装机1908万千瓦，电站数92座，是目前省调直调装机比重最大的流域；金沙江流域装机177万千瓦，电站数19座；雅砻江流域装机683万千瓦，电站数36座；岷江流域装机476万千瓦，电站数47座；嘉陵江流域（含涪江和渠江）装机501万千瓦，电站数48座。

按电站规模统计，省调直调中型电站居多，共有125座，总装机1467万千瓦；大1型电站只有二滩、瀑布沟，大岗山总装机950万千瓦；大2型有17座，总装机1099万千瓦；小1型有101座，总装机260万千瓦；小2型有4座，总装机3万千瓦。

二是水电发电。2015年，省调直调水电发电量完成1249亿千瓦时（含二滩135亿千瓦时），比上年增加85亿千瓦时，同比增长7.3%。其中枯水期（1—4月、12月）日均发电量2.50亿千瓦时，占全年发电量30%；平水期（5月、11月）日均发电量3.00亿千瓦时，占全年发电量15%；丰水期（6～10月）日均发电量4.49亿千瓦，占全年发电量55%。

2015年全年省调直调水电最大日发电量5.80亿千瓦时（7月27日），最小日发电量1.63亿千瓦时（2月20日）。省调直调水电日最大发电出力2668万千瓦（7月29日），最小发电出力407万千瓦（2月20日）。

三是水库调度工作成绩。1.深化全网水情预测及水电群优化调度工作，密切跟踪气象水情变化，切实加强全网水库及梯级水电优化运行管理，充分发挥各大水库调节能力，精心编制各水电年、季、月、周和日运行方式，最大化消纳全网水电，充分发挥了水电效益。2.建立了四川水电消纳月、周、日及实时平衡分析协调机制，定期组织人员研究分析四川水电消纳具体问题和措施，通过动态优化调整锦西、溪洛渡等巨型水库控制方案及开机方式，最大限度地消纳丰期四川富裕水电，绿色发展和节能减排成效显著。3.充分利用水库调蓄能力增发减弃，汛前主动调整水库运行方式，提前启动外送以降低水库水位。至6月末水库库容电量15.7亿千瓦时，同比减少12.3亿千瓦时。汛中全力保持满负荷外送，加速消落水位，大幅缓解了后期弃水压力。汛末，加大直调水库水位消落，腾空库容约2亿千瓦时，协调国调和交易中心利用溪洛渡水库调蓄能力降低出力，将德宝直流反向时间延后5天，为11月初四川水电外送创造了有利条件采取以上措施后，合计利用库容减少弃水17.1亿千瓦时。4、新能源装机。2015年，四川省调直调新能源新增装机74.5万千瓦，同比增加220%，其中风电5座，44.5万千瓦，光伏电站8座，30万千瓦。截至2015年底，省调直调新能源电站19座，装机108.35万千瓦。其中风电场10座，装机73.35万千瓦，光伏9座，装机35万千瓦，占全省直调总装机容量的2.1%。其中位于攀西地区的风电场9座，装机70.35万千瓦，光伏电站6座，装机26万千瓦，占新能源装机的89%。通过220千伏电压等级接入的风电场8座，装机65.4万千瓦，光伏电站2座，装机14万千瓦，合计占新能源装机73%。5.新能源发电。2015年省调继续全面落实《可再生能源法》，保障风电、光伏的优先调度，无弃风弃光电量，全年共消纳新能源电量12.55亿千瓦时，同比增加210%，其中风电10.04亿千瓦时，光伏2.51亿千瓦时。其中6—10月丰水期共消纳的新能源电量达4.1亿千瓦时，占全年新能源电量的32.8%。风电全年利用小时数2452小时，光伏电站利用小时数1531。6.新能源工作成绩。2015年，省调进一步加强了新能源电站并网管理，对照国标全面梳理并网要求，着重对新能源电站并网检测方案、涉网资料、系统建设、信息接入等做出统一规范，严格把好入网关。组织开展了四川电网并网新能源发电企业涉网安全专项检查，依据相关技术标准，从新能源电站涉网特性、二次系统建设、运行管理等方面对已投产的14座新能源电站的涉网安全情况进行了全面查评。针对发现的问题，逐站下达查评报告和整改意见，明确整改要求。通过本次检查，摸清四川在运新能源电站涉网安全基本情况，促进新能源电站规范系统建设、提高运行管理水平，同时也积累了新能源调度管理的宝贵经验，为提高新能源调度管理水平，迎接新能源大规模接入打下了坚实基础。

【设备监控管理】一是主要指标情况。1.集中监控接入情况。截至2015年年底，国网四川省电力公司纳入大运行体系建设的变电站共计1429座（其中500千伏站42座、220千伏站209座、110千伏站661座、35千伏站517座），集中监控覆盖率为100%。所有1429座变电站均已按典型信息表要求100%实现监控信息梳理，35—500千伏站监控信息接入量平均为1232条/站，同比2014年年底1192条/站增加3%（其中500千伏为2470条/站，220千伏为2317条/站，110千伏为1350条/站，35千伏为537条/站），主要原因一是大量智能变电站新投，整体抬升监控信息接入量平均水平，二是通过监控信息“回头看”专项活动对各电压等级变电站进行规范，增补了部分缺失信息。2.监控信息告警情况。截至2015年年底，月度累积平均告警信号500千伏站为20条/站•日（较2014年21条降低5%），220千伏站29条/站•日（较2014年46条降低37%），110千伏站24条/站•日（较2014年29条降低17%），35千伏站8条/站•日（较2014年19条降低58%）。地县调总计告警信号35—220千伏 站19条/站•日（较2014年24条降低21%）。3.监控运行能效情况。人均监控信息量省调人均监控信息量94条（较2014年98条降低4%），地县调人均监控信息量28条（较2014年103条降低73%）。截至目前监控效率省调为28，地调为10.52，县调为0.70。4.断路器遥控实传及远方操作情况。500千伏变电站断路器1637台，实传试验1606台，实传率98.11%；35—220千伏变电站断路器32440台，实传试验32394台，实传率99.86%。35-500千伏变电站断路器总计34077台，实传试验34000台，总计断路器遥控实传率99.77%。35—500千伏变电站断路器远方操作次数143761次，较2014年同期12694次提升10.3倍。

二是重点开展工作情况。1.深化应用，提升监控信息智能决策水平。历时一年多时间，按照“统一标准、信息聚合、数据共享、横向协同、纵向贯通”的思路研究、开发并部署省、地、县三级监控信息智能决策在线应用，着力提升监控信息智能决策水平。一是建立了全省统一的标准信息库和基础库，总结梳理标准信息5732条（发布第二版）、规范基础信息6315条、收集录入原始设备信号126212条，创建了专家规则库的滚动更新机制。二是推动同类型设备信息共享，形成与监控信息接入流程联动，在线获取EMS系统信息实施版本管理，输出差异性报告智能评估信息的规范性和准确性，逐步探索研究离线分析、在线处置决策、智能站SCD数据分析等高级应用功能。三是通过全省统一部署，“监控信息智能决策应用”由技术平台上升为管理平台，实现了监控信息在省地县的专业指标管控。四是在国调组织的监控信息“回头看”专项活动中，在国网系统率先依托监控信息智能决策应用技术支撑手段完成在运站监控信息的自动梳理工作，切实提高了专项活动的效率和质量。经过努力探索和工作实践，监控信息智能决策应用取得了良好的使用效果，切实提升了监控运行管理水平，并在2015年国网设备监控管理专业会上做典型发言和获得专业推荐的典型经验，使公司的监控信息管理工作迈上了一个新的台阶，实现了设备监控信息管理在“大建设”、“大检修”、“大运行”三大体系的横向协同和省地县的纵向贯通。2.积极安排，开展监控信息“回头看”自查、互查、整改提升工作。按照国网调监【2015】22号文的要求，公司积极开展监控信息“回头看”工作。一是认真编制了《监控信息“回头看”专项活动方案》，全面部署省调及21个地市公司的自查、互查、总结工作。二是4月至6月，省调控中心及21个供电公司完成自查工作，7月组织21个供电公司分为4批次开展互查活动，搭建起供电公司间经验交流平台。三是对全省1416座变电站（其中500千伏42座、220千伏208座、110千伏653座、35千伏513座）共计1787456条监控信息的规范性、完整性、准确性进行核查，发现问题24052项，现已整改14146项，其余将结合变电站的改造（大修、技改）予以整改。3.深入推进，提升监控运行分析“一键式”报告和设备监控管理SOP流程两项基础工作在地市公司的应用水平。一是以EMS系统监控功能完善为契机，上半年首先在成都地调实现OMS报表自动获取EMS数据进行上报统计，将省调的监控运行分析“一键式”报告（报表）向地县公司深入布置，形成地县公司数据向省调OMS直接推送的模式，提升报表数据的准确性及快捷性。二是采用在OMS系统中不定期抽查、月度通报、季度考核（风险评估）的形式加强地县公司对现有的“变电站监控信息接入验收及监控许可申请流程”“监控信息缺陷管理流程”使用力度督查，发现问题178项，整改131项，严格执行信息接入、集中监控许可和缺陷管理的规定要求。三是统一地市公司告警设置，组织开展告警信息智能决策系统抓取与人工统计的差异，科学合理设置“监控告警信息质量综合指标”（同业对标），促进地市公司监控告警日站均信息量平稳下降，同时提升告警质量。4.完善功能，完成EMS系统监控模块应用提升部署。一是以“需求为导向”对21个地调设备监控管理及监控人员开展广泛的意见征集，较系统地形成了四川电力监控功能优化完善需求。二是组织部分地调设备监控管理专业人员就EMS系统监控功能完善与相关厂家研发团队进行充分讨论、沟通，在功能需求、技术路线、实施方案等方面达成一致性意见，统一了全省标准。三是在EMS厂家搭建以成都地调EMS系统为模型的测试环境，逐步研发相关应用及测试，上半年在成都地调EMS系统已完成应用功能的部署。四是完成交接班告警信息核对周期、告警信息标识覆盖率、频发告警信息折叠率等集中监控功能优化完善项目可视化指标设计，为下一步分析成效打下基础。五是在21个地调对EMS系统监控功能优化完善进行部署。5.积极探索，开展设备监控辅助手段的研究。一是开展动力环境辅助系统监控信息接入调控中心的探索研究。采集了500千伏遂宁站动力环境辅助监控信息监测系统的遥信和遥测信息，按5类告警编制形成了动力环境辅助系统监控信息表，并在D5000上实现了监控信息信息调阅，告警信号推送告警窗。二是开展视屏图像分析探索。设备监控组织运检部、检修公司、信通公司对500千伏彭祖站开展视屏图像分析探索研究，结合全省统一视频平台以及变电站机器人巡视系统，在高低空或设备内等巡视盲区、倒闸操作等区域增加图像监视识别补充手段，提高巡视工作效率，完善调度操作确认辅助监视。三是开展监控信息智能决策应用规则精益化管理课题研究。建立每周沟通、每月汇报、评价激励的课题管控机制，设定实践辅导、理论培训相结合的能力内生机制，并由调控中心与电科院将项目落地，按精益化管理方法充分研究需求，找寻主要问题，提出改进建议。四是组织完成《调度自动化系统典型监控信号辅助处置手册》编写，帮助监控人员熟悉监控信息的含义、原理、危害和正确的处置方法，使监控人员能够在工作中有理论依据、技术支撑和策略参考，从而保证电网的正常运行。

【2015年电网变化大事记】7月，500千伏丹景变电站3号主变建成投运，增强了丹景站的下网能力，对缓解成都西部片区的供电压力及实施进一步的分区解环运行具有重要意义。

9月，500千伏黄达二线顺利投运，加强了达州、巴中地区电网与主网的电气联系，提高该片区电网供电可靠性和供电能力。

9月，500千伏乡城变电站1号建成投运，消除了乡城站主变N-1后的昌都电网孤网问题，川藏联网系统的供电可靠性与安全水平显著提高。

11月，500千伏广都输变电工程投运，伴随220千伏配套工程的逐步投运，将进一步强化成都地区电网结构，提高供电能力和安全水平。

11月，500千伏纳日输变电工程投运，为甘孜九龙地区新增水电提供了新的并网点。

【电网运行方式】2015年，四川电网通过±800千伏锦苏直流、复奉直流、宾金直流，±500千伏德宝直流以及川渝500千伏交流通道、川藏220千伏交流通道分别与华东、西北及重庆、西藏昌都电网相联。

网内结构最大的变化是成都地区500千伏广都变电站的建成投产，为成德500千伏双环网升级为

“日”字型双回网架，进一步强化了四川电网的内部网架结构创造了条件。

500 千伏黄岩—达州第二回线路的投产，是网内网架的又一大变化，达州、巴中电网通过 3 条 500 千伏线路和 2 条 220 千伏线路与四川主网相连，增强了该地区与四川主网的联系，满足了达州、巴中的负荷增长需求，提升了检修方式下川东北地区的运行灵活性，对提高达州、巴中电网的供电可靠性具有重要作用。

500 千伏纳日变电站及其线路的建成投产，进一步延伸了九石雅水电送出通道，提升了该地区的水电汇集能力。500 千伏大岗山—雅安双回线、500 千伏黄金坪—康定线、500 千伏枕头坝—深溪沟线及大岗山、黄金坪、枕头坝等水电机组的集中投产，在四川电网外联通道无增加的情况下，大量水电机组的投产给四川电网的水电送出增加了巨大的压力。

【电网稳定】2015 年，公司认真贯彻国家电网公司、国网华中分部和西南分部的决策部署，圆满完成了宾金、锦苏、复奉特高压直流和德宝直流长时间同时满功率外送、川藏电力联网工程安全运行，以及阅兵、迎峰度夏、迎峰度冬、重要节假日保电等重点工作，并实现了四川电网连续 34 年安全稳定运行。

公司在国家电网公司的统一领导下，进一步加强主网方式管理，积极参加国调中心和华中、西南分中心组织的丰、枯期电网运行联合计算、年度方式分析，深入研究、周密分析、细致梳理，明确电网运行的薄弱环节，辨识电网运行的安全风险，提出电网补强措施和优化工程建设时序的可行性建议。

为保障宾金、锦苏、复奉三大特高压直流及德宝直流实现满负荷安全运行。针对电网“强直弱交”新特征，为保障电网安全运行，公司深化电网安全稳定特性分析，通过配合国调完成直流系统安控改造、调整四川电网高周切机方案、完善瀑布沟、九石雅、康甘安全稳定控制系统等措施，提高了电网稳定水平和抗灾能力，确保了直流满负荷外送的能力；强化运行管理，编制了《三大特高压直流满负荷运行特殊运行方式》《四川电网迎峰度夏（冬）方案》《丰（枯）水期四川电网稳定运行规定》等调度保障方案，夯实特高压直流及德宝直流满负荷运行基础；加强专项隐患排查和设备消缺工作，全面清查了川电东送、交直流协调以及各水电通道等安控系统（装置）的启停、策略表以及重要断面运行控制措施的正确性。全面清查无功补偿装置等设备的运行情况，针对发现设备缺陷，要求相关单位加强设备运行维护并完成消缺工作。

针对 2015 年度运行方式提出的 16 重点措施和建议，采取公司办公室督办，省调按月核查完成进度的方式，确保重点工程和技改项目全部得到落实，提高了电网安全运行水平和水电外送能力。

公司落实国网公司《国家电网直调系统电网运行风险预警管理规范（试行）》和《国网安质部关于进一步加强电网运行风险预警发布流程的通知》的要求，重点抓好风险评估分析、审核批准、管控落实等环节，进一步强化电网运行风险预警发布流程和全过程管控。编制了《四川电网安全风险辨识手册》，完善风险评估内容，将电网网架结构、检修调试、设备健康水平和安全生产法规制度等全面纳入风险评估。2015 年，四川各级调控机构共发布五级及以上电网风险预警 461 份（其中省调发布 98 份，地县调发布 363 份），将供电公司、基建项目单位、直调发电厂、大用户、高危及重要客户等全部纳入预控范围，各负其责落实预控措施，起到了良好的联动效应和保障作用，降低了电网运行风险。通过风险闭环管理，实现对电网风险全过程管控，严格落实运行措施及相关预案，有效降低事故风险。2015 年四川公司未发生因风险预警落实不到位的不安全事件。

【电网存在的主要问题】1.“强直弱交”以及长周期大功率外送的新常态给四川电网带来巨大的安全压力。2.四川外送通道难以满足迅猛增长的水电外送需求。3.主要输电断面和水电通道压稳定限额运行，安全程度低。

通信自动化

【通信概况】2015 年，在公司的坚强领导下，国网四川信通公司全体员工解放思想、凝心聚力，严格贯彻安全管理理念，积极落实各项运行支撑工作。通过向生产学管理、向基建学建设、向营销学服务

“三个学习”，强化安全运行，规范内控管理，提升服务能力，注重技术创新，全面完成了年度工作任务。荣获省公司红旗党委，荣获公司安全生产先进单位，获得公司业绩考核 A 级，获得公司工会“模范职工之家”荣誉表彰，1 个班组获得公司安全先进班组，1 人获得公司安全工作先进个人、1 人获得公司优秀工作负责人，1 人获得公司优秀共产党员，1 篇典型经验入选公司 2015 年度内部对标典型经验。

“十二五”规划末，纳入公司省级骨干通信网运行管理的光缆达 35339.65 千米，较“十二五”规划初增长 123.49%；光通信设备 825 台，较“十二五”规划初增长 74.05%；业务通道 1.5 万余条，较“十二五”规划初增长 121.07%；信息主机设备 1032 台，较“十二五”规划初增长 60.75%；网络设备 363 台，较“十二五”规划初增长 49.38%；存储容量 528TB，较“十二五”规划初增长 82.07%；省、地实现网络冗余，且单条网络带宽达 2.5G，较“十二五”规划初增长 24 倍。公司为省公司顺利实现“十二五”规划建设目标提供了坚强的支撑。

国网四川省电力公司信息通信公司完成信息通信调度集约化阶段性建设工作，实现对全省三级通信网络集中监视　（徐亮　摄）

【自动化概况】四川省级智能电网调度控制系统已实现基础平台、实时监控与预警、状态估计、AGC、AVC、水电及新能源监测、雷电监测、调度计划、安全校核、调度管理类等 54 个应用上线运行，2015 年系统总体运行情况稳定，国网同业对标指标排名第一。

2015 年四川省调着力开展智能电网调度控制系统完善消缺和后续应用推广建设工作。切实推进变电站集中监控应用实用化水平，着重进行智能告警、统计分析功能的开发，完成一体化巡检、频发信号折叠、告警抑制一览表等功能建设；完成国调、华中分中心和四川省调 DTS 互联互通工作；完成 DSA 趋势分析、输变电在线监测、保护远方操作等应用模块建设工作。

四川省调管辖范围内 22 个地区调度，除天府供电公司调度自动化系统在建外，均已建成地调主调及备调系统，县调系统已全部退役。系统具备基础平台、权限管理、数据采集与交换、稳态监控、模型画面维护、系统监视、越限统计、数据记录、控制与操作、无功电压调节等功能。通过 SCADA 平衡计算、多数据源差值比较、地区电网状态估计统一计算等手段，从海量信息中检测异常数据，校核厂站自动化信息准确性，为电网调度控制业务提供有力的技术保障。

2015 年由国网四川省电力公司调控中心承建的省、地、县调控系统一体化模型数据中心正式上线运行。该系统的上线运行标志着四川省调构建了一套覆盖全川±800 千伏特高压直流至 10 千伏配网设备的一体化模型、数据管理平台。该平台的建设，为支撑省、地、县三级调控机构一体化在线安全稳定分析、一体化调度员仿真、一体化负荷预测、一体化保护整定计算和调控大数据分析等应用提供了坚实的基础，为实现省、地、县三级调控机构对大电网运行状态的精确感知，有效提升驾驭大电网的能力提供了重要的技术保障手段。

2015 年四川电网调度自动化运行集中监视系统正式上线运行，实现了对省、地两级调度自动化系统运行工况、厂站工况、告警信息、网络资源、服务器资源及机房环境、UPS 电源、消防/安防等辅助设施相关信息的实时采集与集中监视，满足了省、地两级调控分级管理、维护和应用的要求。改变了四川电网以往省、地调度自动化系统的两级分散监控运行方式，构建了调度自动化“集中监控+属地运维”的新型运维模式，显著提高了电网调度自动化系统运行绩效；系统的应用是大运行体系建设深化的成果，自动化专业以更加“集约化、扁平化、专业化”为主线，深入推进专业精益化、同质化管理，实现了调度自动化系统运行监控和运行维护人力资源优化配置；系统的上线提升了四川调度自动化系统的应用水平，为四川电网安全、经济、优质、高效运行提供了更好的技术支撑。

2015 年四川省调积极探索主配网一体化调度控制和故障抢修调度系统关键技术，推进地调配网自动化系统及配网抢修调度指挥系统建设，积极提升配网抢修调度指挥系统实用化水平。本年度新上线地市配抢系统 14 套，在线运行系统达到 18 套。

【备调系统建设】2015 年，备调系统继续与省调主系统同步接入新投厂站，新增大岗山、枕头坝、安谷等电厂至备调 AGC 控制，备调总调节容量增至 14365 兆瓦，顺利完成四川电网 2015 年主、备调系统切换长周期演练工作。

【调度数据网建设】2015 年，四川电力调度数据网得到较大完善和发展，已全面建成国家电力调度数据网（SGDNet）双平面骨干网在四川范围内的节点，省调和部分地调业务系统已完成双平面接入。截至 2015 年 12 月底，省调接入网覆盖全部 21 个地调（暂不含天府供电公司）、220 千伏及以上变电站和省调直调电厂，共计 618 个节点，省调直调厂站网络覆盖率达到 100%，为电网生产信息传输提供了可靠的传输平台。全川 21 个地调接入网建设已基本完成，21 个地调已将具备业务接入条件的厂站业务接入主备调。

【支撑电网建设】初步形成了网状网结构省级骨干通信网，有力保障电网安全与特高压运行。实现 35 千伏及以上变电站光纤覆盖率 100%，220 千伏及以上变电站双光纤覆盖率 100%，调度/行政交换网、数据通信网覆盖率 100%。建成覆盖省、地、县三级供电企业的高清电视电话会议室 403 个。率先建成覆盖 22 个地市公司的综合应急业务平台，在历次重大应急保障中表现卓越；全面建成统一指挥、分级管理的信息通信调度运行体系，实现对信息通信系统实时监控和调度检修管理。

【支撑“三集五大”体系建设】实现 22 个地市公司 OTN 核心网全覆盖，基础带宽提升 10 倍，有效支撑“三集五大”体系建设。全面建成以 SG-ERP 系统物资模块和电子商务平台为核心的物资管理系统，实现对省公司及 22 家地市公司、155 家县级供电企业的大规划系统全覆盖。建成涵盖项目、安全、质量、造价、技术、综合 6 大专业的基建管理信息系统。实现电网生产调度、运行及检修工作的数据共享与流程贯通。实现对 22 家地市供电公司的营销管理系统应用覆盖。建成跨单位、跨领域的协同综合业务系统。全面建成覆盖公司战略层、经营层和作业层的智能分析决策体系。

【支撑信息安全防护建设】全面构建信息安全主动防御体系，保持信息系统安全稳定运行，有效支撑公司安全稳定发展。以网络隔离、安全接入、漏洞扫描、保密检查等手段，形成覆盖网络、终端、主机、数据、应用和用户的监测体系。全面评估公司核心信息系统风险，完成对重要信息系统单点隐患改造。完成信息网络优化完善与性能提升，加强互联网出口审查，保障对外业务数据交互安全可控。开展省级信息安全攻防演练，参与国家电网公司“红蓝队”攻防演练，增强公司主动防御能力，信息系统运行稳定性和可靠性大幅提升。

【信息通信专业工作卓有成效】“十二五”规划期间，公司共获得省部级科技、管理奖 21 项，专利 73 项，软件著作权 4 项，在核心期刊发表科技论文 11 篇，14 项技术研究成果被国家电网公司及中电联采纳，其中一项科技成果获四川省科技进步奖一等奖。成立信息技术重点实验室，开展信息安全防护技术研究、电力信息安全督查关键技术研究等科技攻关，研制出技术国际领先的国产服务器虚拟化和桌面虚拟化管理软件产品，完成云安全终端系统试点建设。获国网公司 2014 年度“科技工作先进集体”和“信息通信工作先进集体”。

【2015 通信公司重点工作及成效】一是安全生产局面保持平稳。公司深入贯彻执行“向生产学管理”，以安全生产大检查和隐患排查治理为主线，规范信息通信专业“两票”的填报标准，制定并执行安全生产“月计划、周安排、日管控”规范，实现了信息通信系统检修操作标准化。通过全员安全培训、“三种人”及安规考试等措施，增强员工安全意识，切实提高了安全运行管理水平。建立通信系统运行风险预警机制，落实特高压骨干通信系统故障处置措施，开展了通信自动化联合反事故应急演练及重要站点设备特巡工作，成功保障了三大特高压及德宝直流满功率、安全、稳定送出。搭建应急迂回通道，提升川藏联网通信系统抗“N-1”故障能力。全年，公司信息、通信、自动化系统总体运行保持平稳，未发生由信息、通信、自动化系统引起的电网安全事故，未发生重大信息安全事件。

二是信息通信保障体系逐步健全。建成 SG-I6000 和“省地一体化信息系统运行状态监视与预警平台”，实现了省、地、县三级信息系统、数据网络、UPS 电源、机房辅助设施等实时工况的集中监视。完成国网一体化视频会议系统扩建工程的建设，实现了县级供电企业全覆盖。建设完成服务器区镜像网络，实现了核心网络安全和效率的双提升。开展存储双活高可用改造，消除单点隐患，大幅提升系统运行可靠性。开展基础环境无脚本演练，提升了公司基础环境应急处置能力。完成了信息系统帐号权限的实名制治理，试点建成了信息系统统一认证平台，实现了账号权限的全生命周期管理。

三是调度自动化运行保障能力稳步提升。全面建成智能电网调度技术支持系统（SG-OSS），完成全网 500 千伏变电站自动监控信号的核对整改，重要厂站自动电压控制（AVC）的开、闭环调试和故障测试。积极推动 AVC 省调控制策略和省地调、站间协调运行优化工作，提高了电网调控智能化水平。有序推进调度数据网二平面建设，完成了网络结构和配置优化，开展了全网纵向加密认证装置的策略优化，提升了自动化数据和业务的安全可靠承载能力。依托建成的调度自动化省地一体化集中监控系统，实现了对省、地两级调度自动化系统、UPS 电源及机房环境等辅助设施的集中监视与故障应急处置，提高了省、地两级调控自动化系统的运行管理水平。

四是创新能力显著增强。公司作为试点单位，完成了国网数据（灾备）中心大数据平台一期项目的建设，基于该平台实现的“配网停电优化应用场景”被国网运检部纳入智能配电领域重点应用项目。荣获省政府科技进步二、三等奖各 1 个；荣获电力行业信息化优秀成果奖一等奖 1 项、二等奖 2 项、三等奖 1 项；荣获省公司科技进步奖一等奖 1 项、三等奖 2 项；工人技术创新一等奖 1 项、专利奖 1 项；取得发明专利 13 项，实用新型专利 6 项；发表 10 篇科技论文，其中 EI 源刊和 SCI 源刊各 1 篇；获得软件著作权 2 项；荣获省企联管理创新三等奖 1 项；荣获省公司管理创新二等奖 1 项，课题研究二、三等奖各 1 项，精益化项目二等奖 2 项，优秀 QC 成果三等奖 1 项。

市场营销

责任编辑：何　飞

增供扩销

【营销概况】2015 年，面对复杂的外部环境和艰巨的工作任务，国网四川省电力公司大营销系统广大干部员工以饱满的工作热情和忘我的工作精神，团结一致，迎难而上，圆满地完成了各项工作任务。

2015 年，主要开展了以下几方面的工作：一是全面实施供电服务创新转型。围绕“一型四化”（客户导向型、组织扁平化、服务线上化、运营数字化、业务跨界化）目标，积极推进营销创新转型。以天府公司为试点，落实台区客户经理制，开展网格化服务探索，提高了服务协同效率；开展供电业务线上化转移，开通居民客户网上购电远程充值业务，拓展营销移动作业应用功能，完成“掌上川电”用电申请、停电信息、故障抢修等功能设计，“掌上川电”手机 APP 注册客户数达到 207 万户；依托埃森哲项目团队积极探索大数据在营销业务及对外服务中的应用，拓展新型商业模式；与电子科技大学、四川大学等单位完成了四川省科技支撑计划项目“能源互联网关键技术研究及在智慧城市中的应用”的申报。

二是稳步提升优质服务水平。公司供电服务承诺兑现率 100%，未发生影响和损害公司形象的重大服务及投诉事件，完成了供电服务零事故目标。深入开展“客户用电满意工程”，推行“电力服务进社区”，配置社区客户经理 3976 人，覆盖 10639 个社区和 638.76 万客户，客户用电问题一次解决率达 97.85%，用电意见和建议回复率达 94.02% 。全力推进“村村有交费点”建设，推行“跨业联动，助农交费”村邮站模式，新增交费网点近 6000 个。切实抓好突出问题整治，着力解决供电服务的短板问题，各级单位共计组织供电服务检查 1522 次（其中包括 928 次暗访），排查突出问题 243 个，并全面实施整改。开展高危及重要客户隐患排查 7424 户次，发现安全隐患 1268 条，已督促整改 986 条。全面提升窗口服务质量，减少窗口服务投诉，优化城区网点布局，推进营业厅标准化建设与改造，推广同城异地业务联办，试点开展预约服务。严格服务考核，实行投诉举报集约管理，强化服务事前防范。

三是拓展售电市场，控制电费风险。多措并举稳定售电量市场，2015 年，公司完成省内全口径售电量 1578.36 亿千瓦时，排名国网第七,同比下降 0.47%。母公司售电量累计完成 1412.69 亿千瓦时，同比增长 0.02%。公司售电增速与国网平均水平基本相当，但低于东部省份。在维护公司利益基础上，谨慎推动直购电试点，全年实施直购电 150 亿千瓦时，创新铝硅电扶持政策，积极落实丰水期富余电量消纳政策，全年完成市场化配置电量 250 亿千瓦时。为公司增量增收，稳定市场起到关键作用。深入实施电能替代，完成电能替代 37.64 亿千瓦时。积极推动政府部门将自备替代政策拓展至平水期和枯水期，自备替代机组容量增加 32.58 万千瓦；推动省政府明确了电储能设施、煤改电锅炉、电动汽车的电价优惠政策和补贴政策；积极拓展电能替代新领域，密切跟踪天府国际机场等集中能源站项目。强化自备电厂系统备用费征收，公司供电区内 135 个企业自备电厂，有 111 个收取了系统备用费。主导地方充换电设施建设，积极协调政府，推动城际高速快充站建设，完成与铁投集团的战略合作,启动沪蓉高速快充服务网络建设；完善升级已建充换电设施，提高设施市场适应性和服务能力；全年完成充电电量 840 万千瓦时，充电 9.3 万台次，服务车辆行驶里程 707 万公里。健全电费回收“高压”常态管理机制，建立电费回收责任追究制度，构建符合当前形势的电费激励机制，设立电费回收专项奖励，加大电费回收过程和结果的考核奖惩力度。多措并举确保电费按时足额回收，重点做好铝业、钢铁等企业电费回收工作，实施挂牌督办，指定专人进行跟踪，密切关注客户的经营和财务状况，发现问题立即采取措施，防止大额、长时间欠费发生。大力推行专变客户“购电制”和分次结算缴费方式，强化过程管控，确保电费回收可控在控。

四是加快推进智能电表和采集系统建设。完成 766 万只智能电表换装工作，公司智能电表覆盖率为 71.58%；累计采集接入 1830 万只,采集接入率 93.89%，月度平均采集成功率保持在 98%以上。专公变台区总表采集覆盖率分别达到 89.14%和 87.98%。超过 90%的统调上网电厂实现了上网电量的自动采集结算和运行状态远程监控。针对本地费控智能电表远程充值、电价修改等业务需要，在成都、天府两公司开展了 13 万户的信道提升试点，有效地推进远程充值业务的实施。

五是持续夯实营销基础管理。做好2015年营配贯通工作方案，召开营销和运检专业联合工作会议，部署营配贯通进度核查工具，建立进度排名定期公告制度，促进营配贯通工作的顺利推进，在PMS2.0系统数据迁移前，克服系统运行慢、联通性检查功能缺失等客观困难，全部完成高压贯通工作，低压贯通进度完成30%。完成营配贯通PMS2.0系统数据迁移工作，完成基于PMS2.0系统的营配贯通工作方案，规范营销和运检的建模界面。开展了业扩报装环境整治百日行动，各单位根据突出问题排查提纲，全面开展问题排查，共发现具体问题756个，已完成整改。以环境整治专项行动为载体，创造性变革了业扩管理模式，实施全业务流程管理，完成了6类客户一次性告知书、18类供电方案协议示范文本、26类业务传递表单，提高了业务办理效率和质量，修编了业扩技术标准，规范了出资界面、计量方式、客户受电装置建设模式。转变观念，简化手续，部署完成客户代建公用供配电设施和居民小区供配电设施接收工作。组织对15家地市公司，6765户大工业客户开展定价策略核查，追补电费474万元，避免经济损失1112万元，对143名营销员工进行了追责。完成公司营销专业“五位一体”顶层设计，基本建立起职责清晰、流程畅通、标准统一、考核严格的营销体系。

【增供扩销的基本情况】2015年，公司完成省内全口径售电量1578.36亿千瓦时，同比下降0.47%，母公司售电量累计完成1412.69亿千瓦时，同比增长0.02%。

从2014年整体用电情况来看，第一产业用电量12.4亿千瓦时，同比增长7.69%，其中，农业排灌用电量3.42亿千瓦时，同比增长12.53%。

第二产业用电量1360.85亿千瓦时，同比下降4.43%；其中，工业用电量1321.47亿千瓦时，同比下降4.40%，(轻工业、重工业用电量分别为149.34、1172.13亿千瓦时，同比增长1.02和同比下降5.05%，建筑业用电量39.38亿千瓦时，同比下降5.22%。

第三产业用电量278.36亿千瓦时，同比增长9.04%；其中，住宿餐饮业用电量22.66亿千瓦时，同比增长2.56%。

城乡居民生活用电340.80亿千瓦时，同比增长5.14%，城镇居民生活用电200.32亿千瓦时，同比增长7.18%，乡村居民生活用电140.48亿千瓦时，同比增长2.37%，乡村生活用电增速低于城镇居民生活用电。

总体来看，2015年，宏观经济呈现“投资增速下降、传统产业产能过剩、产业转型阵痛加剧”的不利局面，售电市场面临“总量萎缩，结构调整，新旧增长点接续困难”的严峻形势，全年公司售电量小幅下跌，售电市场震荡下行，后续走势不容乐观。产品市场需求低迷、价格在低位徘徊，省内工业行业发展下行趋势。钢铁、电解铝、氯碱、水泥、铁合金、黄磷、电石等传统用电行业持续下滑，汽车、电子信息及制造业新兴行业增速大幅放缓。

【增供促销的主要措施】2015年，受宏观经济形势和产业结构调整影响，售电市场持续低迷，公司充分利用市场化机制，开创增供扩销工作新局面。一是大力实施“自备火电厂停发消纳水电”替代政策，替代机组容量43.58万千瓦，全年增加售电量34.34亿千瓦时；二是在保证公司利益前提下，积极参与省政府主导的大用户直购电交易，完成交易电量237.36亿千瓦时；三是全面落实富余电量政策，完成交易电量36.21亿千瓦时；四是积极开展“电能替代”工作，全年累计完成替代电量43亿千瓦时，超额完成年度指标；五是积极拓展新增市场，主导地方充换电设施建设，完成与铁投集团的战略合作，启动沪蓉高速快充服务网络建设，升级充换电设施，完成充电电量1002万千瓦时，充电11.34万台次。

川电外送和外购电

【外购电及留川电量情况】2015年，四川购西北10.92亿千瓦时，比上年同期增加7.57亿千瓦时，同比增加226%。大型电站留川电量（含留川转送）190.70亿千瓦时，同比增长25.39%。其中：锦屏官地131.11亿千瓦时，同比增长21.10%；向家坝38.46亿千瓦时，同比增长22.69%；溪洛渡21.13亿千瓦时，同比增长69.49%。具体情况见下表：

表 8　　　　单位：亿千瓦时

项目	电量	同比
四川购西北	10.92	226%
购锦屏官地（含留川转送）	131.11	21.10%
购向家坝	38.46	22.69%
购溪洛渡	21.13	69.49%
大型电站留川电量小计	190.70	25.39%
外购电及留川电量合计	201.62	29.72%

【川电外送情况】2015 年，四川全口径的外送电量 1226.34 亿千瓦时，同比增长 9.84%。其中：锦屏官地电站留川转送 61.99 亿千瓦时，同比增长 10.70%；二滩送重庆 35.97 亿千瓦时，同比增长 4.10%；国调直调大型电站送出 915.65 亿千瓦时，同比增长 6.83%；省公司净外送 212.74 亿千瓦时，同比增长 25.99%。

表 9　　　　单位：亿千瓦时、%

项目	电量	同比
川电东送	16.49	-1.49%
复奉送华东	25.03	158.53%
锦苏送华东	21.39	151.00%
宾金送华东	58.88	60.80%
送华北	0.00	-100.00%
送西北	76.14	67.38%
送华中	5.38	-77.10%
送重庆	9.44	-8.68%
公司净外送小计	212.74	25.99%
锦官留川转送	61.99	10.70%
外送合计	274.73	22.18%
二滩送重庆	35.97	4.10%
锦屏外送	381.10	6.27%
向家坝外送	266.48	4.94%
溪洛渡外送	268.07	9.62%
大型电站送出小计	915.65	6.83%
全口径外送	1226.34	9.84%

【主要工作和创新】2015 年，主要进行了如下方面的工作和创新活动。一是积极开拓市场，全力加大外送。为了应对外送电市场疲软及收益下降的困难，电力交易中心在省公司的统一安排下，深入开展了“四川水电外送收益研究分析”等课题研究，通过对跨区跨省通道投资效益和利用成效分析，查找跨区跨省交易中存在的问题，提出可行的解决方案和建议。通过创新交易模式，延长外送时间，开拓省外市场空间等措施，在省内省外市场萎缩的形势下，实现了外送电量同比两位数的增长，增加了公司收益，使厂网关系更加和谐。

7 月 27 日，国家能源局四川监管办公室专员马军杰调研公司电力交易工作（李茂萍　摄）

二是加大平水期外送力度。针对 2015 年四川来水较早的实际情况，公司提前从四月底就启动川电外送，增加外送电量 3.1 亿千瓦时；同时，针对 11 月初退水较晚，积极汇报国家电网公司和政府有关部门，启动 11 月平水期外送交易，出台了平水期外送的电价政策，增加水电外送电量 28 亿千瓦时。

三是开拓转送市场。随着锦屏官地电源组集中规模投运，留川电量大幅度增加，特别是丰水期近 70 亿的留川电量给省内水电发电带来极大压力。在传统市场江苏、重庆消纳不能再继续增涨的情况下，通过国网协调，留川电量向华北、华中进行开拓，平稳实现了 2015 年留川电量丰水期消纳问题。

四是拓宽西北市场。2015 年丰水期，德宝直流实现北送 300 万的能力，实现了外送能力上的一个飞跃，能力较 2014 年同期最大增加 150 万千瓦。但由于西北电网风光新能源丰富，市场消纳能力有限，加之火电发电价格优势明显，四川水电价格优势失去竞争力，为促成市场交易，在国家电网公司及国网西北分部的支持下，四川首次启动平台挂牌交易，一方面通过价格市场机制，组织电源降价打捆送出，满足受端要求。另一方面通过价格设计，平抑水电之间竞争力差异，同时通过交易平台优质服务，开展了全年 80 亿千瓦时的成功交易，实现了外送电在品种和机制上的创新。1—12 月，送西北电量同比增长 67.38%，也成为川电外送占比第二大市场。

五是开展多通道迂回突围。为应对华东通道能力不足，川渝通道受限的局面，川电绕道西北，通过灵宝直流，银东直流尝试转送川电到华北电网，丰水期使已逐年降低的送华北电量得以止滑，也为今后开展新的交易方式和开拓华北市场奠定基础。

六是充分发挥现有通道能力。川渝联络线极限输送能力受运行方式影响日益明显，理论送电 380 万千瓦极难实现。通过与华中电网各相关单位密切联系交易，调度精心配合，对联络线的能力利用缩短到实时交易层面，最大限度利用任何时段空闲能力。

【其他交易情况】公司积极拓展省内市场空间，密切跟踪直购电、自备电厂停发替代和富余电量消纳等刺激政策，以及保证火电企业年度基本电量的补偿政策，参与相关方案制定，在省级交易平台合规开展各项交易。

一是大力推动自备电厂停发消纳富余电量，2015 年完成自备替代电量 26.51 亿千瓦时，有效促进水电消纳。

二是积极配合政府相关部门组织实施“水火”替代发电，增加水电发电量，缓解火电经营困难，6—10 月累计增发水电 50.5 亿千瓦时。

三是认真落实省政府要求，全力配合推进直购电交易，2015 年已结算直购电电量 205.24 亿千瓦时（含铝、硅定向扶持电量），对稳定用电市场，促进水电消纳起到积极作用。

电费回收

【电费回收基本情况】2015 年，受经济下行压力持续增大，市场资金供应趋紧，制造业不振，外资撤离等诸多不利因素影响，大部分企业电费支付能力明显下降，电解铝、钢铁、化工等行业尤为突出，电费回收工作面临前所未有的严峻形势。在国家电网公司的正确领导下，国网四川省电力公司努力攻坚克难，充分发挥主观能动性，采取一切有效措施，全力催收电费，取得了较好的成绩。

【电费回收主要举措】2015 年，国网四川省电力公司采取了一系列有效措施，确保了电费回收：

1.健全电费回收“高压”常态管理机制。一是加强电费回收工作的组织和领导，强化电费回收“一把手”负责制和“分级”负责制，确保责任和措施落实到位。二是确保电费回收“高压”常态机制，建立电费回收责任追究制度，构建符合当前形势的电费激励机制，设立电费回收专项奖励，加大电费回收过程和结果的考核奖惩力度。

2.多措并举确保电费按时足额回收。一是继续发扬电费回收“三千”精神，时刻保持打好电费回收“攻坚战”的思想准备。二是重点做好铝业、钢铁等企业电费回收工作，实施挂牌督办，指定专人进行跟踪，密切关注客户的经营和财务状况，发现问题立即采取措施，防止大额、长时间欠费发生。三是运用好法律手段，依法采取停电、以物抵债、运用银行征信警示等方式催收电费；通过法律手段追缴电费，依法维权；做好欠费客户基础档案信息、合同信息，保存和收集催费通知书、停电通知书、欠费确认书等有效证据，保障国有资产权益。四是完善跨市（区）预警联动机制，实现跨市（区）集团客户及关联企业风险信息共享和风险预警预控。

3.大力推行专变客户“购电制”结算电费。一是加大专变远程费控推广力度，对新装、增容及欠费复电客户一律安装远程费控装置，推行购电制；加大投运客户改造力度，尤其加大已投产的铝业、钢铁等高风险行业改造力度，逐步改变“先用电后缴费”方式。二是推行分次结算、分次划拨等电费缴费方式，通过双方合同约定，规避法律纠纷。三是制订远程费控管理办法，切实规范远程购电管理。

4．强化过程管控，确保电费回收可控在控和真实准确。一是继续坚持电费回收定期“分析会”和不定期“说清楚会”制度。二是完善营销信息系统电费管理功能，对电费回收全面管控。三是强化电费回收监测，对营销系统电费回收和达账情况按日监控。四是严肃电费回收纪律，坚决杜绝弄虚作假行为发生，对发现的电费回收弄虚作假行为严格考核，确保回收及达账信息真实准确。

5.进一步夯实抄核收基础管理。一是切实规范抄核收人员作业行为。结合近几年发现的问题，编写电费实收管理教材，规范人员作业行为，减少工作差错，并开展实际操作培训，提高业务水平。二是建立价费核查常态机制。结合营业普查，继续开展高压客户电价、电费专项检查。加大与审计、财务等专业的联动，建立全方位核查机制，及时发现问题、整改问题，不断提高价费执行正确性。三是继续完善 SG186 系统功能，从技术上提高对价费的管控。重点解决“两部制电价、分时电价”等当前较突出问题；规范系统电价码管理，建立“清晰、逻辑严密”的电价码体系，从源头上减少电价差错。

6.加快推进营财一体化建设。全面推行电费“营财一体化”建设，初步实现营销应收电费发行、实收电费收取等结果信息与财务资金到账、票据、退费等信息的集成共享。

电 能 计 量

【计量集约化建设】国网四川省电力公司计量中心园区占地 4 公顷，建筑面积 31500 平方米，计量自动化生产系统全面建成，具备年检定单相电能表 360 万只、三相电能表 20 万只、用电信息采集终端 20 万只、低压电流互感器 15 万只及仓储 140 万只单相电能表的能力。2015 年 5 月，国网四川计量中心代表国家电网公司成功迎接了来自 18 个国家的 50 余名国际法制计量组织官员到中心的参观交流，向与会官员展示了全自动的检定流水线，以及智能仓储、生产调度平台等信息化系统，展示了整个国家电网在计量现代化、智能化、自动化、信息化方面取得的成就。

【智能电能表推广应用及用电信息采集系统建设】2015 年累计完成计量器具集中检定 662.4630 万只、统一配送 682.4947 万只，全年累计完成智能电表换装 763.5195 万只。截至 2015 年年底，全省公司运行智能电能表 2130.5401 万只，接入采集 2055.3958 万只，智能电能表采集接入率 96.47%，全省日均采集成功率和剩余金额召测成功率分别达到 98.61% 和 97.63%。完成全省并网电厂采集全覆盖，实现统调电厂月度交易电量自动计算和非统调电厂上网电量日监控分析。积极推动采集功能的深化应用，全省计量在线监测应用累计发现计量装置故障 8603 次，发现窃电 100 户次，追补电费及违约使用电费约 609.65 万元，取得了良好的管理效益和经济效益；“掌上川电”远程充值成功试点应用，成都、天府公司累计共提交开通“网上购电远程下发”申请 20344 笔，累计已开通 16629 笔，“掌上川电”远程充值累计正式购电 16959 笔，正式购电远程下发成功率 88.76%。按国家电网公司统一部署，国网四川省电力公司将于 2016 年实现 2770 万只电表全部换装智能电能表，实现“全覆盖、全采集、全费控”。

【计量资产全寿命周期管理】全年完成智能电能表定样检测 43 批，供货前全性能试验 50 批，到货后抽样验收性能试验 404 批。加强运行智能电能表质量管控，开展运行智能电能表质量分析；组织完成《单相智能电能表技术协议 V2013-2.2 版》《三相智能电能表技术协议 V2013-2.2 版》等系列技术文件编制；完善 SG186 售电仿真本地测试系统，实现仿真系统独立运行，对本地费控表进行模拟充值测试和故障分析；根据《第三方交费终端写卡功能测试规范》和《写卡流程测试技术说明》对第三方代收机构进行检测，规范第三方代售机构交费终端读写卡流程，切实提高售电读写卡数据交互的可靠性，确保系统向用户卡写入数据的完整性及写入流程的规范性，使充值故障占智能电能表总故障的 70%，降低为 40%。编写《智能电表售电接口规范管理系统升级技术规范》，开展对智能电表售电接口规范管理系统升级完善工作，保障生产环境接口应用的准确和稳定。

【关口计量智能化】为有力提升关口智能化运维水平，有效降低运维成本，提高计量装置现场检测工作质量效率。2015 年开展了电能表状态检验的试点研究及推进工作，顺利完成了电能表状态校验模块部署上线，试点实施了眉山和攀枝花两个市级供电公司Ⅰ、Ⅱ、Ⅲ类 4302 只关口电能表的状态校验，成功验证了电能表周期检验向状态检验转型的可行性，有效提升了关口计量装置运维工作质效。

【支撑特高压和智能电网】继续发挥特高压互感器与数字计量调试技术在国内处于领先地位的优势，依托国网四川省电力公司唯一命名国家电网公司实验室—电力互感器运行性能实验室与研究生、博士后工作站，积极参与研发国家智能变电站“863”科技项目。全年共完成 22 座特高压、智能变电站的互感器、数字计量系统、关口电能表的调试与技术监督工作。

【技术服务】积极参加国家电网公司分派任务，牵头承担数字化电能表技术研究，完成“优化完善计量生产调度平台计量体系模块功能”开发，参加国网计量动漫宣传片编制等。编制出版《电子式互感器工程应用问答》，制定计量与采集专业规章制度及管理办法 19 个。组织对甘孜、阿坝、凉山、雅安等少数民族地区、边远地区的对口帮扶，积极协调调拨计量器具帮助提升藏区电能计量设备水平，援建智能电能表检测实验室，在智能电能表推广、线损管理、关口运维等方面加强技术协作，全力帮助促进营销指标方面的提升。

【科技创新】获得国网四川省电力公司科技进步二

等奖 1 项、三等奖 1 项，管理创新二等奖 1 项，精益项目成果二等奖 1 项，职工创新竞赛奖 1 项，工人创新奖 3 项，专利奖 3 项。申请或授权发明专利 12 项、实用新型专利 19 项，授权软件著作权 3 个，参与编写、修订国家、行业、国网企标标准 6 项。

电力需求侧管理

【概况】2015 年，面对复杂的内外部环境和艰巨繁重的工作任务，国网四川省电力公司紧紧围绕“安全、积极、稳健、规范、丰富”的十字工作方针，团结拼搏，迎难而上，各方面工作取得显著成效。全年共计完成 20 个节能项目合同的签订工作，涉及合同金额约 1.36 亿元，投资总额约 8000 万元，累计完成节约电量 1.3 亿千瓦时，折合标准煤 4.3 万吨。

【主要工作】2015 年，国网四川省电力公司在电力需求侧管理方面主要完成了以下几方面的工作，努力拓展了市场，促进了经营目标的实现。

1. 积极开拓内外市场，提升经营效果。内部市场拓展方面，先后完成了 II、III 期绿色照明项目的立项等相关工作；开展了乐山电力照明、空调、水泵及配网项目的初步可研编制；完成了眉山、雅安、资阳等五家单位空调节能试点项目的储备工作。

外部市场拓展方面，利用多元化信息渠道，从不同层次不同渠道获取节能项目信息。完成川威 II 期项目补充协议签订；主动调研电能替代市场，先后走访了绵阳双汇、德阳金路树脂及宜宾丝丽雅等多家企业，收集客户电锅炉改造需求并完成初步方案编制报，同时调研了四川大学与电子科技大学空气源热泵项目运行情况，并开展大中专院校应用情况的摸底工作；此外，还紧密跟踪了天府国际机场、泸州医学院、内江市人民医院等集中能源站项目。

2. 积极推进市场渠道建设。一是加强与各市州能效网络小组联系，加大能效小组活动开展频率，尽可能调动其工作积极性；二是积极寻找优质战略合作伙伴，与中国建筑西北设计院和思普信签署战略合作协议，为提高市场拓展能力夯实基础；三是主动“走出去”，积极与四川移动等大型用能企业对接，寻求长期战略合作。

3.积极推进技术创新，不断拓展节能技术领域。公司今年组织员工参与多项节能新技术的研讨及项目可研的编写工作；花大力气跟进电能替代节能技术领域，安排人员到国网上海节能公司就这一领域进行调研，组织编写“电能替代技术概述”、“电锅炉替代”“冰蓄冷空调的应用”三项 PPT 讲稿，在部分地市公司开展了电能替代技术宣讲工作，不但培训了内部员工，也按要求进行了电能替代的相关推广宣传。

业务扩充

【客户容量】2015 年，国网四川省电力公司大工业客户新装或增容的容量为 474.81 万千伏安，比上年增加 63.39 万千伏安，同比增幅 15.41%；非普、农业、非居民、居民、商业、趸售等客户新装或增容的变压器容量为 2543.39 万千伏安，比上年增长 481.54 万千伏安，同比增加 23.35%。完成新装或增容户数合计 1134301 户，其中新装或增容的大工业客户数为 1370 户，比上年减少 167 户。非普、农业、非居民、居民、商业、趸售电力公司等客户的业扩完成数为 1132931 户，比上年增加 199992 户。公司 2015 年各类客户业扩完成容量和新装或增容的用电客户数与 2014 年同期比较，分别详见下表。

【主要工作】1. 完成国家电网公司业扩精益化试点工作。按照国家电网公司统一部署，国网四川省电力公司作为国网公司业扩精益化新模式导入和营销业务应用系统适应性调整六家试点单位之一，分别

查确认有问题的工单 367 笔，预计经济成效 2241.13 万元。三是强化整改，管理引领管控，管控支撑管理，实现营销管理提升。2015 年加大了现场核查和整改跟踪力度，省公司营销部委托省客户服务中心对 80 大工业客户进行了现场核查。通过对重点异常客户开展现场复核，对重点单位下达整改通知书，实现问题整改闭环管理。通过专题分析、风险预警、稽查案例对共性和典型问题形成通报，促进各单位查找薄弱环节，举一反三，业务管控成效显著提升。截至 2015 年 11 月 17 日，已完成电费追补 1030.47 万元，责任追究考核 325 人次。

优质服务

【基本概况】2015 年，国网四川省电力公司优质服务工作深入贯彻落实党的群众路线教育实践活动要求，以客户需求为导向，以提升客户感知为目标，以夯实营销服务基础为抓手，深化“你用电，我用心”，深入实施“客户用电满意工程”为民服务六大实事，强化“95598”运营管理和业务支撑，加大服务监督为保障，严格服务考核，严控服务质量，重构服务模式，优化运营模式，试点营销创新转型，紧跟时代步伐探索“互联网+供电服务”新模式，紧紧围绕“便民、利民、惠民”开展工作，取得了丰硕的工作成果，获得了社会各界广泛赞誉。

【主要业绩】1.打造一流电网，夯实服务基础。一是电网实现跨越发展。“十二五”规划期间，四川电网总投资 1481 亿元，先后投运±800 千伏锦屏-苏南、溪洛渡-浙江等特高压工程， 500 千伏骨干电网覆盖全省各市州，投产 110 千伏及以上线路 2.36 万公里、变电容量 1.14 亿千伏安，相当于在 2010 年基础上“再造一个四川电网”。四川 4 条直流输电线路（复奉线、锦苏线、宾金线、德宝线）满功率运行，跨区外送水电富余电量 3535 亿千瓦时，充分发挥西南水电大规模送出、保障华东负荷中心电力供应双重效益，为控制东部火电规模，减少大气污染物排放发挥重要作用。二是配网改造升级加快。“十二五”规划期间，城市配网建设投资 113 亿元，着力解决县域电网与主网联系薄弱或孤网运行问题，构建 35 千伏变电站与 110 千伏变电站 10 千伏出线拉手联络的电网结构，有效缓解城市配网“卡脖子”现象，四川省内连续 8 年未拉闸限电。农网项目建设投资 519 亿元，加快农网改造升级，集中治理“低电压”问题，改造 2.5 万个低电压台区，解决 136 万农户低电压问题，有力改善农民生活、服务农业生产、助推农村繁荣。三是电网智能化持续推进。智能变电站突破 100 座，换装智能电表超过 1000 万只，满足用户多样化需求，提升电网互动和增值服务能力。乐山智能电网综合建设项目有效实施，智能电网支撑智慧城市示范工程建成投运，促进智能小区、智能城市建设，提升百姓生活品质。四是电网风险有效防范。配网状态检修涵盖省内所有地市城区，有效防止重特大设备损坏事故发生。实现 5 级及以上电网运行风险预警管控全覆盖，累计发布五级以上电网风险预警 1023 个，有效化解冰灾、山火、外力破坏等突发风险。大力推进在线监测、智能机器人巡检、无人机巡线等应用，全天候、全方位监测设备状况。多年来，四川省内未发生大面积停电事故。

2.注重品牌塑造，践行社会责任。一是“电亮藏区”圆满完成。为促进藏区发展和民生改善，继四川藏区“新甘石”联网工程后，持续投入资金 186 亿元，建成“电力天路”和川藏联网等系列工程，将西藏东部、甘孜全境与四川电网主网相邻，解决 148.6 万无电人口用电，提前半年实现“户户通电”。“电亮藏区”工程切实把党的关怀与温暖送到藏区农牧民家中，被藏区群众亲切誉为“第二次解放”。公司员工发扬特别能吃苦、特别能战斗精神，建成具有世界领先水平的高原输电精品工程，创造世界高海拔地区电网建设“零死亡、零伤残、零缺陷”的新纪录，受到中华全国总工会、省总工会专题表彰。二是保电任务圆满完成。健全重大活动保电工作机制，圆满完成抗战胜利 70 周年阅兵、“嫦娥三号”发射、《财富》全球论坛、西博会、科博会等重要保电任务，得到相关单位和政府相关部门的高度评价。三是扶贫措施精准落地。启动实施“电力助推扶贫攻坚”十大行动，受到省委、省政府肯定。持续开展马边县扶贫工作，安排电网建设投资 5.25 亿元，极大改善电网薄弱现状。2015 年 10 月实现全县 7 万余户居民抄表到户、用电同价，每月可为全县老百姓节省电费60万元以上。自筹资金135万元，建成“国家电网爱心希望小学”。持续实施“人才援藏”对口帮扶，开展“三定生”培养，充实藏区供电企业人才储备和就业岗位。2013年以来，投资72.5亿元开展无电地区电力建设，2015年6月提前半年完成“三年行动计划”，解决了14.03万户、62.83万人用电难题。2010年以来，开展大小凉山彝区电网规划及项目实施工作，目前除中央财政资金投入外，公司自有资金投资已超过2.4亿元，解决6万多户农户用电问题。

3.完善服务举措，切实便民惠民。一是创新服务方式。与腾讯公司签订“互联网+电网”战略框架合作协议，瞄准客户体验，优化服务流程。实施“电力服务进社区”和“包片服务进乡村”，试行“三本台账”制度，各级干部员工深入社区、村社解决用电问题7万余个，架起密切联系群众的“连心桥”。建立“五个一”配网抢修体系（即一个报修、一张工单、一支队伍、一次到达现场、一次完成处理），形成城市30分钟“抢修圈”。大力开展带电作业，有效减少用户停电时间和停电次数。发布“掌上川电”手机应用APP，搭建“你用电 我用心”服务理念展示新平台。二是拓宽交费渠道。加快推进智能电表客户远程购电模式建设。同工行、农行等10家银行建立代收电费业务合作，开通银行代扣、网银交费、银行柜面代收、银行自助终端交费等交费方式。建立代收电费业务合作的非金融机构已超过10家。提供24小时供电营业厅等应急售电服务渠道，方便客户夜间或其他非工作时间交费。全力推进“村村有交费点”建设，推行“跨业联动，助农交费”村邮站模式。目前，已建立23种交费方式，建成交费网点2万余个，城区“10分钟交费圈”基本形成，居民用电更加便捷，供电服务更加贴心。三是净化服务环境。深入整治业扩报装环境，精简手续、压缩流程，业扩报装接电平均缩短2.7天，低压客户实现“一证受理”“一岗制”服务，压缩高压客户业务流程，取消普通客户设计审查和中间检查；营造规范、干净的业扩报装环境，规范营业费用、集体企业费用收取，规范人员作业行为，规范客户受电工程建设界面，用电信息全面公开，完善技术支撑强化客户回访。四是落实惠民政策。认真做好城乡“低保户”和农村“五保户”家庭的名单确认，确保每月15千瓦时免费电量电费补贴按时发放到位。自2007年启动城乡居民用电同价工作以来，四川省内实现城乡居民用电与国网直供区同价的控股县供电公司达37家，数百万当地百姓受益，每年减轻电费负担超过10亿元。

4.深化服务内涵，拓展服务空间。一是党员服务队兑现承诺。以共产党员服务队为载体，切实践行为民服务宗旨。在全省21个中心城市组建地市公司党员服务队25支、县公司党员服务队83支，建立社区服务点1507个。党员服务队真诚兑现“有呼必应，有难必帮”庄严承诺，成立以来共受理电话和咨询70万次，开展上门服务50.42万次，社区服务2.88万次，联系困难群众5541户，捐资助学7609人。党员服务队坚持优质服务十年如一日，多次受到省委肯定，被群众亲切地称为电力“110”。二是助推新能源行业发展。编制《风电并网服务指南》及《光伏发电并网服务指南》，为新能源技术提供高效优质的并网服务。风电、光伏发电并网装机容量达523万千瓦和19.91万千瓦，相当于节约标煤

2015年2月6日，国网四川客户服务中心为地铁4号线指定专属大客户经理并提供业扩报装全过程服务，图为供电员工在文家变电站手动调压　（王鑫　摄）

1700吨，减少二氧化碳排放4419吨，减少二氧化硫排放489吨，社会效益显著。发挥行业优势，带动电动汽车产业发展，沪蓉高速快充网络加快建设，建成充换电站16座、充电桩1010个，服务电动汽车突破10万台次，示范效应良好。三是优化配置清洁能源。积极配合政府推进替代发电、直购电工作，拓展省内水电消纳空间。采取错峰、置换、低谷交易等多种措施，最大限度发挥外送通道的输电能力。配合政府相关部门组织实施“水火”替代发电，缓解火电经营困难压力，稳定用电市场。加强与雅砻江公司、三峡公司等水电企业的沟通协调，通过错峰消库、汛前腾库等方式，缓解主汛期弃水压力。

安全生产

责任编辑：何　飞

安全概况

【概况】2015年，国网四川省电力公司坚持以人为本、促进安全发展；坚持依法“治”安、从严“治”安；坚持近治远防、标本兼治，以深入开展安全管理提升活动为载体，推进安全风险科学防控，强化安全保障措施，全面提升安全治理能力。

【安全长周期】一年来，公司未发生人身死亡事故，未发生一般及以上电网、设备事故，未发生重大火灾事故，未发生五级信息系统事件，未发生负同等责任的特大交通事故，成功处置了各类突发灾害，确保了四川电网安全稳定运行，安全生产保持平稳局面。

安全举措

【深化安全管理提升】围绕“严格法规执行、深化风险管控、夯实基础管理、强化保障措施”为主线，持续深化安全管理提升。认真开展“安全大讨论”，通过集中学习、现场讨论、作业示范等多种形式，统一思想、查找风险、落实措施。切实强化安全生产“月计划、周安排、日管控”，将“月计划、周安排、日管控”贯穿到安全风险管控各个环节，突出抓好关键流程、关键环节、关键风险的安全管控，实现一级抓一级，层层抓落实的安全管控格局，确保所有作业，无论大小都得到闭环管控，保障作业安全。

【推进安全风险管控机制】坚持防患在先，强化风险管理。健全电网运行风险分层管控、分级督查机制，修编完善《电网运行风险预警管控实施意见》，推行电网预警“六化”管理，进一步规范各层级预警工作流程；建立工程施工“分级预警、分层管控、分色发布”机制，实现作业计划、风险预警、作业管控、监督检查、评估评价、培训考核全过程闭环，全面控制安全风险。

2015年2月5日，国网四川检修公司乐山运维分部的工作人员正在500千伏布坡一线149号塔位测量记录风速、温度、湿度　　（曹志刚　摄）

【安全生产大检查和缺陷隐患排查整治】按照国网公司统一部署，组织开展安全生产大检查和缺陷隐患整治专项行动，根据“全覆盖、零容忍、严执法、重实效”的总体要求，组织开展全面、全员、全过程、全方位的安全生产大检查。变常规检查为专业负责，变区域抽查为全面覆盖，每个专业部门均要检查所有发供电单位，从专业纵向和单位横向两个维度，全面排查缺陷隐患并制定整治方案，有效解决常规检查广度和深度不足的问题。坚持“谁检查、谁签字、谁负责”的原则，要求各级人员关口前移，全面跟踪缺陷隐患整治闭环管理情况，对缺陷隐患整治不彻底、防控不到位等行为进行严肃追考核。变“运动式”为“新常态”，健全隐患排查治理常机制，将缺陷隐患的检查和整治作为防控安全风险的重要抓手，将安全大检查与各项重大工作任务密结合，提高安全综合治理能力。

【安全监督】制定《典型违章300条》，设定“红线禁令”，配套严格的业绩考核措施，创新建立反违章考核评价指数，促进考核评价由事后追责向事中控制转变，同时将违反“红线禁令”的行为与绩效、岗位调整挂钩，督促各级人员学习贯彻并坚守安全红线，保护员工生命安全。针对生产特点和规律，在春、秋检期间开展“反违章”专项行动，强化违章查纠、通报、分析、整改的全流程管理。

【基建、农电安全管理】组织开展电网建设工程设备质量监督、电网工程跨越施工安全监督、电力建设工程落实施工方案等专项活动，有效防控工程建设突出安全风险；开展一个月的防范地质灾害隐患排查和专项演练工作，全面防范地质灾害风险。强化县供电企业安全管理，按计划完成93家县供电企业安全性评价工作，完成96家控股县公司安评工作专家综合审查，梳理评价工作中发现的问题，制定整改提升措施，提升县公司安全管理水平；强化农网工程安全管控，开展甘、阿、凉无电地区工程、农网升级改造工程施工安全督查，开展低电压治理工程施工专项检查，确保农网工程施工安全。

【质量监督管理】全面推进公司资产全寿命周期管理体系建设，顺利通过国家电网公司正式评价验收并达到成熟型的工作目标。创新开展特高压电网资产全寿命周期管理研究，积极推动资产全寿命周期管理成果落地转化。以主配网设备账、卡、物对应为重点，开展设备基础数据一致性专项治理。认真贯彻国家“质量月”活动部署，扎实开展配电设备、特高压工程建设等质量监督专项活动。制定并落实《关于进一步落实质量管理责任，提升质量管理水平的通知》，强化质量事件全过程管控。

【安全培训】健全完善安全培训体制机制，制定《安全法规制度考试办法》，进一步规范安全法规制度考试管理，督促各单位常态化开展安规培训和调考工作，促进安规普学、普练、普考，全面抓好安规培训、考试和执行。公司组织五轮1900余人次安规调考，考试成绩在周安全生产早会、安监一体化系统通报，并纳入同业对标排名，层层传递压力；督促地市单位扎实开展安规月度调考，全面覆盖“三种人”等关键岗位，营造出全员学安规、守安全浓厚氛围，有效促进现场安全生产工作。

【安全工作存在问题及困难】2015年，公司安全工作存在以下问题和困难：1.大电网风险防控面临较大压力。一是跨区电网运行风险突出，作为超大规模的省级电网，四川电网安全运行面临多集群水电接入、多直流远距离送出、交直流系统混联等全新课题，特别随着三大直流、德宝直流满功率送出成为常态，电网交直流耦合性增强，“强直弱交”特性凸显，一旦发生直流单双极闭锁事件，将对送、受端电网造成严重冲击，甚至诱发大面积停电事故。二是电网本质安全水平不足，随着电网规模持续增长，主要输电通道及负荷中心变电站母线短路电流快速增长，给电网运行带来不可忽视的安全隐患。一些设备存在的家族性缺陷在运行过程中逐步暴露显现，而且整改周期较长，难度大，给电网安全运行造成严重威胁。三是电网外部运行环境复杂恶劣，随着经济快速发展，城乡一体化建设，市政建设、土方开挖、吊车作业、开山放炮等外力破坏风险始终存在，此外，四川省雨雪冰冻、暴雨洪水、泥石流多发频发，特别近年来，受全球变暖及厄尔尼诺影响，自然灾害频度和强度呈现增多趋势，均给公司电网事故风险防控构成极大威胁。

2.现场风险管控难度很大。随着电网建设、设备改造力度加大，公司系统各项生产检修、基建施工、农网改造任务十分繁重，现场作业点多面广、人员众多，各类生产作业人员面临施工作业环境复杂，气候恶劣等诸多不利因素，部分工程跨越施工作业、深基坑作业安全风险突出，高原施工、野外作业、带电、近电作业各个环节中，安全管理和协调难度大，人身安全风险始终存在。同时通过安全大检查发现，部分单位在现场工作组织、“两票三制”执行、停役设备管理、小型分散作业等方面安全管理仍存在薄弱环节和违章行为，安全风险特别是人身伤害的风险较大。此外，随着特高压换流站运维属地化推进实施，运维模式调整过渡期间，容易存在安全界面不清、责任不落实、人员管理不到位等问题，增加了安全风险。

3.集体企业改革改制期间安全风险突出。集体企业改革改制工作涉及200余户企业，改革改制期间，容易发生因企业组织结构变化、安全管理弱化、企业员工工作调整等注入新的安全风险，同时，集体企业安全管理底子薄、基础差现状没有根本改变，部分施工型集体企业自身管理能力亟待提高，施工作业现场的安全管控力仍显薄弱，集体企业改革改制期间安全风险不容忽视。

应急体系建设和应急救援

【概况】2015 年，国网四川电力应急中心认真贯彻《企业安全生产应急管理九条规定》（国家安全生产监督管理总局令第 74 号），全面落实国家电网公司应急工作要求，以国网四川省电力公司 2015 年安全工作意见为指导，加强对应急体系建设中带有全局性、战略性的问题研究，深化应急体系建设规划，狠抓科技创新，丰富应急文化发展内涵，以“锤炼基础能力、履行管理职责”为目标，努力推进应急标准化管理，实现应急管理、救援、培训和研究能力新提升。在巩固应急工作成果，建设“国内一流、国际领先”的电力应急体系等方面取得了显著成绩。

【主要工作业绩】2015 年，国网四川电力应急中心全体工作人员面对复杂的内外部环境，顶住压力，同心同德，出色完成了各项任务。主要工作如下：

1. 加强和完善应急值班和信息报送制度。严格执行 24 小时应急值班制度，做好日常及节假日应急值班工作。日常应急值班方面，一是加强电话、传真、网络、卫星站及视频会商、信息系统等管理和维护，畅通通信渠道，确保信息高效流转；二是强化对电网、交通、气象、地震等信息系统的应用，加强对各市州供电公司信息报送的督导，确保各类预警和事件信息的及时收集发布；三是定期参加省政府应急办每周视频例会，保持与省政府应急办的业务汇报和沟通；四是以生产现场视频监控为平台，坚持每日开展视频反违章巡查，及时发现和制止违章；五是加强应急值班纪律管理，确保 24 小时在岗在值，常态化专业学习和培训，提高应急值班效率。节假日应急值班除日常工作外，一是做好与运检、基建、农电等专业部门沟通联系，收集汇总假日期间在建施工项目现场信息，进行值班监督和抽查；二是根据公司办公室节假日值班表，对各市州供电公司在岗在值情况进行抽查；三是收集和汇总重大节假日期间各市州的重大社会活动，督导所属市州供电公司做好保供电方案。

2015 年应急中心共接报各类应急信息 68 件，其中：自然灾害类 51 件、事故灾害类 15 件、社会安全类 2 件；共发布气象预警与快报 50 次；启动Ⅳ级应急响应 1 次。全年应急处置态势平稳有序。生产现场视频反违章督察方面，中心应急值班共巡视 220 千伏及以上变电站 1374 座次，发现制止违章行为 13 起；各市州公司应急值班共发现和制止违章行为 136 起，为公司安全生产提供了有力支撑。

顺利完成对各级政府、公司及外单位领导莅临应急指挥中心的接待任务及会务工作共 15 次。

2. 规范应急预案管理，推进应急演练常态化。发布了《应急预案管理办法》，组织专家对公司总体预案及 19 个专项预案进行了修编、评审，开展了市州、县供电公司应急预案编制、修订、评审和备案工作，在完成公司应急处置卡编写工作的基础上，部署、指导和督促公司各基层单位开展重点岗位应急处置卡编写工作并进行收集汇总和上报。根据应急中心全年演练工作计划的安排，开展了应急响应启动、应急信息报送、移动站启用、移动站停送电操作、移动站车载平台拉练等 18 次检验性的单项演练。其中包括 8 次桌面推演、6 次实战演练、4 次以演代考。中心组织公司各单位参与了“全国安全生产月应急救援专题行”活动、2015 省级救灾联合演练、防汛救灾联合演练和川、陕、渝三省（市）协调联动演练等各类演练 412 场次，共计 13159 人次参与演练。编制完善了应急演练标准化模块 13 个，制定了演练模块内容和评价标准，涵盖应急、通信、供电、抢修等全方位演练任务，应急演练的标准化水平得到有效提升。

3. 创新应急培训模式，圆满完成年度应急培训计划。2015 年，应急中心创新应急培训模式，以演练式培训代替传统课堂教学，每期班设计三个应急救援演练科目，参培学员按照科目要求自定救援方案，自行完成救援任务。该培训模式将前几年培训的内容融会贯通，强调应急响应的全过程，更贴近实战时面临的真实场景，受到国家电网公司安质部的高度认可和参培学员的普遍好评；在全省范围内首次开设了应急通信和无人机应用专项培训班，显著提升了地市供电公司在灾害情况下的灾情搜集和信息传输能力。全年共承办不同层次的应急培训班 47 期，其中国家电网公司应急救援培训班 14 期、应急管理培训班 2 期，公司应急救援培训班 10 期、应急管理培训班 3 期，国网成都供电公司应急救援培训班 6 期，其他体验式培训班 18 期。共培训 2575

人，培训量达到 11066 人天，已超过 2014 年培训量，培训总体满意率 99.74%。应急中心充分发挥应急专业人才优势，先后 3 次选派教练到福建泉州、新疆塔城、阿克苏等地指导兄弟单位的应急救援培训工作，受到当地领导和学员的一致好评。强化对应急队员专业技能、体能训练的定时考核工作，应急队员各方面能力普遍得到提升。

4. 开展装备标准化建设，促进应急装备和信息系统管理规范化。拟定《电力应急指挥通信车技术规范》电力行业技术标准 1 项和公司技术标准 2 项，强化装备标准化建设。编制各类装备、系统的标准化操作卡及装备标准化运维规范。以军事指挥理论为指导，对应急指挥大厅功能坐席进行了全面改造，设置了省公司相关部门专席，并与相应部门业务信息系统联通，方便应急指挥协同会商功能的实现。

2015 年 5 月 26 日，应急演练前的准备　　（王彬　摄）

完善了应急物资仓库自动化货架和物资台账信息化系统，提升了应急物资管理水平。强化装备运维外委队伍的管理，严把技术服务人员资质关，不定期地对运维工作进行抽检，用标准化运维规范约束外委技术服务人员的作业行为，提升运维工作质量。完成了国网巴中、广元、泸州等供电公司洪灾受损的线路航空侦查任务以及央视川藏联网报道的航拍工作；在处置宾-金直流特高压输电线路接地极故障过程中，率先到达现场，完成前线指挥部的搭建，迅速构建了现场指挥系统并实现了与省公司和国家电网公司应急指挥系统无缝对接，为故障处置提供了良好的指挥通信保障。应急队伍和装备迎接各级领导专家检阅 12 次，有效支撑了省公司运检部和外联部的工作。

5. 牢固树立“大安全”理念，强化安全“红线”意识和“底线”思维，确保安全生产局面持续稳定。中心组织开展了“安全大讨论”“安全日”活动。活动紧密结合中心实际，坚持“横向到边、纵向到底”的原则，将活动范围涵盖至应急培训、救援训练、应急装备、基地维护及应急值班作业现场。共开展安全讨论 6 次，撰写心得 21 篇，主题征文 10 篇，发现问题 92 项，整改 92 项，整改完成率为 100%。开展春、秋季安全大检查活动，对救援营地搭建场、应急供电保障培训作业及基地安保、消防、用电设施等进行了现场安全督查，对培训现场安全组织措施、学员人身安全管理、基地安防、消防安全隐患提出了整改意见。积极做好隐患排查治理工作，全年共排查安全隐患 53 项，完成整改 53 项。全面落实中共中央、国务院决策部署和国家电网公司安全生产电视电话会议精神，深刻吸取天津港“8·12”特别重大火灾爆炸事故教训，按照国家电网公司、省公司“全覆盖、零容忍、严执法、重实效”的总体工作要求，组织制定了省公司应急管理检查和缺陷隐患整治方案，由中心领导带队，分别对国网成都公司、广元公司、甘孜供电公司和四川电力送变电建设公司等 23 家供电企业和直属单位应急管理工作开展了专项督察，针对督查过程中发现的应急管理工作薄弱环节，提出了整改建议 23 项。

6. 突出科技创新引领作用，促进应急与生产紧密结合。加强应急理论研究、科技创新和知识产权申报工作，承担国家电网公司总部、省管科技项目 2 项，出版电力应急系列专著 4 部，申报发明、实用新型专利 5 项，发表科技论文 6 篇；做好科技项目转化应用工作，利用先进成熟技术，开发了大型移动指挥通信方舱、无线集群通信系统、无人机热成像云台、大型 8 旋翼无人机变焦稳定云台、无人机喷火清障系统等多项特种装备，拓展了应急装备的适用范围；结合无人机、北斗定位、激光雷达、光纤传感等技术，先后完成了丹蜀三回线高精度无人机航拍面积 180 平方千米，二普线、丹巴站、谭茂线地质灾害隐患勘察 3 处，对运检部资产全寿命周期管理、地质灾害隐患排查整治工作和基建部初设选线工作形成了有效支撑；采用无人机倾斜摄影技术进行应急现场三维场景的快速重建，可在短时间内获取输电线路、变电站、应急现场具有厘米级测量精度的高清遥感三维影像，对应急指挥抢修、灾情研判分析、工程量估算等提供依据；完善了应急指挥地理信息协同标绘系统和防灾减灾道路交通电子化、智能化应急预案，应急指挥系统协同会商功能得到进一步强化。

7. 扎实开展“三严三实”专题教育活动，加强基层党组织建设，认真实施依法从严治企。按照省公司党委工作部署，应急中心继续深入贯彻中共十八大和习近平系列重要讲话精神，以创建学习型、服务型党支部为目标，全面推进党的思想建设、组织建设、作风建设、制度建设和反腐倡廉建设。结合实际制定了中心开展“三严三实”专题教育活动方案，将“七本书”发放到中心每位党员手中，形成党委书记引领学，支部书记带头学，党员自觉学的良好学习氛围，全年共组织中心组学习 13 次。每位党员及时撰写心得体会，深刻剖析在践行“三严三实”方面存在的不足，切实增强践行“三严三实”要求的思想自觉性和行动自觉性；扎实推进学习型、服务型党支部建设，强化“三会一课”落实，制定支部学习计划，狠抓党支部书记的党务理论培训；强化责任体系建设，制定责任清单，与应急中心所属各部门签定了 2015 年度党风廉政建设目标责任书，与 13 名中干签定了廉洁从业承诺书，与中干家属签订了家庭助廉承诺书，并结合年终工作考评进行考核；加强党员干部廉洁文化教育，坚持组织观看《拒腐防变每月一课》等教育片，组织参观省公司廉洁教育基地，重要节假日开展廉洁提醒，筑牢反腐倡廉思想防线；持之以恒抓好中央“八项规定”精神落实，规范“三公”行为，严控“三公”费用。巩固依法治企专项治理成果，健全内控体系，完善物资采购管理办法，理顺采购流程，规范采购行为，突出源头控制，深化协同监督和重点工程廉政护航工作，有效防范了企业生产经营风险。圆满完成了领导干部及近亲属经商办企业专项治理工作。

8. 充分发挥工会组织作用，积极推进应急中心民主管理。紧紧围绕中心工作，发挥工会桥梁纽带作用，以深化中心民主管理为核心，以维护职工权益为主线，引导职工树立危机意识、竞争意识，转变工作态度，激发聪明才智，为中心持续、稳定发展献计献策。积极倡导爱岗敬业的职业美德和阳光健康的生活方式，架设关爱员工的“连心桥”，搭建员工才艺展示舞台，开展“中国梦·劳动美”主题活动，团结带领全体职工在全面完成年度目标任务中发挥了积极作用。

道资源紧张，城市地下管线数量迅速增长而通道资源有限，电缆受其他管线影响不断加大，安全运行风险高。

3. 特高压电网快速发展对运检工作提出更高要求。随着三大特高压直流输电线路的相继投运，强直弱交的电网结构给安全运行带来巨大压力，运维检修任务艰巨，传统的需要大量人员投入的运检管理模式已无法适应特高压电网运检业务的要求。运维人员对特高压直流设备相关技术、技能的掌握仍有待提升，现有运检装备水平难以满足特高压设备运检需求，给运检管理工作带来挑战。

【“十三五”规划发展的目标、思路和举措】1.发展目标。坚持深化“两个转变”，加强特高压及跨区电网、配网两头管理，优化完善“大检修”体系，基本建成以运检智能化为核心的现代运检管控体系，实现电网更安全、服务更优质、运检更高效。

2.工作思路。以设备智能化、通道环境智能化、运维智能化、检修智能化、生产管理智能化为主线，以推动现代信息通信技术、智能技术与传统运检技术的深度融合为手段，提升运检专业管理穿透力和设备状态管控力，为建设“一强三优”的现代公司奠定坚实的基础。

3.工作举措。一是立足电网发展，提升设备风险管控能力。结合长远规划，提升战略性输电通道、骨干网架和特别重要线路抵御自然灾害能力，提高电网设备运行能效、提升电网供电可靠性和智能化水平，进一步深化电网设备状态检修，实现设备实时状态可控、在控，扎实提升设备风险管控能力。二是适应公司发展，提高运检管理精益化水平。按照公司战略定位和依法治企的需要，全面健全运检管理机制，不断优化调整生产组织架构，强化信息系统建设，创新运检管理模式，提升公司运检业务智能化和运检管理精益化水平。三是紧扣科技创新，全面推进运检专业智能化变革。依托大数据、云计算、物联网、无人机/机器人等先进信息通信新技术和智能运检装备，紧密结合“互联网+电网运检”新要求及电网运检管理实际，持续开展运检智能化关键技术攻关，统筹智能电网运检技术变革和创新发展，大力推进输变配专业运检智能化建设，加快提高运检专业智能化水平。

【2016 年工作思路和目标】紧紧围住公司发展战略目标，以落实主设备技术监督导则为抓手，强化全过程技术监督管理；以指标为引领，深化落实各项运维检修要求；以 PMS2.0 和运检管控系统应用为工具，强化作业现场管控力度；以智能化应用为手段，加大科技实用化进度，提升现场作业和运维管理质效。

【2016 年重点工作及其计划】1.落实主设备技术监督导则，强化全过程技术监督。一是大力开展竣工验收阶段专项技术监督，进一步健全各监督环节沟通互联机制，重点对工程前期技术监督发现问题的整改落实进行核查，对竣工验收阶段的工作组织及技术标准差异进行协调，确保工程投运质量。二是提升监督手段，由国网四川电科院牵头开展新入网仪器仪表性能测试，并于上半年完成各单位电测仪表校准、瓦斯继电器校验、油色谱实验室校验能力的比对工作，对检测能力不足的单位从硬件配置、人员操作技能提升等方面提出整改措施，提高整体监督工作开展水平。三是利用好技术监督专项费用，对还不具备监测能力的硫酸铜腐蚀试验、镀锌线材、刀闸触头材质、散热片材质监测，以及在线监测设备部件型式试验开展委外送检。四是加强技术监督交流，每月编制技术监督通报，加强新技术宣贯和典型案例分析，提升各单位监督积极性。收集电网典型故障案例进行技术分析，为各单位提供技术培训资料和类似问题提供处理参考。

2. 严格落实各项运检要求，提升精益化管理水平。一是强化设备运维，严格落实输变电专业精益化管理要求，持续推进变电运维一体化、输电线路标准化建设，提高设备运维管理水平。常态化开展设备隐患排查和治理，有序推进输电及电缆“六防”、地市级重要输电通道风险评估、10 千伏系统电容电流专项治理等工作，提前做好特高压换流站属地化准备，按期完成川藏联网断路器合闸电阻加装，±800 千伏锦苏线及 500 千伏东天、城沐抗冰改造，500 千伏甘蜀线地灾整治等重点改造项目。二是大力推进带电作业，拓展调整输电带电作业范围，实现高海拔线路带电作业和拉力传感器、分布式行波测距装置带电安装的突破，特高压直流线路带电作业形成常态；整合输电带电作业人员，扩大配网不停电作业队伍，建立不停电作业有效激励机制，常态化开展一、二类架空带电作业检修，稳妥推进复杂不停电作业，完成全年开展 4 万次的作业目标。三是进一步加强配网运检管理，持续开展“低电压”治理，加强配网优质服务水平监督考核；完善“网格化”抢修相关配套规章制度，实现配网抢修“五个一”工作目标；深入推进营配数据贯通，实现各单位市区范围10千伏至0.4千伏营配数据梳理和录入。四是持续强化水电运维和防汛管理，健全与政府部门的沟通协作和信息共享机制，提高防汛工作的预见性，及时更新完善汛期重要变电站和线路防汛档案，并加强备品备件管理，确保抢修及时性。

3. 进一步提升运检信息化水平，提升运检管控穿透力。一是按照总部顶层设计建设方案，开展运检智能分析管控系统 II 期高级应用功能开发，确保年底完成系统验收。二是加大 PMS2.0 系统应用力度，实现运检、营销、调度等业务流程贯通，实现业务协同和信息共享，为公司大检修体系高效运转和运检精益化管理提供支撑。三是结合两个系统的应用，健全电网风险运维检修分级管控机制，编制电网作业风险分级评估办法；完善风险管控相关智能运检管控平台功能建设，积极应用系统开展远程督查和提升现场管控理水平和针对性，确保现场作业安全。

4. 强化运检指标管理，着力提升运检工作绩效。进一步加强运检绩效和同业对标指标管理，细化、落实指标责任人员和内部考核机制，建立指标下达、数据收集、评价分析、总结提升的闭环管控制度。依托状态评价中心，指导各单位定期开展指标统计与分析，及时分析和发现管理薄弱环节和突出问题，制定提升措施，明确提升方向，确保运检绩效和同业对标指标稳步提升。

5. 加大科技实用化进度，提升现场作业和运维管理质效。一是进一步加强在线监测装置运维，确保装置在线率在 90%以上，全面实现数据类装置 APN 通道或 OPGW 安全接入，试点开展视频类装置 OPGW 接入，并同步试点无人机巡检信号内网远传。二是持续推进无人机巡检作业实用化，新建 12 个飞巡班组，初步建立“片区集中、互为支援”的无人机作业模式；推进常规飞巡业务社会化，实现特高压输电线路 100%全覆盖，500 千伏线路 50%覆盖，220 千伏及以下线路全面开展的目标，作业数量保持国网公司领先水平。三是强化机器人智能巡检系统应用，实时跟进国网公司统一平台建设，确定公司建设计划，实现变电站“设备全覆盖、表计全识别”；加快项目实施进度，确保在年底前实现所有 500 千伏变电站全覆盖和在 8 家供电公司的试点应用。四是着力推进移动作业应用，按照国家电网公司统一安排，开展电子标签和现场巡视作业智能移动终端试点，推进传统运维班组到智能巡检作业班组的转型，提升巡检工作质效。

线损及节能减排管理

【指标完成情况】据统计，2015 年国网四川省电力公司综合线损率同比下降 0.08 个百分点，节约电量 15597.4 万千瓦时，节能 19169.21 吨标煤，减排二氧化碳 4.78 万吨；累计完成节约电力 34.13 万千瓦，节约电量 15.13 亿千瓦时，年度目标完成率分别为 155.07%和 126.07%，均已超额完成全年指标。“十二五”规划期间，公司累计节能 9.04 万吨标煤，超额完成“万家企业节能低碳行动”节能目标，相当于减少二氧化碳排放 22.52 万吨，较好地履行了社会责任。

【工作开展情况】2015 年，部门主要开展了如下方面的工作：1. 强化线损管控。综合考虑各地区经济发展水平、产业结构、电网基础等，差别化地下达年度线损率指标，不断加大部门协同工作力度和专业管控，加强对各类指标的动态分析和监控，并实现闭环管理，保证了降损措施的落实和降损成效。

2. 优化电网规划，强化电网建设。结合国家电网西南电网规划和配电网建设，切实发挥规划的引领作用，积极优化电网结构，降低供电半径，有效增强了供电可靠性和经济性。

3. 加强电网经济运行管理。一是加强潮流计算分析。按照“先算后停、先算后投”的原则开展方式优化计算，对各种可能运行方式进行经济比较，为科学合理安排电网运行方式提供决策依据，保证电网安全、可靠、经济运行。二是努力优化调度运行方式，在保证电网安全稳定的前提下，火电按最小方式运行，切实保障水电及其他可再生能源发电优先上网。三是加强电压无功的日常运行分析工作，推进电厂 AVC 子站接入，实现 SVC 与 AVC 协调控制，减少电网无功输送量，提高电网的输送能力和设备利用率，提高电网运行的经济水平，降低电网损耗。

4. 加强节能发电调度。公司严格按照节能发电调度要求，积极优化能源结构，持续深入推进节能发电调度，优先安排水电、风电、太阳能等清洁能源发电，有力推动了能源消费结构的优化升级。2015 年，四川全口径发电量 3208.54 亿千瓦时（含向家坝、溪洛渡发电量），同比增长 2.52%。其中，水电 2767.44 亿千瓦时，同比增长 7.34%；火电 429.3

亿千瓦时，同比下降 21.54%。

5.充分发挥大电网优势。“十二五”规划以来，公司根据国内、省内电力供需情况，在各级政府、国家电网公司的大力支持下，充分发挥四川电网“大电网、大枢纽、大平台”的优势，加强水火互剂和省间互补，推进清洁能源的利用，实现了跨省、跨区等更大范围的资源优化配置，提升了整个社会的节能减排综合效能。2015 年，公司通过特高压电网及跨区联网外送电量 1266.65 亿千瓦时，同比增长 8.54%。通过跨区、跨省的电力资源优化配置，减少全社会碳排放 3880.89 万吨。

6.大力推进电力需求侧管理。公司大力推进电能替代工作，针对富余水电，在扎实调研、充分沟通的基础上，主动开展“以电代煤”工作。2015 年，公司已成功组织对攀钢集团钒钛资源股份有限公司、四川川投峨嵋铁合金（集团）有限责任公司、四川其亚铝业集团有限公司、宜宾海丰和锐有限公司、四川华蓥山广能集团四方电力有限责任公司、宜宾丝丽雅集团公司等 6 家单位实施电能替代，累计装机容量接近 80 万千瓦时，完成替代交易电量 43 亿千瓦时，为公司增加售电量 33 亿千瓦时，市场反响热烈，极大提升了全社会节能减排成效，履行了公司的社会责任。

7.积极推进节能服务工作。一是完成国网蓬安县供电公司 10 千伏高损配变节能降损改造工程，涉及将 240 台高损配变直接更换为节能型配变，实现年节约电量 85.76 万千瓦时，年节约标煤 283 吨标煤，减少二氧化碳排放 735.8 吨；二是对国网四川蓬安供电公司徐家、罗家、巨龙等 3 座 35 千伏变电站中 6 台主变进行无功补偿，补偿容量 8 千乏，补偿比例为 21%，实现年节约电量 166.08 万千瓦时，年节约标煤 548.06 吨，减少二氧化碳排放 1424.96 吨；三是对国网内江、眉山、德阳、巴中等供电公司所辖 10 千伏配电网进行节能降损改造，更换变压器 2193 台，新增配变低压侧无功补偿装置 287 台，实现年节能电量 3176.8 万千瓦时，年节约标煤 10483.44 吨，减少二氧化碳排放 27256.94 吨；四是对国网平昌县供电、国网南充市高坪供电有限责任公司新建电力调度大楼中央空调进行节能改造，供冷面积为 9810 平米，实现年节约电量 23.04 万千瓦时，年节约标煤 76.04 吨，减少 CO2 排放 197.7 吨；五是完成绵阳、巴中、达州等 9 家省公司直属单位的绿色照明节能改造工程，涉及更换 LED 灯具 119215 盏，实现年节约电量 418.5 万千瓦时，节约标煤 1330.84 吨，减少 CO2 排放 3460.18 吨。

8.稳步推进国家电网公司“一体化电量与线损管理系统”试点建设。建立省、市、县三级联动，国网四川信通公司、国网四川计量中心两点支撑的全方位互动，齐抓共建的工作机制，落实抓基础数据治理、抓专业数据资源整合、抓计量、关口管理和做强数据平台支撑的“三抓一强”工作重点，试点工作成效斐然：一是建立基础信息管理新常态，二是提升公司综合计划项目储备质量，三是提升统计分析水平，四是提升线损“四分”管理水平，五是经济效益提升显著。共处理违约用电共 51 户，追补电量 240.9149 万千瓦时，追补电费 72.9066 万元，收取违约使用电费 218.7199 万元；共计发现计量装置故障户数 51 户，追补电量 277.0884 万千瓦时，追补电费 215.2623 万元，降损增效成效显著。相关工作典型经验被《国家电网工作动态》收录。

（贺星棋）

经营管理

责任编辑：何　飞

综合计划管理

【概况】2015年，国网四川省电力公司在综合计划管理中，充分完成了各项指标任务，发挥了综合计划统筹在工作中的平衡作用，进行了一系列尝试和革新，获得了丰硕成果。2015年共获得了省企协创新成果二等奖和三等奖各1次，公司管理创新成果一等奖2次，优秀研究课题一等奖1次；同时，公司综合计划全过程闭环管控入围国家电网公司综合计划同业对标典型经验。

【主要工作业绩】2015年，公司主要从如下几个方面出发开展了工作。一是充分发挥综合计划统筹平衡作用，建立公司经营与投资滚动平衡机制，深化了国网综合计划指标和项目双维度管控内涵。二是夯实县级子公司综合计划管理基础，建立建全省、市、县三级联运的投资能力与发展投入综合平衡机制，持续拓展综合计划管控深度和广度。三是为适应输配电价改革，积极开展三年综合计划项目储备暨滚动计划编制，使计划编制深度及编制周期与监管要求相适应。四是率先完善“打包下达、分批分解”和低压项目领料抢修机制，制订《10千伏及以下业扩配套电网建设项目管理办法》，提升综合计划灵活性和适应性，提升电网市场竞争力。五是抓牢项目执行“四链条”，创新项目计划“关键节点里程碑”管控，开展投资形象统计和ERP系统取数双维度执行分析和考核，强化项目全流程科学管控。六是完成多项重大课题研究，助力公司科学决策。围绕公司发展与经营中的热点、重点问题，完成了《公司经营与投资策略研究》《供电子公司发展能力与投资机制研究》等多项重大课题，且获得了丰硕成果。

（李明伟）

资产与财务管理

【经营和财务状况】2015年以来，国网四川省电力公司认真贯彻执行国家电网公司党组决策部署，围绕“保增长、促改革”的总体目标，积极应对错综复杂的经营形势，通过深化经营诊断分析、强化亏损企业治理，大力开源节流、努力挖潜增效，持续改善资产运营效益与效率，全面完成国家电网公司下达年度经营目标，为公司在经济新常态下持续健康发展提供更加坚强有力的财务支撑。

全年实现营业收入净额914.7亿元，同比减少1.94亿元，下降0.21%，其中主营业务收入实现908.96亿元，同比减少2.46亿元，下降0.27%；营业总成本914.34亿元，同比增加2.19亿元，增长0.24%，其中主营业务成本871.63亿元，同比增加0.64亿元，增长0.07%；净资产收益率0.62%，比预算增加0.38个百分点；经济增加值-10.45亿元，比预算增加2.92亿元；可控成本99.29亿元，比预算节约0.52亿元，节约0.52%；资产负债率74.67%，比预算下降0.49个百分点；流动资产周转率24.6次，同比降低1.08次。

【财力集约化管理】公司按照“深化应用、提升功能、实时管控、精益高效”十六字总要求，以“信息实时反映、过程实时控制、结果实时监督”为核心，以标准化、信息化为手段，细化落实“三集五大”体系建设年度工作任务。通过优化完善财务信息系统、深入推进业财协同融合，持续深化财力集约化应用，建立健全财务实时管控体系，初步实现了“业财融合、信息贯通、流程在线、风险可控”的财务实时管控目标。组织开展“三集五大”体系建设财务专业成效评估，印发“关于深化财务集约化应用、强化财务实时管控明细工作方案的通知”（川电财务〔2015〕94号），明确任务时间节点，优化指标考评体系，强化业财横向协同，确保财力集约化管理与“五大”体系建设协同推进、取得实效。

【预算管理】坚持“集约、精益、全面、统筹”核心理念，持续深化预算集约调控，提升企业运营质效。按季开展经营效益滚动预测，加大经营诊断分析力度，跟踪监控关键经营业绩指标，充分发挥预算预调预控功能，为做好公司年中预算调整、全面完成年度经营目标奠定坚实基础。认真贯彻落实中央“稳增长”工作要求，扎实推进亏损企业专项治理工作，通过年中预算调整逐户下达亏损单位减亏目标，确保完成国网公司下达的2015年减亏任务。坚持过“紧日子”思想，从严从紧安排全年成本预算，继续强化“三公”消费、会议费等重点单项费用预算管控，坚决杜绝费用超支。大力强化项目预算全过程管控，组织开展项目经济性、合规性集中审查，持续完善项目预算管理流程，部署应用预算双重控制功能，协同业务部门全面开展项目清理，按时发布项目预算执行情况通报，确保预算刚性执行。

【资金管理】深入推进资金精益管理，持续提升集中管控水平和配置效率。加强融资统筹运作，充分发挥集团规模优势，利用商业银行、中电财、集体企业等内外部平台，通过委托贷款、信用担保等方式，加大对县级供电子公司贷款支持力度，帮助其改善融资结构，降低财务费用。优化合同履约支付流程，对资金支付和合同业务模块进行横向集成，实现从月度业务预算到财务合同支付的资金全过程管控。深化员工报销与电子支付集成应用，加快推进业财融合，提高资金结算效率和安全管理水平。加强资金实时监控，通过资金监控平台督促基层单位按旬足额解交电费资金，2015年公司平均上中旬电费解交比例同比提升3.31个百分点。拟定《银行承兑汇票安全管理实施细则》，加强资金日常管理和在线稽核，不断改善薄弱环节，全面提升公司资金风险防控水平。

【资产与产权管理】继续规范资产和产权管理，进一步提高电网资产质量。加强投资能力管控，组织开展电网投资能力测算，以能力定盘子、以投资增效益，合理确定投资规模，持续优化投资结构，为公司投资决策提供重要参考。严格执行电网基建项目竣工决算办理时限，强化部门协同配合与沟通协调，建立健全考评制度，促进工程竣工决算加快办理。圆满完成资产全寿命周期管理工作验收，主网资产及配网线路设备账、卡、物一致率分别达到95%和85%以上，实现固定资产账、卡、物的动态监控。顺利完成“川藏联网”资产负债划转工作，划转国网西藏电力固定资产原值37.87亿，划转负债20.07亿元，公司每年将节约成本费用3.21亿元。深入开展低效无效股权投资清理和产权数据治理，全年清理处置12项股权投资，完成116家单位产权变动情况梳理、数据分析及产权新增、注销登记工作，公司产权治理基础数据得到全面夯实。

【价税管理】稳步推进电价、财税工作，切实维护公司利益。全力做好“4·20”电价调整工作，积极向价格主管部门汇报和沟通，争取全额疏导垫资地方电网居民用电同价资金1.92亿元;顺利完成灾区并价工作，提高灾区工商业电价1.2分/千瓦时，筹集调价资金2.01亿元。积极争取外送电价格政策，促请省发改委批复同意2015年丰水期购外送西北的水电上网价格，在执行丰枯峰谷浮动的基础上每千瓦时降低2.7分/千瓦时。积极配合省成本调查监审局开展输配电成本调查工作，以及配合省发改委开展输配电价改革工作思路研究等各项输配电价改革试点的准备工作。争取到继续享受西部大开发税收优惠政策和电网企业新建项目“三免三减半”政策，三年来累计节税3亿元。积极争取中央财政补助，落实无电地区电力建设和农网改造升级工程中央基建投资国有资本金19.37亿元。

【财务风险防范与控制】扎实开展内控评价与财务稽核管理，努力提高财务风险管控能力。按照国家电网总部统一部署，组织完成废旧与剩余物资管理、工程前期费用与其他费用管理、大额暂估款挂账管理三个批次的内控专题评价。对22家地市供电公司及72家属地控股县公司，组织实施资产租赁现场评价，形成专项报告，累计发现并整改问题42个。按月组织开展在线稽核和流程监控，及时上报实时监督工作报告。2015年公司对备用金、库存现金、广告宣传费、车辆使用费及差旅费等15项重点内容开展实时监督，检查相关数据42901条，发现并整改问题1840个，充分发挥财务实时监督功能，切实防范公司经营风险。公司已初步建成“在线稽核、现场检查、内控评价”相结合的企业内部控制体系，财务风险管控能力得到极大提升。

【财会队伍建设】2015年，公司财会队伍建设以深化财力集约化应用为目标，持续提升财会人员整体素质。组织开展财会人员继续教育培训，开发财务通用制度课件及题库，依托内部网络企业大学综合学习平台，加强财务通用制度宣贯，提高财务人员政策理论水平，促进各项管理制度有效落地和刚性执行。充分发挥“领军人才”“双千人才”“大师工作室”等高级财务人才带头示范作用，加强财务管理创新研究，“大师工作室”牵头完成“电力企业财务共享服务中心建设”公司十大管理创新课题，编写出版《电网企业内部控制知识800问》《企业内部控制知识题库》两本财务丛书。精心组织2015年度财务人员适岗能力普考，公司两名财务人员获得国家电网公司优秀普考人员个人奖励。　（罗　羿）

农电管理

【2015年主要工作开展情况】1.深入理顺农电管理关系。制定7家控股县公司地方国有产权上划工作方案，完成可研编制和相关资产剥离处置，取得地方政府意向性支持文件。完成官仓公司股权收购，协调将其纳入国网成都供电公司进行全面管理，国网富顺县供电公司顺利挂牌，代管县公司仅剩一家，取消代管体制取得重大突破。研究“子改分”工作，开展新都子公司向分公司改革试点。制订下发小水电供区接收指导意见，规范供区接收管理。

2.加强县公司管理。以解决管理突出问题和薄弱环节为重点，制定深化县级供电企业管理提升工作方案，充分发挥业务部门专业管理优势和综合部门统筹协调作用，指导基层单位全方位、全过程开展诊断分析和综合治理。开展县供电企业同业对标工作，从横向和纵向两个维度进行对标诊断，强化数据质量管控，狠抓弱项指标分析，新都等三家分公司获国家电网公司标杆称号。持续推进藏区对口帮扶，指导各派援单位制定年度目标任务和帮扶工作计划，及时掌握工作进展和派援、受援单位工作动态，提出帮扶工作建议意见。

3.加强乡镇供电所管理。强化农电队伍建设，组织开展乡镇供电所岗位知识技能竞赛，2名选手被推荐申报省五一劳动奖章；积极组队参加国家电网公司农电竞赛，2名选手分获第四名、第七名，并分别被授予国家电网公司“岗位技术能手”称号，团体成绩居第八名，实现了公司农电竞赛的重大突破。深化乡镇供电所管理提升工作，25项指标取得实质性提升。推动供电所对标工作开展，德阳柏隆等8家供电所获国家电网公司标杆称号。深入开展供电所标准化建设，组织研讨、修编标准化供电所建设管理办法。继续加强供电所基础设施建设，2015年供电所小型基建项目获批79个、供电所车辆零购获批162台，供电所基础设施建设力度得到加强。进一步规范农电用工工作，协助完成绵阳等10家单位农电用工转签。

4．全面完成无电地区电力建设通电目标任务。公司不断加大无电地区电力建设投入，2013-2015年公司无电地区电力建设工程共计投资72.5亿元，建设任务重、建设时间紧，并且无电户大多处于偏远地区，山高水远、高寒缺氧、交通不便，电力建设施工环境恶劣，工程建设成本高。公司克服困难勇挑重担，多措并举、全力以赴，克难攻坚，无电地区电力建设于2015年6月全面完成。实现了“提前半年实现供区内无电地区全面通电”的奋斗目标，全面解决14.03万户、62.83万人无电人口通电问题，极大地改善了甘孜州、阿坝州、凉山州、巴中市等偏远农牧区生产生活条件。

5．有序推进农网改造升级工程。2014年农网改造升级工程累计完成投资25亿元，投资完成率100%。截至12月底，2015年农网改造升级工程全面建设完成，累计完成投资40亿元，投资完成率100%。2015年新增农网改造升级工程项目物资、非物资招标全面完成，以县为单位已全面开工，累计完成投资23.35亿元，年度综合计划投资51.79%。参与公司“十三五”农网改造升级规划评审，编制完成2016年农网改造升级工程项目储备计划，共计储备各电压等级项目资金160亿元，其中10千伏以下项目142亿元。

6．加快农村“低电压”专项治理。落实资金计划，分解下达2015年农村“低电压”治理工作目标89万户，其中2015年农网升级改造资金中共有农村低电压治理项目20.1亿元，农网专项低电压治理技改项目共计27.01亿元。加强施工组织，加快项目实施，截至12月底，累计完成农村“低电压”治理89.9万户，超额完成年度治理目标任务。农网低电压问题得到明显缓解。

7．加强工程建设安全质量管理。全面应用“互联网+农网工程安全管理”的农网工程现场安全监控系统，加强农网工程现场安全管控。系统应用已全面覆盖22个地市公司及所属县供电企业，完成5970条施工计划、1102支施工队、4383名施工人员归档管理，接入现场安全管控终端2329台。严格落实公司配电网建设有关技术规范和标准化建设要求，全面采用公司“三通一标”和典型设计，继续深化农配网“五化”推广应用，提高农网工程建设水平。认真开展农网工程建设质量检查，组织开展农网优质工程评选，2015年命名为农网优质工程的项目有1517个（其中35千伏项目8个），优质工程评选比率为 99.67%，其中 10 个项目入选国家电网公司农网“百佳工程”评选范围。

【“十二五”规划主要亮点工作及成就】1. 坚定不移、坚持不懈地推进农电体制改革。“十二五”规划期间，针对农电控股和代管模式阻碍农电发展的问题，积极稳妥推进以理顺资产和管理关系为导向的管理模式调整，顶住压力，顽强推进了民营资本退出，实施地方国家产权上划，理顺县公司资产关系，加快县公司全资化进程，努力消除影响发展的体制性障碍。公司管理的县供电企业从“十一五”规划末 74 家控股、31 家代管变为现有的 54 家全资、53 家控股、2 家代管，并计划于年内全面消除代管体制。通过坚定不移、坚持不懈地推进农电体制改革，进一步理顺了全省供电管理体制，有效疏导了大小电网矛盾，改善了公司发展环境，基本完成大电网战略布局，为优化配置全省电力资源和加快公司发展奠定了良好基础。

2. 情暖藏区，全力推进藏区电力发展。为加快四川藏区电网建设，促进藏区供电企业发展，公司党政主要领导多次赴甘孜、阿坝州实地调研，经过反复研究，公司确定了“加大投入、加强帮扶，坚持建设与管理并举、坚持硬件与软件并重，推进藏区电力事业全面发展”的思路，研究制订了加快四川藏区供电企业发展的一系列措施办法，以《关于加快四川藏区供电企业发展的指导意见》为总纲，着重建立结对帮扶、发展监督等工作机制和配套办法。以电网发展和企业发展为重点，以结对帮扶、发展监督、“三个建设”为保障，促进藏区供电企业改善基础条件、提升管理水平、提高人员素质、增强服务能力，为藏区电力事业全面跨越奠定坚实基础。

3. 为民服务，架起农村客户连心桥。主动问诊农村供电服务，通过前期、中期、后期三个环节的农电创新管理，架起联系农村客户的“连心桥”。

前期开展并推广“包片进村”工作，市（州）公司包片“进乡镇”、县公司包片“进村社”、供电所包片“进台区”、农电员工包片“进农户”，采取“走出办公室，走出营业厅，深入农户，深入田间地头”的方式，通过实地看、听、抽、问、查，获取第一手资料，全面掌握农村群众用电需求、农村电网建设和发展、供电所内部管理等方面存在的问题，帮助分析问题症结、提出解决方案，为提升供电管理水平奠定坚实基础。

中期分类建立客户服务、电网设备、供电所建设问题“三本台账”，根据工作职责，对问题台账按省公司、市（州）公司、县公司、乡镇供电所四个层级划分为 A、B、C、D 类问题，明确问题的责任主体，落实问题整改，变“客户找”为“找客户”，变属地解决问题为各级协同解决问题，实现收集问题100%真实、反映问题 100%录入。

国网叙永县供电公司改善乌蒙山区农村电网，帮助村民脱贫致富，图为升级改造山区农网 （张跃　摄）

后期采取“立题、分析、解题、实践、推广”的方式，分析农电管理中普遍和长期存在的难点、热点、敏感问题。采用新思维、新方法、新手段解决问题。

“包片进村”活动和“三本台账”工作方式受到了各级政府和社会的的广泛赞誉，团中央书记处书记傅振邦在四川调研时指出“包片进村’工作做地非常好，切实帮农村老百姓解决了实际问题，深得民心，也与党的群众路线教育实践活动要求的深入基层、深入群众相一致”，四川日报、日川经济日报、中国电力报等新闻媒体和主流网站也对活动进行了广泛报道。

4. 完成农网工程建设任务，实现农村电网跨越式发展。“十二五”规划期间公司先后实施农网改造升级、无电地区电力建设等工程，累计完成农网投资 279.83 亿元，新建及改造 110 千伏变电站 11 座、110 千伏线路 532.56 公里，35 千伏变电站 300 座、35 千伏线路 5433.31 公里，10 千伏配变 49559 台、10 千伏及以下电压等级线路 18.3 万公里。农村户均配变容量从 2010 年的 0.83 千伏安提高到目前的 1.3 千伏安，农村电力建设实现历史性跨越。全力实施无电地区电力建设，“十二五”规划期累计完成投资 80.17 亿元，切实解决了 16.16 万户无电人口通电。

5. 开展专项治理，全面提高供电质量。“十二五”期间，解决了公司供区 10 个县域电网“孤网运行”问题和 4 个县域电网与主网联系薄弱问题。集中治理“低电压”374 万户，直接影响人身和设备安全的“小方杆”60 万基。农村供电可靠率、综合电压合格率分别由 99.45%、97.51%提高到 99.913%、99.5%，农村用户年均停电时间、平均电压不合格时间分别由 48.18 小时、218.12 小时缩短至 7.62 小时、43.8 小时。

6. 推进新农村电气化建设，构建和谐美丽乡村。按照公司“十二五”新农村电气化建设规划，科学制定年度建设计划，完善“政企联合”推进机制，严格标准，加强督导，保证质量，有序推进。截至公司累计建成新农村电气化县 30 个、乡镇 340 个、村 3474 个，有力地推动了四川省社会主义新农村建设进程。

7. 落实扶贫工程，解决大小凉山彝家新寨用电问题。“十二五”规划以来，公司每年按照相关文件对大小凉山彝区进行电网规划及项目实施工作。截至年底除中央财政资金投入外，公司自有资金投资已经超过 2.49 亿元，解决供区内大小凉山彝家新寨建设涉及的超过 6 万户农户入户用电问题。

统 计 工 作

【概况】2015 年，国网四川省电力公司始终把提高数据质量放在核心位置，切实强化对异动指标的管控，持续完善统计数据质量监控机制，扩展数据审核内涵，建立了贯穿统计工作全流程的数据质量常态管控体系。

【主要成果】1. 强化源头管控，夯实工作基础。公司通过完善基层统计保障机制，加强统计队伍建设、强化统计监督和管理，进一步增强了源头数据质量的管控，夯实了统计工作基础。一是构建完备的统计体系，服务公司和政府发展。适应公司管理需要，强化统计业务管理，构建起以统计简报、专题分析报告、月度通报为基础的统计管理服务体系，确保数据质量和分析深度，保障了公司系统统计业务的科学有序进行。二是建立基层统计人员上岗考核机制和岗前培训机制，确保基层统计人员的综合素质达标，并鼓励统计人员参加统计从业资格考试和继续教育考试，不断提升统计人员素质及综合能力。三是规范统计工作业务流程，建立数据质量责任追究制度，加强对基层单位的监督和管理，并定期对基层单位进行检查，并将统计数据质量纳入地市公司同业对标考核。

2. 强化全流程关口，统计成果丰硕。公司进一步强化了统计的归口管理，强化业务建设，统计工作成果丰硕。公司立足电力专业统计，持续完善统计数据质量监控机制，进一步规范了统计管理流程，建立了数据质量抽查制度，推行数据质量公司领导负责制，开展经常性的数据质量抽查工作，每季随机抽取一定数量的县级公司进行数据质量检查，实现了数据搜集、审核整理、分析、发布全流程的数据质量管控，公司统计业务工作水平明显提升，公司发展部被授予四川省第三次经济普查先进集体称号，成为四川省内唯一一家受到表彰的企业单位。

3. 开展“统一资源数据库”建设和“生产经营统计指标共享融合试点”，统计服务质量不断提升。开展对 2003 年以来涉及生产、投资、设备等的 2715 个指标、共计完成 685 万项指标数据的审核入库及上线发布，统计服务能力和统计服务效率、效能持续提升。同时，作为国家电网公司首家试点单位，完成了 27 个指标类型、1046 个生产经营统计指标的共享融合，实现了各类专业指标的同步生产和自动填报，消除了数据管理壁垒，规范了数据管理，提升了数据价值。公司典型案例刊登于《国家电网公司工作动态》“一库三中心”工作交流专刊，县公司生产经营一套表分析应用入选国家电网公司典型案例库，得到国家电网公司高度认可。

物资及招投标管理

【工作概况】2015 年，国网四川省电力公司累计完成物资及非物资类采购需求计划审查申报 57 批，采购申请条目 31.74 万条；完成物资协议库存执行及零星工程框架分配需求计划审批 44 批，采购申请条目 38.81 万条。组织集中签约会 20 次，签订物资合同 8126 份，金额 78.1 亿元。制定物资供应计划 45.60 亿元，完成 98.5%。库存金额 2.82 亿元，库存周转率 10.8 次/年。网上竞价处置废旧物资 0.511 亿元。完成设备材料抽检 3487 项，发现并处理质量问题 831 项。完成供应商资质能力核实 90 家，处理存在不良行为的供应商 30 家。

【重点工作及主要成绩】1. 物资计划管理水平持续提升。落实集中采购全覆盖要求，严格执行总部集中采购目录，细化省公司集中采购目录，通过多种采购方式，不断扩大省公司集中采购范围和效率。强化计划管理协同，提前参与，主动服务，促进工程项目建设计划与物资采购供应计划协调匹配，保证了年度物资工作顺利开展，确保了新增农网升级、低电压治理、成渝客专、兰渝铁路等重点项目物资及时供应。

2. 采购效率和规范性得到提高。严格履行澄清审批手续，明显减少招评标过程中的澄清数量。合理拟订采购策略，提升一次采购成功率和采购效率。制订了公司《招投标工作领导小组议事规范》和《招投标工作领导小组办公室工作规范》，规范招标采购决策审批程序，加强过程管控。

3. 物资供应保障能力不断增强。强化合同履约及变更管理，规范履约变更流程。完善 ERP 工程项目物资结算功能，在全省范围内推广应用，提高结算效率。规范退库利库业务流程，强化利库执行管控考核。开展仓库安全和库存规范性检查与整改，提升仓库安全水平和规范性水平。下发《关于印发加强废旧物资管理工作实施意见的通知》，强化废旧物资处置管理

4. 物资质量监督机制有效运转。进一步加强主设备监造管理力度，加强对监造公司的日常检查和考核。加强抽检管理，拓展检测范围和深度，实现采购物资抽检四个全覆盖。开展了配电变压器和水泥电杆等的专项抽检，对采购量大、供应区域广、准入门槛低、市场竞争激烈的物资开展了驻厂监造。

5. 物资标准化信息化支撑有力。完善了物料主数据和非标物资定期申报、集中审核机制，做好与物资计划申报的衔接。编制并大力推广应用固化技术规范，固化 ID 使用率达 73.4%。健全两级技术规范书审查机制，细化技术规范书质量考核方案，提高了技术规范书编审质量。加强电子商务平台账号权限管理，防范信息安全风险。

6. 物资业务风险防控不断强化。建立兼职督查员网络，开展风险梳理及物资管理专项监督检查，提升业务规范性。对经济责任审计及各类监督检查发现问题进行分析整改，堵塞管理漏洞，建立长效机制。加强评标专家培训与考核，提高专家廉洁意识、评标能力和工作积极性；优化评标专家抽取及通知方式，防范失泄密风险；扩充完善评标专家库，保证公司评标需要。

【面临的形势和存在问题】1. 分析当前内外部形势对公司及物资工作的影响。从外部环境来看，在国家监管、社会监督对依法从严治企的要求日益严格，社会各界对国有企业招标采购工作广泛关注的形势下，工作中的任何小的疏失或不当都可能被外界升级放大，导致质疑或非议，引发舆情风险，因此，需要更加规范化、精益化的流程管控。从内部因素来看，巩固提升“三集五大”体系建设成果，需要实现更大范围的资源统筹，强化专业间的横向协同；推进电网建设及企业发展，需要更加高效的物资供应。

2. 本单位物资工作发展存在的问题。一是部分物资和服务招标采购成功率较低。由于技术规范书错误、资质条件设置不合理、物料选择错误等原因造成流标率较高，同时因非电网类物资和项目类型多样，采购数量和金额不大，无统一的技术标准和规范，导致采购成功率较低、流标率偏高，对后续物资供应和服务的及时性带来较大影响。

二是两级物资质量检测机构检测能力有限检测手段相对落后，省检测中心受检测装备配置和试验场地限制，部分检测项目还不能全面开展；各地市物资质量检测中心专业技术人员短缺、装备水平差，部分设备及线材类缺乏常规检测手段。

【2016 年工作思路和重点工作】1. 工作思路。坚持依法依规，持续强化全程管控、夯实管理基础，深化专业协同，加强监督管控，推进规范管理，全方位提升公司物力集约化依法、规范、精益管理水平和同业对标水平。

2. 重点工作。一是深化全面物资计划管理，强化计划刚性约束。严格执行两级集中采购目录，开展整站招标、配送式变电站集成招标、配电变台成套化招标方案研究；开展采购策略研究，合理优化各类物资采购策略，将业扩工程、弃管小区等纳入零星工程与服务集中采购，持续夯实集中采购全覆盖基础。加强物资计划与项目计划的协同配合，严格执行批次计划时间节点，确保采购供应工作有序进行。

二是加强招标采购规范管理，提升采购效率效益。编制评标专家工作手册，在集中招标评标前，组织专项培训，提高评标质量和效率；制订阅标记录，试点量化评标工作，努力实现评标客观。对采购频次高、资格要求固定、潜在供应商少、投诉多等物资类别，针对性开展供应商资格核实工作，将核实结果应用到招标采购，降低评标专家工作量，减少因投标人或专家疏忽等无谓废标。严控物资非招标采购，全力提升公开招标采购率。

三是加强供应保障能力建设，提高供应服务水平。拟定工程现场物资管理办法，提高物资履约、配送管理的效益效率和物资供应、现场服务的保障能力。进一步深化完善调配信息系统，提高实用化水平。继续强化仓储管理，加强平衡利库执行，提高库存资源利用率；推进仓储寄存业务应用；继续规范废旧物资处置工作。

四是加强物资质量全面管控，提升质量监督水平。加强主设备驻厂监造管理，强化对监造公司的日常监督检查和考核；加强物资质量监督标准体系建设及抽检作业规范的编制管理，提高采购质量及质量监督工作效率。整合公司现有物资质量检测能力，构建物资质量大监督体系，将省检测中心建设成国网西南地区物资质量检测中心，同时创建川北、川东、川南、川西共四个区域物资质量检测分中心。加强与社会检测机构的合作，进一步拓展物资质量检测深度，持续提升检测能力。

五是加强标准化信息化管理，提升支撑保障能力。搭建技术规范书审查平台，推进公司集中审查“只审不改”，督促需求单位从源头提高技术规范书质量；落实项目部门审查把关责任，固定专家队伍，采取部门负责人签字确认方式，保证集中审查质量。深化技术规范固化 ID 应用，推进向高海拔、高寒区域物资延伸。建立信息系统账号及权限管理机制，防范安全风险。继续开展以电子商务平台为主的系统操作培训，提高业务人员技能水平。

六是强化物资业务督察管理，增强风险防控能力。强化风险教育，开展自查自纠及专项督察，结合各类审计监督检查发现及投诉异议查实问题，建立改进提升常态机制。持续更新完善评标专家库，提高优秀人才入库比例，严控专家年度出席次数。深化专家履责评价结果应用，提高专家工作责任感和积极性。分层级分批次开展评标专家教育培训，提升培训效率和效果，提高评标工作质量。

援藏工作管理

【概况】2015 年，国家电网公司成都援藏办（国家电网公司东西人才帮扶办）在国网公司、省公司的领导和相关公司及部门的支持下，顺利完成了对藏及东西人才帮扶、人员培训等各项工作计划和接待服务工作。

【对藏、东西人才帮扶】1. 增设机构，启动东西人才帮扶机制。2015 年 9 月，国家电网公司下文成立“国家电网公司东西人才帮扶办公室”，与国家电网公司成都援藏办合署办公，主要协助国家电网公司做好东西人才帮扶岗位需求调查、帮扶人员选拔培训及日常管理服务等工作。同时，为进一步缓解西部地区管理、技术、技能人才短缺的矛盾，公司启动东西人才帮扶工作机制，首次从 18 个省公司选派了 76 名帮扶人员到国网蒙东、甘肃、青海、新疆四省（区）电力企业开展为期一年半的人才帮扶工作。

2. 加大力度，开展对藏人才帮扶工作。为贯彻落实中央第六次西藏工作会议精神，结合公司对藏人才帮扶工作部署，帮助国网西藏电力有限公司全面提升各项管理水平、推进农电规范管理工作、满足藏中和昌都电网联网工程及川藏铁路拉萨至林芝段供电工程对管理和技术人才的需求，公司从28个省公司和直属单位选派了116名管理技术骨干进藏开展为期一年半和二年的人才帮扶工作。同时，按照国家电网公司ERP集中部署项目工作的总体安排，确保国网西藏电力有限公司ERP集中部署项目专项帮扶任务顺利完成，组织协调国网信息通信产业集团选派7名专业骨干进藏开展为期8个月和10个月的短期专项帮扶。

【对藏培训帮扶】协调配合国家电网公司人资部等单位组织22名培训师，进藏举办资产全寿命周期、青年干部等2个培训班，共培训国网西藏电力各类管理技术骨干81名。

【对口援藏工作】按照《国家电网公司人资部关于选拔援藏轮换干部人选的通知》要求，组织国网吉林、山西电力等18个单位开展了中组部安排对口援藏轮换干部的选拔工作，推荐了19人为援藏轮换干部候选人，报国网总部筛选。配合完成湖南、河北公司两名援藏轮换干部审查确认、体验及进藏相关事项的协调工作。

【对藏帮扶大调研】为进一步健全和完善对藏人才帮扶工作机制，充分调动派援、受援单位及帮扶人员积极性，提高人才帮扶工作针对性、实效性，援藏办按照国家电网公司总部人资部的工作部署，按现场座谈和问卷调查两种方式开展了对藏帮扶情况大调研工作。一是于8月、9月赴国网福建、江西、辽宁、山西电力等4家派援省公司和国网西藏公司本部、经研院、电科院、拉萨供电公司、日喀则供电公司、阿里供电公司等6家受援单位现场走访座谈调研，分别召开工作座谈会7个，走访慰问帮扶人员90名；二是对在藏帮扶人员和曾经援藏的帮扶人员开展问卷调查。共设计问题71个，共发放问卷350份，回收汇总问卷260份；三是结合调研情况，认真分析了西藏电网发展现状及人才需求情况以及近10年来的对藏人才帮扶工作情况、经验、存在的问题和困难，形成了调研报告，并就相关情况专门形成了工作汇报材料报总部人资部，就如何全面提升对藏人才帮扶工作整体水平，加快推进西藏电网发展，提出了相应的对策建议。

同时，参与了国家电网公司农电部组织的西藏农电代管、安全生产及农网建设工作调研；协调公司农电部、人资部就国家电网公司进一步加大四川藏区电网企业帮扶力度等问题，研究提出建议意见。

【考评选优工作】1.完成期满考评。组织协调国网西藏电力召开2014—2015年度对藏人才帮扶工作总结座谈会，总结了经验，收集了意见建议；组织国网西藏电力和29个派援单位对99位帮扶人员进行帮扶期满考核鉴定工作。

2.完成评先表彰。在国家电网公司系统29家单位组织开展了2014-2015年度对藏人才帮扶工作先进集体和先进个人的推选、审核、报批工作，国家电网公司发文表彰了国家电网公司对藏人才帮扶工作先进集体和先进个人。国网公司成都援藏办等30个单位被评为“国网电网公司对藏人才帮扶工作先进集体”，李阳山等25人被评为“国家电网公司对藏人才帮扶工作先进个人”。

【常态服务工作】1.按照国网人资薪〔2014〕61号和人资计〔2015〕76号文件要求，每月定期对在藏和东西人才帮扶人员绩效考核等级和生活补助费标准进行审核，并将《国家电网公司对藏帮扶人员绩效考核及生活补助费发放通知单》寄发公司系统28家派援省公司（直属单位）。

2.加大人才帮扶工作宣传力度，编辑《东西人才帮扶工作简报（电子版）》，组织协调国网西藏电力搭建对藏帮扶工作宣传平台，在西藏公司门户网站开设“对藏人才帮扶”窗口。

3.克服人员少、接待任务重等困难，全方位地为进出藏人员提供接送站、安排住宿、代购车船票、联系工作接洽等多种服务，保质保量地完成了各项接待服务工作和上级领导交办任务。

（袁红专、张维平）

公安消防管理

【概况】2015年，国网四川省电力公司系统无火灾、交通事故。各电压等级发生盗窃、破坏电力设施案（事）件104起，同比下降38%，其中外破事件72起，同比下降29%。直接经济损失418万元，同比减少32%，共挽回经济损失194.86万元。

【电力设施保护】1.强化反外力破坏工作。一是完善反外破内控工作机制建设。制定下发了《电力线路设施反外破整治处理重点工作指导意见》，明确防外破公司系统各职能部门工作职责，推出“防外破工作单”，固化管理工作流程，形成工作闭环。二是加强施工外破现场安全管控。制定下发《防施工外破现场安全检查方案》，督导各单位专项检查施工外破重大隐患点防范工作落实情况。3-4 月春季施工高峰期间，各单位出动人员 1300 余人次，检查工地 437 个，安装隔离防护设施 106 套，在线视频监视系统 10 套，现场宣传培训 900 余人，活动期间未发生 220 千伏及以上外破事件。三是加强防外破基础工作。部署公司系统单位开展对大型施工机械和重点人员的登记建档工作，2015 年各单位已完成收集大型施工机械信息 4712 台、重点人员 4447 名。四是加大外力破坏事件通报考核工作力度。采用每季度电视电话会议方式，要求重大外破事件的单位“说清楚”，省公司分析指出问题症结、审定整改措施和处罚决定。全年已召开会议 3 次，对 6 起事件执行“说清楚”，对 23 名责任人员予以经济处罚，起到了良好地举一反三，查漏补缺作用。

2. 积极保障“三大直流”满送运行。一是促请省三电办将“三大直流”满送保障任务纳入年度工作要点和“平安三电”创建活动统一部署。5 月，代省“三电办”拟发《关于做好 2015 年三大特高压直流线路满负荷运行安全保护工作的通知》，对相关市（州）协作电力企业开展通道治理和隐患整改工作做出专门部署。二是强化监督检查。将 10 处 500 千伏及以上重要输电通道重点隐患提交省“三电办”、38 处 220 千伏输电通道安全隐患提交相关市州“三电办”挂牌督办，跟踪指导相关地方限期整治，并将整治结果纳入年终考核。48 处重点隐患，整治完成26处，进入整治收尾阶段2处，其他隐患在加紧整治中。三是及时解决急难危重问题，迅速妥善处置了 7 月宜宾换流站接地极线路及地线受损后抢修道路狭窄堵塞抢修车辆和群众阻工影响抢修进度的事件，和 6 月 500 千伏木里变电站建设中修建的东拉大桥因鉴定为危桥后需及时封闭拆除的事件，保障了宜宾换流站保障了 260 余名抢修人员、50 余台抢修车辆快速进出，以及东拉大桥按期安全爆破拆除。

3. 开展安全隐患排查整治。一是开展外力破坏安全隐患排查整治活动。制订了活动方案，3—6 月集中开展了排查整治。活动期间，出动人员 2600 余人次，协调政府职能部门开展行政执法 56 次，组织清查废旧金属收购行动 79 次，清查站点 358 处，取缔违法站点 10 个。排查线路隐患 4976 处，完成隐患整治 4727 处，其他隐患采用蹲守看护、停工整改等方式保障安全。二是部门督察解决突出问题。按照公司的统一部署，制订了反外破专项工作方案，对自贡、泸州、南充等地开展了督查工作，发出整改通知单 2 张，已整改完毕。协调省“三电办”处理了 500 千伏天坡一线 46－47 号塔线下砂石堆积，成兰铁路施工单位炸药库危及 500 千伏茂谭一二线，“四川能投”新建线路强行跨越国网宜宾供电公司电力线路，110 千伏甘龙线 184－185 号线下违建寺庙等安全隐患。

4. 深入推进政企警企协作机制。一是深入推动平安电力创建工作。提请省“三电办”下发《关于开展全省“平安三电”创建活动的通知》，在超特高压平安乡镇（街道）创建活动的基础上，将 110、220 千伏电力设施纳入平安创建目标。二是促请经信部门加强电力行政管理。针对“7·9”王锁Ⅰ、Ⅱ线倒塔事件，代省经信委拟发了《关于加强电网设施保护重点隐患排查整治工作的通知》，督促各级电力行政部门严格审批保护区内作业许可、检查外破现场安全措施落实、制止违章违规施工行为、逗硬外力破坏事件行政处罚。2015 年，全省 8 个市州及 56 个县区开展了电力设施保护区施工许可审批工作（其中 7 个市州，47 个县区纳入政府办证中心办理），全年共办理行政许可 522 件，查办电力行政案件 74 起。三是指导各地警务室强化重点工地巡逻检查。截止 11 月，全省各级电力警务室共检查废旧金属站点 2413 个，巡查 1508 处隐患点、生产要害部位，处理各类涉电治安事件 70 起，制止违规施工作业 253 起。四是坚持开展电力设施保护宣传培训。全年配合省住建厅开展注册建造师等建筑业重点人员涉电安全培训 52 个班，培训 1.1 万人。以《四川省电力设施保护和供用电秩序维护条例》为重点内容，以“三大直流”沿线和“进农村、进工地、进学校、进企业、进社区”的“五进”为重点范围，以 6 月安全宣传月为重点时段，集中开展了电力设施保护宣传月活动。活动期间共播放专题新闻 53 条，发送宣传短信 18000 条，出动宣传车辆 1200 台次，发放宣传资料 24 万份，接受群众安全用电咨询 9100 人次。

【消防工作】1. 组织开展消防安全隐患排查整治活动。一是年初制定了消防安全隐患专项排查整治方案，3—10 月集中组织开展了消防安全隐患排查整治。8 月下旬以后，为吸取天津“8·12”事故教训，部署了市级生产调度大楼和 220 千伏及以上变电站消防安全隐患排查工作。检查中发现安全隐患 285 处，对 5 个市级办公楼未获消防验收的单位下达了《消防重大事项通知书》，下发一般隐患整改通知书 8 份，现已消除、整改隐患 169 处。10 月，召开了消防工作专题电视电话会，部署全面开展消防和危化品安全隐患排查整治，对系统内35千伏以上变电站及县级办公大楼消防安全隐患情况进行再排查再收集，确保年底前落实整改。二是按照国家电网公司调度大楼供电和消防、安防安全检查“回头看”工作要求，组织开展了通信机房消防安全隐患排查整治，对27个机房消防设施维护保养不落实，部分单位通信机房消防设施设备维护管理职责不清问题，安排整改，现已整改完毕。系统174个通信机房全部落实了维保单位和消防安全措施。在此基础上，出台了《通讯机房消防设备维护保养标准操作手册》，对公司系统3大类通信机房8种消防设施设备的维护保养进行了规范。

2. 完善危险化学品管理措施。组织排查了公司系统18个单位231处危化易爆品的存放、使用和管理情况，重点对6处较大危化品存储仓库、场所进行了安全检查，对发现的11处安全隐患，均下达整改督办通知，已整改完毕。拟写了《危险化学品安全管理指导意见》，明确了“谁主管谁负责、谁使用谁负责”的原则，和系统各部门职责，规范了危化品生产、储存、使用、经营、运输和报废等环节的安全管控。

3. 加强消防安全监督管理。一是加强新、改、扩建工程消防监督管理，全年开展消防建审、验收42次，审查、验收工程39次。二是加强消防检查监督。共组织部门督查26次，开展重点部位防冲击、防火演练19次。重点检查了21个供电企业、6个直属单位和17个注册仓库，对绵阳黄磷厂、红安乡仓库等6个危化品、物资生产、存放安全和应急预案进行了现场评估。三是针对消防设备器材品种、规格、型号繁多，质量良莠不齐等问题，会同物资部积极推进消防器材超市化采购，确保公司系统消防设施设备质量。四是加强对建设、维保厂家的资质审查和监督，确定消防施工备案建设、维保单位81个

【交通安全和治安保卫工作】1. 加强交通安全监督管理。一是组织开展交通安全隐患专项排查整治活动。年初制定了工作方案，3—10月开展了专项排查。截至10月底，系统共发现各类交通安全隐患200起，已整改完成179起，整改率90%。二是强化驾驶员管理。下发了《兼职驾驶员管理工作指导意见》，对兼职驾驶员进行清理审查，通过核发兼职驾驶证照，加强公司系统驾驶员的教育管理，现已制作了“兼驾证”7883张。三是加强车辆监控。重点加强了对GPS系统安装率和上线率的检查监督，在按季通报违规车辆的基础上，出台了《关于落实车载监控终端运行维护工作的通知》，进一步规范了安装、维护等工作，确保系统单位所有车辆车载终端运行良好。

2. 强化治安保卫和处突工作。一是做好群体性事件的处突工作。积极配合公司有关部门依法妥善处置了眉山铝业、送变电公司等22起到省公司群体性上访的事件。指导、帮助成都公司妥善处置了彝族人莫色红生偷盗电力设施触电、崇州市街子镇村民盗窃电力设施触电等治安事件。二是做好重大活动安全保卫工作。全年完成本部重大活动安保工作6件，重要会议安保任务8次。三是坚持对各地新进协警人员开展培训。全年培训协警15人次，换证18人次。

【“十二五”规划主要亮点工作及发展成效】1. 巩固加强政企协作，构建了电力设施保护工作“党政牵头、公安主抓、部门配合、齐抓共管”的四川特色的工作格局。“十二五”规划期间，国家“三电”设施保护工作由专项斗争向常态机制转变。5年来，在省综治委领导下，真正形成了党委领导，公安机关组织协调，经信、林业、交通、住建等职能部门和电力企业积极参与、各负其责的电力设施保护综合治理新格局。通过开展电力设施“三定管理”，“保护超特高压平安乡镇”创建，推进电力设施保护区施工作业许可制度，对注册建造师等建筑行业重点人员开展涉电安全培训等工作，较大限度地调动了社会有效资源参与电力设施保护，顺利完成了抗冰抢险、建党90周年、中共十八大、建国65周年和“三大直流”满送运行等重要时期的电力设施安全保护任务。

2. 警企协作深入推进，电力警务室蓬勃发展，为电力企业安全稳定提供了有力保障。“十二五”规划期间，电力警务室工作有了长足进步，市级警务室从2个发展到19个，县级警务室也由10多个发展到33个，各地派出电力警务室的公安民警达60名。2014年起，会同省公安厅治安总队下发《四川省电力公安警务室工作管理考核办法》，并按年开展警务室满意度测评、通报，使电力警务室工作更加规范。5年来，各级电力警务室越来越紧密地融入电力生产安全中，有力地维护了电力企业的内部安全稳定，有效阻止了外力破坏事件，并成功配合地方公安机关破获了2011年“5·19”罗江县金山镇110千伏新建变电站绑架抢劫案件，2011—2015年新都、大邑、夹江、内江、邛崃、旺苍等地的系列变压器，电缆被盗案件。

3. 推动安全防范工作规范化，安全保卫工作再上新台阶。“十二五”规划期间，四川电网迅速发展，

电网资产规模迅速扩大。为适应电网特别是智能电网快速发展的需求，5 年来，公司陆续制订了变电站安全防范工作标准、电子围栏安装运维标准、电力设施安全标志规范、消防器材配置规范、电缆遂道消防设计施工及验收管理规定等系列规范性文件，规范了各部位安防、消防的人防、技防、物防配置，同时，加大了安防、消防设施设备的经费投入，加快了新技术、新工艺的应用，为电网安全稳定运行提供了良好保障。

“十二五”规划期间，公司安全保卫工作能取得较好的成绩，一是得益于国家的高度重视和地方党委政府的支持、帮助，二是得益于省公司党政的重视支持和大力投入，三是得益于全体安全保卫人员的开拓创新和努力工作。

【“十三五”规划时期面临的新形势、新任务】1. 西部电网的形成，对电力设施保护，尤其是跨省区的线路保护工作提出新要求。国家电网公司关于全球能源互联网的构想和推进实施，2025 年将实现“西北+川渝藏”西部电网和东部电网（“三华+东北”）特高压联网，形成全国同步电网。四川电网作为西部送端电网的“桥头堡”，将有更多的跨省区输电线路建成，更大范围地与外省市、周边国家互联互通。因此，保护跨省区输电线路的安全压力更大，任务更加繁重。

2.《四川省电力设施保护和供用电秩序维护条例》的全面实施，需要相应的执法力量支撑。《条例》颁布实施已一年多，但执法力量至今仍普遍缺失，使违反《条例》的行为得不到及时处理，影响了《条例》的严肃性，迫切需要组建一支队伍开展执法，确保《条例》更好地贯彻执行。

【工作中的主要问题与困难】主要存在如下问题：

1. 外力破坏形势依然严峻。各施工单位赶进度、抢工期，作业人员无安全意识、盲目蛮干造成外力破坏电力设施的事件高发、频发，严重危及电网安全。尤其是高速铁路、公路等大型建设工程跨越电力线路多次危及线路安全，协调处置很难。

2. 输电通道安全隐患多整治难。一是通道内树木超高隐患严重，砍伐漫天要价的现象普遍存在；二是藏区线路运维难度大，特别是线下建房、建寺庙，塔上悬挂经幡等因涉及复杂的民族、宗教因素，极难处理。三是攀西地区山火烧除工作点多面广，计划烧除联系机制不畅，现场安全管控措施难以落实，易形成山火失控危及线路运行安全。

3. 反恐安全形势不确定性增加。国际和国内恐怖势力活动频繁，电力设施作为关系经济民生的基础设施极易成为攻击对象。

同时，工作的开展也面临一些困难，一是相比电网近年的大量投入，安防投入配套不够。大量的技防联动未能有效运用，现代化大型国有企业安防工作，主要依靠人防的格局未能改变，没有把互联网+、智慧安防融入其中。二是全省电力行政执法工作滞后，现有公安牵头模式的有效，影响了经信部门工作的紧迫与积极，电力职能部门的作用没有有效发挥。满足“于见子打子”地解决问题，积极作为推动这方面工作不够。

【“十三五”规划发展的目标、思路和举措】1. 发展目标。不发生被考核的火灾、交通事故和重大外力破坏事件，一般外力破坏事件稳中有降。

2. 发展思路。按照国家电网公司全球能源互联网的构想和加快推进“两个替代”的战略，根据省公司电网发展、建设的总体规划部署，进一步推动公安保卫工作现代化，提升专业管理水平，拓展科技强安的范围与层次，积极借助党委、政府的资源和信息，创新工作，勇于实践，为公司实现“十三五”规划目标提供良好地安全保障。

举措：一是继续深化政企合作机制，在省“三电”设施安全保护工作领导小组领导下，充分利用“三电”工作平台，依靠各级党委、政府做好电力设施保护工作。二是继续建设好电力警务室，不断拓展警务室功能，发挥职能作用，使其成为服务电力发展建设的基层堡垒。三是加强与经信委联系、合作，学习兄弟省市的先进经验，依托各级电力警务室，逐渐成立电力行政执法队伍，依法保护电力企业合法利益。四是按照精益化管理的要求，继续强化安全管控措施，提升安全管理水平，推进安防、消防设施的更新改造和升级换代，以联动联防，逐步减少人防的应用，全面适应电网智能化发展的需要。

【2016 年工作思路和重点措施】2016 年，紧紧围绕公司中心工作，将不断深化企地、警企协作机制建设，加强安全监督和管理，强化人防、技防、物防措施，深入开展安全隐患排查整治，努力化解矛盾纠纷和处置突发事件，确保不发生被考核的火灾、交通事故，一般盗窃破坏电力设施案事件减少、重大案事件得到有效遏制、特大案事件杜绝发生。并重点做好如下工作：

1. 电力设施保护。一是进一步夯实反外破工作基础。对大型施工机械、重点人员信息统一建档，协商客户中心通过“95598”平台开展安全咨询、宣传工作。配合经信委落实电力行政执法工作，开展组建行政执法队伍调研，在条件许可的地区试点经信委委托电力警务室开展行政执法。在三州地区与党委、政府密切联系联动工作机制，整治通道障碍、山火烧除隐患。推进导线防碰撞警示装置、鱼塘防触电瓷砖宣传画的安装工作。

二是深化“平安电力”创建活动。会同省“三电”办以创建目标为导向，将电力设施保护切实纳入社会治安综合治理及治安防控体系建设，严格检查指导、定期通报、工作考核。落实“三定”管理的企地对接，加强对片区责任人、义务看护人的管理和指导，发挥乡（镇）、村（社）属地优势，有效化解辖区范围内影响电力安全的矛盾纠纷、安全隐患。

三是强化警企协作推进电力警务室建设。以电力警务室满意度测评为抓手，提高警务室工作规范化水平，及时查处违法犯罪、协助电力行政执法，巡查外破点位、生产要害和制止外破行为，维护企业安全和稳定。指导公司系统做好治安内保工作，强化川藏联网、水电送出大通道和超特高压线路、变电站的保护工作。

四是加强生产要害重点部位的安全防范工作。完善内部治安保卫工作责任制、工作规章制度和突发性事件应急处置预案；深入开展安全隐患的排查整治，抓实安防设备运行、维护、改造的管理工作；强化与周边地区及政府部门的联防机制建设，做好反恐应急工作，整改单位内部治安风险隐患；逐步推进重点要害部门安防系统整合联动，加大技防整合力度，减少人防力量，增加工作效能。

2. 消防安全。一是加强消防安全管理和监督。深入开展消防安全隐患的排查整治，对隐患进行分类评估、分级管理并登记在册，落实整改责任人、时间和方案，限期进行整改，做到“过程可追溯、结果可核查、责任可追究”。将危化物品管理指导意见升级为管理办法，落实危化物品仓库和生产企业的存储、使用、生产等环节，以及安防、消防的安全管理制度和管控措施。推进消防档案的标准化建设，督促完善消防基础设施和资料。推进消防器材的超市化采购工作，确保消防设施设备质量。加大现场安全检查和督导力度，发现违章行为和安全隐患，及时下发整改通知书，督促纠正和消除。

二是加大消防工程建设审查和维护保养工作。坚持开展消防工程建设审查和竣工验收，严把消防质量关，从源头上杜绝火灾隐患产生。针对国家将消防技术审查、检测与行政审批分离的政策调整，开展消防建设工程施工设计，建设监理和验收取证工作调研，争取消防部门支持，形成统一的处理办法和工作流程，努力解决部分消防工程无法办理验收合格证的问题。坚持消防建设和维保单位备案制度，按年度审查资质，定期对维保工作情况进行检查考核评分和通报，督促厂家提高服务质量。对问题严重的厂家调出系统建设、维保单位备案名单，甚至通报物资部门列入招标黑名单。

3. 交通和治安工作。深入开展交通、治安安全隐患排查整治活动，及时发现和整改安全隐患。强化 GPS 系统的安装和应用，加强车辆的安全监控，逐步推广行车记录仪等设备，确保在偏远地区执行任务的车辆能保全事故证据，记录道路交通现状，为应急抢险行车安全创造良好条件。加强生产调度大楼的安全保卫，配合相关部门妥善处置突发性事件。

社会保障工作管理

【主要工作概况】2015 年，国网四川省电力公司福利保障管理精益化水平显著提高。一是公司继续加大“网监飞检”检查力度，通过财务管控平台对各单位社会保险缴纳情况适时检查，确保公司各项社会保险依法按时足额缴纳，合规性、及时性、准确性进一步得到提高；二是出台《企业补充医疗保险管理办法》和《控股公司企业补充医疗保险集约化管理指导意见》，补充医疗保险集约化管理经验入选国网动态，补充医保统筹层级得到提高，管理模式作为国网公司顶层设计在系统广泛推介，职工和退休人员医疗需求得到有力保障；三是进一步完善住房公积金缴存标准调整审批机制和流程，确保住房公积金缴存依法依规；四是稳步推进福利项目全过程管控平台建设，推广福利项目精益化管理成果，修订《职工疗养费管理办法》，福利项目省级标准进一步统一，项目实施流程得到优化，建立了高效协同机制，福利项目实施得到有效管控。

企业工作管理

【对标管理】持续改进，全面开展对标管理工作：一是按照国家电网公司2015版对标指标体系，结合公司实际组织指标分解与修订，完成并下发地市供电公司2015版对标指标体系。二是及时开展对标诊断分析，按季组织召开省公司层面对标分析会，查找对标工作薄弱环节，制订并落实改进措施。修订完善对标管理考核办法，加大考核力度。三是开展公司对标典型经验的申报、评选和推荐工作，公司2015年共有4项典型经验获得国家电网公司专业推荐。四是作为国家电网公司仅有的两家单位参加ITOMS（输变电资产运维绩效）国际对标项目，严格按照项目时间节点高质量完成了项目培训、数据分析与填报。五是参与国网专业机构对标征求意见稿的修订，提交了21条修订意见，组织召开六大专业机构对标指标分解工作会，完成2014年度专业机构对标数据填报。

2015年12月2日，国网四川省电力公司在国网四川技能培训中心举行“2015年度精益项目成果发布会”（王家炜　摄）

【精益化转型】围绕卓越运营提质增效，深入开展精益转型工作：一是建立自上而下、自下而上等多种改善模式，持续深化精益DMAIC方法应用，将QC小组活动与精益转型工作紧密结合，推进“小精益、微创新”，使精益管理落地生根，营造“全员参与、全员改进”的精益氛围。二是继续推进“1+1”重点精益项目和“0-1”自主精益项目实施，开展78个重点项目和107个自主项目，强化关键节点管理，确保项目有序推进，共发布92个项目成果。三是积极开展项目成果推广和共享，依托专项培训宣贯和精益信息平台，有效推动优秀成果在更大范围实践落地和共享。四是开展精益评价工作，开展三级精益型组织评价，已完成22家供电公司的自评价工作。五是加强精益人才培养，组织省公司和地市两层级共计11个精益带级人才培训班，有序开展2015年精益带级人才选拔认证工作，完成24名黑带人才和161名绿带人才认证。六是夯实精益转型基础，开展精益知识送教上门和项目辅导共计9期，对基础薄弱的单位实施重点帮扶，大力营造全员参与的良好氛围。

【管理创新】把握企业管理客观规律，扎实推进管理创新工作：一是围绕公司当前管理热点和难点，组织开展了国网立项的示范和推广项目6项，省公司重大管理创新项目10项、重点管理创新项目100项，项目基本覆盖了“三集五大”、支撑保障等重要专业，为公司改进管理提供了支撑。二是强化了项目过程管理，在时间接点常态化的基础上，进一步细化了项目关键环节管理，规范了项目实施方案、月报、中期检查和验收等工作要求。三是组织参加各层级管理创新评审工作，公司申报的“与人文自然环境和谐统一的高原地区大型电力联网工程建设管理”和“基层电网企业以‘包片进村’为依托的农电管理提升”等两项成果获得第二十二届国家级管理创新成果二等奖，连续五年获国家级大奖；“基于管线一体的城市地下电网数字化安全管控体系构建”和“电力企业数据资产管理体系建设”获全国电力行业管理创新成果一等奖，获奖数量和等级皆列国家电网公司系统前列;31 项成果获省企联 2014 年企业管理创新成果，其中 5 项获一等奖。

2015 年 12 月 23 日，国网四川省电力公司在国网四川管理培训中心举行“2015 年度ＱＣ成果发布会” （姚勤 摄）

【标准化工作】循序改善，持续推动标准化建设：一是组织修订编写国家标准《电力工程基本术语》，发放 50 封征集意见函，收到修改意见 457 条，召开送审稿审查会，并顺利通过专家审查，为下一步形成报批稿做好准备。二是深化推进标准研究室工作，加强与中电联标准化管理中心的沟通，争取参与更多行业标准、国家标准、国际标准的编写，举办电力标准编写培训班，促进标准化工作规范管理。三是牵头组织开展资产全寿命周期管理体系的内部审核和持续改进工作，制订持续改进计划 57 项，推进资产管理的持续改进和深入应用，持续提升公司资产管理工作水平。

【质量管理】深化落实，全面启动质量管理工作：一是集中开展 QC 小组注册工作，截至 8 月底，完成 267 个小组注册，方向和内容覆盖了公司各专业领域，包含了决策层、管理层和现场型类型，活动针对性、方向性更强。二是重视并强化质量管理培训，将公司系统质量管理基础知识培训纳入年度培训项目，邀请四川省质量协会专家，组织专场 QC 培训，培训班组骨干人员 150 人。三是建立成果评价的两级评审机制。公司建立了集中初审和发表评审机制，11 月中旬，组织 7 名内部诊断师（专家）对注册并取得成果的 QC 小组开展集中评审，评选出 90 个优秀 QC 成果参加公司发表评审。四是组织申报 2014 年度优秀 QC 活动成果，获得国家电网公司表彰优秀 QC 成果 5 项，遂宁公司获得国家电网公司 QC 小组活动优秀企业。五是合理融合质量管理与全面精益转型的互补关系。在地市公司和车间层面重点关注精益转型建设，以精益项目为载体，消除浪费，减少波动； 在班组层面，重点关注全面质量管理，将 QC 活动作为“小精益”，支持公司全面精益转型建设。

【课题研究】坚持问题导向，务实开展课题研究工作：以管理咨询、重点课题、研究课题为研究载体，分层次开展课题研究工作，进一步优化课题过程管理，有力促进了课题成果质量实现稳步提升。一是高度重视课题的过程管理，规范了管理咨询项目和重点课题的计划申报、开题、中期检查及验收等关键环节，确保了项目严格按照时间接点稳步有序推进，公司管理咨询项目组织评价位居国家电网公司系统前列，两项成果获国家电网公司优秀管理咨询项目和优秀调查研究成果，八项成果获四川省企业管理优秀论文。二是优化课题过程管理，管理咨询项目和重点课题形成了标准固化、易于操作的开题、中期检查和验收流程，基层单位考评从每季度考评减少为半年考核一次，减轻了基层单位负担。三是按时完成了课题验收及 2016 年课题储备工作。

【信用建设】积极参与信用评价标准编制，开展信用企业复评。公司于 2012 年获中国电力行业信用企业评价 AAA 级信用企业称号，信用企业评级有效期 3 年。2015 年 7 月，企协分会牵头，在公司发展、建设、运检、营销、人资、财务、物资等部门协同下，顺利完成了信用企业复评工作，公司继续保持信用企业评价 AAA 级信用企业称号。公司作为第一完成单位参与编写的行业标准《电力企业信用评价规范》于 2015 年 6 月正式发布。

（彭　杰）

人资管理

责任编辑：何　飞

人才与人力资源管理

【“五位一体”深化应用初见成效】完成“五位一体”基础数据建设，引用梳理流程 1306 条，补充完善典型岗位 569 个、制度 144 个、标准 325 个、考核指标 32 个，推进顶层设计更新完善和业务全覆盖。创新完成电力配电网抢修指挥端到端示范流程建设，国网绵阳供电公司通过试点抢修时长同比缩短 25.5 分钟，延时工单同比减少 15%。召开“五位一体”深化应用现场推进会，总结经验，推广成果，上报国家电网公司典型案例 40 个。印发公司“五位一体”深化应用工作推进方案和培训实施方案，编制企业大学培训课程，下发宣传手册、知识手册，多形式多渠道大力宣贯。

国网四川省电力公司“五位一体”协同机制建设与深化应用实践路线图

【业务外包规范管理探索推进】承接国网公司“业务外包模式下‘三定’管理策略研究与实践”咨询项目，梳理业务外包范围界定、定员核定、人工成本核算、法律风险防控、绩效评价等 13 个亟待解决问题和业务外包准备、实施、退出 3 个阶段的 21 个风险点，明确关键节点 18 个，编制形成业务外包实施方案，同步制定外包业务界面实施标准、劳动定员核定标准、人工成本核定标准、绩效评价标准等 4 个标准以及风险防控机制等配套办法，统筹构建全过程管理体系。选取成都、德阳等 6 家地市典型单位和送变电、信通公司开展业务外包模拟验证，收集分析运行数据，完善相关方案和标准。

【劳动用工规范管理不断深化】贯彻国家电网公司关于规范农电用工管理工作的统一部署，成立由公司一把手任组长的领导小组，以改革促问题解决，以改革促管理提升，围绕确保安全生产、优质服务和队伍稳定的工作目标，全面推进规范管理工作，顺利组建了各级集体企业性质的三新供电服务公司，完成 2.1 万名劳务派遣农电用工、0.3 万名直签农电用工转签，农电业务组织模式、用工方式、管理制度的规范性显著提升。继续推进劳务派遣用工规范管理，指导凉山、南充、泸州、眉山、资阳等单位通用工种劳务派遣用工劳动合同转签社会劳务派遣机构，消除“自派遣”用工风险。做好集体企业改革改制的人员安置工作，完成各单位集体企业改革改制实施方案（人资部分）审核，对多家单位进行现场具体指导，妥善处理集体企业各类员工诉求，保障了集体企业改革改制工作顺利实施。

【人工成本集约管控不断强化】实施与“三集五大”体系岗位设置及价值评价相配套的岗位绩效工资制度改革，完善配套体系建设，规范各级组织和员工绩效工资的核定，建立各级各类企业负责人年薪制度，制定优秀人才薪酬激励细则，开展职员职级序列测算，拓展员工职业发展通道。推行基于流程优化和扁平化的薪酬集约机制建设，实现工资集中审核发放，理顺内部各层级收入分配关系，强化全口径人工成本管控。推行福利计划精益化管理，建立归口部门与项目实施部门协同机制，落实分类分级责任体系，有效控制管理风险。

【“三定”管理持续加强】创新国网天府新区供电公司组织架构，采取“大部制”合署模式，实施市县人、财、物和调度、信息通信集约化管理，建立新型客户服务模式。印发实施《集体企业机构编制和岗位设置指导意见》，批复22家平台公司机构136个、经营管理973人、负责人133人，实现机构编制规范化，为集体企业改革改制提供组织保障。开展岗位精益化落地应用，出台《岗位管理实施细则》，编制劳务派遣适用岗位名录160个、关键岗位名录438个，以企业标准发布省、市、县各级单位“三集五大”体系岗位说明书3251个。完成电网行业及国网公司规划、后勤专业2015版劳动定员标准编制，为适应输配电价改革奠定基础。

【内部人力资源市场建设成效明显】研究拟定配套实施细则，下达人员配置指导计划，依托内部市场信息平台，运用六种配置方式优化配置0.7万人。针对公司人力资源“又多又少”的结构性矛盾，重点探索创新劳务协作的内容、形式和激励机制，逐步推行内地与藏区、内地各单位间、单位内部县公司间的跨地区、跨单位、跨专业全方位多层次劳务协作，滚动保持600人的协作队伍，超缺员矛盾持续缓解。开展临时借用人员专项治理，从总量、选用标准、期限等方面从严清理规范151人。完成基层单位712名科级以下关键岗位人员到期交流，集体企业回流主业长期职工通过转岗培训交流189人。

【全员绩效管理体系不断完善】修订企业负责人业绩考核管理办法，优化指标体系和评价标准，增加职能部门专业评价，发布季度业绩考核看板，建立专业部门协同工作机制，强化过程考核管控效力。规范专项业绩考核，精简项目压缩金额。管理机关绩效完善提升试点取得成效，成都、遂宁公司职能部门绩效考评体系、流程绩效管理及绩效计划管理等不断优化。试点开展基于“五位一体”作业流程与标准工时的高绩效生产班组动态激励机制建设。扎实推进控股县公司绩效管理信息系统上线，编印《走近高绩效团队——县供电企业绩效管理经验集萃》，全面推广管理经验。

【人才培养和员工队伍素质不断提升】扎实开展全员履职能力培训，完善全员轮训机制，优化生产技能人员履职能力培训体系，建立管理、技术人员履职能力培训体系，坚持开展送考进藏，全年累计举办各类集中培训班3929期，网络培训班29个，培训考核21.8万人次。开展各类人才选拔及培养，推荐国家电网公司优秀专家人才58人，选拔国家电网公司优秀专家人才后备77人，完成“双千人才”“雏鹰计划”等专项人才培养。开展岗位练兵、技能比武活动，获得国家电网公司首届内训师技能竞赛专职组团体一等奖，档案技能竞赛团体三等奖，公司竞赛调考总成绩大幅跃升。组织1.71万人参加职业技能鉴定，2807人参加专业技术资格评审，1.16万员工实现人才当量提升，公司人才当量密度同比提升0.0351。坚持开展送考进藏，847名藏区员工参加属地现场职业技能鉴定。完成职业生涯发展能力等级评定，指导各单位完成126人职业生涯能力等级晋升，并将等级晋升结果与岗位竞聘、培养晋升、薪酬绩效有效对接，指导员工结合业务背景、职业能力、个人特质制定个人职业生涯发展规划。

【人力资源规划计划管控水平不断加强】组织编制公司“十三五”人力资源规划，召开五个片区研讨会，收集基层单位建议意见并修订完善。完成人力资源需求预测，预测成果作为核定用工总量、招聘毕业生、盘活内部存量计划的主要依据。出台公司《人力资源计划管理实施细则》，拓展计划体系，完善管理机制。汇总梳理各单位人资管理问题18个，其中共性问题5个，目前有关问题整改工作正按计划有序推进。实施ERP-HR一级部署，开展数据规范集中评价与维护，完成人资数据迁移、用户权限配置、与财务和门户接口测试。

【干部和人才援藏】发《进一步加强人才援藏工作的意见》及7个配套政策，加强人才帮扶工作，组织人员帮扶，当年新增或调换29名援藏人员，在藏区保持323名帮扶和劳务协作人员，2015年从藏区选派48人到内地培养锻炼；争取国家电网公司工作政策，做好101名“三定”毕业生就业安置工作，新收招“三定”生56人。按照国家电网公司部署做好东西帮扶工作，加强与西藏昌都地区左贡县供电公司对接，指导成都公司研究分析帮扶需求，制定“十三五”帮扶方案并报国网公司。

人员培训与学校管理

【概况】2015年，国网四川省电力公司全员培训率达96.05%，培训经费投入1.16亿元，累计举办各类培训班3929期，培训考核21.8万人次，共有1.2万人提升能力素质，人才当量密度达到0.9577。

【创新推进企业大学建设】一是完善企业大学运营机制，强化人才培养的专业负责制。进一步落实专业部门主体责任，建立学院对标管理制度，确保专业部门积极投入，促进专业人才培养规范高效。二是加强学习资源体系建设，有效提高培训针对性，培训各专业内训师800余名，修编54个专业生产技能人员履职能力和职业技能鉴定培训考核标准，编写专业技术和管理课程81门，为员工履职能力轮训奠定良好基础。三是深化企业大学发展研究，以智桥大学为载体，以能力内生为目标，大力推进员工队伍建设与人才培养体系建设。企业大学运营管理和人才培养相关研究获国网四川省电力公司管理创新一等奖，内训师精益化管理获精益化项目二等奖，智桥大学被中国企业大学联盟评为2015年度“中国最佳企业大学”。

【逐步完善全员轮训机制】一是建立全职业生涯周期学习管理体系，系统设计从准入到履职的全员培训体系，支撑员工全职业生涯周期发展。二是完善生产技能人员履职能力培训体系，修订完善《生产技能人员履职能力培训方案》，确立以“岗位准入”持证上岗为基准、全职业生涯履职能力轮训为核心的培训体系，实现生产技能人员全员培训规划落地。组织1015期技能人员履职集中培训，共计培训37620人次；开展506期技能人员自主考核，共计考核41615人次。三是建立管理技术人员履职能力培训体系，制定《管理技术岗位员工履职能力学习管理办法》，大力建设师资队伍，丰富课程体系。四是全面开展全球能源互联网知识的普及和宣贯，加大特高压、智能电网和各级各类优秀人才的轮训和培养。

【强化培训安全质量管理】一是开展安全大讨论。对照学习《安全生产法》《安全职责规范》等规章制度，全面查找教育培训管理工作中存在风险和问题，查出突出问题和风险共计4项，提出应对措施15项。二是组织培训机构安全自查互查。系统梳理培训安全管理工作，制定下发《培训机构安全管理工作实施方案》，组织各单位培训中心根据安全管理检查大纲及检查标准完成自查，组织21家培训中心开展交叉互查，并出具了整改通知书。三是加大培训安全检查力度。组织对14家单位开展培训安全专项督查，督促各培训中心（分部）梳理培训安全管理制度和流程，做好实训设施管理、安全预控管理、后勤服务管理，开出整改通知单11份，提出建议18条，督促各单位制定计划并实施整改。四是深化培训安全管理，开展课题研究，“技能培训现场安全保障精益管理”获精益项目一等奖。

【大力开展人才选拔与培养】是积极开展各类人才选拔及培养，推荐国家电网公司优秀专家人才58人，选拔国家电网公司优秀专家人才后备77人，完成8个专业共304人“双千人才”培养答辩、200名“雏鹰计划”人才选拔和培养。二是积极开展岗位练兵、技能比武活动，获得国家电网公司首届内训师技能竞赛专职组团体一等奖、兼职组团体三等奖，档案技能竞赛团体三等奖，竞赛调考总成绩大幅跃升。三是大力提升员工素质，组织1.71万人参加职业技能鉴定，2807人参加专业技术资格评审，1.2万员工实现人才当量提升，人才当量密度同比提升0.0338。坚持开展送考进藏，847名藏区员工参加属地现场职业技能鉴定。四是完成职业生涯发展能力等级评定，指导各单位完成126人职业生涯能力等级晋升，并将等级晋升结果与岗位竞聘、培养晋升、薪酬绩效有效对接。

【推进网络大学深化应用】一是开发省直分院特色功能。按照“统一数据结构、统一接口规范、统一功能框架”原则，完善网大统计和资源分级管理功能，实现各省直分院数据统计和培训资源、项目的分级分专业管理。二是培育省直分院特色项目。以国网四川省电力公司“电力雏鹰”“双千人才”等项目为抓手，增加线上学习部分，充分发挥网络培训特点和优势，扩大网络大学在优秀青年员工和“双千人才”中的影响力。三是储备省直分院的特色资源。收集和开发网络培训课件10个视频课件，专业课程240余门，案例60个，发展策划、检修和人力资源专业网络考试题库6500道。四是形成网大运维机制。按照试点工作方案明确业务运维团队，发挥培训机构支撑作用，努力形成“人资牵头、专业负责、机构支撑、团队运维”的业务运营模式。累计举办网络培训班29个，推送学习项目92个，开发网络培训课程240余门，完成在线考试91场。

【规范教育经费及培训项目实施】一是严格执行教育培训经费管理相关制度规定，规范教育经费的储备库建设、计划制定、项目实施各环节管理。二是对于工作中发现的培训项目和经费管理过程中存在的问题进行以现状调查为基础，以政策研究为支撑的调查研究，提出了相应改进措施，对规范自身教育培训经费管理工作起到指导作用。

行，推动“三严三实”要求制度化、常态化、长效化。严明党的政治规矩和政治纪律，在任何时候、任何情况下，都毫不动摇地贯彻执行中央决策部署，认真落实国家电网公司和四川公司党委各项要求，不打折扣、不搞变通， 做到有令必行、有禁必止。注重抓早抓小，对于违反规矩、触犯纪律的“小节”问题，及早发现、及时提醒、尽早纠正，严抓严管、敢抓敢管。抓严抓实党风廉政建设。强化两个责任落实，严格执行主体责任清单，聚焦监督执纪问责，加强重点领域、重点岗位和关键环节的监督检查，以严的要求和实的作风抓好各项工作落实。调试所领导班子带头深入基层、深入一线指导工作，层层传导压力，带动广大干部员工查实情、出实招、办实事，紧扣改革部署落实、降本增效、法治企业建设等重点工作任务，一个问题一个问题去解决，一项工作一项工作去推进，圆满实现专题教育活动全年目标任务。

2015 年，根据公司党委和所党委安排，严格党员发展票决制，以此发展了两名预备党员、并把两位表现突出的申请人作为入党积极分子加以观察培养，有两名表现突出的预备党员按期转正，有两名参加了公司举办的积极分子培训班，成绩合格，使调试所的党员发展处于良好态势。

党员队伍的先锋示范作用明显。2015 年，调试所签订的合同点多面广，工程项目涉及亚洲、非洲、美洲的基建调试、技术服务，以及省内的技术监督工作。在党组织和党员中开展创先争优活动。为了充分调动工程技术人员的工作积极性、主动性，所党委还采取了在有 3 名以上党员的项目部设立党小组，最大限度地通过党员的先锋模范作用来引领项目人员发挥自己的最大潜能，保证工程项目的安全和优质进行。所党委要求各支部积极为要求进步的员工指定培养联系人，见缝插针地安排他们参加各类党的知识培训，以增强他们为党的事业奋斗终生的责任意识。而培养联系人还必须从生活上和工作中给予他们帮助，随时了解他们的思想状况。调试所承担生产任务的工程一、二支部近 80 名党员常年分布在国内外的数十个工程项目和技术服务现场，对于有 3 名以上党员的工程项目，能够保证正常开展党小组活动，但不足 3 名党员的工程项目和支部组织活动会就会受到极大影响。首先要为没有党小组的工程项目党员提供学习资料和活动经费，并积极与生产部门协商，为党支部活动提供帮助和支持，也要求工程支部委员们，因地制宜、形式多样地开展好党员发展、党员民主评议及教育培训工作，充分调动党员干部的工作积极性，全方位展示党员的先锋模范作用。

【生产、经营及改革发展中的主要问题】调试所当前面临的主要困难在以下两个方面：

调试工程师在印度 A 厂指导印方工程师检查系统逻辑监督

（赵立莹　摄）

一是安全风险仍然巨大。电厂基建项目的调整试验是一个技术要求较高、协调能力较强的工作，新进人员不可能短时就能胜任，项目人员、设备不足，加之项目地点多在山区，工程技术人员频繁往来各项目地点，安全生产、管理压力激增。调试所工程项目点多面广（以国外工程为主），且受制于所在国本地施工队伍的技术管理水平参差不齐、沟通配合较差等现实因素，不可避免会使安全生产比国内更具风险性，必然存在安全、质量事故隐患。

无论是国内还是国外项目，安全生产永远是调试所经营管理工作的重中之重。如何在稳步开展各项工作的基础之上，保证境内外职工及重大设备的安全，促进项目又好又快实施，将是调试所现阶段工作的当务之急。

二是市场形势依旧严峻。2015 年，调试所新签合同额虽达到 1.24 亿元，但市场形势仍不容乐观。在原有市场竞争的基础之上，各发电集团相继成立的电科院所对调试所的故有市场份额造成了较大冲击，市场竞争正持续加剧。特别是在技术监督领域，华电、国电等发电集团陆续以政策保护形式明文下达各发电单位，技术监督工作均由系统内电科院所承担，不再对外发包。该领域市场的逐步丢失将对调试所的持续发展造成较大影响。

三是电力体制改革影响深远。新一轮电力体制改革全面启动，包括《关于推进输配电价改革的实施意见》在内的11个配套文件悉数出台，改革已进入试点实施阶段。其中最为重要，也是对国家电网公司冲击最大的，就是两部委推进售电侧改革，对符合条件的用户可参与交易，从根本上打破了国家电网公司的专营性经营体制。虽然调试所主营业务与售电并无交集，但调试所身处电力系统内部，其中利害关系非常明确。值此改革变更之际，更应该充分利用自身的技术优势，抓住改革发展的历史机遇，参与到全球能源互联网建设、电力体制改革建设、地域发电机组节能环保等工作中去，为调试所尽早明确企业定位，实现转变企业发展方式，开创"十三五"发展新局面而努力奋斗。

四是依法治企是企业持续发展的唯一途径。依法治企是企业参与市场竞争的重要软实力。当前，调试所在改革发展、集体企业改革改制等方面任务繁重，企业发展处于攻坚期，迫切需要建立健全法律风险防范机制，加快提升法律风险防范能力。调试所各部室、公司要提高风险识别和风险防范能力，为企业法律风险防范主动建立"防火墙"，规避经营活动中的潜在风险，做好法律风险"前期防范、中期控制、后期救济"各环节工作。依法治企，要在法治轨道上开展工作，加快建设职能科学、权责法定、执法严明、公开公正、守法诚信的法治现代化公司的步伐，让企业发展的每个步骤，都能出发有方向，落地有实效。

（杨星、王亮、刘晓荣）

党的建设与精神文明建设

责任编辑：何　飞

党的建设和思想政治工作

【**主要成绩**】国网四川省电力公司全面落实从严治党要求，扎实推进党的建设、宣传思想政治工作、精神文明建设、企业文化建设、本部建设和团青工作，取得良好成效。一年来，省国资委对公司党建工作进行通报表扬。公司系统19个基层党组织、33名党员、16名党务工作者受到国家电网公司党组表彰，1个基层党组织受到省委组织部表彰，1个基层党组织被省国资委党委确定为首批国有企业基层服务型党组织示范点。公司舍己救人员工彭大权被省委追认为中共党员。丁理杰被评为全国首届岗位学雷锋标兵，刘源获得第五届“全国道德模范提名奖”和“中央企业道德模范”称号，公司被国家电网公司推荐参评“全国电力行业思想政治工作优秀单位”。公司系统10个单位（含2个县供电公司）创建成第五届全国文明单位。国家电网公司企业文化示范点3个，荣获国家电网公司精神文明建设创新成果奖4项，3名员工被评为“最美国网人”。

【**党的建设**】1.“三严三实”专题教育深入开展。围绕“三严三实”主题，公司2558名党员领导干部讲授专题党课3000余场，各级领导班子组织四个专题学习研讨2952场，开展专题调研2496人次，召开专题民主生活会492场。坚持边学边查边改，公司领导班子查找问题86个，制定整改措施156条，已全部落实；基层领导班子查摆问题3048个，已整改落实2973个。加强督促指导，公司建立专题教育联系点16个，召开专题教育经验交流会5场；各级党组织召开协调会议110余次，派出556人次采取走访调研、明察暗访、随机抽查等方式进行督查。公司专题教育取得显著成效，受到上级充分肯定。

2. 党的建设切实加强。建立公司领导、本部党组织联系基层党支部制度。适应集体企业改革改制、供电服务公司建设，同步推进相关单位基层党组织建设。贯彻实施《2014—2018年全国党员教育培训工作规划》。全面开展党员组织关系排查。深入开展争创基层服务型党组织和争当为民务实清廉优秀共产党员活动，公司系统24个基层党组织、38名党员、16名党务工作者受到上级党组织表彰。舍己救人员工彭大权被省委组织部追认为中共党员。召开党建工作现场推进会。培训基层党组织书记2800余人次。统筹推进“连心桥”工作，扎实开展教育实践活动整改落实“回头看”，全面完成813条意见建议和问题整改。深入开展党员服务队竞赛，党员服务队扩展到108支，5支队伍受到国家电网公司表彰。

2015年11月6日，国网四川省电力公司2015年领导干部读书班现场
（曹志刚 摄）

【**精神文明建设和企业文化建设**】加强精神文明和企业文化建设，组织道德讲堂、志愿服务、岗位学雷锋和先进典型选树宣传，开展“践行核心价值观、争做最美国网人”主题活动，广泛宣传公司系统先进典型。组织各单位广泛开展企业文化示范点创建活动，推进企业文化在基层单位、班组、供电所落地。公司建成国家电网公司企业文化示范点3个，荣获国家电网公司精神文明建设创新成果奖4项，2名员工分获全国首届岗位学雷锋标兵、第五届全国道德模范提名奖，3名员工被评为“最美国网人”。

【思想理论建设】干部思想引导进一步强化。围绕全国全省大政方针和国家电网公司、工作部署，编发《2015 年形势任务教育宣传提纲》，组织各单位广泛开展形势任务宣传教育活动，凝聚员工思想和力量。指导各单位开展专题思想调研分析，为企业改制改革顺利推进提供重要支持。

共青团与团青工作

【2015 年特色工作及亮点】主要包括两个方面：一是上级团组织重点工作落实情况。2015 年，公司团委认真落实国家电网公司团委各项部署要求，坚持以“育人”和“服务”为目标，以团的思想建设和服务型团组织建设为重点，努力为青年搭平台、办实事、搞服务，团青工作呈现新气象。2015 年公司共有 32 个青年集体和 9 名青年个人荣获省部级及以上表彰，其中 4 个青年集体获国家级表彰，为历年之最。2015 年，公司作为国家电网公司青年创新创意大赛第三赛区的承办方，提前策划、科学组织，做好各项赛事服务工作，为两场比赛中到来的 40 余人次专家、500 余人次选手提供了强大的后勤保障，为“青创赛”第三赛区比赛的成功举办做出贡献。

二是公司团委特色工作开展情况。主要包括 1. 青年思想引导方式进一步创新。围绕巩固党的执政基础和执政地位，以践行社会主义核心价值观和国家电网公司核心价值观为重点，坚持用身边的先进青年感染和鼓舞员工，开展“我的青春我的岗”展示活动，全年集中展示青年先进 30 期。借助新媒体的力量，建成并广泛推广“川电青年”微信服务平台共发布信息 90 期，组建“川电青年”微信编辑部和协作组，打造团青宣传中坚力量。开展“电赞雷锋精神”“安全生产青年当先”“飞扬青春奋斗最美”等微活动 11 期，吸引 5000 多名青年关注，成为公司青年思想引导工作的又一个亮点和特色。

2. 青年成长成才载体进一步丰富。围绕“电力天路”及无电地区电网建设、特高压建设等重点工程，以及抢险应急等急难险重等任务，深化“号、手、岗、队”建设，引导广大青年攻坚克难、勇挑重担，安全、优质、高效地完成各项任务。开展“五四”表彰活动，对 26 个优秀青年集体和 70 名先进个人进行了集中表彰。组织开展基层团支部交流活动，17 名青年代表与公司领导面对面，分享了自身工作经验与生活感悟。组织选拔 20 个青年项目参加国家电网公司青年创新创意大赛，5 个青年项目入围区域赛前 30 强，国网成都供电公司、国网四川电力科学院、国网四川检修公司三个单位的 3 个项目入围决赛，并取得决赛专家评审环节得分第 7、28、29 名的好成绩。组织青年参加全省青年职业技能大赛，8 名青年员工入围表彰，国网南充供电公司任成君取得维修电工专业全省第二名并代表四川省参加全国青年职业技能大赛总决赛。公司团委荣获最佳组织奖。承办公司足球邀请赛，共有 36 支队伍 800 多名员工参与，历时 2 个月，成都、德阳、宜宾等供电公司分获冠亚季军。

3. 青年志愿服务工作进一步深化。以“践行核心价值观·深化青春光明行”为主题，围绕践行社会主义核心价值观、净化网络文明、深化优质服务、建功重点工程、参与公益活动等方面深入开展 2015 年“青春光明行”志愿服务活动。“青春光明行·爱在特高压”青年志愿服务活动为电网建设营造良好的外部环境。广大青年通过签名、座谈等活动，积极践行“网络文明志愿宣言”主题活动。借助“川电留守学生之家”，组织青年志愿者围绕学业辅导、亲情陪伴、感受城市、自护教育、爱心捐赠等方面，广泛开展农民工子女志愿服务活动。利用暑假，与中国高校传媒联盟、省青年志愿协会合作，开展“国家电网·快乐学校”活动，146 名大学生青年志愿者组成 20 支队伍，到川内 13 个地市的 18 所“川电留守学生之家”开展志愿服务，进一步提高了“川电留守学生之家”在社会上的影响力和美誉度。扎实推进藏区帮扶工作，公司团委在团省委统战工作会上作了经验发言。

4. 团组织的自身建设进一步强化。督促和指导基层切实建立健全团组织工作体系并按期开展换届工作，在信通公司、计量中心、物业公司先后成立团委，具备成立团组织条件的基层单位已全部成立团委，团组织首次实现全覆盖。积极指导基层单位开展团组织换届选举工作，组织建设进一步加强。落实团中央、团省委的要求，在团干部中组织开展了“团干部如何健康成长”大讨论活动，组织开展团干部培训班 2 期，团干部能力和素质得到一定提升。

【形势任务分析】当前公司团青工作面临着新形势、新任务。一是中共中央对团的工作提出了新的要求。2015 年 7 月，中共中央召开了首次群团工作会议，要求切实保持和增强共青团的政治性、先进性、群众性。作为中央在川大型企业，如何落实好“三性”责任重大。二是公司的改革发展对公司团青工作提出了新的考验。当前公司进入了改革发展的快车道，“十三五”规划末要建成“一强三优”现代公司。同时电力体制改革正在逐步深化。如何团结和带领公司 3 万名青年团员，踏实工作、岗位建功，做改革的推动者，是团组织面临的十分迫切的问题。三是当前公司青年的现状对团青工作提出新的挑战。随着公司 80 后、90 后青年的入职，他们思想活跃，需求多元，要求尊重与自我实现，注重在自己岗位上实现自我价值。如何加强他们的理想信念教育，积极引导他们在岗位上成长成才，团青工作面临着巨大的压力。

基层团组织薄弱的状况不同程度存在。基层团干兼职，由于本职工作任务很重，缺乏激励机制，工作积极性和主动性不高，团组织对青年的凝聚力不足。“三集五大”组织机构调整后，部分团支部存在着“空壳化”现象。青年参与团青工作包括团青活动的热情不高。基层员工工作任务重、加班多，时间和精力有限，参加团青活动的积极性不高。有些青年在业余时间也不愿意走出宿舍，与人交流较少，精神文化生活贫乏。青年思想工作需要持续创新。开办的“川电青年”微信公众号，已经为引导和组织青年发挥了作用。但关注人数尚不到公司青年的五分之一。表明思想工作还有较大空间，需要继续在信息内容和活动形式上挖掘和创新，从青年的实际出发，用更加贴近青年的方式开展潜移默化的思想教育。

【2016 年工作计划】2016 年，公司团委将深入贯彻落实中央群团工作会议精神，以增强团组织的政治性、先进性、群众性为目标，按照“凝聚青年、服务大局、当好桥梁、团要管团”四维工作格局，在青年成长引导路径拓展、青年建功载体深化及融合、服务型团组织建设及团建管理水平提升等方面加强工作。

1. 强化青年思想和成长引导。青年思想政治教育要做好，必须持续创新、注重实效，把有意义的事情做得有意思。一是以语言风格贴近青年、传播主题围绕青年、信息活动服务青年为目标，深入推进“川电青年”微信平台建设，进一步拓宽微信平台功能，搭建具备展示、交流、成长功能的服务平台，与“国网川电”“川电家园”开展多维互动，并建立相应长效工作机制。二是开展五四青年奖章和团青工作先进集体、个人活动评选表彰，坚持“我的青春我的岗”先进展示活动和“奋斗的青春最美丽”分享活动，用身边的先进青年激励和引导青年，充分发挥青年品牌活动载体作用。

2. 提升团组织服务青年能力。一是围绕互联网+下电力营销转型发展的主题，举办公司青年创新创意大赛，进一步增强青年创新意识，培养创新思维，激发创新热情，发现和培养创新人才，服务公司创新发展。二是依托“青创赛”推进青年创新团队、创新基地和创新聚合平台建设，扩大产学研结对范围，促进创意项目孵化和创新成果应用。三是发挥基层团组织创新优势，开展主题创新实践，实施“精品联创”工程。启动青工职业生涯导航计划，开展十年入职青年职业发展状况调研，掌握了青年员工工作现状与成长轨迹。四是以青年技能拉力赛和全省青年职业技能大赛为载体，深化青年技能提升活动，助力青年立足岗位、成长成才。

3. 深化青年志愿服务活动。一是贯彻落实省公司“精准扶贫”十大工作部署要求，布点新建 6 所“川电留守学生之家”，2 所青少年活动中心。二是结合公司马边扶贫规划，组织青年开展爱心帮扶工作，积极融入公司对口扶贫攻坚大局。三是开展公司团委对口帮扶共青团甘孜县委工作，组织好基层单位团委对口帮扶藏区县公司团组织，增强藏区县公司团组织活动和战斗力。四是开展“川电留守学生之家”志愿服务系列活动，加强“川电留守学生之家”品牌宣传。五是实施“青老互助”工程，组织志愿服务队开展分享互助活动。

4. 进一步夯实团建管理基础。一是开展“活力团支部 • 魅力团支书”评选活动，试点开展基层团组织“晒团务”，团支部书记述职等工作。二是加强团干部作风及能力建设，健全团干部基层调研常态机制，建设青年服务示范站点，实行服务青年“零距离”及“快速响应”长效机制，拓展服务青年渠道。

党风廉政建设

【总体情况】2015年，公司党委、纪委认真落实主体责任和监督责任，严明纪律规矩，紧抓作风建设，严格监督管控，加大问责力度，在国家电网公司党风廉政建设责任制考核中保持“优秀”等级。参加全省政风行风群众满意度测评，在18个公共服务行业中排名第三，连续三年排名前五，受到省监察厅通报表扬。

【迎接中央巡视组检查】全面梳理十八大以来查信办案情况，召开专题会议研究分析突出问题，建立问题台账清单，逐项明确改进措施，结合协同监督、效能监察、“三严三实”专题教育抓好问题整改。巡视中，坚持快查快结、从严从重惩处，对中央巡视组交办三批共56件信访举报进行核查，立案处理3件，给予5人党纪处分、14人政纪处分（5人受到党纪、政纪双重处分），给予37人组织处理，查办质量和效果受到上级肯定。

【落实两个责任】出台党风廉政建设两个责任清单，分层分类明确责任、传导压力。落实“签字背书”要求，公司党政主要负责人分别与班子其他成员、职能部门负责人签订党风廉政建设责任书。严格责任制考核，3个单位被评为不合格等级，8个单位被评为良好等级，34名处级干部被扣罚年薪。

【党风廉政建设巡察】创新开展党风廉政建设巡察，分两轮对9个基层单位开展党风廉政建设巡察，发现七大类375个问题和风险，给予66人纪律处分或组织处理，形成强力震慑，得到国家电网公司高度肯定，并在系统内推广。

【惩治问责】出台《违纪违规问题线索移送办法》，职能部门向纪检部门移送违纪违规问题线索12件。根据查信办案情况和审计反馈意见，给予58人党纪政纪处分，给予111人组织处理。严格执行《领导干部问责规定》，对41名干部进行责任追究。

【反腐倡廉宣传教育】抓住法定节假日、干部提拔和操办婚丧喜庆事宜等重要节点，开展廉洁提醒。优化更新公司廉洁教育基地内容，基地接受内外部参观学习人数突破20000人次。分层分类建立关键岗位廉规题库，统一组织考试，以考促学，以知促廉。以案例为基础，制作微电影、动漫作品等形象生动的廉洁教育课件，增强教育感染力和说服力，收到良好成效。

【重点领域监督管控】实施重大项目及无电地区电力建设廉政监督护航，查纠工程分包、青苗补偿等问题181项。督促职能部门开展营销专项监督，排查整改业扩报装问题756项，纠正电价电费政策执行不严问题27项。实施领导干部及亲属违规经商办企业专项整治，全面掌握领导干部及亲属经商办企业情况，分类提出规范处理意见，防范领导干部以权谋私、为亲属经商提供便利等风险。立项开展效能监察48项，完善管理制度219项，避免经济损失6000余万元，挽回经济损失3200余万元。

【作风建设】在法定节假日及重大活动期间开展明察暗访，对10家基层单位公车定点停放、值班纪律、“三公”消费等进行检查，严明工作纪律。实施“机关引领风尚”作风建设百日行动，开展监督检查601次，挂网曝光通报“慵懒散浮拖”等“四风”问题15期。组织行风监督员和内部检查组，定期检查窗口、走访客户，监督“三个十条”等行风建设和供电服务制度落实情况。

【纪检监察队伍建设】明确基层纪委书记分管业务范围，解决基层纪委书记分管工作过多、不利于监督的问题。严格落实下级纪委向上级纪委报告工作制度，定期开展纪委书记当面述职，并对述职情况进行评价反馈，督促基层单位纪委书记增强担当意识，集中精力履行监督职责。举办2期纪检监察干部培训班，200余名纪检监察干部参训，着力提高纪检监察干部监督执纪能力。

品牌建设与维护

【2015 年主要工作概况】2015 年，公司外联部主动融入企业中心工作，着力抓好新闻策划，强化舆情管控，强化社会责任根植管理，加强专业队伍建设，讲好国网故事，传递国网声音，传播品牌价值，为公司发展营造了良好的宣传舆论环境。截至 11 月，公司行业媒体上稿 3750 篇（条），其中《中国电力报》320 篇（条）。公司媒体 3500 篇（条），其中《国家电网报》340 篇（条），国家电网公司网站 420 篇（条）。公司在国家级媒体上稿 2500 篇（条），省级媒体上稿 6400 篇（条）。

1．舆情防范应对有力，持续实现公司重大舆情“0”目标。进一步完善了舆情应急处置办法，抓好舆情联动，横向协同，确保舆情总体平稳；实行舆情处置分级管理，上下互动，全方位、全过程预防舆情事件的发生和扩散。成功应对“彭州石化”冒黑烟事件、达州宣汉春节打人事件等重大舆情。尤其对“彭州石化”冒黑烟事件的处置中，监测到位，反映敏锐，持续跟踪关注，国网成都供电公司及时回应，有效维护了国家电网品牌形象，得到公司领导和总部肯定。

同时，不断提升舆情管理整体素质和能力，把劳动竞赛作为提升队伍素质的有效载体。举办第二届“突发事件新闻应急”竞赛，2015 年的比赛创新设置了新媒体发布环节，让参赛单位对新媒体有了进一步了解和应用。以赛代练，针对性强，锻炼价值大，提高了应急意识和处置能力，提升了新闻发言水平及基层单位的全员品牌意识，锻炼了公司整个品牌建设队伍。

2．加强宣传策划，传播品牌价值。加强公司新闻宣传联动，形成公司整体宣传合力。策划“进部门、走基层”新闻策划取得实效。重点完成了运维部检修、调控中心和天府新区供电公司的新闻策划活动，还有“精彩绵阳”“精益遂宁”典型策划“三本台账”“包片进村”、地下电缆等提升策划，形成了传播合力，效果明显。

与新华社、中央电视台、《人民日报》、人民网等高端媒体建立了定期会商机制，开展并实施了卓有成效的主题传播活动。联合中央电视台开展成都地下电缆检修新闻报道；精心策划，让川藏工程在国庆期间再次登上央视屏幕；抗战胜利 70 周年阅兵时，协调配合媒体采访公司参与天安门阅兵观礼的员工柴陵华和殷显树，传播品牌价值；深入挖掘，主动汇报，组织媒体实地采访，对巴中彭大权舍己救人典型事迹进行广为传播。

3．强化社会责任根植管理。以社会责任传播为导向，全年 8 个社会责任根植项目获国家电网公司总部立项通过，推动社会责任根植管理融入公司运营。开展了新媒体管理国家电网品牌传播方式精益提升、舆情应对体系建设精益管理、社会责任根植项目落地实践 3 个精益化项目实施，形成了新媒体传播国网品牌的客户需求定制模型，舆情应对工作精确化、标准化，公司舆情应对理论体系和社会责任根植项目落地实践模型等相关成果。

4．推陈出新实施艺术传播。立足“外树形象、内鼓士气”开展艺术传播。对内，看重员工发声诉求的同时，聚焦社会关注热点开展艺术传播。11 月 24 日，公司员工参加录制的节目《群英汇》在央视三套播出，通过接地气的原创歌曲和主持人的精彩互动，展示了基层电力员积极向上的精神风貌。外联品牌专业员工年内最新自创微电影《万万没想到》《归途》，歌曲 MV《爸爸在哪儿》等，均获得社会媒体认可传播、主动推广，据不完全统计，以上原创作品在公众平台播放累计已达 30 万人次。国网自贡供电公司新闻策划《爸爸在哪儿》，让员工与家人在工地相聚，邀请媒体见证，不仅让家属更理解员工，也让媒体真切感受到了电网企业内生的奉献精神。

对外，力推艺术传播走向高端平台。经外联部调动沟通，公司员工成功登上 CCTV2015 中秋爱心传递联谊会舞台，合唱歌曲《光芒》一举拿到金奖，获得评委的高度评价和现场观众的一致称赞；现已收到“走进多伦多”2016 年中国民间传完邀请函。此外，按中央网信办要求，在《送电工》的基础上只做了《一个送电工的梦想》H5 作品，全面反映国网公司“十二五”规划期间在电力天路、藏区电网发展、无电地区电力建设等方面取得的成绩，正由中央网信办在“中国梦—梦想进行时”大型策划中在全网推广。

5．《网事面对面》成为交流探讨展示平台。策划推出《网事面对面》视频访谈节目，除了部门与基层单位交叉选题规定动作外，还根据每月热点策划自选选题。访谈节目紧扣当月公司重点工作，节目形式新颖，整体上可观性较强。通过公司网站要闻栏目的传播，基层单位广泛关注，取得了较好的传播效果。《网事面对面》播出一年来，已经在公司系统内部产生了广泛的影响，成为公司决策层与基层员工，各基层单位相互交流探讨工作的平台。本部部门和基层单位争相与外联部沟通报送选题，希望能将本单位、本专业的亮点工作在《网事面对面》中充分展示。

6. 开通“国网川电”公众微信平台。打造新媒体传播方式，开通“国网川电”公众微信平台。自6月开通以来，共刊发近20期，打造集电力资讯、生活趣味为一体的宣传平台，通过重磅、视川、热点、周末、生活等栏目展示电力工作、分享生活之美。成为与社会公众沟通与交流的新平台。

【“十二五”规划主要亮点工作及成就】1. 与时俱进、顺时而变，全力维护国家电网品牌。2015年1—11月，公司监测到各类负面舆情2447条次，预计全年将超过3000条次，其中红色舆情8条次，黄色舆情94条次，成功处置“彭州石化基地冒黑烟”“达州供电所除夕打人”等重大舆情事件，维护了国家电网公司品牌形象。

“十二五”规划期间，监测到的公司负面舆情从2012年400余条，上升到2014、2015年年均超过3000条，且较大级以上舆情不断涌现，舆情应对难度较大。近年来，外联部先后通过制定办法、加强培训、开展比赛演练等形式，不断提升公司系统各单位舆情应对能力，提升全体员工舆情意识，取得了较好的实战效果，成功应对诸如“营山农网改造乱收费”“彭州石化基地冒黑烟”等重大舆情。积极应对重大突发事件，敢于打硬仗、打胜仗，努力实现化“危”为“安”、转“危”为“机”，有力维护了公司良好形象。

2. 策划先行、价值推送，高端展示国网品牌。2015年，外联部努力寻找党和国家以及高端媒体的目光汇聚点，结合公司切实履行央企责任的实际，精心策划并实施了成都地下电缆运维、藏区电网建设、电力精准扶贫、无电地区电力建设、彭大权先进事迹等主题新闻传播活动，讲述“国网故事”，传播“国网声音”，进一步展示国家电网品牌。发布新华社通稿34条（内参2条）、《人民日报》报道4条、中央电视台报道25条（《新闻联播》4条）的高端传播成绩。

近年来，公司品牌传播工作围绕公司中心工作，新闻传播“立体化”战略，高度重视搭建高端传播平台，建立了与主流媒体纵横结合、与基层单位上下互动的传播平台与机制。策划实施的“黄泥巴村蹲点日记”系列报道收获了中央电视台《新闻联播》5条、连续报道18条的成绩，报道取得空前的传播效果。该系列报道荣获国务院国资委“国企好新闻”评选一等奖；策划实施的中央电视台“五跨金沙江”大型直播报道活动，创下了中央电视台连续4天直播、《新闻联播》头条、报道播出时长100分钟等的宣传亮点，生动地介绍了川藏联网工程高原施工的全过程。

3. 精准定位、巧妙表达，艺术传播国家电网品牌。2015年，公司员工制作的微电影《万万没想到之国网新员工2》《归途》等微电影运用当前关注热点，巧妙融入电力元素，传播国家电网品牌；原创MV《爸爸在哪儿》展示了电网员工的工作与亲情，于无声处传播了电网的温情感。国网宜宾供电公司和国网眉山供电公司员工在CCTV中秋爱心传递联谊会上凭借歌曲《光芒》获得金奖，并将受邀参加“走进多伦多”2016年中国民间春晚。

“十二五”规划期间，公司在探索感性传播新途径，通过多种艺术形式传播国家电网品牌价值。公司员工原创歌曲《你会到工地看我吗》参加中华全国总工会、中央电视台巡演，《舌尖上的中国2》第7集《三餐》中植入户外巡线特高压艰辛，融入川藏联网、《你会到工地看我吗》等元素的微电影《幸福上高原》，获“中国梦·劳动美”首届全国职工微电影大赛金奖。选送歌曲《光芒》获得第二届中央企业精神文明建设“五个一工程”优秀作品奖。促成员工说唱歌曲《送电工》参加《CCTV家庭幽默大赛》、浙江卫视《中国梦想秀》录制；2015年10月，公司员工再次赴北京参加央视《群英汇》节目录制，并于11月24日晚间在央视三套播出，以朴实梦想激发各界强烈反响，艺术传播拓展出全新语境。

【“十三五”规划时期面临的新形势与新任务】1. 品牌维护任务仍然艰巨。当前，央企处于创新发展的最好时期，也是舆情环境最严峻的时期，企业发展成绩优异、社会贡献巨大，但品牌美誉度、社会认可度不高。“垄断、暴利”话题如影随行，刻板成见始终存在。中央持续重拳反腐、深化作风建设已成常态、国企改革不断深化。随着新媒体的快速发展，互联网成为信息传播的制高点、思想交锋的主阵地、舆论斗争的主战场，微博、微信等自媒体生成的小事件、微评论，极易衍生放大。对公司品牌建设工作造成极大的挑战：

一是研究、探索不够，成果经验总结不足，未形成理论体系；二是公司全员舆情意识尚有待提高；三是部分单位品牌维护工作开展不足；四是公司各单位整体存在应对能力不高；五是公司舆情工作专业队伍人才流动性大、培养困难、工作成绩无法体现，未形成理想中的公司系统核心圈层舆情监测应对处置网。

2．品牌传播国网价值。近年来，公司品牌传播工作紧紧围绕党和政府、人民群众关注的焦点热点，在大事件中挖小故事、在小事件中抒大情怀，让新闻宣传接地气、有共鸣，取得了较好的效果，逐渐形成了一套行之有效的工作思路和操作模式。基本上可以总结为：找准选题，细化方案；精选平台，趋同价值；定点跟踪，适时推送；上下联动，多点支撑。

【工作中存在的主要困难和问题】1.舆情意识还有待进一步提高。2015年以来，攀枝花等地农电工发贴、《广元晚报》曝光电力事件、广安武胜公司“11·9”点名事件，以及国网甘孜供电公司出现的员工转发不实视频事件，均反映了公司部分员工还存在着舆情意识不强、品牌意识淡薄的现象，尤其是在自媒体越来越发达的时代，员工无意识的个人行为对公司品牌形象有不可预见的威胁。有的单位舆情应对欠缺组织保障，没有相关的人员负责舆情监测及应对工作。

2.新媒体传播方式整合及管理急需进一步加强。公司品牌传播工作在新媒体研究、传播方式创新等方面工作做得还不够，不能迅速适应新媒体的发展；在《西南电力报》停刊后，急需对公司新媒体传播平台进行整合和打造，尽快打造适应新形势下新媒体公共平台。

3.基层单位品牌传播策划能力需要进一步提升。部分基层单位品牌传播还停留在追求发稿量的阶段，发现不了特点，挖掘不出亮点，推不出特色典型，没有形成有影响力的品牌策划。

【“十三五”规划发展的目标、思路和举措】“十三五”规划时期是我国全面建成小康社会的攻坚时期，也是公司各项工作再上新台阶的又一历史转折点。“十三五”规划期间，外联部将在吃透精神实质、把握战略全局、明确目标任务上下功夫，认真贯彻落实中央、国家电网公司“十三五”规划的指导方针和决策部署，贯彻落实总书记习近平系列重要讲话精神，把思想和行动进一步统一到“十三五”规划的指导思想、总体思路和目标任务上来，用改革的精神，创新的思路，谋划好“十三五”规划时期公司品牌建设工作的发展思路和重大举措。

1．品牌维护。随着自媒体的壮大、传统媒体的式微以及全民网络意识的提升，2016年及“十三五”规划期间，公司所面临的舆情（特别是网络舆情）压力将进一步增大。为做好品牌维护工作，拟做好以下几点工作：

一是全省范围内推广舆情管理精益化项目成果；二是扫除品牌维护工作盲区，对新增单位、未开展此项工作的单位做倾斜指导，确保品牌维护工作全覆盖；三是继续积极探索创先品牌维护新思路、新做法，适应网络舆情变化；四是规范舆情事件问责考核，加强对出现较大以上舆情事件的单位的考核指导；五是形成公司品牌维护工作理论体系，切实开展好该项工作。

2．品牌传播。2016年是“十三五”规划的开局之年，也是公司开拓创新，切实履行央企责任，积极融入“一带一路”战略和全球能源互联网战略的关键性的一年。

2015年12月27日，《光芒》绽放央视跨年晚会节目录制现场（黄峥　摄）

一是着力传播“十二五”规划期公司在电网发展、藏区电网建设、无电地区电力建设、水电外送、农网升级改造、电力扶贫攻坚、社会责任等取得的成绩。传播公司谋划“十三五”规划期发展的新思路，包括四川电网如何主动融入全球能源互联网、打造西南清洁能源基地、主动适应电力体制改革的举措等方面；二是结合全球能源互联网战略，大力传播特高压，清洁能源，以电代煤，以电代油，电从远方来等国家电网的发展战略；三是继续做好藏区电网建设的传播工作，以公司参与西藏电网建设为契机，大力弘扬公司在服务民族地区民生和发展所做出的贡献；四是持续传播公司在志愿者服务、城市老旧小区电网改造、农村电网升级改造、精准扶贫等体现央企责任方面所取得的成果；五是选取公司部分先进典型，借助高端平台广为推送，力争成为国内具有典型影响力的时代楷模；六是传播媒介力争多点开花，探索应用新媒体新介质，力求传播价值最大化；七是传播形式力求艺术化；八是形

《你会到工地来看我吗》（曹志刚　摄）

成公司品牌传播工作理论体系。

3. 社会责任。推进公司社会责任案例进入高校课程成为教学案例工作，社会责任成果形成管理创新成果、精益化项目成果、社会责任根植项目成果、课题研究成果；推进公司社会责任案例及成果参加国网社会责任高端论坛、中国民生发展论坛等工作。全力打造公司有影响力的公益品牌，探索品牌标识项目实施的里程碑管理模式，研究艺术形式传播国网品牌的管理模型和管理成果的推广工作。

【2016 年工作思路和重点举措】2016 年是国家“十三五”规划的开局之年，也是四川省“十三五”规划的开局之年。外联部将围绕公司中心工作，融入中心工作，重点做好以下几个方面工作：

1. 做好“辉煌十二五、展望十三五”主题传播，发布公司社会责任白皮书。启动“川电辉煌十二五”主题传播活动，认真总结“十二五”规划期间公司在电网发展、藏区电网建设、无电地区电力建设、水电外送、农网升级改造、电力扶贫等方面取得的成绩，传播公司谋划“十三五”规划时期发展的新思路，包括四川电力如何主动融入全球能源互联网、打造西南清洁能源基地、主动适应电力体制改革等方面，内外宣结合、突出外宣，立足省内媒体，借力政府部门，搭建高端平台，利用好新媒体，注重传播效果。

择机发布公司社会责任白皮书，展示国网四川省电力公司“十二五”规划期间为四川发展所作出的贡献，同时也可以承诺将为“十三五”规划的布局所做的努力。社会责任白皮书将从公众关心的视角、用公众听得懂的语言将专业的问题通俗表达，尽可能碰到利益相关方内心深处的感动点，进而与利益相关方进行良好的沟通，成为公司与政府等利益相关方沟通的必备载体，为公司发展营造良好的外部环境。

2. 以藏区电网建设传播立体化为切入点，做好“全球能源互联网四川行动”主题传播。藏区电网建设及无电地区电力建设既是民心工程又是民生工程，政治、经济、社会意义重大。2016 年的藏区电网建设，工程建设时间紧，条件艰苦、恶劣。在品牌传播上立足高端，结合创新驱动战略，结合省委、省政府多点多极支撑战略，选择工程建设节点，打造典型人物，突出特色亮点，充分展示国家电网公司创新、责任央企品牌形象，并以此为切入点，做好“全球能源互联网四川行动”主题传播。

3. 加强舆情防控体系化建设。随着自媒体的壮大、传统媒体的式微以及全民网络意识的提升，公司舆情压力进一步增大。公司将进一步加大舆情研判、预警力度，提前释放舆情压力，形成舆情工作体系化管理，实现舆情工作理论和实践经验有效结合。一是将在试点单位国网资阳供电公司进行的舆情管理精益化项目成果在全省范围内推广；二是扫除品牌维护工作盲区，对新增单位、未开展此项工作的单位做倾斜指导，确保品牌维护工作全覆盖；三是继续积极探索创先品牌维护新思路、新做法，适应网络舆情变化；四是规范舆情事件问责考核，

加强对出现较大以上舆情事件的单位的考核指导。

4．进一步规范新媒体建设。根据上级安排，《西南电力报》于 2015 年 12 月 31 日休刊，四川科锐得文化传播有限公司将成立新媒体中心，以公司内网、公众微信、手机快讯等新媒体为主要传播平台。进一步整合规范新媒体管理，对基层网站实施一体化监督管理，梳理微博、微信、客户端等新媒体账号，形成联动合力，加强新媒体建设，适应新媒体发展走势，为公司适应当前多元化舆论生态环境，提供坚强的品牌保障。

5．落实精益化项目成果运用。为按照公司精益转型的战略部署，2016—2017 年实现外联品牌专业组织和业务的精益工作全覆盖。2015 年，对外联络部从品牌维护、品牌传播、社会责任管理等三个维度分别实施了精益化项目，2016 年，将重点做好三个精益化项目的成果推广运用工作，指导试点单位做好舆情应对体系、社会责任根植项目管理体系、新媒体品牌传播管理体系的培训课件开发、管理标准固化和管理体系优化工作，提升外联品牌专业管理的规范化、标准化、系统化管理水平，更加有效地整合品牌维护、传播及全面社会责任管理资源，推进精益管理体系和外联品牌专业的系统融合落地。

6．将“进部门、走基层”形成制度。持续深入开展“进部门、走基层”新闻策划活动，形成常态机制，让品牌建设融入公司中心工作，聚焦基层，选择本部相关专业部门，指导四川科锐等文化传播有限公司安排记者深入部门指定的基层单位采访，挖掘各专业工作亮点特点，关注细微感动，小中见大实现宣传新突破。

7．加强人才队伍建设。通过竞赛、重点策划的展示平台，发现人才、培养人才，向组织推荐人才。加大培训力度，让从事品牌岗位工作的人员在业务技能上得到提升。主动关心从事品牌工作员工的成长与发展。

后勤保障

责任编辑：魏秀云

后 勤 管 理

【概况】2015 年，国网四川省电力公司后勤工作围绕中心、服务大局，坚持依法规范管理，不断提升服务保障水平。工程项目完成投资计划 3.25 亿元，投资完成率 100%；办公用房及公务用车管理更加规范；非生产性房产确权率达到 95%；地市公司和直属单位健康食堂创建率 100%，县公司健康食堂创建率 85%（具备创建条件的食堂）；物业服务满意率达 95% 以上，职工体检率达到 100%，后勤系统保持安全稳定，各项工作任务圆满完成，为公司和电网发展提供了坚强保障，为职工生产生活提供了优质服务。

2016 年 3 月 8 日，公司后勤工作会　（陈雅文　摄）

【安全管控】后勤安全大检查及专项治理全面开展。坚持“全覆盖、零容忍、严执法、重实效”的原则，制定和印发后勤安全工作检查要求，派出3个工作组督查各单位自查整改情况，针对生产调度用房设施设备运行、小型基建及非生产性技改大修施工、食品卫生管控、公务用车管理等方面的117项安全管控重点，彻查安全隐患，堵塞管理漏洞，加强源头治理。发现隐患304项，完成整治255项，主要完成了配电设施改造、危房拆除、电梯更换等整治工作。后勤安全应急演练有效开展。各单位落实公司2015年后勤安全工作部署，结合本单位具体情况，开展消防、食物中毒等演练，防患于未然，有效提高应急处置能力。公司本部开展调度通信大楼安全应急演练，模拟配电室起火、大楼断电、精密空调和电梯停运等突发事件应急处置，进一步提高本部调度通信大楼的安全和应急管理水平。

【管理规范】小型基建整改深入开展。逐一核查9个停建项目，在国家电网公司现场复核后，已有2个项目获得国网公司复建许可，1个项目予以取消。加快推进在建项目建设进度，2015年公司小型基建在建项目总共167个，投资计划2.56亿元，项目数量达到历史最多，通过强化过程管控，狠抓建设过程中的5个阶段、12个节点，开展月通报、季考核，实现项目开工56个，竣工投运40个。为解决“三州”公司援建人员、新进大学生周转房难以解决的问题，公司深入实地考察调研，多次向国家电网公司专题汇报，在国家电网公司后勤部专程到川调研指导后，制定了“三州”公司员工周转房建设方案，并已纳入2016年小型基建专项计划下达。房地资源管理有效推进。开展办公用房、培训疗养机构整改工作“回头看”，组织各单位对整改情况进行逐一复查，巩固整改工作成果，建立长效管理机制。积极推进非生产性房地资源确权工作，新增确权房产15宗、5万平米，确权率进一步提高。依法合规开展房地资源拆迁处置，妥善处置15宗资产，涉及土地58.2亩、房产3.4万平米，安置住户193户。按照全寿命周期管理要求，试点房地资源汇编及信息化建设工作，为全面推行房地资源集约统筹管理奠定基础。公务用车管理不断加强。推广运用公务用车统一管理平台，公司618台公务用车全部加装车载终端并接入平台，实现公务用车在线监测和实时管控，全年未发生公务用车违规违纪配置和使用现象。基于“五位一体”机制的公务用车精益化管理研究，为公务用车进一步规范管理提供了有益经验。物业服务市场化稳步推进。扩大物业采购公开招标范围，积极推进框招采购试点，6家单位采取公开招标采购，10家单位试点框架招标采购，物业服务市场化水平逐步提高。

【保障有力】重点工程保障圆满完成。在“电力天路”及无电地区电力建设工作中，各参建单位克服保障战线长、地点分散、环境恶劣等困难，有效实施三级医疗后勤保障，实现工程建设“三零目标”，为公司提前半年完成无电地区建设任务提供了有力的后勤保障。结合四川藏区电网运维实际情况，统筹工程沿线后勤资源，将电网运维人员后勤及医疗保障纳入属地化管理，建立重点工程从建设到运维的一体化保障管理机制。应急保障能力不断提升。按照预防为先、保障重点的原则，针对四川抗洪抢险特点，各单位制定办公场所防灾避险应急预案198个，按照公司统一要求储存生活、医疗物资及防汛器材。将公司本部和地市公司调度通信大楼配电房、信息机房等重点区域接入公司指挥中心监控平台，开展应急演练，实现灾情实时监控、抢险统筹指挥、资源统筹调控，现场检查指导凉山、甘孜、雅安等单位汛期防灾避险工作，为抗洪救灾等应急抢险提供了坚强保障。办公运转保障有序。各单位按照运转高效、保障有序、勤俭节约的要求，积极开展日常办公运转保障，提高保障效益、效率和效果，助推公司日常工作有效开展。进一步完善供电营业厅、变电站、供电所等生产一线服务保障工作的管理制度、服务流程和服务标准，努力提升生产一线服务保障水平。

【服务优质】打造健康工作环境。全年新建投入生产营销用房 8.68 万平米，完成 78 个非生产性技改大修项目，生产营销用房不足的问题进一步缓解，功能和环境有效改善；完善公司规划设计楼功能布局，优化使用方案，国网西南分部、国网天府新区供电公司等单位顺利入驻。各单位加强物业服务管理，提升服务意识，规范服务流程和行为，因地制宜提高办公场所空气质量，努力为员工提供绿色办公环境。打造健康饮食环境。制定健康食堂创建标准，加强创建帮扶指导，扎实开展市、县、供电所健康食堂“三级联创”工作；创建地市公司级健康食堂 36 个；创建县公司级健康食堂 75 个；稳步推进供电所食堂创建工作。在高原藏区施工项目部推进标准化食堂建设，在大型施工作业点开展送餐服务，解决一线员工就餐难问题。开展绿色食材基地建设，并与公司精准扶贫工作相结合。开展厨师厨艺比赛、“我爱美食、健康生活”等活动，丰富了健康食堂创建内涵。打造健康体检环境。改进体检项目、营造温馨体检环境、优化体检流程，提升健康体检服务质量。公司参与编写的《国家电网员工健康手册》顺利出版，各单位积极为广大职工征订并组织学习，帮助员工提升健康自我管理意识和能力。电力医院成功创建“二级甲等综合医院”，综合实力有效提升。

【创新和队伍建设】按照公司“三集五大”体系建设要求，后勤保障体系不断完善，后勤队伍得到一定充实和加强；组织各类培训，后勤人员管理能力不断提高。开展公司后勤“十三五”规划编写和相关课题研究，完成国家电网公司后勤业务定员标准制定和公司后勤“十三五”规划编写，编制发布公司《高原电网运维检修和应急抢险医疗保障技术标准》，多项成果获得公司管理创新奖、入选公司同业对标典型经验，逐步形成了人才培养和创新研究相互促进的良性循环。

（段卫平）

国网四川物资公司

【企业概况】国网四川物资公司（以下简称“公司”）是国网四川省电力公司（以下简称“省公司”）下属分公司，主要为省公司系统电力生产建设提供物资供应及配送服务。

公司现有在职正式员工 186 人，离退休员工 221 人，劳务派遣人员 82 人。设立 10 个职能部门（办公室、党群工作部、人力资源部、财务部、物资计划部、物资采购部、物资供应部、招标工作部、合同管理部、质量监督部），2 个中心（仓储配送中心、供应商服务中心），2 个公司（国网四川招标公司、四川宏源设备技术咨询公司），委托管理 1 个集体企业（四川环网物资有限责任公司）。

国网四川省电力公司 2015 年第十次工程物资采购合同集中签约现场
（物资公司　提供）

公司历经了 45 年的发展历程。1971 年，四川省电力工业局供应公司成立，先后改为西南电管局供应公司、四川电力物流集团公司、四川电力物资公司。2013 年 6 月，更名为国网四川省电力公司物资公司。2016 年 3 月，按照国家电网公司“三集五大”体系建设的统一要求，改制为国网四川省电力公司物资分公司。

公司职能为：主要负责省公司物资一体化采购平台与仓储配送体系的建设；负责省公司所需物资的催交催运、配送仓储、移交验收、现场服务；负责所辖仓库仓储物资管理和库存储备物资的配送；负责库存物资和应急储备物资的日常管理；负责开展物资核算工作，配合省公司物资结算工作；负责在招标人委托的范围内组织招标活动并提供相关服务；负责配合省公司编制物资需求计划及供应商管理；负责实施省公司废旧物资处置。

【主要业务完成情况】2015 年是“十二五”规划最后一年，是谋划“十三五”规划的关键之年。公司坚持以中共十八大和十八届四中、五中全会精神为指导，认真执行国家电网公司、省公司各项决策部署，攻坚克难、锐意进取，各项工作有新突破，继续保持了持续向好的发展态势。全年，公司完成招标总金额约 63.65 亿元，非招标总金额约 2.11 亿元。组织签订合同 10363 份，合同金额 63.65 亿元，保障了 35 个输变电项目的物资供应，完成 82 个工程项目的物资配送服务，配送物资总金额约 13.83 亿元。在安全生产和党风廉政建设方面实现“0”目标。

【物资管理】2015 年公司全体干部员工凝心聚力、主动适应、主动作为，进一步强化管理，夯实基础，提升能力，物资保障供应能力进一步增强。

一是计划审查不断强化。认真执行国家电网公司总部和省公司集中采购计划批次申请上报的时间节点安排，提前组织计划预审，及时完成物资计划审核工作，审核及时率 100%。全年计划审查 95 个批次，估算金额 378 亿元，上报计划准确率 97.3%。实施公司综合计划刚性管理，定期召开综合计划执行推进会议，掌握项目实施进度，及时发现和解决问题，是全面完成了 2015 年综合计划项目。

二是招标采购进一步规范。严格应用电子商务平台，实现流程统一、过程受控、全程在案、结果公开、永久追溯的电子化招标采购。抓好评标基地规范化管理，完成电子评标室音频扩容工作，新增音频拾音监控及录制功能，覆盖原有室内视频监控场所，实现电子评标室可视可听远程监控。建立项目经理轮换、评标专家随机抽取、标准应用等制度，强化评标全过程监督，进一步规范了招标采购管理。

三是合同签约集约高效。继续推行省公司工程物资采购合同集中签约模式，加强签约过程管控，实现物资合同集中签订、统一签署、统一归档，提高签约成效。以经法系统为依托，全面实现合同统一平台审核。建立合同月度统计分析制度，对省公司出资签订的物资采购合同实施全过程动态管理，提升物资合同管理规范率指标。

四是物资履约管控有力。加强工程重点物资履约问题协调处理，积极参加工程项目设计物资联络会、消缺现场会、合同签约会等各类协调会，及时掌握物资供应情况。通过派员到厂催交、组织专题会议约谈供应商，发布预警报表等方式确保物资及时交付。编制《川藏地区 220 千伏及以上电网工程物资供应管理手册》，对工程物资供应管理的运作模式、管控要点和措施进行了梳理和固化。加强订单清理，减少因未按期履约导致预付资金未收回或未抵扣所造成的资金风险，确保履约资金安全。

五是物资质量管控措施到位。印发《关于加强主设备监造管理工作会议纪要》和《关于加强主设备关键点见证管理工作协调会纪要》统筹安排全年设备监造管理工作。全年下达监造计划 288 条，组织关键点见证试验 31 次，完成驻厂监造组巡查 12 次，报送监造类产品质量问题 40 条；下达抽检计划 1821 条，报送抽检类产品质量问题 174 条；完成主设备材料供应商年度绩效评价及刷新工作，涉及 23 个物资大类、1804 家供应商；对 34 家供应商进行了约谈，对其中 18 家供应商进行了不良行为处理公示。

六是仓储配送服务体系建设进一步深化。从仓库主数据注册准确性、一本账管理规范性、仓库账卡物一致性三方面开展了仓储管理规范性大检查活动，深化库存一本账管理。通过优化、规范现场服务标准，强化现场服务、工程消缺等信息报送及反馈处理，保证了各重点工程物资供应现场服务及时高效。

成都青龙场中转站现场装卸（物资公司　提供）

【经营管理】2015 年，公司不断夯实基础，提升服务水平，强化廉政建设，公司经营管理持续深化。

一是依法治企进一步推进。以技改、大修、科技、信息项目专项检查为契机，梳理在重大决策、财务管理、工程管理等工作中存在的问题，制定解决措施，及时整改落实，促进公司依法经营、规范管理。制定了办公用品领用管理规定，完善了固定资产台账管理，强化了后勤服务管理。制订了档案借阅流程，建立了档案借阅情况通报制度，开展了存量档案数字化工作，改进提升档案管理水平。

二是审计监督与服务职能充分发挥。开展环网公司原总经理任期经济责任审计、开展依法治企自查自纠工作，实现了内部审计常态化。完成 2012-2014 年度大修（信息）类项目实施及资金管理专项检查整改情况清查，积极协调公司物资供应综合楼装修改造及电网工程项目竣工决算审计事项，促进工作落实。加强公司审计综合管理和审计成果运用，初步建立了问题表单汇总分析库。

三是财务集约化管理应用不断深化。完成二滩工程历史遗留问题的清理，对库存实物进行清理、评估及价值调整，处置往来款项 92 项。完成企业所得税税收优惠政策备案，开展 2008 年至 2010 年物资采购专户进项税税率差异清理。加强内控梳理，加强预算执行反馈，提升预算刚性，推进监督前移。会计基础工作通过国家电网公司达标验审，财务同业对标指标大幅提升，在 28 家直属单位中，获得同业对标第二名的好成绩。

四是人力资源集约化管理不断强化。加强“五位一体”协同机制建设，制定了科级以下关键岗位人员交流方案并组织实施。推进全口径劳动用工管理，严格检查考核，建立监控机制，进一步规范劳动用工行为。通过职业资格培训、安全生产、计算机实际操作等专项培训，进一步提高员工业务素质。

【党建和精神文明建设】积极开展“三严三实”专题教育及“双争”活动，通过认真学、深入查、坚持改，推动干部员工思想认识不断提高。广泛开展形势任务宣传教育，开展“学习先进典型、争做最美国网人”活动，充分发挥示范激励作用。加强新闻考核监督和宣传报道，公司多篇视频、图片、文字报道被省公司、国家电网公司选用，不断推进企业文化传播落地。

持续加强作风建设，组织开展“领导干部及亲属违规经商办企业”专项整治、集体企业专项监督和工程建设管理效能监察，及时防范和化解各类风险。

充分发挥群团作用，开展了乒乓球、西点制作培训、汽车驾驶技能竞赛、迎新春活动等员工喜闻乐见的文体活动，开展了新闻写作、送书到社区等纪念五四“青春正当时”系列活动，举办了成长分享会，“青春汇·微讲堂”等团青活动，关心关爱离退休员工，认真落“两项待遇”，强化信访维稳工作，化解矛盾，营造企业和谐稳定氛围。

（彭丹妮）

四川启明星物业管理有限公司

【公司概况】国网四川启明星物业管理有限公司（以下简称“公司”）是四川省电力公司（以下简称“省公司”）下属全资子公司，2000年6月由原省电力工业局行政处、机关生活服务公司、机关劳动服务公司、机关印刷厂等合并组建而成。2001年4月在工商局登记，注册资金500万元。2013年12月，物业公司纳入“三集五大”体系建设。公司领导班子现有7人，下设办公室、财务资产部、物资供应部、人力资源部、党群工作（监察审计）部和物业服务中心。其中，物业服务中心下设办公区、住宅区、餐饮服务等13个项目部。代管电力经贸公司和电力出版社成都发行站（均属集体企业），按照省公司统一部署正在进行清算注销。2015年，公司有全民员工62人。社会用工902人，其中劳务派遣450人，劳务外包452人。主要职责：（1）承担省公司生产运营综合楼、规划设计综合楼、东院（东风路21号）、国网四川计量中心、国网四川客户服务中心、应急基地、国网眉山供电公司办公大楼、甘孜州泸定习服基地等8个办公区物业服务，服务面积达28万平方米。（2）承担五洲花园、启明公寓等14处住宅小区物业服务以及干部交流房的管理和服务工作，服务面积达22万平方米。（3）承担本部等7个食堂、四川科锐得实业集团公司招待所、五洲餐厅、名雅山庄会议服务中心的管理和服务工作。 服务内容：（1）配电、中央空调、精密空调、电梯、消防的安全运行维护。（2）工程维修、设备维保、桌面办公系统维护。（3）会议服务、礼仪接待、餐饮服务、保洁护卫。近年来还承担大型电网建设后勤保障工作和灾后应急后勤保障任务。

空调维保安全培训

【经营业绩稳步攀升】2015年，公司在省公司和后勤工作部的坚强领导和大力支持下，按照年初工作部署和要求，着眼新的形势任务，积极应对公司发展面临的新常态，依法治企强管理，改善经营促发展，狠抓以服务和保障为中心的各项工作落实，物业服务与后勤保障安全、优质、高效，在省公司后勤保障体系中的支撑作用发挥明显。物业公司实现营业收入9735万元，利润总额50.33万元，同比增加34.64%，全面完成省公司下达的各项考核指标。

【安全管理持续加强】2015年，深入开展“安全月”和“百日安全”专项竞赛等安全教育培训活动，进一步筑牢安全意识防线；加强物管区域配电、空调、电梯、消防等设施设备维保维修；针对综合楼各种突发状况，编制专业规范的应急预案，实现了设施设备的专业化应急保障，安全管理的技术防线更加牢固；组织生产运营综合楼应急演练，安全应急处置能力得到提高，省公司副总经理刘勇现场观摩指导，给予高度评价；制定《安全生产管理考核办法》，设立安全专项基金，实行安全奖惩机制，建立健全安全保障体系和安全监督体系；结合“安全月”活动，多次组织配电、空调、消防、电梯、食品、住宅小区等专项安全检查，确保了物管区域的安全形势总体保持平稳。省公司生产运营综合楼实现安全运行1600余天，住宅小区实现安全运行 2500 余天。物业服务中心和生产运营综合楼项目部分别被省公司评为安全生产先进集体和先进班组。

【物业服务水平不断提升】2015 年，加强物管区域秩序维护、环境服务等常态物业服务和公务接待、会务服务等特约物业服务，促进了物管区域服务质量的提升，服务满意率达 98%以上；强化物管区域消防、电梯、中央空调、二次供水、配电等系统的维修、维保、改造等工程维护工作，确保了设备设施的顺利运行；组织会务、保洁等服务技能培训，形成了服务技能培训的常态化机制；与国网福建、宁夏、江苏等省电力公司系统内物业公司开展业务交流，促进了服务保障水平的提升。

2015 年 12 月 18 日，公司后勤部开办“我爱美食 · 健康生活”厨艺讲堂活动，图为厨师在指导员工做菜（王鹅　摄）

【本部事务保障扎实高效】2015 年，始终着眼依法治企和保值增值，积极主动开展工作，理顺服务保障机制，加强省公司本部委托房产管理，坚持预算管理，工程维修、物资采购等更趋规范；以生产运营综合楼和规划设计综合楼为重点，强化本部事务服务保障，满足了省公司本部和国网西南分部服务保障需求。按照后勤部要求，完成生产运营综合楼配电室改造、设施设备标准化体系建设、中央空调冷凝水系统节能改造工程，对规划设计综合楼 186 项设施设备进行消缺整改，完成国网西南分部功能改造和办公室调整，对现有配电设施进行升级改造，确保了国网西南分部调度控制中心供电安全可靠；按照“健康食堂”要求，加强本部食堂等 11 个餐饮服务点 的餐饮保障工作，餐饮满意率在 98%以上。巩固“健康食堂”创建成果，四川电力工程建设监理公司食堂、国网四川客户服务中心食堂通过省公司“健康食堂”验收，促进了“健康食堂”创建活动的深入开展；设立专门项目部，管理省公司本部及部分直属单位交流干部用房，全年提供 18000 余人次住宿。

【工程物业保障模式不断创新】总结川藏联网工程后勤保障做法和经验，评估后勤保障对大型电网建设工程的支撑工作，汇编上报《川藏联网工程后勤服务手册》，为国网公司大型工程建设后勤保障提供了经验。积极做好西藏联网工程后勤保障前期工作，3 次开展实地调研，精心编制保障方案，前期相关工作按计划顺利推进。

【品牌建设成效显著】2015 年，高度重视服务品牌建设，国网眉山供电公司办公楼保持省级“优秀物管大厦”称号；落实质量管理要求，顺利通过长城质量认证中心质量环境一体化管理体系的再认证；主动协调省住建厅、市房管局等单位，保持了公司物业服务二级资质和省房地产业协会、市物业管理协会相应理事单位及会员单位资格；大力加强管理创新，“以卓越服务为目标的省级电网企业综合物业服务体系建设”和“高原电网工程后勤保障探索与实践”荣获 2015 年省公司管理创新成果二等奖。

【依法治企力度加大】2015 年，以“依法治企年”活动为契机，开展国家电网公司通用制度宣贯培训、清理废止工作，共废止 2 项、修订 8 个规章制度，健全了物业服务管理制度体系；在工程维修项目管理和非招标物资采购等风险领域，严格执行公司《工程维修项目管理规定》，促进了工程维修和物资采购管理的规范化；对合同执行情况和公务用车情况进行专项检查和整改，有效防范了违规风险；制定《重要经营决策法律审核实施细则》，进一步健全了依法决策机制，依法治企水平得到提高，确保了物业公司的健康发展。2015 年物业公司被评为省公司党风廉政建设优秀单位。

【“三个建设”深入推进】2015 年，根据国家电网和省公司的统一部署，严格按照规定程序，精心组织实施，扎实开展“三严三实”专题教育，深入查找领导班子在七个方面存在的 15 条突出问题，研究制定了 13 条整改措施，党员干部作风进一步好转，促进了公司各项工作的高效开展；围绕“三严三实”专题教育，落实班子成员深入联系点交心谈心和季度思想动态分析制度，加强思想道德教育，筑牢员工思想防线；平稳推进集体企业改革改制，清算关闭水利电力出版社成都发行站及四川电力经贸公司两家集体企业，16 名集体职工得到妥善安置；制定派遣用工《招聘管理办法》及《晋升管理办法》，进一步完善派遣员工管理，促进了外聘员工管理的规范化、制度化。发挥工会阵地优势，深化建设统一的“优秀企业文化”主题实践活动，开展员工才艺展示活动，积极参加省公司足球比赛，促进了群众性文体活动的深入开展；进一步加强“文明小区”“五星级班组”等精神文明基础建设，公司继续保持“省级文明单位”称号，眉山项目部被省公司评为“和谐劳动关系”先进集体。

（林抒予）

国网四川综合服务中心

国网四川省电力公司综合服务中心 2015 年坚持以预算管控为抓手，积极推进管理创新，持续规范会计基础、强化核算监督和历史遗留问题处理，财务管理各项工作更加规范、严谨、有序。

一是圆满完成锦—苏特高压和川藏联网等重大工程项目财务竣工决算。在“十二五”规划收官之年，以公司重大项目为蓝本，总结工程财务全过程管理经验、查找薄弱环节、创新管控模式，进一步提升工程财务管理能力。二是持续夯实会计基础，2015 年省公司财务实时管控考核评价排首位。四家集中核算子公司通过会计基础规范化评审；修编完善《会计集中核算业务指南（2015 版）》；开展到核算单位“送书上门、服务到点”活动，培训核算单位 15 家，参培人数 412 人次，发放业务指南 1463 册。三是积极推进管理创新，充分发挥集中核算示范作用。2015 年全面完成 1 项管理创新、1 项课题研究、2 项精益项目和 1 项典型经验。管理创新获省公司一等奖、1 项精益项目获省公司二等奖，课题研究获省公司三等奖，典型经验入选省公司专业典型经验。四是推进遗留问题处置，“两金”压降成效显著。全面梳理集中核算单位及省公司直管工程、集中采购物资遗留问题，定期跟踪处理进度；多措并举降低应收款项、库存原材料，直管工程和集中采购物资“两金”压降 45%，集中核算单位“两金”压降超 10%。

（龙　波）

应急中心

2015 年，国网四川应急中心认真贯彻《企业安全生产应急管理九条规定》（国家安全生产监督管理总局令第 74 号），全面落实国家电网公司应急工作要求，以国网四川省电力公司 2015 年安全工作意见为指导，加强对应急体系建设中带有全局性、战略性的问题研究，深化应急体系建设规划，狠抓科技创新，丰富应急文化发展内涵，以“锤炼基础能力、履行管理职责”为目标，努力推进应急标准化管理，实现应急管理、救援、培训和研究能力新提升。在巩固应急工作成果，建设“国内一流、国际领先”的电力应急体系等方面取得了显著成绩。

1. 加强和完善应急值班和信息报送制度。严格执行 24 小时应急值班制度，做好日常及节假日应急值班工作。日常应急值班方面，一是加强电话、传真、网络、卫星站及视频会商、信息系统等管理和维护，畅通通信渠道，确保信息高效流转；二是强化对电网、交通、气象、地震等信息系统的应用，加强对各市州供电公司信息报送的督导，确保各类预警和事件信息的及时收集发布；三是定期参加省政府应急办每周视频例会，保持与省政府应急办的业务汇报和沟通；四是以生产现场视频监控为平台，坚持每日开展视频反违章巡查，及时发现和制止违章；五是加强应急值班纪律管理，确保 24 小时在岗在值，常态化专业学习和培训，提高应急值班效率。

节假日应急值班除日常工作外，一是做好与运检、基建、农电等专业部门沟通联系，收集汇总假日期间在建施工项目现场信息，进行值班监督和抽查；二是根据省公司办公室节假日值班表，对各市州公司在岗在值情况进行抽查；三是收集和汇总重大节假日期间各市州的重大社会活动，督导所属市州供电公司做好保供电方案。

2015 年中心共接报各类应急信息 68 件，其中：自然灾害类 51 件、事故灾害类 15 件、社会安全类 2 件；共发布气象预警与快报 50 次；启动 IV 级应急响应 1 次。全年应急处置态势平稳有序。生产现场视频反违章督察方面，中心应急值班共巡视 220 千伏及以上变电站 1374 座次，发现制止违章行为 13 起；各市州供电公司应急值班共发现和制止违章行为 136 起，为公司安全生产提供了有力支撑。

三省联动演习

顺利完成对各级政府、公司及外单位领导到应急指挥中心的接待任务及会务工作共 15 次。

2. 规范应急预案管理，推进应急演练常态化。发布了《国网四川省电力公司应急预案管理办法》，组织专家对公司总体预案及 19 个专项预案进行了修编、评审，开展了市州、县供电公司应急预案编制、修订、评审和备案工作，在完成省公司应急处置卡编写工作的基础上，部署、指导和督促公司各基层单位开展重点岗位应急处置卡编写工作并进行收集汇总和上报。根据中心全年演练工作计划的安排，开展了应急响应启动、应急信息报送、移动站启用、移动站停送电操作、移动站车载平台拉练等 18 次检验性的单项演练。其中包括 8 次桌面推演、6 次实战演练、4 次以演代考。中心组织公司各单位参与了“全国安全生产月应急救援专题行”活动、2015 省级救灾联合演练、防汛救灾联合演练和川、陕、渝三省（市）协调联动演练等各类演练 412 场次，共计 13159 人次参与演练。编制完善了应急演练标准化模块 13 个，制定了演练模块内容和评价标准，涵盖应急、通信、供电、抢修等全方位演练任务，应急演练的标准化水平得到有效提升。

3. 创新应急培训模式，圆满完成年度应急培训计划。2015 年，应急中心创新应急培训模式，以演练式培训代替传统课堂教学，每期班设计三个应急救援演练科目，参培学员按照科目要求自定救援方案，自行完成救援任务。该培训模式将前几年培训的内容融会贯通，强调应急响应的全过程，更贴近实战时面临的真实场景，受到国家电网公司安质部的高度认可和参培学员的普遍好评；在全省范围内首次开设了应急通信和无人机应用专项培训班，显著提升了地市公司在灾害情况下的灾情搜集和信息传输能力。全年共承办不同层次的应急培训班 47 期，其中国家电网公司应急救援培训班 14 期、应急管理培训班 2 期，省公司应急救援培训班 10 期、应急管理培训班 3 期，国网成都供电公司应急救援培训班 6 期，其他体验式培训班 18 期。共培训 2575 人，培训量达到 11066 人天，已超过 2014 年培训量，培训总体满意率 99.74%。中心充分发挥应急专业人才优势，先后 3 次选派教练到福建泉州、新疆塔城、阿克苏等地指导兄弟单位的应急救援培训工作，受到当地领导和学员的一致好评。强化对应急队员专业技能、体能训练的定时考核工作，应急队员各方面能力普遍得到提升。

4. 开展装备标准化建设，促进应急装备和信息系统管理规范化。拟定《电力应急指挥通信车技术规范》电力行业技术标准 1 项和公司技术标准 2 项，强化装备标准化建设。编制各类装备、系统的标准化操作卡及装备标准化运维规范。以军事指挥理论为指导，对应急指挥大厅功能坐席进行了全面改造，设置了省公司相关部门专席，并与相应部门业务信息系统联通，方便应急指挥协同会商功能的实现。完善了应急物资仓库自动化货架和物资台账信息化系统，提升了应急物资管理水平。强化装备运维外委队伍的管理，严把技术服务人员资质关，不定期地对运维工作进行抽检，用标准化运维规范约束外委技术服务人员的作业行为，提升运维工作质量。完成了国网巴中、广元、泸州等供电公司洪灾受损的线路航空侦查任务以及央视川藏联网报道的航拍工作；在处置宾—金直流特高压输电线路接地极故障过程中，率先到达现场，完成前线指挥部的搭建，迅速构建了现场指挥系统并实现了与省公司和国家电网公司应急指挥系统无缝对接，为故障处置提供了良好的指挥通信保障。应急队伍和装备迎接各级领导专家检阅 12 次，有效支撑了省公司运检部和外联部的工作。

木里开展应急演习

5. 牢固树立“大安全”理念，强化安全“红线”意识和“底线”思维，确保安全生产局面持续稳定。中心组织开展了“安全大讨论”“安全日”活动。活动紧密结合中心实际，坚持“横向到边、纵向到底”的原则，将活动范围涵盖至应急培训、救援训练、应急装备、基地维护及应急值班作业现场。共开展安全讨论 6 次，撰写心得 21 篇，主题征文 10 篇，发现问题 92 项，整改 92 项，整改完成率为 100%。开展春、秋季安全大检查活动，对救援营地搭建场、应急供电保障培训作业及基地安保、消防、用电设施等进行了现场安全督察，对培训现场安全组织措施、学员人身安全管理、基地安防、消防安全隐患提出了整改意见。积极做好隐患排查治理工作，全年共排查安全隐患 53 项，完成整改 53 项。全面落实中共中央、国务院决策部署和国家电网公司安全生产电视电话会议精神，深刻吸取天津港“8·12”特别重大火灾爆炸事故教训，按照国家电网公司、省公司“全覆盖、零容忍、严执法、重实效”的总体工作要求，组织制定了省公司应急管理检查和缺陷隐患整治方案，由中心领导带队，分别对国网成都、广元、甘孜、四川电力送变电建设公司等 23 家供电企业和直属单位应急管理工作开展了专项督查，针对督察过程中发现的应急管理工作薄弱环节，提出了整改建议 23 项。

6. 突出科技创新引领作用，促进应急与生产紧密结合。加强应急理论研究、科技创新和知识产权申报工作，承担国家电网公司总部、省管科技项目 2 项，出版电力应急系列专著 4 部，申报发明、实用新型专利 5 项，发表科技论文 6 篇；做好科技项目转化应用工作，利用先进成熟技术，开发了大型移动指挥通信方舱、无线集群通信系统、无人机热成像云台、大型 8 旋翼无人机变焦稳定云台、无人机喷火清障系统等多项特种装备，拓展了应急装备的适用范围；结合无人机、北斗定位、激光雷达、光纤传感等技术，先后完成了丹蜀三回线高精度无人机航拍面积 180 平方千米，二普线、丹巴站、谭茂线地质灾害隐患勘察 3 处，对运检部资产全寿命周期管理、地质灾害隐患排查整治工作和基建部初设选线工作形成了有效支撑；采用无人机倾斜摄影技术进行应急现场三维场景的快速重建，可在短时间内获取输电线路、变电站、应急现场具有厘米级测量精度的高清遥感三维影像，对应急指挥抢修、灾情研判分析、工程量估算等提供依据；完善了应急指挥地理信息协同标绘系统和防灾减灾道路交通电子化、智能化应急预案，应急指挥系统协同会商功能得到进一步强化。

7. 扎实开展“三严三实”专题教育活动，加强基层党组织建设，认真实施依法从严治企。按照省公司党委工作部署，中心继续深入贯彻中共十八大和总书记习近平系列重要讲话精神，以创建学习型、服务型党支部为目标，全面推进党的思想建设、组织建设、作风建设、制度建设和反腐倡廉建设。结合实际制定了中心开展“三严三实”专题教育活动方案，将“七本书”发放到中心每位党员手中，形成党委书记引领学，支部书记带头学，党员自觉学的良好学习氛围，全年共组织中心组学习 13 次。每位党员及时撰写心得体会，深刻剖析在践行“三严三实”方面存在的不足，切实增强践行“三严三实”要求的思想自觉性和行动自觉性；扎实推进学习型、服务型党支部建设，强化“三会一课”落实，制定支部学习计划，狠抓党支部书记的党务理论培训；强化责任体系建设，制定责任清单，与中心所属各部门签定了 2015 年度党风廉政建设目标责任书，与 13 名中干签定了廉洁从业承诺书，与中干家属签订了家庭助廉承诺书，并结合年终工作考评进行考核；加强党员干部廉洁文化教育，坚持组织观看《拒腐防变每月一课》等教育片，组织参观省公司廉洁教育基地，重要节假日开展廉洁提醒，筑牢反腐倡廉思想防线；持之以恒抓好中央“八项规定”精神落实，规范“三公”行为，严控“三公”费用。巩固依法治企专项治理成果，健全内控体系，完善物资采购管理办法，理顺采购流程，规范采购行为，突出源头控制，深化协同监督和重点工程廉政护航工作，有效防范了企业生产经营风险。圆满完成了领导干部及近亲属经商办企业专项治理工作。

8. 充分发挥工会组织作用，积极推进中心民主管理。紧紧围绕中心工作，发挥工会桥梁纽带作用，以深化中心民主管理为核心，以维护职工权益为主线，引导职工树立危机意识、竞争意识，转变工作态度，激发聪明才智，为中心持续、稳定发展献计献策。积极倡导爱岗敬业的职业美德和阳光健康的生活方式，架设关爱员工的“连心桥”，搭建员工才艺展示舞台，开展“中国梦·劳动美”主题活动，团结带领全体职工在全面完成年度目标任务中发挥了积极作用。

（王　彬）

国网四川信通公司

2015 年，在省公司的坚强领导下，国网四川信通公司全体员工解放思想、凝心聚力，严格贯彻安全管理理念，积极落实各项运行支撑工作。通过向生产学管理、向基建学建设、向营销学服务“三个学习”，强化安全运行，规范内控管理，提升服务能力，注重技术创新，全面完成了年度工作任务。荣获省公司红旗党委，荣获省公司安全生产先进单位，获得省公司业绩考核 A 级，获得省公司工会“模范职工之家”荣誉表彰，1 个班组获得省公司安全先进班组，1 人获得省公司安全工作先进个人、1 人获得省公司优秀工作负责人，1 人获得省公司优秀共产党员，1 篇典型经验入选省公司 2015 年度内部

公司获 2015 年电力行业信息化成果多项大奖（杨洁　摄）

对标典型经验。

【安全生产局面保持平稳】公司深入贯彻执行“向生产学管理”，以安全生产大检查和隐患排查治理为主线，规范信息通信专业“两票”的填报标准，制定并执行安全生产“月计划、周安排、日管控”规范，实现了信息通信系统检修操作标准化。通过全员安全培训、“三种人”及安规考试等措施，增强员工安全意识，切实提高了安全运行管理水平。建立通信系统运行风险预警机制，落实特高压骨干通信系统故障处置措施，开展了通信自动化联合反事故应急演练及重要站点设备特巡工作，成功保障了三大特高压直流输电线路及德宝超高压直流输电线路满功率、安全、稳定送出。搭建应急迂回通道，提升川藏联网通信系统抗“N-1”故障能力。全年，公司信息、通信、自动化系统总体运行保持平稳，未发生由信息、通信、自动化系统引起的电网安全事故，未发生重大信息安全事件。

【信息通信保障体系逐步健全】建成SG-I6000和“省地一体化信息系统运行状态监视与预警平台”，实现了省、地、县三级信息系统、数据网络、UPS电源、机房辅助设施等实时工况的集中监视。完成国网一体化视频会议系统扩建工程的建设，实现了县级供电企业全覆盖。建设完成服务器区镜像网络，实现了核心网络安全和效率的双提升。开展存储双活高可用改造，消除单点隐患，大幅提升系统运行可靠性。开展基础环境无脚本演练，提升了公司基础环境应急处置能力。完成了信息系统账号权限的实名制治理，试点建成了信息系统统一认证平台，实现了账号权限的全生命周期管理。

【调度自动化运行保障能力稳步提升】全面建成智能电网调度技术支持系统（SG-OSS），完成全网500千伏变电站自动监控信号的核对整改，重要厂站自动电压控制（AVC）的开、闭环调试和故障测试。积极推动AVC省调控制策略和省地调、站间协调运行优化工作，提高了电网调控智能化水平。有序推进调度数据网二平面建设，完成了网络结构和配置优化，开展了全网纵向加密认证装置的策略优化，提升了自动化数据和业务的安全可靠承载能力。依托建成的调度自动化省地一体化集中监控系统，实现了对省、地两级调度自动化系统、UPS电源及机房环境等辅助设施的集中监视与故障应急处置，提高了省、地两级调控自动化系统的运行管理水平。

【创新能力显著增强】公司作为试点单位，完成了国网数据（灾备）中心大数据平台一期项目的建设，基于该平台实现的“配网停电优化应用场景” 被国家电网公司运检部纳入智能配电领域重点应用项目。荣获省政府科技进步二、三等奖各1个；荣获电力行业信息化优秀成果奖一等奖1项、二等奖2项、三等奖1项；荣获省公司科技进步奖一等奖1项、三等奖2项；工人技术创新一等奖1项、专利奖1项；取得发明专利13项，实用新型专利6项；发表10篇科技论文，其中EI源刊和SCI源刊各1篇；获得软件著作权2项；荣获省企联管理创新三等奖1项；荣获省公司管理创新二等奖1项，课题研究二、三等奖各1项，精益化项目二等奖2项，优秀QC成果三等奖1项。

【依法治企成效显著】2015年公司圆满完成了省公司大修、技改、科技、信息四类项目专项审计,原信通公司总经理离任审计以及国网公司信息建设专项审计。通过向基建学建设，公司完成了《非招标采购工作手册》的修编，规范了公司非招标采购，委托专业招标代理机构承担非招标采购工作，完成非招标采购项目218个，资金预算6539万元，共节约资金448万元。编制了《工程财务管理工作手册》，规范了工程财务管理，加快工程竣工决算及转资工作，完成了3个三年以上及7个二年以上在建项目的转资工作。成立统推信息项目管控组，严格落实国家电网公司信通部信息化建设项目“三管两抓一确保”的建管思路，全面规范公司信息化项目的建设管控，确保了国家电网公司重点建设项目在四川的顺利实施。公司被评为“国网公司信息化后评估A级单位”,1个项目被评选为2015年度国家电网公司信息化建设优秀项目,1人获得国家电网公司信通部平台管控先进个人,6篇典型经验入选国家电网公司信息建设典型经验库。

【服务能力全面提升】通过向营销学服务，公司以客户为中心、需求为向导，借助管理精益化手段，试点推进地市公司视频会议保障服务工作，将服务满意率提升了4个百分点，全年共保障了省公司各级电视会议556场,电话会议204场,现场会议1552场。以服务基层为导向，优化客服网站的问题提报功能，推进信息系统深化应用，荣获国家电网公司信息系统实用化诊断优秀单位称号。全年，信息客服中心共受理业务65248件，日均受理300件，同比增加14.15%；保持电话及时接通率100%，弃话率0%，工单处理及时率100%。

【人力资源管理扎实推进】公司贯彻落实中央从严管理干部的要求，开展年度中层干部民主测评工作，拓展干部考核结果应用范围。根据中组部关于全国干部人事档案专项审核工作要求及国家电网公司人事部的统一安排部署，全面审核公司科级干部的人事档案，并按审核要求整改完善。落实关键岗位人员定期交流制度，强化薪酬福利规范管理，实现工资集中审核发放，全面完成公司2014—2016年人才素质提升规划，规范内部人力资源管理。按照“三集五大”建设总体方案，积极推进“五位一体”协同机制建设。

公司高度重视离退休工作，不断加强和改进离退休思想政治建设和党组织建设，落实老同志政治生活待遇，重视发挥老同志作用，邀请老同志代表参加公司职代会、党代会，为公司发展献计献策，畅通老同志诉求通道，群策群力，积极解决老同志生活、学习、活动中的实际困难。

【集体企业管理稳步推进】公司严格按照省公司集体企业改革改制工作总体部署，稳步推进集体企业改革改制工作，确保改革改制工作进度和员工队伍稳定。狠抓集体企业安全管理工作，督促集体企业有序开展安全培训，常态化开展施工现场安全巡查和管理区域隐患排查治理工作，不断筑牢安全生产防线，全年累计完成安全行车里程31.75万公里，实现连续安全生产1791天。深化集体企业规范化管理，以审计检查、协同监督等工作为抓手，切实开展重点领域及关键环节监督检查，不断规范集体企业内部管理工作流程，努力提升依法经营管理水平。加强集体企业党支部建设，不断提高党员思想政治水平和执行力，扎实开展重点岗位人员廉规学习考试、廉政风险点排查等工作，切实筑牢集体企业人员廉洁从业防线。

公司召开第一次团员大会（廖瑞彬　摄）

【党建工作水平全面提升】以严和实的精神开展“三严三实”专题教育，把专题教育融入经常性学习教育，建立健全规章制度5项，形成问题整改清单8类21条，高质量完成规定环节工作，专题教育取得了良好成效。狠抓“三基”工作。开展基层党组织“三分类三升级”，加强党员日常管理，连续两年荣获省公司党内统计工作先进集体和先进个人。强化思想教育引导，定期开展员工思想动态调研分析，引导党员干部立足岗位建功立业，公司1名党员荣获国家电网公司优秀共产党员荣誉称号。严格落实“两个责任”。强化领导干部“一岗双责”，深化协同监督机制，严肃知己问责。深入开展“依法遵规守纪、自觉廉洁从业”作风建设专题活动，全面加强风险防控。公司制作的廉洁教育课件荣获省公司反腐倡廉教育课件制作竞赛二等奖。在省公司2015年度党风廉政建设考核中，公司获评为“优秀”单位。努力营造和谐发展环境。深化民主管理，贴近职工开展群团工作。健全团青组织机构，成立信通公司团委，引领青年立足岗位创新创效，公司1名青年员工入选共青团四川省委“向上向善好青年”候选人；选送的科技创新项目荣获省公司2015年青年创新创意大赛优秀项目三等奖。

回顾“十二五”规划，公司奋力拼搏，实现跨越发展。“十二五”规划末，纳入公司省级骨干通信网运行管理的光缆达35339.65千米，较“十二五”规划初增长123.49%；光通信设备825台，较“十二五”规划初增长74.05%；业务通道1.5万余条，较“十二五”规划初增长121.07%；信息主机设备1032台，较“十二五”规划初增长60.75%；网络设备363台，较“十二五”规划初增长49.38%；存储容量528TB，较“十二五”规划初增长82.07%；省、地实现网络冗余，且单条网络带宽达2.5G，较“十二五”规划初增长24倍。公司为省公司顺利实现“十二五”规划建设目标提供了坚强的支撑。

支撑电网建设方面：初步形成了网状网结构省级骨干通信网，有力保障电网安全与特高压运行。实现35千伏及以上变电站光纤覆盖率100%，220千伏及以上变电站双光纤覆盖率100%，调度/行政交换网、数据通信网覆盖率100%。建成覆盖省、地、县三级供电企业的高清电视电话会议室403个。率先建成覆盖22个地市公司的综合应急业务平台，在历次重大应急保障中表现卓越；全面建成统一指挥、分级管理的信息通信调度运行体系，实现对信息通信系统实时监控和调度检修管理。

支撑“三集五大”体系建设方面：实现22个地市公司OTN核心网全覆盖，基础带宽提升10倍，有效支撑“三集五大”体系建设。全面建成以SG-ERP系统物资模块和电子商务平台为核心的物资管理系统，实现对省公司及22家地市供电公司、155家县级供电企业的大规划系统全覆盖。建成涵盖项目、安全、质量、造价、技术、综合6大专业的基建管理信息系统。实现电网生产调度、运行及检修工作的数据共享与流程贯通。实现对22家地市供电公司的营销管理系统应用覆盖。建成跨单位、跨领域的协同综合业务系统。全面建成覆盖公司战略层、经营层和作业层的智能分析决策体系。

支撑信息安全防护建设方面：全面构建信息安全主动防御体系，保持信息系统安全稳定运行，有效支撑公司安全稳定发展。以网络隔离、安全接入、漏洞扫描、保密检查等手段，形成覆盖网络、终端、主机、数据、应用和用户的监测体系。全面评估公司核心信息系统风险，完成对重要信息系统单点隐患改造。完成信息网络优化完善与性能提升，加强互联网出口审查，保障对外业务数据交互安全可控。开展省级信息安全攻防演练，参与国家电网公司“红蓝队”攻防演练，增强公司主动防御能力，信息系统运行稳定性和可靠性大幅提升。信息通信专业工作卓有成效。“十二五”规划期间，公司共获得省部级科技、管理奖21项，专利73项，软件著作权4项，在核心期刊发表科技论文11篇，14项技术研究成果被国家电网公司及中电联采纳，其中一项科技成果获四川省科技进步奖一等奖。成立信息技术重点实验室，开展信息安全防护技术研究、电力信息安全督查关键技术研究等科技攻关，研制出技术国际领先的国产服务器虚拟化和桌面虚拟化管理软件产品，完成云安全终端系统试点建设。获国家电网公司2014年度“科技工作先进集体”和“信息通信工作先进集体”。

（高　勇）

供电企业

责任编辑：程彦韬

国网四川省电力公司是国家电网公司的全资子公司，主要负责四川境内国家电网的规划建设、运营管理和电力供应，在全省 21 个市、州设有 22 个分支机构， 22 家市、州供电公司有县级供电公司 155 个，其中：全资 100 个，控股 51 个，代管 4 个。市、州级供电公司的规范全称和简称分别是：国网四川省电力公司成都供电公司（简称国网成都供电公司）、国网四川省电力公司乐山供电公司(简称国网乐山供电公司)、国网四川省电力公司德阳供电公司（简称国网德阳供电公司)、国网四川省电力公司雅安电力（集团）公司（简称国网雅安电力（集团）公司）和国网四川省电力公司雅安供电公司（简称国网雅安供电公司)、国网四川省电力公司眉山供电公司（简称国网眉山供电公司)、国网四川省电力公司攀枝花供电公司（简称国网攀枝花供电公司)、国网四川省电力公司阿坝电力有限责任公司（简称国网阿坝电力有限责任公司）和国网四川省电力公司阿坝供电公司（简称国网阿坝供电公司)、国网四川省电力公司绵阳供电公司（简称国网绵阳供电公司)、国网四川电力天府新区供电公司（简称国网天府新区供电公司)、国网省四川电力公司达州供电公司（简称国网达州供电公司)、国网四川省电力公司凉山供电公司（简称国网凉山供电公司)、国网四川省电力公司泸州供电公司（简称国网泸州供电公司)、国网四川省电力公司宜宾供电公司（简称国网宜宾供电公司)、国网四川省电力公司南充供电公司（简称国网南充供电公司)、国网四川省电力公司广元供电公司（简称国网广元供电公司)、国网四川省电力公司内江供电公司（简称国网内江供电公司)、国网四川省电力公司广安供电公司（简称国网广安供电公司)、国网四川省电力公司遂宁供电公司（简称国网遂宁供电公司)、国网四川省电力公司资阳供电公司（简称国网资阳供电公司)、国网四川省电力公司自贡供电公司（简称国网自贡供电公司)、国网四川省电力公司巴中供电公司（简称国网巴中供电公司)、国网四川省电力公司甘孜电力有限责任公司（简称国网甘孜电力有限责任公司）和国网四川省电力公司甘孜供电公司（简称国网甘孜供电公司）。

国网成都供电公司

【企业概况】国网成都供电公司成立于 1953 年，是国家电网公司 31 家大型重点供电企业之一，担负着成都市 19 个区(市、县)的供电任务，供电区域 10641 平方千米（成都市全域 1.24 万平方千米)，供电客户数 483.3 万户（成都市全域 621.82 万户），2015 年，完成售电量 370.08 亿千瓦时。有固定资产 206.9 亿元（成都市全域 280.2 亿元)。公司下辖 11 个部门(中心)、8 个业务支撑及实施机构、17 个区县供电公司和 12 个产业单位，全口径劳动用工 13594 人，有离退休职工 3227 人。“十二五”规划以来，成都电网累计投资近 245 亿元，新建扩建 110 千伏及以上变电站 68 座，新增变电容量 2220 万千伏安，公司客户数量、电网规模分别排国家电网公司大型重点供电企业第一和第四。“十二五”规划期间，成都市全社会用电量年均增长率达 9.27%。公司先后荣获“全国五一劳动奖状”“全国用户满意服务企业”“全国金牌供电企业”“全国模范职工之家”“中央

2015 年 7 月 31 日，成都市委副书记、市长唐良智（右 2）一行，到国网成都供电公司亲切慰问干部员工（谢勇　摄）

企业先进基层党组织"、四川省"十二五"劳动竞赛先进集体等多项荣誉。连续四届被中央文明办评为"全国文明单位"。习近平同志亲临视察公司共产党员服务队时高度评价，成为国家电网公司优秀品牌传播和为民服务创先争优的一面旗帜。

【人力资源】截至2015年年底，国网成都供电公司劳动用工总数13752人，其中全民员工5838人，农电员工4049人，其他员工3865人。管理离退休员工3381人。

【电网建设与发展】国网成都供电公司完成成都电网"十三五"规划编制，先后与10余个区县进行友好会谈开展战略合作。2015年投资66.62亿元，建成投运17个基建项目，新增变电容量565.3万千伏安、输电线路160.3公里；新开工110千伏及以上输变电工程14项；完成电网前期工作17项、迁改工程145项、大修技改401项、配网项目71项。110千伏三星变电站获国家电网四川省电力公司"质量流动红旗"，并获国家电网公司"创优示范工程"检查组高度评价。金堂县低电压治理工程获国网公司农网"百佳"工程称号。通过创优发展环境，电网发展驶入快车道。

【经营管理】该公司千方百计开拓电力市场，在经济下行，一批化工、钢铁等大客户停产减产的不利形势下，主动服务重大产业项目。2015年售电量比2014年增长6.2亿千瓦时。采用"一户一策"，制定2035个电费回收方案，圆满回收川化旧欠电费698.84万元，彻底解决历史遗留问题，实现"颗粒归仓"，当年电费及陈欠电费"双结零"。大力挖潜增效，精益管控，实施电能替代7.2亿千瓦时。出台31个成本费用管理细则，可控成本预算全面纳入ERP系统。营配调数据对应率指标完成90.63%。常态开展综合计划等监测分析23项，异动闭环处理100%。全力维护售电市场，开展7家重点客户、11户分布式能源接入的风险研究，2015年完成售电量370.08亿千瓦时，同比增长1.7%；综合线损率6.34%，同比下降0.25个百分点；营业收入202.96亿元；经济增加值47.25亿元；流动资产周转率421.5次，同比增加36次。

【安全生产】该公司坚持"安全是天，一失万无"理念，强化全员安全意识。制定"十条禁令"、"十个不准"、安全等级评定办法等20余项规章制度。创新安全培训、安规考试方式，建立三级安全督察网，督察现场8112处。13万余次调控操作及保护动作正确率100%。完成检修计划982项，消除设备缺陷890处，带电作业3123次，变电、输电、配农网设备故障率分别同比下降15.8%、43.8%、5.5%。构建内外部安全隐患排查治理长效机制，严抓严控13000多处作业现场、577户高危重要客户安全风险。成都市政府组织开展电力设施安全隐患综合治理专项行动，出资2065万元治理电缆隧道安全隐患，排查问题1192项并分解责任挂牌督办，解决历史沉积的外力隐患363项。与城建部门、地铁公司建立协调机制，野蛮作业和外力破坏故障下降63%。全年没有发生任何被考核的不安全事件，创安全生产4030天的历史新纪录，被评为国网四川省电力公司"安全生产先进单位"，受到四川能监办、成都市安监局和经信委等部门的充分肯定。安全管理入选国网四川省电力公司典型经验。

2015年7月28日，国网成都供电公司建立健全"三级安全督查网"，安全生产创纪录的突破4000天，被评为国网四川省电力公司"安全生产先进单位"（黄琦 摄）

【农电工作】国网成都供电公司主动对接地方党委、政府，摸清崇州、金堂、彭州等地区贫困、边远村用电现状，解决线路老化、接线不安全等用电问题176项，为222个贫困村、23643户贫困户精准扶贫工作的开展奠定了基础。全面落实低保、五保户用电政策，近三年共计为"两保户"家庭减免电费

2056.96 万元。倾力服务“三农”，全力配合 650 个美丽新村建设，推进城乡无差别化服务。开展“包片进村”活动，深入 2757 个村社，走访农户 15 万户，开展“安全用电进农家”活动，消除各类用电隐患及故障 1306 处。开展春耕旱涝和秋收等用电专项服务，投入资金 600 余万元，出动人员 16000 余人次、车辆 778 台次，检查台区 2153 个、抽水设备 984 台，办理临时报装业务 432 笔，为农户临时调换配变 390 台。开通绿色通道，提供“异地受理、一证办理”服务，做好农村创业用电、“双十一”期间农村电商集中经营等区域供电。

【科技与信息化工作】该公司创新创业形成发明和实用新型专利授权 31 项，300 余名员工获评高级职称、国网四川省电力公司优秀人才。发布 83 项优秀管理创新和精益成果，21 项受到国网四川省电力公司表彰。18 个职工创新工作室发布 23 项优秀成果，9 个工作室获“省十佳优秀示范创新工作室”等荣誉。“地下电网数字化安全管控体系”在 600 多个项目的激烈竞争中，历史性获全国电力行业企业管理创新优秀成果一等奖。“大功率电流源”项目获国家电网公司“青年创新创意大赛”金奖。“电网规划能力提升一体化管理”等 4 个项目分别获全省企业现代化创新成果、企业管理优秀论文一等奖。8 个项目获国网四川省电力公司管理创新、精益化项目、科技进步、工人技术创新一等奖。先行先试完成近 3000 万元废旧物资处置，彻底解决历史遗留问题，并成为全省最佳实践、入围国网经验。配电自动化入选《全球能源互联网》“中国实践”典范。同业对标 6 个专业获国网四川省电力公司标杆、5 项入选典型经验库，排名国网四川省电力公司第一。

【优质服务】该公司开展业扩工程专项治理，整改问题 264 项，业务资料由 75 项减为 23 项，服务投诉同比下降 24.3%。拓展服务渠道，各类缴费网点达到 5726 个，“掌上川电”注册 22 万用户。促成政府出台《关于成都市老旧院落居民供配电设施改造工作实施意见》并完成改造试点，将惠及 7 万居民。投资 1.37 亿元，完成 456 个低电压台区、16076 户整治，保障返乡农民工节日用电。创新建立“重要客户供用电安全管理平台”，隐患治理实时动态监控。倾力服务 85 个省市重大产业项目以及地铁 4 号线等重大民生项目，得到社会各界高度赞誉。迎峰度夏电网最高负荷 905.1 万千瓦、日电量 1.68 亿千瓦时，均创历史新高，成都电网没有拉闸限电。圆满完成各类保电任务 168 次。

【党的建设和精神文明建设】国网成都供电公司深入开展“三严三实”专题教育，受到国网公司领导肯定。农电党组织“双建双比双争”活动成效显著。队伍建设、创先争优捷报频传。高新供电公司共产党员服务队获评国家电网公司“金牌共产党员服务队”，文井江、安仁供电所当选“中国最美金牌供电所”。多名员工先后荣获全国第五届道德模范提名、国家电网公司特等劳模、省劳动模范、“成都榜样”等殊荣。3 个班组分别获评“全国工人先锋号”“全国质量信得过班组”“国网公司工人先锋号”，4 个班组评为国网四川省电力公司标杆班组，五星级班组突破 100 个。25 项成果和 13 个质量管理团队受到各级表彰。变电运维、农电比武、新闻应急等 7 项竞赛突破重围勇夺桂冠。该公司荣获省总工会“十二五”劳动竞赛优胜单位和先进个人等多项荣誉。3 个项目荣获国网“四个 100”表彰，5 名员工评为国家电网公司、国网四川省电力公司“技术能手”，12 名月度明星、10 名“金牌师傅”脱颖而出。“成电•追梦人”员工文化成果精彩纷呈，国网四川省电力公司足球大赛勇夺金杯。电缆运维团队、文井江供电所等一批先进事迹登上中央电视台新闻联播、《人

2015 年 10 月 10 日，国网成都供电公司加快电网建设，全年投资 66.62 亿元，建成投运 17 个基建项目，电网发展驶入快车道

（国网成都供电公司　提供）

民日报》等国家主流媒体，引发社会各界热烈反响。6部微电影及文化作品获全国和全省8个奖项。全年各类媒体上稿12038件，良好央企形象、优秀国网品牌广为传播。离退休人员“五件实事”全面落实，获国网四川省电力公司“离退休工作先进单位”和“敬老模范单位”称号。

【存在的主要问题】一是新一轮电力改革已全面启动，11个配套文件已经出台，社会各界反应热烈，各地政府正积极研究改革试点方案，全国已经组建了146家售电公司，正等待进入实质性运作，特别是以天然气“三联供”为代表的分布式能源发展迅猛，极可能导致公司部分优质客户和售电市场流失。二是新增配售电业务放开，电价监管和成本监管全面收紧，公司市场与收入受到双重挤压，利润空间进一步收窄，公司的行业发展环境、电力市场格局将发生深刻变化。三是国家经济下行压力增大，部分行业亏损，破产倒闭企业增多，大客户电量同比大幅下降。四是作为特大型供电企业，公司资产规模庞大、人员包袱重、历史沉积问题多。五是局部网架结构薄弱、部分设备陈旧老化、配电网智能化水平低、外部运行环境差，特别是售电市场增长乏力，盈利能力不足，资产折旧、运维成本、财务费用等刚性增加，安全稳定、效率效益等方面都面临诸多困难和巨大考验。 (高　端)

【所属县级供电企业】国网成都供电公司有直属的全资分公司性质的县级供电公司6家，分别是：国网成都市高新供电公司、国网成都市新都供电公司、国网金堂县供电公司、国网成都市温江供电公司、国网成都市青白江供电公司、国网都江堰市供电公司。代管国网四川省电力公司全资子公司性质县供电公司11家，分别是：国网都江堰市供电有限责任公司、国网郫县供电公司、国网崇州市供电公司、国网彭州市供电公司、国网邛崃市供电公司、国网大邑县供电公司、国网新津县供电公司、国网蒲江县供电公司、成都官仓电力有限责任公司、国网成都市新都供电有限责任公司、国网成都市温江供电有限责任公司。

【国网成都市高新供电公司】国网成都市高新供电公司1996年12月25日挂牌成立，是“三集五大”改革后成都市主城区唯一保留的供电公司。地处成都市城南核心经济区，几经改革划转后，供电区域面积252平方千米，承担着高新区、武侯区、青羊区供电任务。2015年年底，全口径售电量77.63亿千瓦时，用电客户总户数84.57万户，其中：居民用电客户82.39万户，低压非居民用电客户数16332户，高压用电客户5497户，有高危及重要客户数177户，世界500强202家。

该公司有总经理、书记、三位副总经理、工会主席6个领导，设置8个职能部门并代管蜀电集团锦隆鑫南星分公司、海能分公司、三新高新分公司。设8个职能部门分别是：办公室、人力资源部、发展建设部、财务资产部、安全监察质量部（保卫部）、党群工作部（工会、纪委（纪检）办公室、团委）、乡镇供电所管理部和营销部（客户服务中心），7个班组（党员服务队、营业班、市场班、计量班、用电检查与反窃电班、抄表班、综合服务班）以及7个农村电力服务所（机投、簇桥、南区、西区、通江、苏坡、文家）。

该公司成立至今，始终坚持“三高三新”（高素质、高标准、高要求；新理念，新思路，新举措）的企业发展理念。企业创先争优逐步深化，工作作风深入扎实，成绩明显。先后荣获“全国五一劳动奖状”、“全国文明单位”、“国家电网公司文明单位”、国网四川省电力公司“先进基层党组织”、“先进县级供电企业”、“十佳县级供电企业文明单位”、“电网先锋党支部”，成都市委、市政府“模范劳动关系和谐企业”、“国家电网公司电网先锋党支部标兵”、“四川省工人先锋号”、成都市百万职工技能大赛团体一等奖等诸多荣誉称号。

该公司员工总人数653人，其中：全民84人，集体聘用100人，农电工256人、集体企业213人。主业员工平均年龄36岁，农电员工平均年龄39岁，员工学历在本科及以上的占比为65.7%，拥有高级职称15人。有退休员工176人。该公司通过组织机构调整，优化人力资源配置，规范用工管理，理顺了劳动用工关系，不断深化绩效管理，加大对员工的考评、考核力度，收到了较好的效果。

2015年是“十二五”规划收官之年，在国网成都供电公司的领导下，该公司全体员工迎难而上，不断深化政企合作，共推电网建设，清波站2座220千伏变电站按时投运，新增变电容量96万千伏安，为地铁4号线年底通车，提供了强有力的电源支撑，为了青羊片区经济发展奠定了坚实基础。武侯区七里湾110千伏输变电工程的投运，为该片区新增110千伏变电容量18.9千伏安，缓解了周边铁佛、沈家桥、潮音站负荷紧张的局面。高新区张家寺110千伏输变电项目以及万象110千伏3#主变扩建项目的顺利投产，提升了该区域变电容载比，增强了供电能力。建成10千伏出线8条，线路共计11.4公里，完成配网建设投资4069万元。新增建管配网项目7个，高低压线路119.344公里，设备398台，总投资2812.17万元。

截至2015年年底，高新电网拥有110千伏变电站31座，主变68台，变电总容量395.6万千伏安。其中由该公司运行维护的10千伏公用线路93条，电缆主干线长度201.8公里，架空主干线长度132.59公里，加上支线，运行维护10千伏公用线路总长度600.62公里，累计线损率3.64%（指标3.65%），创历年来最好水平。

面对经济下行，一批重工业大客户逐渐减产、停产的不利形势下，该公司利用技术方法和主动服务保持经营质效提升，确保国网成都供电公司下达的各项经营指标的圆满完成。严格按照国网成都供电公司出台的31个成本费用管理细则执行，可控成本预算全面纳入ERP系统。2015年累计完成售电量77.63亿千瓦时，电费回收率100%，线损率3.64%，锦隆鑫南星分公司企业产值达到1.6亿元，海能分公司企业产值达到1.1亿元。完成52461户智能电表项目建设工作；加快用电信息采集系统建设，综合采集成功率达98.78%以上，覆盖率达97.06%以上；全面开展营配贯通和线损实用化工作，完成中压线路的清理368条，低压台区修改1500余个；开展2015年营业堵漏增效专项普查，完成追补电量141.85万千瓦时，追补电费164.39万元，违约使用电费1.0778万元。

2015年该公司认真贯彻执行“安全第一、预防为主、综合治理”的国家安全生产方针，紧紧围绕“突出重点、责任落实、防范事故、保障平安”这一主线开展安全生产工作。开展人员、外委单位安全培训和考试，引导员工牢固树立安全红线意识，规范个人安全行为。加强作业现场风险管控，强化各专业反违章工作，督察施工现场和各部门安全管理共98次，发现问题53次，开出安全督察、提示卡17张。安全约谈外委施工单位1次，严重违章责令停工整顿并上报国网成都供电公司安监部，习惯性违章现象得到明显遏制。

推进隐患排查治理，按照全方位、全覆盖、全过程闭环的工作要求，有计划并常态化的积极推进隐患消缺，利用配网项目的实施，将线路和设备上的隐患治理逐年减少，同时做好巩固安全风险“月计划、周安排、日管控”坚持安全防控三必原则，做到“有作业必有风险辨识、有风险必有预控措施、有措施必有现场落实”。

该公司根据国内安全形势，在防恐反恐方面，及时联合属地派出所制定防恐反恐预案，检查公司门卫反恐防暴工具的配置情况，找出存在缺陷提出整改方案。加强配网运行风险的分析、预警和控制，落实隐患排查治理并制定相应的应急工作预案35个，做好配网安全运行和各类灾害工作应急安全措施，重点防止大面积停电事故、设备损坏事故和局部影响较大的安全事件。

随着体系改革的深化，该公司于2015年6月全面接手成都青羊区苏坡、文家供电所供电区域，担负成都武侯区、高新区、青羊区三环路外线路设备运维、抄表收费及优质服务工作。2015年公司以乡镇供电所管理部为主体、七个供电所为依托，积极开展“包片进村”精准服务活动，切实解决低电压、频繁停电、“最后一公里”供电服务等热点问题，客户的用电需求及时得到解决，架起了紧密联系群众的“连心桥”。2015年完成售电量5.746亿千瓦时，电费回收费率100%；低压综合线损率（不含专变）为5.95%；供电可靠率99.97%；电压合格率100%。机投、文家供电所分别获得三新总公司“优质服务流动红旗供电所”称号。

该公司加大各类专业应用系统的培训和推广，加强信息化建设及信息安全管理力度，建立了信息系统安全健康档案，网络终端统一安装信息安全防护策略。强化网络边界安全，全面部署终端安全防护系统，杜绝违规外联、弱口令等安全问题，保障了ERP系统、SG186、PMS2.0、协同办公等各项系统

2015年7月15日，成都电网迎峰度夏期间，电网最高负荷达905.1万千瓦，创下历史新高，国网成都供电公司电力员工全力以赴，保障百姓生活用电无虞　　（杨冰雨　摄）

川省电力公司的全资子公司。本部设8个职能部门、2个业务支撑实施机构、2个专业室、15个班组，另设三新郫县子公司和金宇郫县分公司2家集体企业。担负着郫县行政区域437.5平方千米、55.86万户籍人口、82.52万常住人口的生活及工农业生产供电任务，用电客户43万户。

该公司拥有220千伏变电站1座、110千伏变电站5座、35千伏变电站5座，变电总容量106.09万千伏安；110千伏输电线路6条，总长度30.8公里；35千伏输电线路11条，总长度105.5公里；10千伏线路167条，总长度1535.9公里；公用配变1699台，总容量46.92万千伏安。

该公司全面完成“三集五大”体系建设及岗位绩效工资制度改革。有全口径员工620人，其中：全民员工230人，农电员工301人，集体员工89人。2015年开展全员教育培训，组织各类培训68期，参培人数1200余人次，人才当量密度提升0.0688。11人取得高级工和中级工资格，11人取得技师证书，9人取得中级职称，5人申报并通过了高级专业技术资格的初审。完成71名特种作业、登高作业人员复审培训及取证工作。

该公司编制完成郫县“十三五”主网和配电网规划，加强沟通协调，顺利取得500千伏蜀丹线路径规划红线及前期手续，积极推进110千伏同善桥变电站和110千伏德源Ⅱ输变电项目施工建设，其中，110千伏同善桥变电站在2016年1月投运。积极开展年度大修技改、农网升级改造项目，完成变电站直流系统大修3套、35千伏及以上输电线路防雷接地整治43基，改造真空开关45台；新建和改造10千伏线路38公里、低压线路69.5公里；构建属地乡镇、公司运维人员、属地供电所三级联动特巡机制，有效防控5次变电站单电源运行风险；加强设备运维管理、继电保护和电缆网清理整治，完成变电检修107台次、线路检修56条次；新增及增容配变35台，整治低电压台区31个，有效提升了德源、唐昌、友爱等3个乡镇、13个行政村的电能质量，让城乡居民用上了放心电、满意电，促进了地方经济社会发展。

该公司完成售电量19.19亿千瓦时，同比增长2.35%；综合线损率6.58%，同比下降0.4个百分点；完成电费回收率100%；城市综合电压合格率99.998%，供电可靠率99.9499%；农网综合电压合格率99.999%，农网供电可靠率99.9384%；完成电网建设和改造投资4194.37万元；4200项ERP上线资产设备清理核对工作全面完成；完成集体企业产值、利润指标任务；同业对标排名国网成都供电公司第五、全资公司第一。实现安全生产、优质服务、企业稳定和党风廉政重大事件“0”目标，全面完成国网四川省电力公司、国网成都供电公司下达的各项考核指标。

该公司扎实开展安全大讨论、季节性安全检查、缺陷隐患整治等专项活动，促成政府出台电力设施安全隐患排查治理专项文件，将隐患治理纳入目标督办，有效解决线路通道顽疾。全年排查缺陷和隐患共计810项，完成整改755项，依法强制性砍伐树障2次，顺利消除A类隐患29处、B类及以下隐患143处，自身运维的输电线路和过境输电线路实现“0”跳闸，配网故障率同比下降11.79%。全员安规培训考试有序实施，安规调考成绩显著。安全质量监督检查全面开展，接受上级督察质量排名国网成都供电公司前三位。应急处置体系建设成效明显，快速妥善处置“7·27”“8·17”自然灾害和“10·15”设备事件，圆满完成抗战胜利70周年庆典等73项保电任务。截至2015年12月31日，电网连续安全运行4439天。

该公司结合供电所规范化管理整治和乡镇供电所管理提升工程活动，狠抓安全生产、农网工程建设及供电所规范化管理，圆满完成农电工作指标任务。投资560万元完成农电大修、技改工程建设。修编完成郫县农村配网2016—2018年项目储备，储备资金9780万元，储备项目198个。省级标准化供电所率达到95.5%，郫县电气化镇率和电气化村率均为100%。持续推进农电标准化作业和巡视系统上线运行，各供电所的施工现场均在S6农电标准化作业系统中流转生成，强化供电所标准化作业现场管理。通过成立农电安全督查大队，加强农网施工现场的安全管控，实行现场安全督查三联单制，让施工队、蹲守人员和安全巡查人员相互监督和被监督。根据现场工作情况，及时开据督察卡或提示卡，第一时间消除缺陷，有效降低了违章率，确保了农电安全生产持续稳定局面。

该公司积极开展QC与“五小”活动等群众性创新，完成2篇工运理论调研报告，即《员工幸福指数》和《提高抗压能力 促健康发展》。结合实际，开展配网抢修平台管理创新，完成《配网抢修平台深化应用》课题研究，不断深化理论研究及科技创新成果应用，促进了各项工作顺利推进。加强信息通信设备巡视维护检修，实现了各类信息的快捷传递、资源共享，保障了现代化办公系统运行畅通。该公司电力通信光缆26条，总长198.5公里，光纤通信设备25套，微机设备395台，网络节点400余个。视频监控系统覆盖11个变电站、11个电力服务所和收费点。高清视频会议系统运行稳定，协同办公、SG186、ERP、财务、人资、物资等信息系统全面深化应用，未发生任何信息安全事件。

该公司推进“阳光业扩”，高压客户接电时间平均缩短 12 个工作日，低压客户接电时间平均缩短 2 个工作日。推广“掌上川电”，累计实现注册用户 1.842 万户。加快推进智能电表换装和采集系统建设，累计安装智能电能表 4.07 万只，用电采集抄表成功率及采集覆盖率达 98.69%以上。新装增容 2.43 万户，容量达 13.61 万千伏安。做好预付费购电推广及欠费清理工作，确保了电费颗粒归仓。

该公司构建互联网+平台，建立业务工作、配网故障抢修微信群，加入居民小区 QQ 等通信群，开通客户咨询、答疑、故障报修绿色通道，实现客户与供电部门直接沟通，提升优质服务水平和故障报修效率，“95598”工单受理 6855 笔，客户投诉量同比下降 30%。大力开展“服务便捷、保障到位、安全和谐”主题服务活动，加强用电宣传，拓展缴费渠道，建成供电服务示范社区 4 个，累计建成服务连心岗 187 个、各类交费网点 227 个。持续开展窗口服务、故障报修明察暗访，积极履行社会责任，开展客户产权设备的义务抢修 189 起，树立了供电服务的良好形象。

该公司加强党的建设，全面完成“三严三实”专题教育活动的各项规定动作。持续开展创先争优，选树月度明星 48 人。结合建党 94 周年系列活动，加强党员教育包括“三严三实”党课、组织党员重温入党誓词、到国网四川省电力公司标杆班组交流学习等，党员的党性意识不断增强，1 名党员荣获国网四川省电力公司优秀党员，4 名党员荣获国网成都供电公司优秀党员。健全农电党组织，在农电党总支下设 9 个党支部，实现了党组织全覆盖。深入开展供电所党组织“双建双比双争百日竞赛”活动，红光党支部荣获国网成都供电公司“双建双比双争”优秀党支部，4 名农电党员荣获“双建双比双争”优秀党员。以配网抢修班为依托，组建共产党员服务队，持续推进义务抢修、定点帮扶、服务进社区等工作，赢得了老百姓高度赞扬。加强团青工作，团青活力进一步彰显，团支部荣获国网成都供电公司“五四红旗团支部”。

该公司深化党风廉政建设，制定“两个责任清单”，理清了领导班子 5 类 31 项、主要负责人 8 项、班子成员 5 项责任，以及职能部门、班组 103 项责任。从严依法治企，废除原有制度 58 条，编制公司风险管理体系实施手册，确保了合同签订、物资采购规范运作。发挥内部审计监督职能，组织开展 28 个项目的内部审计，以及工程建设、供电所管理效能监察，整改问题 55 项。正风肃纪，持续开展落实“八项规定”“十项禁令”“三公经费”管理、办公用房规范整治、违规经商办企业、私揽工程等专项治理活动。强化党风廉政教育，组织班子成员上廉课和红线制度巡讲 6 场次，组织重点岗位人员廉规考试、参观成都市看守所，邀请检察院专业人员结合案例分析，对重点岗位人员进行警示教育，营造了“干事干净”氛围。持续加强品牌建设，全年在各级媒体综合上稿 340 篇。结合“三严三实”专题教育和“践行群众路线”，积极宣传公司应急处置“7·27”自然灾害和友爱供电所“包片进村”服务新农村建设，事迹刊登上《国家电网报》。紧随郫县经济社会发展，加大“春节保电服务民生”“迎峰度夏（度冬）”等主题策划宣传力度，先后在郫县电视台宣传播报 36 期。加强舆情管控，成功处置 2015 年 11 月出现的“阳光热线舆情事件”和“丹太一、二线 A 类树障清理中出现的舆情事件”，维护了企业品牌形象，顺利通过省级文明单位复查验收。

【国网崇州市供电有限责任公司】国网崇州市供电公司是国网四川省电力公司全资县级供电企业，担负着崇州市 24 个乡镇供电区域内的电网建设、运行维护和供电服务任务。供电面积 1089 平方千米，供电人口 67 万，营业户数 29.2 万户。拥有 35 千伏及以上变电站 17 座，总容量 179.8 万千伏安。其中：220 千伏变电站 2 座，主变容量 78 万千伏安；110 千伏变电站 9 座，主变容量 88.4 万千伏安；35 千伏变电站 6 座，主变容量 13.4 万千伏安。35 千伏及以上线路 28 条，307.4 公里，其中 110 千伏线路 15 条，183.4 公里；35 千伏线路 13 条，124 公里；10 千伏配网线路 141 条，1943.1 公里。设置 8 个职能部门，2 个业务支撑机构，内设 15 个班组，15 个供电所。公司全口径劳动用工 853 人，其中：国有全民员工 12 人，地方全民员工 380 人，农电员工 365 人，外聘员工 96 人。全民员工平均年龄 43.6 岁，外聘员工平均年龄 36.4 岁，农电员工平均年龄 45.5 岁。2015 年荣获成都市 2009—2013 年度“模范单位”，评选为国网成都供电公司 2015 年“先进单位”“安全生产先进单位”，并顺利通过四川省文明单位复查。文井江供电所供电服务系列报道，在《人民日报》《四川日报》《中国电力报》等行业内外媒体引发热烈反响，获“中国最美金牌供电所”称号。

该公司主动争取地方政府支持，成为国网成都供电公司范围内首家将输电线路通道隐患清理和重大电网建设项目纳入地方年度目标考核的公司。全力推动崇州电网建设，制定项目推进计划，细化流程，细分责任，完成了110千伏高庆变电站10千伏Ⅰ段母线投运工作，并对110千伏鲁家变电站实施负荷改接，彻底解决了三江、金鸡片区的供电瓶颈。

该公司积极应对售电增速放缓压力，服务地方重点项目和重要客户，提高报装接电效率，共完成新装增容8000余户，容量15.6万千伏安。严格电费回收考核制度，全面实行专变客户购电制，实现电费“双结零”。加大违约用电和窃电查处力度，追补电量21.4万千瓦时，追补电费和违约使用电费50.8万元。强化全面预算管理，实现全口径费用单项管控，大力压减非生产性和一般性开支，全力降本增效。进一步规范执行“三重一大”和非集中采购工作流程，强化物资管理，加快盘活利库和废旧物资处置工作，增强了依法依规办事的观念，解决了废旧物资历史遗留问题，降低了经营管理风险。充分发挥同业对标导向作用，坚持开展弱项分析，狠抓指标改进提升，同业对标跃居国网成都供电公司中上、控股公司前茅。顺利完成工资制度改革，深入推进全员绩效管理，细化指标和重点工作，实行“月通报、月考核”制度，建立了与“三集五大”体系建设相适应的收入分配和激励约束机制，管理效率明显提升。2015年完成售电量19.68亿千瓦时，同比增长14.33%，增长率居国网成都供电公司第一；电费回收率100%；综合线损率6.85%，同比下降0.06个百分点。

该公司牢固树立“安全是天、一失万无”的理念，严格落实安全生产主体责任，多形式组织安全教育培训，全员通过安规考试，参加调考人员成绩优异。认真落实安全风险“月计划、周安排、日管控”机制和到岗到位及总负责人制度，成立专职安全督查队，重点加强现场的安全督查，共开展现场督查2307次，纠正和查处不规范及违章行为745起，发出督察卡28张、提示卡86张，有效杜绝了不安全事件发生。启用硬质围栏、防人员跨越红外报警装置等安全设施，丰富了安全管控技术手段。强化应急管理，组织应急综合演练，并与崇州市气象局签署战略合作协议，有效提升了电网应对自然灾害及突发事件的能力。充分发挥警务室职能，全年处置涉电案件8起，清查废旧金属回收站点10处，刑事处理1人，行政处罚1人，挽回经济损失10万余元。圆满完成各类重大保电46次。截至2015年12月31日，崇州电网安全运行2711天。

该公司规范农电基础管理，开展“一月一检查、一季一评比”，深入治理供电所在安全生产、日常运维、营销业务、优质服务和作风建设方面的问题，供电所基础管理水平稳步提高。持续开展“包片进村”和“精准扶贫”工作，实现与基层“零距离”接触，切实提升服务基层能力。不断加强和规范党的建设，新组建农电党支部7个，全面开展农电“双建双争双比”活动，充分发挥党支部战斗堡垒作用。

该公司大力推进管理创新，促进资源共享和业务流程贯通，提高管理效率，生产经营一套表应用入选国网公司典型案例。鼓励员工科技创新，支持QC小组等科技创新活动，员工论文获全国电力行业两化融合推进会暨全国电力企业信息化大会优秀论文二等奖。营销部、变电检修班QC小组获四川省优秀质量管理小组。“掌上用检”手机智能APP获国网四川省电力公司2015年度优秀QC成果二等奖。

该公司拓宽服务思路，丰富服务手段，通过地方电视台、微信公众号、崇州公众信息网等多渠道开展宣传。大力推广“掌上川电”APP，注册用户达1万余户。不断完善“十分钟购电圈”，拓展交费点至323个，新增移动POS机交费方式，远程充值进入测试阶段。投入资金2793万元，换装智能表6万余只，实现了智能表全覆盖。超前介入地方重点项目，当好“电参谋”，成立重要客户服务小组，并与汇蜀、北楸等4个社区签署供电服务示范社区共建协议，及时掌握客户动态、了解客户需求。成立共产党员服务队，组织开展公益活动6次，进一步了丰富供电服务内涵，延伸供电服务内容。该公司以全面、及时、优质的服务赢得了地方政府和人民群众的高度评价，月均投诉量同比下降14.81%。

该公司扎实开展“三严三实”专题教育活动，开展中心组学习6次，领导班子结合“三严三实”讲党课5次，并深入查找不严不实问题，开展基层干部不作为乱作为等损害群众利益问题的专项整治，整体作风明显好转。严格落实“两个责任”，制定党风廉政建设主体责任和监督责任清单，并组织开展警示教育、红线制度巡讲等廉洁教育活动38次，防腐拒变能力提高。积极响应国网成都供电公司号召，选派优秀员工参与援藏工作。组织开展“季度明星”评选活动，营造了比学赶超、争当先锋的浓厚气氛。关心关爱职工，合理分配资源，整改办公场所，改善了员工办公环境。坚持“夏送清凉、冬送温暖”、节假日慰问困难职工，2015年慰问一线员工千余人次。组织元旦健身跑、新春趣味体育赛、五四登山等文体活动5次，增强了企业的凝聚力和向心力。成功创建“健康食堂”，改善员工就餐环境和质量。落实离退休职工“两项待遇”，退休党支部获国网四川省电力公司“热爱国网”先进离退休党支部称号。

【国网彭州市供电公司】国网彭州市供电公司2006

年 5 月 31 日由国网四川省电力公司控股，2014 年 1 月完成地方股权上划，2014 年 8 月 8 日正式更名，注册资本 8922 万元。供电区域为天彭镇、九尺镇、濛阳镇、丽春镇、致和镇、军乐镇、敖平镇、升平镇 8 个乡镇及桂花镇、龙门山镇、葛仙山镇、三界镇、隆丰镇 5 个乡镇的部分地区，供电面积约 450 平方千米，供电户达 250310 户，其中大工业 201 户，非普工业 3327 户，居民生活 221247 户，非居照明 1052 户，商业 10209 户，农排及农业生产 14274 户。辖区内重要客户 12 户，其中一级重要客户 3 户（含高危客户 2 户），二级重要客户 9 户。

该公司负责运维变电站 16 座，其中 220 千伏变电站 3 座，主变容量 114 万千伏安；110 千伏变电站 8 座，主变容量 74.3 万千伏安；35 千伏变电站 5 座，主变容量 7.9 万千伏安。变电站综合自动化率、光纤通信覆盖率、无人值班比例、断路器无油化率均为 100%。共运行维护输电线路 36 条，总长度为 421.32 公里，其中 110 千伏 21 条，长度 277.69 公里；35 千伏线路 15 条，长度 143.63 公里。有 10 千伏线路 106 条，总长度 1124.40 公里，由该公司管理的 10 千伏公用线路 67 条，总长度 975.477 公里，用户专线 39 千伏，总长度 148.926 公里。10 千伏配变总台数 2762 台，变电容量 84.48 万千伏安，其中：公变 66 台，变电容量 29.94 万千伏安，专变 1 千伏 6 台，变电容量 54.54 万千伏安。 并网小水电站 27 座，装机 1240 千瓦。

该公司平稳顺利完成“三集五大”改革和人员到岗到位，实现公司管理模式的重大转变和管理要素的有效融合。全面推行全员绩效管理，加强绩效激励奖惩机制。

该公司多方协调地方政府和上级管理部门，完成了 110 千伏联邦变电站的接收，并投入资金进行技术升级改造，有效提升彭州电网的供电能力。2015 年，完成变电检修项目国网四川省电力公司综合计划 6 个及日常项目 2 个，实现 35 千伏主变增容 1.6 千伏安；完成新投 110 千伏沙埂站首检；22 千伏回龙站、10 千伏永定桥站电容 12 千伏线预试及 110 千伏太清站设备预试。完成 110 千伏集铁线、永铁线等多条线路避雷器加装；完成彭州市牡丹新城地区供电可靠性改造，共计 3.7 公里；完成彭州市城区老旧柱上公用变压器改造 87 台，新开工满足彭州市南部新城及工业开发区用电的技改项目 6 个，资金 664.6 万元；完成大修项目 7 个，资金 342.1 万元。完成配网技改项目投资 46 万元，县城电网投资 660 万元，城市配网投资 1505 万元。

该公司组织开展大修、技改、科技、信息及重点领域自查自纠专项检查。开展办公用房整治工作，共计减少各级办公用房使用面积 659 平方米。完成公司资本公积转增实收资本及公司章程、产权和工商登记变更手续。积极稳妥推进大集体改革改制工作，完成该公司持有的彭州市牛心山电力公司股权划转工作。推进营配调贯通，实现总体进度 93.79%。开展营业堵漏增效专项工作，追补电量 2.27 万千瓦时，追补电费 1.66 万元。推行远程费控购电模式，重点监控经营稳定性较差企业，及时调整结算方式，在国网成都供电公司范围率先实现电费回收，起到了良好引领示范作用。推进设备(资产)运维精益管理系统（pms 2.0）建设，并由国网四川电力集中招标，完成共计 1284 项报废物资一次性处置，确保了国有资产的安全。

该公司加强安全生产管理，夯实安全生产工作基础，保障了彭州电网安全、稳定运行和可靠供电。2015 年共开展“安全生产大讨论”、安全隐患“大排查大整治”等 10 个专项活动。建立电力公安警务室，有力推进电力设施安全隐患治理，消除重大及较大隐患 17 项，一般隐患 5 项，完成成都时装周、中国 • 四川蔬菜博览会等各项重大保电任务 13 项。该公司扎实开展低电压台区整治和电力精准扶贫，全面深化县级供电企业管理，完成乡镇供电所管理提升，建成农电实训基地，完成濛阳标杆供电所整治项目。成立了 6 支农电党员突击队，科学应对“急、难、险、重”任务，做到“有战用我、用我必胜”。

该公司开展“客户用电满意工程”， 完成了金彭东路等4个供电服务示范社区的创建和14个“四改六治”老旧院落的申报，建立起与政府和用户的“连心桥”。2015年，安装智能电表26444只，推广安装“掌上川电”APP20415户。开展业扩报装专项整治及供电所规范管理专项整治，在165个自然村设立了“供电服务曝光台”。

该公司扎实开展“三严三实”专题教育和党风廉政“微党课”宣讲。成立党员服务队，“有呼必应、有难必帮”，深入街道社区开展抢修及优质服务工作，有力展示供电企业良好形象。完善党支部建设，在公司本部和军乐供电所各建立 1 个“党员活动室”，6 个供电所各成立 1 个党小组和 1 支党员突击队。开展标杆党支部的创建，推进供电所党组织“双建双比双争百日竞赛”活动。积极开展帮扶活动，履行“央企”社会责任，资助贫困家庭子女刘佳丽完成初中至大学学业，顺利考取研究生。接力资助致和低保家庭子女余成佳小朋友就学。2016 年，国网彭州市供电公司获得了 2 项国家知识产权局实用新型专利，通过了四川省级文明单位的复查验收，2 个班组分别荣获成都市“工人先锋号”和“巾帼文明岗”，3 个班组获五星级班组。

【国网邛崃市供电有限责任公司】 国网邛崃市供电公司于1995年划归原成都电业局管理，2006年实行股份制改革，2013年完成地方国有资产无偿划转，由国网四川省电力公司全资控股。担负着邛崃市18个镇、6个乡、202个行政村、62个社区的供电任务，供电面积1384平方千米，人口65.68万。该公司全面实施全员绩效管理和薪酬制度改革，设11个部门，2个集体企业。领导班子由6人组成，在册员工808人，其中：全民在册员工455人、农电员工345人、成都锦隆鑫电力有限公司邛崃分公司8人。员工平均年龄45.7岁，人才当量密度0.8677。

该公司运行管理变电站14座，主变容量95.78千伏安，其中220千伏变电站1座，30千伏安；110千伏变电站5座，57.2千伏安；35千伏变电站8座，0.86千伏安。过境220千伏输电线路6条，61.3公里；运行管理110千伏输电线路11条，160.22公里；35千伏输电线路15条，176.656公里；10千伏线路108条，1702.7公里；低压配电线路5820公里；在邛崃电网并网运行的水电站63座，装机容量6.6万千瓦。

近年来，该公司获"国网四川省电力公司"4·20"芦山地震抗震救灾先进基层党组织""国网成都供电公司2014年度安全生产先进集体""2013年度成都市工人先锋号"，国网四川省电力公司和成都市总工会"优秀创新工作室""中央企业五四红旗团支部"等荣誉，2015年荣获省总工会"五一劳动奖状"。

2015年，该公司结合电网现状、技术导则要求和发展规划，完成邛崃电网"十三五"规划报告，完成2015—2020年配电网规划库修编。完成110千伏西郊站工程立项前期文件，开展35千伏及以下配网新建项目储备总投资约2.5亿元。将电网规划融入邛崃市总体规划和重点区域控规，促进规划"一张图"。2015年建成投运110千伏平乐站2×5万千伏安和110千伏赵塔站2×6.3万千伏安，扩建110千伏玉带站3号主变6.3万千伏安及35千伏水口站2号主变0.8万千伏安。110千伏、35千伏容载比分别提升至2.2和1.8，邛崃电网在"十二五"末实现变电容量在"十一五"规划基础上翻三倍。

2015年，完成了智能电表换装（改造）65620只，智能电表覆盖率为98.27%、采集覆盖率为93.26%、采集成功率为98.63%、剩余金额抄回成功率98.26%；完成所有城市（农村）营业厅、收费厅标准化建设，并配套完善了自助交费、人工开卡充值、业务办理等功能区； 开通了SG186营销系统，实现了所有营销业务系统内流转；开通了APP"掌上川电"和网上支付功能；委托第三方进行电费代收，进一步拓宽了客户交费渠道；完成了各级关口计量装置及配套采集建设工作，采集系统实用化有了大幅度的提升。

由于电网建设任务繁重，施工作业现场点多面广，安全风险难以把控，该公司坚决执行国网成都供电公司安全生产两个"十条"规定（制作成小卡片便于携带）；印制《现场安全督察卡》《现场安全提示卡》，带到作业现场开展督察。坚持"周通报、月分析"安全生产管理制度，并将安全生产与《员工安全业绩档案》挂钩。积极推进电力警务室建设，充分利用电力警务室功能作用，采取各种形式开展电力设施保护宣传活动。对在建施工项目开展巡查，及时发现并制止各类危害电网安全的违章作业和野蛮施工行为，积极取得地方政府支持，大力开展通道内竹木障碍清理，联合地方车管所、车辆检测站等单位对吊车、水泥罐车等特种工程车辆操作室张贴安全警示卡，从源头做好了防外破工作。

该公司全面推进农网建设，完成2014年灾后重建2625万元17个项目的工程建设和资金结算工作；完成2015年农维项目503.523万元33个项目工程建设和资金结算工作；启动2015农升级45个项目投资资金2561万元的项目工程建设工作。积极开展电网规划修编和农项目储备工作，完成2016年16个项目计划投资3831万元的农升网改造项目储备。深化包片进村，精准帮扶，服务"三农"，精简业扩流程，累计办理新装业务7949件、受理客户故障报修4915户、处理"95598"投诉工单33件、咨询工单198件、服务申请工单190件、意见工单120件，无超时限业务发生。

该公司完善 open3000调控一体化系统各项功能。完成了水口站的技改、110千伏平乐站、110千伏赵塔站的投运及监控信息的调试接入，3千伏、10千伏设千伏调工作，对自动化UPS电源模块、蓄电池进行了更换，配合成都地调进行了多次反事故演戏以及主备调切换演习。对自动化、通讯和信息机房环境进行了整治。建立信息联络员制度，全面保障邛崃信息工作安全、稳定的进行。加强对公司250多台终端设备的日常维护，完成110千伏赵塔站信息网络的接入和正常使用，完成天台供电所整体变迁千伏网的接入和正常使用，完成公司高清视频会议系统的接入。

该公司完善停送电信息发布流程，对计划、非计划以及各类停电事件的信息发布做出严格要求。开展"电力服务进社区"相关工作，定期走访社区收集整理分析"三本台账"，督促落实各项工作。周期性开展客户需求分析，进行短板问题跟踪和内部管理提升效果评估。在各个社区、小区张贴"连心岗”4020张，散发“连心卡”202400份，各个连心岗和客户经理要严格落实首问负责制，对客户的诉求和要求积极回应，化解矛盾。积极推广“掌上川电”APP 应用。2015年共完成注册用户25756户。

该公司党的组织机构健全，设党总支 1 个、党支部 14 个，党小组 4 个，实现“一所一支部”全覆盖。有党员 236 人，建立党员活动室 9 个，成立党员服务队 1 个。深入推进“三严三实”主题教育活动、“一支部一亮点”、“标杆党支部”创建、“月度明星评选”和供电所党组织“双建双比双争”百日竞赛等活动，因地制宜开展“仁孝”文化建设、军企共建、服务灾后重建等各具特色的实践活动，党建工作与中心工作紧密融合，成效明显，有力地推动了各项工作的顺利开展。群团工作亮点纷呈，全面建成职工活动室和职工书屋，企业民主管理和班组管理水平不断提升，志愿服务活动得到广泛关注，顺利通过省级文明单位复查验收。全面落实党风廉政建设“两个责任”， 注重风险预控和监督实效，实现党风廉政“0”目标。

【国网大邑县供电有限责任公司】国网大邑县供电公司是以国家电网覆盖全地区供电的统一电网，是一个集供、配电为一体的电力企业。前身为大邑县电力公司，1993 年 8 月 18 日由成都电业局代管，2001 年 1 月改制，2008 年 1 月由国网四川省电力公司控股，2010 年更名为“四川大邑供电有限责任公司”，2012 年 12 月更名为“国网大邑县供电有限责任公司”。担负着大邑县 157 个行政村、25.2 万余户居民的供电任务。辖 8 部 1 室 1 中心和大邑县三新电力服务有限公司，成都金宇电力有限公司大邑分公司。有员工 1061 人，其中：在岗全民员工 243 人（系统全民 2 人）、外聘员工 38 人、农电员工 267 人、退养员工 163 人、退休员工 350 人。在岗全民员工男 170 人，女 73 人，平均年龄 43.53 岁，其中：管理人员：男 27 人，女 3 人，平均年龄 42.96 岁。外聘：男 17 人，女 21 人，平均年龄 30.79 岁。退养：男 107 人，女 56 人，平均年龄 47.43 岁。

该公司拥有变电站 16 座，主变压器 32 台，总容量 1062.3 万千伏安。其中 220 千伏变电站 1 座，容量 360 万千伏安；110 千伏变电站 6 座，容量 537 万千伏安；拥有 110 千伏线路 14 条，长度 145.219 公里；35 千伏线路 17 条，长度 151.153 公里。

2015 年度千伏生产事故、影响和损害企业形象的重大服务事件、稳定和廉政重大事件实现了“0”目标。

该公司加快沙渠110千伏输变电工程建设，完成全线87基铁塔的组立，放紧线施工23.55公里。推进大树110千伏变电站3号主变扩建项目。施工单位已进场施工，确保2016年上半年建成投运。系统评估大邑电网发展现状，诊断电网薄弱环节，完成“十三五”配网规划编制工作。支持县域发展，按期完成线路迁改工程。配合“成蒲铁路施工”完成苏福一、二线等4条线路迁改；配合“成温邛快速通道建设”完成110千伏苏庄一、二线，35千伏苏安线等，10千伏元高路古城支路等12条线路迁改工作；配合“大邑政府北改工程”完成10千伏4条线路迁改；配合“王泗政府工程”完成35千伏新橡线及对应10千伏线路迁改。同时，配合设计单位做好500千伏丹景—蜀州过境线路的协调工作，取得了大邑境内路径协议、社稳文件等。

2015 年，该公司完成售电量 19.9 亿千瓦时，比 2014 年同期增长 2.65%，完成年计划 19.85 亿千瓦时的 100.25%；完成网供电量 12.27 亿千瓦时，比 2014 年同期增长 10.27%，完成年计划 11.91 亿千瓦时的 103.02%；系统综合线损率 7.02%，比 2014 年同期下降 0.12 个百分点；电费回收率 100%，预付电费比例 71%。2015 年购主网电量 12.27 亿千瓦时，购其他电网电量 9.127 亿千瓦时，合计 21.397 亿千瓦时。2015 年大工业售电量 12.04 亿千瓦时；非普工业售电量 1.4 亿千瓦时；农业生产售电量 0.3 亿千瓦时；非居民售电量 0.38 亿千瓦时；居民售电量 2.88 亿千瓦时；商业售电量 0.79 亿千瓦时，合计 19.9 亿千瓦时。

该公司持续强化现场安全督察工作。执行到岗到位卡 1855 张，现场共发现、纠正违章 58 处，未发生各类安全事故。继续开展“周周讲案例、人人学安全”特色专项活动。建立事故案例库，全员共学习案例及事故图片 104 个。扎实开展安全大检查和隐患缺陷排查整治工作。全年共处理各类电网安全隐患 149 项，完成整改 88 项，未消除隐患已制定整改计划。开展“春、秋季安全大检查”活动。清理危及线路安全运行的树竹 8027 棵，清理 35 千伏及以上输电线路通道内塑料薄膜大棚 20 处，清理废旧杆塔 5320 根（基）。大力开展安全用电、电力设施保护宣传活动。共制作宣传展板 134 个，发放宣传资料 14500 份。认真开展交通、消防安全检查。组织开展专项检查 6 次，核对消防设施设备（器材）881 个，查出整改一般安全隐患 3 个。深入开展全员安全知识培训活动。配合国网成都供电公司、成都市公安局、大邑县公安局开展 2015 年秋季反恐防暴警企联合应急演练。开展“11·9”消防演练等安全培训活动，参培 2300 余人次。截至 2015 年 12 月 31 日，实现电网连续安全生产运行 8170 天。

该公司规范供电所管理，为美丽乡村保驾护航。加快实施农网项目，完成农网技改项目 11 个、农网升级项目 42 个，计划总投资 2996 万元。新建、改造 10 千伏线路 22.95 公里，新建、改造低压线路 167.4 公里，新增配变 59 台，容量 1.15 万千伏安。持续开展“包片进村”活动。开展客户走访 1600 余次，解决用电问题 112 个，设立包片进村宣传栏 152 个。以供电所“双建双比双争”百日竞赛活动为载体，深入供电所帮扶 40 余次，梳理规章制度 70 余项，整改专业管理问题 40 余个。积极开展标准化供电所创建 2015 年 6 个供电所申报国网四川省电力公司标准化供电所。安仁供电所在中国电力传媒集团开展的大型全媒体报道评选活动中被评为 2014—2015 年度“中国最美金牌供电所”。

该公司完成所辖区域内约 443 台内网终端杀毒软件的替换安装识别工作，配合完成了综合数据网软硬件的升级，完成了全公司办公终端弱口令的清查整改，保障了公司所有内网终端的安全运行指数均达到 100%；与国网成都供电公司协作完成了 MAS 系统的上线运行使用；完成了调控分中心各项目的实施工作；辅助完成了高清视频一体化系统设备的安装调试；完成了机房、弱电井运行环境排查整治；2015 年度未出现一例信息安全事件，信息化同业对标指标均达到 100%。

该公司深化“供电服务进社区”，拓展便民服务渠道，大力宣传掌上川电 APP，共发放宣传卡片 5 万余份，张贴宣传海报 210 余张，发放 DM 单及其他宣传资料 5000 余份，推广“掌上川电”下载注册用户 22000 余户。测试远程充费功能 13000 余户，开通用户远程充值功能 128 户。

该公司扎实抓好党的建设，开展“三严三实”专题教育和“三亮三比三无”“双建双比双争”活动。组建公司党员服务队，推进标杆党支部建设。签订《廉洁从业承诺书》，抓好党风廉政建设，切实履行党委党风廉政建设主体责任和纪委的监督责任。开展“送温暖”活动，走访慰问一线班组 15 个、困难职工 49 名。

该公司积极开展新闻宣传工作，1-12 月稿件发布共计 400 余篇。巩固“健康食堂”创建成果，组织开展“我是大厨”职工厨艺大赛，打造供电所“清洁配餐室”。开展职工足球赛、篮球赛、登山比赛、游泳比赛等文体活动。大力推进队伍建设。开展了寻找“最美国网人”等活动，坚持评选每月一星。大力开展岗位练兵、技术比武等劳动竞赛活动。参加国网成都供电公司及上级部门要求的各类培训班 79 期，共 160 人次；组织各类自主培训班 8 期，共计 229 人；全年通过技师鉴定 19 人，本科申报 42 人，专科申报 30 人。

【国网新津县供电有限责任公司】国网新津县供电公司于 2007 年 12 月改制成立。按照国家电网公司和国网四川省电力公司要求，2013 年 7 月 31 日经工商变更登记，公司名称由“四川新津供电有限责任公司”变更为“国网新津县供电有限责任公司”，是国网四川省电力公司的全资子公司，注册资本 1000 万元。主营业务为电力供应、发电、电路架设及维修。销售电工器材、电子产品、家用电器和营业用房出租、房地产开发。设九个职能部门、一个中心（即：办公室、人力资源部、财务资产部、发展建设部、安全监察质量部、党群工作部、乡镇供电所管理部、营销部、运维检修部、电力调度控制分中心），基层班组站所共 21 个。有在岗员工 249 人，其中具有大中专及以上学历 247 人，专业技术人员达到总人数的 67.47%，技能人员占总人数的 70.68%。人才当量密度 0.9243，人力资源建设指数 0.3。2015 年实现安全生产事故、影响和损害企业形象的重大服务事件、稳定和廉政重大事件实现“0”目标。

新津电网辖 220 千伏变电站 1 座（邓双），变电容量 36 万千伏安，110 千伏变电站 4 座（新津、花桥、文武、何店），总变电容量 33.15 万千伏安。维护的 220 千伏过境输电线路 8 条，总长 74.8 公里；110 千伏输电线路 4 条，总长 28.4 公里。该公司自行维护的 110 千伏输电线路 9 条，总长 79.525 公里；35 千伏输电线路 8 条，总长 36.433 公里；10 千伏配电线路 45 条，总长 583.946 公里；10 千伏专线 14 条，总长 61.864 公里；历史最高负荷 18.7 万千瓦，系统容载比 1.75。

该公司坚持科学规划，强化属地责任和意识，高效推进电网基本建设项目。在电网建设项目实施过程中与地方政府及时进行沟通协调，掌握地方负荷需求情况，配合地方政府开展“地下管线一张图”规划设计，将新津电网规划的滚动修编纳入地方总规。积极启动“十三五”配电网规划，完成 2015 年至 2017 年配网项目储备及 2016 年 10 千伏农网项目可研评审。协调落实 500 千伏新津站站址及线路通道，取得邓双—成蒲铁路朝阳湖牵引站 110 千伏线路规划红线。顺利投运羊安Ⅱ110 千伏输变电工程，尖山—黄水 220 千伏线路完成全线路架设工作。

2015 年，该公司完成售电量 8.45 亿千瓦时，同比减少 18.18%；综合线损率 6.095%，完成了年初下达计划；电费回收“双结零”。积极响应国网四川省电力公司、国网成都供电公司战略部署，高质高效完成普兴、金华两地涉及 77.25 平方公里供电面积及22名三新公司员工划转工作。广泛宣传、主动作为，实现业务割接期间“零”投诉，确保了优质服务工作的平稳过渡。开展“堵漏增效”专项普查，共查处违、窃电用户11户，追回电费5.8万元。面对经济下行压力，全力以赴加大电费回收力度，大力推广预付电费制度实施，确保了当年电费与陈欠电费“双结零”。完成辖区内5座变电站44条公用线路、600余台公变的营配调数据贯通，总贯通率91.35%，在国网成都供电公司排名中名列前茅。

该公司扎实开展安全大检查、缺陷隐患整治等活动，制定落实整改计划，共消除缺陷隐患209处。制定安全工作重点及严防死守措施，层层签订安全目标责任书，全面落实安全责任制。结合安规考试新要求，开展有针对性的安规、工作票、事故案例讲解等专题培训20次，强化安全基础培训。加强特殊巡视、警企协作、线路联防，充分发挥电力警务室工作职能，加固供电设施防护栏36处，调解处理矛盾纠纷15起，外力破坏发生率同比减少53%。加强现场工作督查，对变电站倒闸操作、城区电网改造等工作现场提前介入、严格监督，共发现典型违章7起，给予罚款。设立完善“三级安全督察网”，形成分层分级、强力有效的安全生产监督体系，确保各类生产作业安全有序开展。截至2015年12月31日，实现连续安全生产6481天。

该公司加快62个低电压台区治理，基本解决农村低电压问题。通过印发宣传手册、与电视台合作等多种途径广泛宣传，推广“掌上川电”APP安装与应用12456户。完成智能电表换装18315只，覆盖率为96.47%。扎实开展业扩报装环境整治，坚决杜绝“吃、拿、卡、要”，开通业务受理绿色通道，简化业扩报装工作流程，客户满意率达100%。参加县委、县政府座谈会，积极推进老旧弃管小区户表改造。持续做好“精准扶贫”“包片进村”工作，出动385人次，走访156个村社、3080户农户，征询农村用电困难意见建议31条，及时解决处理各类疑难问题31处。

该公司重点推进科技服务，大力提升电网智能化程度。变电站、专、公变用电信息采集覆盖率均实现100%。完成10千伏线路线损管理实用化建设。建立抄表质量跟踪检查制度，大力开展高损台区治理、三相负荷平衡、线路无功治理等工作。继续实施智能电表推广项目，大力提升电网智能化程度，智能电表采集成功率达99.06%。

国网新津县供电公司立足全县经济发展大局，紧跟城市现代化建设的快速步伐，全力支持政府招商引资和全方位工程建设。为助推新津县总体发展规划和建设的需要，积极配合县建设局、重大办等相关政府部门，参与地方政府重大工程的实施建设，切实履行社会责任，服务地方经济发展。高度重视县上各类节会、活动的保电工作，在接到保电任务后，第一时间制定了缜密完善、科学合理的保电方案，主动与各相关部门沟通联系，组织召开保电工作会，成立保电领导小组，领导班子及各职能部门负责人均到现场进行指导调度，积极采取措施消除存在的隐患和缺陷，圆满完成新津县“两会”、“两考”、杜鹃花节、梨花节、赛艇会开闭幕式等活动的保电任务。

该公司认真开展供电服务专项整治活动，对暴露出的问题进行专题分析并立即整改。大力推进“电力服务进社区”“包片进村”活动，增强沟通，实现服务“到点、到端”。开展安全用电服务，提高客户侧隐患整治成效。重点开展停送电信息定向发布、实现零距离缴费购电等试点工作。大推进业扩新政，整合电网信息资源，构建“一口对外”业扩服务体系。

该公司转变党建工作方式，提高党建科学化水平。制定党支部季度考核管理办法，严格执行支部季度考核，定期通报检查结果，党建水平明显提升。坚持中心组学习，部门、班组每月政治理论学习，大力开展形势任务教育，强化员工的大局意识、责任意识、纪律意识和法制意识。扎实开展“三严三实”专题教育活动，班子成员结合工作分别讲了5次专题党课，围绕严以修身、严以律己、严以用权三个主题，召开6次专题学习研讨会，集中学习了《习近平谈治国理政》《习近平关于党风廉政建设和反腐败斗争论述摘编》《优秀领导干部先进事迹选编》等“三严三实”专题教育书籍。建立创先争优长效机制，开展创“季度红旗”、“季度明星”活动，截至目前已有4个班组，4名员工获得此项荣誉。开展供电所“双建双比双争百日竞赛”活动，通过“三强化两提升”的工作思路，不断提升基层供电所管理水平和服务能力，新平供电所党小组被评为国网成都供电公司优秀供电所党小组。组建公司党员服务队，积极开展扶弱助困、奉献爱心等活动，践行为民服务宗旨。优化党支部设置，以“利于工作开展、利于作用发挥”为原则，对各支部党员、党支部书记进行了调整，在条件成熟的党支部成立党小组。进一步梳理党员党组织关系，完成了5名组织关系在地方党员的组织关系转接工作。

该公司严格执行中央“八项规定”、国网四川省电力公司“十项禁令”，认真履行党委主体责任和纪委监督责任。开展“红线制度”巡讲，做到重点岗位人员全覆盖。积极策划“反腐倡廉短片制作”和“廉洁漫画”创作，该公司制作的廉洁教育短片《贪腐人生》获国网四川省电力公司反腐倡廉课件制作竞赛二等奖。紧盯敏感时段和关键时间节点，形成节前廉政提醒常态机制，2015 年，开展各类廉洁提醒 11 次。认真落实“三项谈话”制度，对 6 名提拔或交流任职的部门负责人、供电所长进行任前廉政谈话。召开半年党风廉政建设分析会，各重点岗位人员对照落实党风廉政情况均进行了自查分析。在全公司范围内开展客户服务过程中不正之风专项整治工作，营造为民服务的良好氛围。组织开展领导干部和重点岗位人员及亲属违规经商办企业问题专项治理，78 名各级负责人和重点岗位人员填报了亲属从业情况，在自查自纠的基础上，作出了不违规经商办企业的郑重承诺。开展揽私活、私揽工程等方面专项治理，公司全员签订了不揽私活个人承诺书。加强对供电所等重要岗位、重点部位、关键环节的监督检查，进一步规范业扩报装、抄表收费等业务，签订廉洁承诺书，接受群众监督。

该公司落实“人才强企”战略，鼓励员工立足本职，不断提高技术技能水平和综合素质。按照年培训计划，自主举办各类培训班 29 期，培训 1650 人次，特别是对生产、农电员工的岗前培训，触电急救和计算机模块的考试均 100%通过，培训效果显著。在加大教育培训力度的同时，还特别注重员工整体文化水平和公司人才当量密度的提升，鼓励员工参加继续教育培训，全年共有 107 名职工参加后续学历教育，其中研究生在读 4 人、专升本 65 人、专科在读 38 人，为公司人才当量密度的提高打下坚实基础。

该公司扎实开展“制度管理提升年”活动，分 5 次发文废止不相适应的自订制度共 51 个，为全员学制度、用制度创造了良好条件。充分运用标准制度平台，扩大法治企业建设影响力，3 次参与上级公司与地方政府标准制度编制，获得国网成都供电公司 2015 年度考核绩效加分。分批次、分专题开展国家电网公司通用制度宣贯培训 3 次，着力提升全员法治意识。积极参与国网成都供电公司全面风险管控体系建设，并将国网成都供电公司体系编制成果下发至各部门、班组，学用结合，实现风险可控、在控、预控。开展供电所管理专项整治，完成自查整改问题 48 项，在各属地村委会共设立 99 个“供电服务曝光台”，形成内外结合的监管体系，进一步完善廉政风险防控机制。

2015 年，该公司营业班荣获全国巾帼文明岗，该公司获得成都内保系统治安保卫工作先进集体，国网成都供电公司健康食堂、先进职工之家、先进女职工委员会。企业党群工作创新实践课题优秀成果、形势任务教育主题优秀作品奖。营业班荣获成都市工人先锋号，输电运检班被评为成都市劳动模范集体，调控班荣获成都市巾帼文明岗，安全监察质量部、城区供电所荣获国网成都供电公司 2015 年度安全先进集体，第七党支部荣获国网成都供电公司“双建双比双争”百日竞赛活动先进党支部，营业班、变电运维班获得国网四川省电力公司五星级班组，永兴供电所、花桥供电所、调控运行班荣获国网成都供电公司四星级班组，市场班荣获国网成都供电公司女职工“建功立业标兵岗”。此外，公司共有 34 人分别获得了国家电网公司、国网四川省电力公司、成都市及国网成都供电公司、新津县的先进荣誉。

【国网蒲江县供电有限责任公司】国网蒲江县供电公司前身为蒲江县电力公司，1994 年 10 月委托乐山电业局代管，成立乐山电业局蒲江供电局。1998 年 2 月蒲江电网转由成都供电，蒲江供电局也划归成都电业局管理。2006 年 4 月改制后成立四川蒲江供电有限责任公司（四川省电力公司占股 69%，地方政府占股 31%）。2013 年 1 月，公司地方国有股权资产划转给国网四川省电力公司，成为国网四川省电力公司全资子公司。2013 年 8 月，更名为国网蒲江县供电有限责任公司。有职能部门 8 个，分别为办公室、发展建设部、人力资源部、财务资产部、安全监察质量部（保卫部）、党群工作部（工会、纪委（纪检）办公室、团委）、乡镇供电所管理部和电力调度控制分中心。业务支撑实施机构 2 个，分别为运维检修部（检修（建设）工区）、营销部（客户服务中心）。有班组 13 个：分别是变电运维班、变电检修班、输电运检班、配电运检班、配电抢修班、配电抢修指挥班、仓储配送及机具维护班、市场班、营业班、抄表班、计量班、用电检查与反窃电班、综合服务班 1 个。在职领导班子成员 5 名，分别为总经理、党委副书记 1 名，党委书记、副总经理 1 名，副总经理 2 名，纪委书记兼工会主席 1 名；副科级调研员 1 名。

该公司有员工 456 人，其中，地方全民退休员工 57 人，地方全民员工 199 人在岗员工 190 人（主业全民 1 人），退养员工 9 人，农电员工 155 人(在岗 146 人，协岗 3 人，退休 6 人)，产业单位员工 45 人。2015 年，公司有 1 名员工在甘孜参加援藏工作。2015 年新进大学生 5 名，退休 3 名。主业 199 人中，30 岁以下 14 人，30—39 岁 36 人，40—49 岁 106 人，50 岁以上 43 人，平均年龄 43.3 岁；农电 149

人中，30岁以下25人，30-39岁23人，40—49岁43人，50岁以上58人，平均年龄43.3岁，集体企业45人中，30岁以下12人，30—39岁11人，40—49岁16人，50岁以上6人，平均年龄38.84岁。学历结构情况：主业199人中，大学本科及以上学历91人，大学专科学历95人，中专及以下13人；农电149人中，大学本科及以上学历8人，大学专科学历39人，中专及以下102人；集体企业45人中，大学本科及以上学历9人，大学专科学历2人，中专及以下34人。技术技能情况：主业199人中，具有中级及以上技术职称16人，初级职称136人；具有技师资格12人，高级工 53人，中级工38人，初级工7人。农电149人中，无中级以上技术职称，具有初级职称 11 人；具有技师资格 3 人，高级工 44 人，中级工 67 人，初级工 21 人。集体企业45人中，具有助理工程师职称5人，二级建造师5人。人才当量密度：0.9184。

蒲江电网拥有变电站8座，均为无人值班变电站，其中110千伏变电站2座，35千伏变电站6座（含2座小型化站），总变电容量23.13万千伏安，有并网小水电站19座，总装机容量1.273万千瓦。

该公司加强规划引领，通过电网发展诊断分析，查找突出问题，明确电网投资重点，合理安排项目计划。按照蒲江县发展战略要求，制定并通过了蒲江县“十三五”电网规划，“十三五”规划期间电网项目计划总投资达56198万元。完成2015年配电网规划滚动修编及2016年配电网项目的提报及审查工作。统筹安排，协同配合，电网建设、农网大修等项目有序开展，2015年，完成了10个大修和技改项目，投资1852万元；完成52个农网项目，投资1353.8万元。2015年共新建10千伏线路11.39公里，新增增容配变42台，0.70万千伏安，新建改造低压线路65.47公里。复兴乡三义村（7社、13社）低电压治理获国网四川省电力公司2015年“农网五十佳”工程称号。

该公司大力开拓电力市场，提前介入，超前服务，努力增供促销，加快业扩报装速度，重点跟踪重大项目建设进展情况。2015年共受理高压业务95笔，3.87万千伏安；低压用户2863户2.36万千伏安；完成智能表31559只安装，安装户数31559户，覆盖率为99.2%。低压用户采集覆盖率为99.14%，采集成功率99.11%；公变用户采集覆盖率100%，采集成功率99.88%；专变用户采集覆盖率100%。共完成用电检查相关业务483笔，对供区内10户重要客户开展用电检查40次；查处违约用电用户3户，挽回经济损失 13696 元。全面完成国网成都供电公司下达的经营目标任务，2015年，累计完成购电量3.63亿千瓦时，同比增长 4.64%，其中购上网电量 3.11 亿千瓦时，同比增长12.08%；自购电量0.52万千瓦时，同比下降25%；累计完成售电量3.36亿千瓦时，同比增长 4.74%；综合线损为 7.57%，同比下降0.09%；电费回收率100%。

该公司坚持依法从严治企，充分发挥协同监督作用，及时堵塞管理漏洞，有效防范经营风险。严格按照“制度管理提升年”要求，开展了制度清理、梳理、宣贯等工作，对照国家电网公司通用制度，废止48项制度。认真开展了合同领域习惯性违章专项治理工作，以问题为导向，全面梳理近年合同审核和各类检查中发现的合同管理问题，并严格落实整改。完成全面风险管控体系管理手册的编制，提高了风险防控水平。联合县法院开展了触电人身损害赔偿案件专题研讨会，进一步增强了全公司员工的法律意识、风险意识，有助于防范和化解公司在生产、经营过程中的法律风险。积极开展社会法治宣传，加强《电力法》《电力设施保护条例》等法律法规的对内对外宣传。强化“三重一大”决策规范管理，提高依法治企水平，促进企业健康发展。2015年未发生干部员工违规违纪以及影响企业形象的服务和舆情事件，内外部和谐稳定，法治建设迈出新步伐。

该公司始终将确保安全生产放在首位，狠抓安全责任的落实，强化监督和考核。大力开展和组织员工参加新《安规》和工作票等安全培训和考试。安全督察持续保持高压态势，2015年，安全督察队共出动督察人员910人次，检查现场605个，发现各类违章行为56起，处罚金额25900元，纠正各类不规范行为17起。扎实开展“春、秋”安检查、安全隐患“大排查大整治”、安全大检查、缺陷隐患整治和电力设施安全隐患排查等专项行动，及时消除影响电网安全运行的隐患，全年共消除缺陷135项，隐患14项。2015年，该公司电网故障数量较同期下降9起，下降7.4%。成立了电力警务室，积极配合开展电网建设、安全宣传、安全隐患整治等工作，形成了警企联动、共同打击涉电违法犯罪行为的长效机制。积极开展“安全生产大讨论”“安全生产月”等活动，营造了良好的内外部氛围。供电所成功地将电力安全管理纳入了政府村级安全目标考核，形成了 “三方”互动安全管理机制。同时，交通、保卫、消防等工作都维持了平稳的安全态势。截至2015年12月31日，蒲江电网安全运行7744天，连续5年荣获“成都市安全生产先进集体”。

2015年，该公司农网大修项目6项，已全面完成结算，计划资金 326.8 万元，实际完成结算资金 312.99 万元，结余资金 13.81 万元。2014 年农升级项目 12 个，计划金额 1836 万元，实际完成结算 1313.39 万元，结余 522.61 万元，2015 年农网升级项目 46 个，计划金额 1027 万元，已全面开工。

该公司利用标准化供电所创建的契机，加大对供电所安全、生产等基础管理资料进行检查，不断提高农电管理水平。继续深化“包片进村”开展精准扶贫行动。认真做好春安检查、迎峰度夏、秋安检查、迎峰度冬、等各类安全生产活动，完善各类活动应急预案。认真开展线路、设备巡视检查、负荷测试、测温及防污清扫和年检预试，及时消除各类隐患、缺陷；消除线路通道障碍 1679 处，砍伐竹树 4372 株，更换配电台区警示标识牌 674 张。积极开展安全用电知识宣传，集中宣传 57 场次，发放安全用电宣传手册 24909 份。坚持挂点联系制度，深入供电所开展调研走访，与农电员工交心谈心，随时掌握其思想动态，主动了解员工工作生活中存在的困难，及时为员工排忧解难。通过努力不断促进队伍能力素质提升：一是组织开展形式多样的微课堂；二是以赛促学，有针对性地开展各类技能竞赛；三是强化考核力度，建立季度“流动红旗”考核机制和安规“一把尺”制度。蒲江三新运检工程部连续三年被成都供电公司三新公司评为安全生产先进，西来供电所被国网成都供电公司评为 2015 年度安全先进集体，蒲江三新公司副经理付锦良被评为国网成都供电公司“劳动模范”。通过“微课堂”“微竞赛”“微考核”“微创新”“微服务”，不断深化农电党组织阵地建设、党员志愿服务、党建带班建工作（“五微三深化”工程），带动了农电队伍业务素质和优质服务水平的整体提升。农电党支部荣获了国网四川省电力公司电网先锋党支部称号。朝阳所所长曹宗学被评为国网成都供电公司 2015 年 10 月月度明星。

该公司持续推进变电站自动化基础数据整治，系统（OPEN3000）运行情况良好。配网抢修指挥场所运行正常。继续深化应用 SG186 营销系统、生产管理系统、调度 OMS 系统等，对信息化工作提供了数据通融量更加庞大、功能更加完善的信息化办公平台。完成 PMS2.0 系统上线前期的数据清理工作，共计清理问题数据 17785 条，其中配电数据 16062 条，变电数据 926 条，输电数据 797 条。进行 PMS2.0 系统数据及图形的规范性治理，推进新系统上线的各项应用准备工作。完成了 110 千伏寿马线全线及 110 千伏邓寿线 92-111 号塔，共计 22.583 公里的线路标准化建设工作。GIS 系统内已完成 8 条专线（主线）的建模，总体建模率 100%，有效建模率 100%。完成 4 条专线（分支线）的有效建模，有效建模率 100%。已完成 45551 个表箱的建模，有效建模数 38577 个。表箱总体建模率 98.61%，有效建模率 98.61%。

该公司持续开展“包片进村”“供电服务进社区”等活动，发放安全用电、“掌上川电”、智能表应急功能等宣传资料，及时了解客户用电诉求，先后着力打造了东港蓝湾等 4 个示范性小区，主动服务新农村建设，受到城乡居民客户一致好评。固化“业扩报装环境整治百日行动”活动成果，推广应用“掌上川电”，着力创建良好的供电服务环境。2015 年在农村地区新增代收费业务点位 44 个，全面实现了村村能购电。投资 23.1 万元完成了 26 个低电压台区、816 户整治，保障了全县城乡居民节日用电。针对“春节”“两考”“抗战胜利 70 周年纪念活动”等节日和重大活动开展保电工作 51 次。积极开展特色服务，针对蒲江“美丽新村”建设，为全县提供“微、精、准”服务，为民务实，用情服务，受到客户高度赞誉。

该公司紧扣从严治党要求，深入落实“两个责任”，扎实开展“三严三实”专题教育，查找整改“不严不实”问题。优化基层党支部设置，增强基层党组织活力。结合农电党支部组织“双建双比双争”活动，在供电所创新开展了“萤火虫”行动，以“五微三深化”工程为抓手，带动了农电队伍业务素质和优质服务水平的整体提升，成果显著，在国网成都供电公司系统和蒲江县引起了强烈反响。农电党支部获得了国网四川省电力公司电网先锋党支部称号。弘扬争优创优精神，2015 年该公司被评为“成都市劳动模范先进单位”，曹宗学荣获国网成都供电公司 10 月月度明星称号；全年共评出在工作中表现突出的月度安全、服务之星 45 名；公司员工自编自导自演的微电影《换位》获得国网成都供电公司 2015 年职工微电影创作大赛二等奖，并荣获中华全国总工会第二届全国职工微影视大赛优秀影片奖；青年员工罗铖个人才艺荣获“成电追梦人”决赛“最佳表演奖”；公司食堂被授予了国网成都供电公司“健康食堂”称号。共青团、保密等工作都圆满完成各项目标任务。

【成都官仓供电有限责任公司】成都官仓电力公司于 2015 年 2 月成为国网四川省电力公司的全资子公司，9 月 2 日正式纳入国网成都供电公司管理，注册资本 1256.5 万元。担负着彭州市龙门山脉一带共 12 个乡镇、87 个行政村、667 个社的供电任务，供电人口 11.02 万，供电面积约 505 平方千米，供区以山区为主。该公司拥有110千伏变电站1座，2台主变共计8万千伏安；35千伏变电站6座，主变8台共计6.62万千伏安；110千伏线路1条9.029公里；35千伏线路10条82.886公里；用户专线2条4公里；10千伏线路41条450.63公里；0.4千伏低压线路648.18公里；配电台区664个20.8万千伏安，其中公变配电台区465个8.5万千伏安；专变配电台区199个12.33万千伏安。在什邡市民主110千伏变电站并网，拥有小水电站11座发电机21台，总装机容量0.45万千瓦。供区内上网小水电站34座，装机5.08万千瓦。

该公司有经营班子成员5名，分别是总经理、党委副书记侯君健；党委书记、营销副总经理张谦；生产副总经理赖军；工会主席兼纪委书记曾祥儒；总工程师叶道军。下设办公室、党群工作部、财务资产部、人力资源部、安全质量监察(保卫)部、发展策划部、营销部、运检部、调度控制分中心、乡镇农电管理部、小水电运检中心等11部门及四川锦隆鑫实业有限公司官仓分公司，乡镇农电管理部下设4个供电所。截至2015年12月31日，该公司全口径用工315人（未包含张谦和赖军），其中：主业职工243人，农电职工72人。主业243人中，借工到四川锦隆鑫实业有限公司官仓分公司23人，长期病休人员3人，内退职工3人。主业在岗职工214人。有离休人员2人，退休人员138人，其中：主业退休128人，农电退休工10人。注册资金人民币1256.5万元，国网四川电力持股100%。资产总额合计7210万元，负债总额6542万元，所有者权益668万元。2015年实现售电量1.41亿千瓦时，综合线损9.18%。受市场大环境的影响，售电量同比下降29.79%，销售收入大幅下滑，流动资金严重不足，经营十分困难。

该公司为确保2015年安全目标的顺利完成，按照国家电网公司安全生产电视电话会议精神，认真落实“党政同责、一岗双则、齐抓共管”责任体系，坚持“安全是天，一失万无”理念，强化全员安全意识。一是加强领导，责任落实放在前。按照“全覆盖、零容忍、严执法、重实效”的总体要求，用“三铁”反“三违”，强化源头治理，进一步增强安全责任意识，扎实做好安全生产工作，切实做到“月计划、周安排、日管控”，稳妥对接。二是加强安全培训，开展安全日专项活动，适应管理新模式。2015年在国网成都供电公司、国网彭州市供电公司的大力支持与帮扶下举行了两期安全知识培训，提高了员工安全意识与技能，并以“重程序、守纪律、讲规矩”主动适应国家电网公司新要求为主题开展学习讨论活动，搭建员工交流平台，营造安全文化良好氛围。三是加强设备年检预试，提高供电稳定性。在国网成都供电公司“6+1”帮扶计划下，彭州公司、青白江公司、都江堰公司等兄弟单位先后对公司35千伏变电站、110千伏变电站进行了设备维护维修与消缺，确保了现有设备的健康运行水平。四是通过制定公司《车辆管理补充规定》、执行“两单”制度（派工单、派车单）、GPS动态管理等多举措强化责任，保证了交通安全零事故。

该公司受经济运行下行的影响，加之小水电陆续恢复发电，电力销售形势严峻。虽经多方协调配合，积极争取，拓展营销业务，新增专变用户7家，变压器7台计1885千伏安。但因政策原因关停专变用户达21户，变压器21台计16700千伏安，同时因市场原因，暂停用户12户，变压器14台计42475千伏安。为止滑增效，开展了重点客户走访，全力维护售电市场，但各项指标仍不理想，全年仅完成售电量1.4139亿千瓦时(只含牛心山公司并表后12月份的售电量)，同比下降29.79%，综合线损9.18%。

该公司从2015年9月进行部署，启动了内网建设和营销基础数据的收集与录入，同时向国网成都供电公司营销部请示给予技术帮扶，彭州公司营销部也派专责到公司开展数场专业培训，安排精通SG186系统的老师进行为期一个月的住点指导，2016年1月4日晚11:00完成SG186系统的接割，成功上线运行。

该公司全体员工转观念、重程序、讲规矩、强执行，认真学习领会国网公司“四个服务”的宗旨与使命，践行“你用电，我用心”的承诺，树立“客户是上帝”，是“衣食父母”的理念，落实员工服务准则，执行供电抢修服务规范，提升业扩报装效率，严格停送电管理，不断提升优质服务水平，全力服务“三农”，确保不发生舆情信息和投诉事件，切实维护好国家电网的品牌形象。圆满完成白鹿国际钢琴音乐节、半程万人马拉松赛、葛仙山田园赏花节等各类保电任务5次，得到社会各界的高度赞誉。

该公司党委在国网成都供电公司正确领导下，紧紧围绕公司改制和年度中心任务，努力提升公司党组织政治保障能力，积极推进企业党建工作，全面落实“两个责任”，圆满完成党组织关系从彭州市组织部到国网成都供电公司党委的成功划转。坚持党委中心组学习理论制度，采取理论与实际相结合的研讨式，共集中组织学习6次；开展领导班子成员专题民主生活会，针对公司企业改制中自身存在的不足，开展批评和自我批评；深入推进以完善惩治和预防腐败体系为重点的反腐倡廉建设，党风廉政建设和反腐败斗争，并取得了良好的成效；扎实开展了成都市总工会“工人先锋号”创建活动，通过评选，红岩供电所入选成都市“工人先锋号”班组。

在国网四川省电力公司和国网成都供电公司领导下，2015 年是该公司的改革改制之年，全员凝心聚力，攻坚克难，于 2015 年 2 月成为国网四川省电力公司全资子公司，9 月 2 日正式纳入国网成都供电公司管理，并随之启动对彭州市牛心山电力有限责任公司（以下简称牛心山公司）的吸收合并工作，仅用两个半月的时间，2015 年 12 月 30 日完成牛心山公司注销和吸收，同时再次完成公司工商变更登记工作，公司改制工作圆满收官，官仓成功华丽转身。改制期间，各项管理工作稳妥对接，年度各项指标均实现可控，员工平安、企业和谐稳定，无营销优质服务考核事件和党风廉政建设考核事件，安全目标全面实现。

国网乐山供电公司

【企业概况】国网乐山供电公司始建于 1969 年，是国网四川省电力公司下属的国家特大一型供电企业，主要担负乐山城区、峨眉山市、五通、沙湾、夹江、井研 6 个直供县和 6 个趸售公司（四川马边供电有限责任公司、四川沐川供电有限责任公司、乐山电力股份有限公司、四川金峨供电有限公司、乐山市金洋电力开发有限公司、四川峨边大渡河电力股份有限公司）的供电任务，以及龚嘴、铜街子、圣达等水电站电量汇集送出的重要任务。供电区域 1.27 万平方千米，供电常住人口 323 万。截至 2015 年年底，固定资产原值 63.19 亿元。拥有 220 千伏变电站 14 座，容量 435 万千伏安；110 千伏变电站 37 座（含控股公司 2 座），容量 273.3 万千伏安（含控股公司 8.1 万千伏安）；35 千伏变电站 45 座（含控股公司 13 座），容量 49.06 万千伏安（含控股公司 11.03 万千伏安）。有 220 千伏线路 51 条，长度 1547.88 公里；110 千伏线路 90 条，长度 1039.62 公里；35 千伏线路 99 条，长度 949.95 公里。

2015 年，是该公司发展史上极不平凡的一年，面对复杂的外部环境、严峻的经济形势和艰巨的改革发展任务，上下戮力同心，攻坚克难，牢牢把握“五个坚定不移”，主动推进体制机制变革，各项工作取得了新进展。完成售电量 119.96 亿千瓦时，同比下降 2.47%，完成国网四川省电力公司下达售电计划的 100.39%；综合线损率 5.09%，较国网四川省电力公司计划低 0.01 个百分点；完成电网投资 6.61 亿元，新增 35 千伏及以上变电容量 23.74 万千伏安，投运 35 千伏及以上线路 94.53 公里。同业对标位列国网四川电力综合排序第 7 名。截至 2015 年 12 月 31 日，连续安全生产 4175 天，没有发生造成社会重大影响的优质服务事件。

2015 年 2 月 16 日，乐山市市长张彤到国网乐山供电公司视察春节保电情况 （王军　摄）

【人力资源】国网乐山供电公司本部设置管理部门 11 个，辖二级业务支撑和实施机构 7 个、县级供电分公司 5 个、控股公司 2 个。用工总量 4654 人，其中国有员工 1439 人（含集体企业借工 358 人），控股公司员工 583 人，劳务派遣用工 87 人，农电员工 1242 人，集体企业用工 1303 人，其中：集体身份员工 147 人，主业业务委托用工 333 人，集体企业自聘员工 681

人，劳务派遣用工142人。人才当量密度1.006。

2015年，该公司交流调整领导干部71人次。在基层单位、职能部门新设助理岗位5个。组织开展“上挂下派”工作。培养选拔优秀人才，4人分别成为国家电网公司专业领军人才和优秀专家人才后备。强化内训师队伍建设，1人获得国家电网公司“培训师教学技能竞赛”兼职培训师组个人三等奖。成立课题研究小组，将技能鉴定内容和生产技能人员“三年轮训”相结合，提高教育培训的针对性、实用性。积极参加国家电网公司、国网四川省电力公司各专业调考，2人在国家电网公司调考中获得优秀个人称号，1人被评为国家电网公司第五届“服务之星”、国网四川省电力公司第五届供电“十佳服务之星”。

【电网建设与发展】该公司编制完成乐山市“十三五”主网和配电网规划，积极开展2015年乐山电网发展诊断分析；沐溪扩建220千伏配套工程等3个项目取得核准，金口河220千伏输变电工程已上报核准申请；组织推进成昆铁路、成贵铁路、青江新区等电力线路迁改工作，10条线路取得设计批文；奋战藏区雪域高原，圆满完成白玉昌台110千伏输变电工程；加快推进乐山电网建设，顺利完成黑竹沟220千伏变电站扩建等重点工程；持续开展非重点城市配网建设改造和管理提升工作，扩大建设方案获国网四川省电力公司许可；大力推进配电自动化建设，一期建设内容基本完成；加快推进农网改造升级，新建10千伏线路403公里、10千伏配变617台，改造低压线路1889公里、户表2.18万户，普兴乡10千伏悦连支线中压改造工程入围国家电网公司农网“百佳”工程。

【经营管理】国网乐山供电公司克服工业经济增长乏力等不利因素，积极落实直购电和富余电量消纳等工业用电激励政策，挖掘市场潜力。推进燃煤自备电厂实施“机组停发消纳水电”替代政策，全年增加售电量13.84亿千瓦时。领导班子分片包干进行电费催收，灵活使用合法停限电、有效资产担保等手段，降低电费回收风险。深化量价费损专项监测，追补电费107.92万元。加强购电制推广，474户高压客户费控装置上线运行。开展项目财务经济性、合规性审查400余项，建立公司事项性成本储备库。开展预算预安排，积极推进营财一体化建设。完成所有会计主体会计基础工作创优。马边公司完成城乡居民同网同价及农网维护费收支独立核算，沐川公司完成一、二期农网资产剥离，全资进程有序推进，两家公司均实现了扭亏为盈。

【安全生产】国网乐山供电公司扎实开展“安全日”、安全生产大检查、缺陷隐患排查整治等专项活动，全年共排查问题和隐患772项，完成整改748项。完成4家县公司安全性评价工作。通过安全风险管控系统，发布电网风险预警69次，编制五级及以上电网风险管控方案20项。全年共计消除设备本体危急缺陷9项，严重缺陷57项，一般缺陷201项，消除通道缺陷2317处。深入推进配网状态检修工作，完成8718个设备单元的状态评价工作。积极打造城市配网30分钟抢修圈，推行“网格化”管理，增加城市永久抢修驻点3个，抢修队伍到达时间缩短到20分钟。开展现场安全巡查2446次，查纠违章72次。圆满完成“旅博会”“国际自行车赛”等重大活动保电任务。

2015年9月7日，国网乐山供电公司对马边实施“三位一体”精准扶贫，新华社、《工人日报》等多家国家级、省市级媒体专题报道了扶贫成效，受到四川省纪委、国网四川省电力公司以及社会各界的高度评价。图为马边高石头村彝兴合作社成立暨养殖能手、文明新风好家庭劳动竞赛启动仪式现场（王军　摄）

【农电工作】2015年，农网改造升级工程投资25245万元，项目312个。国网乐山供电公司农网综合电压合格率为99.95%，农网供电可靠率为99.83%。重新制定《农电业务界面划分建议方案》，理顺基层单位农电运维、大修技改业务管理界面与流程，明确各方工作与安全职责。推进乐山市三新供电服务有限公司实体化运作，在各县级供电分公司（不含控股公司）成立三新分公司。组织完成农电人员合同改签工作。完善党组织机构设置，核实登记农电党员

378名，按照自愿原则，110名党员将党组织关系转入三新公司。完善工会组织机构，吸收会员1075人。

【科技与信息化工作】该公司马天智劳模创新工作室入选四川省“十二五”劳动竞赛十大“示范劳模创新工作室”。1个科技项目获国网四川省电力公司科学技术进步三等级，2个群创项目获得国网四川省电力公司“员工技术创新十大优秀成果”，1个QC成果获国网四川省电力公司一等奖，2个管理项目分获国网四川省电力公司管理创新、课题研究一等奖，3个精益项目分获国网四川省电力公司二、三等奖。加快创新成果转化应用，变电站智能巡检系统、安全风险管控系统和“掌上供电所”APP推广应用价值受到国家电网公司、国网四川省电力公司高度评价，其中变电站智能巡检系统已与国电南瑞集团达成推广协议。

【优质服务】国网乐山供电公司大力实施“客户用电满意工程”，在4G服务模式的基础上，以“基础、规范、效率、转型、服务、效益”十二字为主线，解决突出问题，规范服务行为。建设完善4个工业园区“电管家”服务站，提供一站式服务。组织开展“换位思考，我是客户”大讨论，以客户需求为导向查找服务短板，制定整改措施。开展重点客户走访行动，全年走访客户112户，收集回复客户意见、建议43条。推进“服务进社区”，设置社区经理847个，建设电力和谐村50个。深入开展业扩报装环境整治“百日行动”，查找并改进问题54项。新建便民购电网点482个，全面实现“村村设点”目标。“掌上川电”APP注册用户8.4万户。

【党的建设和精神文明建设】国网乐山供电公司认真开展“三严三实”专题教育，创新“领导+宣讲团”专题党课模式，领导班子带队深入基层宣讲10余次。探索实行“党建工作项目化管理”，重点打造“共产党员创新创效示范”、“党建标准化示范点”等项目。加强优秀专家人才培养选拔，2人成为国网公司专业领军人才，2人成为国网公司优秀专家人才后备。完成企业文化基地建设，开展企业文化建设示范点创建和重点项目打造。开展“双融双提升”活动，着力解决管理“肠梗阻”、执行力偏差、服务职工群众“最后一公里”等问题。实施“三位一体”马边精准扶贫，新华社、《工人日报》《四川经济日报》等多家国家级、省市级媒体专题报道了扶贫成效，受到省纪委、国网四川省电力公司以及社会各界的高度评价。全面开展“当好主力军、建功十二五”活动，公司被评为全国“安康杯”竞赛优胜单位、四川省“重点工程劳动竞赛先进集体”，嘉能佳公司荣获全国“工人先锋号”，九峰供电所被评为国网四川省电力公司首批标杆班组和国网公司“工人先锋号”。大力弘扬劳模精神，2人被授予“四川省劳动模范”称号，1人荣获“四川省五一劳动奖章”。切实落实老同志“两项待遇”，积极推进文化养老工作，公司荣获国网四川省电力公司“敬老模范先进单位”称号。

【企业改革】人力资源改革。国网乐山供电公司引入定员概念、定量考核、事项性考核、里程碑计划考核等6个维度因素，推进绩效改革，建立涵盖全面、科学合理、公平正义的绩效管理考评体系和薪酬福利体系。制定集体企业工资收入管理办法、协议工资制管理办法等薪酬分配制度。制定员工动态管理办法、集体企业用工管理办法，规范用工行为。深入开展用工普查，合理规范农电用工及社会通用工种的用工关系。修订公司职员职级管理办法。集体企业改革。重新对集体企业进行精确定位。制定“以电为纲、两翼齐飞”发展战略，明确“四个转型”发展途径，集公司管理智慧，初步建成“七大管控体系”。全年共制定集体企业财务管理、安全管理、物资管理等22项规章制度。整合财务资源，成立集体企业会计核算中心。开展集体企业清算关闭、社会化改制和公司化改制。

【存在的主要问题】一是安全管控能力不强。部分干部员工存在麻痹懈怠思想，抓安全工作走过场、浮于表面。作业准备不充分，风险辨识、现场措施落实、作业过程监督不到位，特别是对一些小型、零星、分散以及抢修作业重视不够，违章未得到有效控制。局部电网结构不合理，220千伏桥沟、沫水片区电网风险依然较大，110千伏单变单线问题较为突出，供电可靠性较差。配电网络不完善，负荷转供能力差。现有调度技术支持系统不能完全满足调度、调控一体化要求。二是优质服务问题依然突出。个别员工责任意识、服务意识和品牌意识还不强，服务技能、服务质量有待提升。随着用电信息采集、“掌上川电”APP等智能化系统的深化应用、业扩新办法的出台，对营销服务工作提出了更高要求。人力资源问题较为突出。该公司多种用工方式并存，由于长期未对各类用工管理进行风险管控，造成遗留问题较多。管理人员特别是后勤服务类人员沉淀较多，管理人员超员达68.62%；一线技术技能人员缺员率达23.37%。人力资源的结构及配置现状难以适应“三集五大”体系建设全面深化的要求。薪酬绩效杠杆作用仍未充分发挥。三是集体企业发展面临巨大挑战。目前集体企业业务单一。随着外部经济增速放缓，市场需求增长缓慢，电网投资稳中有降，集体企业面临巨大的经营压力。加之长期粗放管理，潜亏严重。个别干部员工思想保守、观念落后，对集体企业定位认识不到位、对集体企业发展战略认知还有偏差，加之集体企业人力资源改革推行严重滞后，执行力偏差问题十分突出。四是依法治企任重道远。个别干部员工观念仍未转变，法治意识、规则意识淡薄，“习惯性”思维严重，与依法治企的要求差距甚大。法制教育的针对性不强，部分干部员工自主学习动力不足。部分干部对权力边界和自身职责认识不清，考核体系不完善，考核指标设置不全面，责任追究不到位。“两个责任”还需进一步落实，在工程分包、物资管理、供电所管理、集体企业管理等领域暴露出了一些管理漏洞、监督盲点。

【国网峨眉山市供电公司】国网峨眉山市供电公司成立于1969年12月，供电范围覆盖峨眉山市18个镇（乡），供区面积881.3平方千米，占市域面积的75%，供电人口30余万，占全市总人口的71%。电力客户12.3万余户。下设8个科室，9个班组。有各类在职员工338名，其中：全民在岗176名（全民支援集体员工46名，内退1名），主业外聘10名，农电128名，集体企业聘用员工11人，集体身份职工21人。另有退休职工198名。全民在岗人员平均年龄45岁，大专及以上学历150人，中级及以上职称35人，高级工及以上91人，人才当量密度0.9761，高技能人才比例

2015年12月29日，国网乐山供电公司认真开展“三严三实”专题教育，创新“领导+宣讲团”专题党课模式，进一步加强党的建设。图为该公司“三严三实”专题民主生活会　　　　（欧玮庆　摄）

84.81%。党委下属7个支部，共有党员117名。

该公司拥有变电站13座，其中220千伏站3座，110千伏站5座，35千伏站5座，10千伏开关站2座，总变电容量138.36万千伏安。有35千伏线路16条，总长130公里；10千伏线路53条，总长1065公里。固定资产6.88亿元。2015年，完成售电量40.36亿千瓦时，截至2015年12月31日，连续安全生产4175天。该公司秉承“安全立企、管理兴企、人才强企”的工作理念，夯实安全基础，创新管理模式，狠抓标准落实，积极推进班组建设。2015年先后荣获“国网四川省电力公司安全先进集体”、“四川省模范职工小家”、国网乐山供电公司“先进基层党组织”等荣誉称号。

【国网乐山市五通桥供电公司】国网乐山市五通桥供电公司成立于1971年9月，担负着五通桥区12个镇（乡）的供电任务，供电面积465.51平方千米。下设8个科室，8个班组。共有在职员工319人（其中，国有员工96人，农电用工195人，劳务派遣用工28人），退休员工165人；大学本科及以上学历82人，中级及以上职称11人，高级工及以上技能等级人才82人。2015年，完成售电量29.98亿千瓦时，同比增长18.59 %，220千伏及以下综合线损率完成3.79%，比全年目标低 0.31个百分点。固定资产增至7.61亿元。辖区内共有变电站14座，变电总容量115.4万千伏安，其中：220千伏变电站3座、110千伏变电站4座、35千伏变电站7座。110千伏输电线路97.13公里，35千伏输电线路113公里，10千伏线路898公里，低压线路7520公里，供电用户1297646户。截至2015年12月31日，该公司实现连续安全生产4175天。相继获得省能源监督办“安全生产先进集体”、国网四川省电力公司“电网先锋党支部”、“公安消防交通安全先进单位”等荣誉。

【国网乐山市沙湾供电公司】国网沙湾供电公司成立于 1991 年，主要担负沙湾区工农业生产和人民生活的供电任务，供区范围覆盖沙湾区 13 个镇（乡），供区面积约 618 平方千米，供电用户 6.7 万户。下设有 6 部 2 中心及 6 个农村供电所，有在职员工 300 人，退休职工 74 人。2015 年，完成售电量 14.97 亿千瓦时，荣获国家电网公司文明单位。营业区内主网有 220 千伏变电站 1 座，110 千伏变电站 4 座，35 千伏变电站 3 座，总变电容量 64.81 万千伏安，其中：沙湾供电公司管辖 35 千伏变电站 3 座，总变电容量 3.66 万千伏安）。有 35 千伏输电线路 110 公里，10 千伏城网主干线路 47.74 公里，10 千伏农网线路 793.45 公里。固定资产原值 4.83 亿元，固定资产净值 1.39 亿元。此外，沙湾电网还有隶属客户的 220 千伏变电站 2 座，110 千伏站 3 座，35 千伏用户变电站 2 座，总变电容

量32.5兆伏安。另有35千伏上网电站2个，总装机1.86万千瓦。

【国网夹江县供电公司】国网夹江县供电公司成立于1998年，供区面积约241平方千米，占全县总面积的32%，供区人口约12万，占全县总人口的40%。设有部门6个，职工47人，劳务派遣30人，退休职工21人，集体平台设部门4个，职工34人，退休职工1人，农电员工81人，共计214人。拥有220千伏变电站1座，30万千伏安，110千伏变电站3座，18.3万千伏安，35千伏变电站4座，2.69万千伏安，10千伏开闭所1座。220千伏线路7条，174.37公里，110千伏线路10条，86.29公里，35千伏线路8条，86.38公里，10千伏线路35条，323公里，10千伏公用变压器711台/10.6万千伏安。固定资产3.35亿元。2015年，该公司完成售电量9.68亿千瓦时， 截至2015年12月31日实现连续安全生产2531天。

【国网井研县供电公司】国网井研县供电公司成立于1991年，担负着井研全县及乐山市市中区、五通、犍为和荣县等县市部分区域42万人的供电任务。有员工359人，其中全民员工68人，劳务派遣用工19人，农电用工272人。该公司有110千伏变电站2座，变电容量14.3万千伏安，35千伏变电站7座，变电总容量6.41万千伏安，110千伏线路48公里，35千伏线路131公里，10千伏线路1024.25公里；配电变压器1509台，配变总容量20.14万千伏安，低压线路8976.71公里。2015年，完成售电量3.49亿千瓦时。2015年该公司共完成农网改造升级工程、生产技术改造及配网建设改造等工程87个，并开展2015年电能表推广应用及配套项目的现场施工工作，完成安装8190只。全力推动220千伏金仓站建设，协助国网乐山供电公司基建部完成变电站征地拆迁等前期协调工作，推进王村站主变改造和千佛站Ⅰ号箱体改造工作，完成后将为王村和千佛片区提供更可靠地的电力保障。为努力实现城市配网布局合理性，该公司积极协调政府规建部门规划布局2016年城市配电网工程，已下达改造11个台区的配网项目，为建设井研坚强智能电网打下了坚实基础。

【国网马边彝族自治县供电有限责任公司】国网马边县供电公司于1995年12月由马边电厂改制而成。2003年年初，由乐山嘉能电力有限责任公司控股。2008年12月，四川省电力公司正式控股。2009年3月完成对公司的股份制改造工作，注册资本金1026.58万元（其中，四川省电力公司持股93.31%，马边雨华投资有限责任公司持股6.69%）。主要经营水力发电与电力供应，兼营35千伏以下送变电工程建设、电工器材、仪表销售等。该公司供电网络覆盖全县2304平方千米，供区总人口21.5万人，担负着马边全县20个乡（镇）、123个行政村（社区）的供电任务，拥有农村供电所3个，发电站4座，装机9台，总容量0.68万千瓦。设七部一中心，员工总数316人，其中在岗职工190人，退养职工55人，退休职工71人。

该公司运维管理220千伏变电站1座，30万千伏安，110千伏变电站4座，17万千伏安，35千伏变电站6座，4.63万千伏安；辖区内110千伏线路15条，338公里，35千伏线路24条，总长约232公里，10千伏线路39条，总长约1084公里。2015年完成全口径售电量 10.31 亿千瓦时，资产总额5270.23万元，资产负债率182.13%。

【国网沐川县供电有限责任公司】国网沐川县供电公司于2010年6月由四川省电力公司正式控股，注册资本为人民币3796.10万元（国网四川电力控股97.3%，沐川县财政控股2.7%）。该公司是一个集发电、配电、供电为一体的综合性电力企业，主要承担沐川城区和19个乡镇195个行政村的供电任务，供区面积约1408平方千米，供电人口约26万，供电户数8.4万户，其中抄表到户6.87万户。网内有并网电站40座，总装机容量7.35万千瓦，其中：公司资产电站4座（三宝石电站、涧溪沟电站、胡溪口电站、龙沱电站），总装机容量为0.72万千瓦；220千伏变电站1座（代管）、110千伏变电站2座、35千伏变电站7座、10千伏开关站4座，变电总容量27.63万千伏安（含静云15万千伏安）；110千伏输电线路4条，总长74.63公里；35千伏输电线路12条，总长148.6公里；10千伏配电线路59条，总长1240.631公里（其中用户产权172.238公里）；10千伏配电台区1730台（其中专变470台，公变1260台），总容量22.57万千伏安；低压线路4438公里（其中用户产权1782公里）。2015年，实现售电量2.48亿千瓦时，同比下降1.31%，自发电量3692.62万千瓦时，同比增长3.6%。

2015年，该公司完成农网基建投资7978万元，完成新建和改造10千伏线路186.3公里，配变173台，低压线路509.4公里，改造户表5740户。完成110千伏沐川变电站技改，启动了35千伏利店输变电工程和35千伏建和输变电工程前期工作。按照沐川电网“十二五”规划及农网排序计划，完成2016年农网项目贮备7936万元，城网项目贮备750万元，完成沐川县电网十三五规划及规划编制，为沐川电网可持续发展打下良好基础。2015年，该公司没有发生安全考核事故，企业和干部员工没有出现违法、违纪问题，员工队伍稳定。 （方美凤）

国网德阳供电公司

【企业概况】德阳市位处川西平原经济区，距省会成都 58 公里，是中央确定的成德绵全面创新改革试验区的重要组成，“十三五”发展前景十分广阔。德阳历史悠久，是巴蜀文化发祥地之一，境内拥有“沉睡数千年、一醒惊天下”的三星堆古蜀文明遗址。辖旌阳、广汉、什邡、绵竹、中江和罗江 6 个县（市）区，面积 5911 平方千米，人口 394 万，各县市之间基本实现了半小时经济圈。德阳被喻为中国重装之都，是中国重大技术装备制造业基地，拥有第二重型机器厂、东方汽轮机厂、东方电机厂等国有大型机械工业企业，发电设备产量全球第一，石油钻机出口全国第一，是中国唯一的“联合国清洁技术与再生能源装备制造业国际示范城市”。全市工业增加值排名全省第二，工业电量占国网德阳供电公司售电量的 70%。2015 年全市实现地区生产总值 1600 亿元，同比增长 8%，地区生产总值、人均 GDP 居全省第三位。德阳县域经济发展较好，城乡一体化水平较高，区域综合竞争力、城镇人均可支配收入、高新技术产业工业增加值均居四川省第二位。

2015 年 12 月 15 日，国网德阳供电公司为了拓展市场，实施“走出去”战略，先后与国网资阳、阿坝、天府新区等供电公司签署战略合作协议。图为与国网天府新区供电公司合作协议签署仪式现场

（周斌　摄）

国网德阳供电公司成立于 1984 年 6 月，属国网四川省电力公司直属特大一型供电企业。固定资产 53.5 亿元，城市用电营业户数 56.3 万户，农村电营业户数 107.7 万户。该公司本部设 11 个职能部室和 7 个业务机构，下辖广汉、什邡、绵竹、罗江 4 个直管供电公司，代国网四川电力管理中江、绵竹、孝泉 3 个全资供电公司和什邡、罗江 2 个控股供电公司。

德阳电网是一个典型的受端网络，95%以上的电力由外部送入，境内的德宝直流德阳换流站是四川电网“丰枯调节、水火互济”的重要枢纽。“十二五”规划期间，国网四川省电力公司对德阳电网投入 45 亿元，相当于再建一个德阳电网。德阳电网拥有变电站 136 座，其中±500 千伏换流站 1 座，500 千伏变电站 2 座，220 千伏变电站 14 座、110 千伏变电站 75 座、35 千伏变电站 44 座。有 35 千伏—220 千伏输电线路 249 条，总长 2596 公里。110 千伏电网容载比达到 3.64，220 千伏电网容载比达到 2.91。日最大负荷 164.81 万千瓦，日均最大负荷 130.99 万千瓦。

2015 年，该公司在国网四川省电力公司同业对标综合排序和管理对标均位列全川第一。先后荣获“全国五一劳动奖状”“全国文明单位”“全国精神文明建设工作先进单位”“全国安全文化建设示范企业”“全国模范职工之家”国务院国资委“中央企业抗震救灾先进集体”“全国‘安康杯’竞赛优胜企业”“国家电网公司纠风和行风建设先进单位”“国家电网公司抗震救灾先进集体”“国家电网公司先进集体”“全国厂务公开民主管理先进单位”“国家电网公司工会工作先进单位”。

【人力资源】截至 2015 年 12 月 31 日，该公司用工总量 4825 人，其中:直供全民 1143 人、全资控股公司全民 721 人、农电 1799 人、集体企业自聘 1062 人、劳务派遣 97 人（主业 82 人，集体 15 人），人才当量密度 1.0295。

2015 年，国网德阳供电公司紧紧围绕企业战略发展目标，以构建新型人力资源体系为导向，积极推动企业组织机构、管理模式和业务流程变革，努力构建完整、科学、合理的岗位价值体系，创造和谐、稳定的劳动关系，引导员工立足岗位成长成才，为企业发展提供坚强的人才支撑。

该公司率先在全川开展县级供电公司劳务协作，探索劳务协作的内容、形式和激励机制。通过逐一走访各基层单位，面对面就组织实施、配套措施、管理要求和工作纪律进行沟通，采取分批交流方式，平稳有序地全面完成人员交流工作。加强全口径人工成本管控，建立了全口径用工工资集中审核发放机制，有效发现和防范了超计划、超标准发放工资和工资列支渠道不规范等问题，确保公司依法治企建设走向深入。设置新业绩考核指标体系，有效对接国网四川电力考核，实现压力的有效传递。改进“事后申诉”，实施“考核预反馈”制度。组织开展对配网抢修指挥、配电运检、客户服务等专业的岗位现场跟踪写实，据实测算岗位工作量，为推动业务工作平稳高效开展和用工效率提升奠定坚实基础。以“目标科学化、流程标准化、对策个性化、进度可视化”的“四化”管理模式，构建学历、职称、技能等级、专家人才“四位一体”提升体系。

2015 年，该公司 109 人取得硕士研究生学历学位，80 人取得高级专业技术资格，525 人取得技师、高级技师职业技能鉴定任职资格。有管理期内优秀人才 128 人，其中：国家电网公司级人才 12 人，国网四川省电力公司级人才 61 人，地市公司级人才 55 人。国网四川电力“双千人才”40 人、“电力雏鹰人才”12 人。人才当量密度持续保持全川领先。

积极援藏，全面支持藏区电力事业发展，累计选派 31 名援藏人员帮扶阿坝、红原、炉霍等藏区，推荐 2 名优秀科级干部到藏区挂职锻炼，开展营销、规划、工程等专业的定向帮扶。为离退休人员组织各类文体活动、修建德阳东湖电力社区老年活动中心活动室、与德阳市老年大学合办德阳供电公司老年大学办学点，全方位做好离退休人员管理工作。

【电网建设与发展】德阳电网是四川电网的重要组成部分，与成都、绵阳、南充、阿坝四个电网相连，担负着德阳市旌阳区、广汉市、什邡市、绵竹市、中江县、罗江县及成都部分地区的供电，并通过±500 千伏德宝直流与西北电网相连。2015 年，该公司完成《德阳电网“十三五”发展规划》《德阳供电公司“十三五”配电网规划》及《2015 年德阳电网发展诊断分析报告》的编制。

2015 年，该公司电网建设与改造共完成投资 93147.39 万元，电网基建项目建设完成 35 千伏及以上主变容量 19.3 万千伏安，线路长度 306.94 公里，其中 110 千伏主变容量 15.3 万千伏安，线路 246.3 公里。

2015 年电网建设与改造投资完成情况

表 13

序号	投资类别	2015 年投资计划	2015 年实际完成	计划完成率
	固定资产投资	93277.34	93147.39	99.86%
一	基本建设	73329.37	73199.42	99.82%
1	小型基建	660.00	660.00	100.00%
2	电网基建	72669.37	72539.42	99.82%
（1）	常规电网	55659.87	55659.87	100%
①	大中型电网	49077.00	49077.00	100%
②	生技城市配网	4165.12	4165.12	100.00%
③	独立二次	2417.75	2417.75	100.00%
（2）	农网升级改造及无电地区	17009.50	16879.55	99.24%
①	升级改造	17009.50	16879.55	99.24%
②	无电地区	0	0	100%
二	技术改造	9957.20	9957.20	100.00%
三	零购	846.89	846.89	100.00%
四	营销（资本性）	9143.88	9143.88	100.00%
五	信息化（资本性）	0	0	100.00%

2015 年 35 千伏及以上基建项目建设规模及完成情况

表 14

序号	项 目 名 称	长度（公里）	变电容量（万千伏安）	计划总投资	2014 年年底累计下达	2015 年投资计划	新建	投产	工程性质
	国网德阳供电公司合计	306.94	19.3	68782	7301	50602	3	3	
1	兰渝铁路广元牵引站 220 千伏供电工程	149.3		38911	0	30000	1	0	电网基建
2	德阳 110 千伏杨嘉变电站主变扩建工程		5	917	0	500	1	0	电网基建
3	德阳 110 千伏凯江变电站主变扩建工程		6.3	1034	500	534	0	1	电网基建
4	甘孜色达 110 千伏输变电工程	97	4	21151	5450	15701	0	1	无电地区
5	甘孜 110 千伏色达变电站 35 千伏配套工程	17.4		1693	351	1342	0	1	常规(天路)
6	德阳中江永安 35 千伏输变电工程	11.65	1	1368	500	500	0	0	电网基建
7	德阳中江永兴 35 千伏输变电扩建工程	18.75	1	2183	500	500	0	0	电网基建
8	德阳绵竹富新 35 千伏输变电扩建工程	12.84	2	1525	0	1525	1	0	农网升级

2015 年该公司电网建设与改造投资共下达计划 72669.37 万元，完成投资 72539.42 万元。其中 35 千伏及以上大中型电网基建投资计划 46735 万元，完成投资 46735 万元。

按照国网四川省电力公司电网建设里程碑计划的进度安排，2015 年，德阳公司完成大中型电网基建项目共 3 个：德阳 110 千伏凯江变电站主变扩建工程，甘孜色达 110 千伏输变电工程，甘孜色达 110 千伏变电站 35 千伏配套工程。分别属于电网基建、无电地区及常规(天路)项目)，其中，色达 110 千伏输变电工程及 110 千伏色达变电站 35 千伏配套工程已于 2014 年提前竣工。截至 2015 年 12 月 31 日，该公司正在建设的大中型电网基建项目共 5 个：分别为兰渝铁路广元牵引站 220 千伏供电工程，德阳杨嘉 110 千伏变电站主变扩建工程，德阳中江永安 35 千伏输变电工程，德阳中江永兴 35 千伏输变电扩建工程和德阳绵竹富新 35 千伏输变电扩建工程，其中前 4 个项目为常规电网项目，德阳绵竹富新 35 千伏输变电扩建工程为农网升级改造项目，以上 5 个项目中，续建工程 2 个，2015 年新开工工程 3 个。兰渝铁路广元牵引站 220 千伏供电工程被列为重点工程项目。按照国家电网公司规定，所有大中型电网基建项目中，110 千伏及以上新建变电站工程或折单长度在 20 公里以上的输电线路工程项目均应进行达标投产，2014 年德阳付家牵引站至德阳 II 变 220 千伏输

2015 年 7 月 16 日，国网德阳供电公司作为国家电网公司高海拔带电作业试点单位，成功完成相关任务，填补了中国高海拔带电作业的空缺 (周斌　摄)

电线路工程，德阳新市变至秋月变 220 千伏输电线路工程，德阳 110 千伏凯江变电站主变扩建工程，甘孜色达、翁达、达通玛 110 千伏变电站工程，甘孜—色达 110 千伏线路工程，甘孜—达通玛 110 千伏线路工程，翁达—炉霍 110 千伏线路工程均进行了达标投产，德阳穿心店 110 千伏变电站被评为国家电网公司优质工程。

【经营管理】国网德阳供电公司在国网四川省电力公司系统 2015 对标指标综合评价得分 919.41891 分，综合排名第一。获得国网四川省电力公司 2015 年度“综合标杆”，“业绩标杆”“管理标杆”称号和安全管理、人力管理、财力管理、物力管理、规划管理、建设管理、检修管理、运行管理、营销管理、配套保障专业标杆称号。

2015 年 11 月 4 日，国网德阳供电公司党委深化运用“三本台账”工作法，开展对城市居民、农村客户和企业员工“五个一”服务。图为德阳农村低电压治理现场 (周斌 摄)

该公司强化项目储备，夯实计划编制基础，召开项目储备启动会。6—10 月按月对项目储备进度、已入库项目的清单和下月计划安排进行分析、检查和通报，提高项目储备质量。结合项目需求和投资能力，综合平衡，优化计划安排，实事求是提出综合计划建议。结合后期电力市场走势、电网发展诊断以及迎峰度夏期间暴露出的问题等，提出综合计划调整建议，确保计划的全面性、规范性、科学性、合理性。细化过程管控，加大分析力度，提升计划执行成效。一是应用全口径资金项目管理系统中的“综合计划执行情况稽查系统”模块，对项目的物资提报、合同履约、资金支付等实际进度的管控，做到“月通报、季分析、年考核”。二是定期召开综合计划协同会，加强综合计划项目管控横向协同能力，协调解决项目执行过程中存在的问题，确保综合计划项目的顺利完成。三是组织各部门、所属各单位对影响项目执行过程的因素和环节进行系统分析，并提出改进意见和建议，进一步优化项目管理。

2015 年，该公司财务管理紧密围绕国网四川省电力公司及该公司发展战略和年度目标任务，提出“强化财务工作责任力、强化财务工作调控力、强化财务工作执行力、强化财务工作约束力”的“四力”工作方案，持续强化公司财务管理，为企业发展提供坚强的财务支撑和资金保障。财务工作不断扩展管理职能、创新管理手段、提升信息化应用水平，取得实效。深入推进依法治企工作的开展，强化内控制度建设与管理，降低企业经营管理风险；持续加强债权债务的清理工作，全面梳理公司往来账务，成功收回了长达 20 余年的原电力汽修厂债务 207 万元，超额完成国网四川省电力公司下达的“两金”压降目标。持续加强财务会计基础工作管理，完成会计基础管理创优申报达标工作，公司 10 家会计主体均取得国家电网公司“会计基础管理规范化达标单位”称号。加强与地方金融机构的合作，积极推动银财管理联动，与德阳银行达成“T+0”实时上划电费条款，有效解决资金管理问题。推动财务管理创新研究，寻求财务管理新突破，“以规范化为导向的财务业财融合管理体系建设与实践"课题获国网四川省电力公司管理创新一等奖，“以提升责任力为核心的财务三本台账扩展与应用”获国网四川省电力公司研究课题二等奖。强化财会队伍建设，积极参加财务调考，不断提升财会队伍整体水平，在国家电网公司财务普考中取得了全川第三的好成绩。持续推进优质财务管理体系建设，常态抓好财务同业对标管理，稳定优质指标，改善弱势指标，全年财务管理对标国网四川省电力公司取得第一名。强化预算管理对业务工作的引导作用，延伸财务管理界面，提升财务对公司业务全过程管控能力。加强全资控股公司财务一体化管理要求，提升公司专业管理水平，为全资控股公司扭亏目标实现提供有效专业支持。加强对集体企业财务管理工作的监督与管控，协助集体企业作好财务集约化管理工作布置。

该公司认真落实国家电网公司党组一号文关于

全面建设法治企业的相关部署，以国网四川省电力公司“全面依法治企指标体系”为目标，充分发挥法治的引领和监督作用，扎实开展普法依法治企各项工作，完成“六五”普法检查验收，全面提升法治工作水平。组织中心组集中专题学法，邀请专家讲授宪法及依法治企风险防范知识；组织全体中干进行必知法律法规考试；开展“我读宪法”活动，大力弘扬宪法精神；开展“全面依法治企指标体系”和“岗位必知法律法规”宣贯，引导全体员工学法用法；开展“供电企业岗位必知法律法规研究与实践”研究，形成具体行为指引；全面清理公司生产经营活动中权益受到损害的情况，展开具体维权工作；开展“国网共产党员服务队”法律风险防范研究，提出冲突解决指导意见和服务规范指导意见，编制答疑解疑指南，指导共产党员服务队日常工作；指导什邡供电有限公司对绵竹电力有限公司开展制度管理“1+1”帮扶，有效提升了县公司制度管理水平；制定通用制度监督考核分解指标，开展通用制度执行情况检查考评，形成制度执行监督的闭环管理模式；组织生产和营销专业267人开展了通用制度考试，有效检验专业人员对通用制度的学习成效，达到“以考促学”目的；根据业务部门、各基层单位的实际法律需求，开展供用电业务、劳动用工、资产全寿命周期等有关法律问题的研究，为解决实际问题提供法律支撑；全年共审核各类经济合同1023份，参与非招标法律保障67次，协调处理纠纷案件8件，提出法律意见书3份，发出风险提示书1份。

2015年6月19日，国网德阳供电公司“鲁鹏志愿服务队”是国网四川省电力公司系统唯一一支以员工命名的社会志愿服务队。图为志愿服务队在敬老院为老人包饺子　　（周斌　摄）

该公司紧紧围绕总体目标，统筹协调农网改造升级、大修技改资金、农网运维费使用，及时解决农网低电压问题。投入资金5363.9万元，完成治理低电压台区419个、解决低电压客户12686户。加强农电基础管理，推进农村供电所业务委托工作，加大对供电所人力、物力、财力投入，实施“供电所管理提升”工程，进一步提升农村供电所规范化、标准化管理。强化“三本台账”管理，进一步深化“包片进村”和农村“五个一”服务。准确了解用户所关心和反映的各类用电问题，不断提升供电所优质服务水平。获国网四川省电力公司2015年度农电工作先进单位称号。

2015年，申报物力管理两项典型经验《协议库存计划申报执行》和《物资采购标准应用》。其中《物资采购标准应用》入选2015年国网四川省电力公司对标典型经验。国网四川省电力公司“1+1”重点项目“物资供应精益化管理”荣获国网四川省电力公司三等奖；2人参加国网四川省电力公司物力集约化调考，获得团体第四名。物资同业对标全川排名第三。收集物资佐证资料，涉及甘孜110色达站、110千伏辑庆站等12个工程的物资合同300余份，物资入库单、出库单、配送验收单等2200余份，协同配合输电运检、变电检修等部门，提供工程相关资料影印件150余套。确保资产全寿命体系建设，顺利通过国家电网公司专家组验收。

全年组织开展预算执行、专项成本、项目管理等专项审计项目11项、各类任期经济责任审计7项、开展工程竣工决算审计和后续审计工作1291项，提出共性和代表性审计建议和意见261条，形成审计报告40余份，审计意见采纳率100%，审计决定完成率90%。

继续加大对集体企业集团“走出去”发展战略的支持力度，2015年集团公司共参与35千伏及以上输变电工程项目投标47项，成功中标成都城厢110千伏输变电工程、阿坝中查沟110千伏变电站新建工程和兰渝铁路电力配套线路新建工程等35项，在国网四川省电力公司集体企业工程项目标准化建设检查中获得多项好评。集团公司2015年取得国家电网公司智能化调试B级资质，成为省内仅有的3家具备相关试验资质和能力的企业之一。督导集团公司成立会计核算中心，财务管理效率效益同步提升。2015 年，集团公司获国网四川省电力公司“创建和谐劳动关系”先进集体称号，德润公司获国网德阳供电公司 2015 年度“特殊贡献奖”；电杆公司、物业公司获省级“守合同重信用”称号。

国网德阳供电公司开展 11 个精益化提升项目，其中由运维检修部承担的“1+1”（国网四川省电力公司部门+基层单位）精益项目“生产大修技改项目计划精益管理”获一等奖。自主项目“10 千伏及以上月度停电计划执行率精益提升”获二等奖，使县级供电公司在精益化项目实施上取得突破。两名员工通过笔试和面试两轮考核获得国网四川省电力公司精益绿带人才资格认证。

【安全生产】国网德阳供电公司认真贯彻国家电网公司和国网四川省电力公司决策部署，全面落实“依法治安、从严治安”的安全工作要求，按照“提能力、强管控、除隐患、固基础”安全工作思路，以确保人身安全为首要任务，以确保可靠供电为根本目的，深入开展安全管理提升活动。全面落实各级安全责任，有效运转安全生产内控机制，强化全员安全培训，深入推进安全隐患排查治理，保持严抓严管态势，有效防控了各类安全风险。狠抓鱼塘涉电隐患整治，全年未发生钓鱼触电纠纷案件，电力设施保护效果良好。扎实开展人身伤亡事故、防灾减灾无脚本综合应急演练，应急保障能力不断加强；开展“两谈一说”活动，有效帮助关键人员辨识风险，理清安全思路，制定防控措施，提高了关键人员管控能力。编制完善《安全风险管控指南》《关键岗位工作实用指南》《隐患排查工作指南》，保证各级管理人员履职有借鉴，工作有指导，学习有教材。开展安全征文活动，举办班组安全论坛，持续提升安全文化影响力。没有发生人身、电网、设备等考核事故，安全生产局面持续稳定。截至 2015 年 12 月 31 日，该公司连续安全生产 3930 天，获国网四川省电力公司安全生产先进单位。

【生产管理】2015 年，该公司完成并表口径售电量 93.34 亿千瓦时，同比减少 6.71 亿千瓦时，降幅 6.70%；综合线损率 6.22%；电费回收实现 10 年双结零；安全、服务零事故；营销同业对标连续四年全省综合第一。220 千伏标准化线路比例 96%，220 千伏精益化变电站比例 88%，20—10 千伏城市配网架空线路绝缘化率 100%，城市综合供电电压合格率 99.999%，农网综合电压合格率 99.58%，生产技改大修项目完成率 96.42%，输电精益化管理指数 92.7 分，变电精益化管理指数 98.05 分，配电精益化管理指数 94.12 分，配网不停电作业指数 98 分，PMS2.0 应用评价指数 79.98 分。

该公司加强全过程技术监督管控，推行技术监督预告警制度、定期报告制度及技术监督竣工验收制度，实现技术监督工作的全过程、全覆盖；稳步推进变电运维一体，编制运维一体化培训手册、标准化工艺工序卡；开展技术培训，参加技能竞赛，获得团体二等奖的佳绩；建立了 5 个运维一体化标准工器具室，购置一辆变电运维一体化车辆。以设备运维工况为导向，以精益化管理为抓手，编制了大修技改项目储备重点，综合基建、迁改、业扩等业务，统筹项目计划储备，实现了大修技改项目计划管控“四提升”，2015 年“生产大修技改计划精益管理项目”获国网四川省电力公司一等奖；强化电压质量管理，核查发布电压监测数据，开展电压质量过程监控，布置 385 台农网电压质量检测仪，完成配网低电压综合整治，城农网综合电压合格率持续保持国网四川省电力公司 A 段。

2015 年 03 月 24 日，国网德阳供电公司通过狠抓“三个环节、提升两种能力”，确保安全生产态势平稳，安全生产突破 4000 天。图为该公司正在组织员工进行安规考试　　（马健　摄）

深入开展设备隐患排查治理，将变电设备从规划、设计、采购、建设、验收、运检、退役等各个阶段的工作与变电精益化评价相结合，对设备进行全过程监控；重点针对避雷针倒塌、断路器拒动、防雷整治、开关柜发热等开展专项隐患排查治理，共计发现各类设备缺陷和隐患 188 项，已处理 126 项，其余未处理的缺陷或隐患均制定了措施加以控制；以深化输电线路“六防”工作为重点，降低线路故障停运机率。建立巡检人员、无人机、视频监控立体化巡检平台，对89处关键山火隐患点及50处外破隐患点开展了全方位监视；开展输电线路综合防雷整治，安装220千伏线千伏雷器9组及杆塔二次接地，220千伏线千伏现无雷击跳闸目标；完善63基杆塔防鸟害措施整治；应用科技手段监测污秽情况并完成5处污闪隐患整治；开展风偏校核并完成了8处风偏隐患整治，公司35千伏及千伏输电线路故障跳闸率同比下降了5.7%；完成了配电防雷、防汛隐患排查整治，排查电缆通道278.5千米，发现并处理隐患79处，配网跳闸率同比下降13%；制定《设备带电检测三年规划方案》，通过外委及自测方式重点开展GIS超声波、开关柜地电波局放带电检测，同步推广了SF6气体成像带电检测、紫外带电检测等。共计完成带电检测6543台次，发现并处理设备隐患126项次。成立了技术攻关实验室，开展了“手车柜动静触头接触行程测试研究”“手车开关柜触头对中测试研究”“电容器专项治理研究”三个专项攻关课题，其中研制的手车柜接触行程测试仪和对中测试仪填补了国内手车柜接触行程、对中及压力测试的空白。对辖区范围35千伏电缆（14段3公里）、110千伏电缆（13段10公里）进行电缆路径查询及影像资料收集，开展辖区范围的电缆故障查找工作12次，参与主网电缆工程及用户电缆工程验收22次；启动“30分钟抢修圈”，新增城北片区抢修服务站点，完成抢修力量整合，全面推广“五个一”抢修模式，并获得了2015年度国网四川省电力公司管理创新三等奖；高效完成国家电网公司高海拔地区配网带电作业试点工作。通过各级人员充分准备，精细管控，安全优质的完成任务，赢得了国家电网公司的高度肯定。

【科技与信息化工作】2015年，国网德阳供电公司承担科技项目4项，其中国网四川省电力公司管理项目1项，群创3项，当年费用90万元。发展策划部积极协调解决项目执行过程中存在的问题，每季度对项目进行跟踪督促并对检查情况进行通报，严格按照任务书要求保质保量完成工作任务。

该公司先后新建220千伏智能站2座，新建110千伏智能站4座，改建110千伏智能站1座。该公司结合智能变电设备运行维护特性，综合考虑项目全面性、现场适用性、人员可接受性等因素的编制了智能变电站的现场运行规程和设备巡视作业卡，作为国网四川省电力公司模板进行了上报；对智能变电设备的缺陷管理实行周收集、周评价、周通报制，不定期跟踪缺陷处理进度，已发现并处理了智能变电设备缺陷33项，无严重和危急缺陷遗留。

2015年，该公司工人技术创新获国网四川电力二等奖1名、三等奖5名；3个项目取得国网四川电力科技进步奖三等奖；9项专利取得国家知识产权局颁发的专利证书（其中发明专利5项），29项专利取得授理通知书（其中发明专利7项）。《电力系统业扩报装标准化作业指导书》和《输电线路GPS巡视管理系统分析与建立》2本论著正式出版，在省级及以上刊物发表论文67篇。

【优质服务】2015年，德阳电力市场严峻，工业企业生产滑坡严重，为打好电力市场攻坚战，该公司全力增供扩销，度电必争。从年初开始就高度关注电力市场情况，认真分析市场形势，全力以赴增供扩销。一是制定50条增供促销措施，成立7个工作组，发策、基建、生产、营销全面动员增供扩销。二是建立重点项目、典型客户等基础档案，掌握影响售电量重要信息。三是跟踪新投企业以及用电大户生产用电情况，实施大客户负荷异常波动周报制，如对金路树脂、二重、美丰、龙蟒、德盛钢铁等30大客户生产启停信息每周等进行收集，及时掌握电量变动信息。四是开展售电市场季度预测，把握每月投产大客户、分类售电量、控股公司售电量、售电量前100位大客户电量情况。五是积极落实富余电量消纳及直购电政策执行，走访执行范围大客户，宣传解释政策，帮客户测算，鼓励客户多用电、用好电。

作为国家电网公司开展资产全寿命周期管理地市公司迎检单位，顺利通过了国家电网公司验收；计量同业对标指标管控有力取得了国网四川省电力公司系统排名A段的优异成绩；加强与德阳技术监督局合作，在国际计量日“5·20”开展了“世界计量日供电服务进乡镇”宣传活动，受到社会群众的好评；积极开展农村智能电表推广宣传和专项培训，预防建设过程中的优质服务和安全风险；加快智能电表和采集系统安装调试，实现城区智能电表全覆盖，有序完成52万只农村智能电能表改造，实现专变全采集6145户，全采集率99.07%；低压采集132.5万户，采集率99.40%；公变采集14567台，全采集成功率99.47%。

加强电力需求侧管理，按照电网负荷缺额，编写《德阳电网2015年度有序用电预案》。积极向客户宣传供用电形势，温馨提示相关停电信息，做好大客户生产指导和服务工作，制定科学合理的有序用电预案，使其合理调整生产计划避峰、错峰生产。迎峰度夏间，成功完成国网四川省电力公司下达的限电指标，保证了电网安全和居民及其他重要客户用电，迎峰度夏、度冬期间没有发生拉限居民及其他重要客户用电事件，没有发生因执行有序用电而出现的优质服务事件。

2015 年是业扩报装管理及业务流程大变革的一年。在变更期间，业务平稳推进，未出现超时业务，业务各环节时限合格率 100%；进一步优化业扩报装流程，提高业扩报装效率，对 800 千伏安以下的业务直接开发容量，推进业务“客户经理制”和横向协同“业扩联络员制”，推行现场会签制，对非专线业务下放业务审批权；简化客户提交资料，推行“一证受理”，进一步提高业扩报装效率，减少客户办理用电业务临柜次数；规范制定业务一次性告知书，结合最新业务管理规定和“一证受理”要求，规范制定了居民、低压非居民、高压业务一次性告知书；大力开展业扩报装环境整治百日行动专项活动，建立了“一找、二免、三不过、四零手续、五个一服务”的业扩报装管理模式，受到国网四川省电力公司好评；大力推进产权移交工作，制定了产权移交实施管理办法；开展用户受电工程监管平台建设上线工作，从 4 月 1 日起公司监管平台正式上线运行；严格控制辅助决策报表质量，2015 年辅助决策业扩报表无扣分项；组织完成 35 个业务的供电方案审查；完成新装、增容用户 73302 户，总计容量 126.74 万千伏安，其中：高压用户 653 户，容量 50.46 万千伏安；低压用户 72649 户，容量 76.28 万千伏安。

实施灵活服务策略，开展“大客户关爱行动”，配置工业园区、大客户专属客户经理。深化“搭建服务连心桥、治理低电压台区、方便客户交费、规范客户报装、提高抢修效率、减少停电时间”为民服务六件实事。依托“三本台账”管理体系，落实电力服务进社区、“包片进村”工作，通过客户走访、用户调查、电网隐患排查等方式，及时掌握涉电民生诉求，切实解决供电服务问题。开展线上购电服务渠道建设，2016 年“掌上川电”注册数突破 30 万户，开通手机 APP、微信、支付宝、移动作业终端等多种购电方式，推行“跨业联动，助农交费”村邮站模式，基本实现农村地区“村村有交费点”，逐步达到购电充值和交纳电费与城市的均等化服务。建立了供电服务风险内控体系，强化对各部门供电服务风险的识别、分析、评价、监测和应对管理，及时防范、化解和控制各类供电服务风险，保证企业持续、稳定、健康发展。实现 2015 年营销业绩与管理指标双第一，营销同业对标综合全省连续四年第一。

【党的建设和精神文明建设】国网德阳供电公司集中开展 6 次“三严三实”专题学习，公司领导专题发言 32 人次，党员干部讲授 147 堂专题党课，“三严三实”深刻内涵有效宣贯。坚持问题导向，开展“四个排查”，主动征集地方党委、政府、客户和员工意见 166 人次，制定完善管理制度 11 个，自我查摆、整改落实问题 45 项。公司领导班子成员互提建议 144 条，基层领导班子查摆问题 209 项，召开专题民主生活会 18 场、组织生活会 161 场。以“三本台账”践行“三严三实”，受到国网四川省电力公司主要领导、德阳市委书记批示肯定，加强领导班子建设，开展“明形势、知任务、促发展”党课，解析从严治党要求，组织中心组学习 16 次，及时学习中央会议精神和国家电网公司党组、国网四川省电力公司党委决策部署，领导干部理论水平持续提升。修订完善党委议事规则，集体决策行为持续规范。76 名干部参加国网四川省电力公司履职能力培训，有效加强两级领导班子建设。党建工作纳入关键业绩指标，推进基层党组织书记专项述职，党建职责有效落实。规范基层党组织生活，与中心工作同部署、同落实。开展 20 场基层书记异地讲党课，“三会一课”严格落实。在变电检修党总支、绵竹公司和什邡有限公司党委成功试点支部书记“公推直选”，设立支部书记岗位“双座牌”，不断增强身份责任意识。实施党支部作用发挥“五个一”措施，评选 16 个“党员先锋示范集体”。中江公司获评国家电网公司“电网先锋党支部”，9 个党组织获评国网四川省电力公司“电网先锋党支部”。实施党员发展积分制，制定党员发展标准化工作卡，建立量化评价体系。排查党员组织关系，从地方转回 126 名党员。严格要求全体党员逐字学习《准则》《条例》，规则意识不断强化。开展党建业务培训 148 人次，党员素质能力稳步提升。实施党员作用发挥“五个一”措施，1624 名在职党员履行承诺。大力宣传“身边的共产党员”，命名 80 个“党员先锋示范岗”，获评国家电网公司优秀党员 1 名、优秀党务工作者 1 名，国网四川省电力公司优秀党员 10 名、优秀党务工作者 2 名。

企业文化建设成效显著。举办“一线的故事”演讲、“最美员工”摄影大赛、建党 94 周年歌咏比赛等活动，营造浓厚企业文化氛围。精细落地企业文化，什邡有限公司、客户中心营业班、清平供电所被国网四川省电力公司命名为首批“企业文化建设示范点”。树立先进典型，组织员工争创“最美国网人”，编印实践风采录，鲁鹏获评国家电网公司百名“最美国网人”称号。推进以德育企，举办道德讲堂 16 次。建成鲁鹏道德传承室，将其拓展为校外德育基地，创新开展校企德育共建。招募50名社会人士，鲁鹏志愿服务队扩充至473人，开展志愿服务活动56次，塑造责任央企新形象。新创建1个“国家电网公司文明单位”，1项成果获国家电网公司创新二等奖，7个单位通过“四川省文明单位”复查，鲁鹏当选德阳市“创建全国文明城市形象大使”。

该公司思想政治工作扎实开展。切实做好形势任务宣传，编印《形势任务教育读本》，全面统一员工思想。开展形势任务教育11次，邀请专家专题讲课2次，解析员工关注焦点。加强思想引导，围绕电力体制改革、青工成长、落实依法治企等主题，开展思想动态调研4次，奠定坚实思想基础。坚持理论指导实践，征集政研论文55篇，评选优秀论文16篇。强化基层行政负责人讲授思想教育课，持续跟踪员工思想动态，思想统一工作有效落实。

2015年2月，该公司召开八届四次职代会，审议通过总经理工作报告等5个工作报告的决议（意见），民主测评中层及以上领导干部；职代会闭会期间，共组织召开7次职代会联席会议，审议通过《劳务派遣制驾驶员实行不定时工作制》《员工动态管理办法》《绩效管理实施细则》等8项议案；办理职工代表提案、建议（意见）19条，提案办理率100%。组织开展职工代表巡视督察活动，对14个基层单位的年度目标完成情况、劳动保护工作开展情况及职工休息休假履行情况进行督察，收集并回复职工建议意见104条，汇编下发《职工关心的热点问题实用手册（2015）》。分别与17个基层分工会的100余名工会小组长进行座谈，详细了解工会小组长的履职情况及工会小组工作开展情况，坚持企业民主管理。

积极宣贯国网四川省电力公司班组建设推进会精神，开展星级班组评比检查，新创建五星级班组11个，新申报五星级班组10个，国网绵竹市供电公司配电运检班成功创建国网四川省电力公司标杆班组。开展继电保护、监控运行等10项技能竞赛，积极参与国网四川省电力公司组织的各项技能竞赛，其中首届运维一体化技能竞赛、智能变电站继电保护技能竞赛均荣获国网四川省电力公司团体二等奖。开展“我为企业献一策”合理化建议活动，共征集优秀合理化建议59条。命名2015—2016年度劳模（职工）创新工作室11个，完成创新成果17项，评选出优秀QC成果12项。2015年荣获全国优秀QC小组1个，四川省优秀QC小组10个，四川省质量信得过班组2个；国家电网公司优秀QC成果三等奖1个，国网四川省电力公司优秀QC成果一等奖3个，二等奖2个，其中检修分公司检修三班QC成果获国网四川电力QC成果第一名。国网德阳供电公司荣获“四川省重点工程建设劳动竞赛先进集体”称号；公司员工分别荣获四川省“五一”劳动奖章、四川省劳动模范、四川省重点工程建设劳动竞赛优秀建设者等荣誉称号；5名员工获得国网四川省电力公司“电亮藏区”工程建设先进个人荣誉称号；公司甘孜—翁达110千伏输变电工程业主项目部荣获四川省工人先锋号称号。

该公司坚持开展“4·15”职工维权咨询服务日活动，广泛宣传《劳务派遣暂行规定》和《社会保险法》。开展节日走访慰问和施工现场送温暖、送清凉活动，看望慰问一线员工和困难职工1025人。坚持做好困难职工帮扶工作，全年发放困难补助20.55万元，帮扶困难员工47人。持续开展“3·18”全员健身日活动，总结五年全员健康行动成果并开展成果展示。积极开展全国第三届“书香三八”读书活动，公司共计657名女职工参与了活动，积极投稿99篇，收到文化作品25件，公司员工创作的彩铅画荣获全国第三届“书香三八”读书活动书画阅读作品优秀奖，3名女职工荣获四川省“玫瑰书香”女职工读书年活动“优秀个人奖”。积极参与国网四川电力各类文体活动，获得国网四川省电力公司职工足球邀请赛亚军，集体舞蹈《情满天路》在国网四川省电力公司第五届职代会第五次会议暨2016年工作会议期间的职工文化成果展示活动中获得一致好评。

【国网广汉市供电公司】国网广汉市供电公司是国网德阳供电公司的直属公司，其前身是成立于1962年的成都供电公司广汉供电所，1984年隶属国网德阳供电公司，供电服务范围包括广汉市18个乡镇及中江县古店乡，供电面积584.8平方千米，供电人口60.7万人。本部设6个职能部门：综合管理部、发展建设部、财务资产部、安全监察质量部（保卫部）、乡镇供电所管理部、电力调度控制分中心；2个职能管理和实施主体双重职责部门：运维检修部（检修（建设）工区）、营销部（客户服务中心）；6个班组及10个农村供电所，有主业员工81人。

广汉辖区内有220千伏变电站2座，110千伏变电站11座，35千伏变电站1座，主变总装容量148.15万千伏安。有10千伏线路143条，总长度1420.45公里，其中公用线路102条，长度1341.1公里，专线41条，长度79.35公里。配电变压器2040台，总容量34.82万千伏安，其中城网公用配电变压器196台，总容量7.32万千伏安，农网公用配电变压器1844台，总容量27.5万千伏安。

2015年，该公司完成售电量20.52亿千瓦时，同比减少 7.62%；电费回收率 100%，连续 16 年电费结零；综合线损率 5.27%，同比增高 0.53%；人才当量密度达到 1.0045。完成专利申报 2 项，创建 1 个员工创新工作室，完成职工技术创新项目 4 项，2 个项目获国网德阳供电公司职工技术创新优秀成果奖。

该公司一直秉承国家电网公司“努力超越、追求卓越”的企业精神，积极宣贯落实各项电力法规，确保依法治企，实现企业长治久安。先后荣获国家电网公司一流县级供电企业、国家电网公司农电安全标杆单位、国家电网公司户户通电工程建设先进单位、国网公司新农村电气化建设先进集体以及四川省五一劳动奖状、四川省级文明单位、四川省工人先锋号、四川省级卫生先进单位等荣誉称号。2015年，荣获国网德阳供电公司安全生产、营销管理、政研工作先进单位及广汉市地方政府2015年度综合考核一等奖。

【国网什邡市供电公司】国网什邡市供电公司成立于 1985 年 2 月，是德阳供电公司直属二级供电机构。担负着什邡市城区及马井、马祖、双盛、禾丰、元石、皂角、回澜、彭州三界 8 个乡镇、102 个行政村的供电任务。设六部：综合管理部、财务资产部、安全监察质量部、运维检修部、营销部、乡镇供电所管理部，一中心：电力调度控制分中心，六个班组：配电运检班、市场班、营业班、抄表班、计量班、调控运行班。两个属地化管理的集体企业三新分公司（六个电力服务所）和电建分公司（四个施工队）。有再岗人员 71 人，其中：全民 60 人，劳务 11 人；上岗人员本科及以上学历 47 人、大专 17、中专及以下 7 人；高级职称 2 人、中级职称 18 人、初级职称 38 人、技师 27 人。

2015 年，该公司完成售电量 13.98 亿千瓦时；电费回收率 100%；综合线损率为线损率 3.41%；辖区内有 500 千伏变电站 1 座，220 千伏变电站 2 座，110 千伏变电站 7 座，35 千伏变电站 1 座，变电总容量为 323.51 万千伏安。有 10 千伏线路 44 条，580.05 公里。配电变压器 1101 台，总容量 17.76 万千伏安。柱上开关 234 台。截至 2015 年 12 月 31 日，公司已实现连续安全生产 3920 天。

该公司明确安全职责，强化现场管控，重点对管控人员的到岗到位情况进行督察，深化落实“月计划、周安排、日管控”，安全顺利完成各类现场作业 1320 次，确保了全年施工安全。深化专项活动，巩固安全基础，落实各项安全专项学习扎实开展安全专项检查活动，落实交通、消防安全隐患排查专项整治活动，强化隐患排查治理工作，排查出隐患已消除完毕。大力开展低电压治理，2015 年累计整治农网 26 个低电压台区，使 1674 个低电压用户的末端电压得到了有效改善。全面推进抢修服务“五个一”，建立公司实训基地提高配网抢修“五个一”及共产党员服务队日常工作技能水平，顺应新形势下抢修服务的高标准、高要求。

2015年，该公司业扩报装管理实施新模式，实行“一证受理”，现场查勘实行联合勘查、一次办结制，取消普通客户设计审查和中间检查环节，同时简化竣工验收环节，为民办电服务水平和服务品质不断提高。持续深化城市“三本台账”工作，全面开展居民客户“五个一”服务，走访客户2000余次，开展帮扶50余次。先后为2015年中国羽毛球超级联赛、什邡市党代会政协会人代会、2015年高考、中考、自考等活动进行保电，彰显社会责任。大力开展“掌上川电”手机APP现场推广工作，全力开展低保五保户优惠电费信息的录入及退补工作，执行“富余电量”“直购电”等优惠政策。稳步推进远采集抄及IC卡购电条件，客户“先购电，后用电”的有序供用电秩序基本形成，确保电费回收100%，电费连续18年双结零。该公司突出重点，注重实效，不断提高依法管理、依法决策和依法治理的能力。严格执行“三重一大”集体决策制度，领导干部认真履行“一岗双责”，未发生管理范围内廉政、法律风险问题。深入宣贯国家电网公司核心价值观和企业文化“四统一”要求，大力宣传“诚信、责任、创新、奉献”的核心价值观。宣传打造共产党员服务队，积极开展各种电力服务，全年共计开展抢修服务19800次，提升国家电网品牌形象，“企业文化室”建设获国网德阳供电公司优秀企业文化成果奖。

【国网绵竹市供电公司】国网绵竹供电公司是国网德阳供电公司管辖的二级供电企业。承担着绵竹市城区及 17 个乡镇的供电任务，有城市用电客户 4.6 万户和农村用电客户 16.1 万户。设有综合管理部、财务资产部、发展建设部、安全监察质量部、运维检修部、电力调度控制中心、营销部、乡镇供电所管理部八个部门，有主业员工 88 人。2015 年完成售电量 15.39 亿千瓦时，同比下降 4.76%；城网综合供电电压合格率 100%，农网 D 类供电电压合格 99.988%；综合供电可靠性 99.942%；综合线损率 4.61%；电费回收率 100%。绵竹电网拥有两座 220 千伏变电站、7 座 110 千伏变电站及 4 座 35 千伏变电站，固定资产 4.78 亿元。截至 2015 年 12 月 31 日累计连续安全生产 5414 天。

2015 年，该公司始终把安全生产放在各项工作的首位，制定年度安全生产总体目标和安全生产工作思路、措施，完善安全生产内控机制，加强安全生产过程管控，建立安全风险评估机制，开展春、秋安以及安全大检查和隐患排查治理活动。以“全员安全专项培训”活动为载体，扎实开展员工“三不伤害”安全教育和危险源辩识活动，有效提高管理人员和作业人员识险、避险的能力。加强电网规划队伍建设，积极开展“十三五”配网规划工作，深入开展配电网专题规划及建设，不断提升绵竹配网发展质量。积极开展优质服务差异化培训，持续提升营销管理和优质服务水平，夯实营销基础，规范营销业务，强化台区线损管理，完善配网抢修指挥及实施机构，建立标准化抢修指挥、管理、评估体系，不断提升抢修服务的精益化管理水平。切实落实党风廉政建设“一岗双责”责任制，扎实开展“三严三实”专题教育，积极组织《条例》《准则》学习，认真落实企业文化建设和员工队伍建设，不断提高员工思想认识与整体工作水平。着力推进“五小”活动和职工技术创新，员工创新意识不断提高。

2015 年，该公司完成工作任务，获电力设施保护先进集体、优秀政研工作先进单位、年度党建台账评比先进集体、四川省文明单位等荣誉称号，2 个部门获安全生产先进集体称号，14 人获先进个人称号。

【国网罗江县供电公司】国网罗江县供电公司 1993 年 7 月组建，担负着罗江县城及 11 个乡镇的供电任务、供电面积 448 平方千米、供电人口 25 万余人，有各类用电客户 98000 多户，包括城市客户 12000 余户，农村客户 86000 余户。按照上级相关要求，公司属地管理明源罗江分公司、德阳三新罗江分公司，代管国网罗江县供电有限责任公司。罗江县供电公司设综合管理部、发展建设部、财务资产部、安全监察质量部 4 个职能科室和电力调度控制中心、运维检修部（检修(建设)工区)和营销部（客户服务中心）3 大生产班组，辖 7 个农村供电所及 1 个农村电费稽核中心。有员工 55 人，其中全民 47 人，劳务 8 人。

该公司拥有 10 千伏线路 848.522 公里，低压线路 2668.87 公里。配变容量 23.73 万千伏安。2015 年完成售电量 9.83 亿千瓦时，综合线损率为 4.08%；供电可靠率城网 99.9406%，农网 99.9387%；电压合格率城网 99.999%，农网 99.98%；连续 19 年电费回收率 100%。在国网四川省电力公司、国网德阳供电公司的正确领导和上级业务部门的具体指导下，该公司在安全生产、优质服务、电网建设、企业管理、精神文明建设等方面都取得了长足进步。先后获得全国“青年文明号”、国家电网公司“文明单位”、四川省力公司安全生产“先进单位”、首届“县级供电企业十佳文明单位”、 四川省力公司党委“先进党支部”、德阳电业局党委基层“四好班子”等荣誉称号。截至 2015 年 12 月 31 日，实现安全生产 8189 天。

【国网中江县供电有限责任公司】国网中江县供电公司担负着中江县 2200 平方千米，143 万人的供电任务，用电户数 43 万。注册资金 4.445 千万元，资产总额 7.37 亿元。拥有主业员工 178 名。是 2005 年度第一家顺利与国网四川省电力公司合并财务报表的县级电力改制企业。2015 年，完成售电量 7.05 亿千瓦时；综合线损率 10.13%；完成电网建设投资 2.6 亿元；截至 2015 年 12 月 31 日，公司已连续安全生产 3439 天。拥有 35 千伏及以上变电站 16 座，其中 220 千伏变电站 1 座，110 千伏变电站 6 座，35 千伏变电站 9 座，主变容量 97.91 万千伏安。35 千伏及以上输电线路 438.12 公里，其中 220 千伏线路 51.37 公里，110 千伏线路 248.79 公里，35 千伏线路 137.97 公里,10 千伏线路 3282.38 公里。

2015 年，该公司始终将安全工作摆在各项工作之首，狠抓安全管理提升，在安全大检查中获国家电网公司副总经理韩君高度肯定；扎实开展施工能力评估，成立了营销、农网升级工程管控领导小组和农电安全督察大队，加大了对各类施工检修作业现场的安全管控；积极发挥电力设施保护“中江模式”作用，做好电力施工许可证的前置管理工作，增强电力执法的力度；稳步推进电网项目建设，协调开展疆电入川±1100 千伏成都换流站站址规划工作；完成中江电网“十三五”规划，全力支持地方经济建设；扎实开展营销服务，全面推行营销业务“一证受理”，扎实开展“电力服务进社区”工作，成立了德阳首批 4 个电商服务站，为中江 350 余家电商提供电力供应与服务的绿色通道；全面推广“三本台账”管理模式，主动架起客户连心桥，建立三级走访制，收集处理用电问题 5398 条，实质性办结回复率 100%。“三本台账”获得央视一套“晚间新闻”栏目专题报道，成为川电系统管理名片；深化企业文化和精神文明建设，深入打造“中江公司共产党员服务队”先进典型，完成省级文明单位复查验收工作，创建成为“全国模范职工之家”，被评选为“2015 年国家电网公司电网先锋党支部”；积极开展岗位练兵、师带徒、劳动竞赛，公司员工分别获国网德阳供电公司乡镇供电所岗位技能竞赛个人二等奖、乡镇供电所岗位技能竞赛个人三等奖、国网德阳供电公司 2015 年“突发事件新闻应急”竞赛团体一等奖。

【国网什邡市供电有限责任公司】国网什邡市供电

公司前身为民营控股的什邡明珠电力有限责任公司，2009年1月改制为四川省电力公司控股的国有控股公司，并由德阳供电公司管理，同年4月公司新一届董事会和领导班子组建成立。董事长由德阳供电公司经营副总兼任，领导班子7人。设六个职能部门、两个支撑机构、7个供电所。有员工439人，其中：主业在岗245人，离岗退养31人，农电工163人（由什邡市三新电力服务公司聘用）。主业人员平均年龄41.6岁，取得高级职称4人、中级职称11人、初级职称188人；有中专及以上学历人员239人，有退休人员130人。该公司供电区域面积622平方公里，约为全市行政区域的72%，主要分布在沿山区和山区，共有用电客户77806户，其中专变用户355户，装接容量72.7万千伏安，供电量约占全市用电量的50%。下辖14个变电站，其中110千伏变电站3个，35千伏变电站11个（变电总容量50.71万千伏安），有110千伏线路7条72公里，35千伏线路23条128公里，10千伏线路50条647公里。

2015年，在国网德阳供电公司的领导下，该公司员工砥砺奋进，圆满完成了年度目标，涌现出一批团结奋进、爱岗敬业、勇于奉献的集体和个人。蝉联四川省文明单位，全国巾帼文明岗，荣获国网德阳公司安全生产先进集体、后勤工作先进单位、人力资源先进集体、电费回收管理先进单位、高海拔配网带电作业特殊贡献奖等荣誉称号。

【国网德阳市孝泉供电有限责任公司】国网孝泉供电公司原为乡镇企业，2001年由德阳明源集团控股，2009年国网四川省电力公司控股（注册资本500万元，由两大股东组成：国网四川电力持股83.49%，绵竹孝德水电公司持股16.51%）。2012年3月，绵竹孝德水电公司将持有股份转让给四川省电力公司，孝泉供电公司成为国网四川省电力公司的全资子公司。担负着德阳市旌阳区孝泉镇、绵竹市孝德镇供电任务，供电营业区域110平方千米，用电户数3.2万户，供电人口约10万人。有长期员工66人，“三新”员工28人，退休职工14人。设综合管理部、安全监察质量部、财务资产部、运维检修部（下设配电运检班）、电力调度控制分中心、营销部、孝泉供电所、孝德供电所。公司的主供电源点是110千伏孝泉变电站。备用电源点是国网绵竹市供电有限公司的110千伏麻柳站35千伏柳东线。有35千伏变电站3座，总容量为3.86万千伏安。有35千伏线路25.34公里，10千伏配电线路244公里，0.38/0.22千伏配电线路610公里，配变总容量9.53万千伏安/508台。供区内有小水力发电站13座在公司并网，总装机0.2758万千瓦。

2015年，该公司完成售电量9821万千瓦，同比减少6.48%。供电综合线损率6.14%，比年计划下降0.06%；电费回收率和解交率100%；2015年完成农网改造项目3个，投入资金25.1万元；技改项目4个，投入资金176.8万元；自有资金维护项目计划金额426万元。全年未发生人身、电网、设备、交通、火灾事故。截至2015年12月31日已连续安全生产5296天。该公司获2015年国网四川省电力公司先锋党支部、四川省电力工会“模范职工小家”称号。“10千伏及以上月度停电计划执行千伏益提升”获评国网四川电力2015年精益项目和国网德阳供电公司先进集体，国网德阳供电公司保密管理工作先进集体，国网德阳供电公司公安、消防、交通安全先进集体等荣誉称号。

【国网罗江县供电有限责任公司】国网罗江县供电公司，其前身为罗江县水电厂，始建于1958年，1999年改制为罗江县星光电力公司，2003年1月与德阳明源电力（集团）有限公司资产重组，成立德阳罗江明源电力有限责任公司。2009年1月，正式被四川省电力公司控股，由原“德阳罗江明源电力有限责任公司”更名为“四川罗江供电有限责任公司”。2013年9月，按照国网四川省电力公司要求更名为“国网四川罗江县供电有限责任公司”。该公司供区面积57平方千米，辖3个乡镇、9个行政村，供电人口4万余人，营业户数1.49万余户。设有综合管理部、运维检修部、营销部3个职能部门和配电运检班、营业班两个业务支撑机构。员工总数51人，平均年龄40岁，均为长期职工，无农电及其他用工。其中：领导班子成员6人（国网罗江县供电分公司领导班子成员兼任5人、国网德阳供电公司下派领导1人）。在岗人员（不含兼任领导及下派领导）取得中级职称3人、初级职称36人，技师1人、高级工21人。为有效实现人力资源互补、实现控股公司管理水平并轨提升，2015年整合配网抢修服务工作，立足罗江县域两家供电单位、一套领导班子的实际情况，完成罗江县供电分公司和罗江供电公司配电运检班的整合工作，实现配网抢修“五个一”。

该公司主要经营范围为供电营业区域内的电力购售，电网管理和电力设计、建设；承装、承修、承试电力设施。注册资本423万元。2012年按照川电农电〔2012〕25号文件精神顺利完成了公司股权转（受）让工作。其中：国网四川省电力公司占注册资本的98.02%，肖波等4个自然人占注册资本的1.98%。该公司拥有10千伏开关站1座，10千伏配电线路78.31公里，0.4/0.22千伏线路66.15公里。10千伏配电变压器203台/8.91万千伏安。实现供电可靠率99.93%，电压合格率99.993%。2015年完成售电量6476.91万千瓦时，线损率为5.1%，实现电费回收率100%。截至2015年12月31日，累计安全生产4745天。

2015年，经过全体员工的共同努力，该公司顺利完成各项工作任务。先后荣获模范职工之家、优秀纳税企业、县级守合同重信用企业等荣誉称号，公司配电运检班、营业班获得先进集体奖，19人被评为国网德阳供电公司年度各类先进个人。

【国网绵竹市供电限责任公司】国网绵竹市供电公司位于绵竹市东北镇联合村。由四川绵竹电力股份有限公司改制而成，企业类型为有限责任公司（非自然人或控股的法人独资）。原四川绵竹电力股份有限公司于1994年6月发起设立，2008年12月由国网四川省电力公司代管。经国务院国资委批复，2013年7月1日公司100%产权无偿划转国网四川省电力公司，注册资本1514.87万元，系国网四川省电力公司全资子公司。2014年8月14日正式改制更名为国网绵竹市供电有限责任公司。主营业务为：水力发电及供应，电力设施四级承装、承修、承试业务。承担绵竹市清平乡、天池乡全部区域和拱星镇、汉旺镇、兴隆镇以及东北镇部分行政区域的供电任务，供电面积约360平方千米。拥有110千伏变电站3座（其中客户站2座），变电容量15.15万千伏安；35千伏变电站8座（其中客户站3座），变电容量8.11万千伏安。110千伏线路11.63公里，35千伏线路57.3公里。网内有2×2500千瓦水力发电站1座。

该公司有职工178人，其中具有本科及以上学历职工128人，专科学历24人，中等职业教育5人，高中学历4人，初中及以下17人。大专及以上学历的比例为85.39%。具有专业技术资格的人员108人，占职工总人数的60.67%，其中：中级职称12人，初级职称97人。具有技能等级的员工125人，占职工总人数的70.22%，其中：技师20人，高级工80人，中级工25人。设综合管理部、财务资产部、安全监察质量部、发展建设部、调度控制分中心5个职能部门和营销部、运维检修部、水电运检中心3个业务支撑机构及一个供电所。

2015年，国网绵竹市供电公司以“转作风、提能力、除隐患、强协同”为安全工作思路，全年未发生人身、电网、设备及信息安全责任考核事故。截至2015年12月31日，实现安全生产4383天。全年完成销售电量3.02亿千瓦时，比2014年同期增长4.43%；综合网损2.51%；农网综合电压合格率99.998%，供电可靠率99.915%。两票合格率、标准化作业执行率、检修计划及抢修工作完成合格率、缺陷处理率均达到100%。大修、技改项目完成率100%，工程竣工决算办结率100%。

【德阳明源电力（集团）有限公司】德阳明源电力（集团）有限公司（以下简称明源集团）成立于2000年8月，注册资本人民币7000万元。下辖德润电建分公司、广汉电建分公司、绵竹电建分公司、什邡电建分公司、罗江电建分公司等10个分公司和德为电力有限责任公司、成都合源设计咨询有限公司、德阳明源电力电杆有限公司等7个子公司，共计17个分、子公司，为国网四川省电力公司主办并授权国网德阳供电公司代为履行监管职责的集体企业。

明源集团现有员工1586人，其中大专及以上学历918人，中级以上技能等级721人。2015年，明源集团持续开展“全员素质提升”活动，组织各类培训790项，3932人次参加培训，累计5.7万课时。有124人通过职业技能鉴定，97名员工取得初级专业技术资格，6人取得副高级专业技术资格，人才当量密度同比提高7.18%。

明源集团认真落实各级人员安全责任，强化安全生产内控机制和施工作业管控工作，全年未发生人身事故、电网事故、设备事故、交通事故及火灾事故。截至2015年12月31日，实现连续安全生产5623天。该公司坚持“走出去”发展战略，依托主业与国网资阳、阿坝、成都天府新区等供电公司战略合作协议，积极参与域外项目投标。全年共参与35千伏及以上输变电工程项目投标47项，成功中标成都城厢110千伏输变电工程、阿坝中查沟110千伏变电站新建工程、兰渝铁路电力配套线路新建工程等35项工程。中江公司主动对接走访中江产业园入驻企业，新增工程项目32项。各电建公司共签订各类合同428份，合同金额5.28亿元。

广元兰渝铁路牵引站输变电工程等9个国网四川省电力公司重点项目相继开工。简阳、资阳农网改造升级项目推进顺利。完成主业输变电大修技改项目39项。有力有序推进标准化项目部建设，打造220千伏昭化—广元牵引站线路项目精品工程，在国网四川省电力公司集体企业工程项目标准化建设检查中获得多项好评。明源集团成功完成高海拔地区配网带电作业试点，填补国内该领域空白，得到国家电网公司、国网四川省电力公司高度评价，成功取得国家电网公司智能化调试B级资质。完成资阳、乐山、绵阳等共计8座变电站主变外施交流耐压及局放试验，成为省内仅有的3家具备相关试验资质和能力的企业之一。

该公司成立会计核算中心，财务管理效率效益同步提升。力促川内首批集体企业电子采购平台试点项目落户德阳。2015 年，集团物资、服务、劳务外包整体统管率达到 90%以上。明源集团是川内首家推出电建类集体企业同业对标体系的公司，以经营管理、依法治企等 34 项指标为考核重点，有效激发企业持续成长动能。创新开展职能部门与分子公司“结对挂钩、同步考核”工作，有效促进应收账款回收。强化前期统筹，率先在四川省范围内处置完成 2 户清算关闭企业和 2 户吸收合并企业。

【德阳市三新电力服务有限公司】德阳市三新电力服务有限公司于 2012 年 8 月 20 日正式挂牌成立。下辖 7 个分公司，截至 2015 年 12 月 31 日共有员工 1800 人，实现连续安全生产 1223 天。在国网德阳供电公司领导下，保质、保量、安全地完成农村电力服务所受托业务，全年没有发生有人员责任的设备事故、重大火灾事故、同等及以上责任重大交通事故及负同等责任的农村触电伤亡事故。大力推进“依法治企”“三本台账”入户调查工作。积极开展农村居民客户服务“五个一”活动。什邡、中江两个子公司顺利改为分公司，售电量、售电均价、线损率、电费回收率、电压合格率、供电可靠率全部完成上级规定指标。

2015 年，该公司全面落实安全生产“一岗双责”要求，落实各级安全生产力量，抓好安全管理，在接受国网公司安全大检查中获得肯定。外部成立 7 个农村客户服务监督小组，聘请 39 名村民担任服务监督员，内部由服务所员工参加，认真开展内外“挑刺”提升优质服务水平。认真开展“三本台账”工作，建立了优质服务投诉案例的台账，完成 103 万户客户走访工作。修订完善该公司财务管理制度，各三新分公司也成立了预算委员会，将预算执行情况纳入年度考核。召开了市三新公司第一次党员代表大会和第一届团员代表大会，选举产生了市三新公司第一届党委委员、纪委委员和第一届团委委员。

（刘　桢）

国网雅安供电公司
国网雅安电力（集团）公司

【企业概况】国网四川雅安电力（集团）股份有限公司（以下简称雅电集团）属于雅安市政府控股的地方电力企业，虽历经股份制、国有控股等数次变革，也未形成雅安全市统一的电网，仅控股管理名山、芦山、宝兴、汉源四县供电公司和雨城区雨欣电力公司，而荥经、天全、石棉三个县级供电公司分属三县政府控股管理。2008 年 12 月底，国网四川省电力公司与雅安市政府签订资产重组协议，实现对雅电集团的控股管理。2009 年 3 月，国网四川省电力公司雅安公司以整体对口援建方式，与雅电集团合署办公，开始与国网四川省电力公司管理模式的接轨。2010 年 1 月，荥经、天全两公司成为雅电集团全资子公司。2012 年 3 月，四川富源电力股份有限公司及石棉电网纳入雅电集团整体运营，实现全市 6 县 2 区“一张网”和统一管理。2013 年 7 月，雅电集团更名为国网四川雅安电力（集团）股份有限公司。雅电集团已发展成为电网覆盖雅安市六县两区、拥有供电客户 58 万户的国网四川省电力公司特一型企业，雅安电网规模居全省第五位。资产总额 21.49 亿元，用工总量 4127 人（其中市政府派遣 1 人，石棉县政府派遣 1 人）。雅电集团设 11 个职能部门，8 个业务支撑机构，辖 8 个县级供电公司，以及雅电发电、蜀能公司、科元资产管理等 3 个专业化公司，1 个集体企业雅安科元电力建设有限公司。

国网雅安供电公司（以下简称雅安公司）于 2005 年 12 月 23 日成立，系国网四川省电力公司的分公司，主要负责国网四川省电力公司在雅资产的建设、运行、维护和管理，负责对雅电集团进行电量趸售和结算。2009 年 3 月合署办公后，该公司领导班子和员工以整体对口援建的方式，到雅电集团任职、工作，参与雅电集团的经营管理，国网雅安供电公司的设备运行维护委托雅电集团实施。2013 年 6 月更名为国网四川电力雅安供电公司。截至 2015 年年末，资产总额 29.67 亿元，用工总量 44 人（其中长期职工 32 人、劳务派遣 12 人），下设 8 个职能部门、2 个业务支撑和实施机构，无直管供电公司等二级单位。

雅安电网拥有 500 千伏变电站 2 座，变电容量 375 万千伏安，500 千伏线路 1299 公里。雅电集团和雅安公司辖 35 千伏及以上变电站 102 座，主变容量 608 万千伏安，其中：220 千伏变电站 9 座，主变容量264万千伏安；110千伏变电站40座，主变容量304万千伏安；35千伏变电站53座，主变容量40万千伏安。管辖35千伏及以上输电线路3654公里，其中：220千伏线路1127公里，110千伏线路1166公里，35千伏线路1361公里。10千伏配变台区7527个，10千伏线路5964公里，低压（0.38千伏）线路15293公里。雅安电网位于“九石雅”水电送出通道，网内小水电分布广泛，是一个典型的有源网络。网内并网电站633座、装机容量178万千瓦，装机容量在4000千瓦以上的电站有11座。其中：雅电集团自有电站33座、装机容量13.94万千瓦，分布于四县一区（荥经县、汉源县、宝兴县、芦山县、雨城区）。2015年，雅电集团完成售电量82.94亿千瓦时，居全省第5位；完成电网投资13.21亿元，同比增长5.18%；综合线损率5.73%，同比下降0.11个百分点；全年未发生受国网四川省电力公司考核的安全、服务、稳定、廉政事件。

2015年4月9日，国网雅安供电公司加快电网建设。图为大川110千伏变电站主控楼封顶施工现场　　（汤小强　摄）

【人力资源】雅安公司和雅电集团全口径用工总量4171人（含雅安市政府派遣1人，石棉县政府派遣1人），离退休退职人员1001人。按用工形式划分，长期职工3494人，劳务派遣677人。员工平均年龄为42.6岁。人才当量密度0.8862，较2014年提升2.82%。

2015年，雅电集团教育培训基地完成二期项目建设，并与七盘变电和花滩水电实训基地配套，形成“一中心两基地”格局。雅电集团职业技能鉴定基地通过国网四川省电力公司验收，实现了岗位培训教学与鉴定考核的资源共享。全年举办各类培训班735期，结合管理工作实际开展的18期夜校培训成效明显。新增国家电网公司优秀专家后备人才5人、双师型人才3人。制定中层干部助理管理办法，创新选拔方式建立科级后备干部库，调整交流干部43人次，干部队伍逐步优化。

【电网建设与发展】2015年，雅电集团首次独立完成雅安电网“十三五”发展规划和经开区配电网规划。完成21个35千伏及以上项目前期工作，10个项目通过核准。荥经龙苍沟110千伏等18个输变电项目开工，石棉竹马220千伏扩建等13个重点项目建成投产，累计新增变电容量49.3万千伏安，线路258.81公里，其中竹马至下坪220千伏线路工程获国网四川省电力公司“质量管理流动红旗”。全面完成年度农网工程建设目标，完成投资2.86亿元。电网灾后重建年内开工项目109个，完工50个，分别占项目总数的94.7%和43.5%。龙板溪、凰仪二级电站增效扩容完工投运，天全、宝兴、荥经三县公司生产调度综合楼新建工程等小型基建项目主体完工。

【经营管理】雅安公司和雅电集团协调落实“留雅电量”政策，解决移民欠费2365万元，落实了政府重点工程电网建设资金。加强营销业务管控，实现关键业务在线监测和闭环管理。累计新增用电容量71.2万千伏安、并网小水电装机2.4万千瓦，完成电能替代电量720万千瓦时。强化经济调度，将约1.76亿千瓦时电量由上网转为网内消化。全面推进线损“四分”管理，综合线损继续降低。强化电费风险防控，国网四川省电力公司考核电费实现“双结零”。加强财务集约化管理，可控成本同比压降13%，财务费用同比减少906万元，降低34.25%。物资库存额压降403.18万元，降幅36.17%。集体企业积极拓展内外部市场，2015年营业收入和利润同比分别增长41.90%和30.80%。

该公司实施岗位绩效工资改革，开展岗位归级，县级供电公司“三集五大”体系建设稳步推进。建立覆盖所有基层单位和部门的企业规模测算体系和类型系数测算体系，优化企业负责人业绩考核办法，建立公司本部中层干部和一般员工绩效考核机制。建立同业对标和业绩考核定期通报、分析、考核、提升机制，同业对标排名14名，较2014年提升6名，其中调控、安监、后勤等专业进入国网四川省电力公司前10名。启动所属5个低效资产电站处置，促进发电资产优化。清算注销汇民公司，在全省率先完成集体企业改革改制。智能电网调度控制D5000双系统通过实用化验收；组建设备监控专业，创新采用远方遥控操作方式，完成8座变电站启动投运；完成雨城、名山等区县公司调控业务归集，集群调控战略取得新进展。

2015年4月24日，国网雅安供电公司加快灾后重建步伐。图为七盘变电站旧设备拆除吊装作业现场　　（汤小强　摄）

雅安公司和雅电集团认真执行国家电网公司通用制度，结合实际优化制度体系，新建15项、修订2项、废止84项制度。超额完成“两金”占用清理任务，应收债权类流动资产余额较2014年压降5977.62万元，同比降低59.24%。清理往来款项18.04亿元，清理覆盖面达100%。积极解决历史遗留问题，加快推进汉源公司迁复建资产移交。加强工程竣工决算审计，审减工程投资784.98万元。依法维权12起，避免、挽回经济损失1600余万元。开展4次法律风险防范座谈和讲座，员工法律意识逐步增强。

【安全生产】雅安公司和雅电集团扎实开展安全大检查和隐患排查治理等专项活动，有效落实安全责任，着力强化全方位、全过程管控，在灾后重建任务繁重、安全压力增大的情况下，确保了人身、电网、设备、交通、消防、信息安全“0”事故。狠抓安全教育培训，“安规”调考排名全省第五，全员安全意识和技能水平逐步提升。完成应急预案修编，首次开展雅安电网主、备调系统应急切换演练，应急能力有效提升。圆满完成抗战胜利70周年阅兵等重大保电任务。获国网四川省电力公司“安全生产先进单位”称号。

【农电工作】2015年，雅电集团在建农配网工程共7个批次，1075个项目，计划投资9.2亿元，圆满完成国网四川省电力公司下达2015年第一批农网升级工程建设任务。全力推进2015年新增农网改造升级工程，开工率达到100%，完成国网四川省电力公司阶段性考核目标。雅电集团在全省农网工程考核中取得第二名的成绩，并获得国网四川省电力公司农网工程建设先进单位。

采取周通报日管控方式促进工程进度，农网工程整体进展情况较快。强化建设管理流程培训指导，采取以会代训和专项培训相结合方式，全面提升管理人员业务水平。应用科技创新手段提高设计管理水平，完成雅安农网典型设计实用化软件的应用，规范农网建设标准，提高设计效率，促使雅安农网工程设计水平迈上新台阶，得到了国网四川省电力公司的充分肯定，并在全省进行经验交流推广。采取现场督察和运用农网安全管控系统，加强施工现场安全、质量、进度管理，固化作业流程，规范作业行为，增强施工人员安全意识，有效预防安全事故的发生。

继续深化县级供电企业管理提升工程，全方位、全过程进行诊断分析和综合治理，组织开展县供电企业同业对标，强化数据质量管控。加强乡镇供电所管理，推动供电所对标工作开展，两家供电所获国网四川省电力公司四星级班组称号。主动问诊农村供电服务，深入开展“包片进村”工作，全面掌握农村群众用电需求、农村电网建设和发展、供电所内部管理等方面存在的问题，认真分析问题症结，提出解决方案，为提升农电管理水平奠定坚实基础。

【科技与信息化工作】2015年，雅电集团制定实施方案，将科技工作的专利申报和群创项目任务目标分解落实到各部门及基层单位，明确各阶段工作任务及计划进度，确保计划刚性执行。采取单独辅导、送服务上门等工作形式，保证工作稳步推进。通过创建“创新工作室”的方式，将科技工作进一步向基层班组推进，不断提高创新工作的实际指导意义。强化过程管控和成果申报，2015年共申报实用新型专利10个、发明专利2个，完成群创项目2个。创新工作取得历史性突破，6个项目分获国网四川省电力公司管理创新一、二、四等奖，课题研究三等奖，精益成果三等奖和工人技术创新奖。

光传输网络、信息系统等信息化灾后重建项目顺利推进，建成行政软交换系统，首次实现了雅电集团本部、县公司和直属单位行政交换的全覆盖。开通雅电集团中心机房至220千伏名山变电站地区综合数据网出局第二光纤通道，提高地区综合数据网的安全可靠性。优化北塔网管服务器操作系统、应用系统及硬件，提高网管运行的可靠性。

【优质服务】雅电集团开展业扩报装环境整治行动，10千伏及以上业扩审批缩短为3天，低压和普通客户业务办理更加简化。省、市重点项目推行“双客户”经理制，启用受电工程市场信息与监督平台，客户实现在线提交用电申请。完成19个低电压台区治理，802个低电压台区治理全部开工。党员服务队上门服务2600余次，客户满意率100%。供电服务投诉举报数量同比下降9.4%，优质服务评价指数排名保持在国网四川省电力公司前列。获雅安市政风行风群众满意度测评公共服务行业第一名。积极服务地方灾后重建，全市电力保障工程共1137个，已完工1091个，占总量的95.95%，其中雅康高速、北外环线等重点项目高效推进，得到市委、市政府领导的充分肯定。

【党的建设和精神文明建设】2015年，雅电集团认真落实全面从严治党要求，扎实开展“三严三实”专题教育，各级党组织和领导干部认真查找整改“不严不实”问题，以实际行动促进作风转变。完成8个基层党委换届选举，组织建设不断加强。充分利用公司党校平台，开展党建培训和形势任务教育。

广泛开展青年文明号创建等活动，努力营造全员参与共建文明的氛围。积极开展“道德模范在身边”等精神文明共创共建活动，得到四川省、雅安市文明办充分肯定。大力实施电力助推扶贫攻坚行动，建立贫困村帮扶联系责任制，精准实施“名山秦场村”定点扶贫。开展“雅电纪”系列活动和一系列主题传播，促进“五统一”文化有效落地。建立职工补充医疗保险，完善职工疗养制度，创建本部健康食堂，体现公司对员工的关爱。落实离退休老同志“两项待遇”，积极开展慰问帮扶活动。班组建设目标任务顺利完成，民主管理持续深化。连续三年被中华全国总工会授予“全国‘安康杯’竞赛优胜单位”，一个班组获得“全国五一巾帼标兵岗”荣誉。

2015年10月30日，国网雅安供电公司光传输网络、信息系统等灾后重建项目顺利推进，建成行政软交换系统，首次实现了雅电集团本部、县公司和直属单位行政交换的全覆盖。图为雅安电力调控中心监控业务正式启动暨雨城集控业务归集仪式现场　（熊德兵　摄）

【存在的主要问题】由于经济形势复杂多变，能源格局发生深刻变化，全面改革创新不断深化，雅电集团和雅安电网发展面临新形势、新任务。一是可持续发展能力低的问题尚未解决。由于雅安销售电价低的局面长期未能扭转，雅电集团盈利能力较低，资金保障压力巨大，且随着电网投入的不断加大，运营成本持续攀升，盈利水平低与发展投入大的矛盾十分突出，给雅电集团可持续发展带来严峻挑战。二是体制机制尚不能适应公司改革发展的新要求。雅电集团系统内还存在组织体系不完善、机制引导不到位、专业协同不顺畅的情况，特别是下属基层单位在标准、制度、流程等方面还存在管理不适应的问题。实施新型电价体系、分公司化改造等工作，由于涉及利益主体多、影响范围广、协调难度大，已滞后于“四化”发展战略总体进度，亟需加快推进。“云大物移”新技术的推广应用，给管理理念、组织模式、运营模式的优化调整提出了新的课题。三是队伍素质还不能适应发展新形势。雅电集团人才当量密度处于全省下游水平，人员多、人才少、总体素质不高的状况，已不适应公司发展的需求。部分员工还存在“大锅饭”“平均主义”思想，“等、靠、要”的观念还未彻底扭转；有的员工缺乏感恩和危机意识，要么只求索取、不讲贡献，要么无事生非、影响团结。个别基层组织软弱涣散，工作不愿担当、不敢担当，缺乏凝聚力、战斗力；个别领导干部“混日子”思想严重，工作不作为、不上进，没有发挥先锋模范作用。公司法治基础仍然薄弱，有些领域和环节的风险还比较大，依法从严治企任重道远。

【所属县级供电企业】雅电集团下辖 8 个县级供电公司，其中：国网四川雅安电力（集团）股份有限公司雨城供电公司为雅电集团所属分公司性质的二级单位。国网荥经县供电有限责任公司、国网雅安市名山供电有限责任公司、国网天全县供电有限责任公司、国网汉源县供电有限责任公司、国网芦山县供电有限责任公司、国网宝兴县供电有限责任公司为雅电集团全资子公司。国网富源电力股份有限公司为雅电集团控股子公司。

【国网四川富源电力股份有限公司】国网富源电力股份有限公司前身是1982年建成投运的石棉县电厂，1986年成立石棉县电力公司，2000年7月组建了四川富源电力股份有限公司。2006年12月成为国网四川省电力公司在雅安市第一家控股的县级供电公司。2012年3月成为雅电集团的控股公司。该公司承担着全县16个乡镇96个村共4.11万户用户（其中大宗工业用户30户）的工农业发展和人民生产生活的供电任务，供电面积2678平方公里，供电人口13万人。实行供电业务的片区化管理和变电集控管理。总资产2.86亿元。下设7个综合部门、24个专业化班组。用工总量为314人。2015年该公司完成售电量23.03亿千瓦时，综合线损2.9%。

该公司运维管理220千伏变电站3座、110千伏变电站11座、35千伏变电站8座，总变电容量157.9万千伏安；运维管理220千伏线路233.56公里、110千伏线路245.78公里、35千伏线路240.74公里、10千伏线路524.74千公里，供电台区888个。全网调度管理168座并网小水电站，总装机容量52.3万千瓦。

【国网荥经县供电有限责任公司】国网荥经县供电公司始建于1958年，前身为荥经县水电厂，1984年更名为荥经县电力公司，1995年完成股份制改革，成立四川荥经电力有限责任公司，2010年1月成为雅电集团全资子公司。承担着荥经全县21个乡镇中的18个乡镇94个村5.01万户用户的供电任务，其中大宗工业用户105户，供区面积1688平方千米，供电人口13.7万人。总资产3.02亿元，下设8个职能科室、31个班组。用工总量642人，平均年龄42.5岁。

该公司运维管理220千伏变电站1座、110千伏变电站4座、35千伏变电站13座，总变电容量77.48万千伏安。运维管理110千伏线路160公里、35千伏线路361公里、10千伏线路588.38公里，供电台区487个。全网调度管理164座并网小水电站，总装机容量28.6万千瓦，其中自有资产水电站8座，总装机容量4.33万千瓦。2015年完成售电量13.83亿千瓦时（其中网内售电11.82亿千瓦时）；自有发电站发电量1.46亿千瓦时；综合线损率5.25%。

【国网雅安电力（集团）股份有限公司雨城供电公司】国网四川雅安电力（集团）股份有限公司雨城供电公司成立于2010年1月，系雅电集团分公司性质的二级单位。下设7个职能科室、23个班组，用工总量264人。供电区域覆盖全区18个乡镇191个村共15.56万户用户，其中大宗工业用户131户，供区面积1066平方公里，供电人口35万人。2015年完成售电量5.93亿千瓦时，综合线损率7.73%。

该公司运维管理220千伏变电站2座、110千伏变电站7座、35千伏变电站3座，总变电容量117.03万千伏安。运维管理220千伏线路225.19公里、110千伏线路226.887公里、35千伏线路95.969公里、10千伏线路821.59公里，供电台区1660个。

【国网汉源县供电有限责任公司】国网汉源县供电公司始建于1964年，前身为汉源水电厂，1986年更名为汉源县电力公司，2003年12月进入雅电集团，2005年8月改制，组建雅安康源电力有限责任公司，2011年12月更名为雅安汉源供电有限责任公司，2013年5月更名为国网汉源县供电有限责任公司。承担着县内30个乡镇工农业发展和人民生产生活的供电保障业务，实行供电业务片区化管理和变电集控管理。总用电户数11.66万户，其中大宗工业大用户174户。2015年完成售电量7.97亿千瓦时，自发电量9561万千瓦时，关口线损率14.45%（扣除移民电量还原后为9.21%）。注册资金2700万元。下设8个职能科室、4个专业化班组、24个生产班组。用工总量611人，平均年龄为43.2岁。

该公司运维管理220千伏变电站1座、110千伏变电站8座、35千伏变电站10座，总变电容量90.15万千伏安（其中：代运维富源公司23.98万千伏安）。运维管理110千伏线路152.719公里、35千伏线路223公里、10千伏线路2025公里，供电台区2082个。全网调度管理81座并网小水电站，总装机容量8.42万千瓦，其中自有资产水电站8座，总装机容量2.15万千瓦。

【国网天全县供电有限责任公司】国网天全县供电公司成立于1996年，前身为四川省天全县电力公司，2010年1月通过资产重组进入雅电集团，系雅电集团全资子公司。该公司供电区域覆盖全县15个乡镇138个村，供电用户5.77万户，其中大宗工业用户184户。供区面积2400平方千米，供电人口16万。2015年完成售电量9.53亿千瓦时，综合线损率3.62%。总资产1.95亿元。下设7个职能科室、15个班组，用工总量293人。

该公司运维管理220千伏变电站1座、110千伏变电站3座、35千伏变电站4座（含1座开关站），总变电容量64.72万千伏安。运维管理110千伏线路49.109公里、35千伏线路116.28公里、10千伏线路572.939公里，供电台区654个。全网调度管理61座并网小水电站，总装机容量16万千瓦。

【国网雅安市名山供电有限责任公司】国网名山县供电公司前身为成立于1958年的名山电厂，1996年改制为四川名山电力有限责任公司，2001年成为雅电集团控股管理企业，2011年成为雅电集团全资子公司，2013年更名为国网雅安市名山供电有限责任公司。供电区域覆盖全县20个乡镇190个村共10.73万户用户，其中大宗工业用户94户，供区面积614平方千米，供电人口27.89万人。2015年，完成售电量10.47亿千瓦时，综合线损率4.34。总资产1.74亿元，下设7个职能科室、13个班组，用工总量166人。

2015年4月16日，国网四川电力（雅安）共产党员服务队走进芦山黎明新村，宣传智能电表使用方法和安全用电知识

（汤小强　摄）

该公司运维管理110千伏变电站5座、35千伏变电站8座，总变电容量58.07万千伏安。运维管理110千伏线路73.31公里、35千伏线路104.7公里、10千伏线路945.27公里，供电台区1424个。全网调度管理20座并网小水电站，总装机容量1.49万千瓦。

【国网芦山县供电有限责任公司】国网芦山县供电公司前身为成立于1967年的芦山县国营电厂，1984年8月成立芦山县电力公司，1998年通过产权制度改革成立芦山县电力有限责任公司，2001年12月成为雅电集团控股企业，2013年11月成为雅电集团全资子公司。该公司供电区域覆盖全县9个乡镇46个村（社区）共5.01万户用户，其中大宗工业用户147户，供区面积1191.42平方千米，供电人口12.5万人。2015年，完成售电量6.04亿千瓦时，综合线损率7.28%。总资产0.61亿元，设8个职能科室，11个生产班组，用工总量192人。

该公司运维管理110千伏变电站3座、35千伏变电站5座，总变电容量27.96万千伏安。运维管理110千伏线路137.47公里、35千伏线路119.75公里、10千伏线路1233公里，供电台区591个。全网调度管理44座并网小水电站，总装机容量6.48万千瓦，其中自有资产水电站5座，总装机容量0.785万千瓦。

【国网宝兴县供电有限责任公司】国网宝兴县供电公司成立于1998年，前身为宝兴县电力公司，2004年进入雅电集团，现为雅电集团全资子公司。该公司承担着全县9个乡镇55个村共2.6万户用户的供电任务，其中大宗工业用户87户，供区面积3114平方公里，供电人口5.87万人。2015年，完成售电量3.92亿千瓦时，综合线损率9.14%。总资产1.05亿元，下设8个职能科室、13个班组，用工总量269人。

国网宝兴县供电公司运维管理220千伏变电站1座，110千伏变电站6座，35千伏变电站6座，总变电容量48.34万千伏安。运维管理110千伏线路141.485千米，35千伏线路114.53公里，10千伏线路464.21千米，供电台区785个。全网调度管理34座并网小水电站，总装机容量11.76万千瓦，其中自有资产水电站3座，总装机容量1.79万千瓦。

（李元源）

电网运行外部环境恶劣。三是经营压力不断加大。随着国家经济转型迈入新常态，攀枝花作为能源资源型城市，重点支柱产业产能过剩，经济处在相对困难时期，短时期内难以反转，售电市场增长乏力、电费回收困难、电价面临下调压力，公司经营压力日趋增大。四是改革改制任务艰巨。随着新一轮电力体制改革全面启动，改革进入试点和实施阶段。在发售电环节引入竞争，输配电价、售电侧改革、电力市场建设等工作也将进入实质性阶段，公司发展环境、市场份额将发生深刻变化，公司改革改制工作任重道远。

【国网攀枝花市仁和供电分公司】国网攀枝花市仁和供电公司成立于2003年，担负着仁和区1727平方千米、26.9万人口的供电任务，用电户9.77万户。2015年完成售电量23.8亿千瓦时；综合线损率3.69%；电费回收率100%；连续安全生产3848天。全年完成新装低压客户7589户，容量6.5万千瓦，新装、增容高压客户户数67户，容量74.75万千伏安。

【国网攀枝花市西区供电分公司】国网攀枝花市西区供电公司成立于2008年，担负着攀枝花市西区及周边部分地区1376平方千米，约29万人口的供电任务，2015年完成售电量5.52亿千瓦时；综合线损率4.50%；电费回收率100%；连续安全生产2758天。全年用电户5.48万，装接容量69.77万千伏安，其中35千伏供电客户13户、10千伏供电客户438户、6千伏供电客户53户、低压供电客户5014户、户表客户49280户。营业户较2014年年底增加1011户，增长1.88%。

【国网米易县供电有限责任公司】米易县电力公司成立于1982年，1997年改制为米易县电力有限责任公司。2006年经攀枝花电业局与米易县人民政府多次磋商，四川省电监会核准进行电力体制改革，2006年8月30日，成立四川米易供电有限责任公司，2013年年底，经国资委批复，成为四川省电力公司全资子公司，更名为国网米易县供电有限责任公司，担负着米易县所辖区域的供电任务，供电面积1863平方千米，供电人口21.7万（其中农村人口15.2万人），营业户数5.45万户。

该公司是集发、输、配、供为一体的国家电力企业，员工总数457人，其中主业员工265人，农电工192人。截至2015年12月31日，安全运行天数2497天。

【国网盐边县供电有限责任公司】国网盐边县供电公司改制前身为盐边县电力公司，成立于1983年1月。2008年12月5日，盐边县政府委托四川省电力公司对盐边县电力公司进行代管。2011年12月28日，盐边县电力公司重组改制为四川盐边供电有限责任公司。改制后的新公司由四川省电力公司控股51%，盐边县政府持股49%。2013年1月1日，盐边县人民政府将49%股份无偿划转给国网四川省电力公司。产权划转后，国网盐边县供电有限责任公司成为国网四川省电力公司全资子公司，更名为国网四川盐边县供电有限责任公司。拥有110千伏变电站5座，主变容量41.5万千伏安；35千伏变电站9座，主变容量13.36万千伏安。110千伏线路8条185公里；35千伏线路25条257公里。固定资产4.18亿元。2015年实现售电量5.05亿千瓦时。

（郑景轩、秦莉、王飞、刘春蓉）

国网阿坝供电公司
国网阿坝州电力有限责任公司

【企业概况】国网四川省电力公司阿坝供电公司（以下简称：分公司）是国网四川电力直属的特一型供电企业。国网四川阿坝州电力有限责任公司（以下简称：州公司）是国网四川省电力公司控股的市州级供电企业，与分公司按两块牌子一套人员运作，州公司下辖全资县级子公司11个，供电面积7.1万平方千米，承担全州70余万人生产生活供电任务。2015年，完成停滞多年的若尔盖县的电力体制改革，挂牌成立了国网若尔盖县供电有限责任公司。拥有220千伏变电站11座（包括1座开关站），变电容量270万千伏安；110千伏变电站21座，变电容量77.13万千伏安；35千伏变电站69座，变电容量39.57万千伏安。220千伏线路24条，线路长度852.3公里；110千伏线路20条，线路长度859公里；35千伏线路99条，线路长度1818.8公里。

2015年完成并表口径售电量83.53亿千瓦时，同比增长2.87%，线损率4.92%，同比下降0.21个百分点。截至2015年12月31日，实现连续安全生产 3746 天。

【人力资源】截至 2015 年年底，分公司全民在册员工 90 人。州公司系统共有各类用工 1442 人，其中：本部全民在册人员 139 人，分公司支援到州公司工作的 90 人，兄弟单位援藏人员 59 人，劳务派遣人员 46 人。10 家县级子公司全民在册员工 1082 人（国网若尔盖县供电公司未并表），劳务派遣人员 26 人。2015 年，该公司进一步理清“三集五大”改革后各部门职责，将季（年）度考核细化为月度，增强绩效管理的时效性，有力促进各项工作质效提升。强化员工培训，盘活人才存量，创造性推行了“生产领导讲课”和“培训日”制度，全力提升公司干部员工技术技能水平，取得国网四川省电力公司技经调考团体第三名、农电技能竞赛团体第十名、变电运维一体化竞赛优秀组织奖等佳绩，2 名员工入选国网四川省电力公司“雏鹰计划”，198 名员工完成各级技能等级评定。圆满完成 128 名高校毕业生的引进工作，48 名“三定生”学成归来，人才储备成效明显。

2015 年 8 月 31 日，国网攀枝花供电公司全力支援华坪抗灾抢险，图为电力员工在抢险现场　　（国网攀枝花供电公司　提供）

【电网建设与发展】该公司深入开展阿坝州“十三五”电网发展研讨，积极争取各级支持，科学编制完成阿坝州“十三五”电网规划。加快推动项目前期工作，完成可研批复 12 项，超计划完成国网四川省电力公司年度工作任务。主动服务州内重点项目，完成成兰铁路、汶马高速等项目电力迁改规划。完成红原城关 110 千伏输变电工程、茂樊二线 220 千伏、镇江关配套 110 千伏线路工程投运工作，完成阿坝城关 110 千伏变电站扩建工程，黑河塘 220 千伏输变电工程等 6 项工程顺利开工。

【经营管理】该公司积极争取，有力促成国网四川省电力公司和阿坝州委、州政府高层会谈，完成省、州战略合作协议及附属方案编制。与各县政府达成战略合作共识，大力改善经营环境，积极争取电价政策。深入开展“业扩报装百日行动”，主动服务汶马高速、成兰铁路等重点项目，努力增供促销。加大电费催收力度，收回陈欠电费 3027 万元。完成营配调贯通工作任务，推进采集终端建设，强化计量、电费和客户管理，有力促进公司营销升级转型。深入研究财税政策，积极争取融资新政，全年节税 1088 万元，解除逾期贷款 2126 万元，豁免利息费用 623 万元。积极开展亏损企业专项治理，减少亏损企业 2 家。加快工程决算进度，全年转固 12.9 亿元。全面清理公司系统房屋和土地权属。集中会计核算和资金管理。推进公司精益转型，3 个项目获国网四川省电力公司嘉奖。

【安全生产】该公司深入开展安全大检查活动和电力设施保护专项行动，排查各类隐患缺陷 1203 项。建立生产部门负责人联系基层单位制度，完成黑水等 6 家县公司安全评价工作。制定安全生产三本台账，加大反违章工作力度，纠查和自查违章 280 余起。修编完善公司应急预案，组建 121 人的应急救援互助队。在 2015 年历次灾害中，该公司累计出动抢修人员 1200 余人次，车辆 300 余台次，应急发电机 20 余台次，受灾地区快速恢复供电，得到州委、州政府的高度肯定。组建阿坝州地区级备调，完成小金县电网调度业务接收，实现 11 个县电网调度权限的全面接管。按时优质完成 110 千伏马寨线大修和安麦线抢修，确保了牧区电网的安全稳定供电。

【农电工作】该公司全面完成了阿坝州无电地区电力建设任务，其中小金县宅垄 35 千伏变电站新建工程以第二名的优异成绩被国网四川省电力公司评选为农网“五十佳”优质工程。大力彰显央企社会责任，积极争取资金，继续加大州内农网升级改造建设投资，2015 年下达投资计划 3.7 亿元，涉及低电压治理、县城电网改造、农村电网改造、漏统漏报无电户 4 个批次项目，其中 35 千伏项目 5 个、10 千伏及以下项目 182 个。在时间紧、任务重的情况下，该公司梳理工程建设细节、强化安全管理、加强沟通协调、确保了工程顺利推进，于 2015 年年底完成了第一批项目建设，其余批次项目全部开工，预计在2016年6月完成建设任务。

【科技与信息化工作】该公司申请专利4项，其中“一种变压器剩磁检测及消磁装置”及“电力网状式防雷接地线”实用新型已获授权。发表论文3篇。获得奖项2项，其中“自动化继电保护测试仪”实用新型专利获得2015年国网四川电力专利奖，“变电站可视化辅助自动设计及调试技术研究”项目获国网四川省电力公司2015年科技进步一等奖及四川省人民政府技术创新三等奖。组建阿坝地区光环网，稳步推进变电站无人值守，推广线路行波故障查找系统，自主完成沙坝等3座220千伏变电站智能改造，独立完成110千伏马塘、安曲站综自改造。

【优质服务（市场服务）】该公司不断加强营业窗口的规范化建设，优化服务流程，完善服务标准，将优质服务的要求贯穿到营销工作的每一个环节，确保对客户的承诺一一兑现，确保优质服务的内涵不断得以发展和丰富。加强窗口明察暗访和监督检查，及时发现纠正违规服务行为，确保“首问责任制”“一口对外”“限时办结”等服务要求落到实处。建立健全优质服务协同配合工作机制，成功实现阿坝地区“95598”工单的派发、处理、回复全过程管理。

【党的建设和精神文明建设】该公司以全面从严治党为指导，深入学习贯彻中共十八届四中全会精神和总书记习近平系列重要讲话精神，对照“严以修身、严以用权、严以律己、谋事要实、创业要实、做人要实”总体要求，扎实开展“三严三实”专题教育，持续推进党的建设、企业文化建设和队伍建设，确保了安全生产、经营管理、党风廉政建设等目标任务的圆满完成。坚持“三会一课”制度，深入开展形势任务教育，将广大党员思想行动统一到公司的决策部署中。强化“干事、干净”理念，将本部关键岗位人员纳入廉洁教育体系，组织80余人参观廉洁教育基地，并参加廉规考试。开展“书记讲党课”活动，安排20名党的基层支部书记参加国网四川省电力公司培训。举办入党积极分子培训班，共有15个党支部的59名职工参加了培训，发展新党员17名，14名预备党员按期转正。深入宣贯国家电网公司企业文化建设管理办法，加强企业文化建设管理，推进企业文化进基层、进班组、进站所。拍摄的新媒体电影《远山的雪》获得深圳微电影大赛最佳影片奖。开展“四川志愿·携手圆梦‘互联网+梦圆村小’”主题志愿服务活动，开展4次“道德讲堂”活动，顺利通过“四川省文明单位”复检。

【存在的主要问题】一是安全生产形势严峻。阿坝州以高原和高山峡谷为主，地质条件十分恶劣，自然灾害多、范围广，应急抢险工作量大；州内电网发展起步晚，电网建设欠账多，发电和用电受到双重制约，电网承载能力明显不足；公司各类老旧设备多、状态差，加之恶劣的自然和交通条件，各类运维、基建等生产任务难度较大，面临的安全风险高；受制于严重缺员，公司安监力量严重不足，特别是在各县公司，安监体系不健全，安监人员多为兼职，无法对公司广阔的生产场所、施工点进行全方位布控，存在较大安全隐患。二是经营管理压力重重。自2010年成立以来，公司亏损逐年加剧，严重的亏损导致公司现金流紧张，没有再投资能力，没有足够的生产运维费用，软硬件提升难度大；公司近年来电网投资大，输变电设备投运多，但由于低电价等各类原因，公司投资效益极低，不具备可持续发展能力；州内电力体制复杂，不利于州内电网发展。三是人才资源仍然短缺。州县公司均严重缺员，本部和业务支撑机构缺员67.25%，县公司平

2015年7月初，阿坝州多地发生大规模洪水泥石流灾害，国网阿坝供电公司第一时间启动应急预案，开展了抢险保电工作。图为阿坝州州长杨克宁慰问现场抢险的电力人员

（彭秋杰　摄）

均缺员41.56%，严重的缺员导致员工身兼数职，工作质效难以提升，安监、审计、监察等监督力量特别薄弱，各类风险得不到有效管控；员工管理和技术技能水平低，县公司层面员工队伍老化严重，学历技能层次低，本部员工队伍年轻，经验十分欠缺。

【国网马尔康县供电有限责任公司】国网马尔康县供电公司成立于2011年7月。在册员工164人，担负着全市14个乡（镇）、240个村，1.5万余户，5.6万余人的生产生活供电任务。拥有110千伏变电站5座，主变6台，变电容量15.4万千伏安，110千伏线路5条，线路长度135.38公里；35千伏变电站5座，主变6台，变电容量45.2万千伏安，35千伏线路7条，线路长度223公里；10千伏线路29条，线路长度387公里；发电站两座（松岗电站、热足电站），总装机2.39万千瓦，完成自发电量1.38万千瓦时。2015年完成售电量1.85亿千瓦时。完成35千伏草登变电站和35千伏志登线建设工作，全面保障汶马高速施工用电，全力实施所属电站的检修维护，积极开展安全用电宣传活动。

【国网理县供电有限责任公司】国网理县供电公司成立于2011年7月。在册员工107人，担负着全县13个乡（镇）、81个行政村，6680余户，4.5万余人的生产生活供电任务。网内有板子沟、三道桥、维关、农家乐、甲司口、三〇四、老君沟7座上网小水电站，总装机1.49万千瓦。代为运维110千伏变电站2座，主变2台，变电容量8.15万伏安。拥有35千伏变电站4座，主变5台，变电容量2.03万千伏安，35千伏线路12条，线路长度185.203公里；10千伏线路25条，线路长度508.167公里。2015年完成购电量1.54亿千瓦时，售电量1.33亿千瓦时。

【国网汶川县供电有限责任公司】国网汶川县供电公司成立于2011年7月，在册员工129人。担负着全县7个乡（镇）、74个村，2.1万余户，8.9万余人的生产生活供电任务。拥有35千伏变电站6座，主变10台，变电容量7.51万千伏安，35千伏线路19条，线路长度175公里；10千伏线路39条，线路长度374公里;2015年完成售电量3.61亿千瓦时。狠抓增供促销，实现了扭亏为盈，取得了较好的经营业绩。

【国网壤塘县供电有限责任公司】国网壤塘县供电公司成立于2011年7月，在册员工27人。担负着全县9个乡（镇）、47个村，10000余户，4万余人的生产生活供电任务。拥有发电站一座（章光电站），总装机1140千瓦；110千伏变电站1座，主变1台，变电容量3.15万千伏安，110千伏线路1条，线路长度148公里；35千伏变电站4座，主变4台，变电容量1.105万千伏安，35千伏线路5条，线路长度127公里；10千伏线路14条，线路长度407公里。2015年完成自发电量0.63亿千瓦时，完成售电量0.33亿千瓦时。

2015年8月，国家电网公司在阿坝州红原县4000米高原实施高海拔10千伏配网带电作业实际操作演练项目。国网阿坝供电公司按照国家电网公司和国网四川省电力公司要求，积极参与和配合，成立多个专项小组，圆满完成了演练的相关工作　（漆元寒　摄）

【国网松潘县供电有限责任公司】国网松潘县供电公司2011年7月成立，在册员工124人。担负着松潘县20个乡（镇）、142个村，2万余户，7.5万余人的生产生活供电任务。另有小河片区委托国网平武县供电公司供电，毛尔盖片区由国网黑水县供电公司供电。拥有35千伏变电站10座，主变压器14台，变电容量7.59万千伏安，35千伏及以上输电线路14条，线路长度235公里；10千伏线路25条，线路长度910公里。发电站4座（云屯电站、鸳鸯桥电站、虹桥关电站、金苍坪电站）总装机0.67万千瓦。2015年，完成售电量1.09亿千瓦时；完成发电量0.4亿千瓦时。该公司全力推动电力设施保护工作，积极争取地方党委政府的支持，出台了《松潘县电力线路通道专项治理工作实施方案》，为有效提升输电线路安全运行水平提供了坚强保障。

【国网金川县供电有限责任公司】国网金川县供电公司成立于2011年7月，在册员工108人。承担着全县23个乡（镇）、109个村，1.8万余户，7.4万余人的生产生活供电任务。拥有110千伏变电站1座，变电容量4万千伏安；35千伏变电站3座，变电容量2.205万千伏安；35千伏线路5条，线路长度136.9公里；10千伏线路26条，线路长度1012.8公里；配电变压器台区711个，变电容量5.27万千伏安。拥有发电站4座（万林电站、独松二级电站、阿科里电站、卡撒电站），装机容量0.46万千瓦。2015年完成自发电量0.22亿千瓦时，完成售电量0.89亿千瓦时。

【国网黑水县供电有限责任公司】国网黑水县供电公司成立于2011年7月，在册员工84人。担负着全县17个乡（镇）、124个村，20,895户，6万余人的生产生活供电任务。拥有110千伏变电站2座，主变2台，变电容量6万千伏安，110千伏线路2条，线路长度16.8公里；35千伏变电站6座，主变9台，变电容量1.51万千伏安，35千伏线路8条，线路长度131公里；10千伏线路23条，线路长度398公里。拥有发电站5座（德石窝发电站、仁头沟发电站、谷汝发电站、红岩发电站、麻窝发电站），总装机0.54万千瓦。2015年完成自发电量0.24亿千瓦时，完成售电量0.47亿千瓦时。

阿坝州金川县电网基础差、底子薄、欠账大，难以满足水电外送和大工业用电要求。2015年9月，阿坝州金川县政府与国网阿坝供电公司签署共建金川坚强电网相关协议，开启了藏区县与供电企业合作的新模式

（黄世涛　摄）

【国网小金县供电有限责任公司】国网小金县供电公司成立于2011年8月，在册员工152人。担负着全县16个乡，1个镇，120个行政村，7万余人的生产生活供电任务。拥有110千伏变电站2座，变电容量14万千伏安，110千伏线路3条，线路长度52.4公里；35千伏变电站8座，变电容量4.49万千伏安；35千伏线路11条，线路长度159.3公里；配变670台，变电容量7.06万千伏安；10千伏线路28条，线路长度847.62公里。管理水电站2座，总装机0.53万千瓦。2015年完成自发电量0.25亿千瓦时，售电量3.78亿千瓦时。该公司大力加强应急抢险准备工作，在6月发生的山洪泥石流灾害中，迅速反应，及时恢复了受灾地区正常供电。

【国网阿坝县供电有限责任公司】国网坝县供电有限公司成立于2011年7月，在册员工81人。担负着阿坝县行政区域内2个镇、17个乡、2个牧场，87个行政村，2.62万户，约6.79万人的生产生活供电任务。拥有110千伏变电站2座，主变压器3台，变电容量9.45万千伏安；35千伏变电站5座，变压器5台、变电容量1.46万千伏安。拥有110千伏线路2条、线路长度73公里；35千伏线路6条、线路长度218公里；10千伏线路19条、线路长度689公里；10千伏变电台区496台、变电容量6.49万千伏安；0.4千伏线路总长714.72公里。2015年完成售电量0.47亿千瓦时。在阿坝县遭受30年一遇的特大雷暴灾害的强烈袭击中，该公司迅速反应，及时恢复了受灾输变电设备的正常供电，为藏区和谐稳定作出了积极贡献。

【国网红原县供电有限责任公司】国网红原县供电公司成立于2011年7月，在册员工54人。担负着全县11个乡（镇）、36个村，1.44万余户，4.6万余人的生产生活供电任务。有110千伏变电站3座，主变4台，变电容量7.33万千伏安；35千伏变电站5座，主变5台，变电容量1.63万千伏安，35千伏线路150公里；10千伏线620公里。有发电站1座（刷经寺电站），装机容量0.02万千瓦。2015年完成自发电量86.08万千瓦时，完成售电量0.27亿千瓦时。

【国网若尔盖县供电有限责任公司】国网若尔盖县供电公司成立于 2015 年 7 月，在册员工 87 人。承担着全县 2 个镇、15 个乡、2 个牧场，10437 平方千米，7.8 万余人的生产生活供电任务。拥有发电站两座（巴西电站、热尔电站），总装机 0.38 万千瓦。有 110 千伏变电站 3 座，主变 4 台，变电容量 11.1 万千伏安，110 千伏线路 3 条，线路长度 247.5 千米；35 千伏变电站 4 座，主变 4 台，变电容量 1.15 万千伏安，35 千伏线路 7 条，线路长度 268.30 千米；10 千伏线路 21 条，线路长度 709 千米。2015 年完成自发电量 0.14 亿千瓦时，完成售电量 0.52 亿千瓦时。

（罗雪松）

国网绵阳供电公司

【企业概况】国网绵阳供电公司成立于 1975 年，是国网四川省电力公司直属的特大一型企业，也是绵阳境内最主要的电网规划、建设、运营和电力供应企业。承担着绵阳市涪城区、游仙区、江油市、安县、梓潼县、北川县、盐亭县的供电任务，与三台县、平武县有趸售关系，拥有电力客户 162 万余户。设本部职能部门 11 个，业务支撑和实施机构 7 个，下辖江油、游仙、梓潼、安县 4 个县级供电分公司，受国网四川省电力公司委托代管安县、北川 2 个县级全资子公司和盐亭控股公司。

该公司拥有35千伏及以上变电站119座，变电容量841.82万千伏安，输电线路259条，线路长度4056.3公里。其中：220千伏变电站14座，变电容量429万千伏安，输电线路52条，线路长度1415公里；110千伏变电站50座，变电容量365.55万千伏安，输电线路137条，线路长度1637.2公里；35千伏变电站55座，变电容量47.27万千伏安，输电线路80条，线路长度1004.1公里；10千伏配网线路490条，线路长度12307.03公里；全网最高负荷148.5万千瓦，最大日电量2820万千瓦时。资产总额44.92亿元。2015年，完成售电量71.8亿千瓦时。绵阳电网是四川电网在川西北地区的重要组成部分，通过500千伏变电站和多回500千伏线路构成的主网架接入四川主网，已形成较完善的220千伏环网。截至2015年12月31日实现连续安全生产4004天。

近年来，国网绵阳供电公司立足于服务党和政府工作大局、服务发电企业、服务电力客户、服务社会发展，为绵阳经济社会发展和人民生活需求做出了应有的贡献。先后获得第四届全国精神文明建设工作先进单位、国务院国资委及国网公司抗震救灾先进集体、国家电网公司文明单位、四川省安全文化建设示范企业等多项荣誉。2015 年该公司获得四川省“重点工程劳动竞赛先进集体”“安康杯”竞赛优胜单位；国网四川省电力公司“敬老模范单位”“企业基础管理工作先进单位”“发展工作先进单位”“人力资源工作先进单位”“安全先进单位”等荣誉称号。

2015 年 3 月 5 日，四川省委常委、省总工会主席李登菊在国网绵阳供电公司，了解“掌上川电”APP 功能，肯定该公司为民服务工作的开展

（陈浩　摄）

【人力资源】截至 2015 年年末，该公司用工总量 6231 人，其中：长期职工 2094 人(直供直管长期职工 1240 人，控股公司 854 人)；劳务工 39 人（直供直管）；农电工 1572 人（直供直管 1307 人，控股公司 265 人)；集体职工 307 人，集体企业自聘职工 2219 人；用工总量比 2014 年年末减少 80 人。直供直管长期职工平均年龄 42.24 岁。有研究生及以上学历 114 人，大学本科学历 598 人，大学专科学历 337 人，中专及以下学历 191 人。高级职称 128 人，中级职称 276 人，初级职称 505 人。高级技师 76 人，技师 486 人，高级工 64 人，中级工及以下 48 人。

【电网建设与发展】该公司以保障全市“两个一号工程”和幸福美丽绵阳建设为目标，加快构建“安全可靠、智慧高效”绵阳电网。有机衔接绵阳市发展规划和产业布局，与涪城区、高新区、绵投集团建立战略合作关系。深度融合配电网、互联网+等前沿技术，重点对中心城区 819 个地块配电网进行“网格化”规划。高标准编制完成“十三五”电网发展规划。该公司建管的“电力天路”及无电地区电网建设项目全面竣工，受到央视、人民网、《国家电网报》等媒体广泛关注。城区配网自动化改造一期工程投运，故障判断和隔离时间由 2 小时缩短至 5 分钟。组建项目管理中心，一体化统筹项目资源，金家林、松垭等输变电工程相继建成投运，满足科技城集中发展区、教育园区等未来 3—5 年用电需求。开展标准化示范基建工地创建，园艺Ⅱ110 千伏变电工程荣获国网四川省电力公司安全流动红旗。

【经营管理】该公司完善“五大”组织体系，专业化、集约化、扁平化效能更加明显。深化“五位一体”应用，成功打通配网抢修、业扩报装示范流程，工作成果荣获国网四川省电力公司企业管理创新一等奖。有序推进集体企业改革改制，通过整合重组形成两个建安类平台公司，业务界面更加清晰。健全全面预算闭环管理体系，预算执行度大幅提升。8 家会计主体均达国家电网创优目标，参加国家电网公司财务调考成绩名列国网四川省电力公司系统第一。夯实班组建设，五星级班组比例提高到 26%。成立“互联网+电网”技术应用攻关组，加强与长虹、腾讯等优势企业协作，完成安全管控及配网抢修移动终端建设。制订法治企业建设三年规划，举办 11 期“法治·道德·职业”讲堂，依法治企扎实推进。获评业绩负责人考核 A 级，同业对标获综合标杆、业绩标杆、管理标杆及 6 个专业标杆荣誉，创历史最佳。

2015 年 5 月 10 日，国网绵阳供电公司员工正在风灾后投入抢修
（陈浩　摄）

【安全生产】该公司秉持“五安三制”理念，以“安全生产年”活动为抓手，强化安全责任、保障、监督体系建设。制定专项业绩考核办法、反违章监督考核细则，设立安全专项奖励基金，安全激励约束机制有效完善。深入开展“安全大检查”及缺陷隐患排查治理等专项活动，消除各类隐患 1152 处。举办 6 期“安全巡讲服务基层”培训、49 场安规考试、6 次无脚本大型应急演练，全员安全履责意识进一步提升，安规调考成绩在国家电网和国网四川省电力公司均名列前茅。狠抓配网专项整治，配网线路跳闸率同比下降 27.67%。加强政企合作，积极推进全市电力设施保护区施工作业暨建安市场整治活动，外破事件同比下降 34.1%。借助“互联网+安全管控平台”等科技手段，实现作业现场安全管控全覆盖。创新开展“互联网+配网抢修”业务，建成主城区“30 分钟抢修圈”。安全管理等 6 个专业被国网四川省电力公司选树为标杆单位，获评国网四川省电力公司安全先进单位。

【农电工作】该公司全面实施低电压台区治理和农村电网改造升级，共投资 6.72 亿元，使 1565 个低电压台区得到有效改善，治理低电压户数达 3.58 万户。是首家在三新公司施行岗位绩效工资制度的供电公司，农电用工的规范管理走在国网四川省电力公司前列。顺利接收北川县5个半乡镇小水电供区，有序推进盐亭县地方国有股权化转，农电管理关系得到有效梳理。县级供电企业和乡镇供电所管理不断提升，标准化供电所建设有新突破，建成标准化供电所63个，花荄供电所被首批命名为国家电网公司企业文化示范点。以“连心桥”和“包片进村”活动为主线，推出定位、定人、定责、定时、定质的“五定”服务，切实解决农户生产生活用电难题。选派高素质驻藏帮扶人员10名，援助各类物资折合资金152.1万元，精准对接藏区电力和管理需求，圆满完成年度帮扶目标任务，获国网四川省电力公司农电工作和藏区对口帮扶先进单位。

2015年9月26日，国网绵阳供电公司在2015年中央电视台江油中秋晚会保电现场。图为国网绵阳供电公司员工正在巡查设备（陈浩　摄）

【科技与信息化工作】该公司鼓励引导群创氛围，职工文化、技术创新成果丰硕。3个项目入选国网四川省电力公司职工技术创新优秀成果，6个项目获评国网四川省电力公司工人技术创新奖，1个项目获国网四川省电力公司科学技术进步奖；获国网四川省电力公司企业管理创新成果一等奖1项、二等奖1项，优秀课题研究成果一等奖1项、三等奖1项。制订公司《精益管理战略发展方案》，将精益理念贯彻业务链条始终，2项精益化成果获国网四川省电力公司精益化项目一等奖，1项成果获二等奖，2项成果获三等奖。加强对标过程管控，修订对标考核办法，2个案例入选国网四川省电力公司典型经验库。申请专利14项，完成国网四川省电力公司下达的任务指标；1项科技项目成果同时获得国网四川省电力公司科技进步一等奖和四川省科学技术进步二等奖。

【优质服务（市场服务）】该公司以客户感知为导向，大力推动营销服务转型升级。深入开展“七进”服务，设立社区网格化服务经理134名，建立园区“三本台账”500余户，走访“两代表一委员”113名，行风满意度现场测评国网四川省电力公司系统第一。高标准开展“业扩报装环境整治百日行动”，建立“一站式”集中办公服务新模式，平均缩短业务办理时限11个工作日。持续优化“十分钟购电圈”建设，试点推进“三表合一”，推广“掌上川电”APP应用23.11万户，购电渠道更加多元。落实直购电、富余电量优惠政策，帮助企业降低用电成本4253万元。制订“电力助推扶贫攻坚”十大行动，对供区内307个贫困村实施精准扶贫。执行“两保户”电费优惠，积极推进老旧（弃管）小区改造和建设，着力履行社会责任。完成各类保电任务149次，科博会、央视、中秋晚会等保电工作受到四川省、绵阳市领导的高度肯定。

【党的建设和精神文明建设】该公司紧扣从严治党要求，倡导“让优秀成为习惯”新风尚，“内质外形”不断提升。扎实开展“三严三实”专题教育，两级班子深入一线讲授专题党课77次，组织专题学习研讨96次。及时宣贯《廉洁自律准则》和《纪律处分条例》，加大党风廉政执纪问责力度。推进服务型党组织建设，北川县供电公司党委荣获国网四川省电力公司“基层服务型党组织示范点”称号。大力开展“四个一百”创建活动，建成两个国网四川省电力公司首批企业文化示范点，绵阳、江油共产党员服务队分别获国网四川省电力公司“十佳”和“优秀”共产党员服务队。打造“精彩绵电”新形象，自拍微电影《归途》网络点击率逾300万次。9个职工兴趣协会生机蓬勃，多项文体竞赛取得优异成绩。全面深化精神文明建设，积极争创绵阳市2015年度“文明行业”。公司保密、信访、综治、后勤、离退休等工作扎实推进。

【存在的主要问题】一是发展基础不够牢。安全生产执行穿透力不强，外包队伍施工作业现场存在一定的安全风险。电网“两头薄弱”、区域“卡脖子”和农村低电压等问题还未完全解决。各信息系统兼容性不足、数据交互不够，不能有效支撑大数据分析。二是经营压力比较突出。随着“去产能、去库存”深化，“煤改电”进展缓慢，加之绵阳工业用电量下降明显，该公司售电量增长乏力的态势短期内难以改变。市场低迷与资产折旧、运维成本刚性增加矛盾凸显，给企业带来较大经营压力。三是外部形势趋于严峻盈利模式由“吃价差”向“准许成本+合理收益”转变。售电市场放开，社会资本有意进入配售电领域。该公司现有体制机制不能完全适应发展要求，将面临多项改革交织、市场主体多元、外部竞争加剧等新挑战。

【国网国网江油市供电分公司】江油市供电公司始建于 1962 年 10 月，担负着江油市 40 个乡镇以及平武、北川等部分地区供电任务，供电面积约 3100 平方千米，供区人口约 110 万，营业户数 35.63 万户，其中专变客户 2616 户（含大工业客户 242 户），低压客户 34.39 万户（含智能表客户 33.64 万户）。供电营业网点 18 个(其中城区 2 个，农村 16 个)。设有 8 个管理部门，2 个业务支撑实施机构，8 个生产、营销班组，16 个乡镇供电所，托管 1 个集体制企业——江油华兴电力有限责任公司。

该公司拥有 35 千伏及以上变电站 25 座，变电容量 180.05 万千伏安。城区配变 170 台，容量 6.11 万千伏安；农村配变 3317 台，容量 32.15 万千伏安；35 千伏线路 16 条，总长度 177.01 公里；10 千伏线路 102 条（其中城网线路 41 条），总长度 317.03 公里；农网线路 61 条，总长度 2547.46 公里，低压线路 1.11 万公里。2015 年完成售电量 18.42 亿千瓦时，同比下降 7.36%；线损率 5.96%；城网供电可靠率 99.94%，农村供电可靠率 99.91%；电费回收率 100%。全网最高负荷 42.3 万千瓦，最大日电量 724 万千瓦时。

该公司有员工 596 人（其中全民员工 146 人），平均年龄 44.18 岁，30 岁以下人员 13 人。本科及以上学历 53 人（其中研究生 9 人），占职工总数的 36.3%；大专学历 66 人，占职工总数的 45.2%；中专技校学历 24 人，占职工总数的 16.4%；高、初中以下学历 3 人。高级职称 3 人，中级职称 22 人，初级及以下职称 121 人。高级技师 10 人，技师 93 人，高级工 6 人，中级工 4 人。农电员工 428 人，平均年龄 44.04 岁，30 岁以下人员 19 人。大学本科学历 28 人，占农电员工总数的 6%；大专学历 106 人，占农电员工总数的 24 %；中专学历 180 人，占农电员工总数的 42 %。国网四川省电力公司优秀人才 1 人，国网绵阳供电公司优秀人才 1 人，人才当量密度 1.04。

该公司主动对接江油市经济社会发展规划，编制完成江油“十三五”配电网发展规划。完成 35 千伏六合变电站建设，全面解决六合、枫顺乡用电及片区低电压问题；35 千伏紫山变电站顺利投运，香水片区供电能力有效提升。加快推进农网升级改造和低电压台区专项治理，治理低电压台区 131 个，惠及用户达 3977 户。累计换装智能电表 33.64 万只。

该公司严格执行中央“八项规定”、国网四川省电力公司“十项禁令”，扎实开展文风会风、公务用车清理整顿，业务招待费和会务费同比下降 56%和 38%。完善薪酬绩效管理体系，制定《绩效管理实施细则》，有效提高员工积极性。开展反窃电、违约用电专项整治，查处窃电、违约用电 49 户，追回电费及违约金 182.33 万元。加强物资管理，全面清理处置积存废旧物资。

该公司围绕“安全第一、生命至上”活动主题，组织开展“反违章”劳动竞赛，积极推进“互联网+”技术在现场安全管控中的运用。深入开展“安全大检查”，消除各类隐患 125 处。加大安全监督考核力度，全年开展现场安全巡查 1517 次。狠抓配网专项整治，拆除城网盲肠线路 6 处，配网线路跳闸率同比下降 29.5 %。深入开展安全性评价，安全管控能力不断加强，顺利通过国网四川省电力公司专家组考评验收。该公司创新推进安全监督“提前介入”，下发周督察、安全预警通报，开展专责每月到各供电所上一天班、到施工队施一天工活动，全年未发生员工轻伤及以上事故、负同等责任的一般及以上交通事故、有责任的农村人身触电伤亡事故。开展“包片进村”“精准扶贫攻坚”活动，走访贫困村 333 个·次、贫困户 972 户·次，解决贫困村、户生产生活用电问题 169 个。完成 7 个标准化供电所创建。

该公司认真组织开展员工技术创新活动，向国网绵阳供电公司上报技术创新成果 4 项，其中重华供电所机械式收线绞盘在实际运用中效果良好。积极开展精益化管理工作，上报精益化项目 3 项。35 千伏变电站无人值守精益化管理通过大量技术改造，变分散护卫为集中护卫，能有效化解用工风险，降低水电消耗。完成 3 个 35 千伏变电站守门人员撤离工作。深入开展“七进”服务，设立社区网格化服务经理 96 名，开展“安全用电”活动 72 次。建立园区“三本台账”，走访“两代表一委员”，16 个供电所地方政风行风民主测评名列前茅。开展窗口及抢修人员服务沟通技巧培训，及时纠正不规范服务行为。认真开展“业扩报装环境整治百日行动”，缩短业扩平均办理时限 6 个工作日。继续完善“十分钟购电圈”，推广“掌上川电”APP 应用 3.8 万户，交费渠道更加丰富。完成“全国第六届特奥会”“2015 年央视中秋晚会”等各类保电 38 项，得到省、市领导的高度评价和肯定。

扎实推进“三严三实”专题教育，召开民主生活会，全面完成54项问题整改。加强党员服务队建设，全力推进精准扶贫和服务社区、服务困难群体，党员干部用实际行动打通优质服务“最后一公里”。与地方媒体对接，全方位宣传公司保供电、惠民生、践承诺的工作举措，19篇稿件在《人民日报》、新华网等高端媒体发布。建立职工书屋、成立兴趣小组，丰富职工业余生活。成立网络文明传播志愿者小组，发布微博800余篇。

【国网绵阳市游仙供电分公司】国网绵阳市游仙供电公司始建于1994年12月26日，是国网绵阳供电公司下属的二级机构、省级文明单位、国网四川省电力公司县级一流供电企业，担负着绵阳游仙区、科学城、仙海风景区、经济开发区和三台县、梓潼县部分村社的工农业生产和人民群众的生活供电任务，供区面积1017平方千米，供电营业户数26.82万户，用电人口约52万。该公司拥有220千伏变电站2座、110千伏变电站4座，35千伏变电站7座；主变10台，主变总容量6.32万千伏安。城区公用配变共88台，容量4.07万千伏安；农村公用配电变压器2106台，容量17.69万千伏安。35千伏线路9条，长度116千米；10千伏城市配网线路31条，长度133.23千米；农村10千伏线路49条，长度1527.99公里。

该公司有员工402人，其中全民员工88人，平均年龄41.95岁，30岁以下人员14人。本科及以上学历49人（其中研究生7人），占职工总数的55.68%；大专学历29人，占职工总数的32.96%；中专技校学历10人，占职工总数的11.36%。高级职称5人，中级职称19人，初级及以下职称39人。高级技师4人，技师34人，高级工4人，中级工7人。农电员工288人，平均年龄44.13岁，30岁以下人员24人。大学本科学历14人，占农电员工总数的4.86%；大专学历87人，占农电员工总数的30.21%；中专（技校）学历187人，占农电员工总数的64.93%。有国网四川省电力公司优秀人才4人，国网绵阳供电公司优秀人才4人，人才当量密度1.03。成立三新游仙分公司，顺利完成农电员工合同改签。

2015年，该公司35千伏新桥变电站改造完成，35千伏沉抗变电站扩建项目开工，松垭镇片区配电网络电源转接至110千伏农科站，五里梁工业区第二电源接入系统，极大提高游仙区域电网的供电能力和供电可靠性。

该公司严格落实依法治企，加快推进“三全五依”法治企业建设，重要决策、合同法律审核率达100%。参加法律培训人员460余人次，全员普法率达100%。有效提升人力资源基础管理，修订完善公司绩效管理实施细则。组织员工积极参与教育培训和技能提升，教育培训工作获国家电网公司人资部肯定。规范物资管理，共计开展物资、非物资非招标采购40余项，回收各类废旧物资90余吨。

该公司安全态势总体平稳，全年共排查安全隐患51项，全部整改完毕。开展各类督察（巡查）共计1600余人次，发现问题142处并落实整改。开展大型安全培训17次，安全宣传54次，发放综合安全资料1.6万余份，受理用电咨询人数近8000人。排查并完善各类安全警示标志，更换及补充标示桩1100余根。截至2015年12月31日，实现连续安全生产7675天。

该公司严把工程施工工艺质量关，石马文峰村9#台区低电压整治工程被国网四川省电力公司授予农网示范工程。全面规范11个供电所基础管理，为创建标杆供电所打下坚实基础。将包片进村与扶贫攻坚工作相结合，重点针对贫困户、“五保户”进行精准扶贫。全面推进“电力名片”进农家活动，共发放电力名片10万余张，开展流动宣传2000多次，在各村社安装安全用电展板100余组。

该公司鼓励和引导职工创新，并取得良好成果。变电运检班创新团队研发的“便携式应急电源电缆转接端子箱研制”获国网四川省电力公司工人技术创新一等奖；乡镇供电所管理部创新团队研发的“高空验电器的研发”获国网绵阳供电公司2015年度最佳创新成果。

2015年，该公司完成售电量14.37亿千瓦时，电费回收率100%。深入开展“业扩报装环境百日整治行动”，服务水平不断提升。“掌上川电”注册3.27万户，完成目标值的100.1%。首次成功采集水表数据，实现了电、水、气“三表合一”工作零突破。从政府争取改造资金，按照国网四川省电力公司和市政府关于老旧弃管小区改造有关要求，顺利完成9个老旧小区的可研立项。

该公司扎实开展“三严三实”专题党课和“法治·道德·职业大讲堂”教育，继续蝉联省级文明单位殊荣。公司党委获国网绵阳供电公司“季度红旗”表彰和“先进基层党组织”称号。县级供电企业文化示范点创建初见成效，被国网四川电力命名为首批县级企业文化建设示范点。班组建设水平不断提高，市场与用电检查班、营业班通过了五星级班组验收。团总支被绵阳市授予“绵阳市五四红旗团支部”和“优秀志愿服务组织”称号。

【国网梓潼县供电分公司】国网梓潼县供电公司始建于1967年5月，本部设置职能部门5个，业务实施机构2个，下设生产班组3个，营销班组3个；供电所 8 个。担负着梓潼县 32 个乡镇、1 个经济开发区以及绵阳游仙区、江油市、盐亭县等部分地区供电任务，供电总面积 1442.32 平方千米，供区人口 38.58 万。辖区内有 110 千伏变电站 4 座，主变 7 台，容量 25.3 万千伏安；35 千伏变电站 5 座，主变 9 台，容量 4.44 万千伏安；10 千伏开关站 1 座。城区配变 270 台，容量 12.57 万千伏安；农村配变 2275 台，容量 16.74 万千伏安；35 千伏线路 8 条，总长度 143.35 公里；10 千伏城网线路 15 条，总长度 264.5 公里；10 千伏农网线路 28 条，总长度 1499.97 公里；低压线路 7108.88 公里。

该公司有员工 294 人，其中全民员工 89 人，平均年龄 40.9 岁，30 岁以下 22 人。本科及以上学历 47 人（其中研究生 11 人），占职工总数的 52.81%；大专学历 18 人，占职工总数的 20.22%；中专技校学历 24 人，占职工总数的 26.97%；高初中以下学历 0 人。高级职称 2 人，中级职称 7 人，初级及以下职称 41 人。高级技师 3 人，技师 24 人，高级工 3 人，中级工 11 人。农电员工 205 人，平均年龄 45.5 岁，30 岁以下人员 15 人。大学本科学历 11 人，占农电员工总数的 5.37%；大专学历 34 人，占农电员工总数的 16.59%；中专学历 160 人，占农电员工总数的 78.04 %。国网四川电力“雏鹰计划”2 人，人才当量密度 0.98。

2015 年，该公司投产 10 千伏配电容量 1.48 万千伏安、35 千伏变电容量 0.63 万千伏安、10 千伏配电线路 53.57 公里、35 千伏输电线路 4.12 公里。完成 35 千伏许州变电站增容改造。高标准制定“十三五”电网发展规划，完善网络构架，满足地方经济发展。全力攻坚马鸣风电场项目建设，推动绿色、低碳能源发展。主动与地方党委、政府保持良好沟通，为电网和公司发展创造良好的外部环境。完成售电量 2.9 亿千瓦时，完成调整计划的 101%；电费回收率 100%；线损率 7.57%，低于下达计划 0.03 个百分点；集体企业市场占有率 90.7%。实施预算闭环管理，提高成本使用的目的性和有效性。强化人才培养，培养高素质、高效率人才队伍。逐步减少车辆维修、燃油等成本，促进“人、财、物”损耗有效降低。

该公司强化安全责任体系和监督体系，落实到岗到位和同进同出要求，安全生产总体平稳。扎实开展各类专项活动 25 次，消除各类隐患 111 处。开展防外力破坏专项活动，成功追责外破事件 7 起。在国网四川省电力公司和国网绵阳供电公司安规调考中该公司员工名列前茅。严把外施队伍入口关，严格资质审查，强化安全培训。加强反违章力度，发现违章并处罚 72 起。截至 2015 年 12 月 31 日，实现连续安全生产 4125 天，安质部获国网绵阳供电公司安全监督业绩优秀集体。

2015 年，该公司下达农网大修、低电压技改、农网升级改造、新增农网升级改造四个批次项目，完成率 31.7%。深入开展隐患排查治理，确保农网安全可靠运行。政企联合大力推进农村安全用电检查、宣传，对鱼塘、水库等安全警示进行清理完善，有效降低人身触电伤亡。结合梓潼电网实际，完善项目储备，制定电网发展规划。大力推广“掌上川电”APP 应用，完善“村村有交费点”建设，提升优质服务水平。

该公司积极推进班组创新活动，由农电员工研发的“电杆基础开挖取土器”“伸缩式竹木砍伐刀”等 2 项成果分获国网绵阳供电公司“十佳”和“优秀”创新成果奖。推广智能表换装和智能采集上线，提高配网信息化水平。建立安全工作微信群，通过微信实时推送施工现场情况，实现远程安全管控。该公司“电力服务进社区”“包片进村”持续开展，共计接收故障抢修 2905 起，出动抢修人员 9015 人次。推进“业扩报装环境整治百日行动”，缩短业扩平均办理时间。持续开展城区“十分钟交费圈”、农村“村村有交费点”建设，大力推广“掌上川电”APP 应用。实施“电力助推扶贫攻坚”十大行动，加快贫困村低电压台区治理，完成辖区内 1.03 万“两保户”的电费清退。完成各类重要保电任务 15 次。

该公司扎实开展“三严三实”专题教育和党风廉政建设，组织中心组（扩大）学习 6 次，撰写 21 篇专题研讨发言材料，党员党性修养不断加强。扎实开展形势任务教育，通过红线制度巡讲、廉洁教育和提醒谈话，不断增强员工的责任意识和廉洁自律意识。积极开展班组建设和健康食堂创建工作。不断强化作风建设，“让优秀成为习惯”逐渐成为公司员工行为标准，员工精神面貌进一步改善，该公司党委获国网绵阳供电公司 2015 年度先进基层党组织。

【国网安县供电分公司】国网安县供电公司成立于 1985 年，隶属于国网绵阳供电公司，于 1993 年 12 月与地方国有企业安县电力公司联营。2007 年 12 月，国网四川省电力公司对安县电力公司进行控股，更名为“四川安县供电有限责任公司”。2013 年 8 月，完成股权无偿划转工作，成为国网四川电力的全资子公司。国网安县供电公司是安县境内最主要的电网规划、建设、运营和电力供应企业。设管理部室 8 个、业务支撑和实施机构 2 个、班组 10 个、供电业务部 8 个。供电区域包括安县 18 个乡镇及相邻的北川、江油部分地区，与北川县有趸售关系。供电面积 1150 平方千米。辖区内有变电站

18座，10千伏开关站1座，主变总容量1021.4万千伏安。全网最高负荷21万千瓦，最大日电量404万千瓦时。先后获得中华全国总工会抗震救灾工人先锋号、国网公司一流县供电企业、国家电网公司最佳文明单位、省级最佳文明单位、国网四川省电力公司安全生产先进集体、精神文明单位等多项荣誉。

该公司有员工173人，其中全民员工173人，平均年龄43.14岁，30岁以下人员23人。本科及以上学历78人（其中研究生6人），占职工总数的45.09%；大专学历61人，占职工总数的35.26%；中专技校学历28人，占职工总数的16.18%；高、初中以下学历6人。高级职称5人，中级职称22人，初级及以下职称77人。高级技师4人，技师63人，高级工44人，中级工4人。农电员工227人，平均年龄42.34岁，30岁以下人员29人。大学本科学历12人，占农电员工总数的5.27%；大专学历53人，占农电员工总数的23.35%；中专学历33人，占农电员工总数的14.54%。国家电网公司优秀专家人才后备1人，国网四川省电力公司优秀人才3人，国网绵阳供电公司优秀人才3人，人才当量密度0.9723。

2015年，该公司全面解决辖区内低电压、线路“卡脖子”和水田坝、茶坪两座35千伏变电站单电源问题，全县智能电表推广率达80%，推进电网基础设施建设，进一步提高安县电网供电可靠性。在完成既定工程任务的同时，认真履行属地协调原则，协调解决绵阳市高新区220千伏变电站110千伏配套工程界牌境内施工受阻问题，保证项目建设进度。

该公司严格依法治企，强化依法护电维权意识，成功处置涉电案件2起，引起广泛关注，取得良好社会效应。加强线损统计分析，降损工作取得突破性进展。筹建三新公司安县分公司，进一步规范农电用工管理。业绩排序位列绵阳公司A类，获评2015年度先进单位。落实“从严治安、作风强安”工作要求，不断健全领导干部“每周安全督办”制度。加强作业现场安全管控，及时纠正制止各类违章行为。构建事前预防、事中控制、事后查处的工作机制，开展各类安全督察1877余人.次。强化运维管理精益化和常态化，全面开展安全大检查和缺陷隐患整治活动。落实“一清四防”要求，有效降低线路跳闸率。截至2015年年底，实现连续安全生产5094天，获国网四川省电力公司年度安全先进集体称号。

2015年，该公司新增配变91台/0.93万千伏安，新建和改造10千伏线路46.35公里，低压线路252.92公里；治理低电压台区25个，解决低电压用户1956户，整治接户线1万余户；改造智能电表3.85万只。农村供电可靠率达99.97%，电压合格率99.85%；农网户均容量1.4千伏安。全部供电所达到“四星级班组”标准以上，花荄供电所建成国网四川省电力公司“企业文化示范点”。统筹推进管理创新、科技进步、群众性创新，2项创新成果荣获国网四川省电力公司工人技术创新二等奖，2项成果获国网四川省电力公司青年创新创意大赛二等奖。

该公司深入推进业扩精益化试点项目，有效缩短业务办理时间。整合资源，打造统一的应急抢修综合平台，提高故障抢修及时率。有序推进营配贯通工作，加强专、公变采集设备安装调试，实现专、公变采集全覆盖。动员公司全体员工，提前完成“掌上川电”APP应用推广任务。被评为国网绵阳供电公司2015年度供电服务业绩优秀单位。

该公司深入开展“三严三实”专题教育，狠抓“两个责任”落实，认真开展“红线制度巡讲”、检企联合等活动。成立共产党员服务队和三新服务有限公司安县分公司党支部，生产党支部被国网四川省电力公司授予“电网先锋党支部”称号，周华被国网四川省电力公司授予“劳动模范”。充分发挥工会桥梁纽带作用和团员青年生力军作用，着力班组建设，打造劳模创新工作室，深入开展各类文体、慰问活动和志愿服务，营造和谐稳定良好局面。

【国网北川县供电有限责任公司】国网北川县供电公司位于北川羌族自治县，成立于2008年1月。下设8个职能部门，2个业务支撑机构，4个生产班组，3个营销班组，9个供电所。承担着北川全县23个乡镇的供用电任务。截至2015年年底，该公司拥有自有产权变电站10座，其中110千伏变电站2座（110千伏北川变电站为全国首座智能变电站），变电容量18.0万千伏安；35千伏变电站8座，变电容量7.41万千伏安。35千伏及以上送电线路229.74公里；10千伏线路51条，共计1114.14公里；10千伏配电变压器1549台，总容量31.6万千伏安；低压线路约3950公里。北川新县城全部实行电缆化供电，电缆线路9条，全长43.35公里。

该公司有员工342人，其中全民员工256人，平均年龄42.7岁，30岁以下人员25人。本科及以上学历54人，占职工总数的21.09%；大专学历129人，占职工总数的50.39%；中专技校学历73人，占职工总数的28.52%。中级职称33人，初级及以下职称133人。技师56人，高级工26人，中级工61人。农电员工86人，平均年龄44.8岁，30岁以下人员5人。大学本科学历4人，占农电员工总数的4.65%；大专学历26人，占农电员工总数的30.23%；中专学历31人，占农电员工总数的36.05%。国网绵阳供电公司优秀人才4人，人才当量密度0.86。

该公司完成北川县“十三五”配电网规划。“十三五”规划期间，北川县拟规划建设110千伏输变电工程2个，35千伏新（扩、改）建电网工程11个。实行全面预算管理，严格执行“三重一大”决策制度，狠抓安全生产、优质服务、“三个建设”，全面完成年度经营目标任务。完成售电量3.7亿千瓦时；线损率3.96%，同比下降0.61个百分点；电费回收率100%。坚持“安全第一、预防为主、综合治理”的原则，履行领导干部到岗到位制度，全年开展现场安全督查640次。强化安全隐患排查治理，全面消除安全隐患，确保公司安全生产“可控、在控、能控”。未发生人身伤亡及电网事故，截至2015年12月31日实现连续安全生产2555天，被评为绵阳公司安全生产先进单位。

该公司加强供电所队伍建设，扎实推进供电所管理提升。有序实施小水电供区移交和改造，完成5个半乡镇移交供区电网前期规划。全面启动“电力助推扶贫攻坚 ”，部署精准扶贫工作。推进3个供电所创建国网四川省电力公司标准化供电所，加快擂鼓供电所创建五星级班组进度。完成4个规范化达标供电所创建，供电所规范化管理达标率100%。

该公司深化PMS2.0系统应用，配网单线图成图率100%，拓扑联通率100%；变电站站外线路治理完成率100%，站内设备拓扑联通率100%；输电专业台账完整率100%，拓扑联通率100%。加快营配贯通进度，消除业务信息壁垒，城农网中压设备贯通率100%；城网低压全部贯通。

该公司深入开展“电力服务进社区”活动，积极开展上门服务，共计走访辖区内大客户30余户。打造“10分钟购电圈”，开通53个邮政代收点、65个信用社代收点，投运120个移动POS机，安装10台自助交费终端，推广“掌上川电”APP应用1.11万户。加强营销人员业务培训，全年开展优质服务大讨论2次，组织专业集中培训5次，到供电所现场指导培训30余次。国网北川县供电公司扎实开展“三严三实”主题教育和“季度红旗”“月度明星”选塑活动，大力引导“让优秀成为习惯”企业文化落地。挖掘爱岗敬业典型，搭建创先争优平台，结合羌山供电特色，树立供电服务新形象。通过“送电到羌寨”“优秀+”“红军小学帮扶慰问”等主题活动，凝聚员工向心力，为企业发展注入新的动力。

【国网盐亭县供电有限责任公司】国网盐亭县供电公司的前身是四川省盐亭县电力有限责任公司，2007年1月12日改制为国网四川省电力公司控股并委托国网绵阳供电公司管理的县级控股公司。设有8部3中心21个班组。拥有110千伏变电站2座，主变4台，总容量19万千伏安；35千伏变电站11座，主变17台，总容量7.69万千伏安。110千伏线路4条，线路总长135.22公里（均与主网220千伏佳桥变电站相连）；35千伏线路12条，线路总长151.14公里。配电变压器3421台，总容量31.1万千伏安；10千伏公用线路62条，线路总长2141.87公里。农村低压网络1万余公里。2015年，完成售电量2.33亿千瓦时，同比增长2.18%，完成下达目标任务的101.16%；综合线损率12.28%，同比下降0.37个百分点。获国网四川省电力公司2015年度工会模范职工之家和优秀团体奖等荣誉称号。

该公司有员工589人，其中全民员工496人，平均年龄44岁，30岁以下人员13人。本科及以上学历65人，占职工总数的13.86%；大专学历271人，占职工总数的57.78%；中专技校学历133人，占职工总数的28.36%。高级职称2人，中级职称10人，初级及以下职称209人。技师37人，高级工231人，中级工40人。人才当量密度0.99。

2015年，该公司110千伏望江变电站建成投运，110千伏石岭变电站进出线迁改并投运。开展了盐亭电网“十三五”规划编制上报和盐亭县2016—2020年配电网滚动规划暨储备项目滚动修编工作，完成2016—2020年电网建设储备项目编制入库。开展2017年城市配网和农网村社改造项目的可研编制申报工作。推进营配贯通，完成中压部分GIS平台变压器与SG186系统对应工作，完成低压部分表箱条码录入及箱户关系对应。严格执行绵阳供电公司员工从业行为三十项禁令，切实规范不当从业行为。强化工程分包、废旧物资过程管控，加强非招标管理。“六五”普法和“依法治县”通过盐亭县验收。

该公司狠抓用电宣传，在盐亭电视台和电台定时播放安全用电、电力设施保护知识。开展安全宣传活动68次，发放安全宣传资料13万余份。开展打击违章用电整治活动300余次，全年无一例社会人员触电事故发生。组建安全巡查大队，抽调23名专业骨干加强施工作业现场安全、质量监督。截至2015年12月31日，实现连续安全运行3275天。

该公司利用车载广播、LED显示屏、电视广播等多种形式，积极开展农村安全用电宣传。因地制宜加快推进标准化、星级供电所建设，建成三星级供电所3个，四星级供电所4个，国网四川省电力公司标准化供电所2个。更换、安装标示牌、线路杆号牌9865块，地下电缆标志1.1万张，补充标志桩135处、标示牌265处，及时纠正违章建房行为12起。

该公司深入开展服务进社区、“包片进村”“业扩报装环境整治百日行动”，大力推广“掌上川电”APP应用，新增第三方电费代收点20余个，安装24小时自助交费终端3台，发放移动交费POS机89台，极大方便了客户购电。服务客户积极主动，接受故障抢修2905起，抢修完成率100%。履行公司社会责任，执行“两保户”优惠电量即征即返2.5万户。完成各类重要活动保电任务15次。该公司加强学习阵地建设，创新党员教育管理模式。强化党支部建设，打造“标准化党支部”。开展“内质外形”提升和“三严三实”专题教育，狠抓干部员工作风建设。推进星级班组创建，常态化开展员工素质提升、征文比赛和各类慰问。组织团员青年积极参加青工活动。

（王俊橙）

国网天府新区供电公司

【企业概况】2014年10月，四川天府新区获批为国家级新区，为进一步对接国家级新区建设，做好优质服务工作，国家电网公司同意设立国网天府新区供电公司。该公司成立于2014年12月29日，按地市供电企业管理，下辖双流、龙泉驿2家县级供电公司，供电范围主要包括成都市高新区南区（绕城外区域），双流县、龙泉驿区全部，新津县部分区域，资阳市的简阳市部分区域，眉山市的彭山县、仁寿县部分区域，涉及3市7县（市、区）48个乡镇和街道办事处，供电面积2004平方千米，服务人口220.27万人。

该公司拥有35千伏及以上变电站52座，总容量1097.25万千伏安；其中500千伏变电站2座，220千伏变电站8座，110千伏变电站31座，35千伏变电站11座，35千伏及以上输电线路119条，总长1424.2公里。除500千伏桃乡及尖山以外的变电站都由国网天府新区供电公司运行、维护、管理。2015年在建和新开工的35千伏及以上项目有23个，其中220千伏项目6个，110千伏项目16个，35千伏项目1个，2015年新开工的项目由国网天府新区供电公司进行建设管理。2015年该公司完成售电量75.39亿千瓦时，最大供电负荷164.98万千瓦。

【人力资源】该公司拥有员工1868人(全民员工481人，自聘员工377人，其中主业岗位220人，集体企业岗位157人，农电员工1010人)。其中：研究生及以上学历124人，大学本科学历398人，大学专科学历525人，中专及以下学历819人；高级职称52人，中级职称115人，初级职称563人；高级技师26人，技师162人，高级工284人，中级工及以下544人。该公司有各级各类优秀人才43人，其中全国电力行业技术能手1人，四川省青年岗位能手1人，国家网公司优秀专家人才1人，国网四川省电力公司优秀专家人才14人(包括经营人才1人、管理人才3人、技术人才5人、技能人才5人)，入选国网四川省电力公司“双千人才”24人，入选国网四川省电力公司“电力雏鹰”2人。

【电网建设与发展】该公司深入分析天府新区电网现状，结合天府新区经济社会发展现状和未来战略布局，编制完成“十三五”主网、配网、线路廊道以及农网改造升级等专项规划，做到电网发展适度超前经济发展、电网规划和城镇发展规划协调一致。全力推进天府新区电网项目前期进度。积极沟通、主动汇报，取得了天府新区管委会对籍田500千伏变电站规划建设工作的支持，并完成相关选址工作。完成桃乡500千伏扩建及十陵500千伏输变电工程核准，加快推进各地220、110千伏电网项目前期工作。严格执行里程碑计划，2015年按期完成7项大中型电网基建工程年度开工任务。加快解决农网薄弱环节，完成农网“低电压”专项治理项目21项。积极配合政府，努力推动电网迁改工作，完成35千伏及以上迁改工程16项、10千伏及以下迁改工程82项，面对关系着天府新区经济发展的尖大、尖石线重要迁改工程，该公司多方协调配合，克服重重困难，强化进度管控，保质保量提前完成了任务，得到了天府新区成都管委会领导的高度赞扬。

【安全生产】该公司深入开展“以人为本、关爱生命”春检安全保障行动暨“安全大讨论”、“建机制、强执行、控风险”等安全专项行动，制定“月计划、周安排、日管控”工作规范，全面落实各级安全责任制。大力开展隐患排查治理工作，共发现缺陷隐患845项，已整治539项。强化现场安全监督，共督察各类作业现场582个，发出督察卡、提示卡68张，纠正违章89项。该公司完成1425人次安规普考及471人次安规调考，全面覆盖“三种人”等关键岗位。完成公司总体应急预案和16项应急专项预案修编，组织送培应急救援队伍人员32名，成功开展首次迎峰度夏反事故应急演练。面对“2·24”洛带瓦斯爆炸事故，该公司第一时间赶赴现场，使停电线路快速恢复，全力配合政府做好事故救援的电力保障工作，受到成都市委、市政府的高度肯定，得到全国多家主流媒体的正面报道。

【经营管理】该公司自2014年12月29日成立起，根据国网四川省电力公司的统一部署，搭建起采用“大部制”合署办公模式的组织机构，实施人、财、物和调度、通信集约化，实现营配合一、调控合一。在国网四川省电力公司、兄弟单位的全力支持及帮助下，高效完成本部员工及各支撑机构、基层单位主业岗位人员的组聘、“三定”工作。同时初步完成公司党政工团的组织架构设置，稳步开展农电、营销、生产等各项业务承接准备工作，建立健全规章制度和绩效考核体系，严格规范企业经营管理，高效完成了该公司的筹备组建。

【科技与信息化】2015年，该公司共有群创项目2项，并提交专利申请5项，完成2016年科技项目储备1项，与国网四川电科院、国网四川计量中心等单位联合申报2016年科技项目6项，开展变电站智能机器人巡检项目试点2项。完成全公司近2000台桌面终端及附属设备、20余台服务器及100余台网络安全设备的日常维护，保障信息中心机房配电系统、空调、UPS、防火等动环设备的安全稳定运行，保证所有信息设备信息安全“零事故”。

【营销转型】作为国网四川省电力公司营销转型试验田，该公司明确转型战略定位，以营销创新转型带动企业转型升级，确定“三平台，一中心”建设思路，搭建市、县两级扁平化组织架构。细化服务流程和责任区域，以华阳片区为试点推行网格化布局管理。在市、县两级推行“营配合一”的管理方式，实现“前台服务网格化，后台支撑专业化”。强化线损实用化和停电信息精准送达，具备条件的线路实时线损合格率100%，全口径线路实时线损合格率70.4%，全口径台区实时线损合格率43.9%，在国网四川省电力公司排名第三，向新城片区约2.5万户用户试点推行停送电短信实时推送功能。夯实营销业务基础，做好创新转型支撑，全力推进营配调数据清理。大力开展智能电表和全采集建设，使全口径智能电表覆盖率达到98.36%，在国网四川省电力公司排名第二，采集接入率95.9%，在国网四川省电力公司排名第一。大规模开展电费远程下发试点测试30.26万户，其中26.7万户通过测试，测试成功率88.24%。

【优质服务】该公司积极推广“掌上川电”APP，2015年注册户数突破15万，全面启动“网上购电远程下发”，累计完成自助远程充值4783笔，金额达60.2万元。深入开展业扩报装环境整治百日行动，通过十三项主要措施，打造“方便、快捷、规范、高效、真诚”的业扩报装服务新模式。积极推动客户资产供配电设施移交，完成4个110千伏及以上客户资产移交框架协议和32个居民小区资产移交框架协议的签订。向198个社区、460个行政村发放宣传资料10万余份，征求意见建议300余条。助力重点项目，开辟“绿色通道”，确保重大项目按时供电。开展“95598”业务培训和供电“服务之星”劳动竞赛，常态化开展供电服务明察暗访活动，全力提升窗口服务水平。积极筹建客户体验厅，力争为电力用户提供多样化的用电服务体验。圆满完成中高考、全国残运会等43项重大保电任务，为天府新区发展提供了安全稳定的电力保障。

【党的建设和精神文明建设】该公司深入开展“三严三实”专题教育，开设专栏，制作发布党课微图，发放学习书籍200余册，组织专题学习研讨46次。认真筹备召开两级领导班子专题民主生活会，收集“不严不实”问题30项，并落实责任领导及部门。夯实党建工作基础，完成480余名党员清理和组织关系转接，完善公司基层党纪工团组织机构设置。按照国网四川省电力公司统一部署，组建双流、龙泉驿、新城分中心三支共产党员服务队。培育企业文化，号召全体员工争做“四个天府”“三个争先”的实践者、推动者、维护者。在公司主页设立“新区展望”“美丽家园”等专栏，展示公司新貌，传递公司价值，推动企业文化落地。推进员工“精神家园”建设，成立十余个职工兴趣活动小组，切实形成“家”的氛围。狠抓企业品牌传播，与国网四川省电力公司外联部共同制定“天府之‘新’，新在何处”年度新闻策划方案。加强对外宣传，开设新浪官方微博，深化与《四川经济日报》、天府新媒体微信公众号等外部媒体的沟通、协作，在《西南电力报》创立“王鑫看天府”专栏，推出专题9期。全年共发布新闻稿件1897篇，在国网四川省电力公司及外部媒体上稿345篇。

【工作亮点】该公司按照国网四川省电力公司统一决策部署，大胆变革传统管理模式，明确打造成为“最值得信赖的综合能源服务商”的战略定位，提出以探索实践新型供电管理转型为主线，以打造“四个天府”为主题，以“三个争先”为目标的未来发展思路。公司坚持以营销转型带动公司转型升级，以扁平化、集约化组织机构为基础、网格化管理体系为支撑，依托“三平台、一中心”建设，加快推进企业变革“四条主线”：着力构建以客户为中心的新型商业模式、“资源统一调配、服务快速响应”的新型组织模式、“互联网+精准营销”的新型服务模式，以及“营配高度融合”的新型运营模式。

2015年，该公司完成“大部制”合署办公模式的组织机构搭建，实施人、财、物和调度、通信集约化，推行“营配合一”的管理模式，实现“前台服务网格化，后台支撑专业化”。全力配合天府新区建设，加快推动尖大、尖石线重要电网迁改工程，保障西博城等重要项目用电。面对“2·24”洛带瓦斯爆炸事故，公司第一时间赶赴现场，快速恢复停电线路，全力配合做好事故应急救援的电力保障，受到政府及社会肯定。2015年9月，该公司圆满完成全国第九届残运会暨第六届特奥会重大保电任务，确保了赛事的顺利进行。

【存在的主要问题】该公司还存在如下问题：一是公司自身建设面临诸多困难。仍存在人员到位不够，重要岗位结构性缺员的问题，已严重影响公司各项工作的正常开展。作为国网四川电力新型供电管理的试点单位，在营销服务、电网建设等方面都面临着更高的标准和要求，但作为一个市级供电企业的各项专业常规工作任务并未减少，现有机构和人员不足以支持工作的顺利开展。二是安全生产基础仍然薄弱。部分设备家族性缺陷基数较大，处理周期较长，对系统安全稳定运行构成较大威胁。天府新区电网所处地域市政建设项目较多，大型机械违规、野蛮施工情况时有发生，外力破坏引发故障次数较多，外加公司现有运维力量较薄弱，与政府相关职能部门的协调配合不够，管控难度大。三是电网建设发展水平相对滞后，部分地区“卡脖子”情况依然存在，而受低压业扩配套工程资金到位、政策执行等因素制约，电网建设尚不能满足新区建设需要和客户用电需求，随着新区招商引资项目逐步入驻，供需矛盾将进一步凸显。此外，电网建设外部环境相对较差，支持政策的缺失，加上大部分老百姓对电力建设的重要性以及清洁环保性缺乏正确的认识和理解，经常对电力建设现场进行阻挠和围攻，造成电网建设阻力重重，进展缓慢。四是营销转型任务异常艰巨。虽然公司营销创新转型已经在稳步推进，但在现行管理体系下，仍然存在多头管理、决策迟缓、自主性差等问题，给公司提高服务质量和降低运营成本带来极大挑战。同时电力体制改革正如火如荼地进行，给公司未来业务拓展带来诸多变数。再加上适应电力市场改革新形势下的营销、金融、互联网等综合型非电专业人才匮乏，亦无经验借鉴，营销转型工作任务异常艰巨。

【国网双流县供电公司】国网双流县供电公司成立于1991年，原名成都电业局双流供电局，2013年更名为国网双流县供电公司。2014年天府新区成立后，国网双流县供电公司先后于2014年及2015年年初经历了两次供区、人员及业务划转，新供区面积497.25平方千米，辖208条10千伏配电线路，长度1596千米，变压器5056台，客户数35万户。2015年6月，该公司升格为大型县级供电企业。2015年，累计完成售电量29.79亿千瓦时，较2014年同期提高5.30个百分点；综合线损率5.07%；电费回收率100%。该公司先后获得了国家电监会“居民服务提升专项行动先进单位”，国家电网公司“一流县供电企业”“农网综合管理标杆单位”“农网科技进步试点先进单位”“新农村建设先进单位”“电网先锋党支部”，四川省“最佳文明单位”，四川电监办“安全生产先进集体”，国网四川省电力公司“安全先进集体”“安全生产先进集体”等荣誉称号。

【国网四川省电力公司成都市龙泉驿供电公司】国网成都市龙泉驿供电公司前身为龙泉驿供电局，成立于1988年，担负了龙泉驿区12个乡镇街办以及成都（国家）经济技术开发区、简阳市5个乡的供电服务任务。有供电客户32万户，营业网点13个。本部设5个职能部门，7个班组，11个供电所，代管2个集体企业，有员工606人。2015年完成售电量28.6亿千瓦时，龙泉电网最大负荷达56.32万千瓦，最大日电量达1080.1万千瓦时。2015年该公司成功应对“7·27”龙卷风冰雹灾害，两天内全部恢复22条10千伏受损线路的供电。高效完成二汽园区建设、大件路加固、龙泉老城区电缆下地等50余项省、市、区政府重点项目电力线路迁改工作，得到了区政府领导及部门高度肯定。2015年先后获中共四川省国有资产监督管理委员会委员会“先进基层党组织”，国网四川省电力公司首批“企业文化建设示范点”，共产党员服务队获国网四川省电力公司党委“优秀共产党员服务队”，三新党支部荣获国网四川省电力公司党委“2014—2015年度电网先锋党支部”，大面供电所荣获国网四川省电力公司“安全生产先进供电所”等多项荣誉。

（刘清宇）

国网达州供电公司

【企业概况】国网达州供电公司始建于 1966 年 8 月，简称国网达州供电公司，是国网四川省电力公司下属特（Ⅰ）型供电企业。本部办公及生产调控综合楼位于达州市通川区金龙大道 296 号。主要负责达州境内国家电网的规划建设、运营管理和电力供应，承担达州市通川区、达川区、宣汉县、开江县、大竹县、渠县和万源市的供电任务。本部设置 13 个部门，其中本部职能部门 11 个，运维检修部与检修分公司合署，营销部（农电工作部）与客户服务中心合署，具有职能管理和实施主体双重职责，下设 7 个业务支撑和实施机构。辖达县供电公司 1 个大型县级供电公司和万源、宣汉、大竹、渠县 4 个直属供电公司，管理国网四川省电力公司全资的国网宣汉县供电有限责任公司、国网达州市新桥供电公司及 1 家集体企业。

达州电网拥有 35 千伏及以上变电站 83 座，变压器 142 台，总容量 564.265 万千伏安，35 千伏及以上线路 242 条 3889.54 公里，其中：220 千伏变电站 10 座、变压器 20 台、变电容量 297 万千伏安，线路 32 条，长 1072.8955 公里；110 千伏变电站 32 座、变压器 58 台、变电容量 223.95 万千伏安，线路 107 条，长 1719.2387 公里；35 千伏变电站 41 座、变压器 64 台、变电容量 43.315 万千伏安，线路 103 条，长 1097.40 公里。形成以 500 千伏变电站、华蓥山电厂、燃机电厂和东岳电厂为电源点，以 220 千伏环网为骨干，各级电网协调发展，供电可靠性较高的供电网络。国网供区各县（市、区）至少都有一个 220 千伏变电站，110 千伏基本实现了分层分区供电的基本目标，电网网架明显加强，供电能力、供电质量、供电可靠性、自动化水平和抵御自然灾害的能力大幅提升，为达州经济发展提供更加完善和有效能源保障。具有较强的电网建设运行和小（火）电、电力通信等勘测、设计、施工、安装、检测、调试能力。

2015 年 8 月 19 日，国网达州供电公司开展优质服务大讨论、供电服务规范考试，使全员服务意识不断加强，图为该公司了解客户需求，开展优质服务（何健 摄）

截至 2015 年 12 月 31 日，该公司实现连续安全生产 3990 天，没有发生责任考核事故，党风廉政、队伍稳定，保持“零”责任目标，在 2015 年在国网四川省电力公司系统同业对标综合评价排名第八位，业绩对标第九位，管理对标第十位，全面完成各项考核指标，电网发展态势良好。

【人力资源】该公司拥有国家电网公司级优秀技能人才 1 名；国网公司级的优秀专家后备人才 1 名；国网四川省电力公司级优秀专家人才 24 名、“双千”人才 36 名；地市级优秀技能人才 17 名。人才当量密度 0.9675，人事费用率 0.13%，人力资源计划执行率 100%，定员评价与内部人力资源市场配置市场指数 0.95%。

2015 年，该公司顺利完成三新公司更名、分公司组建工作，平稳完成农电用工方式转换。编制集体企业机构及岗位设置方案，制定人员安置和劳动合同转签方案，为下阶段改革改制工作做好准备。推进内部人力资源市场建设，全年交流 79 名关键岗位人员、组织调配145人·次，招聘大学生51名。持续深化绩效薪酬管理，制定了电费回收等5个专项绩效薪金考核实施细则。加强薪酬“双控”，编制各层级人员薪酬分配方案，实现工资集中审核发放。规范福利保障管理，核实员工“五险”信息，做好社会保障卡申领工作。提拔科级干部民主测评平均满意率为88.04%，选人用人工作总体评价满意、基本满意率为97.62%。全年交流调整3名中层干部，转正考察了15名试用期干部。严格审批因私出国（境），加强报备程序和因私护照、通行证管理。出台《登记备案人员管理通知》，对125名科级干部、全资公司及巴星公司9名财务科长进行了登记备案。完成125名科级干部人事档案改版工作。注重对后备干部、年轻干部培养锻炼，“521”人才援藏帮扶10人，藏区生产运维帮扶8人。充分发挥培训分部的作用，2015年办班140个，6301人次参训。严格培训考试，生产一线员工培训1645人·次，特种作业新训取证467人·次，电工进网作业培训430人·次。使员工队伍结构明显改善，高技能人才比例达到86.4%。有硕士研究生55人，大学本科917人；高级职称141人，中级职称289人；高级技师50人，技师461人。379人取得相应等级专业技术资格，285人取得相应等级职业资格。

该公司按退休员工实际居住区域设立辖区、县离退休管理分中心和成都、重庆离退休管理分中心，完成2015年离退休职工领取养老金832人的生存认证和827名退休员工养老金调待工作。及时维护录入申报离退休人员养老金领取信息，完成了2016年27名正常退休人员档案初审、退休审批及信息维护工作。全年新增退休18人，减员12人。

【电网建设与发展】该公司主动对接达州“工业强市”战略和城乡发展规划，建立地方党委、政府良好协作机制，加强与政府的规划衔接，电网建设的外部环境日益改善。科学评估达州电网发展现状，把握电网发展方向，完成了“十三五”配网滚动规划修编，科学合理提出规划项目投资时序。编制完成《达州“十三五”电网规划》《达州电网发展诊断分析报告（2015）》《达州城区电网规划》等。完成可研评审4项，获得核准110千伏及以上项目3项。

2015年，该公司固定资产投资完成13.1亿元，同比增长223.63%；电网基建完成10.68亿元，同比增长215.28%；农网改造升级完成3.6亿元，同比增长269.83%。同时完善协同机制，强化各专业项目储备库管理，不断强化项目计划全过程管控，以项目执行“四链条”为抓手，严格过程管控，强化项目里程碑管理，按月定期通报项目执行进度，促进项目按计划投产并发挥效益，持续提升综合计划管理水平。大力开展环保宣传活动，取得2个电网项目环评批复，开展了废旧物质处置和变电站废油处置调查工作。

2016年1月19日，国网达州供电公司新建220千伏宣汉北智能变电站投运
（何健　摄）

该公司2015年投产35千伏及以上变电容量70.26万千伏安、线路178.5公里，220千伏宣汉北输变电工程、220千伏通川变电站2号主变扩建工程、220千伏汇北变电站110千伏配套工程、110千伏魏兴变电站主变扩建工程、35千伏福善输变电工程和八台35千伏输变电改扩建工程竣工投产，500千伏宣汉变电站220千伏配套工程、220千伏大竹输变电工程、宣汉110千伏方斗变电站扩建工程、110千伏宣汉北变电站配套工程、35千伏双龙输变电工程、35千伏土主变电站增容改造工程、35千伏堡子变电站扩建工程、35千伏三墩输变电工程、35千伏葫芦输变电工程、35千伏桥湾输变电扩建工程和35千伏陈家输变电工程稳步推进。加大地方协调力度，努力将110千伏及以上电网工程项目建设纳入市政府重点建设项目，将35千伏电网工程项目建设纳入

工作有关规定再次进行明确。三是积极推动基建财务全过程管理。强化财务管理在工程建设中的服务、控制和监督职能，动态分析项目建设各个阶段的成本发生情况。面对近几年大规模的基建投资任务，特别是无电地区电力建设的艰巨任务，通过强化组织，合理分工落实责任，健全完善考核机制，细化工作流程及措施，定期跟踪协调工作进度及困难，保证了完工项目及时结算、决算和转资，累计完成工程竣工决算编制144个，2015年新增固定资产26亿元。四是全面推进财力集约化应用。按照“深化应用、提升功能、实时管控、精益高效”的目标要求，推动各项集约化管理措施全面实用化、常态化、规范化应用，增强执行力和风险防控能力，拓展完善协同平台，财务管控系统完善，不断提升财务管理现代化水平。五是强化资产管理。开展资产清查盘点，实现资产设备对应率100%；开展资产租赁业务申请审批制度，规范资产租赁行为；配合主多分离，严格履行主业、集体收购资产评估备案手续。六是持续进行财税管理。积极争取电价财税政策，对各县供电公司购售电价体系进行清理整改，积极向政府发改委汇报落实电价政策，并配合国税局农网维护费纳税评价工作，防范化解企业经营风险。推动发票验真系统的使用，对外来税务发票甄别真伪，防范财税风险，对涉税业务进行自查，对发现的问题及时整改。七是加强控股公司财务检查和指导，开展会计基础工作治理和提升。积极宣贯国网公司会计专业通用制度，严格规范县供电公司经营管理，积极落实推进国网四川省电力公司亏损治理目标专项工作，努力改进亏损公司经营状况。组织、指导8家控股县供电公司申报会计基础创优工作并全部通过。八是加强财会队伍建设，全面提升财务人员的履职能力和服务能力。

2015 年，该公司完成全口径售电量 61.35 亿千瓦时，同比增长 3.35%。线损率完成 7.48%，同比下降 0.64 个百分点。其中，母公司售电量完成 43.29 亿千瓦时，同比减少 2.85%。线损率完成 2.42%，同比下降了 0.85 个百分点。综合电费回收率 100%，应收电费余额继续保持为零。

【安全生产】该公司加强员工安全学习与培训，组织四期 1020 人次安全专项培训，组织《安规》调考 31 次 2816 人，员工规则意识、安全意识不断增强。强化电网运行安全风险管控，全年发布电网风险预警 51 次，落实预控措施 300 余项，实现电网风险预警闭环管理。完成电网迎峰度夏反事故演习暨主备调切换演练。深入开展缺陷隐患排查治理专项行动，全年整改隐患 912 条，发现缺陷 212 条，其中危急和严重缺陷 105 条全部及时处理。深入推进变电精益化、运维一体化、线路“七防一清”、大修技改项目管理精益提升、自动化系统实用化验收，实现线路山火零跳闸。全面加强检修、施工作业现场的安全巡查和反违章工作，开展巡查 74 次，查处违章 68 项。修编审定发布应急预案，完成“5• 7”雷波冰雹、“6•23”越西暴雨等自然灾害的应急抢险工作。加强应急队伍管理，完成木里水上救援通道的测试。圆满完成国家、四川省、凉山州重大活动保电和 9 次卫星发射保电任务（连续累计完成 95 次卫星发射保电任务）。截至 2015 年 12 月 31 日，该公司连续安全运行 2469 天，获国网四川省电力公司“2015 年度安全先进单位”荣誉称号。

【农电工作】该公司 2013—2015 年累计完成投资 23.34 亿元，进行无电地区电力建设，彻底解决 78125 无电户、35.55 万人无电人口的用电问题。深入实施农网改造升级工程，完成国网四川省电力公司下达 2015 年农网改造升级工程 9000 万元投资目标，建成 10 千伏线路 134.08 公里，变电容量 2.41 万千伏安。深化“包片进村”工作，切实提升县级供电公司管理，全面完成乡镇供电所管理提升工作。切实开展精准扶贫，2015 年累计走访贫困村 755 个，贫困户 1713 户，确定 12 个精准扶贫村，并派遣 9 名驻村“第一书记”。

【科技与信息化工作】该公司承担科技项目 3 项，累计资金完成 23.7536 万元，全年完成发明专利申请 4 项，实用新型专利申请 14 项。重点完成省级以下网络切割改造工程、IMS 系统全网信息设备资产清理、信息综合管理系统部署及推广、信息网络集中管控系统部署、新邮件系统的上线及推广、流量审计、堡垒机、网络回溯分析系统上线及部署、县级公司信息外网部署、信息机房动环系统改造等工作。全年未发生一起八级（含）以上安全事件，视频会议保障率、自动化业务通道保障、继电保护传输保障率、调度电话保障率、光通信运行率、安控保护通道运行率、程控交换机运行率、信息网络可用率、信息网络通道保障率均为 100%。

【优质服务】该公司积极应对经济下行压力，保存量、促增量，全口径售电量完成 61.35 亿千瓦时，同比增长 3.35%，增速位居国网四川省电力公司系统第五位。全年新增用电容量 76.35 万千伏安，同比增长 79.14%。完成留存电量 18 亿千瓦时，同比增长 9.06%。完成大工业定价策略专项检查及反窃电和违约用电行动，挽回经济损失 159.74 万元。加强与移动、银行、恒基伟业等电费代收合作，不断拓宽缴费渠道，方便客户用电交费。大力宣传、推广“掌上川电”手机 APP，全年累计注册应用户数 23313 户。稳步推进智能电表推广和采集建设工作，累计完成 29.35 万户智能电表推广和采集建设任务，采集接入率达到 79.80%，日均采集成功率达到 98.92%。

【党的建设和精神文明建设】该公司切实加强党的建设，扎实开展“三严三实”专题教育活动，着力查找整改“不严不实”问题。及时宣贯《中国共产党廉洁自律准则》和《中国共产党纪律处分条例》。开展“员工大讲堂”“道德讲堂”“我为员工讲一课”活动，坚持两级班子理论学习和员工思想动态分析报告制度。落实“两个责任”，党风廉政建设暨惩防体系建设成效显著，该公司党委被国网四川省电力公司党委考评为“优秀”。深化企业文化建设，全年有 1220 余条新闻稿件在国家、省级、行业内和州级报刊、杂志、电视台等媒体刊发，国网会理供电公司无电地区电力建设专题新闻《18.86 万人即将告别无电生活》在中央电视台 13 频道《朝闻天下》栏目播出。推进民主管理与和谐企业创建，落实好职代会、集体协商和集体合同等制度。推进班组建设，举办变电运维技能竞赛。健康食堂通过国网四川省电力公司检查组验收。扎实开展各项保密知识宣传和教育活动，维护国家和企业安全利益，获“2012—2014 年度凉山州保密工作先进单位”称号。2015 年，该公司获全国文明单位称号和四川省“五一”劳动奖状。雷波供电公司荣获国网四川省电力公司“双十佳”文明单位称号。公司员工殷显树被评为全国劳动模范，并受邀参加抗战胜利 70 周年阅兵典礼。

2015 年 6 月 10 日，凉山州雷波县大岩洞乡大岩洞村村民和国网凉山州供电公司职工一起跳起锅庄，共同庆祝该村通电

（蒋志明　摄）

【存在的主要问题】一是安全压力大。生产作业现场存在未严格执行安全规程制度现象；安全意识淡薄，“我要安全”意识不强，安全规程学习没有入脑入心、领会不够，安全压力层层衰减；习惯性违章较多，同类违章反复发生；员工安全技能和业务技能较低，安全例行工作流于形式，没有得到固化。无电地区投产设备运维难度大，部分无电地区变电站非常边远，因通信问题未实现无人值班。

二是电网基础薄弱。220千伏电网 N-1通过率70.37%，110千伏、35千伏电网 N-1通过率22.3%，10千伏电网 N-1通过率25%。正常运行方式下，六级及以上电网风险达23项。新能源装机115.96万千瓦，片区电网结构薄弱，较大面积停电风险较高，信息、通信网络结构薄弱，自动化信息中断频繁，电网安全稳定运行风险较高。县公司单线、单变、弱连接、辐射状供电普遍，10千伏配网线路供电半径长、分支线多、供电可靠性低、供电能力和容灾能力严重不足。

三是电网建设任务重。“十三五”规划期间，凉山电网投资超过 240 亿元，该公司直接建管的项目投资超过 100 亿元。电网建设施工地理环境复杂，泥石流、塌方、滑坡和冰雪灾害等频繁发生。建管、监理、施工等各参建单位安全管理人员的水平较低，管理手段和方法单一，风险辨识不到位，安全技术措施执行不到位，安全管控缺位。

四是经营管理压力大。母公司售电量不增反降，公司售电收入增速逐年降低。短期内投入产出的矛盾将更加凸现。2015 年，10 家全资控股公司 6 家亏损，完成国网四川省电力公司三年亏损治理目标任务艰巨。

五是优质服务压力大。为实现社会均等化服务，结合凉山州较为特殊的地理条件和公司运维、营销等软实力，优质服务距先进水平还任重道远。2013—2015 年无电地区电力建设工程竣工投产后，运维管理需要增加投入。

六是电费回收风险大。受经济下行影响，州内以矿产为龙头的支柱产业市场不景气，资金链条紧张，电费回收压力空前，该公司 2015 年出现不同程度拖欠电费甚至有欠费无法追回的案件。

七是人力资源不能满足公司正常发展需要。其一，数量不足，到 2015 年年末，仅考虑无电地区电力建设，县公司劳动定员新增 289 人，达到 3310 人，预计定员范围内用工总量 2544 人，缺员 766 人。其二，质量不高，2015 年人才当量密度仅为 0.9047，远低于国网四川省电力公司平均水平 0.9619，排名国网四川省电力公司倒数第五。其三，未来 10—15 年自然减员情况严重（40 岁以上的员工占 53.91%）。

【国网凉山州安宁供电分公司】国网凉山州安宁供电公司始建于 2003 年 10 月。承担着供电面积 3339 平方千米，43 个乡（镇）、192 个行政村的电力供应与维护管理任务。下设马道等 5 个供电所，有在职员工 223 人。10 千伏线路 40 条、全长 1291 公里。

2015 年，该公司完成售电量 43.29 亿千瓦时，同比下降 2.86%；线损率 12.40%，同比下降 0.94 百分点；电费回收率 99.97%。应收电费余额为 61.0491 万元。截至 2015 年 12 月 31 日，该公司连续安全生产 1100 天。

【国网喜德县供电有限责任公司】国网喜德县供电公司始建于 2005 年 2 月。承担着全县 2206 平方千米，24 个乡（镇）、170 个行政村的电力供应与维护管理任务。下设光明、红莫、两河口等 3 个供电所，有在职员工 203 人。

该公司拥有 35 千伏变电站 8 座，变电容量 5.37 万千伏安，线路 9 条、全长 132.44 公里。10 千伏线路 50 条、全长 786.4 公里。固定资产原值 5394.20 万元。2015 年，该公司售电量完成 2.07 亿千瓦时，同比下降 39.08 %；线损率 10.12 %，同比增长 3.94 百分点；电费回收率 100%。截至 2015 年 12 月 31 日，该公司连续安全生产 2467 天。

【国网越西县供电有限责任公司】国网越西县供电公司始建于 2007 年 12 月，下设普雄、中所、新民、乃托、申果 5 个供电所，有在职员工 227 人。承担着全县 2256.47 平方千米，40 个乡（镇）、289 个行政村的电力供应与维护管理任务。

该公司拥有 110 千伏变电站 2 座，变电容量 10 万千伏安，110 千伏线路 3 条、全长 31.634 公里；35 千伏变电站 8 座，变电容量 5.46 万千伏安，35 千伏线路 13 条、全长 157.681 公里。10 千伏线路 54 条、全长 834.6 公里。固定资产原值 13038.59 万元，净值 5544.61 万元。2015 年，售电量完成 4.49 亿千瓦时，同比下降 12.06%；电费回收率 100%，应收电费余额为零。

【国网德昌县供电有限责任公司】国网德昌县供电公司始建于 2007 年 8 月。有供电所 6 个，供电营业网点 7 个。供电范围涉及全县 21 个乡镇 137 个行政村，供电客户 72000 余户，其中：城区客户 26000 余户，农村客户 45000 余户。有在职员工 150 人，农电工 133 人。

该公司有110千伏变电站1座，变电容量6.00万千伏安，110千伏输电线路6条、全长124.58公里；35千伏变电站8座，变电容量为8.29万千伏安，35千伏输电线路13条、全长156.118公里。低压输配电线路6353公里。拥有乐跃二级电站和狮子山电站两个径流式自备发电站（总装机容量8500千瓦）。供电线路北至西昌，南至米易，年供电量3亿多千瓦时。截至2015年年底，拥有总资产约1.21亿元，固定资产原值1.78亿元。

2015年，该公司完成供电量3.72亿千瓦时，同比下降4.69%。售电量完成3.41亿千瓦时，同比下降5.89%。截至2015年12月31日，实现连续安全运行3052天。

【国网会理县供电有限责任公司】国网会理县供电公司始建于 2007 年 4 月 26 日。下设红旗等 6 个供电所，承担着全县 4527 平方千米，50 个乡（镇）、303 个行政村的电力供应与维护管理任务。有在职员工 512 人。

该公司拥有 110 千伏变电站 4 座，变电容量 35.15 万千伏安，线路 4 条、全长 66.01 公里；35 千伏变电站 11 座，变电容量 17.85 万千伏安，线路 24 条、全长 341.69 公里。10 千伏线路 66 条，全长 2155.63 公里。固定资产原值 2.381 亿元。2015 年，该公司售电量完成 6.64 亿千瓦时，同比下降 23.93%。线损率 14.25%，同比增长 1.73 百分点。电

2015 年 9 月 15 日，国网越西县供电公司圆满完成越西县首届文化旅游节保电任务。图为保电现场　　（蒋志明　摄）

费回收率 100%，应收电费余额为零。截至 2015 年 12 月 31 日，该公司连续安全生产 2677 天。

【国网雷波县供电有限责任公司】国网雷波县供电公司始建于 2012 年 4 月，承担着雷波县 2932 平方千米，48 个乡（镇）、281 个行政村的电力供应与维护管理。下设 8 个部门、7 个供电所、2 个集体企业，有在职员工 254 人。

该公司拥有 110 千伏变电站 2 座，变电容量 11.6 万千伏安，线路 3 条、全长 63.41 公里；35 千伏变电站 9 座，变电容量 5.55 万千伏安，线路 9 条、全长 143.76；10 千伏线路 44 条、全长 941.88 公里。固定资产原值 1.2371 亿元。2015 年，该公司完成售电量 7.39 亿千瓦时，同比增长 56.07%；线损率 4.91%，同比下降 10.40%；电费回收率 100%，应收电费余额为零。截至 2015 年 12 月 31 日，连续安全生产 1347 天。

【国网宁南县供电有限责任公司】国网宁南县供电公司始建于 2012 年 8 月 8 日。承担着全县 1667 平方千米，25 个乡（镇）、124 个行政村的电力供应与维护管理。下设景星、松新、华弹、竹寿、白鹤滩等 5 个供电所，有在职员工 190 人。

该公司拥有 110 千伏变电站 2 座，变电容量 8 万千伏安，线路 5 条、全长 120.86 公里；35 千伏变电站 6 座，变电容量 9.05 万千伏安，线路 14 条、全长 107.62 公里；10 千伏线路 44 条、全长 1225.6 公里。固定资产原值 1.83 亿元。2015 年，该公司完成售电量 3.72 亿千瓦时，同比增长 3.3%；线损率 5.99%，同比增长 2.47 个百分点；电费回收率 100%，应收电费余额为零。截至 2015 年 12 月 31 日，该公司连续安全生产 1240 天。

【国网甘洛县供电有限责任公司】国网甘洛县供电公司始建于 2013 年 2 月。承担全县 2155.94 平方千米，28 个乡（镇）、227 个行政村的电力供应与维护管理。下设新市坝、田坝、吉米、普昌、阿兹觉、玉田、海棠等 7 个供电所，有在职员工 265 人(其中农电工 46 人，主业员工 219 人)。

该公司拥有 110 千伏变电站 2 座，变电容量 19 万千伏安，线路 2 条、全长 83.64 公里；35 千伏变电站 6 座，变电容量 57.9 万千伏安，线路 6 条、全长 86.01 公里；10 千伏线路 30 条、全长 1170.04 公里。固定资产原值 2.25 亿元。2015 年，该公司完成售电量 4.52 亿千瓦时，同比下降 1.24%；线损率 14.53%，同比下降 0.03 个百分点；电费回收率 100%，应收电费余额为零。全年亏损 1364.94 万元。截至 2015 年 12 月 31 日，连续安全生产 2164 天。

【国网会东县供电有限责任公司】国网会东县供电公司始建于 2013 年 9 月。承担全县 3227 平方公里，20 个乡（镇）、318 个行政村的电力供应与维护管理。下设参鱼、姜州、铁柳、嘎吉、淌塘、新街、大桥、松坪、鲁吉等 9 个供电所，有在职员工 341 人。

该公司拥有 110 千伏变电站 3 座，变电容量 17.15 万千伏安，线路 3 条、全长 33.93 公里；35 千伏变电站 10 座，变电容量 5.94 万千伏安，线路 16 条、全长 232.74 公里；10 千伏线路 56 条、全长 1453 公里。固定资产原值 2.75 亿元（净值 1.95 亿元）。2015 年，该公司完成售电量 4.2 亿千瓦时，同比增长 7.2%；线损率 10.19%，同比下降 4.05%；电费回收率 100%，应收电费余额为零。截至 2015 年 12 月 31 日，连续安全生产 807 天。

【国网木里县供电有限责任公司】国网木里县供电公司始建于 2014 年 12 月，承担着全县 9042 平方千米，29 个乡（镇）、113 个行政村的电力供应与维护管理。下设乔瓦等 6 个供电所，有在职员工 134 人。

该公司拥有 110 千伏变电站 1 座，变电容量 1.25 万千伏安，110 千伏线路 1 条、全长 79.11 公里；35 千伏变电站 3 座，变电容量 1.19 万千伏安，35 千伏线路 3 条、全长 52.35 公里；10 千伏线路 6 条、全长 178.66 公里。固定资产原值 4239.14 万元(净值 2141.95 万元)。2015 年，该公司售电量完成 0.74 亿千瓦时，同比增长 48.17%%；线损率 11.42%%，同比下降 6.35 百分点；电费回收率 100%，应收电费余额为零。

【国网布拖县供电有限责任公司】国网布拖县供电公司始建于 2014 年 12 月，承担全县 1685 平方千米，30 个乡（镇）、190 个行政村的电力供应与维护管理。下设特木里、交际河等 5 个供电所，有在职员工 146 人。

该公司拥有 110 千伏变电站 1 座，变电容量 4 万千伏安，线路 1 条、全长 83 公里；35 千伏变电站 7 座，变电容量 2.85 万千伏安，线路 12 条、全长 205 公里；10 千伏线路 47 条、全长 788 公里。固定资产原值 1363 万元。2015 年，该公司售电量完成 0.88 亿千瓦时，同比增长 36.48%；线损率 9.99%，同比下降 3 个百分点；电费回收率 100%，应收电费余额为零。全年亏损 521 万元。截至 2015 年 12 月 31 日连续安全生产 367 天。

（叶久德）

国网泸州供电公司

【企业概况】国网泸州供电公司成立于1981年10月，是隶属于国网四川省电力公司的特二型供电企业，担负着泸州市三县三区和合江县四川天华股份有限公司、贵州省赤天化股份有限公司及季节性趸售贵州省赤水市的供电任务，供电面积9806平方千米，供电人口350万人，市场占有率100%。

国网泸州供电公司设13个职能部门(11个本部职能部门，2个合署办公职能部门)，7个业务支撑和实施机构，1个直供直管县级供电公司：国网泸县供电分公司。管理3个全资县供电公司：国网泸州市纳溪供电有限责任公司、国网叙永县供电有限责任公司、国网古蔺县供电有限责任公司)，代管1个控股公司：国网泸县供电有限责任公司。用工总量5103人，其中：全资直属长期职工876人，全资控股公司长期职工2025人，直管直供部分农电人员474人，全资控股公司农电人员699人，全资直属(控股)主业岗位劳务人员291人，集体企业用工738人。另有离退休人员1440人。在册长期职工中：研究生学历81人、大学本科1698人、大学专科662人；具有高级职称103人、中级职称291人、初级职称958人；具有高级技师57人、技师500人、高级工732人。拥有35千伏及以上变电站82座，主变140台，总变电容量494.73万千伏安，其中：220千伏变电站7座，主变压器13台，总变电容量204万千伏安；110千伏变电站29座，主变压器55台，总变电容量237.7万千伏安；35千伏变电站46座，主变压器72台，总变电容量53.03万千伏安。35千伏及以上线路144条，长度2168公里，其中：220千伏输电线路18条，全长538公里；110千伏输电线路64条，全长998公里；35千伏输电线路62条，全长632公里。固定资产35.91亿元。

2015年4月15日，220千伏林庄变电站检修现场。林庄变电站是泸州地区第一座220千伏变电站，建成投运于20世纪80年代，至今已运行30年。此次集中检修完成后，将使该站设备健康水平得到进一步提升，为泸县、龙马潭区等夏季用电高峰提供更加坚强的保障 (张跃　摄)

2015年，该公司完成售电量51.61亿千瓦时，同比减少0.54%；最大负荷达116.74万千瓦，最大日电量2238万千瓦时；完成电网投资10.3亿元，新增35千伏及以上输电线路187公里、变电容量15.5万千伏安；电费回收双结零；并表口径线损率8.5%；未发生安全生产、影响和损害企业形象的重大服务事件、影响稳定和党风廉政建设重大事件实现“0”目标。同业对标综合排名居国网四川电力第15位。

该公司坚决贯彻国网四川省电力公司和泸州市委、市政府决策部署，深入开展“三严三实”专题教育活动，面对复杂的内外部形势，坚持改革创新，努力提质增效，齐心协力、奋力拼搏，各项工作取得新的成绩。顺利通过“全国文明单位”验收，公司工会被评为国网四川省电力公司“工会先进单位”，北辰电力公司获国网四川省电力公司“劳动关系和谐企业”称号，离退休党总支被评为“‘热爱国网’先进离退休党支部”，4个基层党组织分获国网公司和国网四川省电力公司“电网先锋党支部”称号，1个基层党组织被评为国网四川省电力公司“服务型党组织”，公司系统16个集体，54名个人获国网四川省电力公司先进表彰。

【**人力资源**】该公司全面实施全资控股公司“三集五大”体系建设及岗位绩效工资改革，加强岗位管理，制定岗位管理办法，对集体企业岗位管理进行规范，组织完成关键岗位人员的清理和交流工作；成立规范农电用工领导小组及专业工作组，对养老保险等诉求问题进行核查，定期通报核查进度，积极组织与退休农电用工对接，深入供电所讲解，疏导化解矛盾，督促落实解决措施，全面完成规范农电用工合同转签工作；开展依法治企自查自纠工作，对任期审计、业扩报装专项治理、专项巡视、运营监控等提出的人资问题进行梳理和规范调整，做好工资计划、福利计划编制、方案测算和执行，综合平衡短期与长期发展效益，确保依法合规和员工队伍稳定；从公平性、成效性、实时性入手，对绩效管理进行系统性的优化，加大正向激励，出台专项绩效考核办法，增大加扣分、考核权限，及时引导改善工作业绩，提升绩效管理；多措并举，强化教育培训：加强和规范教育培训费用管理，组织落实公司教育培训计划，组织好现场培训、“师带徒”“一专多能”培训，组织170人参加技师考评，298人参加高级工鉴定，达到历史最大规模，组织指导员工制订职业生涯发展规划，开展定级工作，选拔了第四期援藏人员赴藏帮扶，开展出藏人员培训，高质量完成“十二五”援藏工作；精心组织做好“四好”领导班子考评资料收集准备、总结，认真提炼创建工作中的工作亮点和特色，组织开展公司基层“四好”领导班子、年度中层人员考评考核工作，做好考评结果反馈沟通，促进改善提升，修订完善干部管理制度；制定公司劳动用工规范工作方案、公积金规范方案和市场化岗位工资管理办法。现场指导各单位市场化岗位工资体系导入，统一推进，规范市场化岗位用工平稳实施；完成集体企业平台机构人员配置工作，提升集体企业平台公司管控作用。组织推进集体企业改革改制工作，平稳履行单位民主程序，有序实施集体企业改革改制清产核资、财务审计、法律尽职调查等工作。

【**电网建设与发展**】该公司与泸州市地方各级党委、政府深度对接，建立了畅通高效的合作机制，创造了有利的外部环境，完成“十三五”电网规划、市县两级配电网规划以及农网改造升级专项规划编制。220千伏安宁变电站等7项工程完成可研，110千伏安富变电站增容扩建等4项工程取得核准。按期投运220千伏泸杨线等11项重点工程，里程碑计划完成率100%，新增35千伏及以上线路187公里，变电容量15.5万千伏安，主网供电能力显著增强。110千伏及以上项目优质工程率保持100%，邻玉输变电工程获国网四川省电力公司“变电站工程质量管理流动红旗”。全面完成±800千伏宾金线房屋拆迁迹地恢复工作。清理农网冰灾遗留工程，彻底还清旧账。城乡配网建设全面提速提质，完成投资5.22亿元，新建改造10千伏及低压线路6412公里、配变1159台12.4万千伏安，完成66个行政村农网改造升级，农村户均容量提升至1.1千伏安。叙永水潦乡高坪村农网工程被命名为2015年度国网四川省电力公司“农网五十佳”工程。圆满完成稻城“电力天路”及无电地区电力建设工程援建任务，被评为国网四川省电力公司“电亮藏区”工程建设先进单位。

2015年8月13日，为配合泸州经济发展和城市规划建设的需要，国网泸州供电公司将输电架空线路，迁改为地下电缆。图为在泸州市龙马潭区春雨路附近没遮没挡气温达到39摄氏度的施工现场，电力员工正在施工　　（古春　摄）

【**经营管理**】该公司积极应对经济下行压力，千方百计增供扩销，新增报装容量116万千伏安，推广以电供热等电能替代项目，超额91%完成电量替代任务。大力挖潜增效，营销稽查追补电费70万元，依法维权追回陈欠电费646万元，扣除调价和新接收小水电供区等因素，售电均价同比增长0.01元/千瓦时，线损率同比下降0.32个百分点，可控成本同比下降7.11%。争取城市老旧居民楼供配电设施改造政府补贴1300万元，拓宽了电网建设资金渠道。建立综合计划、项目结算决算周通报机制，完成537项工程决算，清理债权债务1266万元，资产运营效益不断提高。加强预算集约调控、资金集中管理、风险在线监控，资金管理实现“四结零”。该公司5家会计主体基础工作全部达标创优。集中采购物资43批次，非招标采购21批次，集中采购率100%。竞价处置废旧物资5批次，仓储管理在国网四川省电力公司仓储规范化、标准化检查中排名第一，物力规范管理水平逐步提高。集体企业实现产值9.4亿元，利润增长4个百分点。

【安全生产】该公司深入开展安全管理提升活动，层层强化责任落实，严抓全域风险防范，安全生产管控力持续增强。筑牢“计划+现场”安全管控防线，“四不两直”巡查356个现场，查处各类违章586项。扎实开展安全大检查，完成线路跨鱼塘、开关柜隐患等15个专项治理，消除缺陷隐患434项，设备健康水平不断提高。实行电网运行风险分级预警，刚性执行748条检修计划，顺利完成220千伏智能变电站首检。220千伏线路标准化率100%，输电线路故障跳闸率同比下降10%，外力破坏同比下降63%，配网故障报修率取得国网四川省电力公司第三名的好成绩，精益化运维水平不断提升。发现“三大直流”通道隐患、缺陷126项，圆满完成四川清洁能源满功率外送安全保障任务。全覆盖开展“安全大讨论”，完成1129人次安规调考、普考，全员安全意识和技能持续增强。应急处置高效迅速并纳入政府应急机制，叙永“8•17”抢险救灾应急处置受到泸州市委、市政府高度肯定。

【农电工作】该公司全年完成农网工程投资3.57亿元，相当于2014年的3倍，涉及66个未改造村，惠及22.23万人；提前规划、精细储备，有效争取到2015—2016年项目资金约16.4亿元，相当于过去5年投资总和的3倍；完成3.13亿2013年及以前农网工程的工程清理和决算审计，为全力实施新一轮农网工程创造条件；“三大抓手”助推扶贫攻坚：结合“包片进村”，制定了全部193个未改造贫困村的精准扶贫方案，以西溪村、富民村为示范点，精准实施农改升扶贫工程；提前两月完成古叙小水电供区40个乡镇、4556平方千米、2932个台区的接收工作，19.96万用户抄表到户，纳入国网系统用户管理；加大低电压的整治力度，全年治理了428个低电压台区，惠及2.9万户，9.28万人；完成市、县两级供电服务公司组建和农电员工合同签订，努力解决历史问题，确保农电队伍稳定；加大基础设施整治，直供区供电所全部建成食堂，提高了员工归属感和满意度。创先争优实现突破，获国网四川省电力公司农电竞赛团体三等奖和个人第一名，国家电网公司竞赛个人第四名；“以设计成果为主线的农网改造升级项目集约化管理”获国网四川省电力公司年度企业管理创新成果二等奖，并获国网四川省电力公司“电亮藏区”先进单位。

【科技与信息化工作】该公司着力创新成果知识产权转化，申请专利112项，获得专利授权80项，超额完成国网四川省电力公司下达指标。大力开展群创工作，有效激发一线职工创新创效，被评为国网四川省电力公司第二届职工技术创新先进单位，“输电带电作业可旋转大刀卡具”入围职工技术创新20项优秀成果，1名职工被评为国网四川省电力公司“能工巧匠”，2个工作室分别被国网四川省电力公司命名为劳模创新工作室和职工创新工作室。完善精益项目和人才激励机制，实施国网四川省电力公司精益化试点项目1个、自主项目6个，4项成果获国网四川电力公司表彰，其中，“废旧物资回收精益管理”获国网四川省电力公司优秀项目一等奖，1个项目获二等奖，2个项目获三等奖，7名员工通过精益绿带人才认证。强化创新项目培育、提炼和推广，物资和营销共2项同业对标经验入选国网四川省电力公司典型经验库，2项成果分获国网四川省电力公司管理创新二、三等奖，1项成果获国网四川省电力公司课题研究优秀奖。

【优质服务】该公司突出客户体验，主动对接煤气化等9项省市重点项目用电服务，开展高危及重要客户安全用电服务368次，圆满完成酒博会等34次重大保电任务，迎峰度夏电力保障工作获市委、市政府高度评价。全面推行“一证受理”和“一站式服务”，梳理内部流程11个，居民实现24小时接电，高压客户报装接电时间平均缩短30%，业扩报装实现服务提质、工作提效。推广“掌上川电”网上银联交费等3种模式，APP注册客户达6万户。推行配网抢修“网格化”管理，快速处理客户产权故障抢修21起，报修一次性解决问题效率有效提升。大力实施精准扶贫，提前两个月完成40个小水电供区接收，完成21个贫困村改造和508个“低电压”台区治理，展现了公司社会责任担当。清理779栋老旧居民楼供配电设施，主动解决151处社区遗留用电安全隐患，迁移173处杆线等路障，社会各界反响良好。走访335名“两代表一委员”，开展9次行风明察暗访，投诉总量同比下降21%，供电服务水平和客户满意度实现“双提升”。换装智能电表21万只，采集成功率达98%。强化营销、运检协同配合，高压用户实现营配数据贯通。

【党的建设和精神文明建设】该公司深入贯彻从严治党要求，扎实开展“三严三实”专题教育，持续巩固和拓展党的群众路线教育实践活动成果。完善基层党组织设置，新增6个共产党员服务队，推进供电所“一所一支部”，党组织实现向基层延伸。切实落实“两个责任”，创新供电所党风廉政建设监督管理工作机制，严肃查办各类违规违纪案件，党风廉政建设取得实效。提拔6名，交流、调整35名中层管理人员，使基层领导班子结构得到统筹优化。完成三年一轮履职培训，常态开展岗位练兵、现场培训和竞赛调考，进一步提升队伍素质。在国家电网公司物力集约化调考中取得团体第五名，参加国网四川省电力公司智能变电站技术比武、农电竞赛均获团体三等奖，13名员工被评为国网四川省电力公司优秀专家人才，59人入选国网四川省电力公司评标专家库，参与评标116人次。注重先进典型选树，2名员工分别被评为四川省劳模和国网四川省电力公司劳模，18个集体、51名员工获泸州市及以上先进表彰。开展小水电供区接收等6项主题传播，全方位展示公司形象和员工精神风貌。积极搭建服务员工“连心桥”，慰问困难人员134人次，书记走访59个一线班组站所，新增5个基层单位职工食堂，落实离退休同志“两个待遇”，企业保持和谐稳定局面。

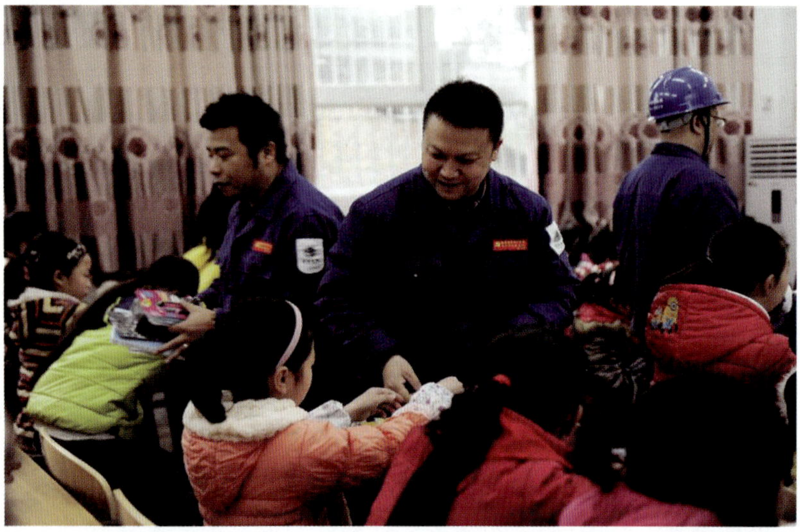

2015年3月5日，一年一度的全国学雷锋日，在国网泸州供电公司团委的组织下，国网四川电力（泸州）共产党员服务队队员和青年志愿者们一大早就来到了方山学校的留守儿童之家，把关爱送给这里的孩子们　　（古春　摄）

【存在的主要问题】一是进取精神不足。部分领导干部习惯于等指示、听命令，缺乏主动作为、主动担当的意识，缺少跳起摸高的勇气、敢为人先的魄力，对破解重点难点问题信心不足、办法不多，难以适应公司发展需要。二是服务意识不强。以客户为中心的服务理念尚未真正树立，服务手段创新不足，内部各专业协同服务流程不畅、效率不高，各环节未严格执行标准和流程时限，管理水平、服务质量与客户的需求相比还有较大差距。三是基础管理不牢。以问题为导向的理念还停留在口头上，安全管理存在薄弱环节，作业现场管控力度不强，习惯性违章屡禁不止；同业对标30项指标未达到公司内控目标，32个指标排在CDE段，多个指标较2014年有大幅下滑；工程方面目前仍在解决不规范造成的遗留问题，项目储备不深不细，工程实施进度滞后，项目决算缺乏依据，物资管理不精细，存在极大浪费；市场数据掌握不力，数据质量较差，形成大数据运用的基础和能力薄弱。四是规则意识不强。部分员工法纪意识淡薄，执行上级部署和公司决策打折扣、搞变通，特别是部分供电所人员对制度缺乏应有的敬畏，私揽工程、侵占电费、私设“小金库”等违规违纪现象仍有发生，2名供电所人员顶风违纪受到司法机关查处。部分单位在资金管理、工程建设、物资管理等方面仍然存在较多的风险和问题。这些问题，体现出该公司在观念、行动、管理和工作质量上的差距，必须高度重视，采取坚决有力措施抓紧解决。

【国网泸县供电分公司】国网泸县供电公司始建于1996年8月，是国网泸州供电公司唯一直属供电公司，担负着泸县七个乡镇的供电任务，供电面积515平方千米，供电人口37.01万，用电客户88120户，其中10千伏用户159户。下设7个部门(中心)、4个班组（站），5个农村供电所和北辰泸县分公司。有全民职工 59 人，供电所职工149人。管辖110千伏变电站2座，35千伏变电站3座，主变容量16.57万千伏安；10千伏配电线路26条，长度626.77公里；配电变压器876台，配变总容量13.26万千伏安。2015年完成售电量1.32亿千瓦时，电费回收率达到目标要求，农网综合线损10.3%。农网工程结算完成率、优质工程率100%。农网供电可靠率99.98%，全员安全教育培训完成率100%。大修技改项目（资金）完成率100%，专利申请数4个。在建农网工程主要包括农网改造升级工程、农电大修工程、农电技改工程、农电资本金工程4大类，共计37个单项工程，总投资2905.46万元。新建（改造）10千伏线路36.82公里，新建（改造）低压线路101.36公里，新增（改造）配变112台/1.67万千伏安，涉及7个乡镇，32个村，111个台区。该公司安全生产形势基本稳定，未发生党风廉政建设、优质服务和影响公司形象的事件。

该公司全面完成“十二五”规划目标，为“十三五”规划开局打好坚实基础。将安全放在首要位置，以“安全第一、预防为主、综合治理”为指导方针，严格依照新颁布的《安全生产法》开展工作。该公司认真开展安全隐患“大排查整治”活动和“春季安全大检查”活动，排查并消除变电设备缺陷25起，配网部分缺陷206起，夯实了安全基础。落实迎峰度夏、迎峰度冬、重大节假日、高中考保电措施，确保了电网安全运行和可靠供电。邀请泸县安监局专家进行安全法律法规知识讲座，提升各级人员安全管理的规则意识和红线意识。启动实施了安全性评价工作，通过专家组查评，对公司安全管理工作进行了一次全方位把脉问诊，奠定了安全管理工作的基础。督促各供电所开展电力设施保护及农村安全用电宣传，累计开展安全语音宣传4500分钟，发放宣传资料48000份，提高了客户安全用电意识。以客户服务中心为支撑点，依托用电营业班和各供电所，加大供用电安全隐患排查工作，全年出具《用电检查结果通知书》110份，对客户用电安全隐患提出整改意见，并形成书面文件报政府相关部门备案，进一步加大督促整改力度。

该公司认真落实中共十八届五中全会和政府关于开展精准扶贫工作的要求，深入泸县喻寺镇周堰村10社，开展贫困户入户调查，结合实际情况制定帮扶措施和帮扶计划，并及时向当地党委政府上报调查情况，对泸县云龙镇杨高村进行了对口帮扶。云龙、玄滩供电所申报国网四川省电力公司五星级班组通过了国网泸州供电公司检查组的验收，班组建设、创建工作受到好评。该公司党委积极开展搭建服务客户“连心桥”工作，走访辖区内地方党委、党代表、人大代表和政协委员，全年已走访35人，解决供电服务问题7个，上报问题4个。深化三个文明建设，开展道德讲堂。制定《开展“三严三实”专题教育实施方案》，严格时间节点，在全公司范围内、以党委中心组学习的形式开展集中专题学习。2015年被评为“国网泸州供电公司先进集体”“国网泸州供电公司精神文明建设先进单位” “国网泸州供电公司文明单位”“2015年度五好基层党组织”和“2015年度四好领导班子”。

【国网泸州市纳溪供电有限责任公司】国网泸州市纳溪供电公司成立于2001年1月18日，最初由国网四川省电力公司和泸州市纳溪区国有资产经营有限公司共同出资组建的县级供电企业，2014年1月股权划转后，成为国网四川省电力公司的全资子公司。主要担负着纳溪城区12个乡镇及泸州市江阳区、合江县、江安县、叙永县部分乡镇的城乡居民生产生活用电以及新火炬化工厂、银鸽纸业等大中型企业的供电任务，供电面积1335.6平方千米，用电客户16.7万户。下设办公室、发展建设部、人力资源部、财务资产部、安全监察质量部（保卫部）、党群工作部（工会、纪委办公室、团委）、乡镇供电所管理部和电力调度控制分中心8个职能部门，业务实施机构2个（运维检修部、营销部）、11个乡镇供电所、1个水电运检中心。共有员工545人，其中：全民472人（主业380人、集体企业92人），农电工73人，劳务派遣专职电工100人。

该公司拥有35千伏及以上变电站11座（其中220千伏变电站1座、110千伏变电站4座、35千伏变电站6座），总容量67.95万千伏安；35千伏及以上线路18回/232.22公里；10千伏线路43回/1516.72公里。有配电变压器2081台，容量28.37万千伏安；低压线路11011公里；有水能发电厂1座，容量3750千瓦，年发电量约1600万千瓦时。固定资产原值2.53亿元。2015年，完成售电量4.22亿千瓦时，综合线损率9.31%。

该公司加强作业现场安全风险管控和违章查处力度，查处现场违章67项，发放监督通知单16份。开展安全隐患排查整治，消除缺陷隐患389项，清理备案辖区内涉电鱼塘885处。截至2015年12月31日，实现连续安全生产2724天。组织修编“十三五”电网发展总体规划，储备了农网项目94个。投运35千伏桂花山输变电工程，2013年至2014年各批次农网工程顺利完工，2015年各批次农网工程加速实施，2015年低电压台区整治及省控大修、技改等工程有序推进。新建和改造10千伏线路230公里，新增和更换配变338台，总容量3.3万千伏安，改造低压线路1252公里，整治低电压台区98个，惠及用户2.6万户。快速推进营销智能工程项目，累计完成9.37万只智能电表的推广任务，2022台公专变采集成功上线。实时监督备用金、库存现金及差旅费等15项管理事项，检查相关数据858条，发现问题37个，获“国家电网公司会计基础工作管理优秀单位”。规范物资、非物资采购，全年集中采购物资2920万元，处置废旧物资17.5万元。

认真贯彻执行国网四川省电力公司和国网泸州供电公司业扩报装新政策，积极开展“业扩报装环境整治百日行动”，简化报装资料，优化业扩流程，全年新增业扩报装容量4.7万千伏安。开展高危重要客户安全检查，查出备案隐患35条。以客户满意为导向，主动走访各级政府与重要客户，不断提高服务质量。完成三新供电服务分公司注册及机构设置，农电工合同现已转签。成功实施地县调一体化业务融合，平稳移交配网抢修指挥业务。严格执行党风廉政建设责任制，层层签订“党风廉政建设责任书”，层层落实“一岗双责”。深挖廉政建设危险点，开展关键岗位廉洁警示教育和《中国共产党廉洁自律准则》《中国共产党纪律处分条例》宣贯，组织预防职务犯罪讲座，参观廉政教育基地，让“干事干净”理念入脑入心。编演廉洁教育微电影《规矩》，增强法制宣传教育的感染力和影响力。全面开展工程管理效能监察和供电所依法治企，纠正供电所员工私揽工程、维护材料管理不规范等违纪违规苗头性问题。自行拍摄微视频《电力安全二十四节气歌》，获国网公司2015年“安全生产月”优秀作品奖。组织开展青工安全论坛、走近留守儿童、志愿者进社区等主题活动，企业文化走进社会。加强与公司系统、社会媒体的合作，累计完成市级以上媒体报道52篇，该公司工作亮点和先进人物登上《国家电网报》、中国电力新闻网、《西南电力报》、新华网、中国新闻网、中国经济网等多家媒体。

【国网叙永县供电有限责任公司】国网叙永县供电公司2005年12月14日正式挂牌成立，2014年完成地方国有资产划转的全部工作，成为国网四川省电力公司所属的县级全资子公司。已全面完成叙永县全部小水电供区接收工作，承担着叙永县城以及25个乡镇的部分供电任务，供电面积2928平方千米，供电人口约73.5万人。设办公室等8个管理职能部门和2个业务实施机构，下设变电运维班、变电检修班、输配电运检班、12个乡镇供电所、计量班、抄表班、营业班等20个班组以及集体企业泸州北辰叙永分公司、北辰发电公司。拥有35千伏及以上变电站16座（其中，220千伏变电站1座，110千伏变电站5座，35千伏变电站9座），主变25台，总容量71.93万千伏安；110千伏线路11条，长度195.27公里；35千伏线路13条，长度58.74公里；10千伏线路81条，长度2635.9公里；公用配电变压器共1766台，总容量16.55万千伏安。全年完成电网投资6758.9万元，完成售电量4.09亿千瓦时。

2015年，该公司全面完成“三集五大”体系建设所有岗位的人员配置及到岗到位工作，并执行了新的工资体系—岗位绩效工资。规范农电用工管理，成立泸州市三新供电服务有限公司叙永分公司，115名农电员工全部完成劳动合同转签。

该公司开展各类安全隐患排查治理活动共计34次，治理隐患80项。完成安全巡查共计1276次，查处违章62起。加大安全生产投入，组织对高危、重要客户用电专项检查102次。全年共出警15次，查处外力破坏2起。沉着应对“8·17”抗击白腊洪灾“4·30”“7·28”极端天气配网抢险工作，并投入资金100多万元，开展受灾乡镇电力恢复重建。截至2015年12月31日，连续安全生产3671天，保持了安全稳定的良好局面。

该公司编制完成叙永电网“十三五”规划，加大35千伏水潦、白腊变电站及35千伏分水输变电工程项目前期推进力度。2012、2013年城网建设12个项目全部竣工。农网改造升级工程2015年完成资金投入4276万元。快速推广智能电表应用及电能电量采集系统建设，全面完成32057只智能电表推广应用和采集建设，完成688台公变、255户专变用户采集建设任务。持续推进营配贯通工作，高压部分公线、公变、专线专变一致率均为100%。简化报装流程，缩短报装时限，高压业扩报装平均接电时间同比下降8.5%。全面完成叙永县小水电供区的接收工作，接收公变1358台、用户121635户，接收专变用户490户，售电量有效提升。努力拓展交费渠道，完成“掌上川电”APP推广12000户，极大方便广大用户交费。全面推行精细化管理，开展盘活利库工作，完成65.8万元积压物资利库及报废处置。坚持从严治党，努力推动“三个建设”取得新实效，2015年，获国网四川省电力公司“电网先锋党支部”、国网泸州供电公司“先进集体”“四好领导班子”“文明单位”“五好基层党组织”“优秀共产党员”“先进工作者”“安全生产特殊贡献奖”和四川省、泸州市“农电先进”个人等荣誉称号。

【国网古蔺县供电有限责任公司】国网古蔺县供电公司2001年4月18日正式挂牌成立，为国网四川省电力公司的全资子公司。担负着古蔺县社会与经济发展及人民群众生产生活供电任务，供电面积3180平方千米，供电人口83万余人，供电市场占有率92.5%。下设10个职能部门（8个本部职能部门，2个合署办公职能部门）、1个水电运检中心、1个办公室综合服务班、3个营销服务班组、4个专业车间班组、11个供电所和6个发电厂。管辖220千伏变电站1座，线路107.48公里；110千伏变电站3座，线路140.99公里；35千伏变电站10座，线路199.11公里。发电厂总装机3855千瓦。形成以220千伏冯冲湾变电站为中心的110千伏环网供电格局，最高负荷达11万千瓦，日供电量达183万千瓦时，年供电量约4.8亿千瓦时。截至2015年12月31日，连续安全生产6118天。

该公司坚决贯彻国网泸州供电公司和古蔺县委、县政府的决策部署，深入开展党的群众路线教育实践活动，坚持改革创新，努力提质增效，齐心协力、奋力拼搏，践行“开拓进取、求真务实”的基本工作理念，坚持不懈地抓好“保安全、抓发展、强服务”的基本工作任务，持之以恒地落实“循规为纲、强基为本、务实为要、提效争先”的基本工作要求，继续坚持打基础、利长远，进一步凝聚广大干部员工的智慧和力量，进一步提高攻坚克难的能力和水平，进一步增强争先进位的勇气和信心，各项工作取得新成绩。贯彻中央“八项规定”和国网四川省电力公司系统“十项禁令”，作风建设取得实效。深入开展“心桥工程”等主题活动，大力营造良好的企业氛围，实现员工与企业的共同发展。2015 年，被评为泸州市“交通安全生产单位”、四川省“五四红旗团支部”等称号，国网泸州供电公司“2015 年度安全生产先进集体”；调度中心获“国网四川省电力公司先进集体”称号，王静波获“四川省劳模”称号、雷静获“醉美泸州，最美职工”殊荣、朱沙荣获“国网泸州供电公司劳模”称号。

【国网泸县供电有限责任公司】国网泸县供电公司是国网四川省电力公司控股的县级供电企业，由国网四川省电力公司和泸县国有资产经营有限公司共同出资组建，2012 年 12 月 13 日正式挂牌成立。注册资本 5000 万元，其中国网四川电力占 60%，泸县国有资产经营有限公司占 40%。主要担负着泸县县城、泸县 15 个镇和龙马潭区 5 个乡镇工农业生产及人民生活用电，供电面积 1156 平方千米，供电总人口达 85.6 万，供电户数 25.84 户。下设 10 个职能部门，8 中心，11 个供电所，1 个运检分公司，1 个检修分公司，1 个全资子公司。1 个党委，13 个党支部，273 名党员。有国有员工 644 人（其中上岗员工 558 人、服兵役 1 人、工伤休养 1 人、内部退养人员 84 人）；计划外用工 346 人（其中农电工 276 人，临时工 70 人）；退休(职)人员 270 人；644 名在册职工中：29 岁以下职工 14 人，30—39 岁职工 89 人，40—49 岁职工 404 人，50—59 岁职工 137 人；在册职工平均年龄 44.8 岁；有大专及以上学历 278 人(其中硕士研究生 1 人，本科 59 人，大专 276 人），中专技校高中学历 166 人，初中及以下 56 人；具有中级技术职称 70 人,初级技术职称 198 人,技师 68 人，高级工 176 人，中级工 114 人，初级工 1 人。人才当量密度 0.8179。

该公司拥有 110 千伏变电站 2 座，35 千伏变电站 11 座，35 千伏关站 1 座，10 千伏关站 1 座，变电总容量 17.53 万千伏安；35 千伏线路 27 条,总长 208 公里；10 千伏线路 80 条，总长 1804.45 公里。10 千伏配变 1963 台，容量 18.5 万千伏安。低压线路 12218.52 公里。2015 年完成供电量 6.14 亿千瓦时；售电量 5.45 亿千瓦时，线损率 11.22%；电费回收率完成 100%。

该公司以“抓安全、保稳定、创佳绩、促发展”为主线，以“两个第一、两个融合”为行动指南，树立正确的价值取向，强化执行，规范管理，全面完成全年工作目标任务，推进公司和电网科学发展。保持了安全形势总体稳定，截至 2015 年 12 月 31 日实现连续安全生产 1114 天。狠抓电网建设，确保电网健康发展。完善基础管理，提升营销管理水平，完成 4006 只智能表、12 台集中器的安装、采集、运行及账务结算等工作，完成第一批用电信息采集终端建设、智能表推广应用。深化内部管理，推进公司“三集五大”体系建设，推进薪酬和劳动用工管理，实现物资全流程管控，完善物业基础管理，规范办事程序。“三个建设”持续推进，党建基础管理常抓不懈，民主管理工作稳步推进，关爱职工营造温馨家园，职工文体活动丰富多彩。切实践行党的群众路线教育实践活动，将党的群众路线教育实践活动作为当前首要政治任务，通过“一微、一书、一话、两箱”营造良好的活动氛围。

（李栋斌）

国网宜宾供电公司

【企业概况】国网宜宾供电公司前身为宜宾供电局，成立于 1978 年，是国网四川省电力公司下属的特二型供电企业，承担着宜宾市两区八县中的两区一县（翠屏区、南溪区、江安县）的供电任务，直供面积 4680 平方千米，总营业户数 67 万余户。同时趸售长宁县电力公司及四川能投控股的屏山县、兴文县、高县、筠连县、宜宾县、珙县电力公司。下设 11 个职能部室，7 个业务支撑和实施机构，3 家直供直管县级供电企业，2 家全资县级供电企业。各类用工总量 3049 人，其中全民员工 1237 人（直属 890

人，全资347人），农电员工824人（直属625人，全资199人），其他用工988人。

2015年，面对复杂严峻的内外部环境，该公司认真落实国家电网公司和国网四川省电力公司各项决策部署，紧扣“依法治企、科学治企，风清气正、人企共进”工作基调，积极发扬“当代老实人”精神，在履职尽责中勇挑重担，在攻坚克难中谋划发展，各项工作取得显著成效。全年完成固定资产投资6.72亿元，同比增长77%，其中电网建设投资4.96亿元；完成售电量52.40亿千瓦时，同比增长7.68%；电费回收“双结零”；线损率4.88%，同比下降0.54个百分点。

【人力资源】该公司有效匹配要素与业务流程，全力推进“五位一体”协同机制建设。落实薪酬发放“三全”管理，绩效管理考核体系进一步完善。加强员工教育培训，152人技能等级、137人专业技术职称得到提升。落实关键岗位人员定期交流轮换制度，明确科级以下关键岗位112个，交流人员55人次。稳妥实施集体企业改革改制，清算关闭禾宜农电公司，清理退出2家参股企业，博大电器清算关闭稳步推进。实施农电用工规范管理，顺利完成直签农电用工合同转签，保障了农电员工合法权益。

2015年10月10日，宜宾市人大常委会主任陆振华调研该公司精准扶贫工作（董洺杰　摄）

【电网建设与发展】该公司科学制定宜宾电网“十三五”发展规划，着重开展配电网规划和项目储备。主动配合开展成贵、渝昆高铁7座220千伏牵引站供电工程规划编制，推动兴文220千伏输变电工程前期工作。桂溪110千伏等3个输变电工程获得核准，李端35千伏等3个输变电工程前期工作全面完成。龙头变电站、城中变电站增容改造工程通过国网四川省电力公司优质工程复查，110千伏象鼻变电站工程获国网四川电力项目管理“流动红旗”，220千伏南溪变电站工程被国网四川省电力公司通报表扬。

【服务特高压】该公司加强特高压属地化协调，积极推进沿线房屋拆迁，全力配合溪浙特高压环评、水保验收。加强近区电网设备特巡和安全风险评估，保证了换流站外接电源安全稳定运行。运用输电运检与属地供电所交叉巡护模式，严格开展三大直流满功率运行属地化线路和近区电网设备的隐患排查，连续两年完成三大直流满功率运维保障。积极配合、高效处置宾金直流接地极线路故障，受到国网公司和国网四川省电力公司高度肯定。

【经营管理】该公司落实富余电量消纳政策，完成“电能替代”5.16亿千瓦时、直购电5.49亿千瓦时。推广专变预付终端安装，煤炭企业等电费风险防控取得较好效果。认真开展往来款项清理，彻底理清债权债务。实行业务预算分析通报制度，动态监控业务预算执行。“量价费损”、营销稽查在线监测成效明显，追补电量254.5万千瓦时，追回电费212.2万元。积极争取政策支持，获得财政补助资金718万元。“三公”经费和会议费同比下降71%。严格招投标管理，充分引入竞争机制，降低采购成本。开展线损专项活动，技术降损、管理降损取得较好效果。所属两个全资公司经营状况全部扭亏为盈。开展技改、大修、科技、信息项目自查自纠和任期责任审计、集体企业收支审计，提出意见建议123条。完成工程项目结算、决算审计663项，审减金额1897万元。加强物资风险防控机制建设，严格规范非物资非招标采购。自主开展集体企业规范管理、客户投诉等专题监测，综合计划与预算在线监测扎实推进。

【安全生产】该公司完善安全工作奖惩机制，建立专项业绩考核和反违章考核制度。建立现场作业微信平台，落实“月计划、周安排、日管控”。深入开展安全大检查，整治缺陷隐患462项。保持安全监管高压态势，通报曝光典型违章77条。《安规》调考获得国网四川省电力公司综合团体第一名。协调处置四川能投输电线路强行带电跨越施工，维护了公司正当权益。变电设备故障率、输电线路雷击跳闸率同比下降20%和55%。充分利用图像监控系统，高效实施35千伏变电站差异化巡视。深化状态检修和技术监督，完成所有输变配设备状态评价。整合配网综合抢修业务，城市30分钟配网抢修圈实现全覆盖。营配调高压数据清理全面完成，低压数据采录有序开展。PMS2.0顺利进入单轨运行并实施应用。10千伏系统均纳入电网运行风险管控体系，预警预控实现全覆盖。"运行管理"获国网四川省电力公司专业管理标杆。成功开展主备调切换演练和防灾度汛无脚本综合演练。圆满完成四川国际文化旅游节等重要保电任务95次，获国网四川省电力公司"安全生产特殊贡献单位"。

【农电工作】该公司制定具体措施，划分具体区域，明确低电压台区治理数量，划拨专项资金整治低电压问题。全年投资2.7亿元，完成配网、农网工程项目588个，治理低电压7.06万户，农村电网供电质量不断提高。积极推行城市电力服务进社区，农村推行"包片进村"，架起"感恩社会、奉献光明"联系社会的连心桥。开展供电所标准化建设和综合整治行动，以所容所貌、营业厅管理、安防整治为抓手，着力改善供电所营业厅服务环境，规范供电所综合管理，提升供电所服务形象。积极开展"精准扶贫，全面小康"电力扶贫工作，积极与宜宾市相关部门、当地乡政府和村委会沟通，落实具体举措帮助村民克服当前困难。供区全面消除无电户，达到了贫困村"有生活用电"退出标准。

【科技与信息化工作】2015年，国网四川省电力公司下达《220千伏城南变电站二次过电压防雷系统应用研究》科技项目1个，投资计划18万元。该公司申请专利14项，专利申请完成率100%。完成信息通信集中监控平台建设，信息通信安全运行指数100%，在国网四川省电力公司系统排名第一。全面推进信息通信网络覆盖，完成全资公司35千伏及以上变电站、供电所光纤及数据网络覆盖，实现网络覆盖率100%。强化信息专业支撑系统管控，开展国网四川省电力公司MAS系统上线推广工作，优化信息业务流程，实现信息业务无纸化办公。注重科技创新和信息化融合，获信息化实用新型专利2项，《信息数据分析在电网自动控制系统的应用研究》获全国电力行业两化融合推进会暨全国电力企业信息化大会优秀论文一等奖。

【优质服务】该公司认真践行"你用电、我用心"的服务理念，着力改善城乡供电服务品质，客户满意度大幅提高。深化环境兴市"四诺"活动，主动接受社会监督，切实履行供电服务义务和服务承诺。扎实开展"业扩报装环境整治百日行动"，建立业扩工作周例会制度，切实构建"手续简化、流程压缩、时限严控、市场开放、收费规范、信息公开"的业扩报装环境。落实与政府对接沟通，居民小区配电设施规范管理取得实质性进展。实施临港区"套餐式"服务，主动对接政府招商引资等重要客户，开辟业务办理绿色通道。换装智能电表19.23万只，全口径智能电表覆盖率81.1%、采集成功率99%。推广"掌上川电"APP应用，进一步拓展便民服务举措。坚持以客户为导向，加强服务窗口标准化建设，常态化开展服务监管，持续规范服务行为。宜叙高速等11项区域性重大迁改项目全面完成，成贵高铁等15项重点工程电力设施迁改加快推进。

【党的建设和精神文明建设】该公司扎实开展"三严三实"专题教育，查找整改"不严不实"问题。开展"走基层、接地气"五个一活动，搭建服务员工"连心桥"。落实党风廉政建设责任制，开展重点领域协同监督和效能监察，强化监督执纪问责，信访举报同比下降50%，党风廉政建设被国网四川省电力公司考评为"优秀"。积极开展"当代老实人"系列主题活动，12名"我身边的美丽员工"脱颖而出，活动成效被《四川日报》《人民日报》宣传报道。获"全国文明单位"和"全国模范职工之家"称号，5个县公司全部获"宜宾市文明单位"。宜宾市江南供电公司获国家电网公司"电网先锋党支部"，变电二次班成功创建"全国青年安全生产示范岗"、获国家电网公司先进班组，肖平被评为"国网公司优秀共产党员"，周介获宜宾市"诚实守信"道德模范称号。成功举办国网四川省电力公司工会职工文化建设现场会，李庄供电所成为国家电网公司企业文化建设示范点。公司团委荣获国网四川省电力公司"五四红旗团委"。员工王瑾主唱的音乐情景剧《光芒》登上央视三套主题跨年晚会舞台。

【存在的主要问题】一是由于宜宾加快经济转型升级步伐，部分高污染、高耗能企业停产、减产，仍处于深度调整期，传统增长引擎马力下降，市场拓展困难重重，电费回收的不确定因素增加。二是随着电力体制改革纵深推进，发电侧和售电侧有序放开，宜宾电力市场主体更加多元化，风险隐患和违章依然存在，安全稳定任务紧迫而艰巨。三是社会环境深刻变化，依法从严治企任重而道远。四是部分区域供电"卡脖子"、低电压问题依然存在，配网薄弱没有有效解决。五是"五大"体系横向协同和纵向贯通需要强化，员工适应"两个转变"和提质增效能力有待增强，整体素质仍需提升。

【国网宜宾市江南供电分公司】国网宜宾市江南供电公司成立于2001年8月，位于宜宾市南岸西区外江路，担负着宜宾市翠屏区、长宁县、兴文县、江安县、珙县、高县、宜宾县六县一区部分地区供电任务，有各类用电客户12万余户。有员工319人，其中全民员工69人，大集体员工19人，大学生24人，招聘员工48人，农电员工159人。2015年完成售电量18.78亿千瓦时，电费回收实现“双结零”。截至2015年12月31日，实现连续安全生产5035天。该公司获国网公司“电网先锋党支部”，国网四川省电力公司“安全生产先进集体”、“基层服务型党组织示范点”、“模范职工小家”。获国网宜宾供电公司“年度先进单位”和“五好基层党组织”，获宜宾市“文明单位”。李庄供电所获国家电网公司“企业文化示范点”，共产党员服务队获国网四川省电力公司“十佳共产党员服务队”，南广供电所获得国网四川省电力公司“安全生产先进供电所”。

【国网宜宾市江北供电分公司】国网宜宾市江北供电公司位于宜宾市翠屏区岷江北岸安阜街道广厦西路1号，紧邻五粮液集团，担负着宜宾市江北片区厂矿企业、翠屏区10个乡镇、办事处、宜宾县1个乡镇以及临港经济开发区、五粮液工业园区、翠屏新区、象鼻工业区的供电任务。下设7个部科室、9个生产经营班组、10个农村供电所和1个农电检修中心。有员工 398 人。拥有 10 千伏城市配电线路165.81公里，城市配电变压器183台。2015年完成售电量7.70亿千瓦时，电费回收率100%。截至2015年12月31日，实现连续安全生产4550天。

【国网宜宾市南溪供电分公司】国网宜宾市南溪供电公司前身为南溪供电站，成立于1962年，随着电力企业发展1993年成立南溪供电局，2013年7月更名为国网宜宾市南溪供电公司。位于宜宾市南溪区长江大道西段，担负着南溪区、江安县、长宁县及翠屏区部分区域的供电任务，其中直供南溪区16个乡镇（167个行政村）和翠屏区高店镇、沙坪顺南片区，供电面积约692平方千米（不含趸售区域），并通过国家电网向国网宜宾市南溪供电有限责任公司和国网江安县供电公司售电，有客户129963户。该公司设6部室7班组，1个农电检修中心和8个农村供电所，员工 299 人。拥有 10 千伏公用配电线路810.73 公里（其中城市配网 54.2 公里，农村配网756.53公里），10千伏公用配电变压器1435台。2015年完成售电量12.53亿千瓦时。截至2015年12月31日，连续实现安全生产2626天。

【国网江安县供电有限责任公司】国网江安县供电公司2008年1月由原地方国有电力公司改制为国网四川省电力公司控股公司，2013年1月改制为国网四川省电力公司全资子公司。担负着江安全县18个乡镇和长宁县竹海镇部分村社供电任务，设9个部室、6个供电所，有员工352人。拥有110千伏变电站1座、35千伏变电站8座，35千伏、110千伏输电线路153.68公里。2015年完成售电量2.45亿千瓦时，综合线损率11.29%，电费全额回收、实现双结零。截至2015年12月31日实现连续安全生产2907天。获国网四川省电力公司工会“模范职工小家”、国网宜宾供电公司2015年度“安全生产特殊贡献集体”称号。

【国网宜宾市南溪供电有限责任公司】国网宜宾市南溪供电有限责任公司前身为南溪区水利局下属企业，成立于1978年。南溪区政府于2008年12月与国网四川省电力公司签订代管协议，国网四川省电力公司从2010年10月起实施人、财、物全面代管，并于2012年1月改制为国网四川省电力公司全资子公司。供区主要涉及南溪区、翠屏区共13个乡镇179个行政村，供电客户 6.8 万余户，供电面积约 500平方千米。设6个职能部门，1个业务支撑机构，8个生产班组，7个乡镇供电所。有员工193人，其中全民职工 86 人、平均年龄 41.8 岁，农电员工 107人、平均年龄46.7岁。2015年完成购电量7196.99万千瓦时，比上年同期增长 12.14%；完成售电量6283.91 万千瓦时，比上年同期增长 15.10%；综合线损率为12.69%，比上年同期下降2.25个百分点。截至2015年12月31日，该公司全资上划后实现连续安全生产883天。 （周泽明）

国网南充供电公司

【企业概况】国网南充供电公司系国网四川省电力公司的特二型供电企业，成立于1979年7月1日，最初承担着南充及广安、巴中地区供电任务，经1996年南充与巴中、1998年南充与广安两次分家后，现担负着南充市 9 个区（市、县）的供电任务，供区面积1.25万平方千米。设有13个职能部门，7个业务支撑和实施机构，1个四川电网备调中心，1家集体企业平台公司，辖仪陇、阆中、营山、南部、蓬安、高坪、西充、龙蟠8个全资县级子公司。拥有35千伏及以上变电站122座，其中：220千伏变电站7座，110千伏变电站29座，35千伏变电站86座，变电总容量537.38万千伏安；拥有35千伏及以上输电线路242条，总长度3345.65公里。固定资产原值45.57亿元。

2015年，该公司在国网四川省电力公司和南充市委、市政府的领导下，按照“三年三步走、一年一提升”发展目标，抓管理、强队伍、塑文化，全力推进各项工作，全面完成了年度目标任务。完成售电量48.88亿千瓦时，同比增长2.92%；综合线损率10.97%；电费回收与解交率100%；2015年，该公司继续获得“全国文明单位”称号，获得全国“安康杯”竞赛安全文化宣传工作先进单位、国家能源局四川监管办“四川电力安全生产先进集体”、国网四川省电力公司第二届职工技术创新先进单位和基建信息管理优秀单位、南充市优秀“劳动竞赛”示范单位、南充市国资委“安全生产工作先进集体”等荣誉。

2015年10月4日，兰渝铁路有限责任公司为感谢国网南充供电公司对铁路建设的支持，特给该公司送锦旗表示谢意

（龙爱明　摄）

【人力资源】该公司全口径用工总量6351人，全民员工4099人，其中：直属单位628人、县级供电公司3471人；农电员工1644人，其中直属单位548人、县级供电公司1096人；集体企业员工608人，其中直属单位491人，县级供电公司117人。该公司加强干部队伍培养，全年提拔、交流中层干部10人。深化人力资源市场建设，优化人力资源配置93人。狠抓员工队伍素质提升，分类实施全员素质提升计划，1054名员工提升了学历、职称和技能等级，人才当量密度同比提高5.11%。加强各类人才培养，选拔推荐管理、技术和技能专家人才8名，组织54名中层干部和99名班组（站）长参加中干和班组长履职能力轮训。实施人才强企发展战略，强化队伍素质提升。组织各类培训办班、送培、考试142期次，参培参考8127人次。制定了2015—2016年人才当量密度提升计划，实现技能提升601人、专业技术资格提升243人、学历提升210人。入选国网四川省电力公司优秀技能人才2人，引进高校毕业生42人。

【电网建设与发展】该公司编制完成南充地区“十三五”电网发展规划。取得35千伏及以上项目核准12项、可研批复14项。开工建设南部南隆220千伏输变电工程、嘉陵南110千伏输变电工程、高坪白塔110千伏输变电工程、西充义兴110千伏输变电工程、兰渝铁路李渡、龙桂、南部110千伏牵引站供电工程及35千伏输变电工程共计14项，完成25座变电站综合自动化技术改造。投资3.05亿元，实现136个村（场镇）农网改造升级，新建与改造农网10千伏线路317公里、低压线路2180公里、配变685台，治理低电压台区915个，解决10万户的低电压问题。换装智能电表62.35万只，用电信息采集成功率达98.5%。狠抓工程安全质量管理，110千伏及以上工程优质率达100%。

【经营管理】该公司开展业扩报装环境整治，推行高压业扩“班车制”和低压居民客户“五位一体”服务，全年新投容量154.43万千伏安。强化用电检查，严打偷窃电行为。强化“零基”预算管理和“刀刃”项目管控，“业财融合”进一步深化。大力解决历史遗留问题，“两金”压降超国网四川省电力公司下达目标。推进亏损企业“量身”专项治理，3个县级供电公司实现扭亏为盈。盘活库存物资，平衡利库金额1800余万元，废旧物资处置回收140余万元。狠抓集体企业市场化经营，同比增长16%。争取西部大开发税收优惠500万元，集体企业业绩考核取得较好成绩。全面提升服务品质，开通支付宝、微信电费缴费功能，“掌上川电”APP注册用户17.54万户，投诉、举报同比下降26.78%、32.88%。

【安全生产】该公司深入开展电力设施安全大检查和缺陷隐患整治，全力推行电网风险分级管控，严格落实“月计划、周安排、日管控”要求。强化电力安全生产管理，制定了《作业安全十条禁令》《安全生产反违章考核实施细则》，出台“三种人”激励考核办法。认真开展南充电网迎峰度夏应急演练和南充地区调度主备切换演练，圆满完成全市“两会”、春节、高考、中考等重要活动和重大节日保电任务 95 次。截至 2015 年 12 月 31 日该公司连续安全生产 4648 天。

【农电工作】该公司推进县供电企业和乡镇供电所管理提升工作，按照国网四川省电力公司实施方案具体要求，县级供电公司 79 项指标和供电所 25 项指标为导向，积极开展诊断分析，准确找到管理短板，县级供电公司、供电所的提升瓶颈，针对薄弱环节制定整改措施，通过 PDCA 循环管理方式解决问题，有效促进县级供电公司、供电所管理水平的同步提升。认真落实 2015 年度援藏计划和援建项目，援助物资 95.98 万元，建成投运九龙大铺子库房和九龙营业厅。

【科技与信息化工作】2015 年，该公司组织实施了 3 项管理创新项目和 2 项研究开发类群创项目，其中“南充城区配网‘五个一’综合抢修应用实践”项目获国网四川省电力公司管理创新成果三等奖。“以提升运营质效为目标的供电企业数据共享平台管理”项目获国网四川省电力公司管理创新成果四等奖。完成国网四川省电力公司下达 12 项专利申请（2 项发明专利、10 项实用新型专利）的年度目标任务，全年共获得 1 项发明专利和 44 项实用新型专利。

全面启动网络覆盖和带宽提升工程，实现了所有 35 千伏变电站和供电所（营业厅）的信息通信网全覆盖，解决了县级供电公司信息通信网络带宽瓶颈，为生产、营销和经营管理各大业务深化应用提供了基础和保障。完成调度数据网接入、地备调系统建设和通信系统容灾工程，实现南充电网数据的双汇聚采集和分布处理，提高了电网调度的可靠性和抗灾能力，有效防范调度机构丧失调控能力的各类风险。深化运营监控体系建设与应用，开展各类监测共 49 个，实现对“三集五大”核心业务全覆盖。

【优质服务】该公司主动对接南充市 2015 年 150 个计划实施重点项目，积极走访吉利新能源、鑫达新材料等重要客户，由领导带队到兰渝铁路、现代物流园、中机国能等重大项目进行现场办公，为兰渝铁路南充段按期通车、现代物流园顺利开园和中机国能接入电网提供了用电保障。积极开展“业扩报装环境整治百日行动”，大力优化和简化了业务办理流程，推行高压业扩“班车制”和低压居民客户“五位一体”服务，全年新投容量 154.43 万千伏安。加快便民电力服务设施建设，新增邮政报刊亭、ATM 自助终端、移动 POSS 代收、支付宝、微信等交费方式，全市各类交费网点达 2201 个，交费方式达 14 种。“掌上川电”APP 注册用户 17.54 万户。努力提升社会满意度，通过聘请公司第五届行业作风监督员，“阳光政务热线”值守等工作，不断加强行业作风建设社会监督力度，投诉、举报同比下降 26.78%、32.88%。在 2015 年南充市投资软环境建设社会满意度测评中，该公司作为参与测评的全市 17 个公共服务单位之一，获得社会满意度第一名，得到了南充市委、市政府的通报表彰。

2015 年 12 月 18 日，国网南充供电公司按照部署积极开展“精准扶贫”帮助农村脱困。图为该公司为村民送化肥（龙爱明　摄）

【党的建设和精神文明建设】该公司扎实开展“三严三实”专题教育，查摆整改不严不实问题 84 项。落实从严治党要求，完善《基层党组织考评办法》等制度，实施“党建细胞”提升工程和党员“净化工程”，基层党组织活力和党员先锋模范作用显著增强。推进基层党组织全面覆盖，新成立基层党支部 101 个，在供电所形成“一所一支部”格局。加强廉洁教育，及时宣贯新颁布的《廉洁自律准则》和《纪律处分条例》。推行“两个责任”台账管理，抓好纪检干部能力提升，在监督问责上“从严从重”，在正风肃纪上“务本务实”，在创新执行上“求新求效”，党风廉政建设基础更牢，合力更强，责任制考评进入国网四川省电力公司前三名。加强精神文明建设，开展“健康万步行”、举办女职工广场舞比赛、“玫瑰书香”征文等活动，依托文体协会，举办“心桥杯”职工足球比赛、“最美一线”摄影大赛，丰富了职工业余文化生活；组织公司员工拍摄《牵挂》《心路》等微电影，宣传工会工作和先进典型，1 部获国网四川省电力公司优秀奖，1 部获全国优秀影片奖。组织网络文明传播志愿者，利用各类新媒体平台广泛开展网络文明传播活动，积极传递正能量，龙爱明获四川省“网络文明传播优秀志愿者”称号。

【存在的主要问题】一是电网结构需进一步优化。从电源布点看，南充境内仅有一座 500 千伏变电站供 8 座 220 千伏变电站，若 500 千伏南充变电站发生严重故障，南充电网发生大面积停电风险较高。从骨干网络结构看，南充北部 220 千伏电网仍为单环网结构，在 220 千伏南充南隆输变电工程建成投运前，若 220 千伏保搬线或蓬仪线停电，北部电网将解环运行，阆中市、仪陇县、南部县将面临大面积停电风险。从县域 35 千伏网络看，串接辐射供电、设备老旧、供电半径过长、低电压及供电可靠性问题依然突县级供电公司公司境内串接供电的 35 千伏变电站还有 15 座，占比 17%；未综合自动化改造变电站还有 16 座，占 19.75%。从农村电网看，农网薄弱问题尚未根本解决，南充境内共有 146 个村（场镇）从未进行农网改造，低电压台区尚有 878 个，涉及行政村社 293 个、用户 7.4 万户。二是经营能力需进一步增强。从售电市场看，南充经济结构以农业、工商业和服务业为主，60%以上用电负荷为居民生活用电，大工业电量占全社会用电量比例不足 30%，售电收入和利润长期处于国网四川省电力公司系统中下游水平。随着四川电力体制改革综合试点的启动，四川售电侧放开势在必行，加之直购电政策和富余电量政策不断放宽，市县各工业园区和大客户将是市场竞争的重点，南充售电市场不容乐观。从盈利能力看，投入产出不匹配，线损居高不下，劳动生产率偏低，一系列历史遗留问题不同程度加重了公司运营负担。同时，从大工业和一般工商业用电降价政策上看，后期的电价改革还存在诸多不确定因素，公司利润空间也将进一步收窄。从集体企业发展看，集体企业市场主要以施工和设计为主，受人力资源、管理机制、产业结构等因素制约，参与市场竞争的意识和能力不足，存在市场开拓难、合同签约难、款项回收难等产业利润源不足的问题。

【国网仪陇县供电有限责任公司】国网仪陇县供电公司始建于 1951 年，2012 年 12 月成为国网四川省电力公司全资子公司。供电范围包括仪陇县 56 个乡镇和阆中市 2 个乡镇，915 个行政村，供电面积 1830 平方千米，用电客户 33 万户。下设管理部门 10 个，12 个专业班组，16 个农村供电所，用工总数 598 人（其中全民员工 249 人，农电员工 349 人）。拥有 35 千伏变电站 12 座，变电容量 12.74 万千伏安，35 千伏线路 239.6 公里；配变总容量 32.95 万伏安；10 千伏线路 2582.4 公里；低压线路 15493 公里。固定资产总额 2.9 亿元。

2015 年，该公司认真贯彻国网南充供电公司和仪陇县委、县政府工作要求，真抓实干、奋力拼搏，各项工作取得新突破。完成供电量 4.5 亿千瓦时，同比增长 1.6%；完成售电量 4.12 亿千瓦时，同比增长 3.52 %； 实现综合线损率 8.5%，低于年初计划指标 0.8 个百分点；完成自发电量 655 万千瓦时；电费回收率 100%，全面完成各项年度考核指标，发展态势良好。全年安全形势稳定，截至 2015 年 12 月 31 日，实现连续安全生产 4822 天。

2015 年，该公司被国网四川省电力公司评为“创建劳动关系和谐企业先进集体”，获四川省劳动竞赛优胜单位、南充市劳动竞赛示范单位。仪陇张思德电力服务队荣获四川省“岗位学雷锋先进集体”。该公司在党风廉政建设、供电服务、企业稳定方面，未发生不廉洁问题及违反行业作风规定行为，未发生影响稳定违规违纪事件。

【国网阆中市供电有限责任公司】国网阆中市供电公司由原南充三和热电有限公司和原阆中市电力公司合并而成，为中二型国有电力企业，2012 年成为国网四川省电力公司全资子公司，供区面积 1716.5 平方千米（占全市 91.4%），供电辖区 31.43 万户。公司主业设 8 个职能部室，3 个实施机构，下辖 16 个生产（服务）班组，12 个供电所。拥有 35 千伏变电站 17 座，变电容量 19.39 万千伏安，35 千伏线路 24 条，206.97 公里，10 千伏线路 119 条，2264.6 公里。6 座小水电站，总资产 1.9 亿元。

2015 年，该公司实现售电量 4.88 亿千瓦时，同比增长 1.01%；综合线损率 7.79%；电费回收率 100%。全年未发生人身、电网、设备、信息系统有责事故，未发生交通、消防被考核事件，未发生影响公司形象和稳定的重大事件。先后获得国家电网公司先进集体、文明单位，四川省文明单位，国网四川省电力公司安全管理标准化一级企业，并连续六年荣获省级守合同重信用企业。

【国网营山县供电有限责任公司】国网营山县供电公司原系一家发供一体的电力企业，其前身为营山县电厂，成立于1952年10月，2012年8月，成为国网四川省电力公司全资子公司。设有8个部门，3个业务支撑机构，35个班组（其中供电所12个），有职工618人（其中全民支援集体企业94人），退休职工183人，农电工102人。拥有110千伏变电站2座，变电容量15万千伏安；35千伏变电站15座，容量11.97万千伏安；35千伏线路21条193.41公里；10千伏线路89条，1677.162公里。有发电站6座，装机容量1.02万千瓦，年发电量0.28亿千瓦时）。固定资产原值1.97亿元，净值0.96亿元。抄表到户100%，换装智能电表12.5万只。辖区内尚有42个村未实施农网改造。

2015 年，该公司完成发电量 0.29 亿千瓦时，同比增加 7.18%；完成供电量 3.27 亿千瓦时，同比增加 4.87%；完成售电量 2.94 亿千瓦时，同比增加 5.03%；累计综合线损率 9.94 %，同比下降 0.14 个百分点。该公司党委获国网南充供电公司先进基层党组织、先进单位、安全生产先进单位、先进基层工会等荣誉称号，保持了“四川省文明单位”称号。

【国网蓬安县供电有限责任公司】国网蓬安县供电公司成立于 2004 年，系四川马回电力股份有限公司和南充恒通电力有限责任公司共同投资组建的有限责任公司。2012 年 5 月，成为国网四川省电力公司全资子公司。承担着蓬安县境内及南充顺庆区渔溪乡全部用户的供电任务，供区人口约 72 万，供电客户 23 万户。设有 10 个职能部室，1 个集体企业（四川南充恒通电力有限公司蓬安分公司），1 个分公司（南充三新供电服务有限公司蓬安分公司），10 个供电所、8 个变电站、10 个专业班共 22 个生产单位。拥有 110 千伏变电站 2 座，主变容量 13.45 万千伏安；35 千伏变电站 6 座，主变容量 7.38 万千伏安。110 千伏线路 3 回，总长 44.38 公里；35 千伏线路 15 回，总长 124.13 公里；10 千伏线路 73 回，总长 1683.58 公里。

2015 年，该公司完成售电量 3.04 亿千瓦时；综合线损率 7.60%；电费回收率 100%。安全生产保持平稳态势。该公司拍摄的微电影《老百姓心中的明灯》获全国总工会“中国梦、劳动美、幸福路”微电影大赛优秀影片奖。先后获国网四川省电力公司“安全生产先进集体”“首批基层服务型党组织示范点”“四川省电力工会模范职工小家”“2015 年度优秀分工会”；团省委“五四红旗团支部”；国网南充供电公司“先进单位”“2015 年度产业先进单位”等荣誉称号。

【国网南部县供电有限责任公司】国网南部县供电公司始建于 1947 年，1996 年经四川省体改委批准，改制为四川盘龙电力股份有限公司，2012 年 8 月，成为国网四川省电力公司全资子公司，2013 年更名为国网四川南部县供电有限责任公司。担负着南部县 71 个乡镇、2 个街道办事处、1 个工业集中区、1115 个村，42 万用户的供电任务，供区面积 2229 平方千米。设 8 个职能部室，2 个业务实施机构，4 个集体企业，下辖 16 个供电所，1 座小水电站。拥有 16 座 35 千伏变电站，变电容量 29.99 万千伏安。35 千伏线路 36 条 291.81 公里，10 千伏线路 136 条 3537 公里。

2015 年，该公司完成网供电量 7.48 亿千瓦时，同比增长 4.74%。日最大负荷 19.35 万千瓦，同比增长 26.77%，日最大电量 318.41 万千瓦时。2015 年，该公司职工书屋获中华全国总工会授牌；获南充市总工会 “劳动竞赛示范单位”；省网络文化协会“最受网民喜欢的四川政务机构”之最具创新奖。

【国网南充市高坪供电有限责任公司】国网南充市高坪供电公司是 1987 年 5 月成立的集发电、变电、供电和电力多种经营为一体的国有控股公司，前身为南充县电厂，属地方国有企业。2014 年 1 月，成为国网四川省电力公司的全资子公司。担负着南充市高坪、嘉陵、顺庆三区 40 个乡镇，498 个村，17 余万用户的供电任务，供区面积 1093 平方公里。设 8 个职能部室和 2 个业务支撑部门，下辖 9 个供电所。拥有 35 千伏变电站 9 座，变电容量 12.40 万千伏安；35 千伏线路 145.46 千米，10 千伏线路 1421.49 公里和 1 个发电站。

2015 年，该公司完成售电量 2.55 亿千瓦时，同比增加 9.52%；综合线损率 11.83%；电费回收与解交率实现 100%；全年没有发生重特大电网、设备、火灾事故、负同等责任及以上的重特大交通事故，杜绝了人员责任的一般及以上设备、电网事故，所辖线路与设备运行稳定，继续保持了安全生产的平稳态势。在党风廉政建设、供电服务、企业稳定方面，没有发生影响和损害企业形象的重大事件，实现了“0”目标。

【国网西充县供电有限责任公司】国网西充县供电公司始建于 1951 年。2013 年 12 月，成为国网四川省电力公司全资子公司。担负着西充县 44 个乡镇，688 个行政村的供电任务，供电面积 1108 平方千米，供电人口 68 万，用电客户 21.22 万户。设 8 个职能部室、2 个业务支撑和实施机构，1 个集体企业，20 个班组。有全民员工 230 人，平均年龄 41 岁，农电员工 175 人，平均年龄 47 岁。本科及以上文凭 95 人，中级技能等级及中级职称共计 79 人，人才当量密度 0.8987。拥有 35 千伏及以上变电站 8 座，变电容量 14.93 万千伏安，35 千伏线路 11 回，长度 94.65 公里，10 千伏线路 1875.35 公里。固定资产原值 1.17 亿元。2015 年，完成供电量 2.96 亿千瓦时，销售电量 2.66 亿千瓦时，日最大负荷 8.6 万千瓦，日最大电量 137 万千瓦时。截至 2015 年 12 月 31 日，实现连续安全生产 4537 天。

【国网南充市龙蟠供电有限责任公司】 国网南充市龙蟠供电公司是由原南充县西阳寺水力发电站发展起来的一个小型地方电力企业。2014 年 1 月，成为国网四川省电力公司全资子公司。承担着南充市嘉陵区 13 个乡镇、133 个行政村的供电任务，供电面积 212 平方千米，供电用户 3.8 万户，供电人口 13 万。拥有 35 千伏变电站 2 座，总容量为 1.95 万千伏安，35 千伏线路 56.38 公里，10 千伏线路 287.34 公里。有水力发电站 1 座，装机容量 500 千瓦，固定资产 1628 万元。

2015 年，该公司完成售电量 0.23 亿千瓦时，同比增长 4.11%，完成国网南充供电公司下达指标的 105.74%；完成综合线损率 10.5%，同比下降 0.36 个百分点；比国网南充供电公司下达指标 10.84%减少 0.34 个百分点；电费回收率 100%。2015 年该公司实现安全生产、队伍稳定、党风廉政、优质服务“0”事故目标。获国网南充供电公司“安全生产先进单位”、“劳动竞赛先进单位”，落实党风廉政建设责任制考评为“优秀”单位。 （王含果）

国网广元供电公司

【企业概况】 国网广元供电公司成立于1984年，是国网四川省电力公司下属特大型Ⅱ类供电企业，负责依法运营、管理、规划、建设广元电网。担负着广元市七县区107万户电力客户供电任务，供电面积1.63万平方公里，供电人口315万。全公司设11个职能部门，7个业务支撑和实施机构，辖青川、旺苍、朝天、剑阁4个供电分公司，受国网四川省电力公司委托管理苍溪、旺苍、剑阁、昭化4个控股供电公司，辖66个农村供电所，8个具有独立法人资格的集体企业。该公司全口径职工总数3516人，其中：全民747人、全民其他906人、主业农电823人、控股农电401人、集体91人、集体直签316人。广元电网拥有变电站84座，变电容量604.315万千伏安，其中：500千伏1座、220千伏7座、110千伏27座、35千伏49座。35千伏及以上输电线路170条，3208.74公里，10千伏及以下配电线路1.09万公里，10千伏配电变压器1.01万台，变电容量90.34万千伏安，光纤长度3448公里。固定资产原值57.42亿元。

2015 年 10 月 20 日，国网广元供电公司严格重点工程建设管理，加强过程协调和进度管控，优质高效完成兰渝铁路工程建设投运。图为兰渝电铁赤化至太公牵引站 110 千伏线路施工现场 （周玲 摄）

2015 年，该公司完成售电量 44.79 亿千瓦时，综合线损率 7.81%，完成固定资产投资 10.29 亿元。被授予“全国文明单位”，先后获“全国五一劳动奖状”“全国模范职工之家”、国务院国资委党委“抗震救灾先进基层党组织”、四川省“优秀诚信企业”、国网公司“抗震救灾先进集体”“文明单位”“五四红旗团委”等荣誉。

【人力资源】 该公司优化干部队伍体系，试行职员职级管理，强化干部选拔任用，调整干部 41 人，其中新提拔 7 人。鼓励员工提能创效，64 人取得中级以上专业技术资格。开展全员履职培训，举办各类培训、考试 48 期。加强优秀人才选拔，50 名员工入选公司优秀人才库。强化员工培养锻炼，积极做好“上挂下派”、藏区支援等工作。激励员工开展技术创新、QC、“五小”活动，获得实用新型专利授权 5

项、国网四川省电力公司优秀QC成果二等奖2项。深化电力“微课堂”管理，突出重大决策、业绩考核等重要业务交流学习。开展员工“三进三提升”活动，和谐文化氛围进一步营造。2名员工分获国家电网公司档案竞赛一等奖和四川省重点工程劳动竞赛优秀建设者奖。

【电网建设与发展】该公司主动对接广元市发展战略，科学编制“十三五”地区电网和配电网规划。推进输变电工程项目建设，全年新（扩）建变电站6个，新增变电容量6.65万千伏安，新建输电线路317.2公里。严格重点工程建设管理，加强过程协调和进度管控，优质高效完成兰渝铁路工程投运。以打通服务群众“最后一公里”为目标，全面实施弃管小区供配电设施改造，全力做到组织协调、资金管控和宣传保障“三个到位”，完成项目14个，6895户小区居民用电环境持续改善。深入推进智能电网建设，全年完成智能电表安装44.89万只，基本实现专公变采集系统安装全覆盖、全采集。

【经营管理】该公司开展“一点两线三面”精益项目实践，梳理完善精益管理10项措施，重点项目和自主项目分获国网四川省电力公司优秀精益项目成果一等奖和三等奖。开展固定资产清理，建设可移动式资产盘点系统。实施基建大修、营销农电等遗留工程项目整治，有效防范业务管理风险。积极推进非生产性大修和小型基建项目建设。全面开展营配数据清理贯通，基本实现高（中）压设备全面贯通，推动营销生产业务无缝衔接。加大广铝及其他企业电费回收工作，降低电费回收风险。积极开拓电力市场，新装增容业务5.77万户、容量65万千伏安。实施电能替代2607万千瓦时。开展业扩报装环境整治百日行动，推行高压客户“四段式”并行服务。创新开展“五费”治理，查找营销管理漏洞和薄弱环节，推动电费实收问题整改闭环，挽回经济损失116万元。

【安全生产】该公司不断强化风险防控、隐患治理、违章查处和措施保障，安全生产责任制有效落实。开展安全大检查和缺陷隐患整治专项行动，治理风险隐患362个，安全风险有效管控。创新构建微信电力应急抢险指挥平台，实现互联互通。强化停电检修计划执行刚性，增设“五个一”值班抢修点2个，事故抢修效率切实提升。开展“平安电力”创建、安全承诺践诺和全员安全大讨论活动，安全文化氛围不断营造。保持高压态势，加大农网改造、基建工程作业现场安全巡查力度，强化集体企业承载能力分析和监管，查处违反红线禁令20人次，纠正违章行为124起。加强《安规》培训调考，获得国网四川省电力公司优秀单位。强化应急演练，圆满完成各类应急抢险和保电任务。获国网四川省电力公司2015年度安全生产先进单位。

【农电工作】该公司加大配电网改造力度，实施2015年农网改造升级、低电压专项整治、新增第二批次农网改造，全年改造未网改村219个，治理“低电压”用户30114户，改造10千伏及以下线路6141公里，供电能力和供电质量得到显著提升。按照“一停多用、综合检修”的总体思路，有效推进项目实施，持续提升输配电精益化水平。强化电网设备故障诊断和分析处理，线路跳闸率持续降低。有序实施农电用工规范管理，完成三新公司组织机构搭建、劳动合同转签和人员组聘上岗工作。突出精准扶贫，制定扶贫攻坚三大目标、七大行动和九项措施，派驻“第一书记”，大力实施电力扶贫、爱心扶贫和智力扶贫。开展“包片进村”活动，开通农行、邮政、信用社电费代收点1698个，基本实现村村有交费点。

2015年3月11日，国网广元供电公司不断强化风险防控、隐患治理、违章查处和措施保障，使安全生产责任制有效得到落实。图为员工现场学习安规
（张超 摄）

【科技与信息化工作】该公司加强科技管理，开展知识产权申报，取得1项科技进步奖、1项工人技术创新奖、1项著作奖、6项专利授权，成功申报12项专利和1项软件著作权。强化创新管理，全方位推动

创新研究，获得7项管理创新奖、1项调研课题成果奖。建设网络控制室信息通信集中监控系统，集成在运信息网管、北信源桌面管控、白名单系统等10套信息系统和通信系统运行数据和告警信息，保障网络控制室正常运转。强化信息通信运维班组标准化管理，升级完善数据通信网建设。加强信息通信运维管理和基础数据收集，实施光纤用纤情况清理、OPGW光缆接地维护和双沟道项目改造。狠抓同业对标弱项指标诊断分析、异动监测和督办整改，同业对标综合排名较2014年提升5位，1项同业对标成果入选国网四川电力典型经验库，获得国网四川省电力公司2015年同业对标管理进步单位。

【优质服务】该公司与“四个服务”有效融合，深化“三电”服务理念，增强服务意识和责任担当。公开供电服务“十项承诺”，参加政风行风热线，召开行风监督员座谈会和新闻媒体通气会，主动接受社会监督，答疑解惑热点焦点问题，供电服务规范有效，获得市政行风评议优秀单位。探索供电服务“网格化”管理，积极构建全员负责、快速抢修、问题闭环、实用有效的营配一体供电服务模式。深化“V”广元、电引领主题活动，建立“供电+物业”为民服务联动机制，设置“连心岗”955 个。整合共产党员服务队与社区服务资源，建成“民生联动服务站”36 个。创建“互联网+业扩模式”，大力推广应用官方微信平台及“掌上川电”APP，发展用户 13.14 万户，设置 24 小时自助交费终端 97 台，全面形成“十分钟”城市交费圈。

【党的建设和精神文明建设】该公司扎实开展“三严三实”专题教育，查找问题 16 个，落实整改措施 50 条，“三严三实”成效显著。规范基层组织建设，调整设立基层党组织 5 个，新建县区共产党员服务队 2 个，党组织的服务效率和民生效应有效提升。严把党员入口关，确定入党积极分子 28 名，发展预备党员 15 名，预备党员转正 13 人。完成基层党组织“三分类三升级”工作，推进服务型党组织建设。制定党风廉政建设暨惩防体系建设工作规划，明确党风廉政建设主体责任及监督责任清单和具体任务。加强先进典型选树，评选文明新风奖 32 项，6 项入选国网四川省电力公司先进。开展企业文化示范点建设和五星班组创建，企业文化有效落地。成功创建广元市“敬老文明号”，获得国网四川省电力公司“敬老先进单位”。国网苍溪、国网青川供电公司通过“省级文明单位”复评验收，国网广元市朝天供电公司获得“市级最佳文明单位”，供电服务抢修队获得“市工人先锋号”称号。

【存在的主要问题】电网建设方面：主配网发展不均衡，容载比偏高，投入产出比矛盾突出，农配网基础薄弱，电能质量改善不明显。安全生产方面：部分干部员工安全责任意识不强，习惯性违章仍然存在；外力破坏事件呈多发态势，电网安全运行环境较为严峻；集体企业安全生产底子薄、基础差，安全管控难度依然较大。经营服务方面：启明星铝业电费回收极为困难，企业亏损风险较大；经营管理较为滞后，业绩指标短板明显，与公司发展规模不相适应，管理模式、营销方式和服务理念需要加快转变。人力资源方面：员工创新和开拓进取意识不强，胜任力、执行力、创新力有待持续提升。

2015 年 12 月 25 日，国网广元供电公司开展“三严三实”专题教育，通过召开专题民主生活会，查找问题，落实整改措施，使“三严三实”取得显著成效　　　（罗园　摄）

（沈志平、陈念）

【国网青川县供电分公司】国网青川县供电公司成立于 1993 年 6 月，是国网广元供电公司的直属供电公司。供电区域覆盖青川县 27 个乡镇，供电面积 2100 平方千米，供电人口 181927 人，客户 57877 户。有在册全民职工 37 人，集体职工 15 人，供电所专职电工 154 人，离退休职工 25 人，共计 231 人。按照国网四川省电力公司和国网广元供电公司“三集五大”体系建设方案，本部设置综合管理部、安全监察质量部（保卫部）、乡镇供电所管理部、营销部（客户服务中心）、运维检修部（检修（建设）工区）5个部门，下设输配电运检班、变电运维班、营业班3个班组，以及乔庄、黄坪、三锅石、姚渡、沙洲、骑马、乐安、木鱼、板桥、竹园10个供电所。青川县境内有110千伏变电站4座，变电容量32万千伏安；35千伏变电站3座，变电容量1.89万千伏安；辖35千伏线路4条，计78.022公里；10千伏线路25条,计988.90公里。10千伏配电变压器1270台，配变容量15.38万千伏安。

该公司坚持以人为本抓安全，确保安全形势稳定。在严格经营管理，提升经营效益，正风肃纪，转变作风，加强职工队伍建设，确保职工队伍的稳定，精心组织，积极稳妥的规范农电工管理，抓项目建设，提升供电服务能力等方面做了大量工作，取得了明显成效。深入开展“三严三实”专题教育活动。讲政治，全力做好精准扶贫工作，进行“春安”“秋安”“迎峰度夏”“百日安全”“迎峰度冬”等专项安全检查和防灾减灾突发性应急演练。截至2015年12月31日，连续安全生产2647天。完成公司办公点搬迁、各类保电、营配贯通、农网升级改造等工作。2015年完成售电量2.17亿千瓦时；电费回收100%；完成110千伏及以下线损率10.36%；10千伏及以下线损率15.73%。

该公司认真践行国家电网“你用电、我用心”的服务理念，真情服务于青川社会事业和工农业生产的供用电，建设企业服务文化，进一步提高优质服务水平。认真落实党风廉政建设责任制，重点抓位低权实人员廉洁自律。认真开展好党建工作的各项主题活动，搞好企业文化建设，及时解决和排除各种可能引发不稳定的因素，确保职工队伍稳定。

（李云忠）

【国网广元市朝天供电分公司】国网广元市朝天供电公司是国网广元供电公司直属供电企业，地处广元市朝天区，2001年1月成立。主要担负朝天区6镇19乡及宝成铁路广元至略阳段电力供应任务，供电面积1620平方千米，供电人口21余万，用电客户约6.1万户。设综合管理部、运维检修部、安全监察质量部、营销部（客户服务中心）及乡镇供电所管理部5个部门，输配电运检班、变电运维班、营业班3个班组和中子、羊木、曾家、大滩、麻柳、陈家、沙河7个供电所。有全民职工34人、集体职工1人、集体直签5人、农村电工171人。运维管理35千伏变电站5座，变电容量3.15万千伏安，35千伏线路7条，长91.479公里，10千伏线路21条，长1372.2公里，配变1358台，容量11.37万千伏安。

2015年，该公司以党的群众路线教育实践活动为主线，以“三严三实”专题活动为抓手，紧盯全年目标任务，坚持抓作风树形象、抓安全保稳定、抓管理夯基础、抓执行强保障、抓建设促发展，安全生产保持稳定，电网建设稳步推进，服务水平明显提升，公司呈现出持续健康发展的良好态势。实现售电量1.22亿千瓦时，同比增长14.3%；电费回率100%，解交率100%；综合线损率14.62%。截至2015年12月31日，实现连续安全生产4248天，获市级“最佳文单位”称号。（唐红霞）

【国网苍溪县供电有限责任公司】国网苍溪县供电公司是国网四川省电力公司全资子公司。担负着苍溪县39个乡镇约80万人的供电任务，供电营业面积2330平方千米，供电营业窗口11个。有员工454人（含内退11人），农电专职电工78人。设职能部室7个、业务支撑机构3个，辖9个供电所。拥有220千伏变电站1座，主变容量36万千伏安；110千伏变电站2座，变电容量15.15万千伏安；35千伏变电站13座，变电容量12.28万千伏安。110千伏线路3条，线路长度98.93公里；35千伏线路3条，线路长度23.4公里。2015年实现售电量4.96亿千瓦时，完成自发电量0.24亿千瓦时；综合线损率9.89%；电费回收100%；截至2015女12月31日实现连续安全生产2586天。

该公司完成2015年度农网改造升级、低电压整治等项目建管工程，投资3.01亿元。完成集体企业天源公司改革改制、三新公司机构重组、公司新建生产营销综合楼（办公系统、电视电话会议系统、应急指挥系统）的网络建设。全面开展PMS营配贯通系统建设，推动生产营销业务无缝连接。全年受理新增高压供电容量8.60万千伏安。设置24小时自动交费终端24个，逐步形成城镇“十分钟交费圈”。推广“掌上川电”APP，开通农行、邮政、信用社电费代收点779个，基本实现村村有交费点。扎实开展“三严三实”专题教育活动，建设廉洁文化走廊，顺利通过了省级“文明单位”“卫生单位”复查，连续6年获省级“重信用·守合同”企业荣誉。被国网广元供电公司授予“2015年度安全生产业绩优秀单位”“2015年度先进单位”等荣誉。

（陈晓玲）

【国网剑阁县供电分公司】国网剑阁县供电公司是国网广元供电公司直属供电企业，成立于2002年6月28日，担负着剑阁新县城、剑门工业园区及新区、剑阁县6镇7乡、利州区百朝乡鹅掌村、青川县白家乡银溪村，以及四川剑阁供电有限责任公司趸售及宝成电气化铁路沙溪坝段、川煤集团广旺水泥有限责任公司、中国工程物理研究院第1、第3、第4所等重要客户的供电任务,供电面积889平方千米,供电人口14.7万人，有直供客户53948户，其中城市客户8541户，农村客户45407户。2012年8月与国网剑阁县供电有限责任公司合署办公。设综合管理部、人力资源部、财务资产部、发展建设部、安全质量监察部、电力调度控制中心、营销部（客户中心）、乡镇供电所管理部、运维检修部6部2中心，下设4个农村供电所。有在职人员112人，其中农电102人，主业10人。

该公司直供区内有110千伏变电站2座，用户110千伏变电站2座，35千伏变电站4座3.76万千伏安，10千伏开关站1座。35千伏线路79公里，10千伏线路641.85公里,配电变压器939台,13.63万千伏安。全年完成售电量1.23亿千瓦时，综合线损11.99%，实现连续安全生产4934天。在党风廉政建设、供电服务、企业稳定方面，没有发生影响和损害企业形象的重大事件，实现了“0”目标。

（梁现明）

【国网剑阁县供电有限责任公司】国网剑阁县供电有限责任公司是国网四川省电力公司全资子公司，主要以趸售电为主。2014年1月16日，国务院国有资产监督管理委员会正式批准剑阁供电公司成为国网四川省电力公司全资子公司。该公司承担着47个乡镇418个行政村15.26万户的供电任务。设综合管理部、人力资源部、财务资产部、发展建设部、安全质量监察部、电力调度控制中心、营销部（客户中心）、乡镇供电所管理部、运维检修部6部2中心，下设8个农村供电所。在岗职工428人，其中全民其他225人，专职电工203人。高技能人才比例为81.19%，高级技师占生产技能人员比例29%，人才当量密度0.9094。

该公司拥有110千伏变电站2座，14.3万千伏安；35千伏变电站8座/5.68万千伏安。35千伏线路124.36公里；10千伏线路2391.91公里；低压线路14236.84公里。配电台区2217台，13.43万千伏安。2015年，完成售电量1.68亿千瓦时。截至2015女12月31日，实现连续安全生产2680天。(梁现明)

【国网旺苍县供电分公司】国网旺苍县供电公司为国网广元供电公司下属供电企业，成立于1997年12月28日，下设东河、普济、五权、嘉川、龙凤、九龙、张华、三江、黄洋等9个供电所，主要承担旺苍县8镇13乡220个行政村和磨岩社区的供电任务，供电面积1750平方千米，供电人口25万人。 该公司认真贯彻落实国网广元供电公司决策部署，从严务实抓管理，凝心聚力促发展，确保了稳定的工作局面和良好的发展态势。较好地完成了各项经济指标。完成售电量2.24亿千瓦时，同比下降2.42%；线损率12.12%，同比增长0.87%；电费回收率100%；安全生产长周期达4752天；未发生党风廉政、行业作风、优质服务、法律诉讼、新闻舆情责任性事件。该公司坚持问题导向、坚持以上率下、坚持从严要求的原则认真深入组织开展“三严三实”专题教育，落实依法从严治企工作要求，提升规范化管理工作水平。狠抓严管电网投资项目，促进电网建设发展。全力推进pms2.0、营配贯通工作，按照“大运行”体系管理要求，提升调度管理水平，不断夯实农电营销基础管理，加快软硬件建设。打造优秀企业文化，塑造公司软实力。

（廖友诚）

【国网旺苍县供电有限责任公司】国网旺苍县供电有限责任公司是国网四川省电力公司全资子公司，始建于1957年,最初为国营旺苍县电厂,先后经历了企业合并、搬迁和股份制改造等，1996年10月改制为四川省旺苍县电力有限公司,2000年12月由广元电业局代管，2007年12月由四川省电力公司控股，2009年12月更名为旺苍供电有限责任公司，2012年10月成为四川省电力公司全资子公司，2013年6月更名为国网四川旺苍县供电有限责任公司。主要承担旺苍县东河、白水、尚武、麻英、燕子、木门4镇2乡，南江县双桂乡及和平乡五、七、八社计61个行政村的供电任务，供电面积400余平方千米，供电人口14万。同时，委托浩源水电开发公司对高阳、双汇、国华、英翠、万家等11个乡镇供电。下设东凡、白水2个供电所。

2015年，该公司完成供电量0.99亿千瓦时，同比下降2.27%；售电量0.90亿千瓦时，同比增长0.02%；线损率9.22%，同比下降2.08个百分点；电费回收率100%（含税）；完成了国网四川省电力公司下达的目标利润，企业逐步呈现扭亏局面。净资产收益率-36.77%，同比增长22.65%；资本保值增值率68.94%，同比增长97.76%；资产负债率73.06%，比年度目标任务减少1.48%，同比增加15.27%。截至2015年12月31日，安全生产长周期达4752天。未发生党风廉政、行业作风、优质服务、法律诉讼、新闻舆情责任性事件。（廖友诚）

【国网广元市昭化供电有限责任公司】国网广元市昭化供电公司成立于1981年4月，1989年划归元坝区管理，2003年7月元坝区人民政府将公司交由四川省电力公司代管,命名为“广元电业局元坝供电公司”，同时保留原“广元市地方电力公司”，实行“两块牌子、一套班子”的管理模式，办公地点设在广元市利州区北京路东段248号。2012年11月29日，根据国务院国资委《关于广元市地方电力公司等6户四川地方供电企业国有产权无偿划转有关问题的批复》（国资产权〔2012〕600 号）文件精神，召开一届一次董事会和干部任免大会，原“广元市地方电力公司”和“广元电业局元坝供电公司”正式更名为“四川元坝供电有限责任公司”。根据国家电网公司企业更名和昭化区更名要求，经国网四川电力批准、四川省工商管理局核准，于 2013 年 9 月 16 日更名为“国网广元市昭化供电有限责任公司”。2015 年 4 月，位于广元市昭化区元坝镇长滩河路中段 22 号的生产营销综合楼完成主体工程竣工验收，机关本部于 8 月 6 日正式搬迁至新址办公。承担着昭化区卫子镇、王家镇、虎跳镇等 25 个乡镇的供用电管理，供电营业户 57972 户。下设 6 个职能部室、2 个业务支撑实施机构及 13 个班组。全口径用工 182 人，其中：主业全民职工 81 人、全民支援集体 13 人、农电工 88 人，员工平均年龄 45 岁，有专业技术职称 44 人，有技能等级 140 人，本科文化 45 人，职工人才当量密度 0.925。供区现有 110 千伏变电站 1 座/4 万千伏安；35 千伏变电站 5 座/3.92 万千伏安。35 千伏输电线路 7 条 119 公里；10 千伏配电线路 1266 公里。10 千伏配电台区 1325 台 7 万千伏安，低压线路 7950 公里，总资产 1.26 亿元。

2015 年，该公司完成销售电量 0.44 亿千瓦时。截至 2015 年 12 月 31 日，实现安全运行 3089 天。35 千伏虎跳变电站技改项目竣工投运。完成 2014 年农网改造升级和电压治理 29 个单项，投资 2234.95 万元，新建和改造 10 千伏线路 59.63 公里、台区 54 个/3200 千伏安、低压线路 148.21 公里。实施 2014、2015 年营销智能电能表推广及配套 41750 户、专公变采集 1245 台、3 个变电站的采集终端建设和 2 台智能互动自助服务渠道建设项目安装工作，总投资 2188.35 万元，供区专公变及户表实现全采集。竣工投运移民迁建青牛乡场镇的永久用电工程。完成公司原位于广元市利州区北京路 248 号的办公楼的资产评估、安置补偿等征收拆迁工作，8 月 16 日完成征收拆迁移交，完成账务处理，并向国网四川电力备案。开展虎跳、红岩供电所小型基建项目前期工作。实现年度安全生产经营目标任务。

该公司在经济发展的基础上较好地承担了社会责任，受到社会各界的一致认同，2015 年先后被广元市总工会、人力资源和社会保障局、企业联合会、工商业联合会共同授予“企业工资集体协商示范单位”，广元市就业服务管理局授予“2015 年度失业动态监测工作先进企业”，昭化区人民政府授予“2014 年度服务移民工作先进集体”等称号。

（殷　江）

国网内江供电公司

【企业概况】国网内江供电公司成立于 1978 年，是国网四川省电力公司直属的特二型国有全资供电企业，供电面积 4388.72 平方千米，供电人口 426.84 万，营业户数 122.39 万户，其中，城市用户 35.02 万户，农村用户 87.37 万户。内江电网日最大负荷 96.9 万千瓦，日最大电量 1826 万千瓦时。下辖 4 个县级供电企业，分别是：国网资中县供电分公司、国网威远县供电分公司、国网隆昌县供电分公司、国网内江市东兴供电分公司。

该公司拥有 35 千伏及以上变电站 68 座，主变 114 台，变电容量 423.57 万千伏安。其中：220 千伏变电站 7 座，主变 14 台，变电容量 198 万千伏安；110 千伏变电站 24 座，主变 44 台，变电容量 182.05 万千伏安；35 千伏变电站 37 座，主变 56 台，变电容量 43.52 万千伏安。有 35 千伏及以上输电线路 155 条，线路长度 2040.37 公里。其中：220 千伏线路 840.51 公里；110 千伏线路 583.53 公里；35 千伏线路 616.34 公里。截至 2015 年底，固定资产 44 亿元。截至 2015 年 12 月 31 日，实现连续安全生产 4055 天。

该公司紧密围绕国网四川省电力公司“五个发展”总布局和“12751”发展目标，认真贯彻落实内江市委、市政府“深入实施‘两化’互动城乡统筹、创新驱动、改革开放‘三大战略’，大力推进工业强市、产业兴市，建设幸福美丽内江”的决策部署，以安全生产为基础，以经济效益为中心，以优质服务为宗旨，深入推进依法治企和管理提升，融入新常态，适应新变革，凝心聚力、求实奋进，全面提升企业素质，确保了企业持续健康稳定发展，为内江经济社会发展和民生改善做出了积极的贡献。2015 年，该公司完成售电量 38.92 亿千瓦时；电费回收率 100%；220 千伏及以下线损率 7.16%；完成固定

层‘四好’领导班子”称号。

【国网内江市东兴供电公司】国网内江市东兴供电公司成立于 1991 年 12 月，位于内江市西林新区。供电面积 1129.45 平方千米（包括东兴区 28 个乡镇和资阳安岳县两个村），供电人口 87.46 万，供电户数 19.3 万户。供区内有 35 千伏—220 千伏变电站 15 座，其中：220 千伏变电站 1 座，110 千伏变电站 5 座，35 千伏变电站 9 座，变电容量 69.43 万千伏安。2015 年完成售电量 5.48 亿千瓦时，同比增长 5.79%，电费回收率 100%。

（刘进、张光平、刘彬）

国网广安供电公司

【企业概况】国网广安供电公司（原名广安电业局）是国网四川省电力公司特二型企业。成立于 1998 年 4 月，2013 年 7 月 1 日更名为国网广安供电公司，主要担负着广安市及重庆合川市部分地区的供电任务，供电面积 3887 平方千米，供电户数 70 余万户。设置 11 个职能部门、7 个业务支撑实施机构以及 4 个县级供电企业。有员工 2156 人，其中长期员工 474 人。2015 年售电量实现 35.12 亿千瓦时，管理着 35 千伏及以上变电站 48 座，变电容量 303.69 万千伏安，35 千伏及以上输电线路 1545.25 公里，固定资产原值 29.93 亿元。先后获全国文明单位、全国创建模范职工之家先进集体、四川省五一劳动奖状、四川省最佳文明单位、四川省国资委先进基层党组织、广安市突出贡献企业、广安市纳税大户、广安市诚信经营示范单位等一系列荣誉称号。

2015 年 7 月 30 日，国网广安供电公司加快电网建设，严格按照里程碑计划，实施电网建设项目 9 项，提前完成兰渝铁路广元姚渡牵引站 110 千伏供电工程援建任务，新建 110 千伏以上输电线路 122.5 公里，变电容量 18 万千伏安，为开展 110 千伏变电站大修

（谢庆华　摄）

【人力资源】该公司设置 11 个职能部门，7 个业务支撑与实施机构，以及华蓥、邻水两个供电分公司，受国网四川省电力公司委托管理武胜县供电有限责任公司和邻水县供电有限责任公司。全口径用工总量 2156 人，其中：全资控股单位用工总量 1879 人，集体企业用工总量 277 人（含民生公司派遣员工 97 人）。在全资控股单位中，主业长期职工 474 人（其中主业岗位 396 人，支援集体 70 人，交流控股公司 8 人）。业务外委员工即原主业岗位劳务 126 人，农电工 327 人。武胜供电公司 476 人，邻水供电公司 476 人（其中农电工 118 人）。全资控股单位员工平均年龄为 41.28 岁，获得高级职称 103 人，中级职称 151 人，初级职称及以下 1625。高级技师 27 人，技师 418 人，高级工及以下 1434 人。硕士研究生及以上 72 人，大学本科 998 人，大学专科 331 人，中专及以下 478 人。

该公司认真贯彻落实国网四川省电力公司干部管理各项规定，扎实有序开展干部管理日常工作，优化干部队伍结构，全面选拔副科级后备干部34人，交流干部15人。结合公司实际，制定了领导干部360度整改落实情况满意度测评及领导干部360度测评结果应用方案，确保领导干部360度测评各项工作顺利实施提供了制度保证。持续深化“领导干部360度”测评工作，完善领导干部360度评价体系，严格干部管理。

2015年，该公司自办培训班96期（次），共培训6215人.次，组织自主集中履职能力考试10期、444

人参加集中考试并全部合格，2013—2015年共计1072人完成生产人员履职能力培训，完成率、合格率100%。完成122人特种作业换证复审。4人获得国网后备专家人才称号，蒙媛获得国网四川省电力公司培训师技能大赛个人二等奖，公司获得优秀组织奖。选拔“电力雏鹰”2名，评选公司级2014年度优秀专家人才12名，推选2名员工参加国家电网公司优秀专家人才选拔。404人报名参加职业技能鉴定，其中中级工129人、高级工111人、技师145人，高级技师19人。29人通过中级工、24人通过高级工、82人通过技师鉴定，10人参加高级技师评审。

【电网建设与发展】按照国网四川省电力公司统一部署，国网广安供电公司及时启动并组织编制“十三五”电网规划，完成市、县两级的电网规划图、项目清册等一系列规划成果。并积极向政府规划部门沟通汇报，力争将电网规划内容纳入政府规划。促进国家电网公司、国网四川省电力公司和广安市政府举行电网建设座谈会，推动电网建设队伍健康发展。全面完成2015年度电网项目前期工作计划，

2015 年 6 月 4 日，国网广安供电公司为提高应急处置能力，与国网四川电力应急中心联合开展防洪防汛演练。图为救援队员卸载冲锋舟　　（李云　摄）

取得220千伏武胜变电站扩建工程、110千伏石马河变电站扩建工程2个项目的核准批复。启动岳池南220千伏输变电工程、中桥110千伏输变电工程的可研工作，并进入工程选址选线阶段。严格按照里程碑计划，实施电网建设项目9项，提前完成兰渝铁路广元姚渡牵引站110千伏供电工程援建任务，新建110千伏以上输电线路122.5公里，变电容量18万千伏安。

【经营管理】该公司积极主动应对经济下行的压力，坚持度电必争，实现了售电量正增长。建立电费回收周例会制，有效防控电费回收风险，实现电费回收100%。强化预算全过程管理，严格资金监控，增强预算执行规范度。开展往来款专项清理和会计基础工作管理创优复查，进一步规范会计档案资料，切实提升财务管理水平。稳步推进营配贯通数据治理，完成台区低压现场清理6510台，完成率100%，完成中（高）压营配贯通一致率95.23%。加大对标典型经验提炼力度，实现连续三年有典型经验入选国网四川省电力公司典型经验库。充分发挥运营监控中心作用，试行计划预算、配电网运营在线监测，深化量价费损、营销稽查、物资供应链等九大专项分析，探索开展基于明细数据的挖掘分析，为公司生产经营、决策部署提供精确的数据支撑。在国网四川省电力公司系统供电企业经营业绩考核中位列A段第五名，同业对标位列第五位，首获综合标杆和业绩标杆，创历史最好成绩。

【安全生产】该公司修订印发了《安全生产反违章考核实施细则》，全年查处违章408起，处理违章人员578人，连带追究管理人员72人，有力促进安全主体责任落实。认真开展春季安全保障及安全大讨论、安全日、安全大检查及隐患整治、安全生产月等专项活动10次，实现专业全覆盖，累计排查隐患511条，整改完成率100%，有效营造了齐抓共管的工作氛围。严格落实“月计划、周安排、日管控”制度，修订完善《现场安全风险管控实施细则》，发布风险预警27次，有效保障了电网安全。组织并参加国网四川省电力公司汛期防灾减灾联合应急演练等各类演练12次，成功应对“4·4”武胜特大风灾。圆满完成残运会圣火采集、抗战胜利70周年纪念活动等各项保电任务26项，进一步提升了应急实战处置能力。扎实开展交通、消防、治安及电力设施保护，积极推进“平安电力”的创建。

【农电工作】该公司全年投资农网改造资金2.68亿元，完成新建（改造）10千伏线路125.7公里，安装配电变压器384台，完成新建（改造）低压线路801.9公里。1项农网改造工程获得国家电网公司“农网（配电）百佳工程”。完成了对供电所人员改签，三新公司转制挂牌并正式规范运行。统筹安排，加快低电压治理，精心组织农网改造升级工程和技改投入的低电压治理项目。按照《关于开展农村“低电压”

常态化综合治理的工作方案》的规定，常态推进农村供电低电压治理。加强乡镇供电所基础设施建设，针对供电所生产营业用房短缺、生产车辆严重缺编、以及新通电地区供电所建设等问题，开展重点研究，加大投入。按照国网四川省电力公司部署，推广实施乡镇供电所及班组一体化信息系统，建立统一规范的信息平台，按需接入常用业务系统，切实减轻供电所负担。加强农电用工技能培训，组队参加了国网四川电力乡镇供电所岗位知识技能竞赛。

【科技与信息化工作】该公司密切关注电力体制改革动向，认真研究“电改”政策，提前探索转型思路，确保占据主动权。成立专项工作组，制定各类预案11个，稳妥推进集体企业改制和农电用工规范管理工作。积极探索大数据、互联网+等新技术，研究应用发展规划，构建技术标准规范，抢占新技术制高点。积极适应改革发展新常态，大力推动管理创新、精益化、QC活动等各项工作，全年开展项目56个，获得国网四川省电力公司一等奖5项。其中，首创构建精益班组评价管理体系，“新型电能表箱”QC 成果被推送参加国网公司评选。加大创新人才培养，实现精益化带级人才认证通过率位列国网四川省电力公司系统第一，培养黑带2人、绿带26人，为推动精益转型，实现降本增效奠定了坚实的人才基础。

【优质服务】该公司大力实施便民服务，全面推广掌上 APP，注册4.7万余户，进一步方便用户查询电费、电价、停送电等信息。与11家金融及非金融机构建立委托代收合作关系，设便民代收点273个，全域有营业厅39个，自主交费终端41个，全面实现城区“十分钟交费圈”和农村“村村有交费点”的目标。强化优质服务监督管理，充分发挥供电服务督查大队作用，持续提升优质服务水平，累计发现问题56条，采取措施38条，向国网四川省电力公司建议14条。进一步优化服务流程，深化360度体检机制，以“业扩报装环境百日整治行动”为契机，照镜子、查问题、析原因、上手段、添措施，优化业扩服务流程，整合电网信息资源，强化内部信息共享，实现信息一次性告知。

2015 年 8 月 9 日，国网广安供电公司强化优质服务监督管理，充分发挥供电服务督察大队作用，持续提升优质服务水平，农电员工甘当大山深处的“电保姆”。图为员工为农户检修农用电器　　（谢琉涛　摄）

【党的建设和精神文明建设】该公司结合党的群众路线教育实践活动，扎实开展“三严三实”专题教育实践专题及研讨10次，党委中心组学习12次，高质量开展专题民主生活会，深入查摆问题，敢于揭短亮丑，达到了“团结—批评—团结”的目的。结合国网四川省电力公司党风廉政巡查发现的问题，坚持举一反三，扎实开展党风廉政建设和反腐工作，发现问题35个，整改落实29个，6名领导干部被诫勉谈话。

该公司完善企业文化基地建设，加快打造代市供电所“小平故里第一所”企业文化建设示范点。开展领导干部蹲点基层班组活动，累计走访调研 72次，解决问题 25 个。深入推进“办三事”活动，慰问一线员工和困难职工 391 人，组织疗养 144 人，组织女职工体检和基层健康食堂创建工作，构建和谐氛围。以赛促学、以赛代训，开展农电技能竞赛、优质服务之星劳动竞赛，参加国网四川省电力公司 QC 竞赛、内训师竞赛等，取得优秀成绩。认真落实离退休职工“两项”待遇，获国网四川省电力公司 2013—2015 年度“敬老先进单位”称号，1 名老领导获“川电风采老人”。客户服务中心获评全国模范职工小家。1 人获四川省劳模，1 人获颁四川省五一劳动奖章，员工蒋智慧获国家电网公司劳动模范，蒋海均入选见义勇为“中国好人”榜。

【存在的主要问题】一是管理提升面临瓶颈。从成立时间、电网规模、售电规模、售电市场、运维成本、财务费用等各方面来看，公司是系统的“年轻小个子”，在基础管理、质效管理等方面还存在瓶颈和不足。需要进一步狠抓“三基”管理、制度管理、风险管控，提升公司应对复杂经济环境变化的抵抗力；着力加强财务管理、精益管理、“量价费损”监测，公司经营效益需要进一步提升。二是业绩提升压力大。广安经济运行存在较大的下行压力，经济发展仍然处于增长速度换挡期、结构调整阵痛期和前期刺激政策消化期的特殊时期，部分行业产能过剩等突出问题没有缓解，新的增长动力源仍然不明朗，服务业主导的趋势更加明显，抑制“三高”产业发展还将持续，电力需求增速将会有较大回落，用电量增长放缓已经成为一种常态，提升企业业绩压力巨大。三是改革压力大。随着电力体制改革的深入推进，改革已进入试点实施阶段，电力市场主体和多边交易方式增多，电网企业“统购统销、输配售一体化”的模式将被彻底改变，增量配电网将引入社会资本参与竞争，给公司电力市场拓展带来深远影响。各方对电力体制改革降低电价充满期待，电价监管和成本监管更加严格，公司市场与收入受到双重挤压，经营压力巨大。

【国网华蓥市供电公司】国网华蓥市供电公司成立于1991年6月14日，是国网四川省电力公司的直属供电企业，原名“四川省电力公司广安华蓥供电局”，2013年7月1日起更名为国网华蓥市供电公司，供电范围包括华蓥市、岳池县及重庆合川市的部分地区，直供17个乡镇、街道办事处，206个村、1178个社，用电人口36.5万人。供电面积510平方千米，用电户11.05万余户，村社通电率100%。设综合管理部、发展建设部、安全质量监察部、运维部、营销部，6个供电所，有员工205人，其中主业员工35人、劳务员工10人、农电员工149人、通用工种11人。

拥有变电站9座，其中：220千伏变电站1座、110千伏变电站4座、35千伏变电站4座，主变压器18台，变电容量69.12万千伏安。35千伏及以上输电线路308.37公里，10千伏配电线路730.02公里，共有配电变压器1318台。2015年，完成售电量7.4亿千瓦时。

【国网邻水县供电公司】国网邻水县供电公司是国网广安供电公司下属供电企业，位于广安邻水县，地处川东北地区，属深丘地带。供电范围为邻水县城部分区域和高滩、坛同、子中、华云、甘坝等5个乡镇，供电面积800平方千米，覆盖105个村，345个社，4.64万余户（其中专变75户），供电人口20万人，村通电率100%，户通电率100%。

该公司下设5个部门：综合管理部、发展建设部、安全监察质量部、运维检修部、营销部，3个班组：配电运检班、营业班、市场拓展与智能用电班和高滩、坛同、鼎屏3个供电所。有职工148人，其中：全民职工43人，中专及以上文化程度126人，中级职称和技师18人，各类专业技术人员40人。有10千伏公用线路13条，总长299.05公里；配电变压器550台，总容量77.74万千伏安，其中：公变443台，容量75.08万千伏安；专变变压器107台，总容量2.66万千伏安，0.4千伏线路793.32公里。

【国网邻水县供电有限责任公司】国网邻水县供电有限责任公司前身为邻水县地方电力公司，成立于1984年12月。2002年改制为四川邻水启明星电力有限公司，2006年再次改为四川邻水供电有限责任公司，由四川省电力公司控股经营，四川省电力公司持股90.24%，泸州鑫福矿业集团持股9.76%。2013年6月更名为国网邻水县供电有限责任公司。供电营业面积1691平方千米，辖41个乡镇456个行政村，供电人口93万人，用电户数26.24万户，村、社通电率100%。

该公司设8个职能部门，2个业务支撑和实施机构，下设21个班组。有员工475人，员工队伍平均年龄42.8岁。邻水电网以35千伏输电网络与110千伏邻水变电站、牛背山变电站和丰禾变电站并网运行。网内现有变电站12座，其中：110千伏变电站2座（丰禾、幺滩），容量14万千伏安，35千伏变电站10座，容量13.77万千伏安。110千伏线路4条85.2公里，35千伏线路12条132.98公里，10千伏主干线路79条775.3公里（公用线路64条/642.41公里、专线15条/132.89公里），0.4千伏线路3798条/12260公里，配变台区2464台/容量43.7万千伏安（公变1941台，专变523台）。2015年完成售电量4.6亿千瓦时。

【国网武胜县供电有限责任公司】国网武胜县供电公司是国网四川省电力公司的全资子公司，其前身是武胜县电力公司，属武胜县地方国有企业。1995年10月由南充电业局代管，1998年广安电业局成立后由广安电业局代管。2000年12月，改制更名为“四川武胜启明星电力有限公司”。2005年10月，四川启明星电力公司与四川省电力公司签订了“股权转让协议”，成为国网四川省电力公司的控股公司，更名为“四川武胜供电有限责任公司”。2012年11月，广安众托投资有限责任公司与四川省电力公司签订了“股权转让协议”，成为国网四川省电力公司的全资子公司。2013年8月，更名为“国网武胜县供电有限责任公司”。承担着武胜县行政区域以及岳池县、合川市、蓬溪县等部分行政区域，的供电任务，供电面积960平方千米，包括515个村，31个乡镇，5113个社，24万余户。村通电率100%，户通电率100%。

该公司有在册员工 476 人，退休员工 204 人。拥有 110 千伏变电站 4 座，变电容量 24.75 万千伏安；35 千伏变电站 7 座，变电容量 11.65 万千伏安；有 110 千伏线路 6 条，总长 109.28 公里；35 千伏线路 12 条，总长 139.43 公里；10 千伏线路 72 条，总长 1565 公里。配变容量 42.39 万千伏安，资产总额1.36 亿元（其中：固定资产 8044.3 万元，流动资产

4658.93 万元），2015 年完成购电量 4.13 亿千瓦时，同比增长 8.9%；完成售电量 3.77 亿千瓦时，同比增长 9.3%。最高负荷 11 万千瓦。

（舒莘珂、谢庆华）

国网遂宁供电公司

【企业概况】国网遂宁供电公司成立于 2005 年 8 月，是国网四川省电力公司下属国家大（I）型供电企业，承担遂宁市三县两区供电任务。设有 11 个职能部门：办公室、发展策划部、财务资产部、安全监察质量部（保卫部）、建设部（项目管理中心）、审计部、人力资源部、党群工作部（工会、团委）、监察部（纪委办公室）、运营监测（控）中心、市电力调度控制中心，7 个业务支撑及实施机构：运维检修部（检修分公司）、营销部（农电工作部、客户服务中心）、电力经济技术研究所、信息通信分公司、物资供应中心、培训分中心、综合服务中心，下辖遂宁泰源电力开发总公司 1 个集体企业，管理国网四川省电力公司下属国网大英县供电有限责任公司、国网蓬溪县供电有限责任公司两个县级全资供电公司和控股县级供电公司—国网四川明珠集团有限责任公司。

高空作业　　　（国网遂宁供电公司 提供）

2015年是完成“十二五”目标任务的关键一年，也是精益转型、自我加压、奋勇争先的一年。国网遂宁供电公司认真贯彻国网四川省电力公司和遂宁市委、市政府的决策部署，瞄准标杆，求真务实，创新突破，实现年度安全工作目标，电网发展、经营管理、精益转型、党风廉政、三个建设有力推进，同业对标综合排名首次跻身国网四川省电力公司前十。在该公司成立十年之际，向国网四川省电力公司，向遂宁市委、市政府，向全体干部员工交上了一份合格的成绩单。

2015年，该公司完成电网投资4.42亿元；完成并表口径售电量34.64亿千瓦时，位列国网四川省电力公司系统第18位，同比增长3.34%，增速列国网四川省电力公司系统第6位；资产总额15.11亿元，同比增长7.2%；综合线损率4.59%；电费回收及资金解交率100%。同业对标和企业负责人业绩考核指标均列国网四川省电力公司系统第10位，分别较2014年前进2位和1位。全年未发生人身重伤及以上事故，重大电网、设备事故，本企业负同等及以上责任的重大交通、火灾事故，有人为责任的一般电网、设备事故，负主要责任且有重大影响的供电不安全事件，损害公司形象的重大事件，年度党风廉政建设责任目标全面完成。截至2015年12月31日，遂宁电网连续安全运行3782天。

【人力资源】该公司领导班子职数为 7 人，由总经理、党委副书记陈强，党委书记、副总经理苏旭燕，生产副总经理张剑廷，纪委书记、工会主席曾俊杰，经营副总经理向建兵，副总经理、总工程师李江、总会计师李忠林组成。该公司全口径用工 3727 人，其中本部定员 481 人，在岗 239 人，缺员率 50.3%，县公司 3488 人。坚持以科学发展观为指导，树立“服务于公司发展战略、服务于企业生产经营、服务于员工成长”的理念，以建设统一坚强智能电网和“一强三优”现代化公司为契机，大力实施人才强企战略，坚持以企业发展战略和能力建设为核心，以岗位履职能力建设为重点，不断提高生产技能人员技能操作水平，着力培养一支“专业专注、精益精准、高标高效、实干实绩”的人才队伍。

【电网建设与发展】该公司主动对接全市统筹城乡、“三化”联动的发展战略和“六大兴市”实施路径，积极落实地方发展战略和区域发展重心，完善遂宁电网“十三五”发展规划。加强与国网四川省电力公司和市委市政府的对接汇报，逐步梳理、解决遂宁电网历史遗留问题。2015 年，完成电网投资 4.42 亿元（其中 110 千伏及以上投资 1.18 亿元，占比 26.7%；35 千伏及以下投资 3.24 亿元，占比 73.3%）。220 千伏小于输变电工程等 4 个 110 千伏及以上项目前期工作进展顺利；投运 110 千伏及以上输变电工程 1 个（变电容量 10 万千伏安、线路 16 公里）；开工建设 35 千伏及以上电网项目 5 个，变电容量 22.52 万千伏安、线路 124 公里。全年安装智能电表 16 万只，累计安装 31 万只。农网改造升级和“低电压”专项治理工程投资 2.23 亿元，新增城镇配电网投资 5867.72 万元，改善 1.03 万户居民用电质量。

遂宁电网有 500 千伏变电站 1 座，主变容量 150 万千伏安，500 千伏线路 82 公里；220 千伏变电站 5 座，主变容量 141 万千伏安，220 千伏线路 15 条，总长 400 公里；110 千伏变电站 32 座（其中遂宁公司 20 座、明星公司 5 座、用户变电站 7 座），变电容量 228.81 万千伏安，110 千伏线路 45 条，总长 572 公里。遂宁地区有发电装机 25.3 万千瓦，年发电量约 11.3 亿千瓦时。

【经营管理】该公司强化开源节流，着力内部挖潜，严控成本、防范风险，积极推动一系列经营管理领域精益项目实施。全面计划与预算管控持续深化，实现该公司和县级供电公司综合计划并轨，项目资金一体化管控不断加强。落实遂宁市委、市政府“稳增长”政策措施，主动服务重点项目和招商引资企业。固化“业扩报装环境整治百日行动”活动成果，高压业扩平均接电时间由 35 天缩短至 27 天。按进度要求全力推进营配贯通，质量、速度均排国网四川省电力公司前列。实施“掌上川电”、微信平台、“电管家”服务等创新举措，全力推进营销转型。优化购电结构，强化电费回收管控，狠抓营销稽查，核查追补资金 40.29 万元。严格预算管理，可控成本节约 1329.4 万元，专项成本节约 864.74 万元，“三公”经费同比下降 38.31 万元，三个县级供电公司均实现盈利。

该公司落实“三全五依”工作要求，集中开展经营决策、招投标等6个专项的重点领域协同监督。组织对“小金库”问题的专项整治，以刚性的制度约束、严格的制度执行、严厉的惩戒警示，有效地防范各类风险。强化通用制度宣贯，组织依法治企自查自纠，发现并整改9类共47项问题。稳步推进集体企业改革改制，全面完成县级供电公司薪点工资改革、规范劳务派遣用工和农电用工管理。加强依法维权和案件处置，全面清理近年来公司权益受损情况并通过法律途径逐个解决，被评为2015年度国网四川电力普法先进单位。

【安全生产】国网遂宁供电公司严守电网安全运行规程，开展运维一体化、主备调切换演练等工作，完善电网风险预警管控机制，电网运维管理不断加强。落实安全责任制，深化安全大检查，实施“安全管理提升”“安全客户经理制”“三级风险挂牌督查”等专项行动。强化施工计划和作业组织管控，有序实施大修技改项目；加强基建队伍和分包管理，坚持“到岗到位”“同进同出”等制度执行；推广运用作业现场安全监督一体化精益成果，全年查处违章278次，教育处罚397人/次。严格“三种人”评选、培训、调考，“三种人”作用得到有效发挥。完善各专业《应急预案》，组织迎峰度夏、迎峰度

守护电力天路，无私奉献青春，国网遂宁供电公司援藏人员举行出征仪式

（国网遂宁供电公司 提供）

冬综合应急演习，增强对突发事件应急处置能力，圆满完成年度各项保电任务。连续6年被评为国网四川省电力公司安全生产先进单位。

【科技与信息化工作】该公司积极主动完成信息通信运行维护工作。做好节假日、重要保电时期的信息通信应急保障，确保信息通信系统事故“零发生”。对所有 220 千伏变电站和部分 110 千伏变电站开展信息通信设备及运行环境特巡，及时消除安全隐患。完成 2015 年度遂宁电力通信网运行方式的编制，为全年信息通信运维工作提供有力支撑。配合国网四川省电力公司完成对国网通信干线仁和通信中继站的运行维护，保障站点的安全稳定运行。完成公司系统传输网业务路由的清理排查，实现重要业务链路 1+1 的配置；对公司电视电话会议系统的标签化进行整治，实现工作现场可视化运维；保障视频监控系统的实时性和可回溯性，为安全生产和优质服务保驾护航。顺利完成国网四川省电力公司系统数据通信网的统一改造，实现网络“双边界”的异地化，以及边界“三核心、四通道”的稳定结构。完成 1 个 110 千伏新建变电站信息通信工程的建设任务，为站点正常投运做出积极贡献。完成公司视频监控主站平台的更换，为生产现场和服务窗口的监控提供更可靠视频流数据。

高温保电　　　　（国网遂宁供电公司 提供）

【优质服务】该公司多措并举，增强市场供应能力。一是积极协调合理调增县级供电公司趸购电容量，为新增客户提供电力保障。二是业扩服务关口前移，有力促进增容、扩建、技改项目的提早投运，为电力增长提供支撑。三是加快城乡电网升级改造，完成农网改造升级工程投资 2.23 亿元，新增配变 668 台，改造“卡脖子”10 千伏线路 210.2 公里，低压线路 1655.7 公里。四是积极落实富余电量消纳政策，提高营销业务能力和市场服务水平。

该公司固化“业扩报装环境整治百日行动”活动成果，提升供电服务水平，打造良好市场服务环境；开展电力服务进社区、“电力医生巡诊”专项工作，建设农村配网 40 分钟抢修圈，着力解决供电服务“最后一公里”问题；开展停送电信息发布、客户业扩报装服务时限达标、故障抢修精益途径研究，探索提升服务效率新途径，有效提升客户满意率；组建“优质服务巡查大队”，规范营业收费行为，不断提升服务水平。

【党的建设和精神文明建设】该公司紧扣从严治党要求，深入落实“两个责任”。扎实开展“三严三实”专题教育，查找“不严不实”问题 34 项，立行立改 28 项，其余 6 项在整改中。优化基层党支部设置，增强基层党组织活力，大力开展“双争”活动，该公司党委被评为国网四川省电力公司“红旗党委”。严格干部监督管理，执行领导干部重大事项报告制度。落实干部选拔任用规定，深化后备干部培养和梯队储备。加强关键岗位交流力度，对 12 名科级以下关键岗位人员进行交流。强化人才融合培养，选送 37 人进行“上挂下派”培养锻炼，全年培养各级各类优秀人才 68 人。推进“五统一”企业文化在基层落地，成功打造“精益遂宁”“精益班组”等多个企业文化精品工程。发挥创新平台作用，孵化 557 项“小精益、微创新”成果。精益班组建设和技术创新成效明显，获国家电网公司“先进班组”、国网四川省电力公司“第二届职工技术创新十大优秀成果”等荣誉。

【精益转型建设】该公司围绕“营销打头、班组落地、文化托底、指标牵引、机制驱动、人才支撑”六项重点任务，综合运用价值链、指标拉动、流程评估、问题池、周计划等管理思想和方法，推倒部门墙、打通上下游，促进市、县业务集约融合和运营管理一体化。着力机制建设，建立完善项目管理、柔性群组公约、精益带级人才管理办法等。初步培育形成价值识别、变革驱动、运营提升及人才支撑四项精益核心能力。开展精益大讲堂、普学普考活动、群创性小微活动。2015 年，46 人获精益带级人才认证，4 个精益项目、5 项管理创新成果、6 项 QC 优秀成果获得国网四川省电力公司奖励。“大型供电企业价值流管理”获中质协全国精益项目发表赛一等奖。

【国网四川明珠集团有限责任公司】国网明珠集团有限责任公司是国网四川省电力公司控股县级发、供电企业，下辖四川明珠水利电力股份有限公司和金华水电有限责任公司两个控股子公司。以水力发电、电网运营为主，兼营水电工程设计、安装、检修以及变压器制造、销售和建筑施工等多种产业。供电客户 34.46 万户。员工总量 2812 人，其中在岗职工 1883 人，离岗退养职工 929 人，退休职工 73 人。2015 年完成售电量 14.25 亿千瓦时。

该公司坚持以科学规划引领电网发展，深入开展电网规划论证，全面完成射洪县“十三五”配电网规划报告，完成 2015 年射洪电网发展诊断分析工作，配合完成 2015—2030 年射洪电力专项规划。主动与地方党委政府沟通协调，积极争取将电网项目纳入地方规划。加强工作统筹协调，全年完成电网建设投资 2.55 亿元，220 千伏小于输变电工程、110 千伏桃花山输变电工程等重点项目前期工作有序开展。完成农网工程投资 1.5 亿元，营销项目投资 3000 余万元，35 千伏天仙输变电工程投资 2600 余万元，电站增效扩容及大修技改项目投资 4700 万元。

该公司加强发电生产精益管理，高峰电量占比达 49%，降低了购电均价，调峰效益创历史最优。积极应对销售压力，切实开展增供扩销，保住存量、提高增量，销售电量继续保持增长。扎实开展业扩报装环境整治，努力强化业扩风险防范。落实费控装置安装，开展专项用电检查，狠抓电费回收，化解电费风险。开展线损率 KPI 指标精益化管理，综合线损率持续压降。推进营配数据贯通，完成 360571 户营销数据复核工作，低压数据清理完成率 100%。积极协调政府部门，合理制订电价调整方案，促进公司和客户实现双赢。该公司变压器厂积极研发电压调整器、拓展异地销售渠道、承揽变压器维修业务，全年利润同比增长了 6.66%。江源分公司强化精细管理，搞好优质服务，进一步提高市场占有率，超额完成年度利润指标。

该公司扎实推进“安全管理提升”，深入开展 40 余项安全活动，持续提升安全管理水平。开展安全大检查和缺陷隐患整治，共计发现整改各类安全问题 126 个，有效防控了事故风险。创新安全管理措施，推进标准化安全监督管理，提高安全监督质量和效能。狠抓现场安全管理，处罚违章人员 106 人次，处罚金额 4.87 万元，坚决遏制事故苗头。大力开展安全教育，组织近千名干部员工参加各层级安全培训，全员安全素质进一步提升。加强应急能力建设，完善应急预案体系，组建应急抢险队伍，加强日常应急演练，多次成功应对大风强雷暴雨袭击。科学制订保电方案，圆满完成春节、国庆等重要节日和抗战胜利纪念日、射洪县“两会”等重大活动的保电任务。

该公司QC项目“农村配网可视化管理平台研发”获国网公司三等奖；“小容量配变便携式起吊装置的研制”获得国网四川省电力公司 2015 年度 QC 项目二等奖。建立 SPE 在线能力提升系统，为员工教育培训提供支撑。开发计划管控平台、周工作计划系统 2.0，促进工作效率提升。推行仓储物资条码管理，加强监管力度，提高使用效率。移动式接地线装置技术改进、电站发电、水库运行数据自动化应用、二次回路接线穿线器等 18 项“小精益、微创新”被国网遂宁供电公司评为优秀成果。

该公司深入开展“电力服务巡诊”“电力服务进社区”活动，主动上门服务，切实帮助客户协调解决用电困难。推广运用“掌上川电”APP 和微信平台，让用户享受更为便捷的服务。与金融机构合作，提升交费网点密度，全县共有电力交费网点 350 个，城区“十分钟交费圈”基本建成，农村地区正逐步实现村村有交费点。加强共产党员服务队建设，固化提升品牌效应，获国网四川省电力公司系统“十佳”称号。积极向上争取，对县内符合条件的川中建材公司等 9 家客户执行富余电量政策，共消纳富余电量 1.3 亿千瓦时，优惠电费 1457.27 万元。切实履行社会责任，全面推进电力精准扶贫工作，对射洪全县 80 个贫困村电网现状进行排查，先期投入 1600 万元，完成 46 个村的低电压改造。落实“两保户”免费用电基数政策，全年共计返还低保、“五保”免费电量 19861 户，金额 111.57 万元，累计返还用户数 6 万多户，返还金额近 400 万元。

该公司扎实开展“三严三实”教育活动，深化“四风”问题整治，取得良好实效。全面启动“双争”“一对一”帮扶活动，被国网四川省电力公司列为“基层服务型党组织示范点”。加强干部队伍建设，强化干部管理考核机制，按规定对 7 名中层干部进行了岗位交流，15 名工作表现突出的职工进入后备干部梯队。完善企业文化展示室，筹建员工文化活动室，国网四川省电力公司已将公司命名为“企业文化建设示范点”。采取政企共建方式，与金华镇政府共建党员工作室，搭建起基层党支部党员教育学习和为民服务平台。配合县新闻办，成功

79 人，选派 10 名大学生挂职班组长岗位，建立良好的选人用人机制，干部队伍建设取得实效。企业文化全面落地，与资阳市委宣传部共同发起，联合 14 家企事业单位成立了资阳市学雷锋“红细胞”志愿服务联盟，开展“红细胞”0 公里志愿关爱计划，将“红细胞”精神传播到甘孜道孚，资阳电力特色的正能量在全社会弘扬。持续开展员工关爱行动，建成首个省级“妈咪宝贝屋”示范点，启动全覆盖的健康食堂建设，开展企业环境综合整治，营造和谐内部环境。

【存在的主要问题】一是作为成渝经济区、天府新区和成都平原城市群一体化的重要组成部分，资阳市正处于快速发展阶段，广大农村民众的生活质量大大提高，农村地区用电需求快速增加。通过多年的农网改造，资阳农村电网整体水平有了较大提高，户均容量提升至 0.85 千伏安。但由于资阳农网农村面积占总行政区面积的 98.5%，彻底改造面仍然较低，仍有低电压台区 1365 个，低电压用户 4 万户，随着冰箱、空调等大容量电器设备进入农村，春节期间农村用电负荷快速增长，未彻底改造地区农网仍不能满足居民生产、生活需要。二是资阳城市配电网建设起步较晚，城网 N-1 通过率仅为 6.35%。供需矛盾十分突出，网络不完善，重载线路多，互供互倒差，可靠性差，故障高发。

（李学湜）

国网自贡供电公司

【企业概况】国网自贡供电公司属国网四川省电力特二型企业，前身为川南供电公司自贡供电所。1978 年撤销川南供电公司后，成立自贡供电局。1993 年更名为自贡电业局。1980—1996 年期间，先后并入川南电业局、川南送变电工程处、自贡电力电容器厂、川南电力调度分局 4 家处级单位。2013 年更名为国网自贡供电公司。2001 年和 2009 年，辖区内威远供电局、500 千伏洪沟变电站先后划转至内江电业局及超高压运检中心。担负着自贡市四区两县 4000 多平方公里和内江市威远县部分区域的电能供应、电网建设和运行管理任务。本部设 11 个职能部室，辖 8 个直属二级单位（1 个直管县级供电企业—国网荣县供电公司，7 个业务支撑和实施机构），有全资子公司国网荣县供电有限责任公司和自贡电力设计院，控股国网四川富顺县供电有限责任公司。截至 2015 年年底，拥有 35 千伏及以上变电站 54 座，变电容量 381.7 万千伏安，35 千伏及以上输电线路 119 条，长度 1453.4 公里，城市配网 6—20 千伏配电线路 125 条，长度 939.66 公里，县域电网 10 千伏配电线路 195 条，长度 5750.66 公里（含全资子公司），固定资产净值 20.2 亿元。

2015 年 10 月 12 日，自贡市委书记雷洪金代表四川省文明办授予国网自贡供电公司全国文明单位奖牌　（王洪颖　摄）

【人力资源】该公司巩固提升“三集五大”体系建设成效，人才当量密度由 0.934 上升到 1.0086，增长 8%。全口径用工总量为 3918 人，其中：直供直管单位国有长期职工 1225，农电工 793；国网荣县供电有限责任公司国有长期职工（其他）82 人，农电工 180 人；国网富顺县供电有限责任公司国有长期职工（其他）602 人，农电工 332 人；集体企业职工 282 人，集体聘用职工 62 人，集体企业劳务派遣人员 356 人，集体企业返聘人员 4 人。离退休职工 2136

人，其中：直供直管单位 1403 人，全资子公司 44 人，控股公司 220 人，集体企业 469 人。

【电网建设与发展】该公司主动适应自贡市“一带、四园、七区”产业发展布局。高质量开展电网诊断分析，编制“十三五”电网发展规划，完成 110 千伏向华线工程前期。开工 220 千伏琵琶输变电工程，投运 220 千伏天成变电站，竣工南湖等 4 个 35 千伏及以上输变电工程，推进 110 千伏沙坪等 5 个输变电工程建设。完成乐向一线等 43 条输电线路、园湾等 21 座变电站的技术改造。实施城市配网基建项目建设，新建 14 条 10 千伏线路，新增电缆线路 26.32 公里、架空线路 30.14 公里、配电变压器 98 台、环网柜 19 台、柱上开关 189 台。城网故障停运率同比降低 46.2%，城市配网进一步优化。圆满完成“十二五”电网发展收官。

2015 年 12 月 21 日，国网自贡供电公司开展变电精益化管理，变电运维一体化管理取得显著成效。图为 220 千伏天成变电站 （曾林 摄）

【经营管理】2015 年，该公司完成售电量 27.13 亿千瓦时，线损率 9.1%，完成投资 9.88 亿元。流动资产周转率从 34 次提高至 635 次，提高 18 倍。电能替代 3018.6 万千瓦时，完成国网四川省电力公司下达目标的 300%。台区线损自动监测率提升 35%。智能电表换装率、采集接入率分别达到 90.26%、97.66%，为智能电网发展奠定了基础。着力开展高、低压客户基础数据清理及营配贯通工作，规范完善了营销数据档案，为精益化服务转型奠定了基础。与客户签订购电制协议 895 户，推广安装购电终端 615 户，增收预购电费 1500 万余元，获得国网四川省电力公司肯定。集体企业完成订单 8.8 亿元，创历史新高。组建自贡市三新供电有限责任公司，农电队伍保持持续稳定。克服非上市公众公司股权结构复杂等困难，成功实现富益电力公司改制，组建国网富顺县供电有限责任公司。

【精益管理】“十二五”规划以来，该公司经营体制、管理模式发生深刻变化，初步实现集团化、集约化、标准化、专业化、精益化运作。坚持精益理念，实行项目储备制度，强化全面预算管理。创建基于物联网技术的资产管理系统，厘清往来款项，实现备用金首次年度结零。主营成本压降，降本增效成果明显。集体企业有序推进人财物集约化管理，强化了资本和运作平台管控能力。线路标准化建设和变电精益化管理扎实推进，运检专业管理、业绩、综合三项指标均排名国网四川省电力公司系统第一。12 项亮点或典型经验在国网四川省电力公司平台交流，3 项对标经验入围国网四川电力典型案例集。

【安全生产】国网自贡供电公司坚持以人为本、安全发展，贯彻“举全力、保安全”理念，完善制度 27 项，开展专项行动 31 项，源头治理和隐患整治取得实效。积极应对农网工程集中开工、工程量大、工地分散难以管控的挑战，创建“四纵三横”管控体系，作业现场安全可控。创新“塔基孤岛”隐患整治方式，首次实行施工作业政府行政许可制度，遏制了外力破坏事故多发苗头。规范集体企业分包管理，严格执行资信评价，淘汰 6 家不合格分包商。完善电网运行风险预警机制，完成“自贡灯会”等 220 次重大保电任务。开展各类联合反事故演习和“无脚本”演练 39 场次，高效完成±800 千伏宾金直流线路接地极抢险救援。打赢“迎峰度夏”攻坚战。获国网四川省电力公司“安全生产特殊贡献单位”荣誉，获全国“安康杯优胜单位”称号。截至 2015 年 12 月 31 日，实现连续安全生产 4122 天。

【农电管理】2015 年，该公司狠抓农网工程质量管理和规范化建设，全面完成农网工程建设投资 3.15 个亿，新建及改造 10 千伏及以下线路 2849 公里，新增配变 1196 台，容量 11.96 万千伏安。实施农电“精品”工程，“胡家村配电台区工程”获“国家电网公司 2015 年度农网（配电）百佳工程”称号，成为国网四川省电力公司两家连续三年获此殊荣的地市供电单位之一。创建“四步工作法”，针对低电压台区开展“全面清理、分类建档、动态评估、综合治理”，有效治理农村低电压台区1113个，做法经验在四川电网工作动态上交流推广。依法合规率先完成983名农电员工转签工作，转签率100%，切实规范了农电用工管理，农电工作有序推进，队伍整体稳定。

【科技与信息化工作】该公司完成两个群创项目的监督检查及验收工作，申报8项专利（实用新型6项、发明专利各4项）。获国网四川省电力公司2015年工人技术创新奖二等奖2项、三等奖2项。结合通信运行方式变化，制定并落实迎峰度夏、自贡国际恐龙灯会等保电通信专项预案8个。开展中心机房电源系统失电、通信光缆线路中断、局域网大面积瘫痪、卫星通信月度演练等15场次应急演练，强化了应急响应处置能力。结合保密工作责任制要求，针对国内外恶意软件攻击电网的信息安全事件，将信息安全纳入年度全员安规考试，常态化开展信息安全培训。与基层单位签订《信息安全目标责任书》，发出各类预警及《信息安全整改通知书》13份，发现、督察、整改、回访隐患7条，保持了信息安全事件“零发生”。

【优质服务】该公司以提升客户感知为目标，深化配电抢修、停电短信服务“双平台”应用，超额完成“掌上川电”APP注册率目标，实现客户对停电信息从被动告知到主动获取的重大转变。充分吸收2014年“政企协作”试点改造老旧小区经验，千方百计克服困难，完成111个老旧小区现场改造任务，约30万居民直接受益。配合自贡市规建局、住建局，率先在四川省探索规范新建住宅小区供配电设施有关工作，取得一定的成效。实施“业扩报装环境整治百日行动”，创新两个“1+2+1”服务新举措，试点业扩报装“可视化”新模式，业扩报装容量同比增加17.75%，业扩报装服务规范率100%。建成自助交费终端34台，新增电费代收网点1630个。走进“行风热线”接受社会监督，舆情同比下降8%，在自贡市12个市级公共服务单位行风社会评价中再次获得第一。

【依法治企】该公司落实“三全五依”要求，推广应用依法治企指标及评价体系。落实“人、财、物”集约化管理新要求，强化关键领域和重点环节的监督和全过程管理，及时纠正物资采购、工程管理等方面苗头性问题。开展重点领域自查自纠，完成技改大修等专项审计12项，审减金额30.08万元。依法合规配合政府做好东兴寺拆迁，企业和员工利益都得到有力维护。警企协作创建“平安电力”，充分发挥“检企共建”预警功能，强化警示和党纪法规教育，员工法治思维、依法办事意识不断增强。公司法治环境持续改善，获国网四川省电力公司“依法治企工作先进单位”称号。

2015年2月2日，国网自贡供电公司自觉接受社会监督，舆情同比下降8%，在自贡市12个市级公共服务单位行风社会评价中再次获得第一。图为电力员工在自贡国际恐龙灯会保电现场　　（曾林 摄）

【党建和精神文明建设】该公司“三严三实”专题教育稳步开局、有序推进、成效实在，两级领导班子高质量召开专题民主生活会，党的优良传统和作风不断巩固。认真落实中央从严治党要求，制定公司基层党组织工作考核办法，严格党内政治生活，党组织的政治核心作用充分发挥。聚焦老旧小区改造、低电压台区治理等重点工作，架好联系服务群众的“连心桥”。2个基层党组织、1人次获国网公司表彰，公司获国网四川省电力公司2014—2015年度“红旗党委”称号。积极培育践行社会主义核心价值观，被中央文明委授予“全国文明单位”称号，创建工作经验在四川省宣传部长座谈会上作交流发言。大力推进企业文化进供电所活动，刘山供电所成功创建国网四川省电力公司首批企业文化建设示范点。持续加大教育培训力度，举办培训班40期，参训人员5023人•次，员工队伍整体素质不断提升。坚持党风廉政建设领导体制和工作机制，牢牢抓住党风廉政建设责任分解、责任考核、责任追究三个关键环节，未发生中层及以上干部违纪违法问题，未发生影响和损害公司形象的重大事件，公司党委落实党风廉政建设责任制被国网四川省电力公司评为“优秀”。认真落实离退休老同志“两项待遇”，推进健康养老、幸福养老、文化养老，荣获国网四川省电力公司敬老先进单位。妥善处理各种利益诉求，维护了公司和谐稳定。

【集体企业改革与发展】2015 年，该公司对集体企业创新发展思路、优化改革方案，面对困难主动作为，改革与发展取得成效。集体企业有序推进人财物集约化管理，强化了资本和运作平台管控能力。完成 153 个管理制度的修编和宣贯。完成 6 家集体企业重组，集体企业改革改制做法在国网四川省电力公司作经验交流。集体企业面向市场组建专业营销团队，新建川南最大镀锌生产车间；集团公司中标琵琶输变电项目建设，首次实现 220 千伏级变电和线路工程的同时整体中标；翔能公司首次获得国网公司订单；盛玉拓能公司成功中标甘孜、宜宾电杆采购项目。电力产业园全年签约订单量首次突破 2 亿元，实现向省外拓展业务的历史跨越。

【存在的主要问题】一是整体超员和结构性缺员并存。因历史沿革等原因，人力资源状况复杂，整体超员与结构性缺员现状并存。该公司直属单位国有长期职工1217人，定员1105人，超员112人，超员率10%。因历史沿革划入1112人，该部分人员多为非生产专业，因年龄、学历、技术和技能等级等因素限制，难以转岗到生产一线，逐渐形成历史冗员。用工矛盾日益突出。自1998年以来，减员累计959人，新进人员348人，仅占减员人数的36%。在企业规模扩大、生产经营增加的同时，人员数量在逐年锐减，用工矛盾日益凸显。结构性缺员难以缓解。因超员情况长期存在，新进人员补充不到位，生产一线人员青黄不接，“又多又少”的结构性矛盾加剧，亟待新进人员补充。二是指标存在先天短板。受总体超员现况困扰及经济下行压力导致售电量负增长等影响，公司在业绩考核、同业对标、成本测算等方面十分被动。由于历史沿革因素，公司参与对标评价的人员基数相对与标准值过大。这一客观存在的情况导致财务、人资等专业的业绩指标成为先天性短板，仅靠管理提升难以弥补。在人力资源管理指标、财务管理等在多专业、多指标中处体现了人员规模、超员情况的影响，对评价结果形成了双重削减。人员规模庞大且超员严重的现状，是公司积极参与改革，主动承担改革后果逐渐形成的。该现状对企业影响深远，在短期内难以改善，不能从根本上改变以业绩考核为主要导向的考评体系带来的影响。三是集体企业发展后劲略显不足。截至2015年年底，集体企业从业人员985人，平均年龄44岁，其中50岁及以上331人，占33.60%；具有职称人数296人，占总人数30.05%；具有技能等级人数362人，占总人数36.75%；大专及以上451人，占总人数45.79%；中等职业及以下534人，占总人数54.21%，从业人员年龄老化严重、职称和技能等级人员较少、学历较低，人员成本负担沉重，制约了集体企业长远发展。长期以来，因主业超员问题突出，集体企业接收了主业大量富余人员，承担了主业支援集体企业员工工资及保险等冗员成本，支撑了主业的相关业务，承担了主业运维检修、车辆管理、应急值班、故障抢修、营销非核心业务等生产营销辅助业务成本。仅近三年，平均承担主业分流人员31.42%。2015年，业扩报装容量同比减少30%以上，房地产开工项目同比缩减50%左右，建安市场萎缩严重，客户工程市场竞争激烈，导致以建安业务为主要支撑（占业务量的60%）的集体企业经营受到很大冲击，市场拓展困难，盈利能力严重下降，经营面临较大压力。

【国网荣县供电公司】国网荣县供电公司担负着荣县、宜宾、威远部分地区 1320.11 平方千米的供电任务，供电人口约 65 万。供区内有大宗工业用户 74 户，普通工业用户 2505 户，城镇照明用户 190522 户（含农村居民照明用约 143676 户），城镇商业用户及其他 19152 户，农业生产 702 户，趸售 1 户。拥有 220 千伏变电站 1 座，110 千伏变电站 2 座，35 千伏变电站 6 座 。220 千伏线路 5 条，345.12 公里；110 千伏线路 5 条，120.14 公里；35 千伏线路 8 条，110 公里；10 千伏配电线路 42 条，1609 公里。共有配变 2435 台/35.4 万千伏安。2015 年完成售电量 5.3 亿千瓦时，并表口径 5.22 亿千瓦时；电费回收率 99.77%；综合线损 110 千伏及以下综合线损率为 5.673%，比 2014 年同期的 6.291%低 0.618 个百分点。

【国网荣县供电有限责任公司】国网荣县供电有限责任公司的前身是1986年荣县人民政府为改善西北路的供用电状况成立的荣县地方电力公司。1997 年 2 月由自贡电业局代管。2005 年 12 月由四川省电力公司控股。2013 年 12 月正式成为国网四川省电力公司全资子公司。承担着荣县西北路方向 838 平方千米 17 个乡镇（含宜宾市的三合、征远两个乡镇）32 万人，97080 户（其中大工业用户 24 户）的电能供应、电网建设和运行管理任务。拥有 35 千伏变电站 2 座，主变 3 台，变电容量 2.63 万千伏安。35 千伏输电线路 2 条，长度 16.97 公里；10 千伏线路 22 条，长度 837.14 公里；低压线路 4794 公里，配变容量 10.99 万千伏安。2015 年，完成售电量 0.87

亿千瓦时；线损率 13.61%；电费回收率 100%。

【国网富顺县供电有限责任公司】国网富顺县供电公司于 2015 年 12 月底挂牌成立，属国网四川省电力公司控股的县级供电企业。供电区域主要位于富顺县境内，辐射周边市县的部分地方，共约 30 余乡镇，供电面积 1350 平方千米，供电人口 120 余万，供电户数 32 万余户。该公司在沱江河有径流式水电站两座，总装机容量 3.08 万千瓦，年发电量 2 亿千瓦时左右。该公司首座 220 千伏琵琶变电站于 2015 年 8 月 26 日开工建设。依托 4 座 110 千伏变电站和 14 座 35 千伏变电站(含 1 座开关站)构成主干电网。拥有 110 千伏线路 7.94 公里，35 千伏线路 201.36 公里，10 千伏线路 1793 公里，配电变压器 3028 台。2015 年，实现发电量 2.07 亿千瓦时，销售电量 4.81 亿千瓦时，综合线损率 13.81%，供电可靠率 99.18%。

（段　涛、古元彬、黄忠兵、邹　庆）

国网巴中供电公司

【巴中概况】巴中市位于四川省东北部，地处川陕两省交界的大巴山系米仓山南麓，市政府所在地西距成都 300 公里，北距西安 500 公里，与相邻的达州、南充、汉中距离均在 200 公里左右。夏商建古巴国，春秋属巴子国，东汉置县，北魏置州，历史悠久，迄今已有 1900 多年的历史。下辖巴州区、恩阳区、平昌县、南江县和通江县，面积 1.23 万平方千米，有 188 个乡镇，总人口 401 万，其中农业人口 329 万。巴人文化、三国文化和红军文化厚重。巴中属大山区，地势北高南低，地形复杂，山高路险，平均海拔 800—1000 米，最高海拔 2507 米，其中通江、南江海拔多在 2000 米以上。

2015 年 2 月 15 日，巴中市“四大班子”在国网巴中供电公司检查指导工作　（伏顺德　摄）

【企业概况】国网巴中供电公司是国网四川省电力公司的分公司，国有大型企业，巴中市最大的公用事业单位。1995 年 8 月 4 日成立巴中电业局筹备处，1998 年 8 月 26 日四川省电力公司巴中电业局正式挂牌成立，2013 年 6 月 18 日更名为国网巴中供电公司。该公司以电网建设和营运为核心业务，承担着为巴中经济社会发展提供安全、经济、优质、清洁、可持续电能的基本使命。供电服务区域覆盖通江县、南江县、平昌县、巴州区、恩阳区三县两区 175 个乡镇，供电面积（含趸售区）1.11 万平方千米，供区覆盖率 90.24%，供电户数 101 万户，市场占有率 98.53%。截至 2015 年 12 月底，电网资产累计投资达 44.63 亿元。设 11 个职能部门，7 个业务支撑和实施机构，4 个直属供电所，下辖 4 个全资县级供电公司、1 个恩阳供电服务中心。本部在岗正式职工 345 人，职工平均年龄 35.3 岁，4 个县级供电公司共有在册职工 3479 人，职工平均年龄 43.52 岁。

2015年，该公司荣获国网四川省电力公司“2013—2014年度依法治企先进单位”“2014年度基建管理提升单位”“2014年度会计基础管理规范化达标单位”“2014年度效能监察优秀项目二等奖”“第二届突发事件新闻应急优秀奖”。国网巴中市巴州供电公司调控分中心评为全国2014年度“五一巾帼标兵岗”，《加快农村智能电表安装进度的提案》获四川省总工会2015年“四川省优秀职工代表提案”三等奖，舍己救人英勇牺牲员工彭大权获四川省“五一劳动奖章”，国家电网公司、国网四川省电力公司“劳动模范”“四川好人”“巴中好人”称号，以彭大权为题材的微电影《望山》荣获四川省总工会2015年微电影大赛金奖，自创曲目《亲爱的，今夜通电》获国网四川省电力公司2014年度“心桥杯”企业文化优秀成果奖。面对复杂多变的外部形势和艰巨繁重的工作任务，该公司深化“一个建设”，紧扣“两个重点”，改善“三个基础”，注重“四个着力”，坚持“五个发展”，各项工作取得显著成绩。全年完成并表口径售电量20.91亿千瓦时，同比增长9.48%，母公司口径售电量21.26亿千瓦时。电费回收率100%，预收电费比例128.45%。完成并表口径线损率10.97%，较计划低1.52个百分点。

【人力资源】该公司坚持以依法治企规范管理为总体要求，以“健机制、调结构、强管控，促提升”为工作主线，以员工队伍素质能力建设为核心，以深化薪酬制度改革为重点，以健全全口径人力资源管控体系为目标，持续深化“三全员”(全员培训、全员绩效、全员职业生涯规划)、“三考”(考试、考勤、考核)，有序推进各项工作，取得显著成效。巩固“三集五大”体系建设成效，扎实开展“五位一体”协同机制建设，完成公司系统 2481 个典型岗位职责与流程匹配，进一步清晰职责界面和业务流程，强化专业之间的深度协同。持续规范劳动用工管理，稳妥完成农电用工劳动关系转签及集体企业改革改制人员安置工作，有序实施科级以下关键岗位交流，切实防范劳动用工风险。有力推进巴州公司、恩阳中心薪酬制度改革，推行岗位绩效工资制度，建立与“三集五大”体系运转相适应的新型薪酬分配体系，按照“成熟一家、推进一家”原则，有序推进。深化全员绩效管理，修订班组积分制办法，体现向“三种人”倾斜，实行县级供电公司企业负责人业绩差异化考核，修订公司员工年度绩效等级排序办法，帮助员工持续改善工作绩效。健全领导干部评价体系，实施定量考核与定性评价相结合，科学、准确评价领导干部履职能力，持续提升干部队伍整体实力。顺利完成三江职业技能鉴定基地验收。“三位一体”教育收效显著，培养国家电网优秀专家后备人才 3 名，新增中级及以上技术职称 64 名，中级及以上技能等级 127 名，选拔培育国网巴中供电公司优秀技能人才 6 名。

【电网建设与发展】该公司结合巴中经济社会发展的实际情况，编制总投资 30.16 亿元的“十三五”电网规划，以及电力扶贫专项方案。与南江县政府签订小水电供区接收框架协议，稳妥推进小水电供区接收及电网建设改造。成功争取将巴中主城区划入 A 类供电区域，为提升巴城电网建设水平奠定基础。优化电网建设外部环境，促成地方政府及时协调解决工程阻工问题 10 多次，坚持为重点工程项目廉政护航，发现并整改问题 135 个，责任追究 9 人。推进标准化工地建设，开展工程质量回访，及时处理工程遗留问题 8 项次。2015 年完成电网投资 15.53 亿元，新增 35 千伏及以上变电容量 36 万千伏安，线路 5 条 84.5 公里。开工 220 千伏张公站 110 千伏配套工程、江北 110 千伏输变电工程等项目 11 个。

2015 年 6 月 25 日，国网巴中供电公司举行彭大权舍己救人先进事迹报告会 （伏顺德 摄）

投产张公 220 千伏输变电、巴达铁路巴中电铁牵引站等项目 9 个，项目开工、投产里程碑计划均完成100%。投资 4300 万元的 132 个生产大修技改项目、5.65 亿元的 559 个农改升级项目，5.4 亿元的“低电压”治理项目完成投资 83.7%。沙溪、元山和梁永供电所 3 个小型基建项目开工，国网南江县供电公司生产综合楼立项，国网平昌县供电公司生产综合楼投入使用。220 千伏张公变电站获得项目管理“流动红旗”，巴中至复兴Ⅰ、Ⅱ回 π 入张公 220 千伏线路工程获得安全管理“流动红旗”，3 个农网示范工程获得国网四川省电力公司“农网五十佳工程”称号。

【经营管理】该公司强化预算全过程管理，合理做好预算分解，跟踪分析执行情况，提升预算执行刚性，完成各项预算目标。落实各项降损措施，邀请专家现场指导，定期督导县级供电公司降损，线损率持续下降。强化电费全过程管控，深化应用“量价费损”轻量级工具，严格落实新装专变客户购电制政策，改造高压客户计量装置 258 套，安装远程费控装置 137 套，计量点采集覆盖率 100%，追补电量 363.17 万千瓦时、电费 236.61 万元。完成替代电量 1400 万千瓦时，占国网四川省电力公司下达计划的 200%。着力提升县级供电公司经营质效，配合国网四川省电力公司开展综合计划与预算在线监测试点，督导县级供电公司强化综合计划执行。积极向税务机关汇报农维费涉税问题，帮助县级供电公司节约税款 13.61 万元。争取降低县级供电公司趸售电价 25 元/千千瓦时。解决经营历史遗留问题，加快完成办公楼裙楼确权，收回星河公司历欠 280 万元，县级供电公司收回陈欠 260 万元，核销通江公司电费坏账 137 万元。

【安全生产】该公司深化安全管理提升活动，细化编制活动内容 72 项。层层落实安全责任，签订各类目标责任书 188 份。推进资产全寿命体系建设，开展设备账、卡、物一致性提升工作。清理配网中低压设备数据，完成四级拓扑关系及地理信息建设。自主编制“一键映射”程序，成功优化并导入 79 座变电站监控信息。升级改造主调系统，完成备调系统建设，完成主、备调系统切换演练，在国网四川省电力公司系统率先通过 D5000 系统实用化验收。推动 PMS2.0 系统建设，通过变电站运维一体化验收。开展重要设备带电检测，探索开关柜局放、紫外成像等工作。深化输电线路防雷整治，提升电网供电可靠性。配合国网四川省电力公司圆满完成首次配网 10 千伏线路交流融冰演练。以春（秋）安检查、“大排查、大整治”活动为契机，闭环整改隐患 247 项次。研发试行到岗到位巡查监督辅助工具，细化 300 条反违章考核细则，实现现场管控网络化、流程化、标准化。通过“四不两直”巡查纠违 500 余项，停工整顿作业现场 30 处，约谈分包企业负责人 1 次、分包现场负责人 3 次，累计处罚 11.9 万余元。及时制止各类外破行为 100 余次，启动 220 千伏输电线路防外破蹲点守护外委工作。通过无脚本应急演练提升应急处突能力，成功应对“6·28”特大洪灾、“7·16”暴雨灾害等突发事件。开展安全大讨论、安全生产月活动，组织安全讨论、示范作业 149 次。安全宣传“五进”活动，深入宣传安全用电知识，发放资料 20 万余份。承办巴中全市触电人身损害赔偿法律研讨会议。公安保卫、交通消防等工作平稳有序。

2015 年 6 月 28 日，巴中遭遇特大洪灾，国网巴中供电公司领导带领员工积极组织抗洪抢险，恢复供电。图为该公司总经理方晴在抗洪抢险救灾现场 （伏顺德 摄）

【企业管理】该公司深化依法治企，发现并整改问题 67 个。配合完成国网四川省电力公司资金和四类项目专项检查及 13 个项目竣工决算审计，对“四类项目”前三年执行情况进行自查自纠。完成总经理任中经济责任审计迎审、国网依法治企自查自纠、集体企业任期经济责任审计。开展项目竣工决算审计 3 个，涉及项目 36 个，审减 66.37 万元。深化协同监督，坚持一季度一会一主题，开展领导干部及亲属违规经商办企业、集体企业、营销管理专项领域监督 11 次，发现并整改问题 30 项。坚持从严理财，全面推广公务卡使用，深化财务在线稽核，强化财务实时管控，完成内控自评整改。巩固“三集五大”体系建设成果，启动“五位一体”建设，开展薪酬福利规范管理自查，启动县级供电公司岗位绩效工资制度改革，有序稳妥完成巴州公司、恩阳中心薪酬改革。推进集体企业改革改制，上线运行集体企业资金管理系统和业务应用平台。规范农电用工管理，完成三新公司组建。严格执行集中采购目录，加强县级供电公司（非）物资计划提报管理，提升物资管理计划性。坚持法律、监察部门全程介入，规范授权采购管理。完成仓储标准化建设。开展“法律七进”，顺利通过国网四川电力“六五”普法验收。开展保密专项检查，编印《保密提醒 20 条》。深入排查治理档案隐患，集中销毁过期档案，参加四川省科技档案管理协作组经验交流。职工食堂通过国网四川省电力公司“健康食堂”验收。同业对标的建设指标连续两年排名全川第四，物资、调控、财务等指标上升幅度较大。

【科技与信息化工作】该公司以 220 千伏张公变电站建设为契机，消除区域数据网单链路重大隐患，实现网络运行格局由环网向网状网进一步发展。参与巴中通信容灾系统与巴中备调系统建设各项工作，积极筹划巴中数据网第二汇聚点建设。完成国网四川省电力公司信息、通信网“十三五”规划编制，开展县（区）公司供电营业厅（所）网络覆盖与带宽提升项目建设，所辖营业厅所光纤全覆盖，有效提升公司供电所信息化应用水平。推广卫星应急通信系统协同演练模式，创新系统车载式改装，提升演练实效和应急响应能力。积极开拓创新，承接变电站无线专网、企业移动应用等试点建设任务。1 名员工入选国网四川省电力公司网络后队预备队员，取得实用新型专利 4 项，并在国内公开期刊发表多篇优秀论文。

【优质服务】该公司坚持服务地方经济发展，深入开展“业扩报装整治百日行动”，试点推行双客户、业扩联络员、一户一经理等制度，重大项目实行领导挂包和业扩集中审批，保障“两馆一园”、巴达铁路等重点项目用电。支持巴中经开区发展，积极向国网四川省电力公司争取相关政策，2016 年 1 月起经开区内各类电价执行国网目录电价。支持全市重大政治经济活动，全年圆满完成各类保电任务 103 次。严控非计划停电，缩短停电检修时间，深化调度“两个一体化”建设。深入开展带电作业，全年实施 110 千伏及以上输电带电作业 5 次，10 千伏配网带电作业 1748 次。优化配网抢修指挥管理业务，整合该公司党员服务队和配网中心，开展“五个一”网格化抢修，提升抢修复电效率。投资 3.28 亿元完成 62.8 万户智能电表换装及配套采集建设，全市智能电表覆盖率达 86%，利于电费回收、线损管理、方便用户。开启支付宝和微信代收电费业务，新建各类代收网点 1600 个，全市代收网点累计达 3142 个。大力推广“掌上川电”手机 APP，注册用户达 12.89 万。各县（区）供电公司均组建共产党员服务队，推进“心连心”电力服务进社区，处理各类业务 4323 件，发放用电宣传资料 8.96 万份，组织志愿服务 82 次。减免全市 59 万户城乡“两保户”电费 600 多万元。坚持供电服务“一岗双责”，考核责任人员 218 人次，处罚金额 9.2 万余元，供电服务投诉同比下降 36%。

2015 年 3 月 6 日，国网巴中供电公司志愿者为群众发放用电宣传资料 （伏顺德 摄）

【党的建设和精神文明建设】该公司深入开展“三严三实”专题教育，组织专题党课 35 堂，召开各级专题民主生活会 13 次，排查出 6 方面 19 条不严不实问题，整顿软弱涣散基层党组织 5 个。抓好党的群众路线教育实践活动，落实 33 项整改措施。落实党风廉政建设党委主体责任，以及纪委监督责任，严格履行“一岗双责”，加大执纪问责力度，全年查处违规违纪人员 32 人。集中整治“庸懒散浮拖”问题，通报并考核违反劳动纪律和公司管理规定等问题 25 人。选派 6 名“第一书记”驻村帮扶，助力对口帮扶联系点农户脱贫致富。深化党员创先争优，6 个基层党组织、8 名党员、1 名党务工作者获国网四川省电力公司表彰。引导青年岗位建功，开展“奋斗的青春最美丽”“我的青春我的岗”等活动，组织青年志愿者 300 余人次参加志愿服务活动 7 次。完成 35 名科级后备干部选拔，以及年度干部培训。坚持职工重大事项“六必访”，组织职工代表巡视 3 个基层单位。推进企业文化落地班组，打造示范点 3 个。做好彭大权先进事迹宣传，在系统内外引起强烈反响。2015 年，公司涌现出市级及以上 41 个先进集体和 55 名先进个人，15 项科技和管理创新、课题项目获奖，1 项精益化成果被国网四川省电力公司评为一等奖，1 项经验被国网四川省电力公司评为 2015 年对标典型经验。

【存在的主要问题】一是安全基础依然薄弱。巴中主网结构不合理，负荷不均衡且转移能力弱，部分 110 千伏变电站负荷高峰期重载运行，配网薄弱及

“第20届全国洞穴学术会议暨全国旅游洞穴联盟研讨会”等重大保电50余次。

该公司深入开展“三严三实”专题教育，排查8个方面33条不严不实问题，落实整改清单。梳理党风廉政建设主体责任清单和监督责任清单，严格履行“一岗双责”。全年共查处违规违纪人员18人次，给予行政处分5人，经济处罚4.6万元。主动履行社会责任，对扶贫联系点鲁家坪村投资223.49万元完成电网改造，投资近8万元改善村支两委阵地及配套设施，组织职工捐款捐物近10万元。

【国网南江县供电有限责任公司】国网南江县供电公司成立于1982年，1998年12月被巴中电业局代管，2003年7月进一步理顺代管体制，进入实质性代管。2006年3月经南江县人民政府与四川省电力公司共同改制，成为四川省电力公司的控股公司。2013年改制为国网四川省电力公司全资公司。承担着南江县域85%的供电量，供电面积约2090平方千米，占全县总面积的63%，供电户数15万余户。有员工759人，农电工2人(不含离退休人员)，其中在岗698人、离岗退养17人、停薪留职39人，病休3人，平均年龄43.7岁。在册员工中，本科及以上文化程度93人，大专文化程度293人；高级职称及以上4人，中级职称64人，初级职称73人；高级技师11人，技师314人，高级工236人，中级工80人，初级工8人；人才当量密度0.9011。有6名员工获得国网四川省电力公司优秀技能人才。该公司被南江县人民政府授予“目标考核先进单位”；公司工会获县总工会“工会工作先进集体”；集体企业获国网四川省电力公司电网先锋党支部；调控中心获国网四川省电力公司五星级班组荣誉称号。

该公司拥有变电站19座，其中220千伏变电站1座，变电容量30万千伏安；110千伏变电站3座，变电容量15.15万千伏安；35千伏变电站16座，变电容量15.49万千伏安。35千伏及以上线路共计621.75公里。10千伏及以下输配线路18790.79公里，配电变压器2226台273.02万千伏安。水电站2座，装机总容量0.26万千瓦。南江县境内有13个独立的小水电供区，与公司形成趸售关系。2015年完成购电量4.96亿千瓦时，占年计划的98%，同比增长15.9%;售电量4.6亿千瓦时，占年计划的100%，同比增长18.56%；综合线损率7.43%，比年计划下降1.55个百分点，同比下降1.46个百分点。

该公司编制了“十三五”配电网规划，推进小水电供区接收及电网改造规划，与南江县政府达成小水电供区接收框架协议并签订。投资9508万元对配网低电压台区进行治理，新建10千伏线路217.38公里、低压线路571.99公里，新增配变303台，共治理低电压台区303个。农网改造升级工程完成投资1.03亿元，新建（改造）10千伏线路217.47公里、低压线路1135.57公里，配变安装315台。投资1089万元完成28个生产大修技改项目。投资400余万元，新建杨坝至十八月潭10千伏线路17公里。

该公司规范资金流入、流出渠道，借助“第三方”资金管理业务，降低资金在途风险。加大往来款项的清理和回收，对ERP系统和财务管控中529条一次性款项进行了彻底清理，收回150万元应收账款。大力争取各项优惠政策，农村电网维护费在原收取基础上提高20%，极大改善了公司经营状况。加强线损管理，完成2015年南江电网分压线损计算，完善关口表计的抄录、考核和分析，对砖厂、高速公路等专变实行有效监督和掌控。狠抓线路清障和偷漏电查处，严禁跑冒滴漏情况发生。扎实开展业扩报装环境整治百日行动，积极培育新的负荷增长点，全年新增客户7487户，新投运高低压容量11.48万千伏安。强力推进营配调贯通工作，贯通率实现100%，一致性、完整性实现100%。

该公司深化安全管理提升活动，细化编制活动内容72项。建立安全业绩档案，修订《各级各类人员安全生产保证金管理办法》，强化安全主体责任落实。以春、秋安全检查、“大排查、大整治”活动为契机，完成隐患排查治理208项。常态化开展反违章，全年共处罚违章30起，处罚金额3.94万元，处罚人员44人，“安全约谈”10人。加强电网风险管控，全年共发布预警21条/次。扎实开展覆冰区线路监测工作，圆满完成国网四川省电力公司系统首次35千伏线路交流融冰演练。严查总漏保投运率，大幅降低了变压器损坏率，全年因管理责任损坏变压器3台，同比下降84%，有效杜绝了农电安全事故。规范应急体系建设，全面修编了公司总体预案和33个专项预案。提升应急处突能力，强化抢险救灾工作开展，成功应对“6·28”特大洪灾。该公司持续开展“包片进村”活动及农电安全宣传，督促供电所走访345个行政村11.19万户。强化标准化供电所建设，完成下两、乐坝、赶场供电所创标准化供电所的基础建设。加强农网工程管理，对2015年农网改造升级项目、低电压治理技改项目、新增农网改造升级项目落实工程管理职责，将供电所纳入农网工程考核，有力推进农网工程建设。加强农网工程安全巡查人员，对施工现场进行安全巡查、涉农问题进行督查，确保了农网工程大安全。

该公司完成了2015年国网四川省电力公司下达的4个技改项目、7个大修项目，重点解决部份配电变压器运行年限久，设备老化、损耗高等安全隐患问题，提高了线路供电能力，消除了电网设备安全隐患，保障了电网安全稳定运行。完成35千伏大坝、高桥变电站调度数据网路由器安装。搭建一台CactiEZ服务器，方便网络流量的集中管理。部分交换机采用SSH协议，有效防止远程管理过程中的信息泄露问题。调度自动化支持平台D5000系统完成升级和各变电站信息核对。清理排查外网信息系统与互联网接口，落实网络与信息安全责任。

该公司积极服务地方经济发展，有力保障了红鱼洞水库灌区枢纽工程、巴陕高速公路等重点项目，以及南威水泥、海螺水泥、川交公路等重要客户用电。深入开展“包片进村”活动，大力推进城乡供电“四同”服务，建立376个连心岗，发放“便民服务卡”5万张。支持全县重大政治经济活动开展，全年圆满完成保电任务43次。推进便民工程建设，完成投资3366万元的6.8万户智能电表换装及配套采集建设。拓宽交费渠道，开启工行、恒基伟业、邮政银行代收电费业务。大力推广“掌上川电”手机APP应用，注册用户达1.82万户。强化对抢修、停电检修时限的规范性和过程考评，实行营业窗口在线监控。坚持供电服务“一岗双责”，供电服务投诉率有效降低。

该公司深入开展“三严三实”专题教育活动，严格落实党风廉政建设责任制，下大力气整顿公司“庸懒散浮拖”问题。积极配合县委、县政府做好精准扶贫工作，选派“第一书记”到下两镇柑树坪村驻村帮扶，助力农户脱贫致富。推进企业文化建设，深入实施“心桥工程”六项行动。做好彭大权先进事迹报道与宣传，在系统内外引起了强烈反响。“最美电网一线”手机摄影大赛分别获得国网四川省电力公司工会一等奖、二等奖；技术创新活动分别获得市公司二等奖、三等奖。

【恩阳供电服务中心】恩阳供电服务中心是隶属国网巴中供电公司的内设二级机构，负责恩阳区电力保障和供电服务工作，按照县级供电公司管理和运作。2013年12月13日组建成立，2014年3月10日正式全面运转。

该中心内设7个职能部门、2个业务支撑机构，下设7个乡镇供电所，另有集体企业1个。定编355人，实际在岗员工340人，平均年龄43.5岁。该中心供电区域涵盖巴中市恩阳区全部行政区域，供电面积1156平方千米，辖24个乡（镇）437个村（居）委会2538个（村）居民小组，供电人口62万，营业客户16.05万，其中城区和乡镇场镇客户2.55万户、农村客户13.5万户，户通电率100%。拥有110千伏变电站1座，变电容量7.15万千伏安；35千伏变电站6座，变电容量6.19万千伏安，110千伏线路2条52.45公里；35千伏线路9条131公里；10千伏线路40条1520公里；10千伏配变1871台，变电容量10.11万千伏安；10千伏以下线路10353公里。有小水电站5座，装机容量0.279万千瓦。2015年该中心完成供电量1.91亿千瓦时，同比增长5.21%；完成售电量1.73亿千瓦时，同比增长6.59%；完成发电量564万千瓦时，较年计划增长12.8%；完成综合线损9.55%，较年计划降低1.60个百分点，同比下降1.16个百分点。因尚不具备单独的法人资格，恩阳供电服务中心的售电收入、主营业务成本、利润等经营指标未进行单独核算，由国网巴中市巴州供电公司统一下达、统一核算。

该中心开展劳动定员测算、评价和人员现状分析，加快解决生产一线结构性缺员问题。深化全员绩效管理，构建了全员绩效管理体系。加强内部监控，规范工资来源列支项目、各类员工收入和收入分配秩序、员工福利保障项目。加强人力资源信息管控系统建设和深化系统运用，有效提升人力资源管理整体水平。组织开展劳动定员设备台账收集和整理，加强劳动定员与劳动用工分析，科学编制一线结构性缺员问题的实施方案。坚持按月开展劳动定员评价工作，充实配足生产一线缺员岗位，基本达到劳动定员的总体要求。组织开展劳动合同清理工作，健全完善员工劳动合同台账。制定员工奖惩办法，严格执行员工请销假制度，加大对员工劳动纪律的巡查力度，对员工实行“日管控”。加强岗位用工管理，实行计划审批和过程全监管，与劳务派遣公司签订和完善劳务派遣协议，及时防范企业劳动用工风险，促进劳动关系和谐。制定《岗位绩效工资改革实施方案》，率先在巴中供电公司管辖的县（区）公司执行岗位绩效工资，优化绩效管理体系，探索管理岗位人员业绩考核的新模式，深化和丰富绩效管理结果运用，搭建绩效管理平台。制定《全员绩效等级评定管理办法》及相关配套办法，巩固岗位绩效工资改革成果，全面实行薪酬分配与绩效考核结果挂钩，体现重业绩和能力激励导向，有效激发员工的工作积极性。开展各类培训685人次，全年评定高级工26人，技师18人，人才当量密度为0.78。

该中心高标准完成了恩阳区“十三五”配电网规划、恩阳区配电网中长期发展规划和恩阳电网发展规划，为“十三五”电网建设奠定了基础。扎实推进西龛110千伏输变电工程前期工作，衔接区委政府解决好站点选址、征地拆迁、环保评审、证件办理等事宜，顺利通过国网四川省电力公司项目可研初步评审。做好项目储备，提高项目储备质量，共储备2017年精准扶贫村项目1.5亿元。加强施工的组织管理，加大协调力度，2015年农网改造升级工程（第一批）基本完成，低电压治理工程完成总投资的44.86%。投资3576万元的农网改造升级工程补充项目和投资1681万元的城网项目已全面启动。强化工程质量管控，落实标准工艺，大力推广标准台区建设，积极开展技能比武、岗位练兵，坚持工作指导和现场巡查并重，运用工序检查、见证、旁站、巡视、平行检验等措施，对工程质量进行全过程监督、检查、控制，努力提升工程质量水平。跟进全区发展建设，完成电力线路迁改项目12个，迁改10千伏线路40公里，低压线路21公里，完成投资607万元。完成市政工程配电项目10个，架设10千伏线路16.8公里，安装变压器24台，完成投资646万元。深化农网工程“典型设计”应用，韩渡村5社“典型设计”台区得到上级单位的充分肯定。

该中心加强同业对标指标管控，严格综合计划和财务预算管理，推行项目实施与预算安排一体化管控，预算完成率达 100%。抓好薪酬福利、“三公经费”、废旧物资回收审计整改，拓宽审计监察覆盖面。开展账、卡、物一致性清理，完成资产建卡工作。加强物资计划申报预算和物资采购全过程管控，物资合同结算完成率指标靠前。完成柳林物资仓储基地建设，强化重点工程物资保障，物资业务实现自收自发。完善工程竣工资料，限时验收、办结。抓好全员绩效考核，定期召开绩效评审会，推行供电所综合考评排序管理。大力推广预付费费控装置，新装费控装置 36 台，通过技术手段杜绝欠费风险，电费回收率和电费解交率达 100%，首次实现电费月“结零”。强化线损管理，严控“跑、冒、滴、漏”及窃电事件的发生。办结高压业务 79 笔，新增容量 2.5 万千伏安。建立关键指标在线监测月度管控机制，营销稽查、量价费损监控实现全覆盖，补收基本电费 2.2 万元、电价差漏计补收电费 6385 元。加强各小水电站管理，坚持科学调度，度电必争。

该中心严格落实安全责任，层层签订目标责任书。开展“安全大讨论”“安全日”“安全生产月”和“学规程、除隐患、保安全”等专项活动，深刻汲取系统内外安全事故教训，全员安全意识进一步增强。深入宣传安全用电知识，发放各类宣传资料 16 万余份。促成区政府出台《关于加强城乡用电安全管理工作的通知》，建立政企联动、群企参与的城乡用电安全管理工作机制。大力开展春安、迎峰度夏专项隐患排查和安全大检查，排查安全隐患 44 项，查处问题 37 项，整改率达 100%。严格“月计划、周安排、日管控”制度，修订完善中心突发事件总体预案和 31 项专项预案。建立职能部门与项目部履行安全主体责任、安全巡查大队与属地供电所履行安全监督责任的安全管理体系。创新现场违章查纠方式，全年巡查施工现场 1300 余场次，查处违章现场 162 个，清退、停工整顿施工队 7 个，发布巡查通报 26 期，处罚责任人 196 人，罚款 8.1 万元。建立安全责任“约谈”机制，对 8 名安全职责履行不力的管理人员进行了诫勉谈话，并对“10·27”智能表换装违章事件进行了严厉处罚。组织开展消防应急疏散和防汛抢险应急演练，检验了员工的逃生技能和抢险应急能力。加强石洞寺电站大坝隐患监控，确保安全度汛。组建电力警务室，协调区级相关单位对 8 起破坏电力设施的行为进行了严厉打击。加强交通、消防、保卫等领域安全监管，实现连续安全生产 751 天。

该中心完成2014年48个补充低电压项目治理，解决低电压户数2353户。投资5987万元实施2015年配网低电压整治项目，已完成工程总量的44.86%，全部完工后可解决9906户低电压问题。加强工作协调，积极争取2016年现存低电压储备项目纳入2015年农网升级改造工程补充项目实施。投资2159万元，精心实施农网升级改造工程补充项目，解决低电压用户数2312户。加强隐患整改力度，自筹资金45万元解决下八庙镇安居村、柳林镇罐子沟村、明扬镇二郎庙村、上八庙镇文星村低电压问题。督促供电所安装电杆反光标牌822张；开展35千伏及以下新增电力线路跨越及临近鱼塘区域垂钩专项整治，与鱼塘业主签订安全协议，在线路悬挂新型警示标志201处，有效防止农电事故发生。加强“两率”的监督考核，提升“两率”指标值。抓好班组建设，改善供电所办公环境，为供电所租赁36套房屋。统一硬件设施，为供电所添置 VI 标志等设施216件，添置生产培训设备设施7套，减轻供电所工作负担，提高了工作效率。渔溪供电所通过国网巴中供电公司“五星级班组”考核验收，并做好工作，积极申报恩阳、柳林供电所为标准化供电所。

该中心编制了《移动工地监管平台》《微信管理使用办法》《计算机管理考核实施细则》草案，完善了《计算机及其网络办公应用系统管理办法》，编制了《计算机日常维护手册》等开展网络办公应用。落实各项安全措施，加强通信网络维护，对密码安全及涉密文件安全管理进行督促检查，保障中心信息渠道畅通、信息资源利用和服务。完成对石洞寺电站监控设备的安装，解决了电站坝体及站内设备设施监控，实时掌握险情。对通信机房实施搬迁，增添了消防设备，解决了通信维护整改困难及火灾隐患的问题。开通 20 个供电组局域网，对所辖供电组抄表维护人员进行了 6 个批次的计算机基础培训。

该中心扎实开展“客户满意工程”和“业扩报装百日行动”，精简业扩报装手续，进一步提高办电效率。严格执行“三不指定”，实行业扩线上协同办理，积极响应电力体制改革，加强业扩新政宣贯执行。严格规范员工服务行为，逗硬查处投诉举报事件，严肃责任追究，全年投诉较上年降低26.96%。严格抢险报修时限管控，提高故障处理效率。积极服务地方经济建设，主动对接政府重点项目，大力开展 VIP 客户差异化特殊服务，全力满足客户用电需求，圆满完成40余次重大保电任务。大力开展专变等重要客户安全服务，帮助客户查隐患消缺陷。兑现免费用电基数补贴电费惠民政策，全年支付补贴电费270万元，惠及3万余户“两保户”。制定恩阳区电力扶贫专项方案，扎实推进精准扶贫，继续推进“包片进村”活动。推进互联网+服务，充分利用“掌上川电”、微信公众平台、供电服务 QQ 群等网络平台，拓展与客户交流和信息发布渠道。建成第三方电费代收网点180余个，新装自助交费机4台，购置移动充值购电设备30台，极大地方便了客户交费。严格规范停电信息发布，大幅减少客户投诉。

该中心稳妥完成岗位绩效工资制度改革，薪酬结构得以进一步优化规范，初步建立了多维度的职工薪酬收入晋升通道和与“三集五大”体系相适应的新型薪酬管理体系。积极探索农电转型新模式，推行集中办公、统一派工、工分绩效制等办法，极大地激励了员工工作的积极性和主动性。深化信息平台应用，强化员工的“日管控”，在各基层单位建立微信工作群，适时掌控员工的工作状态、安全规程执行、劳动纪律，得到了巴中供电公司的充分肯定。大力开展新技术运用，安装总漏保智能终端370台，缩短故障查找时间、降低配抢投诉风险。在重要线路加装支线智能开关和故障在线监测仪，为故障隔离和抢修提供科学依据，提高了供电可靠性。运用远程视频监控系统对石洞寺电站大坝运行情况进行监控，做到科学、安全防汛。

该中心认真开展“三严三实”专题教育，坚持党委中心组每月定期学习制度。建立健全党建工作考核机制，认真落实党风廉政建设责任制，层层签订目标责任书。开展“红线”制度巡讲，班子成员到基层讲廉课9次，组织廉规考试100余人次，发送廉洁短信3000余条，开展工作作风明察暗访1 2 次。严格干部选拔任用，提拔使用中层干部 4名，交流3名。采取“上挂下派”方式，6名员工上派到该中心或巴中供电公司部门进行岗位轮训锻炼。200多名员工和中干加入到学历提升教育和职称评定行列。开展履职能力培训5次，举办技术讲堂6期，人才当量密度提高0.06%。实施“五统一”企业文化传播、落地、评价工程。开展“每月一星”评比，选树先进典型8人。建成了9个班组文化墙和1间职工书屋。在各级报刊媒体发表稿件1000余篇。获国网四川省电力公司农网“五十佳工程”、恩阳区“2014年度依法治区工作先进集体”、国网巴中供电公司“2015年度先进集体”等称号；张仕利、姜程等20余人先后获国网四川省电力公司、国网巴中供电公司和区委、区政府表彰。

（吴明忠、符光）

国网甘孜供电公司
国网甘孜电力有限责任公司

【公司概况】国网甘孜供电公司成立于 2006 年 1 月，是隶属于国网四川电力以输电和售电为主的分公司，有长期职工 229 人。国网四川甘孜州电力有限责任公司成立于 2012 年 3 月 20 日，下辖全资县级子公司 17 个（除德格县和海螺沟景区），是国网四川省电力公司控股的市州级供电企业，有各类员工 2001 人，其中全民（其他）1859 人，劳务派遣用工 142 人。按照一套人马、两块牌子、管理高度融合的原则，分公司人员整体无偿支援州公司。2015 年年底，该公司资产总额达到 70.99 亿元，同比增长 27.62 亿元。

2015 年，该公司完成电网投资 5.67 亿元，投产 110 千伏及以上变电容量 29 万千伏安、线路 313.3 公里；线损率 28.49%，完成国网四川省电力公司下达计划；并表口径售电量 9.87 亿千瓦时，全面完成了国网四川省电力公司下达的各项考核指标。该公司扎实开展“三严三实”专题教育，全力确保安全生产，稳步推进电网建设，不断夯实发展基础，着力提升公司经营管理水平，坚持依法从严治企，持续加强“三个建设”，实现公司健康快速发展。2015 年，该公司荣获“全国五一劳动奖状”和“四川省模范职工之家”等称号，多名员工荣获国家电网、省部级表彰。

【人力资源】该公司设办公室、发展策划部、人力资源部、财务资产部、建设部（项目管理中心）、安全监察质量部、审计部、监察部（纪委办公室）、党群工作部（工会、团委），电力调度控制中心 10 个职能部门和经济技术研究所、运维检修部（检修分公司）、营销部（农电工作部、客户服务中心）、信息通信分公司、物资供应中心、培训分中心、综合服务中心 7 个业务支撑和实施机构。运维检修部与检修分公司合署，营销部（农电工作部）与客户服务中心合署，具有管理职能和实施主体双重职责。

2015 年，该公司建立健全劳动用工、员工管理等人力资源管理规章制度 2 个，修订规章制度 5 个。通过补充完善制度，结合公司发展实际修订现有制度，不断提升人力资源管理水平，使人力资源管理工作逐步达到科学化、规范化。重视干部队伍培养，加强干部队伍建设。严格干部选拔任用程序，通过组织考察形式共提拔任用 14 人，其中新提拔 6 人，副提正 8 人。加强中层管理干部队伍建设，公司本部下派 4 人到县级供电公司任职，开展县级供电公司领导班子成员异地交流 3 人。完成对 9 名处级干部，37 名科级干部及县级供电公司 55 名科级干部的履职及作风建设民主测评和 2015 年后备干部推荐。完成 1 名处级干部试用期满的民主测评和对 14 名援藏科级干部年度考核工作。2014—2015 年度招聘高校毕业生创历史新高，共招聘 173 人，本部 35 人，县级供电公司 138 人，其中：硕士研究生 3 人，大学本科 40 人，大学专科 130 人（含“三定生”50 人）。国家电网公司订单式培养招聘 2 人（九龙公司、泸定公司各 1 人），通过加强人才队伍建设，提升公司人才储备。

【电网建设与发展】该公司重点抓好项目前期管理，完成 5 个项目的入项目储备库工作。新开工建设 110 千伏项目 1 项，新开工并建成投运 35 千伏项目 1 项，完成 35—110 千伏项目开工准备 3 项。2015 年完成工程建设投资 5.67 亿元。安全优质建成“电力天路”工程变电站 6 座，变电容量 6.21 万千伏安，35 千伏及以上线路 349.3 公里。会同其他 8 家建管单位完成了无电地区电力建设，为 4.58 万户无电户，18.86 万无电人口送去了光明，圆满完成了“电力天路”及无电地区电力建设任务。

【经营管理】该公司按照国网四川省电力公司的统一部署，开展国网丹巴县供电公司数据清理，11 月将丹巴县供电公司吸收合并入州公司，完成了国网丹巴县级供电公司的并表工作，实现了甘孜州财务决算报表与国网四川省电力公司全口径合并，走好了电力体制改革最后一步。协调州国资委，就道孚鲜水河电厂划入方式达成一致意见。督促各县级供电公司办理产权登记，完善了法律手续。

2015 年 10 月 26 日，四川省副省长甘霖（前排右）在甘孜变电站调研 （国网甘孜州电力有限责任公司 提供）

该公司财务工作持续推进“财力集约化管理”，紧紧把握依法理财、改革创新、精益管理三个重点，通过提升经营效益、提高财务治理能力，各项工作均取得了较好的成效。针对公司管理薄弱环节，开展了“税务、电价、往来”三项专项整治，通过半年的辛勤努力，基本规范了纳税行为。购小水电上网价格全部严格执行州发改委价格文件，流动资产余额压降 47.14%，三项整治均取得了较好地成效。切实落实国网四川省电力公司“亏损治理”任务，开源节流、增收节支，圆满完成了年度各项考核目标。

【安全生产】该公司高度重视安全生产，按照“强基固本、抓好三基”的管理思路，充分利用春、秋两季安全检查平台，深入开展安全大检查，缺陷隐患整治，通过检查成果分析和运用，不断提升公司安全管理水平。以“珍爱生命，防止人身伤害”为核心，开展全员“安全大讨论”，深入剖析安全工作中存在的突出问题和风险，制定有效措施防范风险，牢固树立安全生产“红线意识”，安全风险“预控意识”，强化员工“保命”意识。在全面修订各类应急处置方案的基础上，加强应急技能和意识的培训，在本部举办防震减灾应急演习的同时，各县级供电公司根据所在区域最可能发生的灾害，开展针对性演习，有效提升整体应急能力。2015 年，炉霍、九龙、色达等县先后发生泥石流、山洪等自然灾害，各基层单位均能迅速响应，沉着应对，第一时间整合应急处置资源，在最短时间内恢复了供电，为当地救灾减灾工作的顺利开展提供了强有力的电力保证。

高原上的光明工程　　（国网甘孜州电力有限责任公司 提供）

该公司组织开展首届安全知识竞赛，投入 20 余万元发放近 12 万份藏汉双语宣传资料，大力开展用电安全及电力设施保护宣传，不断提升全员安全意识。先后组织 4 次《安规》普考、参加国网四川省电力公司调考共计 843 人次，开展“三种人”培训 1782 人次，认证下发“三种人”711 人。组织 91 人参加能监办“四川电力安全取证”培训，合格率为 100%。先后 4 批次组织为期 1 个月的“冬季送教上门”活动和为期 3 个月的“本部管理人员下基层”等专项活动，将用电安全、电力设施保护、风险管控、到岗到位、反违章、营配资料清理等基础管理工作进一步推向基层，有力推进了县级供电公司安全基础管理。

【农电工作】根据甘孜州电改办《甘孜州独立供区改革实施方案》文件精神，该公司 2015 年底完成对石渠县洛须镇独立供区的接收，改善了石渠县洛须镇 1143 户用电户的用电质量，其他独立供区的接收工作有序推进。

2015 年，264 名援建单位帮扶人员帮助该公司建立管理制度 206 项，举办各类培训班 258 期，开展隐患排查 282 次，消除缺陷（隐患）1894 处。预试定检变电站 12 座，水电站 10 座，开展小型技改工作 176 次。用电检查 190 次，查处窃电、漏电及违约用电 935 起，追补电费 92.8 万元。累计援助各县级供电公司价值 319.2 万元的办公用品、电能表计、导线、变压器等物资。在国网四川省电力公司农电技能竞赛中，公司代表队在 22 个地市供电公司竞赛中获得团体第 13 名。

【科技与信息化工作】该公司建成网络控制中心，对系统内信息、通信及自动化系统运行情况进行集中监控、故障处置、诊断分析，提高了对电网安全稳定运行的支撑水平。开展精益化项目，获国网四川省电力公司二等奖。完成公司数据中心标准化、实用化整治，优化了设备运行环境，进一步提高了设备健康水平。开展电力调度控制系统信息安全等级保护测评，针对信息安全存在的薄弱环节，对安防、技防等领域进行整治和提升。该公司各部门、各单位与公司签订了《信息安全责任书》、信息网络使用人签订了《信息安全承诺书》，强化全员信息安全意识。组织开展了 2 次信息安全专项检查，主要针对桌面终端各类防护系统的开启、系统弱口令、违规软件等进行了检查。2015 年，公司各类信息系统运行情况良好，未发生信息安全事件，未发生因系统故障引发的电网事件，未发生违规外联及信息系统泄密事件，信息安全工作整体情况良好。

【优质服务】该公司积极拓展第三方代收业务，与农行甘孜州分行、邮储甘孜州分行开展第三方代收电费合作，在全州 17 个县级供电公司部署了 26 台 24 小时自助交费机，拓宽用户缴费渠道。在 17 个县级供电公司推广“掌上川电”APP 注册，完成注册 4503 户，方便用户及时查询用电信息，掌握停电公告。按照标准化营业窗口建设要求，改造国网白玉县、稻城县等供电公司营业窗口，改善供电服务环境。全州范围内调整营业厅作息时间，中心供电营业厅实行无午休、无周休制，农村地区营业厅实行周一至周五不休，最大限度方便用户交费及业务办理。

该公司开展明察暗访 3 次，检查 8 个县级供电公司，重点督查业扩办理“三指定”、业扩工程中“吃、拿、卡、要”的违纪行为。开展“业扩整治百日整顿行动”，加强对公平的受电工程市场建设工作督导。为建设公平、公开、公证客户客户用工程环境，配合国家能源局四川省能源监督管理办公室于 7 月、9 月对甘孜州开展受电工程市场环境、供电满意度开展专项调查。

【党的建设和精神文明建设】该公司充分结合自身实际，扎实开展了“三严三实”专题教育。认真制定了《“三严三实”专题教育实施方案》，配发了 10 余本专题教育学习书籍，打好了专题教育基础。各级党组织的书记讲党课 20 余场次，两级领导班子讲党课 40 余次，进一步统一了思想，提升了凝聚力。以问题为导向，注重读原文、悟原理，开展 4 个专题的集中学习研讨近 100 次，发言的党员领导干部170 余人次。高质量召开了“三严三实”专题民主生活会和组织生活会。“三严三实”专题教育工作获得了国网四川省电力公司领导和广大干部员工的一致好评。以标准化党支部打造为载体，健全完善基层党组织，切实增强基层党组织战斗力。成立首支藏区党员服务队，积极开展优质服务，树立了国网公司良好形象。扎实推进党风廉政建设和反腐败工作，深化“两个责任”落实，创新廉洁教育形式，筑牢拒腐防变思想道德防线。

2015 年 5 月 25 日，该公司举行“享受大自然 与健康同行”全民健身登山活动　　（国网甘孜州电力有限责任公司　提供）

该公司深入开展企业文化主题活动，以公司成立 10 周年为契机，编写出版报告文学《天路霞光》，原创甘电人之歌《爱的彩虹》，创作出品微电影《父亲的生日》和《路》，制作《用心十载照亮未来》宣传片，展现公司十周年建设成果和丰厚的文化底蕴。深化建家内涵，大力开展群团活动，进一步丰富职工业余文化生活。

【存在的主要问题】一是大规模电网建设结束后，电网的管理规模迅速扩增，暴露出运行检修队伍力量不足和技术薄弱，在确保电网安全稳定运行方面难度加大。二是由于居民用电电价倒挂、电费回收困难、线损偏高、运维成本增加、抢险救灾投入大且管理粗放落后等原因，各县级供电公司经济效益差，普遍亏损严重，可持续发展面临诸多困难。

【国网康定县供电有限责任公司】国网康定县供电公司成立于 2007 年 10 月，先由康定电力公司同泸定电力公司联营重组成立甘孜藏族自治州电力有限责任公司，2013 年 4 月成立国网康定县供电有限责任公司，成为由国网四川省电力公司控股管理的县级供电企业。担负着康定市 21 个乡（镇）、240 个村、3.6 万户、12.9 万多人的生产生活供电任务。拥有 110 千伏变电站 4 座，变电容量 1.29 万千伏安；35 千伏变电站 6 座，总容量 7.12 万千伏安。拥有 110 千伏线路 3 条 123.7 公里；35 千伏线路 18 条 209 公里；10 千伏输配电线路 36 条 365 公里；配电变压器台区 1027 个，低压线路 1200 公里，固定资产 8137.57 万元。2015 年，完成售电量 3.58 亿千瓦时，同比增长 19.09%；综合线损 21.97%。

【国网泸定县供电有限责任公司】国网泸定县供电有限责任公司成立于 2013 年 4 月，是国网四川省电力公司控股的县级供电企业，担负着泸定县 12 个乡（镇）、124 个行政村，1.9 万多户、9 万多人的生产生活供电任务。泸定电网于 2006 年并入四川省网，拥有 110 千伏变电站 1 座，变电容量 5 万千伏安；35 千伏变电站 3 座，变电容量 6.17 万千伏安。35 千伏线路 11 条，全长 162 公里；10 千伏线路 19 条，全长 203.35 公里；配变台区 338 台，容量 11.40 万千伏安；低压线路 1200 公里。2015 年，完成售电量 1.36 亿千瓦时，同比减少

1.68%；综合线损 17.89%。

【国网九龙县供电有限责任公司】国网九龙县供电公司成立于 2007 年 12 月，是国网四川省电力公司控股的县级供电企业，担负着全县 1 镇 17 个乡，63 个村，262 个村民小组，6.2 万人的供电任务。九龙电网有 35 千伏变电站 11 座（其中 35 千伏上团、八窝龙变电站尚未投运），变电总容量为 5.56 万千伏安，9 个供电营业所（其中 4 个供电营业所同时兼变电站工作职责），35 千伏输电线路 6 条 249 公里，形成了以 35 千伏石九输电线路为骨干的地方输配电网络，覆盖 14 乡 2 镇，10 千伏线路 29 条 626.68 公里，10 千伏配电变压器 307 台、3.09 万千伏安、1052.76 公里，供电总户数 15789 户。有自备小水电站 2 座，装机容量 1400 千瓦。2015 年，完成售电量 4669 万千瓦时，同比增长 2.6%；综合线损 27.5%。

【国网丹巴县供电有限责任公司】国网丹巴县供电公司成立于 2011 年 7 月 8 日，是国网四川电力控股的县级供电企业，担负着丹巴县 1 镇 14 乡、181 个村，6000 余户，6.1 万多人的生产生活供电任务。有 35 千伏变电站 5 座，变电容量 3.42 万千伏安；35 千伏线路 5 条，全长 178 公里；10 千伏线路 17 条，全长 589 公里；配电台区 648 台，总容量 5.98 万千伏安。2015 年，完成售电量 5168 万千瓦时，同比增长 37.57%，综合线损 28.08%。

【国网甘孜县供电有限责任公司】国网甘孜县供电公司成立于 2012 年 3 月，是国网四川省电力公司控股的县级供电企业，担负着全县辖 5 个片区、22 个乡（镇）、220 个行政村、7300 多户的生产生活供电任务。拥有 35 千伏变电站 6 座，变电容量 5.27 万千伏安；拥有 35 千伏线路 7 条，148.8 公里；10 千伏输配电线路 18 条，520.3 公里；配电变压器台区 518 个，变电容量 5.14 万千伏安；低压线路 1154 条，全长 577 公里。有水电站有 8 座，总装机 9695 千瓦。2015 年，完成售电量 4296 万千瓦时，比 2014 年 3943 万千瓦时增长 8.96%；综合线损 48.93%。

【国网巴塘县供电有限责任公司】国网巴塘县供电公司成立于 2012 年 7 月，是国网四川省电力公司控股的县级供电企业，担负着全县 18 乡 1 镇、109 个村、9926 户、5.3 万多人的生产生活供电任务。巴塘电网 2014 年 12 月并入四川电网，拥有 35 千伏线路 5 条，234.9 公里；10 千伏输配电线路 34 条，739.4 公里；配电变压器台区 417 个，变电容量 4.44 万千伏安；低压线路 1089 公里。有小水电站 7 座，装机容量 1.03 万千瓦。2015 年，完成售电量 4841 万千瓦时，同比增长 41.42%；综合线损 44%。

【国网四川石渠县供电有限责任公司】国网石渠县供电公司成立于 2012 年 10 月，是国网四川电力控股的县级供电企业，担负着石渠县 23 个乡（镇、场）、302 个行政村、20963 户、9.7 万多人的生产生活供电任务。石渠电网于 2012 年 10 月并入四川省网，拥有 35 千伏变电站 9 座，变电容量 2.86 万千伏安；35 千伏线路 11 条，全长 390.42 公里；10 千伏线路 32 条，支线 355 条，线路总长 2094.9 公里；配电台区 674 台，容量 7.14 万千伏安；低压线路 1795 公里。网内有水电站 1 座，装机 6400 千瓦。2015 年，完成售电量 2994 万千瓦时，比 2014 年售电量 2683 万千瓦时增长 11.6%；综合线损 46.32%。

【国网炉霍县供电有限责任公司】国网炉霍县供电公司成立于 1989 年 5 月，2011 年转由国家电网公司代管。2013 年 5 月改制后更名为四川炉霍供电有限责任公司，同年更名为国网炉霍县供电有限责任公司，是国网四川省电力公司控股的县级供电企业。担负着炉霍县 16 个乡（镇）、171 个村、14098 户、4.6 万多人的生产生活供电任务。炉霍电网于 2014 年 12 月并入四川省网，有 35 千伏变电站 9 座，变电容量 2.73 万千伏安；35 千伏线路 12 条，全长 210.17 公里；10 千伏线路 24 条，全长 507.61 公里；配电台区 402 台，配电容量 4.6 万千伏安；低压线路 1246.2 公里。有水电站 5 座，装机容量 4610 千瓦。2015 年，完成售电量 3523.7 万千瓦时，同比增长 5.9%；综合线损 26.09%。

【国网得荣县供电有限责任公司】国网得荣县供电公司成立于 2014 年 3 月，是国网四川省电力公司控股的县级供电企业，担负着得荣县 1 镇 11 乡、127 个村、5226 户、2.65 万多人的生产生活供电任务。得荣电网于 2015 年 1 月并入四川省网，拥有 35 千伏变电站 5 座，变电容量 1.57 万千伏安；35 千伏线路 9 条，全长 144.85 公里；10 千伏线路 16 条，全长 554.01 公里；配电变压器 432 台，容量 4.25 万千伏安。有水电站 3 座，总装机 3000 千瓦。2015 年，完成售电量 4064 万千瓦时，同比增长 4.7%；综合线损 16.39%。

【国网理塘县供电有限责任公司】国网理塘县供电公司成立于 2014 年 2 月，是国网四川省电力公司控股的县级供电企业，担负着理塘县 1 镇 23 乡、208 个村、14662 户、7.01 万多人的生产生活供电任务。理塘电网于 2014 年 12 月并入省网，拥有 110 千伏变电站 1 座，变电容量 4 万千伏安；35 千伏变电站 6 座，变电容量 2.72 万千伏安；35 千伏线路 7 条，233.6 公里；10 千伏输配电线路 47 条，768 公里；配电变压器台区 377 个，变电容量 2.46 万千伏安；低压线路 719 公里。有小水电站 12 座，装机 1.08

万千瓦。2015 年，完成售电量 4315 万千瓦时，同比增长 26.22%； 综合线损 40.82%。

【国网雅江县供电有限责任公司】国网雅江县供电公司成立于 2013 年 4 月，是国网四川省电力公司控股的县级供电企业，担负着雅江县 17 个乡、113 个村、1 个居委会、128 个村民小组、12393 户、5.3 万多人的生产生活供电任务。雅江电网于 2012 年 1 月并入四川电网，拥有 35 千伏变电站 13 座，变电容量 3.56 万千伏安；35 千伏线路 8 条，全长 335.7 公里；10 千伏线路 29 条，793.48 公里；配电台区 287 台，变电容量 2.37 万千伏安；低压线路 889.38 公里；小型水电站 6 座，发电容量 4765 千瓦。2015 年，完成售电量 3166 万千瓦时，同比下降 2.46%；综合线损 30.68%。

【国网乡城县供电有限责任公司】国网乡城县供电公司成立于 2013 年 4 月，是国网四川省电力公司控股的县级供电企业，担负着乡城县 1 镇 11 乡、89 个村民委员会、130 个村民小组、6984 户、3.2 万多人的生产生活供电任务。乡城电网 2014 年 10 月并入四川电网，拥有 35 千伏变电站 5 座，变电容量 2.45 万千伏安；拥有 35 千伏线路 6 条，190 公里；10 千伏输配电线路 19 条，406 公里；配电变压器台区 310 个，变电容量 3.34 万千伏安；低压线路 634.2 公里。下辖 1 座水电站(麻拉水电厂)，装机 4000 千瓦。2015 年，完成自发电量 2385 万千瓦时，售电量 5785 万千瓦时；综合线损 28.59%。

【国网稻城县供电有限责任公司】国网稻城县供电公司成立于 2011 年 7 月，是国网四川省电力公司控股的县级供电企业，担负着稻城县 14 乡（镇）、124 个村、8347 户、3.41 万多人的生产生活供电任务。稻城电网于 2014 年 11 月并入省网，拥有 35 千伏变电站 6 座，变电容量 4.48 万千伏安；35 千伏线路 6 条，总长 219.07 公里；10 千伏输配电线路 21 条，479.48 公里；配电变压器台区 258 个，变电容量 3.79 万千伏安；低压线路 681.25 公里。水电站 1 座，装机 2500 千瓦。2015 年，完成售电量 3983 万千瓦时，同比增长 34.73%；综合线损 30.31%。

【国网新龙县供电有限责任公司】国网新龙县供电公司成立于 2013 年 3 月，是国网四川省电力公司控股的县级供电企业，担负着新龙县 19 个乡镇、81 个村、11518 户、5.1 万多人的生产生活供电任务。新龙电网于 2014 年 11 月并入省网，拥有 35 千伏变电站 7 座，变电容量 2.89 万千伏安；拥有 35 千伏线路 4 条，79.29 公里；10 千伏输配电线路 16 条，385.65 公里；配电变压器台区 245 个，变电容量 7.87 万千伏安；低压线路 285.25 公里。有水电站 3 座，装机 5020 千瓦。2015 年，完成售电量 2522 万千瓦时，同比增长 32.5%；综合线损 23.07%。

【国网色达县供电有限责任公司】国网色达县供电公司成立于 2012 年 6 月，是国网四川省电力公司控股的县级供电企业，担负着色达县 2 镇 15 乡、134 个村、15218 户、5.376 万人的生产生活供电任务。色达电网于 2014 年 12 月并入四川电网，拥有 35 千伏变电站 8 座，变电容量 4.04 万千伏安；拥有 35 千伏线路 11 条，448.7 公里；10 千伏输配电线路 24 条，900.73 公里；配电变压器台区 414 个，变电容量 5.28 万千伏安；低压线路 1155.41 公里。有小水电站 3 座，装机 1.18 万千瓦。2015 年，完成售电量 3592 万千瓦时，同比增长 41.42%；综合线损 39.73%。

【国网白玉县供电有限责任公司】国网白玉县供电公司成立于 2012 年 12 月，是国网四川省电力公司控股的县级供电企业，担负着白玉县 17 个乡（镇）、156 个村、12262 户、5.7 万多人的生产生活供电任务。白玉电网于 2014 年 11 月与主网并网运行，拥有 110 千伏变电站 2 座，变电容量 8 万千伏安；35 千伏变电站 7 座，变电容量 2.49 万千伏安；35 千伏线路 9 条，247.19 公里；10 千伏输配电线路 25 条，483 公里；配电变压器台区 425 个，变电容量 6.05 万千伏安；低压线路 763 公里。有发电站 2 座，总装机 2720 千瓦。2015 年，完成售电量 2815 万千瓦时；发电量 2400 万千瓦时；综合线损 42.4%。

【国网道孚县供电有限责任公司】国网道孚县供电公司成立于 2013 年 5 月，是国网四川省电力公司控股的县级供电企业，担负着道孚县 24 个乡（镇）、158 个村、1.4 万余户、5.4 万多人的生产生活供电任务。道孚电网于 2015 年 8 月并入四川电网，拥有 35 千伏变电站 8 座，变电容量 2.51 万千伏安；拥有 35 千伏线路 7 条，214 公里；10 千伏输配电线路 30 条，901 公里；配电变压器台区 578 个，变电容量 5.38 万千伏安。有水电站 4 座，装机 5260 千瓦。2015 年，完成售电量 3166 万千瓦时，同比增长 8.55%；综合线损 24.77%。

（杜小飞）

发电与超（特）高压运检企业

责任编辑：程彦韬、魏秀云

国网四川映秀湾电厂

【企业概况】国网四川映秀湾电厂（以下简称映电总厂），位于四川省西北部阿坝藏族羌族自治州汶川县映秀镇，地处少数民族地区，距成都65公里，距都江堰市16公里。整个生产厂区分布于岷江及其支流数十公里区域内，由映秀湾水电站、渔子溪水电站（一级）和耿达水电站（二级）共同组成，是四川大（二）型骨干水电厂之一。

映秀湾水电站位于岷江上游干流，渔子溪和耿达水电站位于岷江上游右岸支流渔子溪河。3座电站均系低闸隧洞引水径流式发电站，除耿达电站是半地下式厂房外，映秀湾电站和渔子溪电站均为地下式厂房，三座电站共有机组11台，主设备29台，总装机容量45.5万千瓦。

2015年2月，国网四川映秀湾水力电厂被中央文明委评为“全国文明单位”。图为四川省文明办为该厂授牌仪式现场　　（童洪　摄）

2015年，是全面推进依法治国的开局之年，是全面深化改革的关键之年，也是“十二五”的收官之年、“十三五”规划的谋划之年。面对复杂严峻的外部形势和艰巨繁重的改革发展任务，该厂积极应对新常态，坚持问题导向，勇于创新突破，以队伍建设为根本，以依法治企为保障，加快推进转型发展，各项工作取得新成绩、新突破。全年未发生七级以上人身事故，未发生七级以上电网、设备和信息系统事件；未发生总厂负主要或同等责任的重大交通事故；未发生违法违纪案件，未发生影响企业形象的重大事件和影响企业稳定的不安全事件，实现安全“零”目标。业绩考核综合得分在国网四川电力系统19家直属单位中排名第四位，位于A段。获四川省国资委党委“先进基层党组织”、国网四川电力“2015年度安全先进单位”和“红旗党委”等称号。

【人力资源】2015年，该厂深入推进“三集五大”体系建设，优化劳动用工管理策略，完善收入分配管理机制，深化绩效改革管理模式，强化福利保障管理体系。在全员培训、学历教育、技术技能等级提升、高技术技能人才、优秀人才的选拔培养等方面下大力气，以岗位技术能手、岗位服务能手的选拔培养，全方位带动总厂人力资源开发和优化配置，高技术技能人才培养取得可喜成绩。1人获评国家电网优秀人才（后备），11人取得高级技师资格，46人取得技师资格，17人取得高级工资格，28人取得初中级内训师资格，1人获评国网四川省电力公司“电力雏鹰”。仿真培训室、安全警示教育室投入使用，积极开展实训基地论证、规划工作。

【经济技术指标】2015年，该厂超额完成国网四川省电力公司下达的发电量年度计划。发生综合厂用电量3118.7413万千瓦时，综合厂用电率1.31%，机组等效可用系数91.09%，机组发电启动成功率100%，全面完成各项经济技术指标。

【安全生产】该厂全面贯彻执行新《安全生产法》等法规制度，坚持以人为本、安全发展，以深入开展安全管理提升活动为载体，落实各级安全责任、严格安全制度执行、深化风险管控体系，认真开展隐患排查治理和质量监督管理。进一步深化“预防为主、致力细节”的安全理念，生产发电高效有序，截至2015年12月31日安全生产达6338天。制定并下发年度安全工作意见，狠抓安全生产责任制的层层分解，全面落实国网四川省电力公司安全风险“月计划、周安排、日管控”工作。生产现场安全监督采用例行检查和集体巡查相结合方式，使安全监督检查常态化。安全风险管控关口前移，安质专责集体巡查生产现场22次，巡查发现问题345项，均实现闭环管理。强化违章“问责制”和制度执行力，同时大力营造“遵章光荣”氛围。每季度开展“反违章先进”评选活动。深入开展春季、秋季安全检查活动，结合安全大检查和缺陷隐患排查治理，组织完成发电企业安全生产达标评级工作。开展危化品、调度通信大楼供电和消防、电梯缺陷隐患专项治理工作，并制定危化品管理制度。深入开展安全生产隐患排查治理，累计排查出隐患48项，整改率100%。深化流域蓄放水安全管控机制，完善电站沿线流域防汛应急联动机制。完成“安规”培训调考和“三种人”月度安规调考工作。编写国网网络大学“防汛应急演练”课件培训教材。组织开展5期“一把手讲安全课”活动。

2015年3月10日，映秀湾水电站2号机组拆机顺利完成。图为转子吊出情况。（罗成　摄）

【发电运行】该厂深入推进水电站群集中管控模式，全面贯彻安全、优质、高效的发电方针。三站执行操作票共计1545份，执行操作49310项，操作票合格率100%；办理工作票1547份，工作票合格率100%；集控中心远程启动机组140次，启动成功率100%；完成反冲、冲沙、避峰等累计28次。全年累计完成TPM工作855项。

【设备维护与检修】该厂大力开展缺陷梳理，年度消缺率达到100%，提高了设备健康水平。完成映站3G和2G、渔站2G、耿站4G机组A级检修，机组均一次性启动成功。开展渔子溪电站发电机出口开关设备和出口封闭母线技改工作。完成集控中心开关柜改造并全部接入微机监控系统。所有保护系统、自动化设备按年度技术监督计划全部完成，投运率100%，正确动作率100%，人员伤亡和质量事故为零。

【科技与信息化工作】该厂充分发挥科技创新引领作用，加强科技需求调研及科技规划，组织完成“十三五”科研需求提报、规划编制工作。扎实开展知识产权保护，全年共申报发明专利1项、实用新型专利6项。20项实用新型专利获得授权（2014年14项，2015年6项），7项发明专利获得受理。规范科技专业管理，重视成果凝炼及转化应用。检修部“高山峡谷地带大型地网工频阻抗测试技术研究”获国网四川省电力公司工人技术创新二等奖，该厂2人分别获国网四川省电力公司先进科技管理者、先进科技工作者荣誉称号。大力营造科技创新氛围、重视发掘职工创新能力，全年共实施群众性创新项目4项，均达到预期研究目标，顺利通过验收。在加强信息通信专业日常维护管理的基础上，以项目管理为抓手，不断夯实信息安全基础。全年共实施信息维护项目5个，通信技改项目4项，提高了设备可靠性，保证了信息通信网络的安全稳定运行，全年未发生信息安全事件。

【企业管理及标准化工作】该厂积极推进了7项自主精益项目的开展实施，其中“水电厂设备运行参数的采集与分析精益提升”项目成果获得国网四川省电力公司2015年度优秀精益项目成果二等奖；开展企业管理创新与课题研究，其中管理创新项目“基于水电企业特点的物质配送体系构建及精益提升”获得国网四川省电力公司2015年度企业管理创新成果二等奖；“国有水电企业关键岗位内控管理体系构建”获得国网四川省电力公司2015年度企业管理创新成果四等奖；两个研究课题“基于KYT活动的水电站检修班组安全管理研究”和“基层企业党组织‘三联系’体系研究”分别获得国网四川省电力公司2015年度优秀课题研究成果三等奖。

【党的建设和精神文明建设】该厂党委坚持围绕企业中心工作，以坚持从严治党为龙头，切实抓好党的建设、企业文化建设和队伍建设，聚焦对党忠诚、个人干净、敢于担当，扎实开展以“严以修身、严以用权、严以律己，谋事要实、创业要实、做人要实”为总要求的“三严三实”专题教育，组织专题党课等教育30余次，召开专题民主生活会和组织生活会14次，查找班子“不严不实”问题

2015年5月26日下午，国网四川映秀湾电厂团委在1号楼401团员会议室，召开2014年度团青表彰会暨“奋斗的青春最美丽”分享交流会　　　　（童洪　摄）

21个，查找班子成员“不严不实”问题106条，制定了整改落实方案，提出了具体整改措施。全面落实党风廉政建设党委主体责任和纪委监督责任，无违反中央“八项规定”实施细则和“三公”消费管理规定的情况，党风廉政建设被国网四川省电力公司评为“优秀”等级。制定党支部工作任务白名单、电子档案目录。开展党支部工作季度督察。完成电力企业党组织“三联系”课题调研并荣获国网四川省电力公司2015年度优秀调研成果三等奖。制作《映电铁军》专题片，开辟“记者走一线”等专栏。策划实施“格鲁吉亚的中国标准”和“电力格桑花”宣传方案，扩大国网品牌传播效应。巩固“全国文明单位”创建成果，建立精神文明建设常态化、长效化管理格局，建成“阿坝州社会主义核心价值观示范单位”，员工乐鸿获得“阿坝州最美志愿者”和“2015年度四川省百名优秀志愿者”荣誉称号。有效推进民主管理工作，举办劳动竞赛、技术比武、全民健身、“奋斗的青春最美丽”“留守学生之家”等活动，不断激发群团工作活力。该厂党委荣获四川省国资委党委先进基层党组织和国网四川省电力公司2014—2015年度红旗党委称号。

【存在的主要问题】一是三站闸坝上下游及电站尾水因地震后次生灾害导致的淤积现象未得到根本解决，每年都要产生大量的淤积体，对电站安全发电造成严重威胁。二是由于映电总厂是国网四川省电力公司唯一一家水电厂，人员对外交流少、流通性差，人才队伍建设长期存在干部员工成长通道狭窄的困难。员工平均年龄44.9岁，中层干部平均年龄44.5岁，干部员工的老龄化在客观上已成为总厂改革发展的新瓶颈。

（映秀湾电厂　提供）

国网四川检修公司

【企业概况】随着四川500千伏电网的快速发展，为了优化资源配置，合理整合资源，充分发挥专业化优势，提升专业化管理水平，实现500千伏电网安全、可靠、稳定运行，国网四川省电力公司启动了四川超高压电网运检体制改革，2008年4月18日，四川省电力公司超高压运行检修公司在成都正式成立。按照“总体设计、分步实施、逐步到位”原则，稳步推进，完成了所属6个检修中心的组建和业务划转及人员接收工作，改变了四川超高压电网多年来的属地化管理格局，全面推进专业化管理。2010年6月，为深化专业化改革，国网四川省公司作出了交直流业务整合的重大决策，组建了超（特）高压运行检修公司，这是专业化改革道路上的又一个里程碑，其业务范围涵盖了交流和直流、超高压和特高压所有的省内骨干电网，步入了发展的快车道。2012年6月，为全面推进“三集五大”体系建设，在原超（特）高压运行检修公司基础上，组建成立了国网四川检修公司，作为省公司“三集五大”

体系建设的省级层面支撑和实施机构。

国网四川检修公司是国网四川省电力公司的直属单位之一，主要负责全省 21 个地市（州）超特高压输变电设备的生产运维、检修、大修、抢修、带电作业等工作的组织实施。公司本部现设置办公室、运维检修部、安全监察质量部（保卫部）、财务资产部、人力资源部、党群工作部（工会、团委）、监察审计部（纪委办公室）7 个部门，下辖变电检修中心、输电检修中心，成都、西昌、自贡、南充、绵阳、乐山、雅安 7 个运维分部，以及特高压交直流运检中心和综合服务中心。截至 2015 年年底，该公司运维管理 500 千伏交流变电站 46 座，变电容量 7408 万千伏安，±500 千伏换流站 1 座，容量 300 万千瓦，输电线路 175 条，长度 15330 千米（其中 2524 千米藏区线路委托四川电力送变电建设公司运维），公司直管和受委托管理的电网资产原值 543.05 亿元（其中代管国家电网公司资产 105.27 亿元，代管华中分部资产 10.42 亿元），超特高压电网规模居国家电网公司系统前茅。

【人力资源】截至 2015 年年底，该公司全口径用工 2252 人，其中国有全民员工 1434 人，占 63.67%，业务外委用工 818 人，占 36.33%。国有全民员工 1434 人中，管理人员 256 人，占 17.85%；技能类（服务类）人员 1178 人，占 82.15%；硕士研究生（含硕士学位）173 人，占 12.06%，本科 865 人，占 60.32%，专科及以下 392 人，占 27.35%。取得专业技术资格人数共 1014 人，其中高级职称 89 人，占 6.21%；中级职称 318 人，占 22.18%；初级职称 607 人，占 42.33%。取得技能等级人数共 973 人，其中高级技师 137 人，占 9.55%；技师 516 人；占 35.98%；高级工 126 人，占 8.79%；中级工 192 人，占 13.39%；初级工 2 人，占 0.13%。

2015 年，该公司按照“做实班组、做强分部、做优本部”的原则，公司深入评估现有机构岗位设置、职责界面和业务流程，探索增强本部管理和基层单位执行效能的做法，着力转变本部管理职能，加强对基层单位的指导、协调、监督、检查、考核，完善“五位一体”协同机制，优化调整了单位、部门的工作职责界面和岗位设置；推进“大班组”建设，组建变电检修和电气试验专业复合型班组，促进复合型人才培养；稳步推进变电运维一体化管理，理清变电运维和变电检修专业业务界面，调整下达变电运维专业劳动定员，提升变电运维管理质效。

2015 年，该公司进一步优化干部队伍结构，全年新提拔中层干部 4 名，平级交流中层干部 8 名；创新后备干部选拔方式，增加竞争演说、公开答辩等综合考评程序，选拔确定后备干部 36 名；深化两级“四好班子”创建活动，修订完善基层单位“四好班子”考评办法和《干部管理办法》等 3 项制度，对 12 个基层单位领导班子和班子成员进行了民主测评，开展基层单位领导班子及中层干部的年度考核考评工作；强化干部培训和培养锻炼，推荐到国家电网公司、国网四川省电力公司培养锻炼 3 人，举办干部及管理人员读书班 2 期、中层履职能力培训班 2 期，开展变电、线路专业中层干部专业技术管理培训班各 1 期，公司党政主要负责人亲自授课、言传身教，有效提升了干部队伍能力素质。

2015 年 7 月 28 日，全国政协考察团一行赴甘孜州考察川藏电网大通道建设情况。图为全国政协考察团成员在乡 500 千伏城变电站与检修公司员工合影

（王志奇　摄）

2015 年，该公司组织实施生产技术、安全监督、人力资源、党政工团等 11 类 234 项教育培训项目计划；组织开展 2013 年度师带徒鉴定考试及 2015 年 98 名新进员工师带徒合同签订工作；大力开展员工教育培训，全年投入培训经费 197.78 万元，共计培训 6306 人次，其中自主办班培训 5605 人次，外送培训 701 人次，各项培训计划有序开展，员工素质

和技能业务水平大幅提升；主业生产岗位员工持证上岗率 100%；有效推进人才评价，提升管理能力，全年公司共有 310 人取得高级专业技术资格和技能等级、54 人被评为公司级及以上优秀人才；人才当量密度从 2014 年年底 1.049 提升到 2015 年年底 1.0681，提升了 1.8 个百分点。

【运维检修管理】2015 年，该公司针对三大特高压直流及德宝直流输电线路满负荷运维保障工作，编制下发了专项保障方案，明确输电线路 142 处重点保障区段，沿线设置 21 个保电站，积极开展巡视和测温测距，大力应用无人机和有人机开展飞巡和激光雷达扫描，及时发现治理各类缺陷和隐患 68 项。充分发挥集团化运作优势，与沿线 11 家属地公司、电科院等单位开展了 2 次专项缺陷及隐患治理，发现治理各类缺陷 478 项、通道树竹类隐患 435 项。做好应急抢险准备，积极开展无脚本演练，70 小时内顺利完成了±800 千伏宾金直流接地极断线故障抢修恢复工作，圆满完成三大直流输电线路满功率运维保障任务。

重点工程安全有序推进。该公司顺利完成九江、溪古输变电新建工程，丹景、乡城扩建工程、达州—黄岩Ⅱ回线路工程，以及大岗山、枕头坝、黄金坪水电站 500 千伏送出工程验收和投运工作；完成德阳换流站年度检修，共计整改问题 1707 项，消除重大隐患 1 项，有力确保了川电外送通道的畅通；圆满完成乡城、木里站加装合闸电阻技改工程，消除了川藏联网工程后期运维重大风险；完成龙王站 12 组隔离开关、6 台断路器、6 台电流互感器，东坡站 15 台电流互感器、7 组隔离开关更换工作，大力提升了设备健康水平；完成乡城站主变扩建、丹景站主变扩建验收投运任务，消除了电网运行“卡脖子”情况。

输电线路故障跳闸率大幅下降。该公司全面落实输电线路“六防”措施，建立防山火台账，全年山火避险停用重合闸 54 条次，较 2014 年减少 156 条次。开展接地电阻检测 6645 基，发现并整治不合格接地网 51 基，安装避雷器 153 套、并联间隙 85 基。深入开展保护电力设施宣传，建立防外破隐患专档，在重点外破隐患点装设 48 套在线监测装置。继续推进通道属地化巡护，在 52 条 500 千伏及以上输电线路开展通道属地化巡护工作；无人机飞巡线路 5630 公里、杆塔 13658 基，发现各类缺陷隐患 2813 处，实用化水平居国家电网系统前列；按照省公司防山火、覆冰在线监测三年布点规划原则，完成±800 千伏锦苏线等重要输电线路通道的在线监测点位安装；完成 500 千伏及以上输电线路检修 102 条，组织开展全公司范围输电线路检修技能培训，实现特高压直流输电线路带电作业预期目标。

输变电专业精益化管理稳步推进。该公司大力推进线路标准化建设，严格按照国家电网公司“6 张照片”要求录入线路资料；全面开展线路通道及塔基环境治理、排水沟及堡坎修护、标识标牌补充工作，确保现场满足标准化线路建设标准。500 千伏标准化线路建设完成率已达 100%；深入开展变电专业精益化管理评价工作，按照公司一次设备动态维护手册要求，以设备管理为核心，将各项评价要求融入到日常专业基础工作中去，不断提高生产精益化管理水平；以国家电网公司首次继电保护精益化评价为契机，全面整治继保专业存在的问题和隐患，有力提升了电网本质安全水平。

2015 年 1 月 18 日，500 千伏石泉线山火隐患治理工作全面展开，图为工作人员正在烧除石泉线 58 号铁塔四周和通道附近的杂草　（李云　摄）

设备家族性缺陷排查治理取得突出成效。完成 ABB、西开组合电器刀闸连杆脱落、ABB 敞开式断路器绝缘拉杆质量、上海 MWB 互感器、乙炔含量超过 1ul/l 的雷兹 CT、新东北 HGIS 设备 CT 受潮等 5 起家族性缺陷治理。分析上报了新东北微动开关尺寸

项，其他停电检修工作 696 项；完成公司下达大修、技改项目 8 项；完成 500 千伏天坡一线、500 千伏谭龙一线、500 千伏蜀山一线三项迁改工程现场监管工作，迁改线路 3.137 公里，新建铁塔 9 基。完成带电作业 85 次，自爆绝缘子更换 26 次，金具导线缺陷处理 45 余次，其中特高压带电作业 14 次，次数居国家电网公司系统第一，消除缺陷 67 项，多供电量 24609.5 万千瓦时，首次开展西南地区特高压及藏区高海拔线路带电消缺。无人机巡检主要围绕±800 千伏复奉、锦苏、宾金三大特高压直流及其近区线路开展，完成线路通道巡检 1224.2 公里，发现通道类缺陷及隐患 37 处；杆塔精细化巡检 519 基，发现缺陷 91 处；完成成都地区 9 座变电站及德阳换流站的避雷针本体锈蚀等情况精细化巡检；支援国网乐山供电公司开展隐患排查 1 次，及时发现 220 千伏汉音线 244 号-245 号线路本体放电痕迹。并多次开展抗冰、防山火特巡，完成国网四川省电力公司试点单位共 3 批 19 人次无人机巡检操作培训及 35 架无人机验收。创新成果“更换 500 千伏输电线路 V 型绝缘子串的前端卡”分别荣获“国家电网公司 2015 年职工技术创新优秀成果二等奖、省总工会职工技术创新成果三等奖、国网四川省电力公司第二届职工技术创新十大优秀成果”；另有 5 项创新成果、QC 分别荣获“国网四川省电力公司 2015 年工人技术创新一等奖（2 个）、国网四川省电力公司 2015 年工人技术创新二等奖、国网四川省电力公司 2015 年度专利奖、国网四川省电力公司 2015 年度优秀 QC 成果二等奖等五项荣誉；高海拔带电作业 QC 小组获“四川省优秀质量管理小组”称号；中心带电作业一班荣获国家电网公司先进班集体、国网四川省电力公司标杆班组。

【成都运维分部】成都运维分部成立于 2013 年 12 月 26 日，主要负责成都、天府新区、德阳、资阳等地区的 500 千伏输变电设备运维管理工作。截至 2015 年年底，分部管辖 500 千伏变电站 10 座，变电总容量 2040 万千伏安；500 千伏输电线路 29 条，线路总长 1430 公里，铁塔 2252 基。2015 年，分部严格落实变电站精益化验收要求，圆满完成成都地区首座 500 千伏智能变电站广都站的生产准备及投运工作，为分部建立了一套完整、规范的生产准备标准化流程；完成龙王站第二阶段综自改造工作，涉及 500 千伏两个全串和 2 台主变以及 35 千伏部分所有二次设备的改造、220 千伏三段母线 PT 回路改造、站用直流系统改造、站用变二次设备更换等工作；在国网四川省电力公司历史上首次独立完成新东北 500 千伏 HGIS 外置 CT 二次绕组驱潮工作，完成什邡站同类型新东北 500 千伏 HGIS 外置 CT 隐患排查工作；完成龙王站多处接线板、引流线发热严重、谭家湾站 2 号主变 B、C 相含气量超标、谭家湾站两台主变有载调压开关不同步等多项重大缺陷的消除工作；所辖线路保持安全平稳运行态势，全年未发生由雷击、外力破坏和线树放电等引起的故障跳闸停运事件，跳闸率为 0 次/百公里·年，为成都地区电网安全供电提供了有力保障。

2015 年 1 月 11 日，500 千伏月普一二线无人机抗冰特巡（冯伦　摄）

【西昌运维分部】西昌运维分部成立于 2008 年 11 月 5 日，截至 2015 年年底，共管辖 500 千伏变电站 9 座，变电容量 1500 万千伏安；所辖输电线路 32 条，线路长度约 2952 公里（占公司超特高压线路 12373 公里的 23.86%），其中 500 千伏交流线路长度 2648 公里，±800 千伏锦苏直流线路长度 230 公里，锦苏直流接地极线路长度 74 公里，极址 1 座。2015 年，顺利完成三大直流满功率运维保障工作，确保了四川超特高压电网安全稳定运行；完成了所辖 24 条线路 304 个标准巡视区段防山火监测工作，未发生因山火原因造成的不安全事件；完成德昌县和平水库淹没区 500 千伏二普一线 91 号至 94 号区段的改迁工作；完成锦苏线 78 号至 82 号区段架空地线恢复和 79 号铁塔架空地线支架的更换工作，以及 500 千伏榄普一线抗冰改造和 334、335 号铁塔塔头更换工作，全面提高了所辖设备抵御低温雨雪天气和冰凌灾害的能力；完成500千伏月普一二线、西锦三线、泉榄二线、±800千伏锦苏直流等线路及九龙变电站全停等相关输变电设备的停电检修工作，春秋检期间共消除各类缺陷236项；圆满完成线路覆冰监测和直流融冰工作，共开展直流融冰27次；完成了500千伏木里变电站合闸电阻安装和5052/5053间隔的扩建工作，为电网安全和川藏联网工程持续稳定运行奠定了坚实基础；完成500千伏石棉、九龙变电站GIS刀闸加装尾相指示器等31个大修项目。完成了500千伏纳日变电站的验收和投运工作，完成500千伏月城、木里、水洛等6座变电站的精益化排查整改工作，全面提高了所辖设备的健康运行水平。

丹巴站年检　　（温永柯　摄）

【自贡运维分部】自贡运维分部成立于2009年10月28日，分部管辖500千伏变电站4座，变电容量6500兆伏安。直接运维分布在自贡、宜宾、泸州、内江、资阳、遂宁等6个地市的34条500千伏线路，线路总长2071.835公里。直接运维3条特高压直流输电线路，分别为：±800千伏复奉特高压直流线路，线路长度187.275公里（另有79.106公里接地极线路和一座接地极址）、±800千伏锦苏特高压直流线路，线路长度255.209公里和±800千伏宾金特高压直流线路，线路长度183.083公里（另有101.106公里接地极线路和一座接地极址）。2015年，完成洪沟、内江、泸州变电站六条220千伏线路的投运工作，完成洪沟变电站监盘权移交，实现了变电站由有人值守到少人值守的跨越。完成了三大特高压直流线路满负荷运行及近区电网的保电工作任务，快速高效处置了“7·13”宾金直流接地极线路断线故障，成功制止了“10·21”宾金直流线路下方突发吊车外破隐患，保障了四川水电外送通道的安全稳定运行。

【南充运维分部】南充运维分部成立于2009年6月30日。截至2015年底，分部所属500千伏变电站5座，变电容量为7500兆伏安；线路16条，长度1099公里。2015年，严抓善管安全生产，坚持现场整改与事后分析、通报相结合的方式，发布安全督查通报12期；强化“三种人”履职能力的提升，开展“两票大家查”活动，提升两票填写与执行的规范性；油化试验室建成并投入使用，全年共完成绝缘油色谱、微水测试等1000余项化学试验；圆满完成巴中变电站首检工作。完成500千伏南充变电站除220千伏PT以外的所有主变、线路及母联分段等间隔的改造工作。完成500千伏黄达二线投运工作，完成500千伏达州变电站22组220千伏母线侧刀闸大修工程，保证了电网安全稳定运行。持续推进500千伏遂宁、达州、巴中3座变电站的精益化整改工作，积极开展变电站站容站貌综合整治工作。扎实开展线路防山火、防外破、防雷、防汛、防地质灾害等专项工作，努力推进通道隐患动态管理，全年发生雷击故障跳闸1次，且重合成功，跳闸率为0.091次/百公里·年，线路跳闸率同比下降67%。安全高效完成14条次线路停电检修，全年登塔检修781基，消除电气缺陷366项，完成大修技改项目8项，设备健康水平进一步提升。首次开展政企联合执法，依法依规妥善处理“95598”工单23起，合理处置线房矛盾，及时消除化解沿线不稳地因素；开展南充500千伏变电站近区通道整治，严厉打击青苗补偿漫天要价、不合理野蛮阻工等不良风气，为电力设施保护工作开拓了新思路。

【绵阳运维分部】绵阳运维分部成立于2010年8月31日，主要负责绵阳、广元、阿坝州全境以及德阳、遂宁部分地区500千伏输变电设备的运维工作。分部党总支下设变电、线路两个二级党支部。管辖500千伏变电站6座，变电总容量950万千伏安；输电线路14条（包括德宝直流和直流接地极线路），线路总长 1313.097 公里。2015 年累计完成输变电设备检修工作 72 项，包括主变 7 台，220 千伏及以上间隔 27 个，500 千伏线路 7 条，其中完成路平站 107 套智能组件改造，26 个间隔、81 套保护及测控装置的配置修改、单体调试、分系统调试与启动投运试验工作及全站首检工作；累计支援南充、雅安、乐山分部和国网绵阳供电公司设备年检及综自改造工作 700 余工日；投入运维保障人员 1400 余人次、投入车辆 500 余台班，完成±500 千伏德宝直流首次满负荷运维保电工作；成功处置路平站 220 千伏Ⅲ母 5 号气室放电、平武站 220 千伏水武一线 2676 刀闸 A 相触头烧损故障、以及茂县站 B41 气室严重漏气缺陷；完成分部所辖 14 条线路、2059 基塔标准化建设并接受国家电网公司输电专业精益化检查，得到检查组一致好评。

【乐山运维分部】乐山运维分部成立于 2012 年 6 月 20 日，主要负责乐山、眉山地区内的 500 千伏输变电设备生产运行维护。管辖 500 千伏变电站 4 座，变电总容量 450 万千伏安；输电线路 19 条，总长度 1739.665 公里。2015 年，分部高效完成各项 500 千伏设备运维、检修、消缺、调试工作，整体检修能力稳步提升。历时近 170 个工作日，顺利实施了东坡变电站综自改造项目，大力提升了设备健康水平和分部管理水平；针对各变电站生产、生活设施现状，大力开展变电站生产设备及运行环境维护整治，有效提升变电站安全文明生产形象；利用变电精益化评价细则指导运维检修工作，有效提升了变电专业精益化管理水平。开展线路通道清障工作，通过政企联动，确保通道清砍力度不弱化，在部分区域实现了“砍后不复栽”；精心组织并独立完成了枕深线验收工作，历时 17 天，出动人员 350 余人次，严把验收质量关，确保了该线路零缺陷投运。

【雅安运维分部】雅安运维分部成立于 2008 年 08 月 01 日。截至 2015 年年底，分部管辖 6 座变电站、1 座开关站，变电总容量 568 万千伏安，其中 6 座站址都位于甘孜藏族自治州；管辖 500 千伏线路 12 条，总长为 1369.7 公里。2015 年，顺利完成 500 千伏大雅一二线及纳九线生产准备及验收工作，共计投入人员 2200 人次，发现缺陷 568 处，确保了线路零缺陷投运；完成了 500 千伏巴塘、乡城站 42 个间隔首检工作，监督厂家、施工方累计消除缺陷 138 条，保证了川藏联网工程的安全运行；完成新都桥变电站首检工作，克服智能变电站检修无熟手、缺乏工作经验等问题，边学边干，先后完成了 4 条 220 千伏线路、两条 500 千伏母线以及 2 台 500 千伏主变的首检工作，并在检修过程中及时发现部分合并单元“电压角差在临界报警值、双 A/D 采样偏差值在临界报警值”等严重缺陷，极大地锻炼和提升了分部智能设备检修能力。

【特高压交直流运检中心】特高压交直流运检中心于 2013 年 12 月 9 日正式成立，主要负责±500 千伏德阳换流站的运维及应急处置和所辖变电设备 A、B 类检修和 C 类停电检修的验收工作。2015 年，深入推进安全精益化评价工作，对 2014 年精益化评价发现的问题进行逐条核查并整改，完成整改 3365 项，全面提升了设备管理精益化水平；圆满完成德阳换流站年度检修工作，年检期间共完成全站 2323 个主通流回路接头直阻测量工作，消除缺陷 83 项，治理隐患 2 项，完成操作任务 310 个，操作 3757 项；在德宝直流首次迎峰度夏满负荷运行中，及时处理了 4 条严重及以上缺陷，圆满完成德宝直流满负荷运维保障工作。截至 2015 年 12 月 31 日，德阳换流站安全运行 2195 天，累计输送电量 651.11 亿千瓦时，连续六年万项操作无差错。全年未发生违章现象，安全生产综合指标在全国 23 个换流站中排名位列前茅，连续四年获得国家电网公司“红旗换流站”荣誉称号。

【综合服务中心】综合服务中心成立于 2013 年 12 月 26 日。中心主要负责公司后勤管理、小型基建、非生产性技改大修项目管理、车辆管理、消防安防管理以及物资管理、非物资计划管理等工作。下设后勤服务中心、物资服务中心、综合科。2015 年，中心健全完善后勤管理体系，形成了中心归口管理、各单位具体实施的后勤保障体系。原白芙蓉宾馆整体划转至公司，成为自有资产的生产办公基地，中心积极开展营门口生产办公基地环境整治和维修项目，为员工提供安全、健康的工作环境。将绵阳分部生产办公基地建设成功纳入省公司 2016 年小基储备项目，为其他分部基地建设起到了很好的借鉴作用。公司 10 个单位 9 个食堂已全部通过国网四川省电力公司县级健康食堂验收，完成 100%创建目标。进一步规范非招标采购工作，建立了公司非招标采购评审专家库，首批 95 名专家入库。合同签订准确率、及时率、合同结算完成率、月度供应计划完成率、供应计划完整率达到 100%。完成公司 306 个大修技改项目和日常运维物资的供应，保障了大修技改项目的顺利完成。

（杜先明、余小闯）

施工管理单位

责任编辑：魏秀云

国网四川建管中心

【企业概况】国网四川省电力公司建设管理中心前身为四川电力超高压建设管理公司，成立于1988年3月。2005年10月，四川省电力公司将四川电力建设(集团)公司更名为四川电力建设管理公司；2008年2月，按照省公司超高压建管体制改革要求，更名为四川电力超高压建设管理公司，并明确了四川电力超高压建设管理公司为四川省电力公司的全资子公司，按照与四川省电力公司签定的建设管理委托合同约定，行使500千伏及以上工程项目的建设管理职能。2012年，根据国家电网公司“三集五大”体系建设实施方案，四川电力超高压建设管理公司改制为国网四川省电力公司建设管理中心。

【组织机构及人力资源】截至2015年年底，该中心本部设置项目前期室、项目管理室、安全质量室、工程技经室、综合室等5个职能部室。此外，根据中心负责建管工程建设项目分布情况，设置了成都片区、川北、川南片区、川西、甘孜片区、攀西片区等4个业主项目部和特高压交流、特高压直流2个建设项目部。

【工程建设项目】2015年，该中心共完成基建投资52.97亿元。新开工4个输变电工程，变电容量200万千伏安，线路101公里；投产11个输变电工程，变电容量809万千伏安，线路902公里。完成500千伏可研评审项目9个，完成初设审查项目7个，取得项目核准7个，环保验收完成7项，水保验收完成11项。竣工预结算、结算完成52个。达标投产项目完成11个，国网优质工程9个。

“十二五”规划以来，该中心电网建设管理工程已累计完成电网建设投资454.9亿元，是“十一五”规划的1.68倍。新开工220千伏及以上开工项目41个，线路长度4909公里，变电容量2694万千伏安；投产220千伏及以上项目80个，线路长度8139.6公里，变电容量4361万千伏安。顺利投运了“新甘石”联网工程、川藏联网工程等重点工程，促进民族地区、贫困地区的民生改善。锦屏送出、溪洛渡送出工程按期投产，满足了省内清洁能源外送和区域内输电的要求。全面完成电网建设任务，实现500千伏输变电工程各市、州全覆盖。

【安全质量管理】该中心深入开展“基建安全质量年”和“安全日”活动，落实安全问责机制，强化管理措施。按照“月计划、周安排、日管控”要求，强化风险防控，每月对在建工程三级及以上风险进行梳理，发布风险作业835项。加强分包管理工作，严格运用国网合格分包商名录，严把分包商入口关。加大安全检查力度，每周开展安全巡查，发出“隐患整改通知单”23份，隐患183条。大力开展反违章工作，处罚违章行为5.91万元，对参建单位实施过程考核20.04万元。加强防灾、防汛监督工作，开展汛前地质灾害隐患排查，落实防灾避险应急准备。强化车辆管理工作，实行派车单制度，中心全年车辆没有负主要责任的安全事故发生。深度谋划创优工作，扎实开展优质示范工程创建。甘孜500

川藏联网工程项目档案通过国家电网公司办公厅预验收

千伏新都桥变电站工程获得“中国电力优质工程奖”“国家优质工程奖”以及“安装之星”； 500 千伏九江变电站工程通过国家电网公司优质示范工程检查。深入开展监督巡查，建立质量日常巡查制度。加强施工单位“三级”检查验收、监理单位初步验收、业主项目部预验收和运行单位的竣工验收工作，建立施工质量的考核评价机制。严格执行国家电网公司达标考核及优质工程标准，组织 3 次达标创优考核工作，对不满足要求的责任单位严肃追究责任，进行通报并按合同考核，考核金额总计 217.5 万元。深入分析达标创优工作中存在的问题，提出针对性的改进措施。组织创优工作专项培训，参培人员合计 100 余人次。加强电网建设项目档案管理，巴中变、新都桥变、亭达线通过了省档案局专项验收，川藏联网工程顺利通过国家档案局验收。

【工程管理】该中心全面完成了省公司下达的 2015 年里程碑计划任务，2014 年及以前遗留的 6 个子项目工程完成过半，“烂尾工程”取得实质性进展。“电力天路”工程全部顺利建成投产，实现了甘孜州所有县域电网与四川主网并网运行。建立广泛的沟通协调机制，组织重大方案审查，加快推进省公司重点工程项目进度，与省公司建设部建立重点工程周例会协调机制，丹景扩、达黄线、大岗山水电送出等重点工程项目顺利投产。切实抓好工程物资管理，全年共完成 50 个批次，1088 条物资需求计划申报工作，参与省公司组织的技术协议集中签约会议 13 次，完成 525 项物资的技术协议签订，申请新增高海拔、重冰区 500 千伏线路所需新物料共 14 项，将高海拔、重冰区、大高差线路常用的共 32 项线路金具汇总形成四川地区 500 千伏线路常用的非标准金具，促进了工程项目的规范顺利实施。

500 千伏广都变电站按期投运

在工程前期管理方面，该中心提前开展项目可研及各专题技术服务的采购工作。实行项目可研、初设预审制度。落实设计原则，严格审查外部协议，优化方案。与属地供电公司建立长效合作机制，协调解决项目可研阶段外部协议办理存在的问题。加强设计进度和深度管理，共开展可研、初设设计专题例会 3 次。配合省公司完成近 5 年基建项目设计质量分析报告的编制。加大核准工作力度，全面完成全年前期项目核准任务。强力推进水保工作。积极争取行政主管部门的理解和支持。林业编制单位提前介入，年度林业工作计划稳步推进。积极争取用地规划指标，该中心 2015 至 2017 年计划新开工重点项目纳入《四川省土地利用总体规划（2006-2020 年）》中，实现电网规划与地方社会发展规划有机衔接。编制《电网建设前期工作手册》，覆盖电网建设项目前期和工程前期两个方面，对电网建设前期工作的各个专题进行了认真梳理和汇总，并制定配套考核办法。雅中-江西特高压工程前期工作有序推进，特高压直流建设项目部会同特高压交流建设项目部全面参与工程项目前期管理工作，多次开展现场调查，参与工程可研内审及外审。

工程技经管理方面，该中心全面梳理输变电工程建设节点，制定节点管控管理办法及编制年度节点计划。制定中心非招标采购指南，培训采购和评审专家，进一步规范中心非招标采购工作。上报非物资采购计划 255 项，计划采购金额 17.82 亿元；配合国家电网公司和省公司开展设计、施工、监理招标 10 批次，招标总额 17.56 亿元；组织非招标采购 5 批次，采购金额 0.26 亿元。共签订各类合同及委托 209 个，合同金额 56.12 亿元。办理工程款支付 618 笔，累计付款金额 23.18 亿元。开展建设场地征用及清理费管理精益提升，进一步规范建设场地征用及清理费的使用。进一步优化结算流程，结算时间比原来压缩 15—20 天。积极推进属地协调工作，该中心已分别与国网广安、达州、凉山、攀枝花、甘孜、绵阳、阿坝等供电公司签订工程属地协议。顺利完成川藏联网工程竣工结算工作。技经专业调考包揽省公司团体和个人第一名。

【经营管理】2015 年，该中心全面开展“五位一体”建设应用，向省公司推荐上报电网建设前期“五位一体”管理典型案例。着力强化创新突破，加大创新成果的培育和申报，“与人文自然环境和谐统一的高原地区大型电力联网工程建设管理”获得 22 届全国企业管理现代化创新成果二等奖，“高原复杂条件下大型电网工程综合管控体系建设”获得国家电网公司课题研究项目成果一等奖。加强制度建设，开展制度讲堂活动 28 期。完善绩效考评机制，加强工作督办，中心业绩考核排名大幅提升。深化财务集约化管理，继续完善和执行二维度预算管理模式，强化预算管控。依法撤销原建管公司，处置四级长期股权投资 234 万元，收回应收款项 2179 万元，顺利实现省公司吸收合并。全年共参加省公司及以上培训班 72 个，中心自办培训班 5 个，送培学员共 400 人次；员工人才当量密度 1.1218；人才队伍建设贡献指数 1.0。

依法治企工作保障有力。该中心严格落实党风廉政建设责任制，强化“一岗双责”履职到位。深入开展廉洁从业教育，邀请专家作预防职务犯罪专题讲座，组织人员参观廉洁教育基地。坚持重要节假日期间以及党员干部婚丧嫁娶等敏感时间的廉洁提醒，组织中心工程管理人员进行廉规考试。召开协同监督联席会 2 次，围绕非招标采购、中层干部及重点岗位人员交流、工程管控流程节点梳理等重点领域切实开展风险排查，共排查出 5 个方面的 12 项问题，研究制订整改措施 10 条。开展领导干部及亲属违规经商办企业专项治理工作。建立重点工程廉政监督常态机制，立项开展新都 500 千伏输变电工程建设管理全过程廉政监督和效能监察，发现问题 47 项，提出整改建议 32 条。开展各类专项审计，包括以前年度未完项目 122 项及新入场项目 57 项。深化审计成果的运用，健全常态化管理机制。严格执行省公司薪酬福利规范管理“十项要求”，合理制定各层级人员薪酬规范管理实施方案。

【党的建设和精神文明建设】该中心对照“三严三实”要求，思想作风建设不断夯实。2015 年，严格按照真管真严、敢管敢严、常管常严的要求，从巩固和拓展专项教育成果入手，围绕“严格思想教育、严格干部管理、严格作风整治、严格纪律约束、严格责任落实”五个方面从严治党。上半年，围绕年度目标任务，回顾梳理党的群众路线教育实践活动“两方案一计划”整改措施落实情况，要求各部门、片区业主项目部加大整改完善力度，整改一项、报备一项、销号一项。该中心 5 个方面 56 项整改措施全部实现闭环完成并建立相应长效机制。下半年，该中心党委对照“三严三实”要求，以上率下抓教育、整作风、严纪律、促生产。举办一次集中党课，六次中心组（扩大）集中学习。对“不严不实”等方面存在的问题进行深入查找，客观分析，班子查摆问题共 16 条，班子成员查摆问题共 98 条。

该中心严格执行党管干部、党管人才原则，严把干部“选、育、用、考”四关，制定了“中层干部年度测评办法”《中层后备干部管理试行办法》。选拔想干事、能干事、干成事的优秀人员进入中层后备干部储备库，坚持“德才兼备，以德为先”的用人导向，在后备干部队伍中择优选聘中层干部。中心累计确定中层后备干部 8 人，其中正科级后备干部 4 人，副科级后备干部 4 人；调整中层干部 10 人，其中，副提正 1 人，平级交流 4 人、兼职 3 人，退二线 1 人，免兼职 1 人。

在急难险重任务中历练队伍。该中心将川藏联网、“电力天路”等重大工程项目作为考验干部、培养人才、锻炼队伍的练兵场，对表现优秀的干部员工重点关注，交流使用，多岗位实践。该中心现有各类优秀专家人才 40 人，占员工总数的 46%；中、高级职称 68 人，占职工总数的 78%。

该中心夯实党建基础工作，党组织战斗力得到提升。强化党纪国法、企业规章制度的学习与落实，中心党委重温宪法、党章、“三重一大”及党委工作制度。根据工作变动及时调整个人分工，确保了工作无遗漏可追溯。坚持民主集中制，完善了决策程序，确保严格按照程序、规则和集体意志办事。扎实开好了“三严三实”专题民主生活会和组织生活会，领导一班人与各党支部切实发扬整风精神，用好批评与自我批评武器，顾全大局出于公心，清楚指明了改进方向，集体制定了整改措施，真正收到了应有效果。

该中心认真落实党委书记第一责任人职责，坚持围绕中心工作谋划部署党建工作，扎实开展了规定动作并积极策划特色亮点。贯彻落实党组织书记党建工作述职评议工作，强化班子成员“一岗双责”。党委委员按照分工定点联系党支部开展共建，深化对党支部工作开展情况的考评，将考评情况纳入年度绩效考核。对表现优异、成绩突出的党支部加大了表彰、推优及人才选拔力度。

该中心以建设服务型、学习型党支部为抓手，贯彻落实《关于进一步加强基层党组织建设，充分发挥党支部战斗堡垒作用的通知》要求。严格执行年度党支部学习计划，加大推送政工人员、支部委

指标。

【党的建设与精神文明建设】2015 年，该公司落实从严治党要求，严格政治纪律和政治规矩，认真开展“三严三实”专题教育，聚焦不严不实问题，加强整改落实和立规执纪；深化“四风”问题整治，公务活动、会议接待、公务用车管理等进一步规范；完善惩防机制，形式多样开展警示教育，严格监督问责，处理违规违纪 3 人，党风廉政建设取得实效；坚持党建带团建，团青综合素质全面提升；积极选树身边人、身边事，涌现出勤奋敬业、学无止境等先进典型代表；新建职工食堂和活动室，切实为职工办实事办好事；创建劳模创新工作室和职工书屋，为员工成长成才搭建平台；踊跃参加行业技能竞赛并取得优异成绩；落实老同志“两项待遇”，加强保密和信访维稳工作，保持企业和谐稳定，为四川省“文明单位”。

（席运生）

教育与医疗单位

责任编辑：魏秀云

国网四川技能培训中心

【单位概况】国网四川技能培训中心与四川电力职业技术学院是国网四川省电力公司分公司性质的二级单位，属国网四川省电力公司层面的教育培训机构，集员工教育培训、高职学历教育、成人教育、职业鉴定等功能于一体，主要承担国家电网公司系统新入职员工、专业技术和高技能人才培训。四川电力职业技术学院是一所专科层次全日制普通高等学校，是全国100所国家示范性高职院校之一，是电力行业和国家电网公司系统唯一一所国家示范性高职院校。中心（学院）占地面积843亩，固定资产总值4.21亿元。建有覆盖电网企业主要专业工种的实训基地，能承担国家电网公司8大专业34个职种的技术技能培训、职业技能鉴定、技术比武、技能竞赛。2015年中心（学院）荣获国网四川省电力公司电亮藏区重点工程建设先进单位，四川电力安全生产先进集体等荣誉称号。

【人力资源】截至2015年12月底，该中心（学院）全民员工439人，专职培训师（教师）117人，研究生以上学历专职培训师（教师）比例达48.32%。全民身份职工中有382人取得了专业技术职务资格，占中心（学院）职工总人数的86.6%，其中有高级专业技术职务资格的为141人（教授7人，副教授83人），占全民员工总人数的31.97%；具有中级专业技术职务资格的为194人，占43.99%；取得初级专业技术职务资格的为47人，占10.66%。

【技术装备】该中心学院拥有先进实用的综合性技能实训基地，是国家电网技术学院成都分院、国网公司输配电线路带电作业实训基地、国家电网公司信息运维实训基地、电网设备状态检测培训基地等国家电网公司层面的培训基地。初步完成了国家电网公司网络大学学习平台建设及相关配套建设，能实现网络学习、网络交流、网络考试和培训全过程管理和展示。

【自身业务工作开展情况】2015年，该中心（学院）全口径培训量达266846人•天，培训质量满意率为99.94%、综合服务满意率为99.91%。出色完成了国家电网公司、国网四川省电力公司10个竞赛调考组织工作。针对公司优秀人才、关键紧缺人才等重点培训任务，实施了导师制和行动学习结合的培养方式，推进了“混合互动”的教学方式；开创了马边高石头村“智力帮扶”“量身定制”、进阶式培训新模式。网络平台实现了课程推送、自主学习、在线考试、资源共享、终身学习五大功能。开展国内首次职鉴安全督察工作，完成所属9个鉴定站的职鉴安全专项督察工作。组织国网四川省电力公司各技能等级职鉴考评工作，新增高级工2252名，技师3080名，高级技师154名。初步实现了常规履职培训与职鉴工作的标准对接，建成“全国换流站值班员”网考题库，填补了该工种国内职鉴网络考试题库空白。

2015年8月29日，在国家电网公司首届培训师教学技能竞赛中，技培中心选送的三位培训师代表四川公司参赛，经过激烈角逐，最终斩获专职组团体一等奖，个人一、二等奖的佳绩 （秦 勇）

该中心（学院）立足藏区发展实际，采取扶贫与扶智结合。坚定不移开展“521”人才援建藏区“四基”培训，通过“送进去、请出来”的方式，完成公司“电力天路”和“521”人才援藏培训班27个，开展职业技能鉴定“送考进藏”，惠及700多名一线藏区电网运维人员。首次招收50名西藏地区高职“三定”学生，2015届藏区班101名毕业生全部通过国家电网公司新员工招聘考试被录取。

该中心（学院）高职毕业生就业率达97%，专升本录取率9.56%。水利水电与建筑工程系水工131班团支部获得全国高校践行社会主义核心价值观“示范团支部”荣誉称号。水利水电与建筑工程系微课《博飞DJ2读数》获得中国水利学科专业青年教师微课大赛一等奖。学生技能竞赛成绩优异，获得中国大学生计算机设计大赛二等奖、全国高职院校工程造价技能大赛二等奖等多项大奖。

【科技成果】2015年，该中心（学院）完成5个发明专利和6个实用新型专利申请；荣获省公司科技进步二等奖1项、三等奖2项，荣获省公司“工人技术创新奖”二等奖1项、专利奖2项，荣获省公司企业管理创新成果一等奖、优秀课题研究成果一等奖、精益项目成果一等奖各1项。

【党的建设和精神文明建设】2015年，该中心（学院）党的建设进一步加强。按照省公司统一部署，以问题为导向，深入开展“三严三实”专题教育活动，全面查找整改“不严不实”问题。对现有干部管理办法及干部交流工作规定进行了修订，加强中层干部、后备干部培训。开展规章制度“废改立”工作。全年共发展党员38人，首次组织开展基层党（总）支部书记述职评议，创新开展党务工作现场推进会，加强了党对工会组织的领导。接受党风廉政专项巡查，强化了党风廉政暨惩防体系建设的责任落实。

文化建设有序推进。该中心（学院）在中国新闻网、新华网等数十家国内知名媒体登载稿件202篇。广泛开展职工建功立业活动，举办援藏工作、安全大讨论、职工创新成果展厅建设等各类先进评选表彰活动，中心（学院）职工书屋荣获“四川省职工文化驿站示范点”荣誉称号。推进困难帮扶、员工带薪休假、定期体检、疗休养等制度，切实为职工排忧解难。开展迎新游园，广播体操等形式多样的职工文体活动，增强了教职工的凝聚力。

国家电网公司颁发的首届培训师教学技能竞赛获奖证书　（秦　勇）

【存在的主要问题】培训师数量、素质难以适应培训工作的新形势。培训规模不断攀升，全部专职培训师已满负荷工作，仍不能完全满足逐年增长的培训需求。各培训室普遍存在专职培训师缺额较大、技能水平较弱、能力提升缓慢、前沿专业覆盖较少等问题。

随着特高压直流输电、新能源接入微网等新知识、新技术的应用，该中心（学院）的实训资源还不能适应电网发展新业务、新技术的培训需求，实训基地与现场需求存在相当的差距，达不到企业对生产一线人员培训的要求。

（章志刚、谢沁岑）

国网四川管理培训中心

【单位概况】国网四川管理培训中心（中共国网四川省电力公司党校）是国网四川省电力公司于 2010 年组建的企业内部非盈利性职业教育培训机构，是省公司党校所在地，属于省公司分公司性质的二级单位。该中心以企业管理培训为主，主要针对公司经营类、管理类和部分技术类岗位实施专业培训。党校作为省公司党委的重要部门，主要承担党建理论研究、领导干部、后备干部及党务专业管理人员理论教育培训等工作。作为省公司“智桥大学”建设的培训实施机构，下设领导力、行政、人文、人力资源、物资、规划等 6 个学院，主要负责培训教学管理、培训后勤保障以及网络学习平台培训数据维护建设等工作。

该中心始终立足于省公司发展大局，以构建企业大学为目标，以培养适应“十三五”电网发展战略要求的高素质干部队伍和专业人才队伍为宗旨，大力开展管理人员教育培训工作。结合电网发展实际，建立完整、系统、具有电力特色的培训课程体系，自主开发特色培训课程，中心成立至今，共完成各类培训班及会议 800 余个，培训学员及参会代表 30 余万人天，在培育高素质、复合型管理人才方面做了卓有成效的工作。同时，中心还承担省公司系统内一类会议及部分二类会议的接待及公司廉洁教育、集中评标等相关工作。

该中心具备了500余人规模的会议接待能力，客房床位数达576个，餐厅座位数达800个。中心从功能上分为北部培训区和南部会议区。北部培训区设有研修室、电教室、报告厅、阅览室、培训教室等现代化培训教学设施。南部会议区设有会场、国网四川省电力公司廉洁教育基地和电子评标室，并配有运动场馆，可同时进行网球、篮球、羽毛球、乒乓球等球类运动。该中心不断整合公司系统内部培训资源，创新培训管理方式，建立一支满足不同层次培训需求的优秀内训师队伍，同时，加大网络学习平台建设力度，于2013年建成了数字化校园系统，实现了培训管路、会议接待各类资源的数字化管理。

面向未来，该中心将紧紧围绕省公司发展大局，以构筑现代企业学习体系为主线，朝着“建设一流企业大学，培养一流电力人才”的目标迈进，为省公司实现“十三五”规划期间发展目标提供思想支撑、人才支撑和智力支持，为省公司教育培训事业做出新的更大贡献。

【人力资源】该中心 2015 年度原有职工 102 人，其中包括领导 6 人。年末职工人数 105 人，其中领导 5 人，当年新进大学毕业生 7 人，退休 4 人，省公司挂职锻炼 1 人。

问计培训“十三五”对话专家零距离

职工队伍现状：经营者 5 人，管理及技术人员 66 人，服务类人员 34 人。硕士研究生 10 人，大学本科 60 人，大专 16 人。高级职称 12 人，中级职称 25 人。技师 8 人，高级工 29 人。人才当量密度 0.9962，人才引进指数 1.0857，平均年龄 40.2 岁。

人员培训情况：全年中心内部组织专项培训 35 班次，2165 人次；各部门外送培训共 30 班次，852 人次，合计教育经费 17.76 万元。中层及以上管理人员培训费 4.95 万元，22 人次；中心骨干员工培训费用 5.94 万元，30 人次；中心内训师培训费用 3.78 万元，60 人次。另外送省公司组织的专项培训 73 班次，102 人次。全面完成了 2015 年教育培训计划。

【技术装备】该中心信息发布系统 2 套，大屏显示系统 2 套，扩声系统 13 套，中控系统 3 套，信息查询系统 1 套，会议系统 3 套，多媒体显示系统 3 套，会议录播及监控系统 1 套。数字化校园 1 套（含：教学策划、教学管理、后勤保障功能），同声传译 1 套，数字网络扩声系统 1 套，演出音响 1 套，舞台灯光 1 套，公广系统 1 套，音频矩阵系统 1 套，信息采集与后期制作 1 套，LED 大屏显示系统 1 套。

【自身业务工作开展情况】2015 年是该中心适应经济新常态、改革新要求，坚持从严治企，勇于改革创新的一年。面对内外部复杂形势，在省公司的坚强领导下，该中心坚定信心、奋力拼搏，全年实现营业收入 4202 万元，完成培训班 238 个，培训学员 21046 人次，培训量 85935 人•天，完成各类会议接待 75 个，接待参会人员 6556 人次，接待量共计 22728 人•天。全年接待量共计 108663 人•天，首次突破 10 万人•天，创 5 年来新高。全面完成省公司下达的各项目标任务。

一是“三严三实”专题教育扎实开展。该中心在党的群众路线教育实践活动“回头看”的基础上，深入开展“三严三实”专题教育，领导干部的思想政治素养和工作作风明显好转。专题教育以党委书记讲党课开局，将领导带头、注重质量和问题整改贯穿始终，先后举办专题党课 5 次；围绕 4 个专题，以问题为导向，对照正反两面镜子，开展专题学习研讨 6 次，深入学习了总书记习近平系列重要讲话精神，党章和党的纪律规定等内容。高质量召开专题民主生活会和组织生活会，广泛听取员工意见，以“不严不实”查找领导干部作风问题，动真斗硬开展批评与自我批评，不折不扣开展专项整治，梳理并整改问题 4 项。1 项需长期整改的问题已在逐步落实中。

二是安全形势稳定向好。该中心坚持“安全第一，预防为主，综合治理”方针，突出依法治安、从严管理，持续开展“安全管理提升”活动，成立安全（质量）巡查大队，构建坚强安全保证体系和监督体系。深化隐患排查和风险防控，全年共开展安全检查 18 次，查出安全隐患 78 项，整改 76 项。坚持安全教育全员化和多样化，全年开展新进员工入职安全培训 3 次，一线业务部门消防安全知识现场培训 2 次，全员消防安全培训 1 次，参培人员 500 余人次；组织安规调考 1 次，97 人参考，合格率 96%。督促相关部门分专业开展消防应急疏散演练 3 次，组织中心消防应急演练 1 次，员工消防应急处置能力不断提高。中心后勤保障部被省公司评为“安全教育培训先进集体”，一名职工获得“安全工作先进个人”称号，实现中心年度安全事故“0”目标。

三是培训管理换档提速。该中心坚持秉承和变革并重，筑牢培训体系。以“挖掘学习智慧，解决实际问题”为突破口，深化学员自主选择课程机制，

中心教师辅导藏区学员进行系统性课程设计

提升培训实效，延展学习价值。有效总结课程开发经验，着力提升课程研发能力，自主完成《换个角度看问题》《课程开发与设计》《压力舒缓》三门课程。坚持借脑和造血并重，筑牢培训基础。在加大内训师的选聘和激励的基础上，通过校企合作，与知名高校、培训机构建立常态合作关系，内外部师资库建设成效显著，内训比例从 2014 年的 20%上升到 2015 年的 40%以上。坚持前瞻和实用并重，推进特色服务。全年完成了 80 门网络大学课程的转换，为省公司网络大学建设奠定了基础。为国网四川电科院、国网绵阳供电公司等 6 家兄弟单位提供培训策划服务，受到兄弟单位好评。全力做好国家电网公司 2015 年培训师教学技能竞赛教练工作，为省公司参加国家电网公司大赛取得好成绩做出积极贡献。自主研发的《行动学习》《让廉洁成为一种习惯》《课程开发与设计》课程分别在西藏公司、国

网阿坝供电公司进行讲授，学员反响良好。

四是依法治企助力发展。该中心严格“三重一大”决策程序，修订《“三重一大”决策实施细则》，细化决策内容，规范决策程序。开展制度梳理工作，建立动态更新机制，形成《适用国家电网公司通用制度汇编》《适用省公司规章制度汇编》。推行使用国家电网公司统一合同文本，统一文本使用率达85%。遵循“专业服务、集中调派、全程保障”的原则，认真开展招标（非招标）活动法律保障工作。加强审计监督，配合省公司完成四个专项、八大重点领域交叉审计工作，充分运用综合审计、资金管理专项检查、党风廉政建设大检查成果，对中心在“三重一大”、非招标管理、资金管理、工程管理方面存在的风险隐患进行了有效整改。加强集体企业规范管理，集体企业依法治企水平得到极大提升。

五是管理效能稳步提升。该中心建立安全、质量、经营等业绩指标实时监测分析机制，提升中心运营管理水平。强化预算管控，确保全年预算执行可控、在控。强化综合计划刚性执行，保证资金使用合理合规。2015 年中心综合计划执行率获省公司排名第二。推进库存物资利用精益化管理和库存物资利用协同监督项目，实施“6S”管理，物资集约化管理平台初步建成。强化工程项目管理，完成43 个工程项目竣工结算工作。加强车辆统一规范管理，实现车辆实时运行监控。

六是服务工作日新月异。该中心以“感动文化”落地为抓手，秉承“干净、整洁、舒适、安全”八字方针要求，深挖“五心”服务内涵，推行 SOP 管理视音画三维立体展示，优化工作流程，提升服务标准化水平。注重员工特长发挥，分类组建服务团队，提升服务响应能力，中心优质服务水平获得系统内外较高评价。健全质量管控体系。实施责任逐级追究，查实查清服务质量事件，服务质量监督工作实现由简单惩戒型向分析引导型转变。全年实现优质服务责任投诉零目标。开展“智能”校园建设。加快“翠月直通车”APP 建设，不断拓展网上服务功能，用智能手段实现服务集成，突出服务信息收集和反馈的高效互动，完成学员宿舍 WiFi 网络搭建，住宿分体空调远程集中管理，培训、会议以及日常运行管理水平大幅提升。中心接待工作受到省总工会、国家电网公司团委、省公司办公室书面表扬。

【科技成果】按照省公司企协的总体安排，该中心扎实推进管理创新和课题研究工作，2015 年完成并向省公司推荐管理创新成果 3 项、课题研究成果 2 项，其中管理创新成果“以团队学习为着力点打造卓越团队实践”获得省公司 2015 年度企业管理创新成果四等奖，课题研究成果“基于品牌接触点管控的培训机构品牌建设维度模型构建研究”获得省公司 2015 年度优秀课题研究成果二等奖。此外，精益化项目“企业大学内训师精益管理”获得省公司 2015 年精益项目成果二等奖。

【党的建设和精神文明建设】加强基层党支部建设，明确工作标准，细化考核细则。该中心建立党委委员联系支部机制，落实党支部目标管理。开展新一轮“三分类三升级”和“双争”活动，引导广大党员创先争优。集中开展廉政监督和专项检查，制定培训学员、参会代表作风建设“九条禁令”。完成“廉洁谈话精益化管理”项目，规范谈话流程、提升谈话质量。参与省公司反腐倡廉教育课件制作竞赛，荣获教案类作品三等奖。开展效能监察项目 2 项，监察工作直达项目现场，效果良好。开设道德讲堂，搭建思想道德建设平台。完成“五心”劳模工作室和创新工作室建设，激发广大员工钻研技术、提高技能、勇于创新的热情和活力。创新文化传播方式，注重特色亮点宣传，先后制作完成了《征途·跨越》《荣誉背后》《为智慧点灯》宣传视频及《坚守》《历程》微电影。启动并完成了中心优秀专家人才选拔工作，2 名员工进入中心优秀管理人才储备库。加大干部交流力度，调整干部 12 人次，干部综合素质和管理能力得到极大提高。

（吴巧怡、徐岚岚）

全管理基础。以安全管理专项整治活动为抓手，持续巩固“三清理、一提升”活动成效，围绕“加强安全法治，保障安全生产”的活动主题，组织开展了“安全生产月”“安全生产万里行”及安全事故警示教育等主题活动，持续提升安全保障能力和管控水平，科锐得集团活动上报的优秀作品获国家电网公司表彰。针对旗下全资、控股、代管企业存在不同的安全风险，同质化小，差异化大的情况，科锐得创新提出安全“五统一、一差异”（安全管理标准统一，安全工作标准统一，安全考核标准统一，执行流程统一，考核结果的执行人统一，管理、监督、考核的过程由相关责任单位实施）管理，着力规范各单位安全管理行为。根据各单位作业类型难以统一的特点，通过安全生产大调研、大讨论，安全管理建言献策等方式，对公司的安全管理及作业项目提出“四步”安全管理：一是作业风险分析、预警，危险点、危险源辨识、预控，安全措施制定、落实；二是安全监护、检查、督察、到岗到位监督；三是安全隐患排查整治；四是应急预案编制、演练、处置、应急预想。以安全风险管理为重点，深化安全隐患排查治理，强化应急预案演练，提高应急保障能力，保障公司持续健康安全发展。

2015 年 8 月 7 日，国网四川省电力公司在科锐得集团本部组织召开川西北片区区域设计公司整合研讨会　　　　（科锐得集团　提供）

2015 年，科锐得集团狠抓作业现场安全质量监督检查，为工程项目取得国优、行优保驾护航。四川蜀能电力有限公司承建的四川甘孜新都桥 500 千伏变电站工程先后获得中国电力优质工程奖、2014—2015 年度国家优质工程奖，2014—2015 年度国家“安装之星”安装工程最高奖项，实现了省公司行优工程、国优工程“0”突破，也是四川电网建设史上变电项目首次获得国优工程奖。

2015 年，科锐得集团荣获国家能源局四川监管办颁发的“四川电力安全生产先进集体”荣誉证书。

【资产经营】科税得集团继续深入开展人、财、物集约化管控，不断强化依法治企和规范管理。实施集团全面预算管理，强化预算编制、审批、下达、执行、控制、调整和监督，提升财务管控整体水平。会计核算中心进一步规范会计基础工作和内部资金审批流程，加强资金支付合法合规性审查监督，防范财务风险。集体企业资金管理中心负责组织实施“省级资金池”运作，实现全省范围内资金的归集和统一运作，为省公司系统集体企业发展提供持续动力和资金保障并取得显著的经济效益和管理效益。稳妥推进物资集约化管理的架构设置和制度建设，积极开展电子采购平台的上线运行相关工作。推动全省集体企业资金信息系统化建设，为财务资金领域的依法治企提供了科学化、精益化管控手段。

科锐得集团启动了“十三五”规划编制工作，进一步明确集团产业发展定位和方向。对接国家电网公司产融结合战略，开展了科锐得互联网统一运营平台建设（基础及代收电费）专项工作，同时以服务“供应链金融”为主旨，嵌入小额贷款业务，全资设立小额贷款公司，作为集团战略转型的重要部署。调查了解新能源汽车及充电设施建设相关政策，开展了电动汽车租赁及充电设施建设项目可行性研究。开展融资租赁业务调查研究，编制完成《融资租赁业务调查分析报告》。

科锐得集团　“集体企业省级资金池管理实践”课题获 2015 年四川省企业管理现代创新成果三等奖、省公司 2015 年管理创新成果一等奖，“集体企业内部融资精益管理”项目获省公司 2015 年精益化项目三等奖。

【集体企业改革改制】2015 年，按照《国家电网公司集体企业改革改制工作的指导意见》（国家电网体改办〔2015〕100 号）要求和省公司安排部署，科锐得集团启动实施集体企业改革改制工作。格瑞德公司及所属单位主办的25户集体企业中，5户集体企业纳入集体企业公司化改制（其中，4户实施清算关闭，1户实施吸收合并），其余20户集体企业存续经营。在实施推进过程中，科锐得集团严格执行国家有关规定，认真履行企业改革的各项内外部工作程序，确保各环节有机衔接，程序完整闭环，手续资料齐全，切实维稳员工队伍稳定，切实保障过程合法合规，经得起各方检验。截至2015年年末，实施清算关闭和吸收合并的单位已基本完成前期程序和有关工作，进入注销程序。

在省公司主导下，格瑞德公司加强对所属企业的重组整合，配合编制完成了重组整合方案，与相关主业单位进行了沟通研讨，待省公司审批通过后实施。

按照省公司安排，由科锐得集团牵头，启动对川西北片区德阳、绵阳、资阳、雅安、阿坝、甘孜等地设计业务的整合工作，相关工作有序推进。

【科技与信息化工作】 2015年，科锐得集团充分重视科技创新及信息化工作，积极响应国家电网公司信息化建设总体目标，在省公司的安排和指导下，根据企业自身情况，按照国家电网公司“一个平台”的信息化发展思路，除了全力推进集体企业业务应用平台的实用化外，开展了“集体企业资金管理及电子采购试点应用”项目建设工作，该项目已顺利通过省公司验收，进入实用化推广运行阶段，为资金集中管理、电子采购集约化管理等业务开展提供了技术支撑手段。

科锐得集团所属企业多个项目获得国家专利授权、著作权认证及相关技术成果。四川蜀能电力有限公司承建的甘孜500千伏新都桥变电站工程获得电力行业工法成果奖1个、科技进步奖2项、QC成果奖4项；“输变电工程‘标准’管理系统”获得中国电力建设企业协会科技进步三等奖；“导线铝股切割自动化技术研究”先后获评省公司十大技术创新成果和国家电网公司职工创新成果三等奖。四川通源电力科技有限公司QC小组荣获中国电力建设企业协会2015年度电力建设QC成果二等奖。四川科锐得电力信息自动化技术有限责任公司的“全口径发电数据采集系统”获得省公司科技进步三等奖。成都城电电力工程设计有限公司牵头承担国家电网公司管理科技项目1项，参与四川省科技计划项目1项，独立承担并完成省公司标准化项目1项，参与并完成国网标准化项目2项；在专利、著作权、论文发表等工作方面取得丰硕成果，共发表论文12篇，取得专利授权18项（其中发明1项），获得软件著作权2项。

【党的建设和精神文明建设】 2015年，科锐得集团党委严格按照省公司党委的安排部署，高标准、严要求的开展了“三严三实”专题教育活动，开展了6次4个专题的“三严三实”专题学习研讨活动，扎实组织各级党组织和党员干部开展学习和研讨，领导干部亲自撰写发言文章52篇，中层干部撰写读书心得体会120余篇。将党风廉政建设和反腐败工作纳入公司改革发展工作总体布局，与业务工作同研究、同部署、同实施、同考核，全力抓好党风廉政建设“两个责任”的落实。坚定党员干部理想信念，组织了两期党员集中轮训，开展发放党员政治生日卡、重温入党誓词等活动，组织参训党员为荣军院（四川省革命伤残军人休养院）伤残老军人捐款，接受爱国主义教育。开展“忆党史、缅先烈、颂党恩、促跨越”纪念建党94周年暨抗战胜利70周年系列活动，组织开展了党史、抗战史知识竞赛和“我身边的共产党员”演讲比赛，营造出弘扬爱

2015年10月16日，科锐得集团与四川省革命伤残军人休养院签订精神文明结对共建协议 （科锐得集团 提供）

国精神、时代精神的浓厚氛围。注重党员发展质量，严格党员发展标准和程序，重点吸收优秀技术技能人才和生产一线骨干等优秀分子入党，全年共发展党员 14 名，多于公司历年发展党员数量之和。持续推进党员组织关系转接，公司共有党员 334 名。

科锐得集团推进企业文化实践，通过员工调研、高层访谈，已形成初期的“科锐得”文化体系。强化精神文明建设，在本部和基层单位建立了 4 个道德讲堂，并组织开展“道德讲堂”活动，营造文明道德氛围。开展“文明细胞”创评，建立起精神文明建设的激励机制。推进志愿者服务的常态开展，组织开展“志愿服务月”义务献血活动，与四川省革命伤残军人休养院开展精神文明结对共建，重阳节对荣军院 168 名老军人进行慰问。聚焦重点工作宣传，四川科锐得文化传播有限公司选送的 5 篇反映四川特高压电网建设、川藏联网工程等重大题材的新闻报道，分获中国电力新闻奖报纸作品奖的一、二等奖。狠抓劳模培树、职工创新，在四川蜀能电力有限公司建立“刚刚亮”劳模工作室和创新工作室。推动基层单位开展劳动竞赛、技术技能比武和技术创新，多个项目获科技进步奖、QC 成果和工法成果奖。深入开展创先争优活动，为公司争得了各项荣誉：科锐得集团工会荣获省总工会授予“模范职工之家”称号；集团公司党委获评省公司“2014—2015 年度红旗党委”；四川科锐得文化传播有限公司第二党支部被评为国家电网公司“电网先锋党支部”；四川蜀能电力有限公司获评四川省重点工程劳动竞赛先进集体；先进个人不断涌现，王文周被评为“电亮藏区”工程建设劳动模范，黄晓松等 5 人荣获“国家电网公司川藏电力联网工程先进个人”称号，何长春获评四川省重点工程劳动竞赛优秀建设者。

【存在的主要问题】

一是集团化运作优势尚未完全形成。科锐得集团尚未实现对企业内外部资源的有效整合和优化配置，在产业发展、市场开拓、提升综合竞争能力等方面未能完全形成资源共享、优势互补机制。二是支撑集团产业发展的资金压力仍然巨大。科锐得集团资金压力还未得到全面缓解，资金供应距集团产业发展实际需求还存在较大差距。三是人力资源结构性矛盾依旧突出。科锐得集团人员总量大，但专业管理和技能骨干缺乏，人才引进渠道受限，配置不到位，经营管理和专业工作推进缺乏强有力的人才支撑。四是安全生产风险压力仍旧较大。科锐得集团安全意识不强、安全生产技能不足，人员违章屡禁不止的问题未能彻底根治，表层化、表面化现象仍然存在。五是市场开拓的能力和动力依然不足。科锐得集团从业人员市场化意识不强，能力素质不齐，缺乏市场竞争机制，动力不足。六是文化引领作用缺乏。科锐得集团统一的企业文化尚未完全形成，员工的归属感、责任感、使命感不足，无法有效促进企业凝聚力和向心力的提升。

【分公司】

1. 四川科锐得实业集团有限公司营销服务分公司

四川科锐得实业集团有限公司营销服务分公司成立于 2012 年 9 月。经营范围为设计、研发、销售电力自动化设备、信息系统软硬件产品并提供技术服务；企业管理咨询；设计、制作、发布广告和物业管理等，依托集团公司实行本部化管理，主要负责集团公司承接的“95598”呼叫、计量辅助检定、应急中心外包服务、医疗辅助管理和辅助医疗服务等主业外委业务。

2. 四川科锐得实业集团有限公司建设分公司

四川科锐得实业集团有限公司建设分公司（以下简称建设分公司）于 2012 年 7 月成立，主要从事电力工程、送变电工程及通信自动化工程管理、设计咨询、施工、安装调试、建立；电力自动化设备、信息系统软硬件产品设计、研发、销售及提供技术服务；机电设备及配件、办公设备销售等业务。

建设分公司本部设办公室、财务部、项目管理部 3 个部门，下设 12 个业务组。拥有中级及以上专业技术职称的工程技术人员 19 人，其中具有建造师、造价师、招标师等各类国家执业资格的 16 人。

2015 年，建设分公司依托多年工程建设管理经验，发挥人才优势，以高度的责任心和服务意识，安全、优质、高效完成了省公司建设管理中心各项外委业务，为建设管理中心圆满完成各项业务提供了坚强的支撑。

3. 四川蜀能电力有限公司成都蜀达分公司

四川蜀能电力有限公司成都蜀达分公司（以下简称蜀达分公司）于 2012 年 6 月成立，经营范围主要包括电力生产、机电设备安装工程、送变电工程、销售建筑材料、建筑机械及设备租赁、项目投资、国内劳务派遣、停车场服务、物业管理等。2015 年，蜀达分公司续建工程有 500 千伏大雅线、500 千伏达黄线、广元 220 千伏朝天变电站工程，新建工程有 110 千伏沙渠送出线路、110 千伏永宁送出线路、220 千伏昭化—广元牵引站双回Ⅱ标段、单回Ⅱ标段线路工程、500 千伏甘蜀一线 N33 塔改造工程。2015 年，蜀达分公司荣获省公司“电亮藏区”工程建设“先进集体”荣誉称号。

4. 四川蜀能电力有限公司电网运维分公司

四川蜀能电力有限公司电网运维分公司（以下简称运维分公司）于 2013 年 2 月成立，经营范围包括承接国网四川检修公司非核心业务外委及零星社会化委托业务。业务范围覆盖全川，在成都、绵阳、自贡、西昌、雅安、南充、乐山等地设有班组。

2015 年，运维分公司根据工作需要，对管理机构进行了调整，将原综合管理部、运维业务部、经营管理部调整为工程项目部、综合管理部、安全监察质量部。分公司下设 3 个变电检修班、3 个输电检修班、14 个地区变电班和 10 个地区线路班和 1 个综合服务班。截至 2015 年年底，运维分公司共有各类员工 327 人。

2015 年，通过公开招标方式中标 2015 年国网四川检修公司输变电业务外委项目，并按计划进行合同履约，为四川 500 千伏输变电设备的安全稳定运行提供了必要支撑。此外，通过公开招标、竞争性谈判等方式承接国网四川检修公司大修、技改配合施工项目 28 个，承接变电站用户委托运维 220 千伏间隔 26 个，承接变电站用户间隔改扩建施工项目 16 个。

【所属子公司】

1. 四川科锐得文化传播有限公司

四川科锐得文化传播有限公司（以下简称文传公司）是科锐得集团全资子公司，成立于 2011 年 4 月，注册资本 3000 万元，具备装饰装修三级资质，是建筑装修装饰工程质量管体系 GB/T19001-2008/ISO9001:2008；GB/T50430-2007）、职业健康安全管理体系（GB/T 28001-2011/OHSAS 18001:2007）、环境管理体系（GB/T24001-2004/ISO14001:2004）认证企业。文传公司主营业务涵盖了国网四川省电力公司自办媒体“一报、一刊、两网站、一频道、一快讯、一年鉴、一动态”—《西南电力报》、《四川电业》杂志、省公司内外网站、“光芒视频”V 网电视频道、手机快讯、电力年鉴、《四川电网工作动态》等媒体业务，以及省公司系统新闻宣传策划、采访报道、广告设计、代理及发布、企业形象宣传和 VI 设计制作，书籍、画册设计制作、印刷，媒体、户外广告发布，多媒体展示厅建设，电视专题片拍摄制作，重要活动策划布展，营业厅装饰装修等。

文传公司设置综合部、财务部、总编室、编辑部、影视部、营销部、创作部 7 个部门。

全年共出版《西南电力报》97 期、《四川电业》杂志 6 期和 1 期企协增刊、手机快讯 258 期、省公司内网上稿 13237 篇，外网上稿 2032 篇。制作播出《新闻直通车》91 期，专题对话栏目《网事面对面》25 期，各种反映国家电网的人和事的公益插片 80 余条。编辑发布《国网川电》微信服务号 24 期 120 条。2015 年，文传公司拍摄制作的电视作品《背篓电工队：大红灯笼挂心上》荣获“英大传媒 2015 年度优秀电视作品展评”新闻类一等奖，《零度的电表》荣获“英大传媒 2015 年度优秀电视作品展评”新闻类二等奖，《为了那一份回家的温暖》荣获“英大传媒 2015 年度优秀电视作品展评”新闻类三等奖，《大凉山的雄鹰》荣获“英大传媒 2015 年度微电影展评”一等奖。

文传公司完成省公司级重要新闻采访报道 400 余次，完成甘孜“电力天路”及无电地区电力建设、打造“天府之新”、互联网+电网、扶贫帮困、“路在脚下”等重要策划与实施 10 余项，记者深入藏区、无电地区、灾区、革命老区、贫困山区、攀西地区等基层单位采写新闻 50 余次。较好地完成了省委省政府领导调研国网四川电力、省公司与腾讯签署“互联网+电网”协议、与清华大学会谈、参与西南智能电网产业论坛、四川构建全球能源互联网等重要采访报道。

通过多平台同步推送，光芒视频全省电信、广电总共已开通 46000 余户，通过统一播放，系统覆盖全省 220 余个供电营业厅服务网点，隐形辐射人数达到 230 余万人。

2015 年，文传公司党委第二党支部被国家电网公司党组授予“2012—2014 年度电网先锋党支部”称号。

2. 四川蜀能电力有限公司

四川蜀能电力有限公司（以下简称蜀能公司）成立于 1994 年，原为四川电力送变电建设公司多经企业，2012 年 5 月由科锐得集团全资收购，注册资本 7107 万元，资产总额约 4.71 亿元。蜀能公司具有送变电专业承包一级资质和电力设施一级承装（修、试）类许可资格，是工程建设施工组织质量管理体系（GB/T19001-2008 idt ISO 9001:2008+GB/T50430-2007）、职业健康安全管理体系（GB/T28001-2001）、环境管理体系（ISO 14001:2004 GB/T24001-2004）认证企业。主营业务范围涵盖机电设备安装工程、送变电工程、建筑机械及设备租赁等。拥有种类齐全、配套完整的输变电工程施工技术装备及飞艇、多旋翼飞行器展放引绳技术装备，机械化施工能力达到较高水平。

蜀能公司本部设综合管理部、人力资源部、安全监察质量部、工程管理部、市场经营部、财务资产部等 6 个部门，下设成都蜀达分公司、电网运维分公司、送电和建安工程各项目部及调试作业班、机械作业班。公司现有员工 262 人（不包括蜀达、运维），有一级建造师 22 人、二级建造师 56 人、注册安全工程师 5 人。

2015 年，蜀能公司坚持“立足 500 千伏市场，巩固 220 千伏市场，突破省外市场，关注特高压市场”的市场开发战略，积极进行市场开拓。全年参与投标 11 次，投标工程 70 个。中标工程 8 个，中标率为 11.43%，其中 500 千伏线路 259 公里，220 千伏线路 71 公里，中标签约合同价约 4.2 亿元。2015 年是公司 500 千伏工程中标率和签约合同价最高的一年。中标江西潭埠—洪源 500 千伏线路工程，标志蜀能公司省外市场开拓首获突破。

2015 年，蜀能公司全年共承担各类施工工程 22 个（线路工程 12 个、变电工程 10 个）。通过精心组织、超前谋划，优化方案，强化现场管控环节，顺利推进工程建设。枕头坝、成渝客专、路茂线抢险等一批急难险重工程在内的 8 个项目顺利安全投运，潭洪线、黄金坪等工程安全高效推进，获得了上级和有关单位的高度肯定。

蜀能公司获评省公司 2015 年度安全先进集体、500 千伏枕头坝项目被评为省公司安全先进班组、220 千伏巴复线夺得省公司项目安全管理流动红旗。依托 500 千伏新都桥变电站工程大力开展技术创新工作，成效空前：获得电力行业工法成果奖 1 个、科技进步奖 2 项、QC 成果奖 4 项。开展的“导线铝股切割自动化技术研究”先后获评省公司十大技术创新成果和国网公司职工创新成果三等奖。500 千伏新甘线、220 千伏雅江变电站等 5 个工程获得国网公司优质工程命名。500 千伏新都桥变电站先后获得电力行业优质工程奖、国家优质工程奖，“安装之星”奖（安装行业最高奖）。

3. 四川科锐得电力信息自动化技术有限责任公司

四川科锐得电力信息自动化技术有限责任公司（以下简称自动化公司）为科锐得集团全资子公司，成立于 2011 年 2 月，注册资本人民币 2000 万元。主要经营范围为电力信息自动化技术开发、电力自动化系统工程、继电保护系统工程、计算机网络系统工程、信息系统工程设计、施工并提供技术咨询、技术服务；工程项目管理；研发、设计、销售、安装、调试、维护电工仪器仪表、继电保护设备；计算机系统集成；销售电力设备、计算机及配件；物业管理；房屋租赁、汽车租赁、机械设备租赁。目前已通过中质协 ISO 9001 质量管理体系认证，取得建筑企业电子专业承包三级资质。

自动化公司设有综合部、财务部、计划合同部、工程部、技术部、生产部、运行维护部、安全监察质量部八个部门。

2015 年，自动化公司完成 23 个光伏、风电等新能源工程、国网西南分部调度数据网建设、枕头坝等 57 个厂站的自动化接入工程等项目。完成了国网公司重点开发项目——“地市网络控制室信息通信集中监控系统”的研发工作；对传统优势产品——保信子站 P100 系统进行了持续改造升级；技术开发人员运用新技术，统一开发平台，进一步降低了系统开发的成本。完成了省公司信息系统、ERP 系统、人资系统、调度自动化等系统的运行监视、应急处置、业务保障等工作，工单处理率 100%，检修合格率和计划检修率均达 100%，无一例用户投诉情况出现。

2015 年，自动化公司获得科锐得集团安全生产先进单位和基层先进党组织荣誉。

按照《国网四川省电力公司关于四川格瑞德资产管理公司集体企业改革改制实施方案的批复》（川电体改〔2015〕7 号）文件精神，自动化公司由四川科锐得电力通信技术有限公司吸收合并。截至 2015 年年末，已完成吸收合并的前期程序和有关工作，进入注销程序。

4. 四川科锐得电力通信技术有限公司

四川科锐得电力通信技术有限公司（以下简称通信公司）成立于 2011 年 1 月，为科锐得集团全资子公司，注册资本 2000 万元。通信公司具备四川省建设厅建筑业企业通信工程施工总承包三级资质，并通过了 ISO9000 质量体系认证。公司主要业务范围为：国网四川省电力公司各 220 千伏及以上输变电工程中配套通信工程施工、川内各接入电厂通信工程施工、相关跨区域超特高压输变电工程四川段通信工程施工、变电站及基建指挥视频监控系统施工、受托对川内发电集团及接入电厂通信系统进行运行维护、受托配合国网四川信通公司对电网通信开展运行维护和应急抢险工作。

通信公司设有系统工程部、线路工程部、运行维护部、系统集成部、综合事务部、计划合同部、财务部、党群工作部、安全质量部、物业中心共 10 个部门。

2015 年，通信公司完成的工程项目有：国网西南分部 16 个通信站点施工项目；九江 500 千伏变系统通信新建工程等 5 项、泸州百和 35 千伏视频监控及动态环境监测等 13 项省公司基建工程项目；溪古水电站等 27 个川内水电、光伏、风能电站接入系统通信工程；省公司市内及出入城光缆维护、抢修工程。此外，通信公司还切实开展通信运维保障服务工作，为省公司、集团公司、信通公司提供了强有力的技术支撑。

2015 年，通信公司被评为集团公司先进单位、先进党组织，荣获信通公司安全生产特殊贡献集体、先进分工会等奖项。

5. 四川环网物资有限责任公司

四川环网物资有限责任公司（以下简称环网公司）成立于 2004 年 1 月，由原四川电力物资公司出资组建。2012 年 11 月由科锐得集团全资收购，注册资本 800 万元。公司具有交通运输管理部门颁发的道路运输经营许可证，质量监督管理部门颁发的设备监造（乙级）资质及相关部门颁发的印务资质，主要依托主业从事四川电网建设电力物资的二次运输、装卸服务，配送、信息处理、现场服务等一体化物流服务，运输综合配送范围覆盖四川全境。

2015 年 12 月 18 日，蜀能公司承建的 500 千伏新都桥变电站项目获得国家优质工程奖。图为颁奖现场（科锐得集团　提供）

环网公司目前下设五个部门，分别为综合管理部、安全计划部、配送管理部、设备监造部和印务服务部。截至 2015 年环网公司现有职工 140 人。

2015 年，环网公司参加省公司三个批次共计九个包涉及 95 个新（扩）建工程的普通电力物资运输招标，共中标六个包涉及 79 个工程项目，合同金额 2777.153 万元。完成了“大岗山水电站至雅安 500 千伏变电站送出”“四川达州—黄岩Ⅱ回 500 千伏输变电”等相关配套工程项目；成渝客运专线“资阳陈家湾牵引站 220 千伏供电”“资阳李家湾牵引站 220 千伏供电”“内江北牵引站 220 千伏供电”等相关配套工程项目；“宜宾南溪 220 千伏输变电工程”“凉山美姑河改接雷波至坪头 220 千伏线路”“攀枝花桐子林 220 千伏输电线路”等相关配套工程项目物资的二次配送、现场装卸服务工作。2015 年累计完成装卸物资 73101 吨，现场服务 9546 人次，运输量 54638 吨，公路运输里程 218920 公里。

6. 四川通源电力科技有限公司

四川通源电力科技有限公司（以下简称通源公司）于 2010 年 12 月成立，2012 年 10 月由科锐得集团全资收购，注册资本 2700 万元。业务涉及电力高压、系统、电测、发电厂动力、材料、环保（化学）、信息等各类专业试验及调试。取得“承装（修试）电力设施二级承试类”资质、“电力工程调试单位能力资格甲级”资质，可承担 750 千伏及以下电网工程调试业务；获得中国质量认证中心颁发的质量管理、环境管理、职业健康安全管理体系认证证书，并具备物业管理三级资质。

截至 2015 年底，通源公司设置有综合部、财务部、市场经营部、电网技术工程部、后勤服务部、物业服务部、车辆管理部、信息运维部、设备物资质量检测部、产品开发及推广技术部 10 个部门，用工总量 219 人。

2015 年，通源公司协助国网四川电科院支撑藏区电网及无电地区电网建设，承担了“川藏联网工程”乡城、昌都、巴塘 3 座 500 千伏变电站的后续基建，“电力天路”工程雅江、茨巫 2 座 220 千伏变电站的高压特殊试验等消缺任务。独立完成甘孜州 500 千伏溪古、康定、丹景等变电站新建（改扩建）工程特殊试验，以及阿坝州 500 千伏路平智能变站、巴中 220 千伏张公智能变电站等试验工作 238 项。工程实践向科技成果转化效果明显，利用全站 IED 设备采样及实时监测数据，实现对 PT、 CT 二次回路、电压电流相位关系正确性验证排查；QC 小组荣获中国电力建设企业协会 2015 年度电力建设 QC 成果二等奖，电网技术工程部荣获国网四川省电力公司“电亮藏区”先进集体称号。

7.四川腾兴电力科技有限责任公司

四川腾兴电力科技有限责任公司（以下简称腾兴公司）是2007年7月成立的民营股份制公司，注册资本244.2万元。2012年6月由科锐得集团全资收购，作为承接国网四川技能培训中心外委业务的服务商。腾兴公司现拥有物业管理三级、建筑装饰装修二级、食品流通许可证、安全生产许可证等资质。经营范围包括商务服务业、国内劳务派遣、职业技能培训、物业管理、商品批发零售、租赁业、工程咨询、建筑装修装饰工程、园林绿化工程、工程设计、计算机服务业等。

腾兴公司承接的外委业务主要包括后勤综合服务项目、培训辅助服务项目、培训定点采购项目等。对外培训业务目前主要包括焊接培训以及职业技能考前培训等。2015年开始，腾兴公司积极开展集体企业培训业务，并依托技培中心打造培训软硬件设施，着力建成集体企业培训平台。

8.四川翠月湖园林工程有限责任公司

四川翠月湖园林工程有限责任公司（以下简称园林公司）前身为都江堰翠月湖园林工程有限责任公司，成立于2003年3月，为原四川电力疗养院下属多经企业。2012年6月，由科锐得集团全资收购，注册资本200万元。公司具备城市园林绿化企业叁级资质、国家物业管理三级资质。经营范围覆盖园林、景观、绿化工程的设计、施工及管理；酒店管理；计算机系统集成、计算机网络工程设计及安装维护；种植、销售、租赁：花卉、盆景；物业管理；室内外装饰装修；销售建辅建材；零售预包装食品等多种业务。

园林公司下设综合管理部、酒店管理部和工程部，现有员工366人，其中主业借工人员15人，直签人员8人，劳务派遣员工343人。

园林公司全年承接工程、服务类项目共15项。完成管培中心后勤综合服务外委业务、省公司生产运营综合楼绿化养护、森林区域清理工程等项目，服务质量获得各单位广泛赞誉。

园林公司先后荣获科锐得集团2015年度文明科班、先进集体、安全生产先进集体、工会工作先进集体、管培中心先进分工会等荣誉。

9.成都科锐得节能服务有限公司

成都科锐得节能服务有限公司（以下简称节能服务公司）成立于2012年12月，是科锐得集团全资子公司，注册资本6000万元，经营范围：节能技术推广服务，节能技术咨询；合同能源管理；销售租赁机械设备，项目投资。公司是四川科锐得实业有限公司所属全资子公司，性质为有限责任公司。公司于2013年通过国家发改委、财政部节能服务公司第五批备案（2013年28号公告）。节能服务公司设置4个部门，分别是市场策划部、技术工程部、财务部与综合管理部。公司在编4人，是由国网四川节能服务有限公司借工。

主要经营范围包括：节能技术推广服务、节能技术咨询，合同能源管理；销售、租赁机械设备；项目投资。主要涉及的业务领域包括：节能服务及电能替代、新能源产业、售电业务及电动汽车产业。已经掌握的节能技术包括能效诊断、LED绿色照明技术、余热余压发电技术、矿热炉无功补偿技术、配电网综合节能降损技术以及冰（水）蓄冷空调技术。

节能服务公司成立以来主要开展了两项重点业务：一项是合同能源管理项目投资。2012年12月，节能服务公司以合同能源管理方式同成渝钒钛科技有限公司合作建设成渝钒钛资源综合利用50兆瓦余热发电项目，该项目总投资1.94亿元，年发电量为36544万千瓦时，年节能量折合12.06万吨标准煤。另一项是长期股权投资。2014年6月，节能服务公司、攀枝花网源电力建工程公司、林洋电子股份公司共同出资组建了四川睿能新能源有限责任公司。四川睿能新能源有限公司注册资本金5000万元，成都科锐得节能服务公司占41%股份。四川睿能新能源有限公司主要从事攀西分步式光伏建设。至2015年年末，公司已完成光伏并网发电项目一个，装机42千瓦，投资额36万元。已开工建设1100千瓦学校屋顶分布式光伏建设。正在对攀西高速1.1MWp分布式光伏建设开展前期工作。

10.四川金沙阳光房地产开发有限责任公司

四川金沙阳光房地产开发有限责任公司（以下简称金沙阳光公司）成立于2005年3月，于2012年12月由科锐得集团全资收购，注册资本5000万元，为三级资质房地产开发企业，可承担15万平方米以下的住宅小区，以及与以其投资能力相当的工业、商业、公共建筑、基础设施项目的开发建设，并可在全省范围内承担房地产开发业务。

金沙阳光公司本部由办公室、财务部、计划发展部三个部门组成。下属有成都西部金沙鹭岛房地产开发有限责任公司、成都中地金沙房地产有限责任公司、成都惠能房地产开发有限公司、都江堰金沙阳光房地产开发有限公司4个全资子公司。拥有从业人员总数为47人，其中主业借工7人，直签20人，劳务派遣用工17人，其他用工3人；具备专业技术职称的员工25人，其中高级职称4人，占比16%；中级职称13人，占比52%；初级职称8人，占比 32%。

按照《国网四川省电力公司关于四川格瑞德资产管理公司集体企业改革改制实施方案的批复》(川电体改〔2015〕7 号）文件精神，成都中地金沙房地产有限责任公司于 2015 年启动实施清算关闭。截至 2015 年年末，已完成前期程序和有关工作，进入注销程序。

2015 年，金沙阳光公司进行了“泓坊河畔”园区改造、“泓坊河畔商业项目”租售；完成“金沙 •鹭岛”一期二批次土地置换与整合工作，继续开展“金沙 • 鹭岛”项目车位销售及产权办理；取得“太阳岛 • 润月湾” 宗地的“国土证”和“建设工程规划许可证”(基坑部分)。

金沙阳光公司荣获科锐得集团 “2015 年度先进集体”“2015 年度先进基层党组织”“2015 年度安全生产先进集体”“2015 年度文明科班”等荣誉。

11. 四川科锐得电力技术有限公司

四川科锐得电力技术有限公司（以下简称电力技术公司）成立于 2013 年 11 月，注册资本 6000 万元。主要经营范围为：电力工程、送变电工程及通信自动化工程管理、设计咨询、施工、安装调试、监理；电力工程机械制造及维修、电气设备检修、科技推广与应用服务、新能源开发；投资与资产管理；房地产开发与营销策划；电力自动化设备、信息系统软硬件产品设计、研发、销售并提供技术服务等。

按照《国网四川省电力公司关于四川格瑞德资产管理公司集体企业改革改制实施方案的批复》(川电体改〔2015〕7 号）文件精神，电力技术公司于 2015 年启动实施清算关闭。截至 2015 年年末，已完成前期程序和有关工作，进入注销程序。

12. 四川科锐得医疗投资管理有限公司

四川科锐得医疗投资管理有限公司（以下简称医疗投资公司）于 2013 年 8 月成立，为科锐得集团全资子公司，注册资本 100 万元。经营范围为投资管理，健康体检信息咨询，企业管理服务，组织文化交流活动；销售医疗器械 1 类、办公用品、电子产品等。主要业务领域为医疗卫生服务领域，为四川电力医院的日常医疗工作和国网四川省电力公司工程医疗保障提供辅助医疗管理和服务。

按照《国网四川省电力公司关于四川格瑞德资产管理公司集体企业改革改制实施方案的批复》(川电体改〔2015〕7 号）文件精神，医疗投资公司于 2015 年启动实施清算关闭。截至 2015 年年末，已完成前期程序和有关工作，进入注销程序。医疗投资公司承接的医疗辅助管理和辅助医疗服务项目，已转交科锐得营销服务分公司接收。收费及驾驶等通用工种业务已实现社会化业务外包。

13. 成都城电电力工程设计有限公司

成都城电电力工程设计有限公司（以下简称城电公司）前身是 1954 年成立的成都电业局勘察设计室，于 2002 年与乐山电业局乐山海能电力设计事务所合并成立成都城电电力工程设计有限公司，2010 年与乐山设计院分立。2012 年 6 月，按照国网四川省电力公司“三集五大”体系建设的总体部署，城电公司正式转入国网四川省电力公司经济技术研究院（以下简称经研院），成立设计中心，实行一体化运作，设计中心和城电公司实行一套人马，两块牌子。2013 年 11 月，科锐得集团从蜀电集团全资收购城电公司。

城电公司已取得中华人民共和国住房和城乡建设部颁发的电力行业（送电工程、变电工程）专业甲级设计资质、中华人民共和国住房和城乡建设部颁发的工程勘察专业类（工程测量）甲级资质、国家发改委颁发的工程咨询（火电专业）甲级资质、四川省建设厅颁发的工程勘察专业类（岩土工程、水文地质）乙级资质，工程造价咨询乙级资质,并通过质量、环境、职业健康安全三标管理体系认证。

城电设计公司从工程项目着手，通过提高咨询设计能力，以设计人才梯队建设为主线，建立完善生产体系各要素协调一致的运行机制，已初步形成电网规划、电网建设为主，产业链双向延伸到规划、咨询、总承包的新业务格局，业务范围由成都市扩展至四川省，最高电压等级由 220 千伏提升至 500 千伏及以上。全年完成工程 261 项，其中 220 千伏及以上基建、用户工程可研、初设、施设共计 77 项。科技创新实现全新突破，牵头承担国网公司管理科技项目 1 项，参与四川省科技计划项目 1 项，独立承担并完成省公司标准化项目 1 项，参与并完成国网标准化项目 2 项；在专利、著作权、论文发表等工作方面取得丰硕成果，共发表论文 12 篇，取得专利授权 18 项（其中发明 1 项），获得软件著作权 2 项。在国网 500 千伏等级设计竞赛中获得三等奖。设计技术水平持续提升，在中电规协会、省住建厅、省咨询协会和省公司的各类优秀咨询和设计“四优”评奖中，均取得较好成绩，其中中电规协会的优秀设计一等奖是迄今为止公司获得的最高等级奖项。喜获国家高新技术企业认证，资信评价保持位列国网公司系统设计单位第五名。

2015 年，城电公司积极配合，稳妥推进集体企业改制工作，完成了区域设计公司整合方案制定及报批，后续相关工作稳步推进。

客户安全用电提供技术服务；健全供电服务应急管理机制，不断提高灾害应急处置能力；实现现场安全用电“零事故”，高危及重要客户管理“四到位”率100%，重大活动保电“零失误”。

（五）提升服务管控能力目标：杜绝客户受电工程“三指定”；确保“95598”业务在公司系统各层级的顺畅高效流转；常态开展供电服务明察暗访和服务效率诊断分析，建立健全内外部评价机制，实现供电服务质量的实时管控，持续提升服务风险分析与防控能力。

第三章 责任制

第十一条 各级行政正职是本单位的供电服务第一责任人，对供电服务工作负全面领导责任，负责贯彻执行本单位供电服务目标和工作任务。各级党委（党组）书记与行政正职负同等责任。

第十二条 各级行政副职是分管工作范围内的供电服务第一责任人，对分管工作范围内的供电服务工作负领导责任。

第十三条 各部门、各岗位建立明确的供电服务责任体系，实行供电服务逐级负责制。

第十四条 公司系统内实行上级单位对下级单位的供电服务责任追究制度，包括对责任人和单位领导的责任追究。

第十五条 公司系统内各全资、控股公司通过董事会或执行董事，贯彻执行国家电网公司和国网四川省电力公司供电服务管理各项规章制度。

第十六条 公司系统各单位对受委托代管的县级供电企业或其他企业，应根据代管协议履行供电服务责任，代管协议没有明确供电服务责任的，在公司内部考核上与直属直管单位同等对待。

第三章 服务职责

第十七条 设立国网四川省电力公司优质服务领导小组，下设领导小组办公室（以下分别简称：领导小组、优服办）。公司领导小组由公司党政主要领导担任组长，分管领导担任副组长，成员由各专业部门主要负责人担任。公司优服办主任由公司营销部主任担任，成员由相关专业部门优质服务工作成员担任。负责贯彻落实国家电网公司关于供电服务工作的各项决策部署，研究考评公司系统供电服务工作重大事项。

第十八条 公司系统各单位设立本单位的领导小组及优服办。其主要职责：

（一）制定本单位年度供电服务工作目标，落实本单位各级领导和职能部门的供电服务目标责任制，建立优质服务常态运行机制。

（二）贯彻执行公司系统供电服务工作管理规章制度，规范和管理本单位的供电服务工作，及时协调和解决本单位供电服务相关问题。

（三）健全本单位供电服务监督考核体系，定期检查本单位供电服务工作质量并进行考核。

（四）组织及主持本单位（含所辖下级单位）供电服务质量事件的调查处理，积极配合上级单位组织的对本单位供电服务质量事件的调查处理。

第十九条 各级营销管理部门的供电服务职责：

（一）根据年度供电服务目标，组织制定年度供电服务目标的实施措施，层层落实供电服务责任。

（二）负责落实年度供电服务工作任务，严格执行供电服务的各项流程规定。

（三）负责优质服务协调例会、优质服务工作会议等，定期组织召开优质服务分析例会，分析供电服务情况，并提出改进措施，逐级落实。

（四）负责牵头实施客户投诉、举报（不含行风廉政类）的调查、核实和处理，严格落实“四不放过”原则。

（五）负责营销专业人员供电服务相关规定和标准的培训管理工作。

（六）负责电力客户关系的管理，协助做好公共关系工作。

第二十条 各级运维检修管理部门的供电服务职责：

（一）负责制定切实可行的措施，确保供电可靠率、城乡居民客户端电压合格率达到供电服务承诺要求。

（二）组织开展生产系统涉及供电服务的隐患排查治理，组织和管理电力设施及各类故障的抢修工作，做到任务、时间、费用、责任人“四落实”，切实按供电服务承诺要求执行。

（三）负责综合抢修队伍作业过程中的现场服务规范管理。建立健全现场标准化作业制度并监督实施，对现场工作的服务规范进行科学评估，找出薄弱环节和隐患，及时采取预防措施。

第二十一条 各级电力调度控制管理部门的供电服务职责：

（一）负责实行“三公”调度，负责本级调度范围电压、周波等符合电能质量的管理，为客户提供合格的电能。

（二）负责牵头汇总、编译和上报本单位生产类停送电信息，并向本单位客户服务中心提供对外发布的生产类停送电信息；负责会同营销、运维检修部门为重大活动提供保电服务。

（三）负责通过“95598”派发的故障报修的统一指挥；负责配网故障抢修指挥业务的归口管理。

第二十二条 各级安全质量监督管理部门的供电服务职责：

（一）组织开展供电服务质量监督活动，强化供电服务质量的全过程监督检查，监督严格落实“四不放过”原则。

（二）负责各单位安全质量监督管理，定期召开安全例会，分析存在的问题，及时整改落实。

第二十三条 各级农电工作管理部门的供电服务职责：

（一）负责乡镇供电所综合管理，配合组织农村营销人员、低压电网专业人员（农电工）对供电服务相关规定和标准的培训学习工作。

（二）协助涉及农村供电的相关客户投诉、举报及供电服务质量事件的调查，并严格落实“四不放过”原则。

（三）负责乡镇供电所标准化建设，配合开展农村供电服务创新管理。

第二十四条 各级监察部门（纪委办公室）的供电服务职责：

（一）监督各级领导干部和职能部门履行供电服务职责；协助监督各项供电服务规章制度、反事故措施和上级有关供电服务工作指示的贯彻执行，及时反馈在执行中存在的问题并提出完善修改意见。

（二）负责组织行风建设明察暗访，协助本级优服办对供电服务工作进行督查督办；参加各项优质服务活动，并通过效能监察、专项监督等工作为优质服务献计献策。

（三）负责牵头开展涉及行风廉政的客户投诉、举报内容的调查处理和分析总结，参与公司有关重大供电服务质量事件的调查处理，对责任者提出处理意见。

第二十五条 各级对外联络部门的供电服务职责：

（一）负责供电服务新闻宣传、策划及报导，制定企业舆情监控和新闻风险防范预案，确保企业优质服务形象。

（二）负责供电服务先进选塑和典型事迹的宣传打造。

（三）负责供电服务质量事件相关舆情的应急处置和归口管理。

第二十六条 其他有关各级职能管理部门通用的供电服务职责：

（一）建立健全专业管理工作范围内的供电服务管理体系。对所承担工作范围内的供电服务工作负直接管理责任。

（二）建立健全本专业各岗位供电服务责任制，根据职责范围、工作性质，协同配合相关供电服务的各项工作。

（三）负责开展涉及本专业的服务风险隐患排查治理工作，并按规定向优质服务领导小组报备。

（四）负责协助处理相关客户投诉、举报及供电服务质量事件的调查。

第二十七条 各级业务支撑和实施机构通用的供电服务职责：

（一）贯彻执行与本单位工作职责和工作内容相关的供电服管理要求。

（二）按照上级单位专业管理部门要求，定期统计及分析相关归口专业的供电服务执行情况，形成评价及分析报告，报送本单位优服办和上级对口专业管理部门，提供决策管理支撑。

（三）协助上级单位专业管理部门，对相关归口专业开展监控、检查和督促。

第五章 供电服务管理要求

第二十八条 供电服务质量管理：

（一）严格执行国家和公司颁发的供电服务相关法规、标准、规定、规范、制度。

（二）建立优质服务领导小组例会制，公司领导小组每半年召开优质服务领导小组会议，公司优服办每季度召开优质服务工作会议；各单位根据实际情况，定期召开各级优质服务工作例会，研究分析考核相关优质服务工作。

（三）根据年度供电服务目标，定期和不定期开展服务明察暗访、专项检查、服务质量监督等工作，对供电服务质量进行分析、评价，持续提升公司系统供电服务品质。各级优服办定期编写和发布供电服务工作简报、通报，分析本单位供电服务工作开展情况，制定改进提升措施。

（四）定期开展供电服务品质评价工作，全面评估供电服务工作开展情况及其实施效果，按照“制定评价计划、开展自评价、组织专家查评、实施整改方案”过程，建立服务评价闭环动态管理工作机制。对供电服务品质评价发现的问题，应建立定期跟踪和督办工作制度，保证问题整改落实到位；对暂不能完整整改的重点问题，要制定落实预控措施和应急预案。

第二十九条　供电服务风险管理：

（一）推行服务管理标准化，对各类服务风险进行超前分析和流程化控制，形成“管理规范、责任落实、闭环动态、持续改进”的供电服务风险管理工作机制。

（二）开展服务隐患排查治理，建立“供电服务隐患档案”，执行“一患一档”管理，采用分类建账、定期议账、限时销账、公开晒账、即时查账等方式，实施服务隐患“发现、评估、报告、治理、验收、销号”闭环管理，保证服务隐患治理责任、措施、资金、期限、预案“五落实”，并建立服务隐患排查治理定期通报工作制度。

（三）强化服务风险管控，针对各专业工作流程及工作要求，结合检查评价中暴露出的服务隐患，分析预测关键环节面临的风险与压力，组织制定服务风险辨析及防控方案，建立服务风险预警平台，分级落实防控措施。

第三十条　供电服务应急管理：

（一）坚持“快速反应、妥善处理、分级管理、总结预防”的原则，建立系统和完整的供电服务应急体系。

（二）按照“实际、实用、实效”的原则，建立横向到边、纵向到底、上下对应、内外衔接的供电服务应急预案体系，具体由总体预案、专项预案、现场处置方案构成，由本单位主要负责人签署发布，并向上级对口专业部门备案。

（三）建立健全供电服务应急管理及处置资金保障机制，落实应急队伍、应急装备、应急物资及资金，提高应急供电保障能力，并定期组织开展各类服务突发事件的应急处置演练。

（四）突发事件时，事发单位要做好先期处置，并根据相关规定，及时向上级和所在地人民政府及有关部门报告；其余各级各单位根据突发事件性质、级别，按照分级响应要求，组织开展服务应急处置与救援。

第三十一条　供电服务教育培训：

（一）各级单位须制定供电服务培训制度、年度培训计划，定期检查实施情况等，建立员工供电服务培训管理档案，详细、准确记录员工供电服务培训考核情况。

（二）基层单位对供电优质服务相关管理部门负责人及专业技术人员，每年进行不少于一次供电服务规章制度、供电服务技术标准及规范考试。

（三）在岗服务人员应组织相应供电服务业务培训和专业考核；定期进行有针对性的现场考问、技术问答、服务提升情景模拟、服务突发事件应急预案演练等现场培训活动。

（四）加大供电服务质量事件应急处置培训，定期开展不同层面的应急技能培训，宣传服务应急处置常识。

第六章　事件、过错的调查及认定

第三十二条　本办法所称供电服务质量事件，是指供电服务过程中，未遵守有关规定、规范及技术、服务标准，给客户、企业造成重大损失，损害公司品牌形象，造成不良影响的事件。

第三十三条　供电服务质量事件根据危害程度和影响范围分为四级：特别重大、重大、较大和一般供电服务质量事件。

（一）特别重大供电服务质量事件

1. 国家部委有关部门（单位）查实属供电部门主观责任，并被国家部委有关部门（单位）行政处罚的供电服务质量事件。

2. 中央或全国性新闻媒体、主要门户网站等曝光属供电部门主观责任并产生重大负面影响的供电服务质量事件。

3. 给客户或企业造成 50 万元及以上直接经济损失。

4. 国网公司认定的其他特别重大供电服务质量事件。

（二）重大供电服务质量事件

1. 省级政府有关部门（单位）查实属供电部门主观责任，并被省级政府有关部门（单位）行政处罚的供电服务质量事件。

2. 省级新闻媒体等曝光属供电部门主观责任并产生重大负面影响的供电服务质量事件。

3. 给客户或企业造成20 万元及以上50 万元以下直接经济损失。

4. 国网公司认定的其他重大供电服务质量事件。

（三）较大供电服务质量事件

1. 地市级政府有关部门（单位）查实属供电部门主观责任，并被地市级政府有关部门（单位）行政处罚的供电服务质量事件。

2. 省会城市、副省级城市媒体等曝光属供电部门主观责任并产生较大负面影响的供电服务质量事件。

3. 给客户或企业造成10 万元及以上20 万元以下直接经济损失。

4. 公司认定的其他较大供电服务质量事件。

（四）一般供电服务质量事件

1. 县级政府有关部门（单位）查实属供电部门主观责任，并被县级政府有关部门（单位）行政处罚的供电服务质量事件。

2. 地市级新闻媒体等曝光属供电部门主观责任并产生一定负面影响的供电服务质量事件。

3. 给客户或企业造成 5 万元及以上 10 万元以下直接经济损失。

4. 公司认定的其他一般供电服务质量事件。

第三十四条 本办法所称供电服务过错，是指经查实因员工未履行岗位职责或履职不当，造成客户利益受损或不良感知，但未构成供电服务质量事件的供电服务行为。

第三十五条 供电服务过错根据问题性质和影响程度分为三类：一类过错、二类过错和三类过错。

（一）一类过错

情节严重，长期存在，给客户造成 1 万元及以上 5 万元以下直接经济损失，或给企业形象造成较大影响的供电服务过错。

（二）二类过错

情节较重，频繁发生，给客户造成 1 万元以下直接经济损失，或在一定范围内给企业形象造成不良影响的供电服务过错。

（三）三类过错

情节较轻，偶尔发生，未造成不良影响的供电服务过错。

第三十六条 供电服务质量事件的调查应执行以下要求：

（一）严格按照公司有关规定和程序，依据事件等级不同分级组织进行。特别重大和重大供电服务质量事件，由国网公司或省公司进行专项调查；较大和一般的供电服务质量事件，由省公司或地市公司进行专项调查。

（二）供电服务质量事件调查坚持实事求是、客观公正的原则，查清事件发生的原因、经过、责任、造成的损失与社会影响，须查明事件性质，认定事件责任，总结事件教训，提出整改措施，并对事件责任者提出处理意见。

（三）对于由国家有关部门、电力监管机构和公司系统各级单位的上级单位组织的事件调查，事发单位应积极做好各项配合工作，按要求及时、全面、真实提供调查所需资料和依据。

（四）供电服务质量事件发生单位应按照相关规定做好事件资料的收集、整理、信息统计和存档工作，并按时向上级相关单位提交事件报告。报告内容应包括：事件经过调查、应对和处理结果、事件责任者的处理、制定整改措施情况。

（五）任何单位和个人不得阻挠和干涉对供电服务质量事件的报告和调查处理。任何单位和个人对隐瞒事件或阻碍供电服务质量事件调查的行为有权向公司系统各专业、各单位反映。任何单位和个人不得伪造、隐匿或者毁灭相关证据。

第三十七条 公司系统各级单位优质服务领导小组应及时上报供电服务质量事件发生的时间、地点、范围、对用电客户的影响和已经采取的措施等信息，确保于 4 小时内报送至国家电网公司总部供电服务奖惩工作小组。

第三十八条 供电服务质量事件按照以下原则认定：

（一）特别重大、重大供电服务质量事件由国家电网公司总部进行认定。

（二）较大、一般供电服务质量事件由公司优质服务领导小组进行认定，提出调查报告和处罚建议。

（三）因电网、设备事故（事件）引发停电的非供电服务质量事件，按照《国家电网公司安全事故调查规程》和《国家电网公司质量事件调查处理暂行办法》进行事故等级认定，并依据《国家电网公司安全工作奖惩规定》和公司有关规定予以惩处。

第三十九条 供电服务过错的发现、调查、认定、整改和督促惩处等，由公司系统各级单位优服办负责实施，实施情况报本单位优质服务领导小组。其中，一类过错由地市公司具体实施，二、三类过错由基层单位具体实施。

第四十条 公司系统对供电服务质量事件及供电服务过错实行“说清楚”制度。发生较大、一般供电服务质量事件，相关地市公司要到公司“说清楚”；发生一类供电服务过错，相关基层单位要到地市公司“说清楚”。

第七章 考核与奖惩

第四十一条 公司系统供电服务奖惩坚持管专业必须管服务、奖惩并举和专业管理与分级负责相结合的原则。

第四十二条 公司系统各级单位优质服务领导小组负责向本单位员工奖惩工作领导小组提交供电服务奖惩建议；负责配合上级单位优质服务领导小组开展供电服务奖惩工作；执行公司系统供电服务奖惩管理制度；开展本单位表彰奖励工作；组织开展一般供电服务质量事件调查、事件认定、信息报送工作，并提出惩处建议；开展本单位供电服务过错管理。

务应用、辅助决策等信息系统的查询权限。对于具有保密要求的核心数据，经业务部门确认后，运监中心按密级采用专人专席实施机要监控。

（四）业务部门可根据业务开展需要，向运监中心提出数据需求，运监中心应向业务部门提供相关数据，支撑业务部门开展相关业务工作。

（五）省公司运监中心负责对各业务部门及所属单位的接入数据质量进行评价考核，地市运监中心配合开展本单位接入数据质量治理提升。

第十九条　建立信息保障机制。支撑运监中心监测分析业务开展需要，相关部门和单位应向运监中心提供信息保障。

（一）国家电网公司下发、政府及监管部门出台以及各业务部门制订的涉及公司核心资源和主营业务运营的生产安全、财务金融、市场营销、供电服务、产业投资、经济法律、政策环境、规范管理等各类文件、档案资料应向运监中心开通查询权限或流转传阅。

（二）业务部门应通知运监中心派人参加涉及公司运营管理的相关会议，或向运监中心提供相关会议纪要等资料。

（三）业务部门应及时、主动向运监中心提供业务信息系统数据外的信息资料，包括专业工作总结，业务分析、检查评价报告，涉及公司运营的队伍稳定、舆情动态等相关信息、资料。

（四）运监中心根据工作需要，向业务部门发出信息资料采集工单，收集所需信息资料，各业务部门应予以配合。

第二十条　建立工作协同和成果共享机制。为充分发挥运监中心数据汇集中心、绩效管控中心、风险预警中心、决策支撑中心、成果展示中心的作用，运监中心应加强与各业务部门、各单位的协作，并实现工作成果共享。

（一）各部门（单位）应指定联络员，作为该部门（单位）运营监控工作的联系人，负责对口协同运营监控工作，各部门（单位）应协调组织内部资源实现对运营监控业务的支撑作用。为加强集体企业管控，在集体企业综合管理部门设联络员。

（二）运监中心发布监控报告、运营诊断分析报告和运营监控异动问题专报，应将异动和问题及时通报业务部门，相关业务部门可按权限查阅运监中心监测分析成果。

（三）业务部门可向运监中心提供重要工作成果、荣誉奖励等信息，通过运监中心全景展示平台展示本专业管理成就。

（四）业务部门可根据业务工作开展需求，确定本专业监测主题，编制业务监控实施方案，经业务部门分管领导批准后，由运监中心开展相关监控并反馈结果。

第二十一条　建立保密工作机制。运监中心对涉密数据和信息，应严格执行公司保密工作相关制度办法。

（一）运监中心按权限和层级设置监控大厅门禁、监控座席和监控平台口令、密钥。在人员录用前应进行保密教育并签署保密协议，在人员离岗时终止所有访问权限，收回各种密钥、更改相应口令。

（二）对涉密文件、档案等信息资料，按公司保密规定办理。涉密信息应在机要监控座席实施查询和监控。机要监控座席应设置双重密钥验证。

（三）对于外部人员访问受控区域进行审批，并专人全程陪同监督。

第二十二条　建立专家人才支撑机制。国网公司级科级领军、专业领军人才、优秀专家人才、优秀专家人才后备和省公司级专业领军人才、优秀专家人才、优秀专家人才后备纳入公司运营分析专家库管理，支撑运营监控工作开展。运监中心按照业务需要、专业特长，有计划地安排运营分析专家承担运营监控任务，运营分析专家也可自主选择监测分析项目参与运监工作。

（一）根据运监中心发布的年度监测分析主题库，运营分析专家选择参加其中监测分析项目，提出管理提升建议。

（二）根据国网和省公司下达的重点监测分析任务，运监中心选择运营分析专家参与监测方案制订、监测分析报告编写等工作。

（三）根据年度培训计划，运营分析专家参与业务培训、指导授课、运营监控知识管理体系建设等运营监控业务相关工作。

（四）运监中心根据运营分析专家参与运营监控任务数量、完成任务质量和进度等因素，综合评定运营分析专家年度考核得分并提交人资部，由人资部统一纳入公司各级专家人才的年度考评。

第二十三条　加强运营监控工作应急管理。建立应急机制，针对软、硬件故障等突发事件，制定应急预案，开展应急演练，确保运营监控工作安全、稳定运行。

第五章　考核与评价

第二十四条　公司建立运营监控工作考核评价体系，支撑运营监控工作绩效提升。

第二十五条　各部门要加强对运营监控数据和

信息的管理，及时、准确的向运监中心推送和提供数据信息。运监中心对数据质量进行监督和检查，对数据和信息报送不及时、不准确的部门进行通报，并纳入各部门业绩考核。

第二十六条 对运营监控工作发现的异动和问题，各部门（单位）要认真分析，制定解决措施和方案，及时消除异动和问题。公司运监中心定期对公司异动和问题的处理情况进行统计和分析，并纳入年度绩效考核。

第六章 附 则

第二十七条 本办法由四川省电力公司运监中心负责解释。

第二十八条 本办法自颁布之日起执行，原《四川省电力公司运营监控工作管理办法（试行）》（川电运监〔2013〕2号）同时废止。

国网四川省电力公司数据资产管理办法

第一章 总 则

第一条 为规范国网国网四川省电力公司（以下简称“公司”）数据资产管理工作，实现公司数据资产的可控、可用和增值，依据《国家电网公司运营监控工作管理办法》及《国家电网公司运营数据资产管理办法》的有关规定，制订本办法。

第二条 本办法所称数据资产，主要是指由电力企业产生和外部获取的，能够记录、反映企业运营活动的各种形态的数据资源。包括原始业务明细数据、统计汇总数据、经分析加工后形成的数据，表现形式为数字、文本、图形、图像、声音和视频文件等。

第三条 公司数据资产管理主要包括数据资产形成管理、数据资产运维管理、数据资产价值应用管理、考核与评价等数据资产全生命周期管理相关内容。

第四条 数据资产管理的工作目标，是对数据资产进行集约、统一、规范管理，掌控企业数据资产全貌，开展数据质量的管控与考核，推进数据得到有效的分析和利用，挖掘数据价值。

第五条 开展公司数据资产管理，应遵循以下原则：

（一）集约统一、分工协作原则，数据资产由运监中心统一管理，业务部门各自提供源数据，信息管理部门和支撑机构提供信息化技术与服务支撑。

（二）来源唯一、自动接入原则：明确数据权威，对数据进行溯源，确保数据来源唯一；在线接入各业务系统数据，逐步消除手工录入和线下报表，杜绝人工干预数据。

（三）准确及时、持续更新原则：遵循“谁产生、谁提供、谁负责”的原则，各业务部门将生产经营活动中产生的数据（含明细数据）准确、及时、完整地纳入数据资产管理体系之中，以资产全寿命理念管理数据资产，实现数据资产分析应用与价值提升的良性循环。

（四）强化应用、提升价值原则：强化对数据资产的增值应用，开展规律总结、大数据分析、趋势研判等价值挖掘，逐步推进市场交易变现，为公司经营决策服务。

第六条 本办法适用于国网四川省电力公司本部、直属单位及各地市供电公司（以下统称“各单位”）数据资产管理工作。

第二章 职责分工

第七条 数据资产实行公司本部、地市公司分级管理。由运监中心牵头负责，业务部门分工协作，信息管理部门和支撑机构协同保障，共同推进数据资产管理工作的顺利开展。

第八条 省地两级运营监控中心（以下简称“运监中心”）是数据资产的统一管理部门，主要职责是：

（一）省公司运监中心负责依据国网有关规定，建立数据资产管理体系，组织确定数据资产管理范围与内容，制定数据资产管理的相关制度和规范。

（二）负责牵头制定本单位数据资产管理规划计划），并组织实施。

（三）负责牵头开展本单位数据资产形成管理，拟定数据资产分类框架，组织数据源清理、确认，开展相关业务信息系统数据字典监测工作，构建数据资产全景视图。

（四）负责牵头开展本单位数据资产运维管理，开展数据资产实时监测、变更和停用管理；推进数据资产共享融合，评估数据共享需求，监督共享工作执行；建立数据质量管理和评价机制，开展数据质量稽查；定期进行数据质量通报、评价、考核，持续提升数据资产管理工作水平。

（五）负责牵头开展本单位数据资产价值应用管理，组织制定数据资产价值应用工作方案，汇总大数据应用业务需求，开展大数据技术应用及价值挖掘方向研究，建立价值变现机制，扩大数据资产应用类项目规模并促进应用成果落地。

（六）负责本单位数据资产管理相关项目计划、费用支出的归集汇总、协调平衡、需求提报及执行管控。

（七）参与涉及公司运营管理的各业务信息系统建设规划审查、建设方案审查及评估验收。

（八）监督实施单位数据资产化工作进程，参与主要技术实施方案和重要技术路线的决策审核。

第九条　各单位相关业务部门是本专业数据资产管理的责任部门，是数据的产生者、提供者和维护者。主要职责是：

（一）负责梳理本专业数据的基本情况，开展本专业范围内的数据资产分类和全景视图构建基础工作。

（二）负责向运监中心全面开放业务系统查询权限和数据库查询及复制权限；按照数据资产管理整体技术架构和标准规范，提供本专业相关业务流程说明，配合运监中心数据获取，并及时告知业务及系统数据访问变更情况。

（三）负责本专业范围内数据资产的形成，全面、准确、有效生成本专业数据信息，按要求开展本专业数据接入，保证数据的及时性、完整性、准确性和一致性；依托数据资产全景视图建立本专业数据资产台账，及时提出本专业数据资产调整申请。

（四）负责根据运监中心提出的数据需求，完成本专业业务应用系统的建设与改造，逐步消除线下数据，实现数据全面自动接入；负责信息系统深化应用，对不符合标准规范的系统流程或功能进行整改，以满足数据资产管理要求。

（五）负责本专业数据资产运维相关工作；配合阈值验证、数据验证和数据质量稽核规则制定、数据质量稽查、保密定级，落实本专业数据资产问题的整改，促进公司信息系统深化应用和数据质量持续提升。

（六）负责本专业管理范围内的数据资产价值挖掘与应用、成果评价与推广；配合开展跨部门、跨专业的数据资产价值挖掘。

（七）发展规划部门、财务管理部门按照有关部门提报的数据资产管理相关资本性、损益性支出申请，负责项目、费用的综合计划、财务预算综合平衡、审定下达与监督管理。

第十条　各级信息管理部门是数据资产管理的信息化技术支撑和保障的管理部门，主要职责是：

（一）负责建立数据资产管理的整体信息化技术架构和标准规范。

（二）负责做好本单位与数据资产相关的信息化存储与传输技术管理工作。

（三）负责组织开展数据资产管理相关信息系统的建设和运维工作。

（四）配合开展本单位数据资产的形成管理、运维管理和价值应用管理，负责相关信息技术支撑管理。

（五）负责组织清理并提供数据资产管理相关的各业务信息系统数据字典。

（六）负责组织数据资产安全管理，制定统一的信息安全管理制度及实施细则并跟踪监测、督促整改。

（七）负责督促各业务部门按数据资产信息化规范进行数据交换与共享，并对工作开展情况进行评价，提出整改意见。

第十一条　各级信通公司是数据资产管理相关信息化的技术服务支撑单位，主要职责是：

（一）负责协调并开展本单位数据资产管理的信息技术服务。

（二）做好本单位数据资产管理相关信息系统的建设及运维工作。

（三）根据运监中心各类监测分析任务需要，负责本单位数据接入、数据流转优化完善及数据接口等数据支撑工作。

（四）提供常态化大数据价值挖掘技术支撑。

第十二条　电科院、经研院、客户服务中心是数据资产管理的业务支撑机构，主要职责是：

（一）负责为数据资产管理体系建设提供基础理论研究支撑。

（二）提供常态化大数据价值挖掘业务支撑，并按照运监中心要求完成相关工作。

（三）研究并协助建立数据资产全生命周期管理机制，协助开展数据质量核查和评价考核。

（四）协助开展数据资产管理流程梳理、业务建模、运维管理。

第十三条　各部门、单位统计工作管理及统计数据报送等相关工作按照公司统计管理要求执行。

第三章　数据资产形成管理

第十四条　数据资产形成管理是将数据转化为数据资产的过程，包括业务规划、数据启用、资产分类、资产化、台账建档、全景视图构建、资产调整等。

第十五条 业务规划。业务信息系统建设初期，信息管理部门做好数据模型及数据架构设计的规范性审查，从数据资产全生命周期管理角度，制定数据的采集、存储、移动和访问环节中的策略、模型、流程，把好数据入口关。

第十六条 数据启用（数据归集）。系统建设完成后，信息管理部门及时审核并提交数据字典和（新增）数据资产档案，信通公司对提交的数据字典与数据资产档案进行统一收录、管理，定期抽查数据字典与系统数据模型的一致性。

第十七条 数据资产分类（数据萃取）。运监中心根据数据资产分类框架，明确数据资产范围，信息管理部门组织对数据进行全面摸底，按系统进行数据资产盘点，全面梳理和识别数据资产。

第十八条 数据资产化（数据提纯）。业务部门开展业务系统数据溯源工作，结合数据字典梳理数据源头及其处理过程、重要算法，通过数据溯源、数据核查、资产识别、资产加工等手段使数据具备资产属性，具备可评估的价值，并通过资产化率评价，持续改进完善。

第十九条 数据资产台账建档（数据入账）。数据资产形成后，业务部门根据数据资产分类体系框架，建立信息完整的数据资产台账，登记数据资产的基础属性、业务属性、技术属性、管理属性以及其他相关信息，具体包括数据资产分类、名称、计算公式、口径、维度等，其中明细数据结合数据字典建立台账。

第二十条 数据资产全景视图构建。运监中心设计数据资产全景视图实施方案，包括组织规范、存储框架和展现方式等具体内容，信息管理部门落实技术实施方案，信通公司负责按照全景视图架构，提交已盘点的数据资产档案信息。

（一）数据资产全景视图包括数据资产巡航层、数据资产资源层和数据资产档案层，以体系化、结构化的方式展示数据资源的分布、流动以及数据之间的关联关系。

（二）数据资产巡航层是数据资产全貌的结构化展示，包括“数据对象—数据应用领域—数据应用场景”三级架构，展示数据资产的应用范围及场景。

（三）数据资产资源层展示了在特定业务结构下所包含的具体数据资源。

（四）数据资产档案层是数据资源的台账明细信息，包括基础、业务、管理、技术属性，通过数据档案的技术属性和数据字典的索引关系，可以支撑数据资产资源层获取数据的具体内容。

第二十一条 数据资产调整。运监中心根据公司数据管理需要提出数据资产调整需求，经业务部门、信息管理部门共同确认后统一纳入或调出数据资产管理范围；业务部门根据业务变化提出数据资产调整申请，经运监中心、信息管理部门共同确认后统一纳入或调出数据资产管理范围；信通公司及时更新数据资产台账和全景视图。

第四章 数据资产运维管理

第二十二条 数据资产运维管理是针对业务新需求，通过全景视图优化设计，细化业务数据整改要求的系列管理活动。包括数据标准的制定和维护、需求管理、数据资产变更、数据流转、数据资产共享融合、全过程质量管理、实时监测、问题管理、源头稽查、停用等。

第二十三条 数据标准的制定和维护。信息管理部门定义并制定数据实体标准、数据项标准、参考数据标准和指标标准等各类数据标准，并随着数据需求的变化进行持续维护修订。

第二十四条 需求管理。依据业务共享、业务监督、业务分析、大数据应用的需要，业务部门提出业务变更需求。基于优化后的数据全景视图，提出应用系统的数据整改要求。

第二十五条 数据资产变更。推进数据资产全寿命管理，因需求变化、源端变化、过程变化、结果变化等引起数据资产台账信息变更，应及时申请对数据资产台账进行修订，经审批后执行变更并做好变更台账记录。信息管理部门配合运监中心开展数据资产违规变更的核查与责任追究。

第二十六条 数据流转。信通公司对数据从业务源端到数据资源池及相关环节的流转、处理、加工、存储的全过程进行维护，梳理流转和处理需求、确保技术实现，开展流转和处理管控，通过技术手段开展数据源端与目标端的数据一致性核查。

第二十七条 数据资产共享融合。业务部门基于业务需求向运监中心提报数据资产共享需求，运监中心统筹各业务部门数据共享需求，并提出数据共享实施方案建议，信息管理部门提供技术平台、方法和工具。

（一）信息管理部门提交的数据共享技术方案应包括：共享数据获取路径、接口方式、时间频度、提供方式等。

（二）业务部门原则上不直接向其他部门提供数据接口方式的共享，源数据业务厂商配合完成相关共享数据的技术实现。

SG186系统中完成户表预装流程，负责组织在GIS系统完成表箱信息录入和维护工作。

第十六条　客户受电工程施工（含计量装置安装）完成并自验收合格后，开发商（建设单位）提出竣工报验申请，由营销部门组织运检部门开展竣工验收。

第十七条　竣工验收合格后，客户经理负责组织与开发商（建设单位）签订《供配电设施资产产权无偿移交协议》（具体见附件2）及小区生活配套用电部分的供用电合同。

第十八条　在签订《供配电设施资产产权无偿移交协议》后，运检部门负责在PMS和GIS系统中完成表箱以前资产信息录入和维护工作，并在OMS系统提交新设备投运申请和组织变压器送电工作。

第十九条　在变压器投运后，在小区业主提交用电申请后，按照户表方式办理相关业务。

第二十条　在受理用电申请后，按照规定时限开展现场相关工作：

（一）核实客户提供的居民身份证、购房合同资料、有效联系方式等信息是否正确。

（二）核实表计安装信息与楼号、单元号、门牌号对应关系是否正确。

（三）核实相关信息后，与客户签订供用电合同。

（四）签订供用电合同后，根据客户需要，完成开卡。

第二十一条　在现场作业终端使用前，使用省公司统一配发的《四川省居民生活供用电合同》，现场完成纸质合同签订。加大现场作业终端推广力度，实现现场电子签名方式签订供用电合同，客户可在网上下载或到就近营业厅打印纸质合同。

第二十二条　供用电合同签订后，及时完成营销系统归档、立户工作。在现场终端使用前，各单位根据情况组织人员配合现场工作人员完成归档、立户工作；使用现场终端后，由现场工作人员现场完成归档、立户工作。

第二十三条　根据情况，可采用“预约上门集中开卡售电”“预约上门零散开卡售电”“客户到营业厅开卡售电”等方式。

（一）“预约上门集中开卡售电”方式使用现场终端集中办理开卡售电方式，客户服务中心联系开发商（建设单位）或小区物业管理公司联系现场工作相关事宜，组织人员在固定的时间段到小区集中办理开卡售电业务。交费方式可采取银联卡刷卡充值和收取现金两种方式，并向客户提供收据。现金收取应符合电费资金管理相关规定，客户可凭收据到营业厅换取发票。

（二）“预约上门零散开卡售电”方式应提前通知客户备好银联卡，实行刷卡充值并向客户提供收据，原则上“零散开卡售电”方式现场不收取现金，客户可凭收据到营业厅换取发票。

（三）“客户营业厅开卡售电”方式是通知完成资料归档的客户自行前往供电营业网点办理开卡售电业务，按营业厅相关规定办理。

第二十四条　完成开卡售电后，指导客户下载安装“掌上川电”APP，完成手机绑定和网上充值等。

第四章　附　则

第二十五条　本办法由国网四川省电力公司营销部负责解释并监督执行。

第二十六条　本办法自发布之日起施行。

国网四川省电力公司
业扩报装全业务全流程管理办法

第一章　总　则

第一条　为进一步贯彻落实国务院推进简政放权放管结合职能转变工作要求，适应电力体制改革，全面践行“四个服务”宗旨、“你用电、我用心”的服务理念，构建公司“客户导向，一口对外，流程精简，协同高效，线上管控，公开公平，智能互动”的业扩报装管理新模式，不断提高为民办电服务水平和服务品质，依据国网公司业扩报装相关工作规定，结合公司实际情况，制定本办法。

第二条　坚持便捷业扩的原则。实行“一证受理”，简化申请资料；减少客户提交资料种类，减少客户填写业务表单的内容；避免重复提交资料，在有效期内的资料客户无需再次提供；严格执行“客户经理制”“一口对外、内转外不转”的要求，方便客户办理业务。

第三条　坚持高效业扩的原则。低压客户申请实行免填单；低压居民实行“现场查勘”“供电方案确定”“装表接电”“合同签订”“开卡售电”等“五位一体”服务，低压非居民客户实行“一岗制”服务；现场作业实行“班车制”；现场查勘实行“联合勘查、一次办结制”；供电方案、业扩配套电网工程方案审查实行“集中会商制”；10千伏及以下项目直接开放容量，原则上无条件接入电网；取消普通客户设计审查、中间检查环节，简化竣工验收环节、内容。

第四条 坚持快速业扩的原则。拓展业务受理渠道，实行网上受理业务；业务办理实行“限时办结制”；建立有效的业扩报装跨部门协同机制，实行“业扩联络员制”；实行全业务、全流程线上办理、监控，实现全环节量化、全过程管控、全业务考核。

第五条 坚持公平业扩的原则。履行“一次性告知”义务，确保客户知情权和选择权；按照“三不指定”要求，严格执行国家有关规范用户受电工程市场的规定，不以任何形式指定设计、施工和设备材料供应单位。

第六条 坚持放心业扩的原则。严格执行公司业扩工程出资界面规定。集体企业承接客户受电工程坚持“收费主体合法、客户委托自愿、费用测算合理、资质要求合格、合同手续完善”的原则收取相关费用，杜绝“乱收费”行为；规范人员作业行为，杜绝任何形式的“以权谋私”行为。

第七条 坚持阳光业扩的原则。公开业扩流程、办理时限、收费标准等信息，提高业务办理透明度；主动接受客户、社会监督，开展业扩报装后评估工作。

第八条 本办法适用于国网四川省电力公司所属各单位（包括全资、控股单位）的业扩报装管理工作，上市公司参照执行。

第二章 工作职责

第九条 省公司营销部主要职责：

（一）负责辖区内业扩报装归口管理。按照国网公司、省公司业扩报装相关管理规定，组织业扩报装工作开展，并进行指导和考核。

（二）负责制定业扩报装管理办法、工作标准和技术规范。

（三）配合相关部门开展业扩配套电网工程建设管理。

第十条 省公司发展部主要职责：

（一）负责业扩配套电网工程项目包纳入年度综合计划安排；负责业扩配套电网工程基建项目立项审批、可研批复、备案等管理。

（二）负责制定 110 千伏及以上电压等级接入系统方案编制规范。组织 220 千伏及以上和跨地市 110 千伏客户接入系统方案评审。

第十一条 省公司运检部负责业扩配套电网工程建设管理；负责业扩配套电网工程技改项目立项审批、可研批复、备案等管理。

第十二条 省公司调控中心主要职责：

（一）负责制定业扩报装可开放容量管理办法。监督、指导市（州）供电公司可开放容量计算管理工作。

（二）根据需要参与客户送电工作。

第十三条 省公司运监中心负责对业扩报装跨部门协同工作进行跟踪评价，并对相关工作进行监督、检查和考核。

第十四条 省公司建设部负责大中型电网基建项目建设管理；负责组织实施电气化铁路牵引供电线路工程。

第十五条 省公司财务部负责业扩配套电网工程财务管理。

第十六条 省公司经法部负责业扩报装法律指导工作。指导集体企业实施客户受电工程。

第十七条 省公司物资部负责业扩配套电网工程物资归口管理，负责项目工程、物资和服务类采购管理。

第十八条 省公司科信部负责业扩报装全业务应用系统和相关系统适应性调整，保障系统正常运行，实现全过程在线监测。

第十九条 省公司监察部负责牵头调查处理业扩报装回访信件反映的违纪违规问题，直接办理重大业扩报装投诉、举报。

第二十条 省客户服务中心主要职责：

（一）负责办理 220 千伏及以上和跨地市 110 千伏业扩报装工作。

（二）负责业扩报装后评估工作，负责收集、统计业扩报装回访信件，将涉及违纪违规问题移送省公司监察部调查处理。

第二十一条 省经研院负责具体开展 220 千伏及以上和跨地市 110 千伏客户接入系统方案评审工作并出具评审意见。

第二十二条 市（州）供电公司营销部主要职责：

（一）按照上级业扩报装管理制度和技术标准，组织实施辖区内业扩报装业务，对所辖业扩报装工作进行指导和监督考核。

（二）指导市客户服务中心组织所辖业扩报装方案审查会。

（三）负责组织市（州）供电公司各部门配合省客户服务中心办理辖区范围内 220 千伏及以上和跨地市 110 千伏客户业扩报装工作。

（四）负责业扩配套电网工程需求收集；配合相关部门开展业扩配套电网工程建设管理。

第二十三条 市（州）供电公司发展部主要职责：

（一）负责业扩配套电网工程项目计划归口管理。

（二）具体负责辖区范围内电网年度规划滚动修编和发布。

（三）负责组织完成业扩配套电网工程基建项目可研报告编制、评审、批复等工作。

（四）负责组织 110 千伏客户接入系统方案评审。组织市（州）供电公司相关部门配合省公司发展部开展辖区范围内 220 千伏及以上和跨地市 110 千伏客户接入系统方案评审。

第二十四条　市（州）供电公司运检部主要职责：

（一）负责业扩配套电网工程建设管理。

（二）负责组织完成业扩配套电网工程技改项目可研（方案）编制、评审、批复等工作。

（三）参与业扩报装现场查勘、验收送电等工作。

第二十五条　市（州）供电公司建设部主要职责：

负责电气化铁路牵引供电线路工程的建设实施。

第二十六条　市（州）供电公司调控中心主要职责：

（一）负责调管范围内 10 千伏配电网主干线新增业扩可开放容量管理。

（二）根据需要参与辖区范围内客户送电工作。

第二十七条　市（州）供电公司财务部负责业扩配套电网工程财务管理。

第二十八条　市（州）供电公司物资部门负责辖区范围内业扩配套电网工程项目的工程、物资和服务类供应服务工作，收集业扩配套电网工程所需协议库存计划及备货计划。

第二十九条　市（州）供电公司运监中心负责对辖区范围内业扩报装跨部门协同工作进行跟踪评价，并对相关工作进行监督、检查和考核。

第三十条　市（州）供电公司监察部负责对辖区范围内业扩报装违纪违规问题调查处理。

第三十一条　市（州）供电公司经研所

（一）负责具体开展业扩配套电网基建项目可研评审并出具评审意见。

（二）负责具体开展 110 千伏客户接入系统方案评审并出具评审意见；参与 35 千伏供电方案编制。

第三十二条　市（州）供电公司客户服务中心主要职责：

（一）负责辖区范围内 110 千伏、35 千伏、地（市）城（郊）区 10 千伏及以下业扩报装工作，负责县公司多回专线 10 千伏客户供电方案审批。

（二）组织所辖业扩报装方案审查会。

（三）配合省客户服务中心办理市（州）供电公司辖区范围内 220 千伏及以上和跨地市 110 千伏客户业务。

（四）配合相关部门开展业扩配套电网工程建设。

（五）负责对地市城（郊）区农村供电所业扩报装工作进行指导和考核。

第三十三条　县供电公司营销部（客户服务中心）主要职责：

（一）负责辖区范围内 10 千伏及以下业扩报装工作，对辖区范围内农村供电所业扩报装工作进行指导和考核。

（二）组织所辖业扩报装方案审查会。

（三）负责业扩配套电网工程需求收集；配合相关部门开展业扩配套电网工程建设。

第三十四条　县供电公司发建部主要职责：

（一）负责组织开展业扩配套电网工程基建项目可研（方案）、计划申报等项目前期管理工作。

（二）具体负责辖区范围内电网年度规划滚动修编和发布。

第三十五条　县供电公司运检部主要职责：

（一）负责业扩配套电网工程建设管理，负责业扩配套电网工程技改项目可研编制和内审，参与项目可研（方案）报告评审。

（二）参与业扩报装现场查勘、验收送电等工作。

第三十六条　县供电公司调控中心主要职责：

（一）负责调管范围内 10 千伏配电网主干线新增业扩可开放容量管理。

（二）根据需要参与辖区范围内客户送电工作。

第三十七条　县供电公司财务部负责业扩配套电网工程财务管理。

第三章　业务办理工作要求

（一）申请受理

第三十八条　向客户提供营业厅柜台、自助、95598 电话、手机 APP 等业务受理渠道，实行“一证受理”“首问负责制”和“一次性告知”。低压客户实行“免填单”服务，由业务受理人员将用电信息录入营销业务应用系统，生成用电登记表，由客户签字确认即可。履行“一次性告知”义务，向客户提供《新装（增容）客户业扩报装告知书》，《新装（增容）客户业扩报装告知书》需客户法人（委托人）签字并签章，由客户经理在查勘环节收集。

第三十九条 对于居民住宅小区(含部分居民住宅商业综合体)，按照生活（包括生活配套）、商业负荷用电分开受理的原则，由开发商（建设单位）分别提交用电申请，按照相应的业务流程办理。

第四十条 对于手机 APP 等终端受理的业务，客户提交申请后，在营销业务应用系统中同步生成待办业务，业务受理人员应及时派工。对客户确认取消的用电申请，应及时注销业务流程。

第四十一条 规范客户编号管理。原则上“一个客户”只能有唯一客户编号，同时满足以下 3 个条件才能视为“一个客户”：①同一身份，居民是指同一身份证，非居民是指同一营业执照或组织机构代码证；②同一地址，依据政府管理部门确定的地址为准；③同一生产流程。对已用电客户，再次申请用电必须按照增容业务办理。对生产规模大、生产工艺关联且由不同电源点供电的用电客户，也应视为“一个客户”，并按照集团客户方式建立客户编号。对同一供电单位的集团客户可建立具有逻辑关系的结算户号；对不同供电单位的集团客户，按照不同供电单位确定客户编号。

（二）现场查勘

第四十二条 根据与客户预约时间，营销部门采用“班车制”方式，组织相关部门开展现场查勘。

第四十三条 现场查勘应重点核实客户负荷性质、用电容量、用电类别、电网现状等信息，结合现场供电条件，初步确定供电电源、计量和计费方案、供电线路通道等,并填写《现场查勘标准化作业指导书》。涉及低压业扩配套电网工程时，填写现场查勘单，作为工程建设依据；涉及 10 千伏业扩配套电网工程时，应收集电网相关资料，作为高压业扩配套电网工程建设依据。

第四十四条 对重要客户，营销部门应按照国家关于重要负荷等级有关规定，结合客户对供电可靠性的要求以及中断供电危害程度，核定客户负荷性质，确定供电方式。

第四十五条 10 千伏及以下项目原则上无条件接入电网。对于 10 千伏以上的客户，现场确实不具备供电条件时，应在查勘意见中说明原因，并经市（州）供电公司分管领导审批后，书面告知客户。

第四十六条 对增容客户，应现场核实客户名称、用电地址、电能表箱位、表位、表号、倍率等信息，检查电能计量装置和受电装置运行情况。客户现场如存在违约用电、窃电嫌疑等异常情况，勘查人员及时报相关职责部门，并暂缓办理该客户用电业务，在违约用电、窃电嫌疑排查处理完毕后重新启动业扩报装流程。

（三）供电方案（接入系统方案）编制及审查

第四十七条 现场查勘后，营销部门负责拟定供电方案，运检部门负责拟定业扩配套电网工程方案。客户经理在拟定供电方案后，根据需要将接入点电网相关信息传调度部门，调度部门根据接入点电网信息提出受电侧保护定值设置要求，并在高压客户《供电方案协议》中明确。

第四十八条 依据业扩供电方案编制有关规定和技术标准要求，根据现场勘查结果、电网规划、用电需求及当地供电条件等因素，经过技术经济比较后，拟定供电方案，供电方案采用标准化模版。方案内容包括：

（一）客户基本用电信息，包括：户名、项目名称、用电地址、行业、用电性质、负荷分级，核定的用电容量，拟定的客户分级。

（二）客户接入系统的供电电压等级，供电电源及每路进线的供电容量，投资界面及产权分界点设置。禁止客户主供电源同时采用专用线路和公用线路供电方式。

（三）客户受电系统方案应包括受电装置的容量、无功补偿标准、客户电气主接线型式、运行方式、主要受电装置电气参数，并明确应急电源及保安措施配置，谐波治理、继电保护、调度通信要求。

（四）计量方案应包括计量点设置，电能计量装置配置类别及接线方式、计量方式、用电信息采集终端安装方案等。400kVA 及以上高压客户必须采用高压计量,400kVA 以下高压客户宜采用低压计量。

（五）计费方案应包括用电类别、电价分类及功率因数考核标准等信息。须按照不同电价类别分表计量。禁止采用定比定量计费方式，原则上计费电价不采用扣减关系，如必须采用扣减，扣减关系不得超过一级。

（六）居民住宅小区(包括含部分居民住宅的商业综合体)，生活用电（含生活配套用电）采取低压计量方式，居民生活用电实行 “一户一表”。商业部分的供配电设施在资产移交后，可根据情况采用低压总计量或“一户一表”方式。

第四十九条 业扩报装供电方案（包括供电方案、业扩配套电网工程方案审查）实行“集中会商制”，由营销部门按“周例会”方式组织审查，相关部门参与。现场形成会议纪要并由参会人员当场签字确认，

疗养费台账建立和管理等工作。

第九条　各单位财务资产部负责职工疗养费的资金来源和财务核算工作。

第三章　疗养条件与费用列支

第十条　符合下列条件之一者可纳入疗养计划，符合多项疗养条件的不重复疗养。

（一）各级表彰的劳动模范、五一劳动奖章获得者、先进工作者及相当称谓的先进个人，以及按《国家电网公司表彰奖励工作管理办法》表彰奖励的其他先进职工。

（二）在事故抢险、突发性事件处置等方面做出突出贡献，受到上级有关单位专门嘉奖的职工。

（三）各单位业务骨干，藏区等边远艰苦地区工作的职工。

第十一条　职工疗养费依据疗养方案、合同（或协议）和有效票据在年度福利计划内统一结算，从职工福利费的“疗养费”项目中据实列支，不得突破年度疗养费用计划。

第四章　工作要求

第十二条　各基层工会对符合疗养条件的职工进行统计，并对有关材料进行核实，编制疗养计划方案，报各单位工会审查。

第十三条　各单位工会对疗养计划进行复核无异议后组织实施。职工疗养前须到本单位人力资源部办理请销假手续，涉及领导干部时，按干部管理权限审批。

第十四条　职工疗养由各单位统筹协调，安排具备疗养资质的疗养机构分散实施。各单位应在不影响安全生产、经营服务等正常工作的前提下规范开展职工疗养，不得采取委托旅行社或与旅行社合作的方式开展职工疗养；不得安排职工出国（境）疗养；不得以疗养的名义组织职工公费旅游；不得在职工疗养费中列支应由个人承担的旅游费用。

第十五条　各单位应与疗养机构签订合同或协议，明确单位、职工、疗养机构三方的权利、义务和责任，除疗养机构的疗养项目外，不得在协议中安排旅游项目。

第十六条　各单位实施职工疗养时，要加强职工疗养过程管控，切实做好安全和舆论风险防范。职工疗养期间应遵守国家法律法规和疗养机构有关疗养管理制度规定，不得发生违法违规、违反社会公德和损害公司形象的行为。

第十七条　各单位安排职工疗养，每批次疗养时间原则上不超过一周。

第五章　附　则

第十八条　各单位应根据本办法和相关要求，结合实际情况，研究制定实施细则，规范管理流程、内部决策程序和列支渠道，落实管理责任，形成制度订立、执行、监督、反馈及完善的闭环体系。

第十九条　各单位在开展职工疗养工作中，如有发生违反本办法规定的情况，公司将按照相关制度追究具体责任人员和单位主要负责人的责任。

第二十条　本办法与国家、当地政府新出台的政策规定相抵触时，以国家或当地政府规定为准。

第二十一条　本办法由公司人力资源部负责解释。

第二十二条　本办法自印发之日起实施。原《四川省电力公司职工疗养费管理办法（试行）》（川电人资〔2012〕143号）同时废止。

附录二

统 计 资 料

四川省发电设备装机容量分年度统计（1949—2015 年）

表 15

年份	发电设备容量(万千瓦)					水、火电比重（%）	
	合计	年增长率(%)	占全国比重（%）	水 电	火 电	水 电	火 电
1949	4. 57		2. 47	0. 18	4. 39	3. 90	96. 10
1950	4. 66	1. 97	2. 50	0. 24	4. 42	5. 20	94. 80
1951	5. 36	15. 20	2. 85	0. 39	4. 97	7. 30	92. 70
1952	6. 60	23. 13	3. 36	0. 57	6. 03	8. 60	91. 40
1953	7. 80	18. 18	3. 32	0. 57	7. 23	7. 30	92. 70
1954	10. 00	28. 21	3. 85	0. 57	9. 43	5. 70	94. 30
1955	10. 80	8. 08	3. 60	0. 76	10. 04	7. 00	93. 00
1956	13. 60	25. 93	3. 50	3. 30	10. 30	24. 30	75. 70
1957	18. 60	36. 76	4. 01	7. 11	11. 49	38. 20	61. 80
1958	32. 29	73. 60	5. 14	11. 88	20. 41	36. 80	63. 20
1959	42. 76	32. 42	4. 48	13. 21	29. 55	30. 90	69. 10
1960	66. 44	55. 38	5. 57	15. 88	50. 56	23. 90	76. 10
1961	72. 07	8. 47	5. 61	15. 90	56. 17	22. 06	77. 94
1962	73. 71	2. 28	5. 65	17. 09	56. 62	23. 19	76. 81
1963	75. 35	2. 22	5. 65	17. 89	57. 46	23. 74	76. 26
1964	76. 66	1. 74	5. 45	19. 52	57. 14	25. 46	74. 54
1965	83. 47	8. 88	5. 54	22. 39	61. 08	26. 80	73. 20
1966	98. 47	17. 97	5. 79	23. 33	75. 14	23. 70	76. 30
1967	104. 67	6. 30	5. 82	23. 33	81. 34	22. 29	77. 71
1968	117. 17	11. 94	6. 11	23. 33	93. 84	19. 91	80. 09
1969	128. 77	9. 90	6. 12	24. 33	104. 44	18. 90	81. 10
1970	152. 40	18. 35	6. 41	26. 40	126. 00	17. 30	82. 70
1971	185. 70	21. 85	7. 56	60. 40	125. 30	32. 50	67. 50
1972	218. 60	17. 72	7. 64	81. 50	137. 10	37. 30	62. 70
1973	246. 90	12. 95	7. 50	102. 00	144. 90	41. 30	58. 70
1974	265. 60	7. 57	7. 16	107. 20	158. 40	40. 40	59. 60
1975	289. 02	5. 87	6. 66	127. 20	161. 82	44. 01	55. 99
1976	303. 96	5. 17	6. 45	141. 03	162. 93	46. 40	53. 60
1977	333. 99	9. 88	6. 49	159. 96	174. 03	47. 89	52. 11
1978	361. 41	8. 21	6. 33	177. 08	184. 33	49. 00	51. 00

续表 15

年份	发电设备容量(万千瓦)					水、火电比重（%）	
	合计	年增长率(%)	占全国比重（%）	水 电	火 电	水 电	火 电
1979	379.32	4.96	6.02	188.84	190.48	49.78	50.22
1980	396.81	4.61	6.02	200.16	196.65	50.44	49.56
1981	406.20	2.37	5.88	208.30	197.90	51.28	48.72
1982	415.85	2.38	5.75	215.03	200.82	51.71	48.29
1983	444.29	6.84	5.81	231.95	212.34	52.21	47.79
1984	451.00	1.51	5.63	238.45	212.55	52.87	47.13
1985	462.63	2.58	5.31	244.90	217.73	52.94	47.06
1986	504.86	9.13	5.38	264.31	240.55	52.35	47.65
1987	560.59	11.04	5.45	289.81	270.78	51.70	48.30
1988	604.81	7.89	5.24	305.42	299.39	50.50	49.50
1989	657.56	8.72	5.19	320.18	337.38	48.70	51.30
1990	748.97	13.90	5.43	342.74	406.23	45.76	54.24
1991	869.08	16.04	5.74	370.99	498.09	42.69	57.31
1992	956.53	10.06	5.74	408.88	574.65	42.75	57.25
1993	1052.71	10.06	5.76	455.89	596.82	43.31	56.69
1994	1137.59	8.06	5.69	505.43	632.16	44.43	55.57
1995	1215.16	6.82	5.59	559.04	656.12	46.01	53.99
1996	1356.94	11.67	5.74	642.42	714.52	47.34	52.66
1997	1110.74	-18.14	4.37	608.24	502.50	54.76	45.24
1998	1284.09	15.60	4.62	770.59	513.50	60.01	39.99
1999	1600.89	24.67	5.35	1034.37	566.52	64.61	35.39
2000	1709.84	6.81	5.05	1100.83	609.01	64.38	35.62
2001	1790.85	4.74	5.29	1153.15	637.70	64.40	35.60
2002	1799.66	0.50	5.09	1185.46	614.20	65.87	34.13
2003	1841.44	2.32	4.79	1231.10	610.40	66.86	33.14
2004	2028.32	10.15	4.60	1338.29	690.03	65.98	34.02
2005	2245.55	10.71	4.42	1495.96	749.60	66.62	33.38
2006	2717.74	21.03	4.37	1765.27	952.46	64.95	35.05
2007	3185.80	17.22	4.47	1985.67	1188.98	62.32	37.32
2008	3560.17	9.87	4.49	2223.67	1274.10	63.53	36.47
2009	3912.59	11.78	4.48	2676.09	1234.10	68.40	31.60
2010	4327.25	10.46	4.48	3069.64	1257.61	70.49	29.06
2011	4787.47	10.63	4.51	3342.29	1439.62	69.81	30.15
2012	5458.84	14.02		3964.21	1493.02	72.62	27.35
2013	6862.35	25.71	5.51	5266.23	1581.85	76.74	23.05
2014	7874.68	14.76	5.79	6292.91	1547.23	79.91	19.65
2015	8672.88	10.14	5.75	6939.3	1623.87	80.01	18.72

四川省电力工业主管机构变更情况
（1950—2015 年）

表 16

时　间	机　构　名　称	管辖范围
1950年3月到8月	先后建立重庆区电业管理局、川西水电公司、川南人民行政公署工业厅电业管理局、西康省水利电力厅	各行政区内的电力企业
1951年2月	西南军政委员会工业部电业管理局（重庆）	云南、贵州、四川三省电力企业
1952年11月	燃料工业部工西南电业管理局	云南、贵州、四川三省电力企业
1955年7月	电力工业部西南电业管理局	云南、贵州、四川三省电力企业
1956年	电力工业部重庆电业管理局	云南、贵州、四川三省电力企业
1957年9月	电力工业部成都电业管理局（由重庆迁成都更名）	云南、贵州、四川三省电力企业
1958年3月	水利电力部四川省电业管理局	四川全省电力企业
1958年8月	四川省水利电力厅	四川全省电力企业
1964年	四川省水利电力厅电业管理局	四川全省电力企业
1965年9月	水利电力部四川省电业管理局	四川全省电力企业
	水利电力部西南电力建设局	西南地区电力建设企业
	水利电力部西南电力修造总厂	西南地区电力修造企业
1971年9月	水利电力部四川省电力局（撤销建设局、修造总厂）	四川全省电力企业
1978年	实行四川电网以省电力局为主的管理体制	四川全省电力企业
1979年2月	电力工业部四川省电力工业局	四川全省电力企业
1981年5月	电力工业部西南电业管理局（保留四川省电力工业局名称）	云南、贵州、四川三省电力企业
1982年3月	水利电力部西南电力管理局	云南、贵州、四川三省电力企业
1983年7月	停止使用四川省电力工业局名称	云南、贵州、四川三省电力企业
1988年4月	能源部四川省电力工业局	四川全省电力企业
1993年3月	能源部四川省电力公司成立，与四川省电力工业局一套班子，两块牌子	四川全省电力企业
1998年3月	国家电力公司四川省电力工业局（与国家电力公司四川省电力公司两块牌子，一套班子）	四川全省电力企业
2000年2月	国家电力公司四川省电力公司（撤销四川省电力工业局）	四川全省电力企业
2002年12月	国家电网公司四川省电力公司	四川全省国有供电企业和映秀湾水力发电总厂
2003年12月	国家电网公司四川省电力公司	四川全省国有供电企业和映秀湾水力发电总厂
2004年12月	国家电网公司四川省电力公司	四川全省国有供电企业和映秀湾水力发电总厂
2005年12月	国家电网公司四川省电力公司	四川全省国有供电企业和映秀湾水力发电总厂
2006年12月	国家电网公司四川省电力公司	四川全省国有供电企业和映秀湾水力发电总厂
2007年12月	国家电网公司四川省电力公司	四川全省国有供电企业和映秀湾水力发电总厂
2008年12月	国家电网公司四川省电力公司	四川全省国有供电企业和映秀湾水力发电总厂

四川省电力公司（原四川省电力工业局）所属发电厂发电装机容量统计（1949—2015 年）

表 19

年份	发电设备容量(万千瓦)					水、火电比重（%）	
	合计	年增长率(%)	占全国比重（%）	水电	火电	水电	火电
1949	2.76		62.56	0.06	2.7	2.17	97.83
1950	2.82	2.17	60.52	0.12	2.7	4.26	95.74
1951	3.47	23.05	64.74	0.27	3.2	7.78	92.22
1952	4.03	16.14	61.06	0.43	3.6	10.67	89.33
1953	4.03	0	51.67	0.43	3.6	10.7	89.33
1954	6.73	67	67.3	0.73	6	10.85	89.15
1955	7.28	8.17	67.41	0.73	6.55	10.03	89.97
1956	9.43	29.53	69.34	2.68	6.75	28.42	71.58
1957	14.34	52.07	77.1	6.5	7.84	45.33	54.67
1958	24.77	72.73	76.71	10.03	14.74	40.49	59.51
1959	32.04	29.35	74.93	11.45	20.59	35.74	64.26
1960	50.93	58.96	76.66	13.49	37.44	26.49	73.51
1961	55.08	8.15	76.43	13.49	41.59	24.5	75.5
1962	55.95	1.58	75.91	14.36	41.59	25.67	74.33
1963	56.25	0.54	74.65	14.36	41.89	25.53	74.47
1964	56.98	1.3	74.33	15.24	41.74	26.75	73.25
1965	61.73	8.33	73.95	15.24	46.49	24.69	75.07
1966	73.14	18.48	74.28	15.85	57.29	21.67	78.33
1967	79.06	8.1	75.53	15.97	63.09	20.2	79.8
1968	80.87	2.29	69	15.97	64.9	19.75	80.25
1969	95.47	18.05	74.15	15.97	79.5	16.73	83.27
1970	117.97	23.57	77.41	15.97	102	13.54	86.46
1971	143.27	21.46	72.07	35.22	108.05	24.59	75.41
1972	178.52	24.6	79.17	65.47	113.05	36.68	63.32
1973	194.02	8.68	76.29	80.97	113.05	41.73	58.27
1974	219.77	13.27	80.5	86.22	133.55	39.23	60.77
1975	228.17	3.82	78.95	89.97	138.2	39.43	60.57
1976	227.42	-0.33	74.82	89.97	137.45	39.56	60.44
1977	259.92	14.29	77.84	109.97	149.95	42.31	57.69
1978	278.04	6.97	76.92	119.24	158.8	42.89	57.11
1979	283.33	1.92	74.47	119.23	164.1	42.08	57.92
1980	288.2	1.72	72.63	119.1	169.1	41.33	58.67
1981	288.15	-0.02	70.94	119.1	169.05	41.33	58.67
1982	287.4	-0.26	69.11	118.35	169.05	41.18	58.82

续表 19

年份	发电设备容量(万千瓦)					水、火电比重（%）	
	合计	年增长率(%)	占全国比重（%）	水　电	火　电	水　电	火　电
1983	309.4	7.65	69.64	130.35	179.05	42.13	57.87
1984	309.4	0	68.6	130.35	179.05	42.13	57.87
1985	312.9	1.13	67.64	130.35	182.55	41.66	58.34
1986	340.6	8.85	67.47	138.35	202.25	40.62	59.38
1987	373.3	9.6	66.59	146.35	226.95	39.2	60.8
1988	393.3	5.36	65.03	146.35	246.95	37.21	62.79
1989	411.45	4.61	62.57	146.35	265.1	35.57	64.43
1990	464.49	12.89	62.02	146.39	318.1	31.52	68.48
1991	502.4	8.16	57.81	146.3	356.1	29.12	70.88
1992	498.2	-0.84	52.08	161.3	336.9	32.38	67.62
1993	557.05	11.81	52.92	190.35	366.7	34.17	65.82
1994	611.86	9.84	53.79	219.51	392.35	35.88	64.12
1995	647.15	5.77	53.26	234.65	412.5	32.26	63.74
1996	702.65	8.58	51.78	259.2	443.45	36.89	63.11
1997	635.26	_9.59	57.19	281.51	353.75	44.31	55.69
1998	654.81	3.08	51	301.08	353.75	45.98	54.02
1999	696.67	6.39	49.32	299.17	397.5	42.49	57.06
2000	687.98	-1.73	40.24	264.58	432.4	38.46	61.54
2001	725.28	5.42	40.5	295.78	429.5	40.78	59.22
2002	705.18	-2.77	39.18	286.78	418.4	40.66	59.34
2003	45.5	-93.55	2.47	45.5	0	100	0
2004	45.5	0	2.24	45.5	0	100	0
2005	45.5	0	2.02	45.5	0	100	0
2006	45.5	0	1.67	45.5	0	100	0
2007	45.5	0	1.42	45.5	0	100	0
2008	45.5	0	1.30	45.5	0	100	0
2009	45.5	0	1.19	45.5	0	100	0
2010	45.5	0	0.05	45.5	0	100	0
2011	45.5	0	0.04	45.5	0	100	0
2012	45.5	0		45.5	0	100	0
2013	45.5	0		45.5	0	100	0
2014	45.5	0		45.5	0	100	0
2015	45.5			45.5		100	

四川省电力公司（原四川省电力工业局）所属电厂年发电量统计
（1949—2015 年）

表 20

年　份	总发电量（亿千瓦时）	年增长率（%）	占全省比重(%)	水　电（亿千瓦时）	火　电（亿千瓦时）
1949		1.15	78.23	0.14	10.1
1950	0.85	-26.09	68	0.05	0.8
1951	1.3	52.94	63.41	0.19	1.11
1952	1.59	22.31	63.86	0.22	1.37
1953	2	25.79	63.29	0.31	1.69
1954	2.81	40.5	72.61	0.44	2.37
1955	3.55	26.33	78.89	0.35	3.2
1956	4.73	33.24	77.69	0.5	4.23
1957	5.43	14.8	80.09	1.64	3.79
1958	8.81	62.25	82.11	3.04	5.77
1959	14.25	61.75	80.74	3.49	10.76
1960	22.05	54.74	82.15	3.66	18.39
1961	20.11	-8.8	83.1	2.87	17.24
1962	16.66	-17.16	82.97	4.35	12.31
1963	16.08	-3.48	83.4	5.81	10.27
1964	19.06	18.53	82.94	6.73	12.33
1965	24.23	27.12	83.72	6.78	17.45
1966	32.01	32.11	81.97	5.72	26.29
1967	29.56	-7.65	75.62	6.79	22.77
1968	19.69	-33.4	73.44	6.84	12.85
1969	30.56	55.21	82.17	5.39	25.17
1970	44.89	46.89	82.99	8.11	36.78
1971	64.24	43.11	83.01	9.15	55.09
1972	69.27	7.83	82.44	17.17	52.1
1973	71.87	3.75	81.31	27.38	44.49
1974	69.48	-3.33	80.49	34.71	34.77
1975	89.08	28.21	82.53	40.49	48.59
1976	82.34	-7.57	80.13	33.67	48.67
1977	98.05	19.08	82.51	40.45	57.6
1978	115.41	17.71	82.85	40.29	75.12
1979	128.87	11.66	82.4	47.28	81.59
1980	133.48	3.58	81.53	52.2	81.28
1981	133.05	-0.32	81.09	53.34	79.71

续表 20

年　份	总发电量（亿千瓦时）	年增长率（%）	占全省比重(%)	水　电（亿千瓦时）	火　电（亿千瓦时）
1982	136.95	2.93	79.64	53.95	83
1983	147.69	7.84	78.64	57.69	90
1984	155.36	5.19	77.73	61.48	93.88
1985	169.48	9.09	76.54	67.17	102.31
1987	196.96	10.61	74.93	65.45	131.51
1986	178.06	5.06	75.13	65.6	112.46
1989	232.84	6.59	70.91	73.54	159.3
1988	217.51	10.43	73.98	70.6	146.91
1990	240.17	3.59	69.48	71.34	168.83
1991	252.08	4.99	66.41	69.2	182.88
1992	247.08	1.98	58.91	68.81	178.26
1993	271.45	9.87	57.65	81.04	109.41
1994	293.46	8.17	55.91	87.83	205.63
1995	326.7	11.26	56.72	107.99	218.71
1997	295.22	-14.52	60.01	108.55	186.67
1996	343.36	5.1	55.56	110.27	233.09
1998	272.2	-7.80	57.21	109.44	162.76
1999	237.8	-12.64	48.32	107.48	130.32
2000	224.03	-5.79	40.27	97.35	126.68
2001	237.6	6.06	37.33	95.24	142.36
2002	294.16	23.8	40.02	93.28	200.68
2003	21.7	-92.62	2.6	21.7	0
2004	22.84	5.25	2.44	22.84	0
2005	23.72	3.85	2.33	23.72	0
2006	21.66	-9.69	1.93	21.66	0
2007	20.08	-7.29	1.64	20.08	0
2008	4.27	-78.74	0.35	4.27	0
2009	6.71	57.14	0.46	6.71	0
2010	5.78	—13.86	0.34	5.78	0
2011	4.73	—18.17	0.25	4.73	0
2012	20.79	339.53		20.79	0
2013	23.52	13.15	0.899	23.52	
2014	24.84	5.62	0.8	24.84	0
2015	23.75	-4.42	0.74	23.75	0

续表 27

指标名称	公用变电站							企业自备变电站		
	普通变电站			换流站						
	变电站	在运变压器	容量	换流站	在运变压器	换流变压器容量	换流容量	变电站	在运变压器	容量
	（座）	（台/组）	（千伏安）	（座）	（台/组）	（千伏安）	（千瓦）	（座）	（台/组）	（千伏安）
500千伏				0	84	29743200	0			
±500千伏				1	0	0	3000000			
（三）省电力公司	2133	3609	217233750							
500千伏	44	86	73900000							
220千伏	218	423	69810000							
110千伏	774	1440	62116900							
35千伏	1097	1660	11406850							
二、其他	200	311	3386130					384	780	17187020
500千伏										
220千伏								26	81	6734160
110千伏	41	67	2103500					155	281	7875700
35千伏	159	244	1282630					203	418	2577160

2015 年四川电网供电综合情况统计表（全口径）

单位：万千瓦时，%

表 28

指标名称	全部供电部分			其中：电力企业部分			
	供电量	净用电量	供电最高负荷	供电量	售电量	线损电量	线损率
总 计	19570001.01	17849409.10		18866641.21	17146049.30	1720591.91	9.12
一、跨省（区）电网	0	0		0	0	0	
网损						0	
二、电网合计	19570001	17849409		18866641	17146049	1720592	9.12
1、主网	520629			520629		520629	2.76
2、国网地区合计	19049372	17849409	2805.00	18346012	17146049	1199963	6.54
达州市	614338	587253	125.90	614338	587253	27085	4.41
成都市	4043925	3790253	898.20	3983881	3730209	253672	6.37
绵阳市	780368	720269	148.00	763896	703797	60099	7.87
德阳市	1046079	984180	164.81	1016806	954907	61899	6.09
广元市	521175	483242	82.30	497368	459434	37933	7.63
乐山市	1948298	1855122	196.78	1758283	1665107	93176	5.30
自贡市	323648	289347	71.85	320658	286357	34301	10.70
宜宾市	412458	385597	105.96	409075	382214	26861	6.57
内江市	601450	571454	88.10	510299	480303	29996	5.88
泸州市	587613	539699	116.74	574929	527015	47914	8.33

续表28

指标名称	全部供电部分			其中：电力企业部分			
	供电量	净用电量	供电最高负荷	供电量	售电量	线损电量	线损率
攀枝花市	1244635	1211769	120.62	1035507	1002641	32866	3.17
凉山州	1043444	969983	103.25	1043444	969983	73461	7.04
巴中市	233719	207968	50.10	233719	207968	25751	11.02
广安市	348122	330521	69.14	309172	291571	17601	5.69
眉山市	887556	842777	132.27	870827	826049	44778	5.14
资阳市	321572	293853	69.30	321572	293853	27720	8.62
遂宁市	422091	393004	83.40	417646	388559	29087	6.96
阿坝州	956475	907107	108.70	956475	907107	49368	5.16
甘孜州	135019	95724	29.80	135019	95724	39295	29.10
雅安市	955658	900890	126.10	955658	900890	54768	5.73
天府新区	810427	762062	158.43	806302	757936	48365	6.00